Aufbau – Umbau

SCHRIFTEN ZUR EUROPA- UND DEUTSCHLANDFORSCHUNG

Herausgegeben von Paul Gerhard Klussmann

Band 14

PETER LANG

Frankfurt am Main · Berlin · Bern · Bruxelles · New York · Oxford · Wien

Silke Flegel
Frank Hoffmann
(Hrsg.)

Aufbau – Umbau – Neubau

Studien zur
deutschen Kulturgeschichte
nach 1945

PETER LANG
Internationaler Verlag der Wissenschaften

Bibliografische Information der Deutschen Nationalbibliothek
Die Deutsche Nationalbibliothek verzeichnet diese Publikation
in der Deutschen Nationalbibliografie; detaillierte bibliografische
Daten sind im Internet über <http://www.d-nb.de> abrufbar.

Gedruckt auf alterungsbeständigem,
säurefreiem Papier.

ISSN 0947-6857
ISBN 978-3-631-57851-3

© Peter Lang GmbH
Internationaler Verlag der Wissenschaften
Frankfurt am Main 2008
Alle Rechte vorbehalten.

Printed in Germany 1 2 3 4 5   7

www.peterlang.de

Inhaltsverzeichnis

Paul Gerhard Klussmann

Zum Geleit

Über die Geschichte, die Zielsetzungen und seine Einfügung in die lebendige Gegenwart dieses Buches berichtet die folgende Einleitung der Herausgeber. So bleibt an dieser Stelle vor allem die Aufgabe des Dankes, die ich gerne mit den Herausgebern gemeinsam an dieser Stelle formulieren möchte.

Wir danken zuerst den Beiträgerinnen und Beiträgern der mit diesem Buch dokumentierten Vorlesungsreihe an der *Ruhr-Universität Bochum,* besonders auch den Kollegen, die zu dem Initiatorenkreis des *Instituts für Deutschlandforschung* hinzugestoßen sind, um das breite Feld deutscher Kultur nach 1945 wirklich umfassend zu beschreiben. Dass wir diese Einladungen aussprechen konnten, ist der wiederholten Förderung durch die *Bundesstiftung zur Aufarbeitung der SED-Diktatur* in Berlin zu verdanken. Gerne denken wir auch an die Studierenden zurück, die mit ihren Fragen und kritischen Einwänden mitgeholfen haben, Kulturgeschichte in einen aktuellen Horizont zu rücken. Denn dies darf sicher als einer der größten Wünsche der Autoren und Herausgeber gesehen werden, dass ihr Buch lebhafte und kritische Leserinnen und Leser findet, die sich anstecken lassen von der Begeisterung durch Kunst, Dichtung und eine intellektuelle Durchdringung der Gegenwart.

Der Druck dieses Buches ist möglich durch das freundliche Entgegenkommen des *Peter Lang Verlags* und durch eine großherzige Zuwendung eines auswärtigen Spenders, der hier ungenannt bleiben möchte.

Bochum, Silvester 2007   Paul Gerhard Klussmann

Silke Flegel / Frank Hoffmann

Kritische Kontinuitäten. Zur Einleitung in diesen Band

Im Sommer des Jahres 2007 stand die große Generation der deutschen Nachkriegskultur einmal mehr im hellen Licht der öffentlichen Aufmerksamkeit und bewies aufs Neue ihre intellektuelle Strahlkraft und Wirkungsmacht. Martin Walser (*1927) und Günter Grass (*1927), beide im 80. Lebensjahr stehend, demonstrierten bei einem zum „Gipfelgespräch" feuilletonistisch hoch geschriebenen Gedankenaustausch, wie selbstbewusst sie im Angesicht ihrer runden Geburtstage auf die literarische Mitwelt schauen, sich ihres eigenen Rangs und Ruhmes auf eine etwas selbstgefällige Weise sicher.[1] Nur wenige Wochen später, am 25. August 2007, feierte einer der bedeutendsten lebenden Künstler unserer Zeit, Gerhard Richter (*1932), mit der Enthüllung des von ihm geschaffenen Südquerhausfensters im Kölner Dom seine Verankerung nun auch im sakralen Kernraum deutscher Kultur. Und es schloss sich der Kreis noch keineswegs mit der gefeierten Uraufführung der Konzertoper *Phaedra* von Hans Werner Henze (*1926) in der Berliner Staatsoper Unter den Linden am 6. September 2007, um auch aus der Musik ein Beispiel anzufügen.

Wenn man von einzelnen Persönlichkeiten wie Johann Wolfgang von Goethe und Thomas Mann absieht, haben wohl nie zuvor Künstler und Literaten über ein halbes Jahrhundert und mehr so stark und auf immer wieder bestätigtem hohen Niveau das kulturelle Leben Deutschlands bestimmt, wie es der Generation der kurz vor und nach 1930 Geborenen gelungen ist. Leicht fällt es, den genannten großen Namen weitere mit kaum minderem Gewicht anzufügen: Man denke in der Literatur an Günter de Bruyn (*1926), Siegfried Lenz (*1926), Hans Magnus Enzensberger (*1929) oder auch, da das Phänomen keineswegs nur ein männliches ist, an Christa Wolf (*1929), in der Neuen Musik an Ruth Zechlin (1926-2007), Karlheinz Stockhausen

---

[1] Wer ein Jahr jünger ist, hat keine Ahnung. Günter Grass und Martin Walser im Gespräch mit Iris Radisch und Christof Siemes. In: Die Zeit Nr. 25, 14.06.2007.

(1928-2007), Mauricio Kagel (*1931) oder, kaum jünger, Siegfried Matthus (*1934), die Regisseure Peter Zadek (*1926), Alexander Kluge (*1932) und Frank Beyer (1932-2006), schließlich in den Bildenden Künsten an Bernhard Heisig (*1926), Werner Tübke (1929-2004), Georg Uecker (*1930) sowie Hilla Becher (*1934) und Bernd Becher (1934-2007). Hinzu kommen die großen Intellektuellen und Wissenschaftler, etwa Hermann Lübbe (*1926), Ralf Dahrendorf (*1929), Jürgen Habermas (*1929), Hans-Ulrich Wehler (*1931). Auch Papst Benedikt XVI., Joseph Ratzinger (*1927), gehört in diese Alterskohorte.

Die künstlerische und kulturpolitische Präsenz dieser und vieler weiterer Angehöriger der Generation[2] vor und um 1930 in der Kulturszene der alten Bundesrepublik Deutschland und der DDR wie des vereinten Landes bezeugt den langen Atem einer *großen Generation*, die sich als junge Menschen vor einem fast verspielten Erbe, vor einer katastrophalen Gegenwart, vor herausragenden Aufgaben und vor den besonderen Chancen der Remedur sah. Diese Generation illustriert und personifiziert den fundamentalen Neuanfang nach 1945; in der Erinnerung bleibt damit genau die große Auseinandersetzung um Kontinuitäten über die viel berufene und bestrittene „Stunde Null" hinweg.[3] Anders ausgedrückt: Die *große Generation* prägt mit ihren

---

2   Der Generationenbegriff ist aktuell als historische Leitkategorie neu entdeckt worden, und auch unsere eher alltagssprachliche Verwendung bleibt nicht unbeeindruckt durch maßgebliche Konkretisierungen, vor allem bei: Ulrike Jureit / Michael Wildt (Hg.): Generationen. Zur Relevanz eines wissenschaftlichen Grundbegriffs. Hamburg 2005, sowie besonders anregend: Annegret Schüle / Thomas Ahbe / Rainer Gries (Hg.): Die DDR aus generationengeschichtlicher Perspektive. Eine Inventur. Leipzig 2006. Zur Einführung vgl. auch: Ulrike Jureit: Generationenforschung. Göttingen 2006. Für die sogenannte „Flakhelfer-Generation", die jedoch mit unserem Zeitverständnis der *großen Generation* keineswegs völlig identisch ist, sind die Forschungen von Rolf Schorken Impuls gebend gewesen, zuletzt: Die Niederlage als Generationserfahrung. Jugendliche nach dem Zusammenbruch der NS-Herrschaft. Weinheim / München 2004.

3   Die Kontinuitätsproblematik bildet eine Grundkategorie der deutschen Geschichte im 20. Jahrhundert; in kulturhistorischer Perspektive hat sie neu thematisiert Frank-Lothar Kroll: Kultur, Bildung und Wissenschaft im 20. Jahrhundert. München 2003, insbes. mit Blick auch auf die „Stunde Null" und andere Epochenmarken S. 53f. und S. 87ff. Als sozialhistorische Klassiker bleiben verbindlich: Werner Conze / M. Rainer Lepsius (Hg.): Sozialgeschichte der Bundesrepublik Deutschland. Beiträge zum Kontinuitätsproblem. Stuttgart 1983; Martin Broszat u. a. (Hg.): Von Stalingrad zur Währungsreform. Zur Sozialgeschichte des Umbruchs in Deutschland. München 1988.

künstlerischen Werken ebenso wie durch ihre Diskurshoheit über ein halbes Jahrhundert die deutsche Kulturgeschichte, und sie hält sie in einer generationellen und historischen Verflochtenheit mit dem Fixpunkt 1945, mit dem Ende des Nationalsozialismus in Deutschland, der Doppelaufgabe von „Vergangenheitsbewältigung" und Zukunftsgestaltung nach dem moralischen, politischen und existenziellen Tiefpunkt deutscher Existenz.

Als eine merkwürdige Engführung dieses Befunds fasziniert ein weiteres Phänomen aus dem kulturellen Leben des Jahres 2007: die unglückliche, in Passagen verunglückte Predigt des Erzbischofs von Köln, Joachim Kardinal Meisner (*1933), zur Einweihung des Diözesanmuseums *Kolumba* in Köln am 14. September 2007. Meisner hatte auf der Bindung von Kultur und Kult insistiert und dazu ausgeführt: „Dort, wo die Kultur vom Kultus, von der Gottesverehrung abgekoppelt wird, erstarrt der Kult im Ritualismus und die Kultur entartet. Sie verliert ihre Mitte."[4] Meisners scheinbar oder tatsächlich harmlose Verwendung des vom NS-Geist untrennbaren Begriffs *entartet* und der Rekurs auf Sedlmayrs *Verlust der Mitte*[5] schienen nicht nur zwei oder drei Generationen kultureller Emanzipation hinweg zu eskamotieren, sondern in kulturphilosophischen Diskussionsstrukturen der unmittelbaren Nachkriegszeit (und davor) zu wurzeln. Aber auch die schlagartig einsetzende öffentliche Aufregung um Meisners Wortwahl und um die ihr zugrunde liegende Stoßrichtung gegen die moderne Kunst liegt im gleichen diskursiven Feld und bestätigt die These einer kritischen Kontinuität auch ex negativo.

Provokation und Skandalisierung erscheinen als symptomatisch für die Gemengelage von avancierter kultureller Modernisierung, historisch aufgeklärtem Nachkriegsbewusstsein und aktuell regressiven Tendenzen. Aber sie stehen auch für eine nimmermüde erregt reagie-

---

4   Erzbischof Joachim Kardinal Meisner: Predigt am 14. September 2007 im Hohen Dom zu Köln zur Einweihung des Diözesanmuseums Kolumba. Zitiert nach: http://www.domradio.com/070914predigt.pdf (Zugriff vom 7. Oktober 2007).

5   Hans Sedlmayr: Der Verlust der Mitte. Die bildende Kunst des 19. und 20. Jahrhunderts als Symbol der Zeit. Salzburg 1948. Vgl. Gustav Seibt: Kardinal Meisner und die „entartete" Kunst. Vor dem Verlust der Mitte. In: Süddeutsche Zeitung, 17.09.2007. Zitiert nach: http://www.sueddeutsche.de/kultur/artikel/341/133094/?page=5 (Zugriff vom 4. Oktober 2007).

rende öffentliche Meinung, die die Maximen der Geschichtsarbeit und Zukunftsgewinnung, für die die *große Generation* steht, verinnerlicht hat. Die Provokation durch Meisners These lag in ihren Kontexten. Denn erst wenige Tage vor der Predigt hatte sich öffentlicher Streit an einem anderen kulturkritischen Kommentar des Kölner Kardinals entzündet. Meisner hatte sich kritisch zu dem neuen Domfenster geäußert: Gerhard Richters computergeneriertes Werk, beim Festgottesdienst von Dompropst Norbert Feldhoff als „Symphonie des Lichts" gefeiert,[6] erschien Meisner ebenso gut oder sogar besser für eine Moschee geeignet.

Im innerkirchlichen Kontext schien sich Meisners Position einzubinden in ein ästhetisch, liturgisch und dogmatisch erkennbares Rollback der katholischen Kirche hinter Modernisierungsschritte des Zweiten Vatikanums, etwa in der Frage der Ökumene oder jüngst durch Benedikts XVI. Rehabilitierung der lateinischen Messe. Zumal dem letzten, global verhandelten Großdiskurs kam im regionalen Zusammenhang der Domstadt noch besondere Brisanz zu durch den schwelenden Streit um den Bau einer großen, repräsentativen Moschee in Köln. Aufgeheizt war er soeben durch mediale Attacken des Schriftstellers Ralph Giordano (*1923), der durch die Wucht der lebensgeschichtlichen Beglaubigung seiner Argumente als eines vor dem Holocaust Geretteten die Unmittelbarkeit der Anbindung aller möglichen Konflikte an die Frage des richtigen Lernens aus dieser Geschichte in Deutschland neuerlich bewies. Kurz, Meisners Intervention öffnete – neben dem Tabu durch das Wort „entartet" – weitere Konfliktlinien und kulturelle Sollbruchstellen: Abstraktion vs. Figürlichkeit in der Kunst, (künstlerische) Freiheit vs. Bindung (der Kunst), das Fremde (z. B. Islam) vs. das Eigene (Christentum), Moderne vs. Tradition.

Ist es die Tragik dieser *großen Generation*, dass sie trotz ihrer fundamentalen künstlerischen und moralischen Befreiungsleistung, die diese Antagonismen überwunden glaubte, doch durch das Gefängnis der Kontinuitätsfrage diesen Kontexten verhaftet bleibt? Die Schriftsteller und Künstler der DDR haben dies doppelt erfahren: vor 1989 in

---

6   Vgl. Silke Wortel: „Ein Fenster für die Ewigkeit." Richter-Fenster im Kölner Dom eingeweiht. In:
    http://www.wdr.de/themen/kultur/bildende_kunst/gerhard_richter/070825.jhtml
    (Zugriff vom 4. Oktober 2007).

der Verpflichtung auf den antifaschistischen Grundkonsens der DDR, der zugleich mögliche eigene Jugendsünden entschuldet hatte, nach 1989 in dem Vorwurf der gesinnungsästhetischen Mitverantwortung, wenigstens der verspäteten Einsicht. Bedrängendes Beispiel ist die Stasi-Debatte in der Exposition von Christa Wolf und Gleichaltrigen. Aber man kann auch an die Parallelisierung von DDR-Kunst und Kunst im Dritten Reich denken (Weimar 1999), an individuelle Vorwürfe wegen jugendlicher Mitgliedschaft in der Waffen-SS (Bernhard Heisig, Günter Grass), genauer: die Kommunikation darüber, oder auch die NS-Vergangenheit der Doktorväter deutscher Spitzenhistoriker. Überall droht der Schatten der Vergangenheit die Leistung der *großen Generation* zu verdunkeln. Mit auffälliger Vehemenz wird dieser Nexus in einem soeben erschienenen Sammelband freigelegt,[7] in dem sich Angehörige des Jahrgangs 1926/27 gegen die „Arroganz der Nachgeborenen" (Günter de Bruyn) verwehrt.[8] Wieder sind es große Namen der deutschen Gegenwartskultur und -politik – von der Schauspielerin Barbara Rütting bis zur Theologin Uta Ranke-Heinemann, vom Kabarettisten Dieter Hildebrandt bis zu dem Verleger Wolf Jobst Siedler –, die ihre Leistung in der deutschen Kultur in den sechzig Jahren seither nicht von der lebensgeschichtlichen Erinnerung an den Nationalsozialismus geschmälert sehen wollen. Vielleicht am vehementesten in dieser Generation hat sich Martin Walser diesem Zugriff der Geschichte entgegen zu stellen versucht. Seine Strategie der Eskalation mündete auf dem Weg von der Friedenspreisrede (1998) bis zum Konflikt mit Marcel Reich-Ranicki in Isolation und zeitweiliger Verfemung. Bemerkenswert, dass es derselbe Martin Walser ist, den sehr früh unter den führenden westdeutschen Intellektuellen auch die Frage der deutschen Teilung bewegt hat, deren Überwindung in Form einer staatlichen Vereinigung er 1989/90 – anders als Grass und viele DDR-Intellektuelle – begrüßte. Auch in dieser Hinsicht bleibt die *große Generation* unersetzlich, weil sie, ob affirmativ oder kritisch, gleichsam als Letzte mit einer lebensgeschichtlichen Beglaubigung ihrer Erfahrung vor 1945 als kulturelle Ligatur im geteilten Land bewahrte.

---

7   Alfred Neven DuMont (Hg.): Jahrgang 1926/27. Erinnerungen an die Jahre unter dem Hakenkreuz. Köln 2007.

8   Günter de Bruyn: Von der Arroganz der Nachgeborenen. In: Ebd., S. 38-42.

Die Beiträge des vorliegenden Bandes würdigen diese Leistung, und sie erzählen in manchen Aspekten Geschichten von dieser *großen Generation:* ihrer überwältigenden künstlerischen Potenz, ihren Schöpfungen und ihrem Engagement, auch ihren Irrtümern und Grenzen, und von dem gewaltigen Erbe, das sie geschaffen hat. Diese Leistung ist dem Kontinuitätsproblem geradezu abgerungen worden, und dies ist markiert in den Brechungen und Zäsuren, die dem vorliegenden Band zu seinem Titel verholfen haben. Wenn also der ein wenig konstruktivistische Titel von Aufbau, Umbau und Neubau spricht, ist immer die dialektische Verschränkung mit den langen Kontinuitätslinien mitzubedenken. Sowohl der *Aufbau* der deutschen Kultur nach dem zweiten Weltkrieg, den die *große Generation* gestaltet und getragen hat, als auch der von ihr begleitete und geförderte *Umbau* in den intellektuellen Scheidejahren der sechziger und frühen siebziger Jahre blieben bei aller individuellen Positionierung der geschichtlichen Verantwortung Deutschlands verpflichtet. Ja, 1990, als sich die Frage eines *Neubaus* stellte, blieb für Günter Grass und viele andere Auschwitz als der Kern der negativen deutschen Identität so stark, dass sich eine gemeinsame Zukunft der Deutschen in einem Staat zu verbieten schien. Und doch ist der so mühsame Prozess der kulturellen Integration von West und Ost seither ohne die Vorarbeiten dieser Generation undenkbar. Sie sind daher auch eine Verpflichtung für jeden Versuch, diesen kulturhistorischen Prozess zusammen zu denken.

*

Über Kulturgeschichte Deutschlands nach 1945 zu schreiben heißt, mit, neben, nach, gegen Hermann Glaser zu schreiben und zu denken.[9] Der große Kulturhistoriker und Publizist, natürlich auch er ein Angehöriger der *großen Generation* (*1928), synthetisiert seit drei Jahr-

---

9	Hermann Glaser (Hg.): Bundesrepublikanisches Lesebuch. Drei Jahrzehnte geistiger Auseinandersetzung. München / Wien 1978; Hermann Glaser: Kulturgeschichte der Bundesrepublik Deutschland. 3 Bände. München 1986ff.; Hermann Glaser: Deutsche Kultur 1945-2000. München 1997; Hermann Glaser: Kleine deutsche Kulturgeschichte von 1945 bis heute. Frankfurt am Main 2004. Durchges. Taschenbuchausgabe 2007.

zehnten – angefangen mit seinem *Bundesrepublikanischen Lesebuch*
(1978) – den Zusammenhang von Kultur, Gesellschaft und Politik in
Deutschland. Glasers einzigartige Meisterschaft, im kühnen Griff auf
die relevanten Diskurse und Texte kombiniert Geistes- und Sozialgeschichte mit der Authentizität des Mitgestalters und Akteurs in der
kulturellen Szene Westdeutschlands. Als Kulturdezernent der kleinen
Metropole Nürnberg hat er, wie sonst vielleicht nur Hilmar Hoffmann
in Frankfurt, die Möglichkeiten kommunaler Kulturpolitik in nationaler Hinsicht verkörpert und ihr durch seine publizistische Präsenz zu
Nachhaltigkeit verholfen. Freilich, große Kulturdezernenten hat es in
der Bundesrepublik viele gegeben, aus dem Ruhrgebiet wären Richard
Erny in Bochum, Konrad Schilling in Duisburg oder derzeit Oliver
Scheytt in Essen zu nennen, aber Glaser hat diese Insiderkompetenz in
eine kulturhistorische Autorität verwandelt: Die Kontinuität seiner
Publikationen prägt den magistralen Duktus deutscher Kulturgeschichte nach 1945. Glaser bewegt sich immer auf dem Höhenkamm
der Kultur, und wenn er Breitenkultur oder Fragen des Alltags aufgreift, so weil sie im temporalen Kontext dann genau en vogue sind,
zum Teil sogar von ihm mitgestaltet (wie etwa die Industriekultur).

Glasers Integrationskraft, nach 1989 das am westdeutschen Modell
entwickelte kulturhistorische Schreiben um die Facetten von DDR-
Kultur und gegenwärtiger gesamtdeutscher Kultur zu erweitern, nötigt
Respekt ab. Freilich werden hier notwendig auch die Grenzen eines so
weit gesteckten Homogenisierungsanspruchs erkennbar. Denn Kultur
ist mehr als Kulturpolitik und die Entwicklung des Zeitgeistes. Die
Ansprüche im vorliegenden Band müssen notwendig andere und be-
scheidenere sein. Die Beiträge sind allenfalls als Vorarbeiten für einen
synthetischen Zugriff auf eine gemeinsame Geschichte der deutschen
Kultur in Ost und West nach 1945, also in der Phase der Teilung und
der Vereinigung, zu verstehen. Ob die Kultur das richtige Feld sein
kann, die viel geforderte „asymmetrisch verflochtene Parallelge-
schichte" (Christoph Kleßmann) anzugehen oder gar die noch intensiver beklagte „Asymmetrie" beider deutscher Nachkriegserfahrungen
zu versöhnen, mag hier offen bleiben. Dass jedoch nach dem national
Verbindenden in der Zeit der Teilung zu fragen ist, setzen wir voraus,[10] ebenso wie die Brückenfunktion von Kultur und Kunst in der

---

10 Vgl. Horst Möller: Worin lag das „national" Verbindende in der Epoche der
    Teilung? In: Hans Günther Hockerts (Hg.): Koordinaten deutscher Geschichte

Zeit der deutschen Teilung. Auf sie ist jüngst im Rückblick auf die
Literatur- und Bilderstreite der letzten fünfzehn Jahre eine Brückenfunktion von Kultur und Kunst in der Zeit der deutschen Teilung erinnert worden.[11] Insofern wollen die Beiträge dieses Bandes auch als
Variation des Themas Kulturnation gelesen werden. Noch vor dem
nationalen Ausnahme-Taumel der Fußballweltmeisterschaft von 2006
hat Christina Weiss in bemerkenswerter Prognostik den Diskurs über
das neue deutsche Selbstbewusstsein kommentiert. Es sei „eine der
großen Herausforderungen der Gegenwart […], eine Vorstellung
Deutschlands als Kulturnation wieder zu entwickeln und zu verankern." Und weiter: „Die Wertschätzung der geistigen Leistungen, die
das Geflecht unserer Kulturgeschichte bestimmt, ist unabdingbar notwendig, um die eigene kulturelle Identität zu begreifen und zu spü-
ren."[12]

*

Der Untertitel dieses Bandes spricht von *Essays und Studien zu einer
deutschen Kulturgeschichte nach 1945.* Angesprochen sind damit die
Gattungstypik dieses Buchs und seiner Beiträge, die Frage der deutschen Nation im Zeitalter ihrer Teilung, der auch zwanzig Jahre nach
dem Beginn der deutschen Rezeption des *Cultural Turn* weiterhin
höchst unklare Begriff der Kultur und die Aufgabe einer Geschichtsschreibung in kultureller Perspektivik, schließlich die mit dem Jahr
des Kriegsendes in Erinnerung gebrachte Kontinuitätsproblematik, die
nun hinreichend deutlich gemacht ist, ebenso wie der nationale Zugriff
und das historiographische Selbstverständnis.
Eine Bemerkung zum Kulturbegriff bleibt anzuschließen: Der Band
geht von einem denkbar weiten Verständnis von Kultur aus, wie die

---

in der Epoche des Ost-West-Konflikts. München 2004, S. 307-323, besonders S.
314-317.

11 Vgl. dazu Rüdiger Thomas: Wie sich die Bilder gleichen. Ein Rückblick auf den
    deutsch-deutschen Literatur- und Bilderstreit. In: Deutschland Archiv 40 (2007)
    H. 5, S. 872-882.

12 Christina Weiss: „Wo wir uns finden". Orte der Kulturnation. In: Merkur 60
    (2006), S. 275-281, Zitat S. 276f.

Überlegungen zum Recht als Element der Kultur und zur Geistesgeschichte der Marktwirtschaft zeigen. Gleichwohl sind die Verfasser nicht von dem Anspruch der Kulturwissenschaften beseelt, eine neue Meistererzählung zu konstruieren. Ohnehin scheint nicht nur der Höhepunkt des *Cultural Turn* hinter uns zu liegen, sondern auch die engere Kulturgeschichte vielleicht am wenigsten von ihm verändert worden zu sein. In jedem Falle wäre es angesichts der heterogenen Zusammensetzung der Beiträgergruppe dieses Bandes eine arge Überwältigung, sie nachträglich in das methodische Prokrustesbett einer Großtheorie zu zwängen.

Denn natürlich hat auch dieses Buch seine verwickelte und komplizierte Geschichte. Hervorgegangen ist es aus einer mehrteiligen Vorlesungsreihe des *Instituts für Deutschlandforschung* der *Ruhr-Universität Bochum* zur deutschen Kulturgeschichte nach 1945, die 2006 abgeschlossen wurde. Die vier Gliederungskapitel des Buchs gehen auf den Verlauf der Ringvorlesungen zurück, die auf diese Weise annähernd vollständig dokumentiert ist, auch wenn die einzelnen Beiträge natürlich mehr oder weniger umfangreichen Bearbeitungen und vor allem bibliographischen Ergänzungen unterzogen wurden. Es sei ausdrücklich darauf hingewiesen, dass der von den einzelnen Autoren zu verantwortende Forschungs- und Arbeitsstand teilweise also bis in das Jahr 2006 zurückreicht. Die ohnehin nicht immer ganz einfache Transformierung lebendiger Vorträge in wissenschaftliche Druckwerke musste zu einem bestimmten Zeitpunkt abgeschlossen werden, sodass nicht in jedem Falle alle vielleicht wünschenswerten Nachträge zu aktuellsten Einlassungen der Forschung möglich waren. In einem besonderen Fall wurde der Weg gewählt, eine umfassende Kontextualisierung eines Beitrags, der aus einem laufenden Großforschungsprojekt erwachsen ist, im Anhang zu dokumentieren. Sie steht zugleich paradigmatisch für die geisteswissenschaftliche Kultur im vereinten Deutschland.

Die Idee, die Beiträge der Referenten – Mitglieder des multidisziplinär arbeitenden Instituts und mehrere auswärtige Experten – zu einem kulturhistorischen Reader zusammenzustellen, hatte sich frühzeitig ergeben. Einen Impuls dazu gab auch die Tatsache, dass auf dem Buchmarkt zugreifende aktuelle Überblicksdarstellungen mit sektoraler Differenzierung nicht greifbar sind, nachdem der entsprechende

Band der Geschichte der alten Bundesrepublik von Wolfgang Benz
längst einer gesamtdeutschen Überarbeitung bedarf.[13]

Freilich wird das vorliegende Ergebnis wohl weder mit dem Band
von Benz noch mit dem gleichfalls sehr schätzenswerten, in zeitlicher
Staffelung organisierten Sammelwerk von Werner Faulstich in eine
Konkurrenz treten wollen oder können.[14] Dazu ist gewiss die Hetero-
genität der einzelnen Zugriffe zu mannigfaltig, ebenso wie oft notwendig punktuell und beispielhaft argumentiert werden musste. Dies
ergab sich allein schon aus der Verbindung von zeitlichem und thema-
tischem Fortschreiten durch die Epochen und Sektoren der deutschen
Kultur. Der Band will daher nicht nur Wissen und gesicherte Kenntnisse vermitteln und eine Zwischenbilanz ziehen, sondern auch Impulse geben für ein weiteres Nachdenken: für weiteren *Aufbau*, *Umbau*
und *Neubau* am Gerüst der deutschen Kultur und ihrer historischen
Vergegenwärtigung.

---

13 Wolfgang Benz (Hg.): Die Geschichte der Bundesrepublik Deutschland. Aktua-
    lisierte und erweiterte Neuausgabe. 4 Bände. Frankfurt am Main 1989 (Band 4:
    Kultur).

14 Werner Faulstich (Hg.): Die Kultur der fünfziger Jahre. München 2002; Die
    Kultur der sechziger Jahre. München 2003; Die Kultur der siebziger Jahre.
    München 2004; Die Kultur der achtziger Jahre. München 2005.

1. Die erschütterten Fundamente

Paul Gerhard Klussmann

Anfänge und Kontinuitäten in der „Stunde Null": Deutsche Kultur nach dem Kriege

Die Menschen, die im Frühjahr 1945, zumal nach dem Friedensgebot am 9. Mai mit den Befehlen zur Einstellung der Kampfhandlungen, den mörderischen Krieg überstanden hatten und in einer Landschaft der Trümmer und der Gräber sich zurechtfinden mussten, Menschen, die fast alles verloren hatten und in eine Situation des Chaos, der Ausgesetztheit und der Unterwerfung gestürzt waren, fragten oder suchten, was physisches und geistiges Leben ermöglichen konnte. Um die Einmaligkeit des staatlichen und gesellschaftlichen Zusammenbruchs und des harten Bedarfs einer völligen Neuorientierung zu kennzeichnen, haben Historiker inzwischen von einer weltgeschichtlichen Zäsur, von einer Zeitenwende, vom Ende der deutschen Nationalgeschichte, von der Niederwerfung und Entmachtung eines totalen Herrschaftssystems, kurz von einer Zusammenbruchsgesellschaft und von neuem Zivilisationsbruch (Jarausch) gesprochen und folglich auch von einer Befreiung nicht nur der Insassen von Konzentrationslagern und anderen Gefängnissen zum Tode, sondern einer Befreiung der gesamten Gesellschaft in Deutschland und in den besetzten Ländern. Freilich führte in jener Zeit der kriegerische Schlag gegen Naziterror und Rassenvernichtungspolitik zunächst zu einer schrecklichen Flüchtlings- und Vertreibungswelle von vielen Millionen Ostdeutschen und Grenzbewohnern mit der massenhaften Vergewaltigung von Frauen, Mädchen und Kindern durch die vorrückenden Rotarmisten, während die Soldaten der kämpfenden Truppen im Zuge der Demobilisierung und des Kriegsendes in provisorischen Gefangenenlagern oder Lazaretten dahinvegetierten, erkrankten oder starben, also keineswegs gleich ein Befreiungsbewusstsein sich entwickeln konnte.

In diesen Tagen – 60 Jahre nach dem Kriegsende – versuchen nun die Medien auf mannigfache Weise, die Grauenhaftigkeit und Einmaligkeit der Ereignisse im April und Mai 1945 ins Gedächtnis zu rufen, wobei uns gleichermaßen die Untaten der Nazitruppen, der NS-Gerichte und des Holocaust vor Augen geführt werden wie die Leiden der Besiegten, der Flüchtenden und der irgendwo in den Trümmern Überlebenden. Als man im Sommer und Herbst 1945 erstmals zur Besinnung kam, griff das Bewusstsein einer totalen Leere um sich, die man als „Stunde Null" empfinden mochte, wobei gleichzeitig die innere Befreiung vom Vergangenen – nicht etwa schon die Bewältigung – und der vage und verzweifelte Ausblick in die gänzlich ungewisse Zukunft mit einer „0" bezeichnet werden konnte. Um Bücher zu lesen, wenn man überhaupt welche hatte oder in unzerstörten Bibliotheken fand, mangelte es zunächst noch an Zeit und Gelegenheit; Neugedrucktes kam erst nach und nach auf den Markt, da die meisten graphischen Betriebe zerstört waren und jedes Druckwerk der Genehmigung durch die Behörden der Besatzungsmächte bedurfte. Und daher wurde die „Stunde Null" zu einer Periode des Gedichts. Entweder kannte man Einiges noch auswendig – aus Lager- und Gefängnisberichten ist zu erfahren, wie man mit Hersagen von Gedichten zu überstehen trachtete; so wurden z. B. im Atelierversteck der Malerin Gisèle d'Ailly van Waterschoot van der Gracht in Amsterdam junge Menschen mit dem Lesen, Abschreiben und Lernen von Gedichten beschäftigt (später das *Castrum Peregrini* in Amsterdam). Kurz: Man hatte Gedichte im Gedächtnis oder man besorgte sie sich hier und dort, konnte sie schnell abschreiben und fand eine ganz neue Lust am Rezitieren im kleinsten oder größeren Kreis.

Auch wenn später Zeitgenossen nach einem Diktum von Adorno meinten, nach Auschwitz sei es nicht mehr möglich, Gedichte zu schreiben, so vergaßen sie, dass gerade auch in Konzentrationslagern oder im Getto Gedichte als Lebenstrost gedient hatten und manche der Überlebenden in der Folgezeit dezidiert im Gedicht den Ort wählten, um schlimmen Erfahrungen eine sprachliche Form zu geben. Auch in den Zonen der Nachkriegszeit war die Trümmer-, Hunger- und Kahlschlagzeit eine Stunde des Gedichts. In einem Nachkriegsgefangenenlager entstand dann auch ein Gedicht, das nach seiner Veröffentlichung später zum Gedicht einer ganzen Generation werden sollte.

Damit beginne ich mit einem frühen Faktum einer ganz neu sich for-
mierenden Kultur in Sprache und Dichtung. *Inventur* – so lautet der
Titel des Gedichts – liest sich wie ein kurzer Tagebucheintrag in der
Form einer Bestandsaufnahme von Besitz:

Inventur

Dies ist meine Mütze,
dies ist mein Mantel,
hier mein Rasierzeug
im Beutel aus Leinen.

Konservenbüchse:
Mein Teller, mein Becher,
ich hab in das Weißblech
den Namen geritzt.

Geritzt hier mit diesem
kostbaren Nagel,
den vor begehrlichen
Augen ich berge.

Im Brotbeutel sind
ein Paar wollene Socken
und einiges, was ich
niemand verrate,

so dient es als Kissen
nachts meinem Kopf.
Die Pappe hier liegt
zwischen mir und der Erde.

Die Bleistiftmine
lieb ich am meisten:
Tags schreibt sie mir Verse,
die nachts ich erdacht.

Dies ist mein Notizbuch,
dies meine Zeltbahn,
dies ist mein Handtuch,
dies ist mein Zwirn.

Entstanden ist das Gedicht 1945/46, erstmals veröffentlicht in der Anthologie *Deine Söhne. Europa. Gedichte deutscher Kriegsgefangener* (1947).[1] Wenn ich den Text nicht als Gedicht gelesen hätte, mit Versgrenzen, Pausen und Versbrechungen und wenn wir auch das Druckbild nicht hätten, könnte man im Blick auf Wortreihung, Satzwiederholung und Grammatik zweifeln, ob es überhaupt ein poetischer Text mit strophischen Gebilden ist. Vergegenwärtigen wir uns daher in äußerster Kürze, welche Form des Sprechens sich in dem Text von Günter Eich ereignet. Wahrscheinlich ist es schon während des Lesevortrags möglich gewesen, die Spannung zu bemerken, die durch die prosaische Aufzählung von einfachen Dingen erzeugt wird, durch die versliche Gliederung, durch den Rhythmus, durch Litaneihafte Wiederholung, durch Variation, durch Rhythmuswechsel und durch Nachdrücklichkeit aller Aussagen zur Vergewisserung des Besitzes, der knapp und kunstvoll in eine äußere und innere Beziehung zum Subjekt gebracht ist. Die Kürze der zweihebigen Verse erzeugt einen liedhaften Eindruck, der durch die anaphorische Reihung von parallel gefügten Hauptsätzen verstärkt wird. Auch die schmucklose Schlichtheit der Rede, die bei der Nennung der Dinge ohne Adjektive auskommt, erzeugt eine Nähe zu Volksliedhaften Versen oder zur Fibelsprache, die mit deiktischem Impetus Bezeichnungen neu notiert und festlegt: „Dies ist meine Puppe! Dies ist mein Roller!" So wie in diesen Beispielen stehen auch bei der expositorischen ersten Strophe und in der Schlussstrophe von *Inventur* die bezeichneten Dinge des Besitzes jeweils akzentuiert am Versende, das zugleich Satzschluss ist. Nur in den fünf Binnenstrophen werden die anscheinend lebenswichtigen Dinge, die teils mit Namen benannt sind, mit grammatisch und rhythmisch reicheren Aussagen erfasst, wobei Bergung und Geheimnis den Wert des Besitzes klar anzeigen, und sogar eine emotionale Wendung wird gewagt. Es ist aufregend und wohl auch überraschend, dass die Bleistiftmine alle Gebrauchsdinge für Kleidung, Aufbewahrung, Beschirmung und Nahrung an Bedeutung übertrifft. Bei aller Bedürftigkeit und aller Bedürfnislosigkeit ist offenkundig das dichterisch gefügte Wort, sind Satz und Vers erstrangiger Besitz: gleich einem Schatz poetischer und ermunternder Lebenskultur, die

---

1 Günter Eich: Inventur. In: Hans Werner Richter (Hg.): Deine Söhne. Europa. Gedichte deutscher Kriegsgefangener. München 1947, S. 17.

das Überstehen als Mensch in der Lagergefangenschaft möglich macht; aber alles Aufgeschriebene ist so einfach, richtig und klar, dass es vieles, was vorher als problematischer Besitz da gewesen ist, hinter sich lässt, also ein Gedicht anfänglichen und unbelasteten Sprechens. Das gilt vor allem im Rückblick auf ideologisch belastete Vokabeln und Literatur. Natürlich bleiben überlieferte Mittel der Lyrik wirksam, so dass die Forschung auf die Vorbildlichkeit des Volksliedes hingewiesen hat, aber andererseits auch Muster literarischer Hochkultur erkennt, etwa im Blick auf Einzelnes bei Goethe und Schiller, bei Brentano und Nietzsche.[2] *Inventur* ist ein Gedicht der Selbstvergewisserung des Dichters in einer Zeit des Zusammenbruchs, aber gleichzeitig der Versuch, gegen vorgängige Lügen die einfache Wahrheit als Wahrheit des Einfachen künstlerisch und kulturell zur Geltung zu bringen. Doch wer sich im Sommer oder Herbst 1945, literarisch neu oder anfänglich orientieren wollte, stieß noch nicht auf Texte von Günter Eich. Erst zwei bis drei Jahre später, also 1947/48 mit dem Gedichtbuch *Abgelegene Gehöfte,* das freilich auch noch moderne Naturlyrik enthält, und mit der Verleihung des ersten Preises der Gruppe 47 gewannen auch Eichs Texte aus der Kriegsgefangenschaft einen hohen Bekanntheitsgrad, und erst im frühen Rückblick begriff man das Programm und die ersten poetischen Versuche des „Kahlschlags", von Wolfgang Weyrauch so formuliert: „Die Kahlschläger fangen in Sprache, Substanz und Konzeption von vorn an [...] beim ABC der Wörter. Die Methode der Bestandsaufnahme. Die Intention der Wahrheit [...]".[3]

Wer also 1945 im Bereich der literarisch deutschen Kultur sich orientieren wollte, war auf die Zeit vor 1933 angewiesen, etwa in der Lyrik auf Texte von der Goethezeit bis zum Expressionismus. Und dies war auch das Thema des ersten Universitätsseminars, das ich nach der Entlassung aus der Kriegsgefangenschaft in Münster bei dem jungen Literaturhistoriker Clemens Heselhaus besuchte. Ein Referat über Herbstgedichte von Goethe bis Trakl brachte mir immerhin so-

---

2   Vgl. etwa Jürgen Zenke: Poetische Ordnung als Ortung des Poeten. Günter Eichs „Inventur". In: Walter Hinck (Hg.): Gedichte und Interpretationen. Band 6: Gegenwart. Stuttgart 1982, S. 71ff., insbesondere S. 74f.

3   Wolfgang Weyrauch: Kahlschlag. In: Wolfgang Weyrauch: Mit dem Kopf durch die Wand. Geschichten, Gedichte, Essays und ein Hörspiel 1929-1977. Darmstadt / Neuwied 1977, S. 45ff.

viel Anerkennung ein, dass ich zu Beginn des ordentlichen Studienbe-
triebs und nach der politischen Überprüfung durch den englischen
Universitätsoffizier Mr. Perodin ins Lyrik-Kolloquium eingeladen
wurde, das bis 1952 regelmäßig im Wohnzimmer des nicht ausge-
bombten Hauses Heselhaus stattfand. Gegenstände des Gespräches
waren außer der Lyrik der Annette von Droste-Hülshoff vornehmlich
Autoren der literarischen Moderne um und nach 1900, dabei zuerst im
Mittelpunkt Texte von Rainer Maria Rilke, der bald ein Dichterheros
der neuen deutschen Literatur wurde, und zwar durch eine Vielzahl
von Rezitationen, Vorträgen, Vorlesungen und Veröffentlichungen.
Unter diesen sind besonders zeittypisch: Hans Egon Holthusen: *Der
späte Rilke* (Zürich 1944); Else Buddeberg: *Die Duineser Elegien R.
M. Rilkes. Ein Bild vom Sein des Menschen* und *Kunst und Existenz im
Spätwerk Rilkes. Eine Darstellung nach seinen Briefen* (beide Karlsruhe 1948); Romano Guardini: *Rilkes Deutung des Daseins* (München
1953); schließlich später Beda Allemann: *Zeit und Figur beim späten
Rilke. Ein Beitrag zur Poetik des modernen Gedichts* (Pfullingen
1961); Käte Hamburger: *Die phänomenologische Struktur der Dichtung Rilkes* (Berlin 1965); und ganz spät, aber auch grundlegend:
Ralph Köhnen: *Sehen als Textkultur. Intermediale Beziehungen zwischen Rilke und Cezanne* (Bielefeld 1995). Alle diese Titel lassen
mehr oder weniger deutlich erkennen, dass es bei der Rezeption und
Deutung der Dichtungen Rilkes einerseits um Grundfragen der Existenz, andererseits um moderne Poetik, Kunst und Kultur geht. Fast
programmatisch für den ganzen Umgang mit Rilke ist das Vorwort
des von der Militärregierung unter Nummer US - W 1092 zugelasse-
nen Buches von Else Buddeberg:

> Der heutige Mensch [...] kann nicht einfach fortfahren wo er vor dem Offen-
> barwerden des Niederbruches gestanden hatte. Denn die endliche Katastro-
> phe ist nur die sichtbare Erscheinung einer mehr oder weniger verborgen ge-
> wesenen Zielrichtung auf den Abgrund zu. – Rainer Maria Rilke hat in sei-
> nem Spätwerk [...] ein neues Bild vom Sinn des menschlichen Daseins auf-
> gewiesen.[4]

Natürlich haben Texte von Rilke schon frühzeitig Impulse gegeben
für eine neue oder erste Hinwendung zur modernen Kunst – von den

---

4   Else Buddeberg: Die Duineser Elegien R. M. Rilkes. Karlsruhe 1948, Vorwort
S. V.

NS-Oberen als entartet verbannt – zu Cezanne und Picasso etwa und
natürlich zur Musik. Sobald als möglich folgte den Reden über Rilke
die Neuausgabe einzelner oder gesammelter Werke. So bewahre ich
als kleine Kostbarkeit den ersten Nachkriegsdruck der *Duineser Elegien,* Zulassungsnummer 13 der Militärregierung (Hoppenheim 1946).
Durch den Lyrik-Zirkel von Heselhaus stimuliert, habe ich damals
nach einer kurzen Zeit des Unterrichts bei einem prominenten Schauspieler – eine Stunde kostete 1946 drei amerikanische Zigaretten – in
Cafés und anderswo unter dem Titel „Dichtung und Musik" zusammen mit einer Pianistin Lyrik-Rezitationen veranstaltet. Im Hause
Heselhaus habe ich dann auch die damalige Primadonna der Rezitati-
onskunst, Felicitas Barg, kennengelernt. Doch ich war schon durch die
Beschäftigung mit der Droste und mit Heinrich Heine durchaus nicht
auf Rilke fixiert, und so habe ich einmal vor einem exklusiven Hörer-
kreis von drei Kommilitonen Gedichte von Stefan George rezitiert und
eine Stunde lang über den Text „Der Dichter in Zeiten der Wirren"
gesprochen. (Die Kommilitonen waren Alexander von Hase, Hans
Joachim Schrimpf und Arnold Wiebel.)

Die hohe Zeit der Lyrik nach 1945 und die Mode der Rezitation
blieben indessen nicht auf die große deutsche Tradition und die Moderne um 1900 beschränkt. Neben Günter Eich waren die Gedichte
von Nelly Sachs „In den Wohnungen des Todes" (1947) und „Ster-
nenverdunkelung" (1949) im kulturellen Leben präsent, ebenso die
Gedichte von Marie Luise Kaschnitz, vor allem mit dem Band *Toten-
tanz und Gedichte zur Zeit* (1947), Rudolf Alexander Schröder mit
seinen *Neuen Gedichten* (1949) und zuerst nach dem Krieg Rudolf
Hagelstange mit dem 1946 schon greifbaren Insel-Bändchen *Venezia-
nisches Credo,* eine Folge von Sonetten, die mit vergleichsweise traditionellen Mitteln alle Gedanken und Erfahrungen des Kriegsendes
umkreisen. Hagelstange war 1946 schon Gast im Lyrik-Kolloquium
von Heselhaus und erhielt für einzelne seiner Texte durchaus Zustimmung und Beifall. In den Jahren 1947 und 1948 meldete er sich während der Schriftstellerkongresse mehrfach zu Wort. Bei späteren Gedichten von Nelly Sachs und Marie Luise Kaschnitz erkennt man wie
bei Günter Eich eine Tendenz zum einprägsamen Lakonismus mit
parallelen Satzfügungen und einer auffälligen Konzentration auf Sinn
gebende Substantive, die eine reiche Metaphorik entfalten. Ich zitiere
einen Text aus Nelly Sachs' *Fahrt ins Staublose:*

Das ist der Flüchtlinge Planetenstunde,
Das ist der Flüchtlinge reißende Flucht
in die Fallsucht, den Tod!

Das ist der Sternfall aus magischer Verhaftung
der Schwelle, des Herdes, des Brots.

Das ist der schwarze Apfel der Erkenntnis,
die Angst! Erloschene Liebessonne
die raucht! Das ist die Blume der Eile,
schweißbetropft! Das sind die Jäger
aus Nichts, nur aus Flucht.

Das sind Gejagte, die ihre tödlichen Verstecke
in die Gräber tragen.

Das ist der Sand, erschrocken
mit Girlanden des Abschieds.
Das ist der Erde Vorstoß ins Freie,
ihr stockender Atem
in der Demut der Luft.[5]

Im Horizont des Kriegsendes sind die Vokabeln der Leiderfahrung sogleich verständlich, aber sie werden immerfort in eine bildhafte kosmische Bewegung versetzt, so dass ein visionärer Realismus von Flucht, Abschied und Tod wahrnehmbar wird, freilich im Horizont einer Erlösungsbotschaft.

Einen Wendepunkt im Umgang mit der Lyrik bewirkte um 1950 das Auftreten des Dichters Gottfried Benn, der mit seinem artistischen Gedichtband *Statische Gedichte* und seiner Marburger Rede „Über Lyrik" einen plötzlichen und großen Erfolg, gerade auch bei einem jungen Publikum, erreichte. Die Studenten in Marburg spendeten ihm stürmischen Beifall. Benn forderte, seine Gedichte zu lesen, nicht zu rezitieren: Das Druckbild des Textes sollte Strukturen erkennbar machen. Benn folgte den großen europäischen Vorbildern von Mallarmé, Verlaine, Rimbaud, Valéry und Apollinaire, auch den Surrealisten Breton und Aragon, im anglo-atlantischen Raum Eliot, Auden und Ezra Pound und nicht zuletzt Majakowski in Russland. Auch die deutschen Expressionisten Heym, Trakl, Werfel, Lichtenstein und van Hoddis gliederte Benn in die Reihe der Avantgardisten der Lyrik ein.

---

5   Nelly Sachs: Fahrt ins Staublose. Frankfurt am Main 1961, S. 160.

Artistik ist im Sinne Benns „der Versuch der Kunst, innerhalb des allgemeinen Verfalls der Inhalte sich selber als Inhalt zu erleben und aus diesem Erlebnis einen neuen Stil zu bilden."[6] Hinter einem modernen Gedicht, so heißt es in der Rede „Probleme der Lyrik" (1951), stehen die Probleme der Zeit, der Kunst, der inneren Grundlage unserer Existenz weit gedrängter und radikaler als hinter einem Roman oder gar einem Bühnenstück.[7] „Des Menschen Ordnung", so Benn wörtlich, „ist der Geist, sein Gesetz heißt Ausdruck, Prägung, Stil. Alles andere ist Untergang. Ob abstrakt, ob atonal, ob surrealistisch, es ist das Formgesetz, die Ananke des Ausdrucksschaffens, die über uns liegt."[8] Sofern der Lyriker dem so formulierten Gesetz des Geistes folgt, ist er nach den Auffassungen Benns nicht nur den anderen literarischen Akteuren, sondern auch den Philosophen überlegen, die, wie er meint, im Grunde alle dichten möchten. In seiner kurzen Literaturgeschichte *Die umerzogene Literatur* stellt Hans Mayer zwar den Ruhm des späten Benn deutlich heraus, auch mit der großen, öffentlichen Anerkennung bei der Verleihung des Georg-Büchner-Preises 1951, freilich ohne ein eigentliches Verständnis für dessen Lyrikkonzept und Leistung, dazu mag er sich wohl nicht zwingen; denn das frühere Denken und Schreiben des Autors Benn und seine zwar kurze, aber enge Bindung an den Nationalsozialismus ist ihm wichtiger, um so mehr, als nicht der Autor sich selbst abwendete von den braunen Machthabern, sondern Himmler, der SS-Chef, ihn in die Rolle und die Funktion des Militärarztes abdrängte oder verstieß.[9] Mayer sieht sich in seiner kritischen Ansicht unterstützt durch den Schweizer Literaturhistoriker und Autor Walter Muschg, der Benn wegen seiner politischen Verirrung entschieden bekämpft und ablehnt. Benn, so Mayer, habe sich zur Situation des Null-Punktes bekannt und sei wohl deshalb, wie Günter Blöcker es formuliert hat, „zu einer Figur geworden, die das Bewusstsein einer historischen Situation repräsentierte."[10]

---

6   Gottfried Benn: Probleme der Lyrik. Wiesbaden 1951, S. 12.

7   Vgl. ebd., S. 13f.

8   Ebd.

9   Vgl. Hans Mayer: Die umerzogene Literatur. Deutsche Schriftsteller und Bücher 1945-1967. Berlin 1988 , S. 109-115.

10 Ebd., S. 115. Und vgl. den Abschnitt über Gottfried Benn bei Günter Blöcker: Die Neuen Wirklichkeiten. Linien und Profile der modernen Literatur. Berlin 1957.

Mit der Hochkonjunktur, welche in den Besatzungszonen und in den beiden deutschen Staaten nach 1945 für etwa fünf bis zehn Jahre die Lyrik erlebte, verband sich ein fast unglaubliches Aufblühen auch des Theaters, obwohl die meisten Spielstätten ganz oder teilweise zerstört waren. Hauptgrund für die schnelle Genehmigung zur Eröffnung des Theaterbetriebs war wohl die Überzeugung der Kontrollbehörden in Ost und West, dass durch die Theater die „Re-education", die Umerziehung, entschieden befördert und beschleunigt werden konnte. Für den Verlauf der Spielgenehmigungsverfahren erwies es sich als günstig, dass viele Kulturoffiziere ein im Grunde höchst positives Verhältnis zur deutschen Literatur und Kunst der Zeit vor 1933 hatten. Jedenfalls haben 1945/46 zahlreiche Theater in Berlin, Hamburg, Köln, Münster, Stuttgart und München konkrete Unterstützung erfahren für die Wiedereinsetzung von Bühnen oder die Gewinnung von Gebäuden und Sälen, die als Behelfs- und Ausweichtheater dienen konnten. Zudem wurden Künstler, die sich wieder eingefunden hatten und ein politisches Unbedenklichkeitszeugnis erhielten, mit Geräten – etwa Lichtmaschinen –, Kleidung und Nahrungsmitteln unterstützt. Die ärgste Zeit, die solche Hilfen erforderlich machte, war der Hungerwinter 1946/47. Wer sich in diesem Zusammenhang ausführlicher über die Wiederbelebung des deutschen Kulturbetriebs in der SBZ durch sowjetische Kulturoffiziere informieren möchte, sei auf das instruktive Kapitel im Buch von Anne Hartmann und Wolfram Eggeling *Sowjetische Präsenz im kulturellen Leben der SBZ und frühen DDR* hingewiesen.[11]

Fast überall in den Universitätsstädten waren auch Studenten freiwillig oder verpflichtet am Wiederaufbau oder an der provisorischen Wiedereinrichtung von Gebäuden und Räumen als Helfer beteiligt. In Münster war das bis auf die Grundmauern zerstörte Schloss, das prächtige Bauwerk des Spätbarock, entworfen vom Künstler und Architekten Johann Conrad Schlaun (1695-1773), der Universität übereignet worden, also mussten damals alle Studierenden mitwirken beim Abtransport unbrauchbarer Trümmer und bei der Bewahrung halbwegs erhaltender Baureste der Ornamentik und Reliefkunst. Wir er-

---

11 Vgl. Anne Hartmann / Wolfram Eggeling: Sowjetische Präsenz im kulturellen Leben der SBZ und frühen DDR. 1945-1953. Berlin 1998, besonders S. 145-152.

hielten dann am Ende unserer Arbeitsleistung ein Zeugnis für die Beteiligung am Wiederaufbau. Nicht ohne Stolz habe ich später, als ich
die Dichterin Ingeborg Bachmann auf dem Weg zur Gastwohnung des
Schlosses begleitete, einige gerettete Elemente des alten Residenz-
schlosses gezeigt, die wir Nachkriegsstudierenden für die Wiederver-
wendung aus dem Schutt hervorgeholt hatten. Kurz: Alle Zeugnisse
und Stätten der Kultur und des kulturellen Lebens wurden in der Phase des Wiederaufbaus nach 1945 durchaus mit einer großen Aufmerksamkeit bedacht und zeitig gefördert. Das galt, neben den Theatern,
Universitätsgebäuden, Schulen und Kirchen ganz besonders auch für
die Museen. In Münster übernahm Walther Greischel die Wiedereinrichtung des teilweise erhaltenden Alten Museums. Wie sehr die hohen Besatzungsoffiziere gerade auf den kulturellen Bereich ihre Aufmerksamkeit richteten, mag ein Beispiel zeigen:

In Berlin hatte ein französischer Besatzungsoffizier einiges aus dem
Nachlass des Künstlers Melchior Lechter, international bekannt vor
allem durch Glasmalereien und Buchausstattungen und dem Jugend-
stil zugerechnet, gerettet und auf Grund seiner Recherchen dem Museum in Münster übergeben lassen. Als er dann wenig später als Ver-
bindungsoffizier nach Versmold in Westfalen versetzt wurde, fragte er
bei der Philosophischen Fakultät Münster an, ob er eine Arbeit über
den Künstler Lechter, die er verfassen wolle, als Dissertation vorlegen
könne. Nach der Zusage des Dekans lernte er mich in einem Kolleg
kennen und fragte, ob ich ihm bei der Übertragung der geplanten Arbeit ins Deutsche helfen könne. Natürlich sagte ich gern zu, da ich als
Gegenleistung mehrfach mit französischer Küche verwöhnt werden
sollte. Unter dem Schutz einer schönen Frau und eines Dobermanns
wurde die deutsche Version der Dissertation dann zügig fertig gestellt
und in Münster mit dem Rigorosum erfolgreich zum Abschluss gebracht.[12]

Nach diesem kleinen Exkurs sei nur verallgemeinernd bemerkt, dass
in allen Besatzungszonen das Übersetzen von Schriftwerken, Kunst-
werken, Theaterstücken und natürlich auch Gedichten zu einem viel-
geübten Handwerk wurde. Bald schon nach Kriegsschluss boten die
England-, Amerika- und Frankreich-Häuser, die als Bibliotheken in

---

12 André Wilhelm: Melchior Lechter und Stefan George und ihr Problem der
künstlerischen Inspiration. Diss. (Masch.) Münster 1949.

vielen Städten zum Zweck der Re-education eingerichtet wurden, reiche Schätze an Fachliteratur, Sachbüchern und Belletristik, teilweise auch Zeitschriften und Wochenzeitungen und nicht zuletzt auch kunstgeschichtliche Bildbände. Da die Benutzer- und Ausleihordnung sehr leserfreundlich war und die Lesesäle an kalten Tagen ein angenehmes Arbeitsklima boten, wurden diese Einrichtungen der Besatzungsmächte gern angenommen. Das England-Haus in Bielefeld habe ich während meines Studiums ständig benutzt. Im großen Heidelberger Amerika-Haus fand ich noch spät bei einem DFG-Projekt mit meinen Mitarbeitern gastliche Aufnahme mit komfortabler Wohnung.

Wie indessen die deutschen Theater so schnell an Textbücher zu modernen englischen, amerikanischen und französischen Stücken und an gute Übersetzungen gekommen sind, ist mir bis heute ein Rätsel, denn, um das vorgreifend zu sagen, ausländische Stücke bestimmten in der frühen Nachkriegszeit die Programme der deutschen Theater in allen Besatzungszonen. Wenn man hier und dort, etwa im Blick auf Bochum, gesagt hat, die Kulturoffiziere hätten nur wenig Anteil an der Entwicklung des kulturellen Neubeginns in Deutschland genommen, so muss ich dem aus meiner Erfahrung und meinen Informationen entschieden widersprechen. Sicherlich gab es regionale und lokale Unterschiede, die auf Schwierigkeiten bei der Kommunikation zurückzuführen waren, aber im Großen und Ganzen haben die verantwortlichen Besatzungsoffiziere gerade ihren Umerziehungsauftrag und ihre Aufgabe, für die Entwicklung des kulturellen Lebens Impulse und Hilfen zu geben, sehr ernst genommen, teils auch aus Eigeninteresse an Momenten der deutschen Kultur. So hat zum Beispiel ein hochrangiger Offizier in Bielefeld dem Chef des Sinfonieorchesters mannigfache Hilfen zur Wiederaufnahme und Durchführung der Konzerte in der Oetkerhalle gegeben und Kriegsgefangenen des Lazaretts Bethel die Möglichkeit zum Freigang eröffnet, damit sie an Konzerten teilnehmen konnten. Als ich selbst bei einem Lazarettoffizier um Beurlaubung bat, um mich für den Beginn des Wintersemesters 1945/46 an einer Universität einschreiben zu können, erhielt ich sehr bald ein „Temporary Dismission Certificate", und so habe ich mein Vorstudium in Münster im Stande eines beurlaubten Kriegsgefangenen aufgenommen. Auch die ersten Theaterbesuche und die Erneuerung meines Führerscheins habe ich als kriegsgefangener Freigänger gemacht.

Doch was bot das deutsche Theater nach 1945, wenn es denn Spielstätten gefunden hatte und eine Spielerlaubnis erreichte? Auch hier gab es natürlich mannigfache Unterschiede: In Bochum etwa, so berichtet Uwe-Karsten Ketelsen in seinem Standardwerk über das hiesige Theater,[13] änderte sich kaum etwas, obwohl das Gebäude zerstört war und man im bescheidenen Saal des Parkhauses am Stadtpark spielen musste. Saladin Schmitt wiederholte seine Klassiker-Inszenierungen mit schlichterer Ausstattung und gab allenfalls den Shakespeare-Aufführungen, auch nur durch neue Schauspieler, bemerkenswerte Akzente. Anderswo aber, in Münster, Bielefeld, Hamburg, Düsseldorf, Köln und Berlin, wurde auf vielfache Weise ein Neuanfang gemacht, vor allem durch bisher ungespielte und recht neue Stücke aus dem Ausland. Für mich persönlich und manchen meiner Freunde stand Thornton Wilder ganz am Anfang mit *Wir sind noch mal davon gekommen* (im Original *The Skin of our Teeth*, uraufgeführt 1942 in New Haven, dann in deutscher Sprache 1944 in Zürich), ab der Spielzeit 1945/46 an vielen deutschen Theatern oder Behelfsbühnen. Die Erlebnisse und Erfahrungen des Protagonisten in Wilders Stück trafen unser Zeitbewusstsein, auch wenn erst im dritten Abschnitt des Dramas der Bombenkrieg als Drohung für den Helden und seine Familie da ist. Gegenwart und frühe Phasen der Menschheitsgeschichte sind von Wilder in eine ganz enge Beziehung gesetzt. Davon können vor der Eiszeit die Dinosaurier als Haustiere nicht ablenken. Die Devise nach der Rettung – „Amüsiert Euch" – mochte auch uns gelten und mehr noch die offene Frage des Schlusses: nach dem was der Menschheit jetzt bevorstehe. Das Stück traf ins Zentrum des Lebensgefühls.

Das andere Stück *Our town (Unsere kleine Stadt)* war bei den Theaterleitern vielleicht gerade auch deshalb so beliebt, weil es wenige Requisiten und wenig Bühnenaufwand erforderte, die Zuschauer der Jahre 1945 bis 1947 fesselte es aber zuallermeist durch eine ganz neue epische Spielform, die durch die Rolle des Spielleiters gegeben ist, der informiert, arrangiert, kommentiert und als Zuschauer sogar Fragen stellt, während im Spiel selbst nur alltägliche und allbekannte Dinge geschehen: Liebe, Ehe, Tod und Begräbnis, also eine Art von Klein-

---

13 Uwe-Karsten Ketelsen: Ein Theater und seine Stadt. Die Geschichte des Bochumer Schauspielhauses. Köln 1999.

stadtidylle, die indessen durch Spielmittel und Text immer in Beziehung zum Allgemeinen des menschlichen Lebens, zu Zeit und Raum und zum Universum in Beziehung gesetzt wird. Im Grunde gehört auch dieses Stück zum festen Nachkriegskanon nicht nur durch die Grundfragen, die es an den Menschen richtet, sondern auch durch die Poesie und Attraktion des epischen Theaters vor Brecht.

Von anderen ausländischen Bühnenautoren, die in den Westzonen eine große Resonanz erreichten, sind vor allem Jean Anouilh und Jean Giraudoux zu nennen; von Anouilh spielte man vor allem die beiden Stücke aus dem antiken Stoffkreis *Antigone* (deutsche Erstaufführung: Darmstadt, März 1946) und danach *Medea* (Hamburg 1948). In beiden Stücken weicht Anouilh von den antiken Vorbildern ab, wobei er einmal das Schicksalsthema modernisiert und im anderen Fall in der Spannung von Liebe und Hass das Böse auslotet. Bei der Wahl eines antiken Stoffes waren Anouilh auf dem französischen Theater bereits Giraudoux und Jean Paul Sartre vorangegangen. Giraudoux' Theaterstück *Der trojanische Krieg findet nicht statt* (deutsche Erstaufführung: München, 1946) habe ich auf mehreren Bühnen gesehen. Natürlich findet in dem Stück der Krieg doch statt, weil zwei kluge friedliebende Diplomaten an der Lautstärke und dem Hass eines rechtsradikalen Patrioten (Nationalisten, würden wir sagen) scheitern. Jedes falsche nationalistische Pathos wird von Giraudoux mit scharfem Spott entlarvt. Sartres Stück *Les Mouches (Die Fliegen)* ist ein Appell an das Freiheitsbewusstsein und den Widerstandswillen gegen jede Form der staatlichen und politischen Unterdrückung. In Deutschland wurde das Drama vor allem im Zusammenhang mit einer radikalisierten Existenzphilosophie und mit ersten Versuchen der Vergangenheitsbewältigung rezipiert. Doch das Résistance-Drama um die Hauptfiguren Orest und Ägisth ist hierzulande dabei wohl oft missverstanden worden.

Wenn man an das Nachkriegstheater als kulturelle Hauptinstitution zurückdenkt, erscheint es notwendig, Hamburg und Berlin besonders in den Blick zu nehmen. In Hamburg hat schon 1945 die großartige Schauspielerin und Theaterleiterin Ida Ehre die Kammerspiele in kargen Verhältnissen neu begründet: Zuerst mit Franz Werfels Bearbeitung der *Troerinnen* von Euripes, ein Drama des Leids und der Klage, in dem Hecuba (griech. Hekabe) die Hauptrolle hat, von Ida Ehre damals selbst übernommen. Wolfgang Borcherts *Draußen vor der Tür* hat sie mit dem Autor für das Theater erarbeitet. In Hauptmanns *Biberpelz* hat sie die Mutter Wolfen gespielt und frühzeitig in Brechts Stück *Mutter Courage und ihre Kinder* natürlich die Mutter, aber doch später; denn nach der deutschen Erstaufführung in Konstanz verschwand Brecht zwangsweise von deutschen Bühnen. Er durfte 1948 nicht einmal durch die amerikanische Zone nach Ostberlin reisen, und erst 1949 mit der Inszenierung im Deutschen Theater begann nach und nach in den fünfziger Jahren der allgemeine Siegeszug dieses und anderer Stücke des Spätwerks von Bertolt Brecht. Fast parallel zur Eröffnung der Hamburger Kammerspiele fand im Museum die erste Barlach-Ausstellung statt, nachdem während der Hitler-Periode sowohl die Stücke wie die künstlerischen Werke Ernst Barlachs verboten und gefährdet waren. Alfred Andersch hat in seinem berühmten Roman *Sansibar und der letzte Grund* mit souverän gehandhabten modernen Erzählmitteln die kühne Flucht einer jungen Jüdin nach Schweden mit der Rettung einer fiktiven Plastik von Barlach so klug verbunden, dass Arno Schmidt meinen konnte, im Symbol der Figur des lesenden Klosterschülers – es gibt übrigens zwei erhaltene Vorbilder für die Andersche Bildfiktion – sei die Flucht von Schönheit, Kunst und Wissenschaft aus Nazideutschland treffend dargestellt. Also nebenher festgestellt: In vielen Orten verband sich nach 1945 mit dem Neubeginn des Theaters die Rückholung und Erstausstellung verbannten Kunstguts in erhaltenden Museumsgebäuden oder Ausweichstätten.

So auch im Ruhrgebiet nach der Begründung der Ruhrfestspiele durch den Deutschen Gewerkschaftsbund und die Stadt Recklinghausen mit dem Hamburger Schauspielhaus. Zuerst haben die Kumpel der noch arbeitenden Zeche „König Ludwig" den Hamburgern Kohle gespendet, danach bedankten sich die Schauspieler des Hamburger Theaters im Sommer 1947 unter dem Motto „Kunst für Kohle – Kohle für Kunst" bei den Leuten im Ruhrgebiet. Daraus wurde dann eine Art von Vertrag und – mit der Öffnung von anderen Bühnen – die Ruhrfestspiele unter der Leitung von Otto Burmeister; die Planung und Leitung der Kunstausstellung übernahm klug und mutig Thomas Grochowiak. Beide, Festspiele wie Kunstausstellung, gewannen sehr bald einen europäischen Ruf. (Schon 1948 und dann jährlich fuhren kleine

Gruppen Münsteraner Studierende nach Recklinghausen und besuchten die Spiele im Saalbau und natürlich die Ausstellungen.) Auf der Bühne dominierten anfangs ausländische Dichter: Leo Tolstoi, Anton Tschechow und Giraudoux, natürlich auch Shakespeare, aber dann gab es auch bisweilen wegweisende Neuinszenierungen von deutschen Stücken; so 1948 von Carl Zuckmayer *Des Teufels General* als Gastspiel der Städtischen Bühnen Köln mit René Deltgen in der Hauptrolle des Generals Harras. Freilich habe ich diese Inszenierung nicht in Recklinghausen gesehen, sondern bei Aufführungen in Bielefeld und Münster. Zuckmayer hatte versucht, ein differenziertes Bild der Deutschen in der frühen Kriegszeit der Fliegererfolge zu geben, er hatte neben typischen Nazi- und Offiziersfiguren auch den Saboteur als Widerstandskämpfer nicht vergessen und auch nicht die Figur einer Künstlerin, die Juden zur Flucht verhilft. Aber, wie viele Diskussionen zeigten, wurde das Stück als Verharmlosung der Naziverbrechen verstanden, so dass der Autor es in den sechziger Jahren zurückzog. Im kleinen Kreis habe ich damals mit Zuckmayer selbst über die Konzeption des Stückes gesprochen. Er wies auf die Vielzahl der unterschiedlichen Figuren hin, auf Zeitstücke beim jungen Schiller und auf seine Absicht, bei der Bewältigung der Vergangenheit förderlich einzugreifen, indem er kein Verdammungsurteil über alle Deutschen in der Periode der Nazizeit sprach. Vielleicht machte schon die problematische Figur des Fliegerhelden, General Hallers, die guten Autorabsichten zunichte. Auch war es im Grunde dem Verstehen nicht dienlich, dass die Uniformen und Naziabzeichen höchst munter auf der Bühne umhertanzten.

Da man anfangs an der Ruhr auch Opern ins Programm aufgenommen hatte, erlebte man sogar das Wagnis, Brechts *Puntila und sein Knecht Matti* neben Richard Wagners *Lohengrin* nacheinander auf der Bühne zu sehen (1949). Von den Klassikern, mit Bernhard Minetti in der Titelrolle, gab es eine höchst eindrucksvolle Inszenierung von Goethes *Faust* und von *Iphigenie,* und Schillers *Don Carlos* habe ich als gute Inszenierungen in Erinnerung. Nicht zu vergessen schließlich Büchners *Dantons Tod* und eine großartige Inszenierung von Shakespeares Stück *King Lear* mit Werner Krauss in der Hauptrolle, eine gelungene Eigeninszenierung der Ruhrfestspiele in der Regie von Karl Pempelfort.

Die deutsche Klassik hatte in dieser Zeit ihren wohl bedeutendsten Platz zunächst im Deutschen Theater in Ostberlin. In der SBZ sollte der progressiv bürgerliche Humanismus ein ideologisch ästhetisches Terrain schaffen, auf dem sich ein neuer aktiver Humanismus als politisches Instrument der revolutionären, antifaschistischen Praxis aufbauen konnte. Man glaubte, dass die der Klassik immanente Dialektik von humanistischem Auftrag und gesellschaftlichem Erfordernis die Auseinandersetzung mit dem abstrakten Humanismus bürgerlicher Intellektueller im Westen befördern könne. Da das Stück in der Nazizeit nicht auf den Spielplänen stand, wählte man für den Anfang Lessings Schauspiel *Nathan der Weise*. Konnte das sein? Die Toleranzidee in der sich formierenden Diktatur? Ja, *Nathan der Weise* brachte es in der SBZ und der DDR in den Jahren 1945 bis 1950 auf die eindrucksvolle Zahl von 245 Vorstellungen. Als Neubeginn des Theaterlebens wurde die Inszenierung am Deutschen Theater gefeiert: Premiere am 7. September 1945! Regie führte dabei der jüdische Theaterpraktiker Fritz Wisten. Man erlebte in Berlin nach Berichten der Zeitgenossen die

> bunte Farbigkeit eines orientalischen Märchens, in dem Nathan mit lächelnder Güte und mit verstehender und verzeihender Altersweisheit auftrat. Dabei wurde das Stück wie in späteren Inszenierungen nicht als Aufruf zur religiöser und ideologischer Toleranz verstanden, sondern als Bekenntnis zu einer vom Marxismus gelenkten Weltanschauung, die gesellschaftliche Praxis und Humanismusfortschritt zum Prüfstein des Wahrheitsgehalts erhebt. Kurz: Nathan fordert, daß die Menschen so handeln, wie es nach marxistischer Lehre für die Entwicklung des Menschengeschlechts notwendig ist.[14]

Nach *Nathan* bringen es in Berlin Schillers *Kabale und Liebe* auf 131 Vorstellungen, Goethes *Iphigenie* auf 52.[15] Kein Zweifel, Neuanfang bedeutet im Theaterbereich und im kulturellen Leben der SBZ und der frühen DDR Neuinterpretation des klassischen Erbes und

---

14 Institut für Gesellschaftswissenschaften beim ZK der SED Berlin: Theater in der Zeitenwende. Zur Geschichte des Dramas und des Schauspieltheaters in der Deutschen Demokratischen Republik 1945-1968. Zweiter Band. Berlin 1972, S. 347.

15 Institut für Gesellschaftswissenschaften beim ZK der SED Berlin: Theater in der Zeitenwende. Zur Geschichte des Dramas und des Schauspieltheaters in der Deutschen Demokratischen Republik 1945-1968. Erster Band. Berlin 1972, S. 69.

Lernen von sowjetischen Künstlern, Schriftstellern, Theaterleuten und Filmemachern.

Von zwei großen Ereignissen des kulturellen Lebens in Westdeutschland, dem Erscheinen zweier unauffälliger moderner Bildungsromane, zeigt sich der Osten kaum berührt: Von Hermann Hesse, seit langem freilich in der Schweiz lebend und soeben mit dem Nobelpreis ausgezeichnet, erscheint 1946 *Das Glasperlenspiel. Versuch einer Lebensbeschreibung des Magisters Ludi Josef Knecht samt Knechts hinterlassenen Schriften* [16] Der Roman ist die Summe von Hesses dichterischem Schaffen. Der Erzähler und Chronist versucht einleitend das in einer Ordensgemeinschaft ausgeübte Spiel zu beschreiben: Das Glasperlenspiel ist also ein Spiel mit sämtlichen Inhalten und Werten unser Kultur. Alles was Menschen im Laufe der Geschichte an Wissen, technischen Errungenschaften, Erkenntnissen und geistigen Werten gewonnen haben, soll vom Glasperlenspieler so gespielt werden wie ein Organist die Orgel spielt. Man könnte an ein lexikographisches Spielwissen denken, aber alle Darstellungen des Spiels und Berichte darüber führen immer erneut hin zu Kunst und Literatur. Hans Mayer hat wohl richtig gesehen, dass alle großen Romanciers, also James Joyce, Hermann Broch, Robert Musil und Thomas Mann mit ihren Hauptwerken Glasperlenspieler sind. Doch der Hinweis auf diese und auf die Kunst ist nicht das letzte Wort von Hermann Hesse. Zwar mögen alle geistigen Werte weiterhin in Geltung sein, aber das kulturelle Leben fordert, so sagt es wohl der Gedichtschluss des Romans, Wagnisse des Neubeginns: „Des Lebens Ruf an uns wird niemals enden. [...] Wohlan denn, Herz, nimm Abschied und gesunde". [17]

Auch Thomas Manns *Doktor Faustus* ist die Lebensbeschreibung eines Künstlers, eines modernen Musikers und Komponisten, Adrian Leverkühn; auch bei Thomas Mann spielen Errungenschaften der Kul-

---

16 Hermann Hesse: Das Glasperlenspiel. Versuch einer Lebensbeschreibung des Magisters Ludi Josef Knecht samt Knechts hinterlassenen Schriften. Erstdruck: 2 Bände. Zürich 1943; danach: 2 Bände. Berlin 1946.

17 Hermann Hesse: Das Glasperlenspiel. Versuch einer Lebensbeschreibung des Magisters Ludi Josef Knecht samt Knechts hinterlassenen Schriften. Jubiläumsausgabe zum hundertsten Geburtstag. Die Romane und die großen Erzählungen. Bände 7 und 8. Frankfurt am Main 1977, Zitat Band 8, S. 481.

tur, insbesondere der Literatur und Kunst, aber auch des Denkens eine
herausragende Rolle, aber so, dass hier der Versuch unternommen
wird, bestimmte Linien der Kunst und Kultur in Deutschland auf das
Unheil des Nationalsozialismus hin zuzuspitzen. So ist der Roman
auch eine Abrechnung mit Deutschland, den Deutschen und mit sich
selbst. Ob die Lektüre des Romans, der also nicht nur Bildungs-, sondern auch kritischer Zeitroman ist, zur Bewältigung der deutschen
Geistesgeschichte und der Vergangenheit der zwölf Jahre des Unheils
wirklich beitragen kann, wird man wohl immer wieder fragen müssen.
Bei aller Bewunderung hat Käte Hamburger dazu eindeutig „Nein"
gesagt; wir in Bochum haben beim Thomas-Mann-Kolloquium auch
versucht, einige Teilantworten zu geben. Ohne Zweifel hat Thomas
Manns Roman durch die souveräne Handhabung aller Mittel moderner
Erzählkunst einen weltliterarischen Rang, und er bleibt ein großes
Kulturereignis in der Zeit nach 1945, wie auch immer man Elemente
des Inhalts problematisiert. Es ist, wie einige seiner Reden, ein Aufruf
an die Deutschen, die künftigen Schritte in Politik und Kultur im Horizont historischer Erfahrungen kritisch zu prüfen und bedachtsam zu
planen. Das Motto zum Roman aus Dantes *Göttlicher Komödie* ist
auch zu lesen als eine Ermahnung und Ermutigung der Deutschen auf
der Wanderung in eine Weltkultur.

Bernd Faulenbach

Verlust der Geschichte? Zum Umgang mit der Vergangenheit in der deutschen Öffentlichkeit nach der „deutschen Katastrophe"

I.   Zu Thema und Fragestellung

Von der Gefahr des „Verlustes der Geschichte" wurde in der Zeit nach dem Zweiten Weltkrieg vielfach, nicht nur von Historikern wie Hermann Heimpel, gesprochen.[1] Keine Frage, dass die Zäsur von 1945 tief war und damit für viele Menschen in Deutschland alte Gewissheiten in Frage gestellt wurden. Doch ist keineswegs klar, ob es wirklich zu einem allgemeinen Geschichtsverlust kam oder eher zu einem Verlust bisheriger Überzeugungen oder zu einer Erschütterung des traditionellen nationalen Geschichtsbewusstseins. Kam es womöglich zu einem Wandel der Vorstellungen der Geschichte? Und waren alle Traditionen gleichermaßen fragwürdig, obsolet, „verschlissen"? Jedenfalls ist hier zu fragen nach den Folgen der „deutschen Katastrophe", ein Begriff, den der greise Historiker Friedrich Meinecke prägte, womit er das beispiellose politische, gesellschaftliche, kulturelle und moralische Desaster meinte, in das Hitler und die Nationalsozialisten die Deutschen geführt hatten.[2]

Ich möchte zunächst, um die Ausgangskonstellation zu bestimmen, einige Aussagen zum Verhältnis von Drittem Reich und deutscher Geschichte machen, dann die Wahrnehmung der neuen geschichtspolitischen Konstellation charakterisieren, in einem dritten Schritt mich mit der Kritik des deutschen Weges in den Nachkriegsjahren auseinander setzen und in einem vierten Schritt die Suche nach unverbrauchten Traditionen charakterisieren. Danach ist in einem fünften Schritt

---

1   Siehe Hermann Heimpel: Der Mensch in seiner Gegenwart. Göttingen 1954, S. 185f.

2   Friedrich Meinecke: Die deutsche Katastrophe. Betrachtungen und Erinnerungen. In: Friedrich Meinecke: Autobiographische Schriften. Stuttgart 1969, S. 323-445.

die Auseinandersetzung mit dem Geschehen der NS-Zeit zu thematisieren, sowie in einem sechsten Schritt der Entstehung einer neuen Zeitgeschichte und ihrem Verhältnis zur Hauptströmung der Geschichtsschreibung nachzugehen; schließlich ist der Gesamtbefund zu resümieren.

Im Zentrum meiner Ausführungen stehen die frühe Nachkriegszeit und die – zeitweilig als „restaurativ" charakterisierten – fünfziger Jahre. Die Veränderungen der sechziger Jahre sind nicht mehr mein Thema. In den Blick nehme ich vor allem die publizistische Diskussion, wobei ich Wissenschaftler, insbesondere Historiker, die sich daran beteiligen, einbeziehe. Die Politik kann ich hier nur am Rande berücksichtigen.

II.   Zum Verhältnis des Dritten Reiches zur deutschen Geschichte

Der Nationalsozialismus versuchte 1933 die NS-Machtübernahme und Gleichschaltung als Revolution darzustellen, andererseits das Dritte Reich als Wiederaufnahme nationaler durch die Weimarer Republik abgedrängter Traditionen zu kennzeichnen.[3] Im Laufe der dreißiger Jahre wurden verschiedene, teilweise gegensätzliche Traditionen – wie die preußische und die großdeutsche – mit dem Dritten Reich und seiner Politik verbunden. Zumal angesichts des weitgehenden Fehlens einer eigenständigen Geschichtssicht verband sich das überkommene nationale Geschichtsbild mit dem Dritten Reich. Das Dritte Reich wurde allerdings zum Zielpunkt der besonderen deutschen Geschichte erhoben. Und das Dritte Reich löste aus der Sicht vieler Zeitgenossen Probleme der deutschen Geschichte und fand neue zukunftsfähige Lösungen. Die nationalen Loyalitäten wurden auf das Dritte Reich und auf Hitler bezogen. Gewiss stand die sozialdarwinistische rassistische Geschichtstheorie in einer gewissen Spannung zum vorherrschenden nationalen Geschichtsbild; doch ausgetragen wurden die Gegensätze kaum.

---

3   Siehe dazu Bernd Faulenbach: Die „nationale Revolution" und die deutsche Geschichte. Zum zeitgenössischen Urteil der Historiker. In: Wolfgang Michalka (Hg.): Die nationalsozialistische Machtergreifung. Paderborn 1984, S. 357-389; Bernd Faulenbach: Tendenzen der Geschichtswissenschaft im Dritten Reich. In: Renate Knigge-Tesche (Hg.): Berater der braunen Macht. Wissenschaft und Wissenschaftler im NS-Staat. Frankfurt am Main 1999, S. 26-52.

Aufgrund des Aufgreifens der nationalen Traditionen und ihrer Indienstnahme durch den NS musste die deutsche Katastrophe zu einer
tiefen Krise des deutschen Geschichts- und Identitätsbewusstseins
führen.

III. *Zur Wahrnehmung der Krise des Geschichts- und Identitätsbewusstseins in der frühen Nachkriegszeit*

Im Winter 1945 begann Rudolf Stadelmann, der als einer der klügsten
Köpfe der deutschen Geschichtswissenschaft galt, seine Vorlesung in
Tübingen mit folgenden Sätzen:

> In einem dunklen Wald sind wir vom Weg abgekommen, halb aus Übermut
> und Ungeduld, halb aus Panikstimmung und mangelnder Selbstbeherrschung.
> Wir haben uns 1933 hineingestürzt in das unbekannte Abenteuer, weil wir
> uns nicht recht vorstellen konnten, wie es organisch weitergehen sollte. Wir
> sind dann ein paar Jahre im Kreis herumgelaufen, haben wie irrsinnig unse-
> ren schmal gewordenen Raum abgesucht nach einem gewaltsamen Ausbruch
> in die Zukunft und hängen nun fest im Unterholz zwischen Gestrüpp und
> Dornen ... Wir wollen Abstand von dem, was geschehen ist, und einen
> Standort über den Ereignissen gewinnen.[4]

Die metaphorische Sprache spiegelt etwas von den Schwierigkeiten
des Gelehrten, angesichts des Erlebten die eigene Rolle in der Vergangenheit zu reflektieren und sich in der Gegenwart neu sich zu orientieren, d. h. auf dem Hintergrund der deutschen Geschichte den eigenen Standort zu bestimmen. Und sein Kollege Siegfried Kaehler
sprach wenig später vom „Verhängnischarakter der deutschen Geschichte", als ob sich nicht auch Ursachen und Verantwortlichkeiten
benennen ließen.[5] Selbst Meineckes Begriff der „deutschen Katastrophe" enthielt eine Interpretation, nach der über die Deutschen ein Ge-

---

4   Rudolf Stadelmann: Geschichte der englischen Revolution. Wiesbaden 1954, S.
    7ff. Vgl. Bernd Faulenbach: NS-Interpretationen und Zeitklima. Zum Wandel
    der Aufarbeitung der jüngsten Vergangenheit. In: Aus Politik und Zeitgeschich-
    te 1987, B 22, S. 19-30, hier S. 19ff.

5   Siegfried A. Kaehler: Vom dunklen Rätsel deutscher Geschichte. In: Siegfried
    A. Kaehler: Studien zur deutschen Geschichte des 19. und 20. Jahrhunderts.
    Aufsätze und Vorträge. Herausgegeben und mit einem Nachwort versehen von
    Walter Bußmann. Göttingen 1961, S. 374ff.

schehen hereingebrochen war.[6] Ähnliche Stellungnahmen gab es auch außerhalb der Historikerzunft.

Verbreiteter waren bald aber zwei verschiedene, sich teilweise über-kreuzende Denkrichtungen: diejenige, die nach den Stationen und Ur-sachen des deutschen Weges, des deutschen „Irrweges" oder „Son-derweges" fragten; und die andere, die nach tragfähigen Traditionen und um Wahrung oder Neuknüpfung nationaler Kontinuität suchte.[7] Vielfach wurde in der Publizistik eine Revision des Geschichtsbildes gefordert, wobei die Einschätzungen darüber auseinander gingen, was denn zu revidieren war.[8]

Festzuhalten bleibt, dass es in der – sich bald in eine westliche und eine östliche Entwicklungslinie aufspaltenden – Diskussion das Be-mühen gab, die Gegenwart mit der Geschichte in Beziehung zu setzen und die Geschichte von den Gegenwartserfahrungen her neu in den Blick zu nehmen. Von einem generellen Verlust der Geschichte lässt sich insofern nicht sprechen, eher von einem Fragwürdigwerden des die Gegenwart orientierenden Geschichtsdenkens.

IV.   Kritik am „deutschen Weg" in den Nachkriegsjahren

Bis 1945 hatte in der deutschen Öffentlichkeit ein nationales Ge-schichtsbewusstsein vorgeherrscht, das auf der Annahme basierte, die deutsche Geschichte durchlaufe eine unverwechselbare Entwicklung, die ebenso spezifische deutsche Ordnungsformen im Inneren wie eine besondere Aufgabe zur Ordnung Mittel- und Mittelosteuropas (samt

---

6   Siehe Anmerkung 2. – Zu Friedrich Meinecke vgl. Bernd Faulenbach: Friedrich Meinecke. In: Historikerlexikon. Herausgegeben von Rüdiger vom Bruch und Rainer A. Müller. München. 2. Aufl. 2002, S. 217-219.

7   Vgl. Barbro Eberan: Luther? Friedrich der Große? Nietzsche? ...? Wer war an Hitler Schuld? Die Debatte um die Schuldfrage 1945-1949. 2. erw. Aufl. Mün-chen 1985; Bernd Faulenbach: „Deutscher Sonderweg". Zur Geschichte und Problematik einer zentralen Kategorie des deutschen geschichtlichen Bewusst-seins. In: Aus Politik und Zeitgeschichte 1981, B 33, S. 3-21.

8   Siehe dazu Winfried Schulze: Deutsche Geschichtswissenschaft nach 1945. München 1989, S. 207-227.

einer Kulturmission) umfasse.[9] Das Dritte Reich stellte insofern einen Höhepunkt deutscher Geschichte dar.

Nach Kriegsende, in der beginnenden deutschen und internationalen Diskussion, wurden bisherige Interpretationsmuster des „deutschen Weges" aufgegriffen, nun aber negativ gewertet und als deutscher Irrweg gekennzeichnet. Die These vom deutschen Irrweg wies dabei vielfältige Varianten auf; einige seien genannt:

1. In der geistesgeschichtlichen Variante – wie sie etwa von dem Schweizer reformierten Theologen Karl Barth vertreten wurde – wurde eine Kontinuitätslinie von Luthers Obrigkeitsbegriff über Friedrich den Großen zu Bismarck und Hitler gezogen, eine Einschätzung, die bei deutschen Protestanten, insbesondere Lutheranern auf heftigen Widerspruch stieß.[10] Georg Lukacz sah die deutsche Geistesgeschichte – um ein weiteres Beispiel zu nennen – als Vordringen des Irrationalismus in Politik und Geistesleben.[11] Auch Alfred Weber kennzeichnete in seinem Buch „Abschied von der bisherigen Geschichte" die Überwindung des aus seiner Sicht seit 1880 in Deutschland vordringenden Nihilismus als entscheidende Aufgabe.[12]

2. In der politisch-sozialgeschichtlichen Variante einer kritischen Sonderwegsthese wurde meist auf die besondere Rolle der „Junker" und des vermeintlich mit dieser verbundenen Militarismus bei gleichzeitiger Schwäche des Bürgertums abgehoben. Dieses Interpretationsmuster findet sich etwa bei Alexander Abusch, der die – teilweise auf Marx und Engels zurückgehende – Miseretheorie neubegründete, nach der die deutsche Geschichte sich durch ein Übermaß an Problemen auszeichnete, die nur durch eine umfas-

---

9 Vgl. Bernd Faulenbach: Ideologie des deutschen Weges. Die deutsche Geschichte in der Historiographie zwischen Kaiserreich und Nationalsozialismus. München 1980.

10 Karl Barth: Wie können die Deutschen gesund werden? Zürich 1945; Karl Barth: Zur Genesung des deutschen Wesens. Stuttgart 1945.

11 Georg Lukács: Die Zerstörung der Vernunft. Neuwied / Berlin 1962.

12 Alfred Weber: Abschied von der bisherigen Geschichte. Überwindung des Nihilismus? Hamburg 1946.

sende Revolution zu überwinden waren.[13] Abusch sollte bekannt-
lich in der Folgezeit zu einem der führenden Kulturpolitiker in der
SBZ/DDR aufsteigen.

Eine besondere politisch-gesellschaftliche Entwicklung diagnostizierte auch Friedrich Meinecke, der diese in der mangelnden Re-
formfähigkeit Preußens, dann aber auch in der aus seiner Perspektive spezifisch deutschen Gegensätzlichkeit nationale und sozialer
Bewegung, die dann von Hitler gewaltsam zusammengezwungen
worden war, sah.

Vielfach fiel auch ein besonderes kritisches Licht auf das Bürgertum und den Liberalismus. Friedrich Sell und dann auch Hans
Kohn sahen im Unterliegen des Liberalismus 1848 und im Verfas-
sungskonflikt wesentliche Weichenstellungen der deutschen Geschichte, die Hitler möglich gemacht hatten.[14] Auf der Linken gab
es generell die Tendenz, die Ursachen für das Dritte Reich und
seine Politik in der Geschichte des deutschen Bürgertums zu suchen.

3. Teilweise verengte sich die Diskussion auf einen zentralen Punkt
der deutschen Nationalgeschichte: auf die Bismarcksche Reichs-
gründung. Ähnlich wie übrigens nach dem Ersten Weltkrieg wurde die Frage diskutiert, ob die Gründung des Reiches in drei Krie-
gen durch „Blut und Eisen" tatsächlich alternativlos war.[15] Einige
wollten in einer Reform des Deutschen Bundes, in einer Foedera-
tion einen Weg sehen, der sowohl die Deformationen der politischen Kultur durch Bismarck als auch die außenpolitischen Hypo-
theken vermieden hätte. Je länger desto mehr setzten sich freilich
wiederum Positionen durch, die auf eine retrospektive Rechtferti-
gung Bismarcks hinausliefen, dessen Lösung eben doch den großen Tendenzen der Zeit entsprochen und die deutsche Frage gelöst

---

13 Alexander Abusch: Der Irrweg einer Nation. Berlin 1946. Vgl. Ilko-Sascha
    Kowalczuk: Legitimation eines neuen Staates. Parteiarbeiten an der historischen
    Front. Geschichtswissenschaften in der SBZ/DDR 1945 bis 1961. Berlin 1997,
    S. 48ff.

14 Friedrich C. Sell: Die Tragödie des Deutschen Liberalismus. 2. Aufl. Baden-
    Baden 1981 (1. Aufl. 1953); Hans Kohn: Wege und Irrwege. Vom Geist des
    deutschen Bürgertums. Düsseldorf 1962.

15 Vgl. Lothar Gall (Hg.): Das Bismarck-Problem in der Geschichtsschreibung
    nach 1945. Köln 1971.

habe. Die letztgenannte Position war überwiegend mit Einschätzungen verbunden, die eben nicht die gesamte neueste deutsche
Geschichte als Fehlentwicklung sehen wollte.

Auffällig ist, dass die Kennzeichnung des deutschen Weges im 19.
und 20. Jahrhundert als Irrweg während der fünfziger Jahre zunehmend in den Hintergrund trat. Allerdings wurde unter anderen Vorzeichen – denen der Fischer-Kontroverse und der Entwicklung der „modernen deutschen Sozialgeschichte" – die kritische These vom deutschen Sonderweg, der mit der westeuropäischen Entwicklung kontras-
tiert wurde, wieder aufgegriffen und erreichte nun auch die Historiker-
Zunft, die sie in den Nachkriegsjahren überwiegend abgelehnt hatte.[16]

V. Die Suche nach ‚unverbrauchten' Traditionen

Die Kritik an bestimmten Traditionen wie dem Militarismus, der Verehrung des Machtdenkens, der kulturwidrigen Seite des Preußentums
usw. war häufig mit dem Versuch, ‚echte', ‚unverbrauchte' Traditionen zu bestimmen, verbunden. Es ging dabei um die Erhaltung des
deutschen Identitätsbewusstseins. Siegfried Kaehler, der Göttinger
Historiker, sprach nicht nur vom „dunklen Rätsel" und vom „Verhängnischarakter" der deutschen Geschichte, sondern mahnte die Studenten, die vielfach Kriegsteilnehmer gewesen waren:

> Ihrer Generation im besonderen obliegt nach durchgestandenen sechs Kriegs-
> jahren mit all ihren erhebenden und schließlich vernichtenden Wechselfällen
> die sittliche Verpflichtung der Enterbten, über dem letzten schlechten Ver-
> walter [gemeint war Hitler, B. F.] nicht die wahre Größe und den wahren
> Geist deutscher Geschichte zu vergessen.[17]

Keine Frage, dass er etwas von den preußisch-deutschen Traditionen
in die neue Zeit retten wollte.

Gerhard Ritter, dessen Anstrengungen in der frühen Nachkriegszeit
– in der Formulierung von Christoph Cornelißen – „von einer unver-

---

16 Siehe dazu Faulenbach: „Deutscher Sonderweg"; Georg G. Iggers: Neue Geschichtswissenschaft. Vom Historismus zur Historischen Sozialwissenschaft.
   Ein internationaler Vergleich. München 1975, S. 112ff.

17 Siehe Anmerkung 5.

hohlen apologetischen Tendenz geleitet" wurden –,[18] betrachtete in seinem Buch *Europa und die deutsche Frage* (1948) den Nationalsozialismus mehr in Diskontinuität als in Kontinuität zur preußisch-deutschen Geschichte, indem er ihn als pathologisches Resultat der mit der Französischen Revolution einsetzenden Modernisierung begriff; in gewisser Weise entnationalisierte Ritter auf diese Weise den Nationalsozialismus.[19] Demgegenüber ordnete er den zum 20. Juli 1944 führenden Widerstand in die preußisch-deutsche Traditionslinie ein; die preußisch-deutsche Entwicklung erreichte hier ihren Höhepunkt. So konnte Ritter den lutherischen Protestantismus, preußische Staatsethik und den Widerstand gegen Hitler zu positiven Traditionen deutscher Geschichte erklären, die auch für die Gegenwart bedeutsam waren. Ritter, der selbst Verbindung zum Widerstand hatte (und nur mit Glück überlebte), hat diese Linie der Interpretation in seiner Goerdeler-Biographie vertieft.[20]

Angemerkt sei an dieser Stelle, dass der Widerstand des 20. Juli einerseits bei vielen Deutschen zunächst noch im Zwielicht stand. Viele betrachteten das Attentat vom 20. Juli 1944 als Verrat, doch fand andererseits der Widerstand schon in der frühen Nachkriegszeit – man denke an die Arbeiten von Rothfels und Ritter – besonderes Interesse.[21] Die Männer des 20. Juli wurden von einigen schon zu Vorbildern erhoben. Eine der ersten Gedenkstätten, die im Westen errichtet wurde, war die im Bendler-Block in Berlin.

Friedrich Meineckes Versuch, die tiefe geistig-moralische Krise in der Gegenwart durch Rückgriff auf die Geschichte zu überwinden, wich deutlich von der Ritters ab. Er forderte zwar „einen radikalen Bruch mit unserer militaristischen Vergangenheit", auch die Überwindung des reinen Machtdenkens, doch erschien es ihm „unmöglich und selbstmörderisch, die deutschen geschichtlichen Traditionen „in Bausch und Bogen ins Feuer zu werfen und uns als Renegaten zu ge-

---

18 Christoph Cornelißen: Gerhard Ritter. Geschichtswissenschaft und Politik. Düsseldorf 2001, S. 486ff., Zitat S. 487.

19 Gerhard Ritter: Europa und die deutsche Frage. Betrachtungen über die geschichtliche Eigenart des deutschen Staatsdenkens. München 1948.

20 Gerhard Ritter: Carl Goerdeler und die deutsche Widerstandsbewegung. Stuttgart 1955.

21 Hans Rothfels: Die deutsche Opposition gegen Hitler. Eine Würdigung. Frankfurt am Main 1958. Siehe auch Cornelißen: Gerhard Ritter, S. 546ff.

bärden". Doch bedürfe das herkömmliche Geschichtsbild „jetzt allerdings einer gründlichen Revision, um die Werte und Unwerte unserer Geschichte klar voneinander zu unterscheiden".[22] Meinecke empfahl über die Bismarckzeit, deren Werk „durch eigenes Verschulden zerschlagen worden" sei, „die Pfade zur Goethezeit zurückzusuchen". Er postulierte die Rückwendung zum „Ideal einer persönlichen, ganz individuellen Bildung, die aber zugleich einen allgemeinen menschlichen Sinn und Gehalt haben sollte". Meinecke regte die Gründung von Goethegemeinden an, die Keimzellen einer geistig-moralischen Erneuerung sein sollten. „In jeder deutschen Stadt und größeren Ortschaft", so formulierte Meinecke,

> wünschen wir uns [...] künftig eine Gemeinschaft gleichgerichteter Kulturfreunde, der ich am liebsten den Namen Goethegemeinden geben möchte [...]. Den Goethegemeinden würde die Aufgabe zufallen, die lebendigsten Zeugnisse des großen deutschen Geistes durch den Klang der Stimme den Hörern ins Herz tragen – edelste deutsche Musik und Poesie zugleich ihnen immer zu bieten. [...]

Man solle sich, so forderte Meinecke, wöchentlich zu einer späten Nachmittagsstunde treffen, wo es möglich sei, vielleicht sogar in einer Kirche. Lyrik und Gedankendichtung könnten den Kern solcher Feierstunden bilden.

> Tiefsinnige Gedankendichtung von der Art der Goetheschen und Schillerschen sind vielleicht das Deutscheste vom Deutschen in unserem gesamten Schrifttum. Wer sich ganz in sie versenkt, wird in allem Unglück unseres Vaterlandes und inmitten der Zerstörung etwas Unzerstörbares, einen deutschen „charakter indelebilis" spüren.[23]

In den folgenden Jahren kam es tatsächlich zu einer verstärkten Goethe-Rezeption, die die 200. Wiederkehr des Geburtstages des Dichters zum Anlass hatte, doch eben auch Ausdruck einer spezifischen deutschen bildungsbürgerlichen Bemühung war, die geistig-moralische Katastrophe des Dritten Reiches zu bewältigen. Die neue Aneignung von Humanismus und Klassik (man denke an Lessings *Nathan der Weise* oder Goethes *Iphigenie auf Tauris)* sollten helfen, das deutsche

---

22 Meinecke: Die deutsche Katastrophe, S. 430ff.

23 Ebd., S. 439ff.

Denken von allen „schlimmsten nazi-ideologischen Schlacken zu rei-
nigen".[24]

Erstaunlicherweise wurden in den Nachkriegsjahren Idealismus und
Klassik vielfach beschworen – übrigens in West- und Ostdeutschland.
Die Begegnung mit ihr sollte Besinnung und Neuorientierung, eine
der Massenexistenz entgegen gesetzte Kultur der Innerlichkeit wie-
derherstellen. Einen anderen Weg schlug das katholische Deutschland
ein, das in der Abendlandidee und im katholischen Glauben neue
Fundamente sehen wollte.

Neben den kulturellen und religiösen Traditionen begann man freilich auch die demokratischen Traditionen aufzuwerten. Zum Säkular-
jubiläum der Revolution von 1848 wurde der Geist der Paulskirche
und des Liberalismus in Ost und West beschworen.[25] Und in den frühen fünfziger Jahren wurde die „Kommission zur Geschichte des Par-
lamentarismus und der politischen Parteien" gegründet, die die Aufgabe erhielt, die Aufarbeitung dieser Geschichte zu fördern, die in der
NS-Zeit abgewertet worden war.[26] Demokratische Traditionen bewusst
zu machen wurde eine der Aufgaben der politischen Bildungsarbeit.

Offensichtlich gab es jedoch keine unverbrauchten Traditionen, die
von allen anerkannt wurden, doch vielfältige Bemühungen um Tradi-
tionsbildung. In der SBZ beschwor man bald die revolutionären Traditionen der deutschen Geschichte.

---

24 Vgl. Hermann Glaser: Kulturgeschichte der Bundesrepublik Deutschland. Zwi-
    schen Kapitulation und Währungsreform 1945-1948. München / Wien 1985, S.
    318ff.; Horst Haase / Rudolf Dau / Birgit Gysi u. a.: Die SED und das kulturelle
    Erbe. Orientierungen, Errungenschaften, Probleme. Berlin 1986, S. 109ff., S.
    60ff. Wolfgang Leppmann: Goethe und die Deutschen. Der Nachruhm eines
    Dichters im Wandel der Zeit und der Weltanschauungen. Bern / München 1982.

25 Siehe Edgar Wolfrum: Geschichtspolitik in der Bundesrepublik Deutschland.
    Der Weg zur bundesdeutschen Erinnerung 1948-1990. Darmstadt 1999, S. 39ff.;
    Haase / Dau / Gysi u. a.: Die SED und das kulturelle Erbe, S. 70ff.

26 Vgl. Winfried Schulze: Deutsche Geschichtswissenschaft nach 1945. München
    1989, S. 252ff.

VI.   Der Umgang mit der NS-Zeit

Der Umgang mit der NS-Zeit war für die deutschen Zeitgenossen in
den Nachkriegsjahren offensichtlich außerordentlich schwierig. Das
Dritte Reich war untergegangen, doch war die NS-Zeit noch nicht
‚Geschichte', ihre Folgen waren tausendfältig sichtbar. Die Auswirkungen der Entnazifizierung waren ambivalent. Weil sie von außen
erzwungen war, aber auch, weil man erst dabei war, den Unrechtscha-
rakter eigenen Tuns zu erkennen, reagierten viele in doppelter Weise:
einerseits bauten sie mentale Widerstände gegen die Auseinandersetzung mit dem Nationalsozialismus auf, andererseits passte man sich
eben an – Lutz Niethammer hat bezogen auf die Entnazifizierung von
der „Mitläuferfabrik" gesprochen.[27]

Keine Frage, dass in der öffentlichen Diskussion der Nachkriegszeit
– jedenfalls in Westdeutschland – die Einschätzung vorherrschte, dass
das Geschehen als deutsche Niederlage, nicht als Befreiung zu betrachten sei. Zwar fand in der öffentlichen Diskussion die – in Umfra-
gen der amerikanischen Besatzungsmacht erkennbar wachsende –
Zustimmung zu der These, der Nationalsozialismus sei eine gute Idee,
die jedoch schlecht durchgeführt worden sei, kaum ihre Entsprechung.
Und doch sind folgende Aspekte des Umgangs mit der NS-Zeit auffällig:

- Häufig wurden Phänomene, Ereignisse nicht präzise beschrieben,
  sondern metaphorisch umschrieben.
- Der NS wurde nun häufig sehr allgemein als Unglück der deut-
  schen Geschichte gekennzeichnet, wobei man weniger um seine
  Analyse, als vor allem um seine Einordnung, vor allem in die deut-
  sche Geistesgeschichte bemüht war.
- Dominant war eine sehr auf Deutschland zentrierte Sicht, das
  Schicksal der Juden blieb vielfach abstrakt, die Leiden der anderen
  Nationen kamen allenfalls schemenhaft in den Blick und wurden
  dann durch die deutschen Leiden relativiert.
- So weit der NS in den Blick kam, war häufig eine Fixierung auf –
  den jetzt als Dämonen bezeichneten – Hitler erkennbar, worin man
  ein Nachwirken des Führerkultes sehen mag; hatte er im Dritten
  Reich alle Loyalitäten und alle Zukunftshoffnungen verkörpert, so

---

27 Siehe Lutz Niethammer: Die Mitläuferfabrik. Die Entnazifizierung am Beispiel
    Bayerns. Berlin / Bonn 1982.

wurde er jetzt für alles verantwortlich gemacht. Die sich im Laufe
der fünfziger Jahre etablierten Totalitarismus-Vorstellungen bedeuteten gegenüber der Hitler-zentrierten Sicht zweifellos einen Fortschritt, engten jedoch die Frage der Verantwortlichkeit wesentlich
auf die Machtergreifungsphase ein.

- Schließlich ist ein frühes Interesse am bürgerlichen Widerstand –
  der der Arbeiterbewegung blieb in Westdeutschland ausgeblendet
  und wurde in Ostdeutschland mythisiert – erkennbar, der freilich
  zunächst umstritten war, doch sich besonders eignete, der Kollek-
  tivschuldthese entgegenzutreten.

Über die Konzentrationslager war die deutsche Öffentlichkeit auf
vielfältige Weise von den Alliierten informiert worden – durch die
von den Besatzungsmächten erzwungenen Besuche der Bevölkerung
in den Lagern, durch Filme usw. Immerhin gab es jedoch auch bald
deutsche Veröffentlichungen zu diesem Thema. Unter diesen ragte
Eugen Kogons Buch *Der SS-Staat* heraus.[28] Kogon, der Buchenwald-
überlebende, hat mit bemerkenswerter Klarsicht, von seinen eigenen
Erfahrungen ausgehend, über das System der Konzentrationslager
geschrieben – ein bis heute lesenswertes Buch. Doch erschienen auch
Berichte von Überlebenden, bei denen im Einzelfall sich schwer feststellen lässt, welche Verbreitung sie gefunden haben. Ich denke etwa
an die Schrift der hier aus der Region, aus Bocholt stammenden Jeanette Wolff, die als Sozialdemokratin und Jüdin verfolgt und zusammen mit einer Tochter als einzige einer großen Familie die Ghettos
und Vernichtungslager überlebte, als eine der ersten unter dem Titel
„Sadismus oder Wahnsinn?" das von ihr Erlebte niederschrieb – ein
authentisches Zeugnis einer Zeit, in der es noch keine eingeschliffenen
Formulierungen zur Kennzeichnung des Geschehens gab; Jeanette
Wolff hat sich dann wieder – nun in Berlin – politisch engagiert, wurde Bundestagsabgeordnete und stellvertretende Vorsitzende des Zent-
ralrates der Juden in Deutschland wurde.[29] Andere haben ihre Berichte
nicht veröffentlicht oder erst sehr viel später verfasst.

---

28 Eugen Kogon: Der SS-Staat. Das System der deutschen Konzentrationslager.
    München 1946.

29 Abgedruckt in: Bernd Faulenbach (Hg. unter Mitarbeit von Anja Wissmann):
    „Habt den Mut zu menschlichem Tun." Die Jüdin und Demokratin Jeanette
    Wolff in ihrer Zeit (1888-1976). Essen 2002, S. 101-134.

Bemerkenswert erscheint, dass es trotz dieser Berichte noch über Jahre im öffentlichen Bewusstsein keine Unterschiede zwischen „normalen Kriegsverbrechen" und den NS-Judenmord gab; sie bildeten sich erst im Laufe der fünfziger Jahre heraus und sind heute selbstverständlich.[30]

Früh setzt die Thematisierung des Krieges ein, durch Generäle, durch Soldaten – auf den unterschiedlichsten Niveaus und in unterschiedlichsten Genres, nicht zuletzt in der Literatur. Das große Thema der Nachkriegszeit war nicht eigentlich die NS-Zeit und schon gar nicht der Holocaust, sondern der Krieg – dies gilt insbesondere für die Literatur und auch für den Film. Es wäre falsch zu sagen, es habe pauschal eine Verdrängung der NS-Zeit gegeben. Allerdings wurde diese sehr selektiv wahrgenommen. Ob dies die notwendige Voraussetzung war – wie Hermann Lübbe meinte und damit inzwischen immer mehr Zustimmung erfährt –,[31] um die Integration der Millionen Mitläufer in den demokratischen Staat zu ermöglichen, möchte ich hier nicht erörtern.

Das Bild der Auseinandersetzung mit der jüngsten Geschichte wäre unvollständig, wenn ich nicht einen Blick auf die früh einsetzende Zeitgeschichtsschreibung werfen würde.

VII.   Die Herausbildung der zeithistorischen Forschung

Zeitgeschichtsschreibung hat es eigentlich immer gegeben, auch in Deutschland. Neu war nach dem Zweiten Weltkrieg – einige Ansätze können wir freilich für die Weimarer Zeit feststellen –, dass sich die Zeitgeschichte zu einer Sonderdisziplin mit Lehrstühlen und Forschungseinrichtungen, mit eigener Zeitschrift und besonderen Publikationsreihen entwickelte. Zwar war die Gründung des Institutes für Zeitgeschichte ausgesprochen umkämpft – außer um persönliche Interessen ging es dabei um die Frage, ob das Schwergewicht auf Volks-

---

30 Siehe Peter Steinbach: Nationalsozialistische Gewaltverbrechen. Die Diskussion in der deutschen Öffentlichkeit nach 1945. Berlin 1981, S. 38ff.; Norbert Frei: Vergangenheitspolitik. Die Anfänge der Bundesrepublik und die NS-Vergangenheit. München 1996, S. 266ff.

31 Hermann Lübbe: Der Nationalsozialismus im deutschen Nachkriegsbewußtsein. In: HZ 236 (1983), S. 579-599.

pädagogik oder auf wissenschaftlicher Forschung liegen sollte –,[32] doch wurde das Institut dann eine wichtige Einrichtung, die sich mit der jüngsten Geschichte beschäftigte. Zudem fand die Zeitgeschichte Einzug in verschiedene Universitäten, profitierte dabei zunächst auch von der Schaffung von Lehrstühlen für Politikwissenschaft, die keineswegs als Disziplin klar von der Zeitgeschichte getrennt war.[33]

Schwerpunkte der Zeitgeschichtsschreibung wurden die Geschichte der Weimarer Republik und die des Dritten Reiches – die nun für Jahrzehnte als ‚die Zeitgeschichte' betrachtet wurden, formal betrachtet als die Geschichte der Lebenden, doch zusätzlich durch bestimmte Zäsuren, etwa von Hans Rothfels, durch das Epochenjahr 1917 begründet, in dem mit der Russischen Revolution und dem amerikanischen Eingreifen in den Ersten Weltkrieg eine grundlegend veränderte historische Konstellation sich abgezeichnet hatte, die nach dem Zweiten Weltkrieg – und von hier aus ist die Sicht geprägt – voll sichtbar wurde.[34]

Warum scheiterte die Weimarer Republik? Welche Tendenzen begünstigten den Aufstieg Hitlers? – dies waren Fragen, die eine bald sehr intensive Forschung zur Weimarer Republik zu beantworten suchte. Karl Dietrich Brachers großes, bis heute wichtiges, umfangreiches Buch *Die Auflösung der Weimarer Republik* erschien schon 1955.[35] Aus ihm wurde nicht nur die Strategie der Machteroberung der Nazis deutlich, deren Stringenz Bracher wohl überschätzte, doch auch die Schwäche der republikanischen Kräfte, ihre teilweise Selbstaufgabe, die ein Vakuum entstehen ließ, herausgearbeitet. Erforscht wurde nicht zuletzt die Rolle der Parteien, ansatzweise, doch nur recht

---

32 Siehe Schulze: Deutsche Geschichtswissenschaft nach 1945, S. 229ff.; Wolfgang Benz: Wissenschaft oder Alibi? Die Etablierung der Zeitgeschichte. In: Walter H. Pehle / Peter Sillem (Hg.): Wissenschaft im geteilten Deutschland. Restauration oder Neubeginn nach 1945? Frankfurt 1992, S. 11-25; 25 Jahre Institut für Zeitgeschichte. Statt einer Festschrift. Herausgegeben vom Institut für Zeitgeschichte. München / Stuttgart 1975.

33 Vgl. Wilhelm Bleek: Geschichte der Politikwissenschaft in Deutschland. München 2001, S. 290ff.

34 Hans Rothfels: Zeitgeschichtliche Betrachtungen. Vorträge und Aufsätze. 2. Aufl. Göttingen 1959.

35 Karl Dietrich Bracher: Die Auflösung der Weimarer Republik. Eine Studie zum Problem des Machtverfalls in der Demokratie. Villingen 1955 (danach wiederholt neu aufgelegt).

vorläufig auch die Rolle der gesellschaftlichen Kräfte und ihre Mitverantwortung für den Untergang der Republik und die Machtübernahme Hitlers. Doch aufs Ganze gesehen ist diese Geschichtsschreibung der fünfziger Jahre über die Weimarer Republik durchaus beein-
druckend.

Auch die Forschung über das Dritte Reich kam in Gang, wobei anfangs die mangelnde Zugänglichkeit von Akten, die von den Alliierten
beschlagnahmt worden waren, ein Problem war. Selbst die Vernich-
tungspolitik, etwa der Einsatz von Gaswagen wurde schon 1953 in
den Vierteljahresheften für Zeitgeschichte, die vom Institut für Zeitgeschichte herausgegeben wurden, thematisiert. Von den Zeithistorikern
wurden Dokumente zur NS-Politik umfassend gesammelt und ausgewertet, wobei die seit Ende der fünfziger Jahre gewährte Zugänglichkeit der Akten in den sechziger Jahren einen ausgesprochenen Schub
für die Forschungsentwicklung brachte. Was die Interpretation des
Dritten Reiches angeht, so bewegten diese sich während der fünfziger
Jahre zunehmend in den Bahnen der Totalitarismustheorien, die dann
in den sechziger und siebziger Jahren vielfach kritisiert wurden.

Allerdings bezog sich die Arbeit der Zeitgeschichte keineswegs nur
auf die Weimarer Republik und das Dritte Reich, sondern auch auf die
Folgen. Das größte zeithistorische Forschungsprojekt war die vom
Bundesministerium für Vertriebene finanzierte Erforschung von
Flucht und Vertreibung der Deutschen aus dem Osten, ein Projekt, das
von Hans Rothfels und Theodor Schieder herausgegeben wurde, an
dem aber auch jüngere Historiker wie Martin Broszat und Hans-Ulrich
Wehler mitwirkten.[36] Flucht und Vertreibung waren damals – entgegen dem, was in den letzten Jahren manchmal behauptet wurde – ein
bedeutendes Thema der Öffentlichkeit wie der Geschichtsschreibung,
ein Schwerpunkt, der der nationalen Ausrichtung, dem Bemühen der
Bewältigung der eigenen Leiden entsprach.

---

36 Siehe Dokumentation der Vertreibung der Deutschen aus Ostmitteleuropa. In
    Verbindung mit Adolf Distelkamp, Rudolf Laun, Peter Rassow, Hans Rothfels
    (und ab Band I/3 auch Werner Conze) bearbeitet von Theodor Schieder. He-
    rausgegeben vom Bundesministerium für Vertriebene. 1954-1963; vgl. Mathias
    Beer: Im Spannungsfeld von Politik und Zeitgeschichte. Das Großforschungs-
    projekt Dokumentation der Vertreibung aus Ostmitteleuropa. In: Vierteljahres-
    hefte für Zeitgeschichte 46 (1998), S. 345-349; Bernd Faulenbach: Die Vertrei-
    bung der Deutschen aus den Gebieten jenseits von Oder und Neiße. Zur wissen-
    schaftlichen und öffentlichen Diskussion in Deutschland. In: Aus Politik und
    Zeitgeschichte 2002, B 51-52, S. 44-54, hier S. 47f.

Im Ganzen freilich war die Zeitgeschichtsforschung kritischer gegenüber der deutschen Geschichte als die Geschichtsschreibung insgesamt, in der – nach einer Phase der Verunsicherung und Suche nach noch gültigen Traditionen – während der fünfziger Jahre sich eine starke Tendenz zur Restaurierung des nationalliberal-konservativen Geschichtsbild abzeichnete, wozu gewiss die sich verfestigende deutsche Spaltung und der Ost-West-Gegensatz beitrugen.[37]

VIII. Zum Gesamtbild der vierziger und fünfziger Jahre – Resümierende Schlussbemerkungen

In den fünfziger Jahren wurde vielfach vom „Verlust der Geschichte" wie von der „unbewältigten Vergangenheit" gesprochen. Deshalb abschließend der Versuch, die differenzierten Befunde zu resümieren:

Zweifellos wurden bisherige Meistererzählungen und Denkgewohnheiten in der frühen Nachkriegszeit in Frage gestellt. Unübersehbar trat eine Pluralisierung der Beurteilung der deutschen und der europäischen Geschichte ein. Allerdings kam es auch zu einer Wiederherstellung des nationalliberal-konservativen Geschichtsbildes, das in gewisser Weise auch im Dritten Reich vorgeherrscht hatte; jetzt wurde es allerdings von seinen nationalsozialistischen Überformungen befreit.[38] Neben diesem Trend entwickelte sich die vor allem von katholischer Seite hervorgehobene Abendlandidee, die auf ein europäisches Geschichtsbewusstsein zielte,[39] doch letztlich nicht eigentlich dominant wurde, da die nationalen Interpretationsmuster vorherrschend blieben. Unverkennbar wurden keineswegs alle traditionellen Fundamente aufgegeben, eher das Gegenteil trifft zu; es begann eine Rückbesinnung auf Humanismus und Klassik, auf das Christentum, doch auch auf die

---

37 Vgl. Bernd Faulenbach: Die deutsche Historiographie und die Nachkriegsentwicklung in Deutschland. In: Von der Aufgabe der Freiheit. Politische Verantwortung und bürgerliche Gesellschaft im 19. und 20. Jahrhundert. Festschrift für Hans Mommsen zum 5. November 1995. Herausgegeben von Christian Jansen, Lutz Niethammer und Bernd Weisbrod. Berlin 1995, S. 99-116.

38 Vgl. Hans Mommsen: Haupttendenzen nach 1945 und in der Ära des Kalten Krieges. In: Bernd Faulenbach (Hg.): Geschichtswissenschaft in Deutschland. Traditionelle Positionen und gegenwärtige Aufgaben. München 1974, S. 112-120.

39 Siehe Axel Schildt: Ankunft im Westen. Ein Essay zur Erfolgsgeschichte der Bundesrepublik. Frankfurt am Main 1999, S. 149ff.

demokratischen Traditionen, über die auch die deutsche Geschichte verfügte.

Doch Selbstverständlichkeiten historischer Interpretation wurden zumindest zeitweilig in Frage gestellt, weil ein großer Teil der nationalen Traditionen mit Hitler und dem Dritten Reich verbunden gewesen war und genau diese Verbindung aufgelöst werden musste, was die Geltung dieser Traditionen beeinträchtigte.

Aufs Ganze gesehen ließ sich das Dritte Reich in keines der Geschichtsbilder und Traditionsverständnisse problemlos integrieren. Drei Varianten sind erkennbar:

1. Das nationalliberale oder nationalkonservative Geschichtsbild auf der einen Seite und die Geschichte des NS stehen mehr oder weniger beziehungslos nebeneinander.
2. Das Dritte Reich wird als ein Abweichen von den Hauptlinien der deutschen Geschichte gesehen und ist mit bestimmten pathologischen Tendenzen der Moderne zu erklären.
3. Die ganze deutsche Entwicklung ist als Irrweg oder Sonderweg zu begreifen, der im Dritten Reich kulminierte.

Für alle drei Varianten gibt es Beispiele, die hier teilweise aufgetaucht sind. Eher eine Minderheit votierte für Europa, was im Hinblick auf das Geschichtsbewusstsein nur teilweise auf eine Überwindung des überkommenen Geschichtsbildes hinauslief. Unsicherheiten im Hinblick auf Geschichte waren verbreitet, nicht aber ein allgemeiner Verlust der Geschichte. Vieles lief – wie Ernst Schulin formuliert hat –[40] jedenfalls in der Geschichtsschreibung auf einen „moralisch gezähmten Historismus" hinaus.

Das Dritte Reich und die NS-Politik wurden im politischen und kulturellen Raum eindeutig geächtet. Dies bedeutete freilich nicht, dass man sich mit Politik und Gesellschaft und ihren Verantwortlichkeiten im Dritten Reich allzu konkret auseinander gesetzt hat. Dies sollte vielmehr erst in einem mühsamen Prozess in Angriff genommen werden, der verstärkt in den sechziger Jahren begann und in der Gegenwart noch anhält.

---

[40] Ernst Schulin: Zur Restauration und langsamen Fortentwicklung der deutschen Geschichtswissenschaft nach 1945. In: Ernst Schulin: Traditionskritik und Rekonstruktionsversuch. Studien zur Entwicklung von Geschichtswissenschaft und historischem Denken. Göttingen 1979, S. 133-143, hier S. 139.

Joachim Petsch

Städtebau und Architektur der 50er Jahre – Vorgeschichte und Entwicklung

Zielsetzung des Beitrages

Drei Hauptziele verfolgt der Beitrag:
1. die Erbringung des Nachweises, dass es die vielzitierte „Stunde Null" weder im Städtebau noch in der Architektur gegeben hat,
2. soll eine Übersicht über den Städtebau und die Architektur der 50er Jahre gegeben werden.
3. Ein Schwergewicht des Beitrages ist dem Wohnungsbau und der Wohnungsbaupolitik gewidmet, einem Thema, das in den Publikationen eher am Rande behandelt wird.[1]

1.1   Stand der Forschung

Im Gegensatz zu den zahlreichen Veröffentlichungen der Zeit- und Literaturgeschichte, die Anfang der 70er Jahre die Nachkriegszeit als Forschungsgegenstand entdeckt haben, sind Publikationen der Architekturgeschichte über diesen Zeitraum bis Anfang der 80er Jahre selten. Die wenigen architekturgeschichtlichen Publikationen der 60er und 70er Jahre, die die Ausnahme bildeten, weil sie die städtebaulichen und architektonischen Leistungen der Nachkriegszeit berücksichtigten und sie nicht ganz ausklammerten, taten dies nur am Rande und beurteilten sie eher negativ. Der Hauptgrund für die Vernachlässigung der Nachkriegszeit seitens der Architekturgeschichte ist jedoch in der

---

1   Mein Beitrag orientiert sich in einigen Teilen an zwei Texten: Joachim Petsch / Hans H. Hanke / Wiltrud Petsch-Bahr / Annette Zehnter: Bestand der Baudenkmäler aus den „Fünfziger Jahren" in Essen. Bochum 1992 (Gutachten für die Stadt Essen, nicht veröffentlicht) und Joachim Petsch: Die gebremste Sachlichkeit der Nachkriegsarchitektur. Zum Städtebau und zur Architektur der 50er Jahre. In: Georg Bollenbeck / Gerhard Kaiser (Hg.): Die janusköpfigen 50er Jahre. Wiesbaden 2000, S. 143-169.

Dominanz der Form- bzw. Stilgeschichte zu suchen: Die stilgeschichtliche Methode arbeitet primär die formalen Neuerungen einer Epoche heraus – die formale Originalität eines Kunstwerks gilt als Maßstab, weshalb die Baukunst der 50er Jahre zwangsläufig als formal rückständig, uninteressant und somit wissenschaftlich als nicht erfassungswürdig gelten musste. Nur wenige Bauten von Egon Eiermann (u. a. Taschentuchweberei in Blumberg, 1949-51), Frei Otto und Hans Scharoun sowie das Stadttheater in Münster (Architekten Harald Deilmann, Max von Hausen, Paul Ortwin Rave und Werner Ruhnau, 1952-55) wurden in den architekturgeschichtlichen Publikationen positiv gewürdigt und immer wieder abgebildet.

Die Anfang der 70er Jahre in der Architekturgeschichte einsetzende Methodendiskussion und -reflexion (Stichworte: Einordnung der Architekturentwicklung in ihren historischen Kontext und Erklärung aus diesem Zusammenhang) hatten zur Folge, dass sich einzelne Publikationen und Ausstellungen erstmalig ausführlicher mit der Nachkriegszeit beschäftigten und den Publikations- und Ausstellungsboom der 80er Jahre vorbereiteten. Heide Berndt war mit die erste, die die Kontinuität städtebaulicher und architektonischer Leitbilder der 30er Jahre nach 1945 herausstellte; die Kontinuitätsfrage stand später auch im Mittelpunkt der Beiträge von anderen Autoren.[2] Für den Wiederaufbau gab es in der Planung keine „Stunde Null". Einerseits begriff man die furchtbaren Zerstörungen zwar als Chance einer grundlegenden städtischen Neuordnung – sie blieb aber weitgehend von der Kontinuität fachlicher Inhalte bestimmt –, in Wirklichkeit aber bestimmten Planungskonzepte aus den frühen 40er Jahren im wesentlichen den Wiederaufbau. Man knüpfte also eher an die Wiederaufbaukonzepte des „Dritten Reiches" an, die, wie noch zu zeigen sein wird, teilweise durchaus an internationalen Konzepten orientiert waren. Infolge der personellen Kontinuität wurde der Wiederaufbau größtenteils von Architekten und Planern „organisiert" und durchgeführt, die sich im „Dritten Reich" fachlich qualifiziert hatten, womit allerdings nicht

---

2   Heide Berndt: Das Gesellschaftsbild bei Stadtplanern. Stuttgart / Bern 1968; vgl. weiter: Joachim Petsch: Restaurative Tendenzen in der Nachkriegsarchitektur der Bundesrepublik. In: archithese (1972) Nr. 2, S. 12-18; Joachim Petsch: Baukunst und Stadtplanung im Dritten Reich. Herleitung / Bestandsaufnahme / Entwicklung / Nachfolge. München 1976.

behauptet wird, dass sie alle überzeugte Nationalsozialisten gewesen sind.

Das große Verdienst, das Geflecht fachlicher und persönlicher Bindungen herausgearbeitet zu haben, gebührt in erster Linie Werner Durth, der in seiner 1986 erschienenen grundlegenden Publikation *Deutsche Architekten. Biographische Verflechtungen 1900-1970*[3] auf die Vorbereitung des Wiederaufbaus durch den Ende 1943 beim „Generalbauinspektor für die Neugestaltung Berlins" (GBI) eingerichteten „Arbeitsstab für den Wiederaufbau bombenzerstörter Städte" aufmerksam machte.

In dieser Zeit wurden auch die entscheidenden Weichen für den sozialen Wohnungsbau nach 1945 gestellt.[4] Die Kontinuitätsthese birgt jedoch die Gefahr, dass die Planungen während des Nationalsozialismus allein als Vorgeschichte des bundesdeutschen Wiederaufbaus begriffen werden. Bei der Vorstellung einer „ungebrochenen Weiterentwicklung" werden inhaltliche Brüche übersehen und der radikal einschneidende Wechsel des Staatstyps, die veränderten demokratischen Formen bei der Durchsetzung von Planungskonzepten sowie die Bedeutung der nun demokratisch legitimierten Planungsinstitutionen unterschätzt. Bei der Konstatierung „moderner Elemente" in der nationalsozialistischen Stadtplanung besteht jedoch die Gefahr, den teilweise durchaus bestehenden diktatorischen und rassistischen Charakter der Planungsgrundlagen auszublenden.

Verschiedene Ausstellungen und Publikationen führten seit Ende der 70er Jahre zu einer regelrechten Neuentdeckung der 50er Jahre. Es faszinierte vor allem deren Ästhetik. Dabei standen in gleicher Weise Meisterwerke des Designs (Tütenlampe und Nierentisch) sowie der modernen und halbmodernen Architektur im Mittelpunkt des Interesses. Insbesondere die großen Ausstellungen und die Beiträge in den sie begleitenden gewichtigen Katalogen vermittelten ausführliche Kenntnisse über die vielfältige und oft in sich widersprüchliche Städ-

---

3   Werner Durth: Deutsche Architekten. Biographische Verflechtungen 1900-1970. Braunschweig / Wiesbaden 1986.

4   Vgl. Joachim Petsch: Zum Wohnungsbau der 50er Jahre in der Bundesrepublik. In: Wissenschaftliche Zeitschrift der Hochschule für Architektur und Bauwesen. Weimar 29 (1983) H. 5/6, S. 394-399; Tilman Harlander / Gerhard Fehl (Hg.): Hitlers Sozialer Wohnungsbau 1940-1945. Wohnungspolitik, Baugestaltung und Siedlungsplanung. Hamburg 1986.

tebau- und Architekturszene, wodurch sie zu einem sehr differenzierten Bild dieser Epoche beitrugen. Wie schon erwähnt, lässt sich seit
dem Ende der 70er Jahre eine verstärkte Hinwendung der Architekturgeschichte zur „Formkultur" der 50er Jahre feststellen. In den meisten Publikationen wird jedoch der Eindruck eines grundlegenden
Neubeginns erweckt – „moderne städtebauliche und architektonische
Lösungen" stehen im Mittelpunkt, die Kontinuitätsproblematik wird
ausgeblendet.

2.1   Die 50er Jahre: Definition

Der Terminus „50er Jahre", der sich mit der Wiederentdeckung der
Nachkriegszeit in den 80er Jahren auch in der Architekturgeschichte
eingebürgert hat, umfasst den Zeitraum zwischen der Währungsreform
1948 und dem Beginn der 60er Jahre, als die letzten noch in den 50er
Jahren geplanten Bauten ausgeführt resp. fertiggestellt wurden. Die
Interbauausstellung von 1957 in Berlin markiert den entscheidenden
Wendepunkt in der Geschichte des bundesdeutschen Städtebaus und
der bundesdeutschen Architektur und bedeutet das Ende der 50er Jahre. Das Leitbild der aufgelockerten Stadt – und damit das Konzept der
Stadtlandschaft – wurde erstmalig durch die Interbau problematisiert
und vom neuen Leitbild der verkehrsgerechten und verdichteten Stadt
abgelöst (städtebauliches Leitbild der 60er Jahre: „Gesellschaft durch
Dichte"). Die „neue Formung der Stadt" wurde vor allem in einer
„Stärkung der Kerne" gesehen, die langfristig eine Reurbanisierung
der Stadt bewirken sollte (u. a. Schaffung städtebaulicher Dominanten
durch Hochhäuser).
    Auch wenn der Terminus „50er Jahre" unscharf und wissenschaft-
lich kaum haltbar ist, so sprechen doch gute Gründe dafür, diesen
Begriff beizubehalten. Erstens hat sich die Bezeichnung eingebürgert,
und zweitens verwenden ihn auch andere wissenschaftliche Disziplinen: Beispielsweise versteht die Geschichtswissenschaft unter der
Bezeichnung „50er Jahre" die Adenauerzeit, und die Wirtschaftswis-
senschaften setzen um 1957 das Ende der Nachkriegszeit und einen
Strukturwandel der Wirtschaft an, als das Arbeitskräftepotential aus-
geschöpft war (Vollbeschäftigung) und in der Industrie eine verstärkte
Rationalisierung und Mechanisierung der Produktion einsetzte. Der

Wachstumszyklus der 50er Jahre war zwischen 1950 und 1957 durch
eine extensiv erweiterte Reproduktion gekennzeichnet.

2.2 Wiederaufbaukonzeptionen 1940-1945

Mit den ab 1943 entwickelten Wiederaufbaukonzepten wurden die
entscheidenden Weichen für den bundesdeutschen Städtebau der
Nachkriegszeit gestellt – sie wurden weitgehend und fast unverändert
umgesetzt. Man kann von einem regelrechten Planungsboom zwischen 1942 und 1945 sprechen. Die Erkenntnisse über die Wiederauf-
baukonzeptionen, die infolge der personellen Kontinuität einen großen
Einfluss auf den bundesdeutschen Nachkriegsstädtebau ausübten,
verweisen auch die These von dem Jahr 1945 als „Stunde Null" in den
Bereich der Legende. Mit die entscheidendste Rolle nach 1945 spielte
nämlich – wie schon angedeutet – der „Arbeitsstab für den Wiederaufbau bombenzerstörter Städte", der Weihnachten 1943 beim „Generalbauinspektor für die Neugestaltung Berlins" (GBI) eingerichtet
wurde. Vereinzelt diskutierte man zwar einen radikalen Abriss und
den Neuaufbau der zerstörten Städte in kleineren Stadteinheiten an
anderer Stelle, doch setzte sich die Vorstellung vom „vorsichtigen
Stadtumbau" durch. Die Zerstörung der Städte böte die einmalige
Chance, die „Planungssünden der Vergangenheit" – sie wurden vor
allem in dem „verfehlten" Städtebau der zweiten Hälfte des 19. Jahrhunderts gesehen (Stichwort: Mietskasernenviertel) – auszumerzen
und die Städte nach modernen städtebaulichen Gesichtspunkten neu
aufzubauen. Ausgangspunkt für die Neugestaltungspläne war der Verkehr, für den, wenn nötig, die Straßen verbreitert – enge Straßen „blo-
ckieren" den Verkehr – und Durchbrüche geschaffen werden sollten
(Vorbild waren die Vereinigten Staaten mit ihrer hohen Motorisie-
rungsdichte). Zugunsten staatlicher Planungen sollte das private Ver-
fügungsrecht über Grund und Boden erheblich eingeschränkt werden.
Wirksam für die Neugestaltungspläne wurde vor allem das Garten-
stadtkonzept, d. h. man griff auf städtebauliche und architektonische
Reformvorstellungen der Jahrhundertwende zurück, die sich die
Überwindung der „versteinerten Großstadt" zum Ziel gesetzt und zum
städtebaulichen Leitbild der aufgelockerten und entballten Stadt geführt hatten. Die neue Vision der gesunden, organisch gegliederten
und aufgelockerten Stadt beinhaltete jedoch nach den Vorstellungen

der Machthaber des „Dritten Reiches" von der „faschistischen Volks-gemeinschaft" die hierarchisch strukturierte Stadt- und Siedlungsland-schaft, nämlich die Einteilung der Stadt in „Organismuskerne". Damit wurde die Organisationsstruktur der NSDAP auf die Stadtplanung übertragen. Der Unterkern (Stadtviertel) ist die Zelle der NSDAP, der Kern die Ortsgruppe und der Hauptkern der Kreis der Partei. Die Auf-lockerung der Städte wurde nach 1945 jedoch nicht nach politischen sondern nach ästhetischen Zielsetzungen angestrebt.

In den Entwürfen städtebaulicher Grundpläne und in der gesamt-städtischen Entwicklungsplanung dieser Zeit kamen durchaus damals international gültige Prinzipien der Stadtplanung zum Tragen – zum Beispiel die funktionale Gliederung der Stadt (Zonung der Stadt). Man wies die historische Kernstadt als Verwaltungs- und Geschäftszentrum (City) aus und plante, die Wohnfunktion aus ihr auszulagern. Die „fa-schistische Stadtbaukunst" sah darüber hinaus in der hierarchisch ge-gliederten Stadtlandschaft eine „Stadtkrone" vor, die von öffentlichen Gebäuden, Bauten des Staates bzw. der Partei und von Verwaltungs- und Geschäftsbauten der privaten Wirtschaft gebildet werden sollte. Bei den die „Stadtkrone" umgebenden Wohnbauten sollte eine all-mähliche Reduktion der Bauhöhen erfolgen; von mehrgeschossigen Wohnblocks bis hin zu den „Heimstätten". Architekten, die dem Nati-onalsozialismus nicht nahestanden, sahen „Familienhäuser" mit Gär-ten auch für die Innenstädte vor. (Angemerkt werden muss in diesem Zusammenhang, dass die „Stadtkrone" keine Erfindung der National-sozialisten war, sondern auf die „Vision einer neuen Stadt" von Bruno Taut (1917) zurückgeht.)

Nur vereinzelt sprach man sich für die Wiederherstellung der alten Stadtkerne in den bedeutendsten historischen Städten aus. Die Mehr-heit der Architekten und Stadtplaner war jedoch gegen einen „rekon-struierenden = identischen Wiederaufbau". „Neues von größerer Schönheit" sollte gebaut werden und „Weite statt Enge" die Städte auszeichnen – „Neuordnung statt Wiederaufbau" lautete die Parole. Man müsse „neue Formen" für „neue Aufgaben" finden, denn es nüt-ze nichts, „um Unwiederbringliches zu trauern" – nie habe eine große Epoche Vergangenes nachgeahmt. Geplant war dagegen – und dies vor allem aus Kostengründen –, das schon vorhandene Netz unterirdi-scher Leitungen für Wasser, Gas und Strom, Telefon und Kanalisation („unterirdische Infrastruktur") und damit noch bestehende Versorgungs- und Entsorgungssysteme zu übernehmen und weiter zu nutzen. Die Denkmalpfleger setzten sich nur dann für einen Wiederaufbau wertvoller historischer Baudenkmäler bzw. architektonischer Meisterwerke ein, wenn „Originalsubstanz" erhalten war. Sie sprachen sich dafür aus, in historischen Städten den alten Stadtgrundriss weitgehend zu erhalten, nur die nötigsten Eingriffe vorzunehmen und bei Neubauten etwas von dem „zerstörten Wesen" der Stadt einzufangen

2.3   Wohnungsbaukonzeptionen – Wohnungsbaupolitik

Dem Wohnungsbau sollte beim Wiederaufbau Vorrang eingeräumt werden, weil die Nationalsozialisten das Aufkommen sozialer Konflikte befürchteten. Beim Wohnungsbau sollte der Staat reglementierend und steuernd eingreifen. Ein Nebeneinander von plan- und marktwirtschaftlichen Regulierungsmechanismen sollte seine aktive Wohnungsbaupolitik bestimmen. Für den Wiederaufbau war eine zentrale Lenkung des Wohnungsbaus auf Zeit vorgesehen. Es war geplant, dass sich der Staat nach dem Abbau des größten Wohnungsfehlbestandes schrittweise vom Wohnungsbau zurückziehen und die „Liberalisierung des Wohnungsmarktes" durchführen werde. Der „Erlaß des Führers zur Vorbereitung des deutschen Wohnungsbaues nach dem Kriege" vom 15.11.1940 ging im sozialen Wohnungsbau – die Unterscheidung zwischen öffentlich gefördertem, steuerbegünstigtem und freiem Wohnungsbau hatte schon die Wohnungsbaupolitik der Weimarer Republik gekennzeichnet – von einem jährlichen Wohnungsbauprogramm von mindestens 300.000 Wohnungen aus. (Den Neubau von 300.000 Wohnungen hatte der „Führer" für das erste Nachkriegsjahr angeordnet – innerhalb von fünf Jahren sollten ungefähr zwei Millionen Wohnungen errichtet werden.) Die Trägerschaft sollten die gleichgeschalteten gemeinnützigen Wohnungsbaugesellschaften übernehmen. Man unterschied zwischen Mietgeschosswohnung, Eigenheim und Kleinsiedlung. Die Wohnbauten sollten aus örtlichen Werkstoffvorkommen und in „bodenständigen Bauweisen" errichtet werden, für 80 Prozent der Wohnungen war eine Mindestgröße von 62 Quadratmetern festgelegt. Die Pläne gingen von einer weitgehenden Rationalisierung der Bauproduktion (Typisierung, Normierung – serielle Vorfertigung) aus; darüber hinaus sollten industrielle Herstellungsmethoden der Rüstungsindustrie im Wohnungsbau

Anwendung finden (u. a. Einführung von Taktstraßen). Mit dem Ziel, „Verwurzelung" und „Heimatbindung" der „Volksgenossen" zu erreichen, entwickelte man für den Wiederaufbau ein Eigenheim als Einheitstyp, die „Heimstätte".

3.1   Städtebau und Architektur der 50er Jahre – Ausgangsituation

Hatte nach 1918 eine ausgeprägte „Aufbruchstimmung" geherrscht, so fehlte diese nach 1945, und die Forderung nach einem radikalen Neubeginn wurde nur vereinzelt laut. (Damit soll natürlich nicht bestritten werden, dass intensive Diskussionen über stadtplanerische Ziele stattgefunden haben.) Sechs Hauptgründe für die fehlende Aufbruchstimmung, die die Übernahme der Wiederaufbaukonzepte der frühen 40er Jahre entscheidend begünstigten, lassen sich aufführen:

1. Der „äußere Notstand". In den westlichen Besatzungszonen waren ungefähr 25 Prozent des Wohnungsbestandes zerstört, in den Ballungsräumen (Ruhrgebiet) und Großstädten (Hamburg) sogar zwischen 50 und 80 Prozent. Die Wohnungsnot wurde durch zwölf Millionen Flüchtlinge und Zuwanderer noch entscheidend verschärft.

2. Eine Aufarbeitung des Faschismus fand daher kaum statt, eine Auseinandersetzung mit ihm erfolgte nur in seltenen Fällen. Aufgrund ihrer „Erfahrungen" mit dem Nationalsozialismus trat die soziale Massenbasis des Faschismus, das Bürger- und Kleinbürgertum, den Rückzug aus gesamtgesellschaftlichen Bindungen an. Der „äußere Notstand" bewirkte ihren „inneren Zusammenschluss", und die Konzentrationen auf „Heim und Familie", „individuelle Lebensweisen" und „privates Glück" wurden angestrebt.

3. Die in der unmittelbaren Nachkriegszeit auszumachende antikapitalistische Grundstimmung, die sich vorrangig in Forderungen, das „große Kapital" zu sozialisieren, niederschlug, wurde von den westlichen Besatzungsmächten, allen voran den Vereinigten Staaten, mit dem einsetzenden „Kalten Krieg" entschieden bekämpft, so dass alternative Wiederaufbaukonzepte auch keine Realisierungschancen gehabt hätten.

4. Die Konformität der Parteiprogramme: Einigkeit herrschte über die Notwendigkeit, mit staatlichen Mitteln ein Wohnungsbaupro-

gramm durchzuführen (Träger: gemeinnützige Wohnungsbauunternehmen).

5. Die Restauration der ökonomischen und gesellschaftlichen Strukturen und die personelle Kontinuität in der Architekturpraxis ermöglichten die Umsetzung der zwischen 1940 und 1944 entwickelten Wiederaufbauprogramme in den Aufbaugesetzen und Leit- und Durchführungsplänen der einzelnen Länder der Bundesrepublik Deutschland.

6. Die Wohnungsnot, die sich 1951 in einem Fehlbestand von über fünf Millionen Wohnungen niederschlug, und die hohe Arbeitslosigkeit erforderten „schnelle Lösungen" und begünstigten die Aufnahme schon bestehender Wiederaufbaupläne und -gesetze sowie Arbeitsbeschaffungsmaßnahmen, so dass höchstens „partielle Innovationen" möglich waren.

Der Anblick der zerstörten Städte einerseits und die fehlende Auseinandersetzung mit der Architektur und dem Städtebau des „Dritten Reiches" andererseits führten dazu, dass die mit der Industriestadt aufgekommene großstadtfeindliche Einstellung erneut dominierte. Es kam hinzu, dass man in der „Vermassung der Gesellschaft" in den Großstädten eine der Hauptursachen für die Entstehung des Faschismus zu sehen glaubte. Daher war es nur konsequent, die Umwandlung der verdichteten Städte in Stadtlandschaften anzustreben. Die fehlende Rückbesinnung auf die historische Stadt, die Ausgangspunkt städtebaulicher Wiederaufbau- und Neuplanungen zur Wiedergewinnung der nationalen Identität hätte sein können, ist sicher auch auf die schnell einsetzende Geschichtsbewältigung durch „Verdrängung" zu erklären. Darüber hinaus erschwerte aber auch das Weiterbestehen des gesetzlichen städtebaulichen Instrumentariums (u. a. Sonderbauförderungen für Großstädte), das die Zonung der Städte nach der herrschenden internationalen Städtebaupraxis vorschrieb, die Ausweisung von Wohngebieten in den Innenstadtbereichen. Da jedoch der Flächenbedarf der City unterschätzt wurde, errichtete man dennoch häufig an der Peripherie der Innenstädte neue Wohnviertel.

3.2   Auseinandersetzung mit der Architektur des „Dritten Reiches" nach 1945

Die Auseinandersetzung mit dem Städtebau und der Architektur des „Dritten Reiches" in der Nachkriegszeit lässt sich als „ästhetische Bewältigung" bezeichnen. Die heroisch-monumentalistische Baukunst des „Dritten Reiches" wurde als „unkünstlerisch" abqualifiziert; ab 1947/48 verstummte die Diskussion ganz. Man ging bei der Kritik von einem einheitlichen Architekturprogramm des „Dritten Reiches" aus und berücksichtigte nicht, dass schon bestehende konservative Architekturströmungen, wie der Heimatschutzstil, lediglich in den Dienst der nationalsozialistischen Ideologie gestellt worden waren.

Nach 1945 war der öffentliche Dienst zunächst zwar von der Entnazifizierung am meisten betroffen. Da jedoch relativ wenige Angehörige der Baubürokratie aktive Mitglieder der NSDAP gewesen waren, wirkte sich die Entnazifizierung in diesem Verwaltungsbereich kaum aus, so dass die Baubürokratie auf Bundes-, Landes-, Kreis- und Gemeindeebene weitgehend im Amt blieb. Infolgedessen lag der Wiederaufbau in den Händen der „alten Praktiker", die die alten Wiederaufbaukonzepte nur wenig modifiziert umsetzten.

Die „Restauration in den Bauämtern" wurde lediglich von den Vertretern des Neuen Bauens beklagt: Der Apparat sei „wieder von altbewährten Kräften des Dritten Reiches besetzt". Ganz selten wurden belastete Planer und Architekten von Wettbewerben ausgeschlossen. Als exemplarische Beispiele für die zahlreichen Städte, in denen führende Architekten und Planer des „Dritten Reiches" maßgebliche Positionen in der öffentlichen Bauverwaltung bekleideten, seien Düsseldorf und Münster angeführt. Da so gut wie keiner der Architekten des Neuen Bauens nach 1945 aus der Emigration zurückkehrte – nur wenige von ihnen wie Hugo Häring, Wilhelm Riphahn, Hans Scharoun und Hans Schwippert waren nach 1933 in Deutschland geblieben – und kaum ein Architekt an das Neue Bauen der 20er Jahre anzuknüpfen versuchte, waren, anders als nach dem Ersten Weltkrieg, „Visionen einer neuen Architektur" und „einer neuen Stadt" die Ausnahme (u. a. Hans Scharoun). Neue planerische Ansätze in Hamburg, Berlin oder Mainz („Bruch mit der Vergangenheit") bedeuteten in Wirklichkeit die Wiederbelebung von Stadtkonzepten der 20er Jahre und wurden, wenn überhaupt, nur in einzelnen Stadtteilen realisiert. Darüber hinaus konnte die moderne Architektur aufgrund der nachwirkenden ästhetischen Erziehung des „Dritten Reiches" in der Nachkriegszeit auch keine größere Rolle spielen.

3.3   Wiederaufbaukonzeptionen

Vor der Erläuterung der einzelnen Wiederaufbaukonzepte soll noch einmal auf den Zerstörungsgrad der Städte eingegangen werden. Zeitgenössische Fotos beweisen, dass ausgebrannte Mauersubstanz erhalten war und zahlreiche Fassaden ganz oder teilweise noch standen. Sicherlich kann man heute nicht mehr beurteilen, welcher Verlust an historischer Bausubstanz unvermeidlich war, denn bei vielen Hauswänden bestand akute Einsturzgefahr; zweifellos aber wurden bei den „Aufräumungsarbeiten" auch wieder herstellbare Ruinen abgetragen oder gesprengt. Schon vor 1945 hatte eine Verordnung bestanden, bei „Unbenutzbarkeit" aller oberhalb des Kellergeschosses gelegenen Räume die historische Architektur abzureißen, ungeachtet dessen, ob Umfassungsmauern und Decken noch vorhanden waren. 1946 wurden in einer Kontrollratsverordnung „stärker zerstörte Bauten" zum Abbruch freigegeben; das Material sollte für den Wiederaufbau genutzt werden.

Zusätzlich sprachen die ungeheure Wohnungsnot und die Materialknappheit sowie vor allem die Zeitnot für schneller zu erstellende Neubauten. Die Hauptgründe für die Vernichtung historischer Architektur sind dennoch in der vorherrschenden Bauauffassung zu suchen, die den durchaus möglichen Wiederaufbau der Ruinen oder eine Rekonstruktion historischer Gebäude ablehnte. „Das zerstörte Erbe darf nicht historisch rekonstruiert werden, es kann nur für neue Aufgaben in neuer Form entstehen." Zwar wurde in den meisten Städten zwischen „völlig vernichteter", „stark" und „leicht beschädigter" Architektur unterschieden, für den Abbruch gaben jedoch allein ästhetische Kriterien den Ausschlag, das heißt primär „architektonische Meisterwerke" und damit „künstlerisch bedeutende Bauwerke" wurden wiederaufgebaut oder rekonstruiert. Dabei maß man vor allem der „originalen" historischen Bausubstanz Denkmalwert bei. Dementsprechend wurde die historische Alltagsarchitektur bedenkenlos abgetragen, obgleich sie für den städtebaulichen Zusammenhang und den historischen Kontext unverzichtbar war. Die Warnung vor der „Isolierung" der architektonischen Meisterwerke verhallte ungehört, genauso wie die Forderung nach Orientierung der Neubauten an „historischen Maßstäben" nur in wenigen Städten – beispielsweise in Münster und Freiburg – zum Tragen kam.

Die weitgehende Orientierung an vor 1945 entwickelten Wiederaufbauprogrammen dürfte jedoch entscheidend für den bundesdeutschen Nachkriegsstädtebau gewesen sein. (Dabei ist anzumerken, dass die Bezeichnung „Wiederaufbauprogramm" eigentlich nicht korrekt ist, denn diese Pläne stellen in Wirklichkeit – wie zu zeigen sein wird – weitgehend Neubauprogramme dar.) Nach der Trümmerbeseitigung und der Behebung der gravierendsten Infrastrukturschäden in der unmittelbaren Nachkriegszeit setzte mit dem allmählich beginnenden wirtschaftlichen Aufschwung ab 1947 (Verkündung des Marshall-Plans am 4. Juni 1947, Währungsreform 1948) eine intensive Diskussion über die Wiederaufbauziele ein; 1947/48 wurden überall Städtebauwettbewerbe durchgeführt. Es lassen sich drei unterschiedliche Richtungen bei den Aufbaukonzeptionen nachweisen:

1. Aufbaukonzeptionen, deren vorrangiges Ziel die Neuordnung des innerstädtischen Verkehrs war;
2. Aufbaukonzeptionen, bei denen die „historische Bindung", die Orientierung am Bestehenden, Ausgangspunkt für den Wiederaufbau war, die jedoch keine Rekonstruktion der historischen Stadt anstrebten;
3. Aufbaukonzeptionen, die eine radikale Veränderung und Umstrukturierung der historischen Stadt zum Ziel hatten.

Diese Aufbaukonzeptionen können nur kurz skizziert und die sie verbindenden Zielsetzungen aufgezeigt werden. Auf das Erscheinungsbild der Architektur wird in einem späteren Zusammenhang eingegangen werden.

Zu 1.
Der Vorrang der Verkehrsplanung („Lösung des Verkehrsproblems", „dem Verkehr neue Wege öffnen") führte zu Straßendurchbrüchen und, um die Straßen zu verbreitern, zur Zurücknahme der Baulinien. Ein weiterer Leitgedanke bei dieser Konzeption war, in der Kernstadt ein leistungsfähiges Wirtschafts- und Verwaltungszentrum, ein „urbanes Zentrum", zu schaffen. Streit entbrannte um die Form der Ver-

kehrsführung, um eine ring- oder strahlenförmige Verkehrsplanung, und damit um die Frage, ob Ring- oder Radialstraßen anzulegen seien. Obwohl in den meisten Städten eine Neuordnung des Stadtgrundrisses vorgesehen war, konnten die Neuordnungspläne aus wirtschaftlichen Gründen und wegen der begrenzten Möglichkeiten öffentlicher Planungen (Stichwort: „Baufreiheit") nicht in allen Altstadtquartieren durchgeführt werden, was die später erfolgte kommerzielle Verwertung historischer Altstadtviertel begünstigte.

Zu 2.

Die Erhaltung des historischen Stadtgrundrisses und die Wahrung des spezifischen Charakters der Stadt standen im Vordergrund dieses Wiederaufbaukonzeptes. Es wurden jedoch nur selten historische Bauwerke auf den alten Parzellenzuschnitten rekonstruiert, denn es sollten – wie schon ausgeführt – nur „architektonische Meisterwerke" mit genügend Originalsubstanz rekonstruiert werden. In Münster nahm man eine „vorsichtige Umlegung" der historischen Parzellen vor und bemühte sich um eine formale Angleichung der Neubauten an die historischen Vorbilder (Prinzipalmarkt), um die alten Maßstäbe und Proportionen „weiterleben" zu lassen und die maßstäbliche Gliederung der Stadt zu wahren. Die relativ schmalen Parzellenzuschnitte bestimmen nach wie vor den Rhythmus der Giebel, darüber hinaus orientieren sich die zwar glatteren und scharfkantigeren Dreiecks- und Stufengiebel an historischen Vorbildern. Daneben wurden alte Architekturmotive wie Bogengänge aufgenommen. „Stilistische Maskeraden" dagegen stießen ebenso wie moderne Bauformen auf Ablehnung.

Zu 3.

Vor allem in nahezu völlig zerstörten Städten kam das dritte Wiederaufbaukonzept zur Anwendung. Hier setzte sich die Vorstellung eines „zeitgenössischen Städtebaus" mit allen Konsequenzen durch. Die Altstadtquartiere wurden nach den modernsten städtebaulichen Gesichtspunkten (Auflockerung des Stadtkörpers – Durchgrünung) neu aufgebaut, was meist eine radikale Veränderung des Stadtgrundrisses zur Folge hatte, denn die dementsprechenden „großzügigen Umlegungen" und die Zurückverlegung der alten Straßen- und Baufluchten erfolgten ohne Rücksicht auf historische Strukturen.

Alternative Konzeptionen und damit städtebauliche Alternativen wurden nur in wenigen Städten entwickelt. In Köln diskutierte man 1946 darüber, den Verkehr aus der Innenstadt herauszunehmen und den Hauptbahnhof an die Peripherie zu verlegen, um durch die Einebnung der Eisenbahntrasse die Altstadtquartiere wieder zu vereinigen. Hierbei griff man auf Planungen der 20er Jahre zurück (u. a. Fritz Schumacher). Überdies sollten das Geschäftsleben und der Dienstleistungssektor an den Rand der Innenstadt verlagert werden, um den Prozess der Citybildung und die daraus folgende Zerstörung des Wohncharakters der historischen Innenstadt wieder rückgängig zu machen (Dezentralisierungskonzept von Rudolf Schwarz, das auch eine Stärkung der Vorortkerne vorsah). In Düsseldorf wandte sich der Düsseldorfer Architektenring gegen den Neuordnungsplan von 1948, der dem Verkehr absolute Priorität einräumte. Er forderte die Erhaltung auch einfacher Baudenkmäler. Eine innerstädtische kreuzungsfreie Ringstraße sollte die City von jeglichem Durchgangsverkehr befreien, um sie als Wohnstadt erhalten zu können.

Natürlich konnte es zu einer Überlagerung der verschiedenen Wiederaufbaukonzepte kommen. Trotz unterschiedlicher Zielsetzungen der Planungskonzepte bestand aber in wesentlichen städtebaulichen und architektonischen Fragen ein Konsens darüber, die Mängel und Missstände der überkommenen Stadt zu beheben. Diese wurden vor allem in der hohen Baudichte und der „Enge und Verbautheit" sowie in der fehlenden Eignung der historischen Stadt für den modernen Verkehr gesehen, denn die Schaffung eines leistungsfähigen Verkehrs sei in den 20er Jahren unterblieben. Aus diesem Grund sah man auch bei dem zweiten Wiederaufbaukonzept Korrekturen am Verkehrsnetz und eine verbesserte Verkehrsführung als selbstverständlich an. Alle Planer und Architekten sprachen sich für eine Neuordnung der Funktionen innerhalb der Stadt und für eine Gliederung der Stadt nach funktional getrennten Zonen aus. Im Mittelpunkt aller städtebaulichen und architektonischen Bemühungen stand der Wiederaufbau der Innenstadt zu einem „wirklichen Zentrum". Die Bestrebungen gingen dahin, Verwaltung, Handel, Kultur und Dienstleistungen in der neuen City zu konzentrieren, weshalb in der Altstadt möglichst keine Wohngebiete mehr ausgewiesen werden sollten.

Auf Ablehnung stießen die Symbole der „alten Macht", die man vor allem in den großen Achsen verkörpert sah. Angestrebt wurden dagegen die Ausbildung neuer Staträume und die Auflockerung der Städte. Das Konzept der Stadtlandschaft sah in erster Linie die Anlage von Grünflächen in der Stadt („grüne Ringe") und die Trennung der einzelnen Stadtteile durch Grünzonen vor (das bekannteste Beispiel ist Hannover). Insbesondere die Anlage von Plätzen sollte neue Staträume schaffen, die von der städtischen Bevölkerung als Versammlungsräume (Orte der Kommunikation) genutzt werden sollten. Folgerichtig lehnte man reine Schmuck- bzw. Zierplätze ab. Größere Weiträumigkeit sollte durch die Einbettung von Einzelbauwerken in Grünflächen und durch geschwungene Straßenverläufe gewährleistet werden. Darüber hinaus war die Auskernung von vorhandenen Altstadtquartieren vorgesehen („Blockbebauung ohne Hinterhäuser").

Außer Zweifel steht, dass die Städte nach Kriegsende einen „gespenstischen Eindruck" machten. Da die Innenstädte die höchsten Zerstörungsgrade zu verzeichnen hatten, büßten sie ihre Funktion als Wohngebiete weitgehend ein; die „Entstädterung" hatte schon im Krieg eingesetzt und sich nach seinem Ende zwangsläufig verstärkt. Dies förderte mit Sicherheit die Planungsentscheidungen nach 1945, neue Wohngebiete bevorzugt am Stadtrand anzulegen – gleichzeitig bot sich die Gelegenheit, die alte Kernstadt als neue City auszuweisen und aufzubauen. Hiermit folgten die Planer darüber hinaus den „Leitsätzen" der *Charta von Athen* (1933).

Materialknappheit, Mangel an Maschinen und ungesicherte Finanzierungsbedingungen ließen allerdings bis 1948 eine umfangreiche Neubautätigkeit überhaupt nicht zu. Vordringliche Ziele waren
1. die Beseitigung der Trümmer,
2. die Instandsetzung der Infrastruktur (u. a. Versorgung mit Strom, Gas und Wasser),
3. die Behebung der größten Schäden im Verkehrsbereich (u. a. Bau von Notbrücken) und
4. die notdürftige Instandsetzung von Wohnraum (z. B. Notdächer und Sicherung von Gebäuden, Behelfsbauten).

Die Schaffung eines „Daches über dem Kopf" war also das Hauptziel aller wohnungspolitischen Bemühungen unmittelbar nach Kriegsende; deshalb galt es zunächst auch, Wohnungen in leicht beschädigten Häusern „winterfest" zu machen. Nach Schätzungen wohnte in den am stärksten vom Bombenkrieg betroffenen Städten annähernd die Hälfte der Bevölkerung in Not- und Behelfsunterkünften wie Bunkern, Kasernen, Kellern, Dachgeschosswohnungen, Speichern und

Gartenlauben. Bis zur Währungsreform waren die vorhandenen Bau-
kapazitäten mit Enttrümmerungs- und Aufräumarbeiten, Ruinensiche-
rungen und Instandsetzungen sowie dem Bau von Flüchtlingslagern
und Notunterkünften in Barackenlagern und Nissenhüttensiedlungen
ausgelastet. Neubauten wurden fast ausnahmslos für die Alliierten
gebaut. Die Trümmerbeseitigung erfolgte teilweise in Selbsthilfeakti-
onen.

Bei allen Parteien der späteren Bundesrepublik herrschte ein Konsens über die Notwendigkeit eines umfangreichen Neubau- und Wie-
deraufbauprogramms. Ein Rückzug des Staates vom öffentlich geförderten sozialen Wohnungsbau und damit dessen Überführung in die
Privatwirtschaft war dabei das Fernziel der bürgerlichen Parteien;
schon 1946 hatte sich auch Konrad Adenauer für die Marktausrich-
tung des Wohnungsbaus ausgesprochen. Aus Sorge um den Bestand
des Staates und aus Furcht vor politischen Unruhen sahen die bürgerlichen Parteien eine vorübergehende sozialpolitische Intervention aber
als notwendig und unumgänglich an.

3.4   Wohnungsbaupolitik

Mit der Verabschiedung des ersten Wohnungsbaugesetzes wurde am
4. April 1950 die Wohnungsbauförderung zur öffentlichen Aufgabe
erklärt – die Unterscheidung zwischen öffentlich gefördertem, steuerbegünstigtem und frei finanziertem Wohnungsbau der 20er und 30er
Jahre wurde beibehalten. Erklärtes Ziel war es, bis 1956 zwei Millionen Wohnungen zu bauen; dieses Ziel war schon 1953 erreicht. Der
Einfluss des Staates im sozialen Wohnungsbau beschränkte sich auf
die Festsetzung der Größe und auf die Richtlinien für die Ausstattung
der Wohnungen. Schon dieses Gesetz wies das Eigenheim als bevorzugte Wohnform aus; in seiner Novellierung vom 25. August 1953
wurde der Wohnungsbau noch stärker auf diesen Wohnhaustyp hin
ausgerichtet. Das zweite Wohnungsbaugesetz vom 27. Juni 1956 erklärte das Eigenheim schließlich zum bestimmenden architektonischen Leitbild. Infolge der höheren steuerlichen Förderung betrug der
Anteil des Eigenheimbaus (Ein- und Zweifamilienhäuser) Ende der
50er Jahre in der Bundesrepublik schon über 50 Prozent.

Aufgrund der nach dem Kriege herrschenden ungeheuren Wohnungsnot stand also – wie schon ausgeführt – der Wohnungsbau im

Mittelpunkt aller architektonischen Bestrebungen der Länder. Zur Finanzierung dienten öffentliche Mittel des Bundes und des Landes (u. a. Aufbaudarlehen und Baukostenzuschüsse), die in erster Linie dem sozialen Wohnungsbau zugute kamen. Um die „Vermassung" der Bevölkerung zu bekämpfen und ihre „Verwurzelung" zu erreichen, kam, wie schon dargelegt wurde, das Konzept der gegliederten und durchgrünten Stadt zur Anwendung, das zugleich einen weitgehenden Verzicht auf die alten städtebaulichen Ordnungsprinzipien bedeutete und damit mehr oder weniger die Aufgabe des historischen Straßennetzes und Stadtgrundrisses sowie die Abkehr von der Blockbebauung. Die offene Bauweise, der Zeilenbau, stand in der formalen Tradition des Neuen Bauens. Der Zeilenbau in Ost-West- oder Nord-Süd-Ausrichtung bot die Gewähr gleicher Besonnung für alle und hob die alten Hierarchien auf (wie z. B. „Vorderhaus" – „Hinterhaus"). Die bescheidenen durchgrünten Wohngebiete verkörperten das Gegenstück zur „Künstlichkeit" der alten Stadt – das „Wohnen im Grünen" sollte die „Entfremdung" von der Natur aufheben. Die Stadt, insbesondere die Großstadt, wurde als „Brutstätte des Lasters" angesehen, in der der Mensch aufgrund der Zusammenballung entfremdet lebe, in der Natur dagegen vermeinte man sich in Freiheit. Aus diesem Grund erhielt das Grün eine neue Bedeutung als Zeichen der Befreiung von der Großstadt. Als architektonisches Leitbild dienten das Einfamilienhaus und damit das Eigenheim, das als Inbegriff „persönlicher Freiheit" angesehen wurde. Zusätzlich galt das „Privateigentum" als tragender Pfeiler der abendländischen Kultur und die Familie als „Keimzelle" des Volkes, „Heimatgefühl" könne nur im eigenen Haus entstehen und wachsen, genauso wie die „Sehnsucht nach Geborgenheit" und privatem Glück nur hier erfüllt werden könne. Das Eigenheim avancierte deshalb zum zentralen Bestandteil der Familienpolitik: Nur das Eigenheim könne die Gesundung der Familie und damit auch die des Volkes garantieren. Es mache die Familie krisenfest, verwandle die Massen in heimatverbundene Bürger und töte auch nicht, wie der Massenwohnungsbau, den „Willen zum Kind" (Paul Lücke). Darüber hinaus stärke Haus- und Bodenbesitz die Abwehrbereitschaft gegen die „kollektivistischen Mächte des Ostens".

Zwei- bis dreigeschossige Zeilenbauten des sozialen Wohnungsbaus wurden dem Eigenheim formal angeglichen. In der Regel verfügten sie über keinerlei architektonischen Schmuck. Über einem gemauerten

Sockel erhoben sich meist glatte Putz- und Ziegelwände; als „bergend" verstandene Satteldächer schlossen die Gebäude nach oben hin ab. Die Fensterunterteilung war oft einfach – Sprossenfenster waren meist finanziell zu aufwendig, dasselbe galt für Fensterläden. Innen und Außen sind klar getrennt. Auf weitgehende Ablehnung stieß das Wohnhochhaus – es sollte nur in „Ausnahmefällen" gebaut werden. Die wenigen in den 50er Jahren gebauten Wohnhochhäuser galten dann als „Fortschrittssymbole".

Auch wenn der überwiegende Teil der Wohnungsneubauten am Stadtrand errichtet wurde, bedeutet das natürlich nicht, dass ab 1948 nicht auch Wohngebäude in den historischen Kernstädten entstanden wären – im Gegenteil: In den Innenstädten entstanden sehr viele Wohnungen, denn die „oberen Stockwerke" wurden durch Mittel des sozialen Wohnungsbaus finanziert. Da die Cityfunktionen noch relativ wenig städtischen Raum beanspruchten, der „Druck der City" damit noch ziemlich gering war, wurden in vielen Städten auf den abgeräumten Trümmergrundstücken Wohnsiedlungen in Zeilenbauweise erstellt. Bei Baulücken behielt man allerdings die Blockrandbebauung bei; man schloss sie mit „angepassten" Neubauten.

In der gesamten Bundesrepublik wurden zwischen 1946 und 1956 insgesamt dreieinhalb Millionen Wohnungen, bis 1960 ungefähr fünf Millionen fertig gestellt. Die Kürzung der öffentlichen Fördermittel von 43 auf 30 Prozent (1955) zeigt den schrittweisen Rückzug des Staates zugunsten der Liberalisierung des Wohnungsbaus. Neben der Aufzählung dieser beeindruckenden Zahlen soll auch kurz auf die Größe und die Ausstattung der Wohnungen eingegangen werden: 1952 umfasste der Anteil an Ein- bis Zweizimmerwohnungen 20,8 Prozent, an Dreiraumwohnungen 50,4 Prozent und an Vierzimmerwohnungen 21,1 Prozent; gut sieben Prozent der Wohnungen verfügten über fünf Zimmer und mehr. Die durchschnittliche Wohnungsgröße betrug 52 Quadratmeter. Ein Bad besaßen 85 Prozent aller Neubauwohnungen. Die Grundrisse waren konventionell geschnitten und gegenüber den 20er und 30er Jahren kaum verändert. Man gruppierte die Räume zu einer „Funktionseinheit" und trennte die Küche möglichst vom Wohnraum. Als Folge der Erhebung des Einfamilienhauses zum formalen Leitbild – das Einfamilienhaus erfuhr auch zunehmend eine besondere finanzielle Förderung (u. a. Bausparen) – und der daraus resultierenden Neubautätigkeit am Stadtrand, setzte in den frühen

50er Jahren die Ausuferung der Städte ein. Durch die Zersiedlung verwischten die Grenzen zwischen Stadt und Land immer mehr. Hier wurde der „Grundstein" für die Verkehrsprobleme der 60er/70er Jahre gelegt.

3.5 Architekturströmungen

Bei den Vertretern der unterschiedlichen Architekturrichtungen bestand Einigkeit darüber, die zerstörte historische Architektur nicht zu rekonstruieren. Verbal lehnten sie auch die offizielle und damit die heroisch-monumentalistische Baukunst des „Dritten Reiches" ab. Die Forderungen nach Einfachheit, Sparsamkeit, Klarheit und Schlichtheit wurde von allen erhoben, und die Beachtung dieser Prinzipien hielt man im Hinblick auf die Materialknappheit und die begrenzten finanziellen Mittel für notwendig. Unterschiedliche Auffassungen herrschten dagegen im Wesentlichen über die Form der Architektur. Man beklagte das Fehlen eines umfassenden Zeitstils, nachdem die Durchsetzung der modernen Industriegesellschaft schon in der ersten Hälfte des 19. Jahrhunderts das Ende eines einheitlichen Epochenstils bewirkt hatte. Ein breites architektonisches Spektrum zeichnete die 50er Jahre aus. Sechs architektonische Richtungen lassen sich in den 50er Jahren unterscheiden, die allerdings über unterschiedlich hohe Anteile am Bauvolumen verfügten. Als eine Art Zeitstil könnte man allerdings die „halbmoderne" Architektur bezeichnen.

a) Neuzeitliche bzw. moderne Architektur

Die Architekten, die diese Richtung vertraten, sprachen sich ganz entschieden gegen die Übernahme historischer Formen aus. Sie knüpften – die bedeutendsten unter ihnen wie Josef Lehmbrock, Bernhard Pfau, Wilhelm Riphahn – an das Neue Bauen der 20er Jahre an. Da jedoch eine inhaltliche Auseinandersetzung mit der Architektur des Neuen Bauens weitgehend fehlte – die sozialen Intentionen des Neuen Bauens wurden weitgehend ausgeblendet, die große Ausnahme bildete die 1955 eröffnete Hochschule für Gestaltung in Ulm –, zeichnen sich die Bauten häufig durch rein formale Adaptionen aus (u. a. durchlaufende Wand- und Fensterbänder, Glasvorhänge). Ihr Anteil am Bauvolumen ist gering. Das beste und schönste Beispiel ist der von Hans Schwippert 1949 durchgeführte Umbau der im „Neuen Stil" errichteten Pädagogischen Akademie in Bonn (1930-33) zum Bundeshaus, dem „hellsten Parlamentsgebäude der Welt", mit den damit verbundenen An- und Neubauten. (Der Plenarsaal des Bundeshauses wurde trotz Unterschutzstellung 1988 abgerissen.) Wie wenig sich aber die Vertreter dieser neuzeitlichen Architektur schon in den frühen 50er Jahren durchsetzen konnten, zeigt sich in der Tatsache, dass die weiteren Bauten des Bundestages (u. a. der Ministerflügel – ab 1951) von der Bundesbaudirektion in halbmodernen Bauformen ausgeführt wurden.

Die neuen Materialien und Konstruktionen wurden nur zaghaft genutzt. Als zweites positives Beispiel soll die Düsseldorfer Haniel-Großgarage (1949-51) von Paul Schneider-Esleben angeführt werden. Diesen Stahlbetonbau mit frei hängenden Rampen kann man, berücksichtigt man die Entstehungszeit der Garage, beinahe als „Experimentalarchitektur" bezeichnen. Unter dem Einfluss der organisch-plastischen Architektur entstanden vereinzelt auch konkav geschwungene Fassaden.

Die Fertighausdiskussion – zahlreiche Prototypen wurden von der Großindustrie entwickelt und vorgestellt – blieb ohne Folgen für die Baupraxis, weil an der weitgehend handwerklichen und manufakturmäßigen Produktionsweise festgehalten wurde. Nur vereinzelt wurden ECA-Siedlungen in der Tradition des Neuen Bauens errichtet.

b) Halbmoderne Architektur

Zusammen mit der modifizierten Heimatschutzrichtung („angepasste" Architektur) stellt sie die bedeutendste Architekturströmung in diesem Zeitraum dar. Modernisierungsbestrebungen ihrer Vertreter führten dazu, dass teilweise das neuzeitliche Formenvokabular sowie die neuen Materialien und Konstruktionen genutzt wurden, während jedoch an der Bildhaftigkeit der Architektur, unter anderem an geschlossenen Kantenstrukturen, festgehalten wurde und bestimmte Ordnungsschemata – wie Axialität – und historische Architekturmotive, beispielsweise bestimmte Portalformen und -typen, weiter Anwendung fanden. Als Anknüpfungspunkt diente dabei weniger die Architektur des Neuen Bauens als die der frühen 30er Jahre, als konservative Architekten behutsam und vorsichtig moderne Formen übernahmen, sowie die skandinavische und schweizerische Architektur dieser Zeit.

Die Rasterfassade, durch Reihung von schmalen, hochrechteckigen Fenstern gebildet, wurde zum Hauptstilmerkmal dieser Architektur-richtung. Charakteristische Ausdruckselemente und zugleich Stil-merkmal sind auch die flachen, wie „schwebend" wirkenden, auflie-genden Dächer („Flugdächer"), die häufig über zurückversetzten Atti-kageschossen angeordnet sind, und die nicht selten als Aussichtsplatt-form genutzt werden, sowie vorspringende Überdachungen im Ein-gangsbereich (u. a. vorkragende Rhombendächer). Relativ große Fens-terflächen im Erdgeschoss und verglaste Treppengeschosse betonen die Leichtigkeit und unterstreichen die Durchsichtigkeit der Bauten. „Fließende Linien" bestimmen insbesondere die Innenräume, in denen oft geschwungene Treppen mit filigranartigen Gittern zu finden sind. Bevorzugt werden Geländer in gediegenem Messing oder in eloxier-tem Aluminium. Die stilistische Durchdringung der Architektur er-streckt sich oft bis zu den Türgriffen. Pavillons mit schräg montierten Glasflächen und vorspringenden flachen Dächern, getragen von dün-nen Stützen, die sich durch reiche Materialkontraste auszeichnen, können vielleicht als die schönsten Beispiele dieser Architekturrich-tung angesehen werden.

c) „Traditionalistische" Architektur

Diese Richtung bemühte sich um eine Verbindung traditioneller For-men mit modernen Elementen; sie bevorzugte beispielsweise Einzel-fenster mit Sprossen und traditionelle Dachformen. Ihre Vertreter (u. a. Rudolf Schwarz) warnten vor einer Überschätzung der Technik und setzten sich für eine „solide handwerkliche Durchbildung" ein. Vor allem bei der Wohnarchitektur bevorzugten sie traditionelle Mate-rialien wie Ziegel und Holz und forderten die „Maßstäblichkeit" der Architektur, die unter anderem durch die Weiterführung gleicher Ge-simshöhen zu erreichen sei.

d) „Angepasste" Architektur

Die Anpassungsarchitektur modifizierte den Heimatschutzstil. Die Architekten, die diese Richtung vertraten, knüpften an regionale und lokale – d. h. ortsgebundene – Bautraditionen an und führten sie weiter – die Architektur sollte „Züge" der Stadt oder der Landschaft annehmen. Vor allem das Dach (Sattel- oder Walmdach) spielte als Ausdruckselement eine bedeutende Rolle; ebenso wichtig war die Verwendung traditioneller Materialien. Infolge wirtschaftlicher Überlegungen dominierte der Putzbau; aus Gründen der Sparsamkeit verzichtete man meist auf Fensterläden. Auch die Architektur, die sich an historischen Vorbildern orientierte, soll dieser Richtung zugerechnet werden, weil sie historische Formen und Motive nur in „stilisierter" architektonischer Übersetzung verwendete, sich ihnen lediglich formal anpasste, indem sie die Formensprache im Einzelnen veränderte. Wesentliches Moment war, dass man auf die historische Architekturornamentik verzichtete.

Die rassistische Begründung bodenständiger Bauweisen lässt sich nach 1945 selbstverständlich nicht mehr nachweisen. Zwar finden die vertrauten Begriffe wie „Verwurzelung" und „Bodenständigkeit" weiterhin Verwendung, doch erfolgt die Ableitung der bodenständigen Bauweisen nun primär aus der Natur und Landschaft.

e) Neoklassizistische Architektur

Infolge der Abqualifizierung der Staats- und Parteiarchitektur des „Dritten Reiches", die als neoklassizistisch eingestuft wurde, lassen sich nur wenige Beispiele dieser Architekturrichtung nachweisen. Das 1954 fertig gestellte Bonner Postministerium (Architekt Josef Trimborn) tradiert zwar den Neoklassizismus der 20er Jahre, doch verweisen seine extrem schlank ausgebildeten Stützen auf die Bauauffassung der 50er Jahre.

f) Monumentalistische Architektur

Der Wunsch nach staatlicher und privater Repräsentation führte dennoch dazu, dass Stilelemente der offiziellen Staats- und Parteiarchitektur vor allem bei öffentlichen Verwaltungsbauten – so bei Gerichtsgebäuden – und Bauten des Bildungsbereichs, wie beispielsweise Universitäten, Anwendung fanden. Die Bauten der Versicherungskonzerne Gerling in Köln (1951-53, Architekt Erich Hennes) und Deutscher Herold in Bonn (1949-50, Architekt Josef Kofferath) sind offensichtlich die einzigen Beispiele, die die Formensprache der offiziellen Baukunst des Dritten Reiches „wörtlich" übernommen haben.

Beispiele modernen Bauens sind in den 50er Jahren relativ selten. Neben dem Neubau des Bonner Plenarsaals und der auch schon erwähnten Haniel-Großgarage – auch sie steht mittlerweile unter Denkmalschutz – sind nur wenige private Verwaltungsbauten zu nennen (u. a. von Bernhard Pfau), die in diesem Stil errichtet wurden; häufiger fand er im Bereich technischer Bauaufgaben (z. B. bei Fabriken und Zechen) sowie im Kirchenbau Anwendung. Auffallend ist, dass nach 1951 nur noch wenige Bauten in neuzeitlichem Stil entstanden sind. Ab Anfang der 50er Jahre setzte sich die halbmoderne Architektur im Bereich privater und staatlicher Bauaufgaben durch – die halbmoderne Architektur kann daher als *der* typische Stil der „Wirtschaftswunderepoche" angesehen werden. Die Rasterfassade findet sich bei verschiedenen Bauaufgaben (u. a. bei Verwaltungsgebäuden und Schulen). Geschäftshäuser erhalten oft ein auskragendes erstes Obergeschoss mit schräg montierten Glasscheiben. Die besten, weil typischsten, Beispiele für diese Architekturströmung entstanden im Bereich der Unterhaltungs- und Freizeitarchitektur (u. a. Kinos, Restaurants, Pavillons). Traditionalistische Architektur prägte vor allem den Wohnungsbau, besonders Einfamilienhäuser, und den Kirchenbau. Die Anpassungsarchitektur spielte im sozialen Wohnungsbau und bei öffentlichen Bauten, wie Polizeikasernen und Autobahnmeistereien, eine große Rolle. Wie schon erwähnt, wurden nur wenige Bauten im neoklassizistischen oder monumentalistischen Stil errichtet.

Die Offenheit und Breite, die die städtebauliche und architektonische Diskussion in der unmittelbaren Nachkriegszeit ausgezeichnet hatten, verebbten um 1948. Der Hauptgrund ist mit Sicherheit darin zu suchen, dass mit der Übernahme der Wiederaufbauprogramme und ihrer Umsetzung durch die „alten Praktiker" die Weichen für die Richtung, die der Wiederaufbau nehmen sollte, gestellt waren. Die einsetzende Baukonjunktur brachte auch die wenigen noch verbliebenen Kritiker weitgehend zum Verstummen. Da sich zusätzlich, wie aufgezeigt, die Vertreter neuzeitlicher Architektur in der Minderzahl befanden, fehlte weitgehend die Polarisierung zwischen den verschiedenen Architekturrichtungen, die in der Weimarer Republik bestanden hatte.

Fazit

Zwar brachte die Niederlage des Nationalsozialismus eine Demokratisierung der politischen Herrschaftsordnung, jedoch kann für den Städtebau und die Architektur nicht von einer „Stunde Null" gesprochen werden. Insbesondere die personelle Kontinuität bewirkte die formale und ideologische Kontinuität städtebaulicher und architektonischer Vorstellungen. Die konservative Wohnungsbaupolitik (mit Bevorzugung des Eigenheims) fand breite Zustimmung bei der sozialen Massenbasis des Nationalsozialismus, dem Kleinbürger- und Bürgertum, das aufgrund seiner Erfahrungen mit dem Nationalsozialismus den Rückzug aus gesamtgesellschaftlichen Bindungen antrat. Der äußere Notstand bewirkte seinen inneren Zusammenschluss und die Konzentration auf Heim und Familie, sein Streben war auf individuelle Lebensweise und privates Glück orientiert.

Der wirtschaftliche Wiederaufstieg („Wirtschaftswunder") hatte nur punktuell eine architektonische = gestalterische Modernisierung zur Folge. Rasterfassaden, vorkragende und häufig geschwungene Dächer und Fassaden zogen formal einen Schlussstrich unter die Vergangenheit. Diese dynamische Formensprache ist als Symbol der optimistischen Stimmung der 50er Jahre zu verstehen und avancierte zum Sinnbild des „Wirtschaftwunders". Der einsetzende „Kalte Krieg" und die restaurative Grundstimmung verursachten jedoch eine Dominanz konservativer Bauvorstellungen.

Erst Ende der 50er Jahre, als das Arbeitskräftepotential erschöpft, eine Erweiterung der Produktion nur noch beschränkt möglich und die formale bürgerliche Demokratie gefestigt war (absolute Mehrheit der CDU bei der Bundestagswahl 1957), setzten sich mit der Anwendung neuer Produktionsverfahren und Technologien verstärkt neofunktionalistische Formen durch die Stilisierung technischer Formen verzichtete auf die Vermittlung von „Bedeutungen".

Mit der Umsetzung der städtebaulichen und architektonischen Leitbilder aus den frühen 40er Jahren in den 50er Jahren waren die Weichen für den radikalen Städtebau seit den 60er Jahren gestellt: Die Expansion des Warenhandels- und Dienstleistungskapitals führte zu einem Stadtumbau, der den des 19. Jahrhunderts weit in den Schatten stellte.[5]

---

5   Mein Beitrag stützt sich – zusätzlich zu der bereits in den Anmerkungen zitier-
    ten Literatur – im Wesentlichen auf folgende weiterführende Titel:
    Hans-Günther Burckhardt / Hartmut Frank / Ulrich Höhns / Klaus Stieghorst:
    Stadtgestaltung und Heimatgefühl. Der Wiederaufbau von Freudenstadt 1945-
    1954. Analysen, Vergleich und Dokumente. Hamburg 1988; Werner Durth /
    Niels Gutschow: Nicht Wegwerfen! Architektur und Städtebau der Fünfziger
    Jahre. Bonn 1987; Werner Durth / Niels Gutschow: Einführung. In: Werner
    Durth / Niels Gutschow (Red.): Architektur und Städtebau der Fünfziger Jahre.
    Ergebnisse der Fachtagung in Hannover 1990. Bonn 1990; Christoph Hackels-
    berger: Die aufgeschobene Moderne. Ein Versuch zur Einordnung der Architek-
    tur der Fünfziger Jahre. München 1985; Klaus Honnef / Hans M. Schmidt (Hg.):
    Aus den Trümmern. Kunst und Kultur im Rheinland und Westfalen 1945-1952.
    Neubeginn und Kontinuität. Katalog. Köln / Bonn 1985; Winfried Nerdinger
    (Hg.): Aufbauzeit, Planen und Bauen. München 1945-1950. Katalog. München
    1984; Joachim Petsch: Die Bauhausrezeption in der Bundesrepublik Deutsch-
    land in den fünfziger Jahren. In: Wissenschaftliche Zeitschrift der Hochschule
    für Architektur und Bauwesen. Weimar 26 (1979) H. 4/5, S. 433ff.; Gerhard
    Rabeler: Wiederaufbau und Expansion westdeutscher Städte 1945-1960 im
    Spannungsfeld von Reformideen und Wirklichkeit. Ein Überblick aus städtebau-
    licher Sicht. Bonn 1990; Bernhard Schulz (Hg.): Grauzonen – Farbwelten.
    Kunst und Zeitbilder 1945-1955. Katalog. Berlin / Wien 1993.

2. Zwei Wege kultureller Modernisierung

Mirjana Stančić

Die nicht mehr schöne Kunst. Modelle der Moderne in Deutschland nach 1945 (Literatur, Kunst, Musik)

Die Unverbindlichkeit der Moderne

Die Kunst sah sich in Deutschland nach dem Kriegsende mit einem monumentalen Trümmerhaufen konfrontiert, der die gesamten früheren Entwicklungen, die bis 1933 stattgefunden hatten, ausschaltete, verschüttete und gleichzeitig eine allgemeine Lähmung herbeiführte, der Künstler nur zaghaft ihre Virilität und die Idee eines neuen Anfangs bzw. Aufbruchs entgegensetzen konnten. Es fragt sich, wie sich und unter welchen sozialgeschichtlichen und ästhetischen Prämissen die Versuche des Neuanfangens gestaltet haben und inwiefern sie der *Moderne* zuzuordnen sind.

Und schon sehen wir uns selbst mit großem Erläuterungsbedarf konfrontiert, der nach theoretischer Abstützung geradezu lechzt, damit sozusagen das Gebäude, weil ohne feste Fundamente, nicht in sich zusammensackt. Es ist kein leichtes Unternehmen, die *Moderne* aus dem Titel dieses Beitrags einleuchtend einzulösen, wobei ich unter ‚einleuchtend' das buchstäbliche Einleuchten verstehe, in die ziemliche Finsternis der Anwendungen dieses Begriffs nämlich etwas Licht zu bringen. Denn die *Moderne* wird im literarischen und allgemein im auf die Kunst bezogenen Diskurs so oft und oft genug undifferenziert und auch so inflationär gebraucht, dass sie eventuell sogar dem Identitätsbegriff den Rang abläuft.[1]

---

1   Grundlegend zum Thema ist der herausragende Überblick von Helmuth Kiesel: Geschichte der literarischen Moderne. Sprache, Ästhetik, Dichtung im zwanzigsten Jahrhundert. München 2004. Ferner: Frederic Jameson: Mythen der Mo-

Grundsätzlich gilt, dass sich die *Moderne* einer verbindlichen Definition entzieht.[2] Ihre programmatische poetologische Anwendung in der Literatur(wissenschaft) geht auf das Ende des 19. Jahrhunderts zurück und wurde maßgeblich von dem österreichischen Schriftsteller Hermann Bahr (1863-1934) mitgeprägt, der in den Literaturgeschichten oft als „Wegbereiter der Moderne" reklamiert wird, der die Mode (= *Moderne*) verkündete, noch bevor sie zur Mode geworden war.[3] Als Redakteur, Verlagslektor, Theaterkritiker und Regisseur in Berlin und Wien hatte er Gelegenheit, sich mit den Schwankungen der europäischen Moderne zu identifizieren. Als Theoretiker nahm Bahr in seinem ersten Essayband *Zur Kritik der Moderne* (1890) manche ästhetische Innovation vorweg.[4] Den meisten seiner Zeitgenossen, nicht nur in Österreich, war er mit der Einsicht voraus, dass die Kunst im bürgerlichen Zeitalter nicht nur der Ware angeglichen werde, sondern auch von sich aus die Anpassung an die Ware vollziehe, indem sie die Innovation als Konkurrenzmittel gebrauche. Damit wird aber das ‚Innere' der Kunst in Technik und Stil zu einer gesellschaftlich-ökonomischen Kategorie unter neuen Bedingungen.

Bahr beschrieb in seinem Tagebuch, allerdings schon unter dem Jahr 1908, den Zusammenhang von ästhetischer Technik und ökonomischem Prinzip recht deutlich:

> Vieles Technische, das man sonst gar nicht verstehen kann, wird dadurch erst klar. Jedes Bild ist heute erstens ein malerisches und zweitens ein händlerisches Problem. Es soll uns etwas so sehen lassen, wie der Maler es sieht. Dazu ist aber notwendig, daß wir es überhaupt ansehen; unter den vielen Tau-

---

derne. Berlin 2004; Karl Riha: Prämoderne. Moderne. Postmoderne. Frankfurt am Main 1995.

2   Kiesel: Geschichte der literarischen Moderne, S. 21, weist auf den Eingang des Begriffs in die großen Lexika von Brockhaus (1984) und Meyer (1986) hin, konstatiert aber zugleich, dass eine „einigermaßen bündige programmatische Bedeutung" lange auf sich warten ließ.

3   Zur Bedeutung Hermann Bahrs für die Literatur der gesamten österreichisch-ungarischen Doppelmonarchie um 1900 vgl. Zoran Konstantinovic / Fridrun Rinner: Eine Literaturgeschichte Mitteleuropas. Innsbruck 2003, S. 250-252, S. 268-275.

4   Hermann Bahr: Zur Kritik der Moderne. Gesammelte Aufsätze. Zürich 1890. Neuausgabe Weimar 2004.

senden gerade dieses eine Bild. [...] Es genügt nicht, daß es ein Bild ist, sondern das Bild muß auch noch sein eigenes Plakat sein.[5]

Der sogenannte anspruchsvolle Käufer heftet sein Prestige in der Warenwelt an das Neue und Originelle des Kunstobjekts. Es komme, betont Bahr, nicht so sehr auf den Gebrauchswert einer Ware als darauf an, dass sie sich rätselhaft neu gebärde, als Luxusartikel für Auserlesene, die die Seltenheit und den Reiz des Besonderen goutieren. Bereits in seiner Zeit, vermutet Bahr, seien zahlreiche Künstler den Marktgesetzen des Luxushandels mit Haut und Haaren verfallen. Das, wovon Bahr spricht, ist eine sehr moderne Ansicht über den sogenannten Warencharakter der Kunst, insbesondere der bildenden Kunst, auf die sich seine Ausführungen auch beziehen: den Fetisch Ware. Das Gedankengut späterer Theorien von Walter Benjamin und Theodor W. Adorno ist hier schon zu erkennen.[6] In seinem wohl berühmtesten und einflussreichsten literaturtheoretischen Essay über *Die Überwindung des Naturalismus* (1891) plädiert Bahr für ästhetische Angebote als Gegenströmungen des Naturalismus und prägt das programmatische Verständnis der Epoche, die kraft ihrer bedeutenden und künstlerischen Projekte bis zum heutigen Tage als „Wiener Moderne" ausstrahlt.[7]

Bahrs Forderung nach einer modernen Literatur, die die alte endgültig ablösen würde, ist allerdings nicht die erste Nennung der *Moderne* in der deutschen Literaturgeschichte. Bereits im Jahr 1887 wird die *Moderne* in zwei Zeitschriften ausgerufen, zuerst im Berliner *Magazin für Literatur des In- und Auslandes* und dann in der *Allgemeinen Deutschen Universitätszeitung*.[8] Nicht mehr die Antike sollte das

---

5   Hermann Bahr: Tagebuch. Berlin 1909, S. 166.

6   Vgl. neben dem berühmten Aufsatz von Walter Benjamin: Das Kunstwerk im Zeitalter seiner technischen Reproduzierbarkeit (1935/36) – jetzt in: Walter Benjamin: Gesammelte Schriften I, 2 (Werkausgabe Band 2). Herausgegeben von Rolf Tiedemann und Hermann Schweppenhäuser. Frankfurt am Main 1980, S. 471-508 – das nicht minder bekannte Kapitel *Kulturindustrie. Aufklärung als Massenbetrug* in: Theodor W. Adorno / Max Horkheimer: Dialektik der Aufklärung. Philosophische Fragmente. Frankfurt am Main 1969, S. 108-150.

7   Hermann Bahr: Die Überwindung des Naturalismus (1891). In: Hermann Bahr: Zur Überwindung des Naturalismus. Theoretische Schriften 1887-1904. Ausgewählt, eingeleitet und erläutert von Gotthart Wunberg. Stuttgart 1968, S. 33-102.

8   Vgl. Kiesel: Geschichte der literarischen Moderne, S. 13.

höchste Kunstideal sein, sondern die *Moderne*. Der bekannteste Schrei nach Modernität in der Literatur stammt nicht aus Deutschland, sondern aus Frankreich, und zwar aus dem Munde des Lyrikers Arthur Rimbaud: „Il faut être absolument moderne", rief er schon 1873 in seiner Prosadichtung *Une saison en enfer* aus.[9] Die *Moderne* ist eine internationale Erscheinung, sie transzendiert stets die nationalen Grenzen und versteht sich als eine internationale Bewegung, die sich im Medium einzelner Kunstarten realisiert.

Der Begriff *Moderne* impliziert Gegensatzbegriffe wie alt, antik, klassisch, traditionell. Seit dem 19. Jahrhundert ist die *Moderne* plakativer Ausdruck des progressiven historischen Selbstwertgefühls einer Epoche gegenüber der Tradition unzeitgemäßer Normen und Werte, verbunden mit dem kritischen Anspruch innovativer ästhetischer Originalität. Das „Moderne" impliziert gleichwohl auch eine radikale Negation bisher gültiger Parameter. Gegen Ende der ersten Hälfte des 20. Jahrhunderts nahm in den USA die Gegenbewegung der *Postmoderne* ihren Anfang, um gleich nach Europa überzuschwappen. Ihr dekonstruktivistischer Ansatz geht von offenen Kommunikationsstrukturen und einer starke Einbindung des Rezipienten aus.

Grundsätzlich spricht man von der *Moderne* in Bezug auf die Literatur und Kunst der ersten drei Jahrzehnte des 20. Jahrhunderts in Deutschland. Die Topographie der *Moderne* schloss das gesamte Europa ein. Gerade diese Offenheit ist charakteristisch: das buchstäblich, also auch im politischen Sinne Grenzüberschreitende, das den gesamteuropäischen Raum als ‚Nutzfläche' für künstlerische und kulturelle Interaktionen überspannte. Diese Interaktionen standen im Zeichen der Avantgarde und des Experiments, der Brechung der Hegemonie, der Vorstöße gegen die psychologische Manier bei den Erzählern – Döblins Meisterwerk *Berlin Alexanderplatz* gilt es zu erinnern –, schließlich um Anti-Kunst als Provokation und Experiment in der Malerei – hier wird Kurt Schwitters zu gedenken sein.

Es handelte sich um einen frühen interdisziplinären künstlerischen Multikulturalismus, dies waren die entscheidenden Charakteristiken der Epoche der *Moderne*, die auch den Namen der *klassischen Moderne* prägten: insbesondere in Bezug auf die Werke der bildenden

---

9   Vgl. ebd., S. 15.

Kunst, wo gewiss die für die ästhetische Kraft der Epoche bedeutendsten Leistungen zu finden sind.

Eines muss man festhalten, und zwar ungeachtet dessen, ob die Modernitätsdiskussion diese von so vielen Höhenflügen gekrönte Periode meint oder die Neuanfänge des Modernismus unmittelbar nach 1945: die nachhaltige Unverbindlichkeit des Begriffs. Wie oft ist schon, etwa in Bezug auf das Schaffen Alfred Döblins nach 1945, von der *Moderne* als Provokation die Rede gewesen, dann wiederum auch von der *Moderne* als Tradition, diesmal sein frühes Werk meinend, von der *Moderne* im allgemeinen als Bekräftigung der institutionellen Form der Literatur, von der „reflektierten", „progressiven", „zivilisatorischen", „psychologisierenden", „urbanen", „montierenden" *Moderne* usw.[10] Im gleichen Atemzug werden Fragen nach Zuschreibungen einzelner Autoren zur *Moderne* gestellt, ob zum Beispiel Wolfgang Koeppen als ein Repräsentant der *Moderne* nach 1945 anzusehen sei oder dann auch Autoren wie Arno Schmidt, Peter Weiss, Alfred Andersch und vor allem die Exildichter, die vor Anfang des Zweiten Weltkriegs eine für sie wesentliche Schaffensperiode bereits abgeschlossen hatten und sich jetzt, 1945, mit der Notwendigkeit des Neuanfangens konfrontiert sahen, die sich für die meisten ebenso lebensgeschichtlich wie ästhetisch und poetologisch als komplex und schwierig gestaltete. Auch für die Autoren der so genannten inneren Emigration, die während des Kriegs in Deutschland geblieben sind und im Lyriker Gottfried Benn ihren bedeutendsten, gleichzeitig auch umstrittensten Repräsentanten hatten, ist die Frage nach ihrer Zugehörigkeit zur *Moderne* bzw. nach ihrer eigenen Modernität oft kaum zu beantworten.

Und noch eine letzte Vorbemerkung: Der Begriff „modern" hat selbstverständlich auch seine eigene, auf das Lateinische zurückgehende Bedeutung und heißt dann nichts anderes als gerade das: modern, also: aus dieser, jetzigen, aktuellen Zeit, und zwar unabhängig davon, ob sich die Zuschreibung auf die Literatur, die Kunst, die

---

10 Kiesel stellt den Romancier Alfred Döblin, den Dramatiker Bertolt Brecht und den Lyriker Gottfried Benn unter das gemeinsame Leitwort der „reflektierten Moderne" und sieht sie als Orientierungspunkte auch für avantgardistische bzw. dezidiert an die Moderne anknüpfende Verfahren in Romankunst (Ingeborg Bachmann), Dramatik (Heiner Müller) und Lyrik (Paul Celan) nach 1945. Ebd., S. 303-436, S. 441-457.

Mode oder auch den Hausbau oder gar die Hausrenovierung bezieht.
In diesem Fall kommt als Synonym auch die „Modernisierung" (Erneuerung, Auffrischung) vor. Und hier wird man für die Epoche, der
wir uns jetzt zuwenden, eher fündig werden, denn in vielfacher Hinsicht fanden nach 1945 in Deutschland Modernisierungsprozesse statt,
nicht zuletzt in Literatur und Kunst.[11]

Deutschland nach 1945: Gebrochene Moderne

Die Literatur und Kunst in Deutschland nach 1945 ist grundsätzlich
nicht als Fortführung der *Moderne* anzusehen, dafür war die Zäsur zu
stark und zu lang. Die Basis aus dem ersten Jahrhundertdrittel ist der
Kunst entzogen und gründlich vernichtet worden, das Exil kannte ja
keine Avantgarde. Die *Moderne* nach 1945 war durch Not, Skepsis
und Resignation geprägt. Die spezifischen kulturellen Milieus der
Vorkriegszeit waren dahin, und damit ist auch das Wesentliche verloren gegangen, das Signum der *klassischen Moderne*: das plurale Nebeneinander und das ungemein produktive Ausdifferenzieren von nebeneinander existierenden heterogenen Phänomenen. Wenn diese innovative, provozierende wie destruktive Pluralität den Reichtum und
die damit einhergehende Schönheit der Kunst ausmachte, kommt man
rasch und ohne argumentative Umwege zu dem Schluss, dass die
Kunst nach 1945 gar nicht schön sein konnte.

Es sei noch einmal hervorgehoben, dass die Pluralität nicht redu-
zierbar ist. Dieses Diktum ist auch damals schon oft ausgesprochen
worden: Der Philosoph Theodor W. Adorno brachte seine Trauer um
die mangelnde Kraft an verändernder kultureller Intelligenz der Nachkriegszeit prognostisch schon 1944 in einem Notat seiner *Reflexionen
aus dem beschädigten Leben* zum Ausdruck, und er benannte damit
auch die Gründe für die andere geistige Situation und Haltung der
Künstler. Adorno beschreibt, wie der Schock des Kriegserlebnisses
jenen Reizschutz durchbricht, der notwendig ist, um eigene Erfahrun-

---

11 Darauf hat Helmuth Kiesel, gegen das in der historischen Forschung überwun-
    dene, in den Kultur- und Literaturdiskussionen aber beständigere Restaurations-
    paradigma argumentierend, hingewiesen. Helmuth Kiesel: Die Restaurations-
    these als Problem für die Literaturgeschichtsschreibung. In: Walter Erhart / Dirk
    Niefanger (Hg.): Zwei Wendezeiten. Blicke auf die deutsche Literatur 1945 und
    1989. Tübingen 1997, S. 13-45.

gen zu lokalisieren und in zeitlichen Zusammenhängen zu stabilisieren. Werden der Krieg und die Nachkriegszeit in äußerster Radikalität
erfahren, so lassen sie keinen Spielraum und keine Distanz zugunsten
künstlerisch-kultureller Objektivationen. Und Adorno fügt 1944 hinzu:

> Nichts aber ist vielleicht verhängnisvoller für die Zukunft, als daß im wörtli-
> chen Sinn bald keiner mehr wird daran denken können, denn jedes Trauma,
> jeder unbewältigte Schock der Zurückkehrenden ist ein Ferment kommender
> Destruktion. [...] Was heute geschieht, müßte „Nach Weltuntergang" hei-
> ßen.[12]

Deshalb suchte die Literatur der Zeit, was auch selbstverständlich
ist, dann eher Schutz in der Geborgenheit vergangener kultureller
Werte, als in der Erinnerung an die *klassische Moderne*. Das erklärt in
Adornos Sicht den eklatanten Mangel an moderner deutscher Gegenwartsliteratur bis weit in die fünfziger Jahre hinein.

Wir versuchen uns über die schwierige Bestimmung des Begriffs
noch einmal so zu einigen, dass die schöne Kunst der *Moderne* ihren
pluralen Charakter und den Reichtum der Angebote in gefestigten
kulturellen Milieus impliziert. Es geht uns dagegen nicht um die historische Diskussion über den Auftrag des ‚Delectare' an die schöngeis-
tige Literatur. Er war längst unterlaufen, etwa durch die französischen
Symbolisten,[13] und auch in der philosophischen Reflexion durch
Schlegel und Rosenkranz hatte die ästhetische Aufwertung des Hässlichen im 19. Jahrhundert eingesetzt, so dass die idealistische Bestimmung der Kunst als der Guten, Wahren, Schönen längst obsolet war.[14]
Hier handelt es sich um andere, ganz konkrete Formen der Erschütterung, die die Dichter und Künstler, vom Krieg traumatisiert, zu bewältigen hatten, so dass es nicht ganz verkehrt wäre, von einer *gebroche-
nen Moderne* zu sprechen.

---

12 Theodor W. Adorno: Minima Moralia. Reflexionen aus dem beschädigten Leben. Frankfurt am Main 1969 (zuerst 1951), S. 63.

13 Charles Baudelaire: Die Blumen des Bösen. Übertragen von Carlo Schmid.
   Frankfurt am Main 1976 [Les fleurs du mal (1857)]. Vgl. auch Kiesel: Geschichte der literarischen Moderne, S. 105, S. 108.

14 Karl Rosenkranz: Ästhetik des Hässlichen. Königsberg 1853. Neuausgabe Leipzig, 2. überarb. Aufl. 1996. Vgl. auch Carsten Zelle: Ästhetik des Hässlichen.
   Friedrich Schlegels Theorie und die Schock- und Ekelstrategie der ästhetischen
   Moderne. In: Silvio Vietta (Hg.): Ästhetische Moderne in Europa: Grundzüge
   und Problemzusammenhänge seit der Romantik. München 1997, S. 196-233.

Deutschland nach 1945: Mahnen und Erinnern

> Wie bitter ist es, wenn der Jubel der Welt der Niederlage, der tiefsten Demü-
> tigung des eigenen Lebens gilt! Wie zeigt sich darin noch einmal schrecklich
> der Abgrund, der sich zwischen Deutschland, dem Land unserer Väter und
> Meister, und der gesitteten Welt aufgetan hatte![15]

Mit diesen Worten wandte sich Thomas Mann am 10. Mai 1945
vom amerikanischen Exil, zwei Tage nach dem Ende des Zweiten
Weltkrieges, zum letzten Mal über den britischen Sender BBC an seine deutschen Hörer. Seit dem Herbst 1940 hatte er einmal monatlich
Gelegenheit, seine Landsleute mit Ansprachen aufzurütteln, den Wi-
derstandsgeist zu beschwören und nicht zuletzt die militärischen Ereignisse zu kommentieren. Der Nobelpreisträger setzte sich mit historischen Möglichkeiten und mit der ambivalenten Wirklichkeit u. a. in
seinen Romanen auseinander.

Erinnerungen, Tagebücher, auch poetische Dokumente der Auseinandersetzung mit dem Nationalsozialismus erscheinen als Ausdruck
der unmittelbaren Geschichtsbewältigung bereits sehr bald nach dem
Kriegsende, zuerst Werner Bergengruens Gedichtband *Dies irae* und
die *Moabiter Sonette* des von der SS ermordeten Albrecht Haushofer,
dann Dietrich Bonhoeffers im Tegeler Gefängnis vor der Hinrichtung
notierte Gedichte *Auf dem Weg zur Freiheit*, Ernst Wiecherts *Toten-
wald*, Luise Rinsers *Gefängnistagebuch*, 1947 unter dem Titel *Lemu-
ria* Aufzeichnungen von Emil Barth, das *Tagebuch eines Verzweifel-
ten* des ermordeten Dichters Friedrich Reck-Malleczewen, Theodor
Haeckers *Tag- und Nachtbücher* und Nelly Sachs' Lyrikband *In den
Wohnungen des Todes*, schließlich Paul Celans *Der Sand aus den Urnen*.[16] Alle diese größtenteils lyrischen Werke waren Antworten und

---

15 Thomas Mann: Deutsche Hörer. Fünfundfünfzig Radiosendungen nach
    Deutschland (1945). In: Thomas Mann: Reden und Aufsätze II o. O. [Frankfurt
    am Main] 1965 (= Stockholmer Gesamtausgabe der Werke)., S. 168-310, Zitat
    S. 308.

16 Werner Bergengruen: Dies irae. Eine Dichtung. München 1945; Albrecht Haus-
    hofer: Moabiter Sonette. Berlin 1946; Dietrich Bonhoeffer: Auf dem Weg zur
    Freiheit. Gedichte aus Tegel. Herausgegeben von Eberhard Bethge. Berlin 1946;
    Ernst Wiechert: Der Totenwald. Ein Bericht. München 1946; Luise Rinser: Ge-
    fängnistagebuch. München 1946; Emil Barth: Lemuria. Aufzeichnungen und
    Meditationen. Hamburg 1947; Friedrich Percyval Reck-Malleczewen: Tagebuch
    eines Verzweifelten. Lorch 1947; Theodor Haecker: Tag- und Nachtbücher
    1939-1945. Mit einem Vorwort herausgegeben von Heinrich Wild. München

Reaktionen der Betroffenheit auf den Nationalsozialismus, teilweise geht ihre Entstehung in die späten dreißiger und frühen vierziger Jahre zurück.

Die Literatur, die im Jahr Null, 1945, und in der darauffolgenden Zeit entstand, unterbreitete sehr unterschiedliche Modelle der Geschichtsbewältigung, oft zwischen Moralisierung und Ästhetisierung wechselnd. Diese Dichtungen eröffneten nicht nur in thematischer Hinsicht, sondern auch als ästhetische Wagnisse neue Zukunftsperspektiven. An einem herausragenden Beispiel seien sie auf die spezifische Beschaffenheit ihrer Modernität geprüft. Es handelt sich um den prominenten deutschen Dichter-Arzt Alfred Döblin.

Alfred Döblin nach 1945: Absage an die Moderne?

Alfred Döblin,[17] 1878 in Stettin geboren, schon als Kind mit seiner Familie nach Berlin übergesiedelt, wo er nach dem Medizinstudium als Arzt arbeitete, hatte bereits mehrere Erzählungen und Romane vorgelegt, als 1928 sein Roman *Berlin Alexanderplatz* zum großen herausragenden literarischen Erfolg wird. Der Text wird von der Kritik gefeiert und sogleich zu den Meilensteinen deutscher Romankunst gezählt. Döblin knüpfte die Geschichte des Kriminellen Franz Biberkopf in ein dichtes Gewebe von zeitgeschichtlichen Diskursen und intertextuellen Bezügen (literarische Zitate, Parodien, Zeitungsmeldungen, Wetterberichte, Lied- und Reklametextcollagen, Bibel- und Mythenmontagen). Die so geschaffene simultane Polyphonie verdrängt gelegentlich die Chronologie der erzählten Geschichte. Sein antipsychologischer Erzählstil, der auf Kohärenz verzichtet, begründet als innovatives Verfahren Döblins Ruhm als herausragender Autor der

---

1947; Nelly Sachs: In den Wohnungen des Todes. Berlin 1947; Paul Celan: Der Sand aus den Urnen. Wien 1948.

17 Zu Döblins Biographie, seiner Bedeutung als paradigmatischer Autor der Moderne und zu seinem Werk vgl. neben den Hinweisen bei Kiesel: Geschichte der literarischen Moderne, S. 303-356, auch Gabriele Sander: Alfred Döblin. Stuttgart 2001; Oliver Bernhardt: Alfred Döblin. München 2007; Mirjana Stančić: Ästhetizismus – Futurismus – Döblinismus. Döblins Entwicklung von „Adonis" bis „Segelfahrt". In: Bettina Gruber / Gerhard Plumpe (Hg.): Romantik und Ästhetizismus. Festschrift für Paul Gerhard Klussmann. Würzburg 1999, S. 235-254.

Moderne, genauer: als eines Autors, der mit seinen Konzepten die *Moderne* bereits unterlief und doch mit einem pluralen, lebendigen Nebeneinander in diesem Großstadtroman die natürliche Lebensgrundlage der *Moderne* schafft und zeigt.

Auf diesen künstlerischen wie gesellschaftlichen Höhepunkt des Dichters Alfred Döblin folgen binnen weniger Jahre Niederlagen, Flucht, Exil und bittere Enttäuschungen: kein guter Boden zur Pflege des Döblinschen Modernismus. Nach Exiljahren in der Schweiz und in Frankreich lebte Döblin von 1940 bis 1945 in den USA, zuletzt in Kalifornien. Bereits im Oktober 1945 kam er aus Amerika nach Frankreich zurück und reiste am 9. November 1945 im Auftrag der französischen Besatzungsmacht als französischer Kulturoffizier nach Baden-Baden. Hier und ab 1949 in Mainz nahm er seinen Wohnort, gründete die Zeitschrift *Das Goldene Tor* und wirkte an der Gründung der Mainzer Akademie mit. Er war sein Ziel, Mainz zu einem kulturellen Leuchtturm in Deutschland auszubauen, der Künstler und Kulturschaffende wie ein neues Jerusalem anziehen würde. Doch nichts als Utopie war dieser Plan: Seine Zeitschrift wurde 1951 eingestellt wie so viele der bedeutenden Neugründungen nach 1945, sein Wirken für die Akademie erachtete Döblin ebenfalls als gescheitert. Tief enttäuscht über eine Rückkehr nach Deutschland, die keine war, kehrte er 1953, von einem Herzinfarkt gesundheitlich stark beeinträchtigt, nach Paris zurück, wo er sich einmal schon als Exilant aufgehalten hatte. Er starb 1957 in Emmendingen bei Freiburg.

Doch nicht Döblins Biographie steht hier zur Diskussion, sondern sein Roman mit dem symptomatischen Titel *Hamlet oder die lange Nacht nimmt ein Ende*,[18] den er noch 1945 im amerikanischen Exil begonnen hatte und in Baden-Baden 1946 beenden sollte. Ein ganz besonderer Geist der Modernität durchweht diesen Text, der in keinerlei Beziehung zu früheren Werken Döblins, schon gar nicht – weder erzähltechnisch noch thematisch – zu *Berlin Alexanderplatz* steht. Der Autor knüpft nicht an die eigene *Moderne*, also seine eigene Tradition an. Veröffentlicht wurde dieser letzte Roman Döblins erst 1956, und zwar im Verlag Rütten & Loening in der DDR. Erst 1957 erschien in

---

18 Vgl. Heinz Graber: Zum Text der Ausgabe. In: Alfred Döblin: Hamlet oder die lange Nacht nimmt ein Ende. Roman. Olten / Freiburg im Breisgau 1966 (= Ausgewählte Werke in Einzelausgaben. Herausgegeben von Walter Muschg), S. 583-599, hier S. 583. Nach dieser Ausgabe wird im Folgenden zitiert.

München bei Langen Müller dann auch eine westdeutsche Ausgabe, durchaus mit positiver Resonanz, aber ein überwältigender Erfolg war der Roman nicht.

Hamlet oder die lange Nacht nimmt ein Ende erzählt von einem Kriegsheimkehrer und dem qualvollen Prozess der Heilung. Bei der Wahl des Hamlet-Motivs ließ Döblin sich vermutlich von der Hamlet-Interpretation Freuds[19] anregen. Ein Kriegsheimkehrer, der junge Engländer Edward Allison, Zauderer und Zweifler, dem in den letzten Tagen des Krieges ein Bein amputiert wurde,

> will erkennen, was ihn und alle krank und schlecht gemacht hat. Die Wahrheit, nur die Wahrheit kann ihn gesund machen. Und aus vielen Zerstreuungs- und Ablenkungsgeschichten werden indirekte und immer mehr direkte Mitteilungen, schließlich Bekenntnisse und Geständnisse. Ein fauler, träger Zustand enthüllt sich, die Familie kommt mehr und mehr in Gärung. Schließlich ist die Tragödie da, aber mit ihr die Katharsis.[20]

Gewiss, die Hamlet-Figur ist eine deutsche Generalmetapher, die von Gervinus bis Heiner Müller die deutsche Literatur prägt.[21] Der Zweifler und Zauderer ist aber gleichzeitig der Prototyp des modernen Subjekts, das dem Schicksal verfallen ist und über das Spiel, das Erzählen und Erproben von Geschichten und die Reflexion den Weg zu sich selbst sucht. Schließlich, am Ende des Romans, wird er die reinigende Kraft der Katharsis erleben.

Mit diesem Roman grenzt sich Döblin gegen die *klassische Moderne* ab und zeichnet einen antimodernistischen Prozess nach, den Untergang des abendländischen Kulturkontinuums. Der Protagonist, Edward Gordon, wird sich selbst zum Zuschauer, er kann zwischen Betroffenheit und Distanz frei hin- und herschalten und wird dann auch

---

19 Vgl. Sigmund Freud: Die Traumdeutung. Frankfurt am Main, 6. Aufl. 1976 (= Gesammelte Werke. Herausgegeben von Anna Freud u. a. Band 2), S. 271-273.

20 Döblins Eigeninterpretation aus dem *Epilog* von 1948. Zitiert nach: Erich Kleinschmidt (Hg.): Alfred Döblin: Schriften zu Leben und Werk. Olten / Freiburg im Breisgau 1986, S. 318f.

21 „Hamlet ist Deutschland.", so zitiert Georg Gottfried Gervinus freilich mit bezeichnender Umkehrung Ferdinand Freiligrath: „Deutschland ist Hamlet!". Vgl. Kimiko Leibnitz: Die Frauenfiguren in *Hamlet*-Verfilmungen des 20. Jahrhunderts. Würzburg, Diss. phil., 2005, S. 149. Vgl. http://deposit.ddb.de/cgi-bin/dokserv?idn=982177534 (Zugriff vom 30.09.2007). Heiner Müllers Stück *Die Hamletmaschine* entstand 1977.

von seinem Kriegstrauma geheilt. Er leistet eine permanente Trauer-
arbeit, indem er sich im Eskapismus übt. Die ursprüngliche Schluss-
version, nach der Edward, dessen Eltern gestorben sind, Theologie
studiert und ins Kloster geht, veränderte Döblin auf Anraten seines
Lektors. In der überarbeiteten Fassung erteilt der Protagonist dem
Rückzug in ein klösterliches Dasein eine Absage: „Was ich zu verdauen habe, werde ich verdauen, besser draußen, als zwischen vier
Wänden".[22] Der neue Romanausgang lässt das weitere Schicksal Ed-
wards offen, er mündet in den zukunftsfrohen Satz: „Ein neues Leben
begann".[23] In der Forschung wurde die wenig überzeugend motivierte
christliche Wendung im Schlussteil als problematisch empfunden,
ebenso wie die Verknüpfung von Familienkrieg und Weltkrieg. Dabei
hat Döblin hiermit einen wichtigen Teil seiner späten Biographie mit-
reflektiert, er trat 1941 als Emigrant in den USA zum Katholizismus
über. Gerade die Verbindung des melancholischen Grundthemas mit
der Frage nach dem Faschismus macht die Besonderheit des Spätwerks Döblins aus. Auch wenn es sich um ein strukturell komplexes
Romanwerk handelt, in dem mehrere Erzählebenen nebeneinander
laufen und oft auch schwer auseinander zu halten sind, ist es, gemessen an der Äquilibristik von *Berlin Alexanderplatz* oder der frühen
Erzählungen, antimodern. Dies gilt nicht zuletzt auch deshalb, weil
der *Hamlet*-Roman auf einer Auffassung der Geschichte als Tragödie
gründet und die Tragödie wiederum als Religion inszeniert wird. Hier
handelt es sich um eine metaphysische Schuld im übergeordneten,
anthropologischen Sinne, die abgebüßt werden muss.

Und dennoch, *Hamlet* ist ein schöner Roman, der zentrale Fragen für
das Deutschland jener Zeit stellt: über die Schuld, die Wahrheit und
über die Überwindung des Nihilismus. Gerade wegen dieser herausragenden Wahrheitsfrage und impliziten Wahrheitsfindung hat er eine
beklemmende Authentizität, Wahrhaftigkeit und Schönheit.

---

22 Döblin: Hamlet …, S. 572.

23 Ebd., S. 573.

Neuansätze der Moderne: der „Wiener Aktionismus"

Zwar herrscht Konsens darüber, dass wegen der starken Zäsur der
zwölfjährigen Herrschaft des Nationalsozialismus in der deutschen
Literatur eine unmittelbare Anknüpfung an die *Moderne* und die
Avantgarde vor 1933 nicht stattfinden konnte. Wenn Helmuth Kiesel
gleichwohl von der Zeit nach dem Zweiten Weltkrieg als der „Zeit
einer zweiten Moderne" in Deutschland spricht – und er meint wohl
allein West-Deutschland, trotz Brechts Wirken ab 1948/49 in Ost-
Berlin –,[24] so räumt er sogleich ein, dass diese erst im Laufe der fünfziger Jahre einsetzte. Kiesels Beispiele für frühe, an die *Moderne* anknüpfende Romane wie Arno Schmidts *Leviathan* (1949) und Wolfgang Koeppens *Tauben im Gras* (1951) einerseits, die Wortmeldungen eines Klassikers der Moderne wie Gottfried Benn, zumal seiner
Marburger Rede über *Probleme der Lyrik* (1951), andererseits sind
indes nicht unproblematisch. Denn sie werfen die Frage auf, ob diese
künstlerische Avantgarde zugleich öffentlich die *Moderne* repräsentierte, wie es vor 1933 für Döblin, Brecht oder Benn ohne Zweifel
gesagt werden kann. Gewiss, Benn wurde als „Phänotyp" der Zeit
charakterisiert,[25] doch schon die – auch regionale – Isolation von Arno
Schmidt sowie das relativ bald einsetzende Verstummen Koeppens als
Romancier sind ebenso Mahnzeichen wie die angedeuteten Wandlungen des in der jungen Bundesrepublik nicht mehr recht ankommenden
Alfred Döblin. Der jungen Literatur der *Gruppe 47* im Westen – um
vom sozialistischen Realismus, wie er in der DDR seit Anfang der
fünfziger Jahre dominierte, ganz zu schweigen – hatten alle vier wenig
genug zu sagen. Und standen die Avantgardisten in der Gruppe, wie
etwa Eich, Aichinger und noch stärker Heißenbüttel, nicht doch eher
an ihrem Rande? Die dezidierte Regionalität der *Gruppe 47* mit ihren
wechselnden, zumeist in der tiefen Provinz zu suchenden Treffpunk-
ten bezeugt wie Benns relative Einsamkeit im inselhaften West-
Berlin, Arno Schmidts Beheimatung in abseitigen Regionen und
Koeppens bittere Klageschrift gegen das *Treibhaus* westdeutscher
Politik, die fehlende Metropole, also den verlorenen Ort, an dem allein

---

24 Kiesel: Geschichte der literarischen Moderne, S. 439.

25 Dieter Wellershoff: Gottfried Benn. Phänotyp dieser Stunde. Eine Studie über
den Problemgehalt seines Werkes. Köln 1958.

Moderne in ihrer definierten Pluralität der Stile und Kulturformen möglich war.

Diese These ist aber nicht nur aus dem Negativen zu belegen, sondern auch positiv. Denn es ist auf eine für die literarische Kultur deutscher Sprache bedeutende Ausnahme aufmerksam zu machen: auf die literarischen Bekundungen der so genannten *Wiener Gruppe*, die in den fünfziger Jahren in Wien in der Tat die verschüttete Avantgarde intermedial rezipiert und fortgeführt hat. Gewissermaßen ging Alfred Döblin ästhetisch über Wien ins Exil. Zwar hat es schon vor dem Zweiten Weltkrieg eine nominelle Beteiligung österreichischer Autoren an Dadaismus und Expressionismus gegeben; mit der *Wiener Gruppe* meldete sich aber in Österreich erstmals eine genuin avantgardistische Bewegung zu Wort, ein nach innen geschlossenes und nach außen aktives Schriftstellerkollektiv. Mit spektakulären Aktionen, avancierten Texten und einem unkonventionellen Lebensstil hat die *Wiener Gruppe* in den fünfziger Jahren einen Gegenpol zum offiziösen Kunst- und Literaturbetrieb geschaffen. Literarhistorisch ist dies umso bedeutsamer, als mit ihr die Errungenschaften einer radikalen *Moderne* gesichert wurden.[26]

Zur *Wiener Gruppe* im eigentlich Sinne werden fünf Autoren gezählt: Friedrich Achleitner, H. C. Artmann, Konrad Bayer, Gerhard Rühm und Oswald Wiener. Als Vaterfigur gilt H. C. Artmann, der 1958 mit seinem Gedichtband im Wiener Dialekt *Med ana schwoazzn dintn* bereits ein arrivierter Autor geworden war.[27] Die zentralen Manifestationen der *Wiener Gruppe* waren die beiden literarischen Kabaretts (06. Dezember 1958 und 15. April 1959).[28] Gemessen an den konservativen Maßstäben der fünfziger Jahre passierte bei diesen Veranstaltungen Unerhörtes: Akteure fuhren mit einem Motorroller in den Publikumsraum ein, auf der Bühne wurde ein Klavier zertrümmert und mit militärischer Ausrüstung die „Schlacht um Lüttich" ausgetra-

---

26 Als Zugang zur *Wiener Gruppe* vgl. Ferdinand Schmatz: Sinn & Sinne. Wiener Gruppe, Wiener Aktionismus und andere Wegbereiter. Wien 1992; vgl. darin den einleitenden Aufsatz *Wiener Aktionismus und Wirklichkeit*, S. 7-34, v. a. S. 22.

27 Hans Carl Artmann: Med ana schwoazzn dintn. Gedichta r aus bradnsee. Salzburg 1958.

28 Vgl. Thomas Dreher: Performance Art nach 1945. Aktionstheater und Intermedia. München 2001, S. 255ff.

gen. Oswald Wiener war in der Rolle eines stummen Biertrinkers zu sehen, Konrad Bayer und Gerhard Rühm starrten gemeinsam das Publikum genau so an, wie dieses sie anstarrte. Am Ende fand ein vergeblicher Versuch statt, das Fliegen zu erlernen.

Als theoretische Vorbereitung auf diese aktionistische Anti-Kunst gilt Artmanns *Acht-Punkte-Proklamation des poetischen Actes* (1953).[29] Die Proklamation enthält Thesen wie die, dass jemand Dichter sein könne, ohne je ein Wort geschrieben zu haben, eine Position, die an den erweiterten Kunstbegriff von Joseph Beuys erinnert.[30] Artmann griff indes verloren gegangene, auch scheinbar triviale literarische Traditionen auf, zumal mit der Neubelebung der Kasperl-Figur. Der Dramenband *Die Fahrt zur Insel Nantucket* enthält mehrere Kasperl-Stücke, darunter *Die liebe Fee Pocahontas oder Kasper als Schildwache* oder *Die Hochzeit Caspars mit Gelsomina*.[31] So trägt ein Stück das absurde Motto – „Hier sehen Sie, was Sie noch nie gesehen haben und auch nie sehen werden!" – und wartet gleich im Prolog der „Schwarzen Köchin" mit einigen leckeren Rezepten von Menschenfressern auf.

Die zweite programmatische Stütze der Aktionisten war das so genannte *coole Manifest* Oswald Wieners. Dieses fordert, dass nicht am „Ausdruck", sondern am maximalen „Eindruck" in der Literatur gearbeitet werden müsse.[32] Die *Wiener Gruppe* markierte einen Weg in die Literatur, der sie von ihren deutschen Kollegen auf große Entfernung bringen musste. Und doch ist die Frage, ob die *Moderne* des Wiener Aktionismus schön gewesen sei, durchaus zu bejahen, da die Gruppe eben jene pluralen ästhetischen Angebote machte, auf die sich der Geist der *Moderne* stützt: das vielschichtige Nebeneinander, der Gestus einer unbeschwerten, ad absurdum geführten, voll ausgekosteten Freiheit. Wenn Schönheit in der *Moderne* vorstellbar ist, dann nur so, vor dem poetologischen und genau so unentbehrlichen sozialgeschichtlichen Hintergrund einer grenzenlosen Entspanntheit.

---

29 Vgl. Schmatz: Wiener Aktionismus …, S. 23f.

30 Vgl. Antje Oltmann: Joseph Beuys für und wider die Moderne. Ostfildern 1994.

31 Hans Carl Artmann: Die Fahrt zur Insel Nantucket. Theater. Mit einem Vorwort von Peter O. Chotjewitz. Neuwied / Berlin 1969.

32 Vgl. Schmatz: Wiener Aktionismus …, S. 25.

Neuansätze der Moderne: Zero – Kunst nach dem ‚Nullpunkt'

Zero ist die Stille. Zero ist der Anfang. Zero ist rund. Zero dreht sich. Zero ist der Mond. Die Sonne ist Zero. Zero ist weiss. Die Wüste Zero. Der Himmel über Zero. Die Nacht. Zero fliesst. Das Auge Zero. Nabel. Mund. Kuss. Die Milch ist rund. Die Blume Zero der Vogel. Schweigend. Schwebend. Ich esse Zero, ich trinke Zero, ich schlafe Zero, ich wache Zero, ich liebe Zero. Zero ist schön. Dynamo dynamo dynamo. Die Bäume im Frühling, der Schnee, Feuer, Wasser, Meer. Rot orange gelb grün indigo blau violett Zero Zero Regenbogen. 4 3 2 1 Zero. Gold und Silber, Schall und Rauch. Wanderzirkus Zero. Zero ist die Stille. Zero ist der Anfang. Zero ist rund. Zero ist Zero.[33]

Das Manifest *Zero – der neue Idealismus* (1963) der bildenden Künstler Heinz Mack, Otto Piene und Günther Uecker erinnert daran, dass für die Kunst nach 1945 weder eine chronologische noch eine gattungsorientierte Systematik in der Darstellung denkbar scheint. Im Überblick der Zusammenhänge können nur einige ideengeschichtliche Hinweise gegeben werden. Alle wichtigen Kunstrichtungen, die nach 1945 im Westen, mit kleiner Zeitverzögerung, auch in Deutschland entwickelt wurden, verdanken ihre Entstehung der Zeit davor: Autoren und Künstler, die die wichtigen Stile und Richtungen vor dem Zweiten Weltkrieg mitbegründet hatten, arbeiteten noch. Doch auch hier, wie in der Literatur, ist eine scharfe Zäsur zu beobachten. Einige wichtige deutsche Künstler, wie Max Beckmann, Josef Albers, Kurt Schwitters, Hans Hartung, und ausländische Künstler, die in Deutschland, etwa im Bauhaus-Umfeld, gewirkt hatten, wie László Moholy-Nagy, kehrten nicht mehr dauerhaft nach Deutschland zurück. Insbesondere in der Architektur prägten die vormaligen Bauhauslehrer Walter Gropius und Ludwig Mies van der Rohe über die Wahlheimat in der „neuen Welt" moderne Stiltendenzen globaler Gültigkeit, wenn man einmal von dem Zuckerbäckerstil des stalinistischen Gegenlagers absieht. In diesem Zusammenhang ist für die bildenden Künste an die ästhetische Polarisierung der Stile zu erinnern. Der in den USA ausgeprägte „abstrakte Expressionismus" eines Jackson Pollock oder Mark Rothko bzw. seine europäische Variante, die als „Informel" fir-

---

33   Zero – der neue Idealismus. Zitiert nach der Abbildung des Manifests in: Anette Kuhn: Zero. Eine Avantgarde der sechziger Jahre. Frankfurt am Main / Berlin 1991, S. 187. Vgl. außerdem als neueste Gesamtdarstellung den großen Ausstellungskatalog Zero. Internationale Künstler-Avantgarde der 50er/60er Jahre. Herausgegeben vom museum kunst palast. Düsseldorf 2006.

mierte, ließ sich dezidiert als ‚westliche' Kunst dem sozialistischen Realismus entgegen stellen. Abstrakte Kunst fand entsprechend auch ihre politische Unterstützung, zum Beispiel seitens der US-amerikanischen Regierung.[34] Günter Grass hat am Beispiel des Streits um den „Anspruch auf ‚die Moderne'", der mit dem Maler Karl Hofer in West-Berlin Mitte der fünfziger Jahre geführt wurde, jüngst noch einmal an die nicht immer leichte Position figurativ arbeitender Künstler im Westen erinnert.[35]

Mit dem Hinweis auf die internationalen Verflechtungen und die politische Funktion der Künste im Kalten Krieg rückt ein weiteres Grundproblem ins Blickfeld, das für die musikalische Moderne nach 1945 vielleicht noch deutlicher gilt: die Transnationalität der Stile und ästhetischen Kategorien. Auch bei der Entstehung von Zero sind diese internationalen Anregungen und Verbindungen mit Händen zu greifen. Hervorgehoben wird neben den Italienern Lucio Fontana und Piero Manzoni zumal der Einfluss von Yves Klein. Der junge Franzose war, noch nicht dreißigjährig, durch seine monochromen Bilder berühmt geworden und übernahm ab 1957 mit der Ausgestaltung des *Musiktheaters im Revier* in Gelsenkirchen ein kulturpolitisches Prestigeobjekt des westdeutschen Wirtschaftswunders. Ausstellungen in Düsseldorf (1957) und Krefeld (1961) und die Ehe mit der Schwester Günther Ueckers verbanden ihn zusätzlich mit der jungen westdeutschen Kunstszene. Klein arbeitete künstlerisch mit dem Flammenwerfer, aber er inszenierte auch einen leeren Raum als Kunstwerk. Entscheidend war weniger seine künstlerische Arbeit, sondern seine Persönlichkeit. Für Zero-Mitbegründer Otto Piene war die Begegnung ein Erweckungserlebnis: „Kräfte und Impulse gingen von ihm aus wie elektrische Energien. […] Er stand im Grunde jenseits des künstlerischen Alltags, eine gegenwärtige Inkarnation des Heiligen, Propheten, Messias."[36]

Doch Mack, Piene und Uecker wurzeln genauso stark auch in dem spezifischen Kunstbetrieb des Rheinlands, zumal Düsseldorfs, das die

---

34 Vgl. Pierangelo Maset: Zwischen Tradition und Neubeginn. Anmerkungen zur Kunst der fünfziger Jahre. In: Werner Faulstich (Hg.): Die Kultur der 50er Jahre. München 2002 (Kulturgeschichte des zwanzigsten Jahrhunderts. Herausgegeben von Werner Faulstich), S. 103-109, hier S. 104, S. 106.

35 Günter Grass: Beim Häuten der Zwiebel. Göttingen 2006, S. 423-425.

36 Aus einem Archiv-Manuskript Pienes. Zitiert bei Kuhn: Zero, S. 7.

westdeutsche Kunstszene über vierzig Jahre bestimmt hat. Zero erzielte in kurzer Zeit indes in der Verknüpfung künstlerischer Arbeit und
theoretischer Programmatik in Publikationen, Sammelbänden sowie
dem zitierten Manifest, schließlich aber auch durch eine geschickte
Ausstellungsarbeit (1964 in New York und bei der Kasseler *documenta 3*) eine weltweite Wirkung, die einzigartig war. Zero wurde in der
Kunst „der erste international wirksame Beitrag nach dem Expressionismus und dem Bauhaus" aus Deutschland.[37] Durch die drei Urheber
Mack, Piene und Uecker präzis auf einen engeren Kreis bezogen, war
das Konzept von Zero indes ebenso anschlussfähig für avantgardistische Kreise überhaupt. Die These, dass Zero „das unbeschwerte Lebensgefühl" einer neuen Generation zum Ausdruck bringe, „die der
Vergangenheit bewußt den Rücken kehrt und optimistisch in die Zukunft blickt", akzentuiert vielleicht sehr stark den idealistischen Aspekt von Zero. Aber es wird deutlich, wie stark hier eine Kunst plural
und in neu gewonnener Weltoffenheit ansetzt; eine Kunst, die sieht,
dass die „Schönheit stärker ist" als die Hässlichkeit, wie Annette
Kuhn, Heinz Mack zitierend, festgestellt hat.[38]

Die deutsche Kunstszene hatte sich bereits Mitte der fünfziger Jahre
erholt, und Zero ist vielleicht nur die prominenteste und früheste Initiative, eine neue, eigene Avantgarde zu entwickeln, die den Anschluss
an die internationale Kunst gefunden hat. Als ein eng verwandter,
trotz mancher Kooperationen mit Zero aber doch eigener, sich ebenso
um den künstlerischen Pol Düsseldorf bewegender Schritt in die A-
vantgarde wäre der von Joseph Beuys zu nennen, der die Kunst noch
stärker an das Leben heranführen will.

Viele Künstler, Dichter und Maler sind nach 1945 allerdings auf der
Strecke geblieben, ohne Anschluss an die Modernisierung, die künstlerische, gesellschaftliche und nicht zuletzt auch ihre eigene vollziehen zu können, während ihre faszinierenden modernistischen Höhen-
flüge vor 1933 für die nachfolgenden Generationen wesentliche Aus-
strahlungspunkte geblieben sind. Zu solchen überzeugten Artisten, die
die Obstruktion durch den Nationalsozialismus nicht verkraften konnten, zählt der große Meister der Dada-Bewegung, der als entartet ver-
femte Künstler und Merz-Meister Kurt Schwitters. Seine Biographie

---

37 Ebd., S. 8.

38 Ebd., S. 10.

zeigt jene Risse auf, die die *Moderne* nach 1945 gelegentlich auch unschön macht.

Abgebrochene Moderne: Kurt Schwitters

Kurt Schwitters wurde 1887 in Hannover geboren. Er studierte zunächst an der dortigen Kunstgewerbeschule und von 1909 bis 1914 an der Akademie der Künste in Dresden.[39] Ab 1911 war er, zunächst mit gegenständlichen Gemälden, in Ausstellungen vertreten. Die Geburtsstunde von MERZ, Schwitters originärem Beitrag zur zeitgenössischen Kunst, ist auf 1918 zu datieren. Unter dem Begriff Merz – ein Fragment des Firmennamens *Commerz- und Privatbank*, das in einer der ersten Assemblagen, dem *Merzbild* von 1919, erscheint – fasste Schwitters, nicht zuletzt in Abgrenzung zu Dada, seine umfassenden künstlerischen Aktivitäten zusammen: Es entstanden die *Merzzeichnungen* (Collagen), *Merzbilder* (Assemblagen) und *Merzplastiken* und ab Mitte der zwanziger Jahre der *Merzbau*, eine mehrere Räume umfassende, begehbare Collage. Ab 1923 gab er eine eigene Publikationsreihe, die *Merzhefte*, heraus. Europaweit fanden neben zahlreichen Einzel- und Gruppenausstellungen regelmäßig Merzabende mit Vorträgen seiner Gedichte, Prosatexte und der *Ursonate* statt. 1924 gründete er die *Merz-Werbezentrale* und arbeitete vermehrt als Typograf. 1927 nannte er sich schließlich selbst Merz – Ausdruck seines konsequenten, die Gattungen überschreitenden Konzepts, das eine Kunstform zu finden sucht, die Beziehungen schafft, am liebsten zwischen allen Dingen der Welt.

Von Hannover aus suchte Schwitters Kontakt und Austausch mit zahlreichen Künstlern der internationalen Avantgarde: Hans Arp, Raoul Hausmann, Hannah Höch, Paul Klee, Tristan Tzara, El Lissitzky. Seit 1918 kooperierte er mit der Galerie und der Zeitschrift *Der Sturm*, wie auch mit den Berliner Dadaisten, dann den Künstlern der *Stijl*-Bewegung in Holland und der konstruktivistischen Internationale. Ab 1932 hielt sich Schwitters regelmäßig in Norwegen auf, wo die Natur ihm in politisch unsicheren Zeiten Rückzugsmöglichkeiten bot. Als sein Sohn 1936 nach Oslo floh, folgte er ihm kurz darauf. Nach Deutschland, wo er 1933 als „entarteter" Künstler diffamiert und sein

---

39 Zu Schwitters vgl. John Elderfield: Kurt Schwitters. Düsseldorf 1987.

Werk im öffentlichen Besitz zerstört wurde, kehrte Schwitters nicht
mehr zurück.

Im Exil entstanden zahlreiche gegenständliche Werke, vor allem
Landschaftsbilder und Porträts. Sie dienten nicht nur dem Lebensun-
terhalt, sondern stellten eine zeitlebens parallel und scheinbar im Widerspruch zum abstrakten Oeuvre entstandene Werkgruppe dar, die in
der Rezeption bisher marginalisiert wurde. Als 1940 die deutschen
Truppen in Norwegen einmarschierten, floh Schwitters weiter nach
England, wo er zunächst in Internierungslagern, später in London lebte. Sowohl in Oslo als auch in England begann er mit finanzieller Unterstützung des New Yorker Museums of Modern Art einen neuen
Merzbau zu errichten. Sein Haus in Hannover und mit ihm der alte
Merzbau und viele seiner dort verbliebenen Arbeiten wurden 1943 bei
einem Bombenangriff zerstört. Von der Kunstwelt vergessen, starb
Schwitters im Januar 1948 in Kendal (England) an Herzversagen.

Seine Neuentdeckung als bildender Künstler verdankt Schwitters einer großen, ersten Gedächtnisausstellung, die der junge Kunsthistoriker Werner Schmalenbach 1956 in Hannover für den Merzkünstler
ausrichtete.[40] Seit dieser Ausstellung stand die Bedeutung der lange
umstrittenen und unmittelbar nach 1945 wenig geschätzten Merzkunst
von Schwitters nicht mehr zur Diskussion. Mit einem Schlage war er
als künstlerische Leitfigur, am Kunstmarkt und in der Kunstgeschichte
des 20. Jahrhunderts durchgesetzt. Diese kulturpolitische und kunst-
historische Erinnerungsleistung knüpft durchaus an Arnold Bodes
erste *documenta* an, die 1955, also nur ein Jahr zuvor, in Kassel die
klassische Moderne der deutschen Malerei vor 1933, insbesondere die
als „entartet" im Nationalsozialismus verfolgten und vertriebenen
Künstler neu in der Bundesrepublik vorstellte und verankerte. Dennoch bleibt der Fall Schwitters ein gutes Beispiel für jenes tragische
Defizit, das Deutschland durch den Bruch dieser grandiosen *klassischen Moderne*, ihrer Opulenz, ihres provokatorischen Charakters bei
gleichzeitigem Traditionsbewusstsein erlitten hat.

---

40 Werner Schmalenbach u. a.: Kurt Schwitters. Hannover 1956. Die Ausstellung
    fand vom 4. Februar bis 11. März 1956 in der Kestner Gesellschaft statt.

Eine neue Moderne oder lediglich eine Modernisierung?

Indes, es gibt Gegengewichte: Künstler, die nach der Zäsur des Krieges in einem der beiden Deutschlands unter tiefgreifend veränderten Umständen neu den Faden der Moderne aufgriffen oder ganz eigene Gespinste flochten. Am Ende unseres Resümees und als Ausblick stehen aus der Fülle der Namen neuerlich nur wenige Beispiele.

Emil Schumacher (1912-1999) stand seit den frühen fünfziger Jahren im Zentrum des Aufbruchs und beschritt, ebenso wie Ernst Wilhelm Nay oder Willi Baumeister, den Weg in die Abstraktion. Schumacher hatte jedoch seine Karriere in den dreißiger Jahren als figurativer Maler begonnen und war durchaus mit der damals aktuellen *Neuen Sachlichkeit* konform gewesen. Nach dem Krieg schloss er sich der Bewegung des *Informel* an, die auf dem abstrakten Wege die Kunst in Deutschland zu erneuern versuchte und so auch den Anschluss an die aktuellen Strömungen in der Welt fand. Wer will entscheiden, inwieweit dieser Weg in seinen Anfängen angelegt und somit folgerichtig war, oder ob nicht auch seine ureigene künstlerische Entwicklung durch NS-Zeit und Krieg verhindert worden ist?

Durchweg eine etwas jüngere Generation als die drei genannten westdeutschen Meister der Abstraktion war prägend für die Kunst in der DDR. Werner Tübke (1929-2004) soll hier aus dem Kreis der *Leipziger Schule* herausgegriffen sein, aus der neben ihm vor allem Bernhard Heisig und Wolfgang Mattheuer zu nennen sind. Im Unterschied zu seinen westdeutschen (und ostdeutschen) Kollegen pflegte Tübke einen etwas unzeitgemäßen altmeisterlichen Stil, der in seiner ersten Phase indes vorzüglich mit dem programmatischen Gebot des sozialistischen Realismus korrespondierte. Er arbeitete unter den sozialpolitischen Bedingungen einer Diktatur, sein wichtigster Auftraggeber war der Staat, weshalb seine Kunst auch eine andere Prägung als etwa die von Schumacher aufweist. Über viele Jahre arbeitete er daran, nach einem Beschluss des Politbüros der SED von 1973, in Bad Frankenhausen eine Gedenkstätte für den Bauernkrieg von 1525 zu errichten, an seinem monumentalen Panorama *Frühbürgerliche Revolution in Deutschland*.[41] Aber es sei davor gewarnt, aus Titeln von

---

41 Werner Tübke: Monumentalbild Frankenhausen. Text: Karl Max Kober. Dresden 1989, S. 97. Vgl. allgemein Martin Damus: Malerei der DDR. Funktionen der bildenden Kunst im Realen Sozialismus. Reinbek 1991.

Auftragsarbeiten wie dieser, dem Zyklus *Geschichte der deutschen Arbeiterbewegung* (1960/61) oder *Arbeiterklasse und Intelligenz* (1973) bereits eine ästhetische Wertung ableiten zu wollen.

Denn umgekehrt kann auch der geschäftliche Erfolg in der Kunst ‚des Westens' nicht als Beleg ästhetischer Minderwertigkeit gelten. Und was hier für die bildende Kunst nur angedeutet ist, wäre wahrscheinlich auch für die anderen Künste, etwa die Musik, zu konstatieren: die Bedeutung des Lebensraums, der sozialen Kontexte, zumal aber der Moden – oder besser auch: des Marktgängigen – für die *Moderne* oder wenigstens Modernisierung. Was zu Beginn des Jahrhunderts Hermann Bahr in seinem oben angeführten Tagebuch-Notat[42] schon mit dem Sensorium des Zeitkritikers beschrieben hatte, dass jedes Kunstwerk auch ein „händlerisches Problem" sei, dass das Publikum „unter den vielen Tausenden" gerade dieses eine Kunstwerk betrachte, es lese oder ihm nachlausche, kurz: die Mächtigkeit der Vermittlungsebenen, das tritt nach 1945 noch schärfer zutage. Für den Westen konstatierte der große Kunsthistoriker Ernst H. Gombrich „die Sucht des Publikums nach Neuem und seine Bereitwilligkeit, jedem modischen Trend zu folgen".[43] In der Tat gingen „intellektuelle Experimentierfreudigkeit" und „Geschäftstüchtigkeit" im Zeichen der Moderne eine Allianz ein,[44] und wohl nicht nur im Westen.

Vorurteile und mangelnde Fachkenntnis führen vielleicht zu der Vermutung, dass ein Aufbruch ins Neue in der Musik noch am leichtesten vonstatten geht bzw. nach 1945 ging. Setzt man sich allerdings damit auseinander, wie die Komponisten und Musiker selbst ihren Weg in die *Moderne* nach 1945 erlebt haben, dann kommt man zum Schluss, dass auch hier ein Stück harter Arbeit vorliegt. Wieder nur zwei Namen stehen für die Spannweiten eines künstlerischen Sektors: Symptomatisch ist Hans Werner Henzes (geb. 1926) ganz früher Weggang aus Deutschland, denn seit 1953 lebt er zumeist in Italien, wo der große neue Meister Luigi Nono arbeitete. Henze, der sich an Hindemith und Strawinsky orientiert und bewusst moderne Strukturen eingesetzt hat – Zwölftonmusik, serielle Technik, Aleatorik, Ge-

---

42 Vgl. Bahr: Tagebuch, S. 166.

43 Ernst H. Gombrich: Die Geschichte der Kunst. Frankfurt am Main 1997, S. 617. Hier zitiert nach Maset: Zwischen Tradition und Neubeginn, S. 106.

44 Maset: Zwischen Tradition und Neubeginn, S. 106.

räuschinstrumente –, hat gleichwohl das Schöne in der Musik nie vergessen. Seinem Erfolg beim Publikum hat das nur geholfen, ja er gilt sogar als Tonsetzer „gefährlich schöner Melodien".[45]

Henzes Antipode, Karlheinz Stockhausen (geb. 1928), ist der große Modernist und Avantgardist der deutschen neuen Musik nach 1945. Stark beeindruckt von Anton Webern schuf er serielle Musik, hatte dann eine aleatorische Phase, aber entscheidend ist Stockhausens Verbindung mit der elektronischen Musik, die im Kölner Studio des Nordwestdeutschen Rundfunks seit 1951 erprobt wurde. Sie wurde der „weltweit markanteste Beitrag Deutschlands zur Neuen Musik."[46] Stockhausen, der Lautsprechergruppen und Hubschrauber als Instrumente nutzte, der sich als spirituellen Musikschüler vom Sirius sieht, will mit seiner Musik bewusstseinsverändernde Wirkungen bei Spielern und Hörern auslösen. Und dieses Programm, diese *Neue Musik* nach 1950 sind, gemessen an heutiger neuer Musik, tatsächlich ein Stück *klassische Moderne* geworden.

---

45 Aus der Musikkritik angeführt bei Monika Burzik: Von singenden Seemännern und Musikern vom Sirius. Die Musik der fünfziger Jahre. In: Faulstich: Die Kultur der 50er Jahre, S. 249-262, Zitat S. 250.

46 Ebd., S. 251.

Anne Hartmann

„Sowjetisierung" der deutschen Kultur?

Vorbemerkung

„Sowjetisierung" galt in der DDR als westlicher Kampfbegriff des Kalten Kriegs – und wurde von westlichen Medien auch teilweise so verwendet –, während „Amerikanisierung" zwar als Phänomen auf Ablehnung oder Zustimmung stieß, aber als Vokabel für die meisten Sprecher keinen pejorativen Beiklang hatte. In diesem neutralen Sinn soll der Begriff „Sowjetisierung" im Folgenden verwendet werden, zumal er – besser als Begriffe wie Rezeption, Einfluss, Übernahme etc. – geeignet erscheint, die doppelte Bewegung zum Ausdruck zu bringen: den Transfer oder den Export des sowjetischen Modells (Fremdbestimmung, Außensteuerung) sowie die von deutscher Seite betriebene Anpassung an das sowjetische Vorbild, die aktive Übernahme kulturpolitischer oder literarischer Muster (Internalisierung).

Weichenstellungen

Die Weichen für die Sowjetisierung des östlichen Teils Deutschlands, soviel steht zweifelsfrei fest, wurden in der Nachkriegszeit gestellt, wobei die aktive Rolle zunächst der Besatzungsmacht zufiel.[1] In ad-

---

1 Zum Gesamtzusammenhang vgl. besonders: David Pike: The Politics of Culture in Soviet-Occupied Germany, 1945-1949. Stanford/Ca. 1992; Norman M. Naimark: The Russians in Germany. A History of the Soviet Zone of Occupation, 1945-1949. Cambridge/Mass. / London 1995; Peter Strunk: Zensur und Zensoren. Medienkontrolle und Propagandapolitik unter sowjetischer Besatzungsherrschaft in Deutschland. Berlin 1996; Anne Hartmann / Wolfram Eggeling: Sowjetische Präsenz im kulturellen Leben der SBZ und frühen DDR 1945 bis 1953. Berlin 1998; V. V. Zacharov / D. N. Filippovych / M. Chajneman [Heinemann]: Materialy po istorii Sovetskoj Voennoj Administracii v Germanii 1945-1949 gg. (Materialien zur Geschichte der Sowjetischen Militäradministration in Deutschland 1945-1949). 2 Bände. Moskau 1998 und 1999; Jan Foitzik: Sowjetische Militäradministration in Deutschland (SMAD) 1945-1949. Struktur und Funktion. Berlin 1999; sowie die von einem

ministrativer, institutioneller und politisch-ideologischer Hinsicht war
die Sowjetische Militäradministration in Deutschland (SMAD) von
vornherein bestimmend; sie übte völlige Kontrolle und auch umfassende Zensur aus. Nur kaschierte dies die SMAD, indem sie selbst im
Hintergrund blieb und Schlüsselpositionen mit vertrauenswürdigen
Kadern, vor allem kommunistischen Heimkehrern aus dem sowjetischen Exil besetzte. Man verfuhr hier also nach der von Wolfgang
Leonhard kolportierten Devise Ulbrichts: „Es muß demokratisch aussehen, aber wir müssen alles in der Hand haben."[2] Dieser Anschein
wurde indes nur bis Ende 1947 aufrechterhalten; zunehmend verhärte-
te dann der Ausbruch des Kalten Krieges die Fronten, und die zögern-
de, abwartende Deutschlandpolitik, die die Sowjetunion in der ersten
Nachkriegszeit betrieben hatte, wich einer klaren Option für einen
eigenen Machtbereich und dessen Anverwandlung nach sowjetischen
Strukturmustern.

Ab 1948/49 wurden in der Sowjetischen Besatzungszone (SBZ)
zentrale Elemente des sowjetischen Modells übernommen, wobei im
Einzelfall oft kaum mehr entscheidbar ist, wo es sich um Außensteuerung handelte, und wo die deutsche Seite aufgrund von Machtinteres-
sen selbst die Stalinisierung betrieb. Um nur einige Stichworte zu
nennen: Im Bereich der Politik ist etwa die 1948 beginnende Umwandlung der SED in eine „Partei neuen Typus", das heißt eine marxistisch-leninistische Kaderpartei, hervorzuheben. Im selben Jahr
wurde auch die Zentrale Parteikontrollkommission der SED gebildet,
1950 das Ministerium für Staatssicherheit gegründet. Ebenfalls 1948
wurde die Planwirtschaft unter zentraler Leitung eingeführt, 1952 die
„planmäßige Errichtung der Grundlagen des Sozialismus" beschlos-

---

internationalen Herausgebergremium edierte mehrbändige Reihe: Sovetskaja
Voennaja Administracija v Germanii 1945-1949. Dokumenty, materialy,
issledovanija (Die Sowjetische Militäradministration in Deutschland 1945-1949.
Dokumente, Materialien, Analysen); zur Kulturpolitik besonders den Band: N.
P. Timofeeva / Jan Foitzik [u. a.] (Hg.): Politika SVAG v oblasti kul'tury, nauki
i obrazovanija: celi, metody, rezul'taty 1945-1949. Sbornik dokumentov.
Moskau 2006. Gekürzte deutsche Ausgabe: Jan Foitzik, Natalja P. Timofejewa
(Bearb.): Die Politik der Sowjetischen Militäradministration in Deutschland
(SMAD): Kultur, Wissenschaft und Bildung 1945-1949. Ziele, Methoden,
Ergebnisse. Dokumente aus russischen Archiven. München 2005.

2   Wolfgang Leonhard: Die Revolution entläßt ihre Kinder. Neuaufl. Köln 1987,
    S. 317.

sen. Auch die kulturellen Institutionen wurden der veränderten Linie angepasst. So baute man die 1947 gegründete „Gesellschaft zum Studium der Kultur der Sowjetunion" seit 1949 unter dem Namen „Gesellschaft für Deutsch-Sowjetische Freundschaft" systematisch zu einer Massenorganisation mit politischen Aufgaben aus. Nach sowjetischem Vorbild entstanden zu Beginn der fünfziger Jahre die Staatliche Kommission für Kunstangelegenheiten, das Amt für Literatur und Verlagswesen und der Schriftstellerverband. Nationalpreise erster bis dritter Klasse (in Anlehnung an die Stalinpreise) und ein System der planmäßigen Erfassung, Organisierung und Schulung der Intellektuellen ergänzten die institutionelle Angleichung.

So ergibt sich das paradoxe Bild, dass sich der Einfluss der Sowjetunion, oder besser: des sowjetischen Modells, mit zunehmendem Abstand vom Krieg, also auch dem sukzessiven Abbau der Besatzungsbefugnisse und der Übergabe von Handlungskompetenzen in deutsche Hände, nicht verringerte, sondern zunahm.

Kulturelle Programmatik

Im Bereich des kulturellen Handelns und der kulturellen Programmatik lässt sich ein ähnlicher Bogen spannen: von einem nach Kriegsende zunächst offenen, behutsamen Vorgehen über eine mit dem Kalten Krieg spürbar zunehmende Verhärtung bis zur Exekutierung der Formalismuskampagne 1951 und der Institutionalisierung des sozialistischen Realismus.

Zunächst einmal hat die SMAD in Gestalt ihrer Kulturoffiziere die deutsche literarische Öffentlichkeit völlig verblüfft. Diese Kulturoffiziere und ihr Einsatz für die deutsche Kultur, sind nahezu legendär. „Verehrt und unvergessen"[3] sind vor allem Sergej Tjulpanow, der Chef der Informationsverwaltung der Sowjetischen Militäradministration in Deutschland, sowie Alexander Dymschitz, Leiter der ihr eingegliederten Kulturabteilung, aber etwa auch der Musikspezialist Sergej Barskij, der Theaterreferent Ilja Fradkin oder Alexander Kirsanow, Chefredakteur der „Täglichen Rundschau". Übereinstimmend wird die Bildung jener kultivierten sowjetischen Publizisten, Germanisten, Pä-

---

3   Max Burghardt: Ich war nicht nur Schauspieler. Erinnerungen eines Theatermannes. Berlin / Weimar 1983, S. 301.

dagogen, Philosophen, Musikkenner, Theaterleute usw. „in Uniform"
hervorgehoben, ihre innige Vertrautheit mit der deutschen Geschichte
und Kultur, durch die sie die Deutschen oft genug verblüfften oder
auch düpierten, etwa wenn sie mühelos komplexe historische Zusammenhänge referieren konnten oder Gedichte und ganze Textpassagen
wiederzugeben wussten.

Bereits am 7. August 1945 veranstaltete der Chef der Sowjetischen
Militäradministration in Thüringen mit Soldaten und Offizieren der
Sowjetarmee eine Feier am Denkmal Goethes und Schillers in Weimar. Schon nach kürzester Zeit wurden in der SBZ Theater und Kinosäle wieder eröffnet, die ersten Rundfunksendungen übertragen, Konzerte und Ausstellungen veranstaltet, Buchpublikationen vorbereitet.
Alexander Dymschitz resümierte:

> Wir wußten, daß der Nazismus die deutsche Kunst zwar mißbrauchen, aber
> niemals töten konnte. [...] Und gerade weil wir wußten, daß auch innerhalb
> Deutschlands die deutsche Kunst noch atmete, ließen wir uns von den
> Trümmern nicht täuschen, sondern gingen daran, gleichsam wie Archäologen
> diese Kunst wieder auszugraben.[4]

Die sowjetischen Kulturoffiziere forschten nach dem Verbleib ver-
schollener Künstler, beschafften Sonderrationen, kümmerten sich um
Räume und Heizmaterial, ermöglichten Auftritte, wetteiferten in Berlin mit den anderen Besatzungsmächten um die besten Theateraufführungen, Musikveranstaltungen und Ausstellungen. „Was bei der russischen Militärregierung bis jetzt bemerkenswert war", so der in England lebende polnische Journalist (und spätere Biograph Stalins und
Trotzkis) Isaac Deutscher im Oktober 1945, „ist vielleicht nicht das
Ausmaß, in dem sie russische totalitäre Methoden nach Deutschland
verpflanzt hat, sondern der Umfang, in dem sie sich dessen enthalten
hat".[5]

Man bemühte sich, prominente Künstler – etwa den Dirigenten Wilhelm Furtwängler, den Regisseur Jürgen Fehling, den Maler Karl Hofer und den Schauspieler und Regisseur Gustaf Gründgens – für den
eigenen Sektor zu gewinnen und warb intensiv um „bürgerliche"

---

4   Alexander Dymschitz: Rückblick und Ausblick. Rede auf der Schlußsitzung des
    ersten Künstlerkongresses am 20.10.1946 in Dresden. In: Sonntag 19/1946.

5   Isaac Deutscher: Reportagen aus Nachkriegsdeutschland. Hamburg 1980, S.
    131.

Schriftsteller wie Gerhart Hauptmann, Thomas Mann und Hans Falla-
da. Selbst über politische Verstrickungen in den Nationalsozialismus
sah die Sowjetische Besatzungsmacht in der Anfangszeit großzügig
hinweg. Ihre liberal-pragmatische Strategie des „opening up instead of
restricting" (Peter de Mendelssohn)[6] wurde von amerikanischer Seite
durchaus mit Neid registriert, sie stieß aber auch auf Irritation. Ja oftmals waren es in der Anfangszeit die Amerikaner, die monierten, dass
die sowjetischen Kulturoffiziere die berufliche Qualifikation von
Künstlern an die erste Stelle setzten und mit zu großer Nachsicht deren politische Vergangenheit behandelten.[7]

Dabei hatten viele vermutet, daß die bürgerliche Kultur radikal zerschlagen würde und mit dem politischen auch ein kultureller Umsturz
erfolgen würde. Stattdessen suchte die Siegermacht unter dem Stichwort der „antifaschistisch-demokratischen Ordnung" den Konsens auf
breiter Ebene. Den mit der Zielsetzung „einer geistigen Wiedergeburt"
gegründeten Kulturbund zur demokratischen Erneuerung Deutschlands, der sich als Sammelbecken *aller* aufbau- und erneuerungswilli-
gen Kräfte verstand, kann man wohl als *das* Aushängeschild jener
Kulturpolitik ansehen.[8] Die Verehrung des klassischen Erbes, die Suche nach namhaften Künstlern und das Werben um das Bürgertum
waren eine Überraschung – für die viele dankbar waren. Andere hingegen, die eine Revolutionierung der Verhältnisse erhofft hatten, zeigten sich bitter enttäuscht. Dass und ob in der SBZ die Errichtung einer
sozialistischen Kultur geplant war, war also bis zum Herbst 1947 nicht
erkennbar.

---

6   Zitiert nach: Wolfgang Schivelbusch: Vor dem Vorhang. Das geistige Berlin
     1945-1948. München / Wien 1995, S. 55f.

7   Brewster S. Chamberlin: Kultur auf Trümmern. Berliner Berichte der amerika-
     nischen Information Control Section Juli-Dezember 1945. Stuttgart 1979,
     S. 20f. „Das Hauptinteresse der Russen gilt der Aktivität um jeden Preis", heißt
     es in einem Bericht der amerikanischen Militärbehörde vom 10. Juli 1945
     (OMGUS 5/35-3/4), „so daß sie, außer in den notorischsten Fällen, die Beschäf-
     tigung von ehemaligen Nazis tolerieren" (ebd., S. 20, Anm. 26).

8   Vgl. besonders Ursula Heukenkamp: Ein Erbe für die Friedenswissenschaft. Das
     Konzept der kulturellen Erneuerung in der SBZ (1945-1949). In: Ursula Heu-
     kenkamp (Hg.): Unerwünschte Erfahrung. Kriegsliteratur und Zensur in der
     DDR. Berlin / Weimar 1990, S. 9-71; Ursula Heukenkamp: Geistige Auseinan-
     dersetzung. Das Konzept der demokratischen Erneuerung der Kultur im Spiegel
     der Zeitschrift „Sonntag" (1946-1948). In: Weimarer Beiträge 36 (1990), H. 4,
     S. 552-561.

Dabei war in der Sowjetunion – nach einer Phase der relativen Lo-
ckerung während des Zweiten Weltkriegs – bereits 1945/46 eine
schroffe Re-Stalinisierung vollzogen worden. Die von Andrej Shdanow verantworteten ZK-Erlasse zu Fragen der Kunst und Kultur, die
1946-1948 erschienen,[9] enthielten eine ästhetische wie ideologische
Kampfansage: gegen Formalismus, Modernismus und Dekadenz; für
Sowjetpatriotismus und Antisemitismus unter dem Stichwort des
Kampfes gegen „die Katzbuckelei vor dem Westen" bzw. den „wur-
zellosen Kosmopolitismus".[10] Mit ihren geifernden, wüsten Anschul-
digungen kehrte die (bereits seit 1943 vorbereitete)[11] Kampagne zur
umfassenden Dämonologie der dreißiger Jahre zurück, die während
des Krieges gegen den realen Feind ausgesetzt war. Der neue Hauptfeind war der getarnte Kosmopolit.[12] Shdanow war es auch, der im
September 1947 anlässlich der Kominform-Gründung vom unver-
söhnlichen Gegeneinander des imperialistischen und antidemokrati-
schen Lagers einerseits und des antiimperialistischen und demokratischen Lagers andererseits sprach, wobei diese „Zwei-Lager-Theorie"
die diskursiven Strategien des Kalten Kriegs dauerhaft bestimmte.[13]

Auf diese sowjetische Linie schwenkte man in Deutschland 1948
ein, als mit Einführung der Planwirtschaft den Kunstschaffenden auch

---

9   Deutsche Fassung: Beschlüsse des Zentralkomitees der KPdSU(B) zu Fragen
    der Literatur und Kunst (1946-1948). Berlin 1952.

10 Vgl. Konstanin Azadovskii / Boris Egorov: From Anti-Westernism to Anti-
    Semitism. Stalin and the Impact oft the „Anti-Cosmopolitan" Campaigns on So-
    viet Culture. In: Journal of Cold War Studies 4 (2002), H. 1, S. 66-80.

11 Vgl. D. L. Babičenko: I. Stalin: „Doberemsja do vsech". Kak gotovili
    poslevoennuju ideologičeskuju kampaniju. 1943-1946 gg. (J. Stalin: „Wir krie-
    gen alle". Wie die ideologische Kampagne der Nachkriegsjahre vorbereitet
    wurde, 1943-1946). In: T. M. Gorjaeva (Hg.): Isključit' vsjakie upominanija ...
    Očerki istorii sovetskoj cenzury (Jegliche Erwähnung ist auszuschließen ...
    Skizzen zur Geschichte der sowjetischen Zensur). Moskau 1995, S. 139-188.

12 Vgl. Hans Günther: Der Feind in der totalitären Kultur. In: Gabriele Gorzka
    (Hg.): Kultur im Stalinismus. Sowjetische Kultur und Kunst der 1930er bis 50er
    Jahre. Bremen 1994, S. 99f.

13 Shdanow formulierte damit die offizielle sowjetische Antwort auf die Position
    Trumans (dieser hatte im März 1947 das Szenario eines globalen Kampfes zwi-
    schen freien und unfreien Regierungssystemen entworfen und in der nach ihm
    benannten „Truman-Doktrin" allen Völkern Unterstützung zugesagt, die sich
    von der Sowjetunion bedroht fühlten) sowie auf das im Sommer 1947 verab-
    schiedete, als Marshall-Plan bekannt gewordene „European Recovery Program".

der SBZ der „soziale Auftrag" erteilt wurde, sich den Belangen der Produktion zuzuwenden. Der Kampf zur Durchführung des Plans „gegen reaktionären Widerstand und Sabotage der Feinde des Volkes" sei hart, hieß es auf einer im September 1948 veranstalteten Tagung „Künstler und Schriftsteller im Zweijahrplan": „und keiner kann in ihm beiseitestehen. Jeder Schriftsteller und jeder Künstler wird in seiner Arbeit die Durchführung des Zweijahrplans ablehnen oder bejahen, hemmen oder fördern".[14] Dieses Zitat lässt bereits erkennen, dass fortan Loyalität nicht mehr ausreichte, sondern das aktive Bekenntnis gefordert wurde. Wer nicht für uns, die friedliebende Sowjetunion ist, ist gegen uns, damit Kriegstreiber und Handlanger des amerikanischen Imperialismus – dies war auch die Maxime des sowjetischen „Friedenskampfes", dem sich die SBZ/DDR 1949 uneingeschränkt anschloss.[15]

Im ästhetischen Bereich markieren zwei Artikel von Alexander Dymschitz beispielhaft die kulturpolitische Kehrtwendung. Der erste, im März 1948 erschienene Beitrag „Warum wir gegen Dekadenz sind"[16] argumentiert ganz im Sinne der Zwei-Lager-Theorie Shdanows:

> Zwei Welten stehen einander gegenüber: die Welt des aufblühenden Sozialismus und die des verfallenden, unausweichlich zum Tode verurteilten Kapitalismus. Die zwei Welten, diese beiden wirtschaftlichen und sozialen Systeme, drücken auch dem Gebiet des Ideologischen ihren Stempel auf. Von der gleichen Unversöhnlichkeit, mit der sich zum Beispiel der millionenreiche Bankier und der sozialistische Arbeiter gegenüberstehen, ist der Gegensatz zwischen den beiden Typen geistigen Schaffens und künstlerischen Denkens, zwischen bürgerlich-dekadentem „Schöpfertum" und demokratischem Schöpfertum.

---

14 Bekenntnis und Verpflichtung. In: Neues Deutschland vom 5. September 1948. Vgl. Tagung der Schriftsteller und bildenden Künstler am 2. und 3. September in Klein-Machnow [Protokoll]. – Stiftung Archiv der Parteien und Massenorganisationen der DDR im Bundesarchiv (SAPMO-BA): Zentrales Parteiarchiv (ZPA) IV 2/906/254.

15 Vgl. Anne Hartmann / Wolfram Eggeling: „Der Wrocławer Kongreß (1948) und die Friedensbewegung: Stalinisierung mittels Friedenskampf". In: Deutscher Akademischer Austauschdienst (Hg.): Germanistentreffen Bundesrepublik Deutschland – Polen. Dokumentation der Tagungsbeiträge. Bonn 1994, S. 177-201.

16 Tägliche Rundschau vom 21.03.1948.

Was hier als Ost-West-Gegensatz im Zuge der Polarisierung der
Welt erscheint, wurde im zweiten Beitrag vom November 1948 „Über
die formalistische Richtung in der Malerei"[17] innenpolitisch gewendet
und zu einer Absage an die bisherige Bündnispolitik verschärft. Die
Verurteilung der Dekadenz ging jetzt mit harschen Angriffen auf das
Bürgertum und einzelne Künstler – auch aus den eigenen Reihen –
einher:

> Die formalistische Richtung in der Kunst ist ein typischer Ausdruck der bür-
> gerlichen Dekadenz, die das künstlerische Schaffen entarten zu lassen droht,
> die einen direkten Anschlag auf das Wesen der Kunst bedeutet, die die ei-
> genste Natur der Kunst zerstört und ihre Selbstauflösung herbeiführt. Daher
> ist der Kampf gegen den Formalismus ein Kampf um die Kunst, um die Ret-
> tung des künstlerischen Schaffens vor dem ihm drohenden Untergange.

Die Artikel von Dymschitz wurden umgehend durch flankierende
Beiträge von deutschen Autoren aufgegriffen und verbreitet und mün-
deten zu Beginn der fünfziger Jahre in die groß angelegte Formalismuskampagne und die Institutionalisierung des sozialistischen Realismus. Die Entschließung des ZK der SED vom März 1951 „Der
Kampf gegen den Formalismus in Kunst und Literatur, für eine fortschrittliche deutsche Literatur" bekämpfte keineswegs nur „Abstraktion" und „Dekadenz", sondern schwor die Intellektuellen auf ein klares
nationales Bekenntnis – zur Politik der DDR, zum klassischen Kulturerbe – ein. Die Mobilisierung gegen den Kosmopolitismus diente innenpolitisch der Disziplinierung der eigenen Intelligenz, hatte aber
zugleich eine außenpolitische Stoßrichtung: Der Kosmopolitismus sei,
wie Wilhelm Girnus, damals Redakteur des „Neuen Deutschland", im
Februar 1951 erläuterte, integraler Bestandteil der „Weltherrschafts-
pläne des amerikanischen Imperialismus", denn er wolle mit seinen
Konzepten wie Weltregierung, Weltbürgerschaft, Weltsprache, Welt-
philosophie, Weltkunst „die Völker moralisch und psychologisch
mürbe machen, damit sie sich durch Washington widerstandslos ver-
gewaltigen lassen".[18] Der Vorwurf des Formalismus zielte direkt auf
die welthistorische Entscheidungsschlacht, das „letzte Gefecht":

---

17 Tägliche Rundschau vom 19. und 24.11.1948.

18 Wilhelm Girnus: Wo stehen die Feinde der deutschen Kunst? Bemerkungen zur
    Frage des Formalismus und des Kosmopolitismus. In: Elimar Schubbe (Hg.):
    Dokumente zur Kunst-, Literatur- und Kulturpolitik der SED. Stuttgart 1972, S.
    174f.

Mit Hilfe des Kosmopolitismus hat der amerikanische Weltherrschaftstrust in Washington eine weltweite Schlacht um die Seele der Völker heraufbeschworen. Er will ihre Seele töten, um die Menschen in den Schmelztiegel eines neuen Völkermordens werfen zu können. [...] Wo die Feinde der deutschen Kunst stehen, das ist also klar. Die Frage ist jetzt die: Wo stehen die deutschen Künstler?[19]

Sowjetische ‚Leitkultur'

Hier drängt sich nun die Frage auf: War die kulturpolitische Behutsamkeit in der unmittelbaren Nachkriegszeit samt dem Werben um die Intelligenz (mit Kundgebungen wie „Deutschland ruft Heinrich Mann"), den spektakulären Veranstaltungen zu Ehren prominenter Künstler und den Bemühungen um das „kulturelle Erbe" nur eine aus Gründen taktischer Rücksichtnahme aufgesetzte Maske, die man schließlich, als sich die Fronten zum Kalten Krieg verhärtet hatten, fallenlassen konnte, um sein verborgenes ‚stalinistisches Gesicht' zu zeigen? Oder lieferten die Kulturoffiziere nur ihr „Pflichtsoll an Klassenhass" (Wolfgang Harich)[20] ab, um ihr wahres, im Innersten dissidentisches Ich zu schützen?

Die Widersprüche, auch und gerade im Handeln und den Schriften von Tjulpanow und Dymschitz, beschreibt man zumeist mit Begriffen wie „ambivalent" oder „schillernd". Zwar gehörte eine gewisse

---

19 Ebd., S. 177.

20 Zitiert nach Schivelbusch: Vor dem Vorhang, S. 61. Ähnlich urteilt Juri Bassistow über Tjulpanow: Dieser habe sich nur nach außen „als hundertprozentig rechtgläubig" gegeben, während er „zu klug" gewesen sei, „um auch innerlich dogmatisch zu sein". – Jurij Bassistow: Oberst Tjulpanow und die Bildungs- und Kulturpolitik der Sowjetischen Militäradministration in Deutschland (SMAD) 1945-1949. In: Jahrbuch für Historische Kommunismusforschung 1996, S. 305-317. Vgl. auch die persönlichen Erinnerungen Bassistows und anderer früherer Mitarbeiter der Informationsverwaltung an Tjulpanow in: Manfred Heinemann (Hg.): Hochschuloffiziere und Wiederaufbau des Hochschulwesens in Deutschland 1945-1949. Die Sowjetische Besatzungszone. Berlin 2000. Wesentlich kritischer fällt die politikwissenschaftliche Bewertung von Tjulpanows Wirken in der SBZ aus. Vgl. z. B. Stefan Creuzberger: Die sowjetische Besatzungsmacht und das politische System der SBZ. Weimar u. a. 1996; sowie die Dokumentation: Bernd Bonwetsch / Gennadij Bordjugov / Norman Nejmark [Naimark] (Hg.): SVAG. Upravlenie propagandy (informacii) i S. I. Tjul'panov 1945-1949 (SMAD. Die Verwaltung für Propaganda [Information] und S. I. Tjulpanow). Moskau 1994.

‚Schizophrenie', die Spaltung in die dominante soziale Rolle und das ‚eigentliche' Ich mit seinen Residuen und Nischen, aber auch der Rücksichtnahme auf das offiziell Sagbare, zu den charakteristischen Merkmalen der stalinistischen „Öffentlichkeit",[21] doch gehen die Aktionen und Publikationen der Kulturoffiziere in dieser Zuordnung eben nicht auf. Vielleicht muß man daher ganz anders fragen: und zwar nach den Faktoren, die Kohärenz stifteten und das scheinbar Unvereinbare doch bis zu einem gewissen (oder gar erheblichen?) Grad zusammenbrachten.

Der Schlüssel liegt, so meine These, in der Kultur der Stalinzeit, die für die Kulturoffiziere leitend war *und* zur Leitkultur für die SBZ/DDR wurde.[22] Von *dem* Kulturmodell der Stalinzeit zu sprechen, ist zwar unzulässig pauschalisierend, aber vielleicht insofern gerechtfertigt, als seit Beginn der dreißiger Jahren in der Sowjetunion für Literatur und Kunst ein verbindlicher institutioneller, ideologischer und ästhetischer Rahmen festgelegt wurde.

Lenin hatte schon 1920 befunden, dass nicht die Erfindung einer neuen Kultur auf der Tagesordnung stehe, sondern die „*Entwicklung* der besten Vorbilder, Traditionen und Ergebnisse der *bestehenden* Kultur" vom „*Standpunkt* der marxistischen Weltanschauung und der Lebens- und Kampfbedingungen des Proletariats in der Epoche seiner Diktatur",[23] die „gesetzmäßige Weiterentwicklung jener Wissens-

---

21 Vgl. Brigitte Studer / Berthold Unfried: „Das Private ist öffentlich". Mittel und Formen stalinistischer Identitätsbildung. In: Historische Anthropologie 7 (1999), S. 83-108. Allgemein zu „Öffentlichkeit(en)" in Gesellschaftlichen sowjetischen Typs vgl. Gábor Rittersporn / Malte Rolf / Jan Behrends: Von Schichten, Räumen und Sphären: Gibt es eine sowjetische Ordnung von Öffentlichkeiten? Einige Überlegungen in komparativer Perspektive. In: Gábor Rittersporn / Malte Rolf / Jan Behrends (Hg.): Sphären von Öffentlichkeit in Gesellschaften sowjetischen Typs. Zwischen partei-staatlicher Selbstinszenierung und kirchlichen Gegenwelten. Frankfurt a. M. u. a. 2003, S. 398-421.

22 Dazu ausführlicher: Anne Hartmann: „„Züge einer neuen Kunst'? Ästhetische Konzepte der SMAD und ihre Herkunft aus dem Stalinismus". In: Lothar Ehrlich / Günther Mai (Hg.): Weimarer Klassik in der Ära Ulbricht. Köln u. a. 2000, S. 61-95; Anne Hartmann: Sowjetische ‚Leitkultur' in der SBZ und frühen DDR. In: Karl Eimermacher / Astrid Volpert (Hg.): Tauwetter, Eiszeit und gelenkte Dialoge. Russen und Deutsche vor, während und nach dem Kalten Krieg (= West-östliche Spiegelungen N. F. Bd. 3.). München 2006, S. 529-560.

23 V. I. Lenin: Entwurf einer Resolution über die proletarische Kultur (9. Oktober 1920). In: Karl Eimermacher (Hg.): Dokumente zur sowjetischen Literaturpolitik 1917-1932. Stuttgart u. a. 1972, S. 81.

schätze", „die sich die Menschheit unter dem Joch der kapitalistischen Gesellschaft, der Gutsherrengesellschaft und der Beamtengesellschaft erarbeitet hat".[24] Aus dieser Abwehr der bilderstürmerischen Ambitionen von Proletkult und Futurismus wurde in den dreißiger Jahren eine Doktrin, die auf einer signifikanten Verschiebung des Zeitgefüges beruhte: Aus der *Möglichkeit* des Aufbaus des Sozialismus in einem Land, die Stalin 1924 als politische Handlungsmaxime gegen Trotzkis Forderung nach weltweiter, permanenter Revolution aufgestellt hatte, war in den dreißiger Jahren unversehens die *Gewissheit* geworden, in der Sowjetunion den „vollständigen Sieg des Sozialismus" bereits errungen zu haben.

Damit wurde der teleologische Zug in die lichte Zukunft, der die marxistische Bewegung stets ausgezeichnet hatte, ebenso wie die Zukunftsorientierung des Futurismus und anderer utopischer Konzepte abgebrochen:[25] Die Zukunft ist auf unbestimmte Zeit verschoben, zur Ewigkeit geronnen, die Bewegung dorthin genügt sich selbst. Die Stalinzeit verstand sich gleichsam als „eschatologische Zeit nach dem Ende der Geschichte".[26] Stalins berühmter Ausspruch von 1935 „Das Leben ist schöner, das Leben ist fröhlicher geworden", steht für diese erfüllte Verheißung. Je mehr man die Sowjetunion als *ultima ratio* der Geschichte begriff, desto intensiver wurden die Anstrengungen, etwa durch normgebende Debatten (gegen Formalismus und Naturalismus, für eine ‚puristische' Sprache) jene ideale Kunst, die dem Selbstgefühl der Vollendung im repräsentativen Kunstwerk Ausdruck verleihen sollte, administrativ durchzusetzen. Bei den verschiedenen Spielarten von Formalismus und Naturalismus handelte es nicht allein um abweichende *ästhetische* Optionen, sondern dahinter stand, was die Kulturpolitiker aufmerksam registrierten, ein anderer Zugang zur Welt. Auf dieser Ebene erscheinen die zahllosen kulturpolitischen Kampag-

---

24 V. I. Lenin: Aufgaben der Jugendverbände (2. Oktober 1920). In: Ebd., S. 78.

25 Vgl. Chans Gjunter [Hans Günther]: Socrealizm i utopičeskoe myšlenie (Der sozialistische Realismus und das utopische Denken). In: Chans Gjunter [Hans Günther] / Evgenij Dobrenko (Hg.): Socrealističeskij kanon (Der sozialistisch-realistische Kanon). St. Petersburg 2000, S. 41-48. Zum Erstarren, dem Gerinnen der Zeit und der Rückwärtsgewandtheit im Stalinismus vgl. auch Vladimir Papernyj: Kul'tura Dva (Kultur Zwei). Moskau 1996, S. 41-60.

26 Boris Groys: Gebaute Ideologie. In: Boris Groys: Die Erfindung Rußlands. München / Wien 1995, S. 154.

nen (erst in der Sowjetunion,[27] später dann auch in der SBZ/DDR) als
Versuche, die „Stimmigkeit einer fiktiven Welt" (Hannah Arendt),[28]
die das „neue Leben" in harmonischer Ganzheitlichkeit ästhetisiert,
gleichsam herbeizuzwingen. Wie die ideale Gesellschaft bedarf indes
auch das ideale Kunstwerk der immer erneuten Festlegung auf das
normative Modell,[29] der beständigen Kontrolle und Prüfung auf etwai-
ge Abweichungen.

Wenn man sich nun am Ende und Höhepunkt aller Geschichte
wähnte, implizierte dies die Überzeugung, sowohl im Besitz der
Wahrheit („Prawda") zu sein als auch die „Gesetze der Menschheits-
entwicklung" (Romain Rolland 1936)[30] zu kennen. Da sich an diesem
Endpunkt der Kreis der Vergangenheit schließt, kann man aus dieser
wissenden, rückschauenden Perspektive das Erbe aller als gut und
richtig bewerteten Traditionen antreten bzw. die anderen ablehnen.
Auch die nach Deutschland entsandten Kulturoffiziere besaßen als
Träger dieses Wissens zwangsläufig Urteilsvermögen und Auswahl-
kriterien, um das Geeignete aus der „Schatzkammer der Menschheit"
auszuwählen. Die früheren kulturellen Reichtümer, so Dymschitz,
seien nun zu den rechtmäßigen „Erben der großen humanistischen
Kultur der Vergangenheit" gelangt.[31] Zu diesem Selektionsprozess

---

27 Auch die 1937/38 in der Moskauer Exilzeitschrift „Das Wort" ausgetragene
    sogenannte „Expressionismusdebatte" darf nicht, wie dies meist geschieht, iso-
    liert, als rein deutsche Debatte gesehen werden, sondern ist in ihren sowjeti-
    schen Kontext einzuordnen.

28 Hannah Arendt: Elemente und Ursprünge totaler Herrschaft. Frankfurt a. M.
    1955, S. 575.

29 Beleg dafür sind die zahlreichen Umarbeitungen, denen selbst ‚Klassiker' der
    Sowjetliteratur wie Gladkows *Zement*, Furmanows *Tschapajew*, Serafimo-
    witschs *Der eiserne Strom*, Fadejews *Die Neunzehn* und Ostrowskis *Wie der
    Stahl gehärtet wurde* von den Autoren selbst unterzogen wurden. – Vgl. Teksto-
    logija proizvedenij sovetskoj literatury (Zur Textgeschichte von Werken der
    Sowjetliteratur). Moskau 1967.

30 Das Zitat lautet in seinem Kontext: „Und dieser Zukunft sind sie um so gewis-
    ser, als ihr marxistisches Evangelium ihnen die Unverbrüchlichkeit der Gesetze
    der Menschheitsentwicklung zeigt, die mit ihnen einherschreitet und durch ihren
    Mund spricht." Jagoda, heißt es weiter, spricht „mit der freudigen Ergriffenheit
    des Apostels von seinem Werk, das Verbrecher wieder zu Menschen macht". –
    Romain Rolland: Aus Moskau zurückgekehrt. In: Internationale Literatur
    (1936), H. 1, S. 17.

31 Dymschitz: Warum wir gegen Dekadenz sind.

gehörte natürlich auch, dass, wie Tjulpanow bei der Eröffnung des Hauses der Kultur der Sowjetunion festhielt, „im kritischen Herangehen an die Vergangenheit vieles abgelehnt und verworfen wurde".[32] Die Ehrung der Klassiker und der großen Realisten des 19. und 20. Jahrhunderts war mithin kein taktisches Manöver, sondern immanenter Bestandteil des eigenen Literaturmodells. Dymschitz berief sich ausdrücklich auf die „Leninsche Kritik am Sektierertum des Proletkults" und „an nihilistischen Auffassungen gegenüber dem klassischen Erbe", die „überaus nützlich" gewesen sei für die „Polemik mit Anhängern der sogenannten avantgardistischen Kunst und Schmähern des klassischen Erbes, deren es damals nicht wenige unter Kunstschaffenden gab".[33]

Der sozialistische Realismus bedeutete keineswegs eine Absage an diese traditionsbewußte Ausrichtung, sondern wurde innerhalb der sowjetischen Leitkultur als höchste Synthese früherer Ausdrucksformen und Äquivalent der Vollendung verstanden, ja er avancierte „zu einer Art Metasprache für die symbolische Beschreibung der Welt als Sowjetuniversum".[34] Dymschitz, der in der SBZ erst werbend, dann fordernd für ihn eintrat, erläuterte den sozialistischen Realismus in eben diesem selektiv-akkumulierenden Sinne: Er sei keineswegs nur als Fortführung des kritischen Realismus des 19. Jahrhunderts zu verstehen, sondern habe „gleicherweise auch alle anderen künstlerischen Entwicklungshöhen der Menschheit beerbt, wie verschiedenartig ihr Ausdrucksstil auch gewesen sein mag".[35]

---

32 Sergej Tjulpanow: Deutschland nach dem Kriege (1945-1949). Erinnerungen eines Offiziers der Sowjetarmee. Herausgegeben und mit einem Nachwort von Stefan Doernberg. Berlin 1986, S. 285.

33 A. L. Dymšic: Literaturbeziehungen zur Sowjetunion am Neubeginn (1945-1949). In: Gerhard Ziegengeist (Hg.): Begegnung und Bündnis. Sowjetische und deutsche Literatur. Historische und theoretische Aspekte ihrer Beziehungen. Berlin 1972, S. 63f.

34 Klaus Städtke: Von der Poetik des selbstmächtigen Wortes zur Rhetorik des Erhabenen. In: Klaus Städtke (Hg.): Welt hinter dem Spiegel. Zum Status des Autors in der russischen Literatur der 1920er bis 1950er Jahre. Berlin 1998, S. 14.

35 Alexander Dymschitz: Ein Nachwort zur Diskussion. In: Tägliche Rundschau vom 27. Februar 1949. Ähnlich interpretierte Girnus 1949 den sozialistischen Realismus als Vollendung der Klassik: „Der sozialistische Realismus stellt daher die höchste Verkörperung dessen dar, was Goethe als Kriterium des klassischen Stils postulierte." – Wilhelm Girnus: Die ästhetischen Auffassungen Goe-

Die Kunst des sozialistischen Realismus wollte man inhaltlich wie formal nicht retrospektiv verstanden wissen, sondern sie sollte gleichsam die Leistungen der Vergangenheit für die Gestaltung der Gegenwart summieren. Je mehr sich die anfänglich widersprüchlichen deutschlandpolitischen Optionen der Sowjetunion zugunsten einer Integration der SBZ in den sowjetischen Machtbereich klärten, um so offensiver wurden auch die Regulative – Gebote wie Verbote – vorgebracht, die für die Selbstwahrnehmung und -beschreibung als Teil dieses Universums bestimmend sein sollten.

Ausgegrenzt wurden jene Kunstströmungen, die man für die Aufgabe der Feier und Formung des neuen Menschen, der mit sich und der Gesellschaft im Einklang ist, nicht geeignet hielt. Schon drei Monate nach Kriegsende wies Dymschitz etwa den Expressionismus, angesichts seines ,Versagens' nach dem Ersten Weltkrieg, als künstlerisch ungeeignete Antwort auf das Kriegsgeschehen zurück:

> Dem Expressionismus fehlte es an unzerstückelter Erfassung des Themas, an dessen tiefgreifender Analyse und klarer ideologischer Perspektive. Er bot nur zerfetzte Emotionen, Ausrufe einer kranken, wunden Seele, manchmal nur mystische Beschwörungen.[36]

Zu den „Zügen einer neuen Kunst", wie sie Dymschitz schon 1946 zeichnete, gehört demgegenüber: „Sie pflanzt die Ideale einer neuen Menschheit in die Herzen der Leser. Hierauf beruht ihre konstruktive, vorwärtstreibende Kraft."[37] Das Negative und Hässliche ist demgegenüber naturgemäßer Ausdruck der dekadenten – dem westlichen Lager wesensgemäßen – Moderne mit ihrer Zersplitterung des Individuums und der fragmentierten Welterfahrung.

Es verschärfte sich dann immer mehr der Ton, mit dem die Feier der – guten neuen sozialistischen – Gegenwart angemahnt und die Fixierung auf die Vergangenheit als unstatthafter Tempoverlust gegenüber dem sozialistischen Aufbau verurteilt, die eigene Überlegenheit betont und der Gegner abgewertet wurde. Höhepunkt war zweifellos die

---

thes. In: Zu neuen Ufern ... Essays über Goethe. O. O., o. J. [Berlin 1949], S. 85.

36   A. Ditz [d. i. Alexander Dymschitz]: Krieg und Kunst. In: Tägliche Rundschau vom 1. August 1945.

37   Alexander Dymschitz: Züge einer neuen Kunst (III). In: Tägliche Rundschau vom 15. August 1946.

schon erwähnte ZK-Entschließung „Der Kampf gegen den Formalismus in Kunst und Literatur, für eine fortschrittliche deutsche Literatur". Diese Kampagne brachte indes nur eine Entwicklung zum Abschluss, die lange vorher begonnen hatte. Zwar gab es zwischen 1945
und 1949/51 gravierende Änderungen in der *Kulturpolitik*, aber keinen
grundsätzlichen Wandel des *Kunstkonzepts*. Was in der Rückschau
meist zeitlich gestaffelt erscheint, als Übergang von einer „friedlich
konservativen" Haltung zur „Anfeindung der Kunst der Moderne" und
der Implementierung des sozialistischen Realismus samt der Bekämp-
fung formalistischer Verirrungen,[38] existierte in der sowjetisch-
stalinistischen Leitkultur durchaus gleichzeitig. Vor dem Hintergrund
dieser Leitkultur offenbaren die auf den ersten Blick so heterogen
wirkenden Handlungen, Äußerungen und Schriften ihrer Repräsentanten in der SBZ – Tjulpanow und Dymschitz sind hier nicht nur aufgrund ihrer Position an erster Stelle zu nennen –, eine überraschende
innere Geschlossenheit.

Die scheinbare Widersprüchlichkeit ist nur Ausdruck der Janusköp-
figkeit dieser Leitkultur selber: Ihr strahlendes Antlitz zeigte sie, wo
„DER MENSCH" groß geschrieben und die erhabene Idee einer edlen
Sache propagiert wurde, wo man Begriffe wie Demokratie und Frieden, magisch aufgeladen, als Banner vorantrug, wo man die Dichter
ehrte und die Kunst auf ein Podest hob. Ihre von Abscheu entstellte
Fratze wandte sie hervor, wenn sie die Abtrünnigen bestrafte und Abweichungen ahndete, wenn sie mit den Schädlingen, den Feinden des
Friedens, dem Westen, den Formalisten, kurz: allen, die das Ideal be-
fleckten, abrechnete. Und die Bewertung des Stalinismus in der Sowjetunion wie der Nachkriegszeit in der SBZ/DDR ist bis heute davon
abhängig, in welches Gesicht man schaut.

Sowjetisierungserfolge?

Kann man also davon sprechen, dass die deutsche Kultur in der SBZ
und frühen DDR erfolgreich „sowjetisiert" wurde? In gewisser Hinsicht kann man diese Frage bejahen, doch fallen die Antworten anders
aus, als man gemeinhin vermutet. Dabei muss man verschiedene Be-

---

38 Vgl. Ilse Tschörtner: „Die Seelen der Deutschen erobern". Über die Kulturoffi-
    ziere der SMAD. In: Berliner Debatte. Initial (1994), H. 1, S. 100f.

reiche unterscheiden, die in ganz unterschiedlichem Maße unter sowjetischen Einfluss gerieten.

Die Strukturen des Kulturbetriebs wurden weitgehend nach sowjetischem Muster modelliert (Leitungsinstanzen, Schriftstellerverband, Zensurapparat, Kaderpolitik, Einspannung der Schriftsteller in Kampagnen etc.). Im kulturellen Leben und Bildungswesen blieben kaum Spielräume zu eigenständigen Strukturentscheidungen, wobei der völligen ‚Überfremdung' oftmals starke deutsche Traditionen und Interessen entgegenstanden. Die auf diese Weise entstehenden Amalgame von sowjetischer Vorgabe, kreativer Anpassung und Beharrungsvermögen des Alten bedürften der Untersuchung im je konkreten Einzelfall.

Kaum erfolgreich war dagegen – trotz massiver Propaganda – der Versuch, die Sowjetunion als Land der Träume oder gar Erfüllung dieser Träume im Bewusstsein der deutschen Bevölkerung zu verankern. Aus unterschiedlichen Gründen blieben die Vorbehalte groß und im Unterschied zum amerikanischen Lifestyle war der sowjetische Lebensstil in der DDR nie wirklich attraktiv. Auch blieb das Russische als verordnete Fremdsprache unbeliebt ebenso wie die viel beschworene „deutsch-sowjetische Freundschaft", da der Zwang zur Freundschaft die wirkliche Begegnung eher verhinderte.[39]

Partiell durchsetzen konnten sich einzelne Autoren und Werke des sozialistisch-realistischen Kanons der Sowjetliteratur (Scholochow, Gorki, Ostrowski, Makarenko etc), die – wie man vielen Berichten entnehmen kann – prägende Lektüreerfahrungen vermittelten, auch wenn für die Identität der DDR-Literatur andere – überwiegend deutsche – Traditionslinien wesentlich wichtiger wurden.

Die größte Wirkung im Sinne einer tiefgreifenden Sowjetisierung entfaltete indes das sowjetische Literaturmodell als Leitkultur in der DDR, zumal es den bürgerlichen bis kleinbürgerlichen Geschmacksvorstellungen der maßgeblichen Kulturfunktionäre entgegenkam, sich aber auch als ein wirksames Mittel zur Gewinnung breiter Schichten der Intelligenz erwies.

---

39 Vgl. Anneli Hartmann / Wolfram Eggeling: Die Gesellschaft für deutsch-sowjetische Freundschaft. Zum Aufbau einer Institution in der SBZ/DDR zwischen deutschen Politikzwängen und sowjetischer Steuerung. Analysen. Berlin 1993.

Um die Grundzüge dieses Modells noch einmal zusammenzufassen: Man berief sich auf das kulturelle Erbe, dessen Sichtung und Aufteilung mit der Deutungshoheit derjenigen vorgenommen wurde, die über den Gang der Geschichte Bescheid wissen (Prozesse der Kanonisierung, Festlegung einer Rangskala und verbindlicher Lesarten). Dazu trat – in Form des „nationalen Bekenntnisses" zu Bach, zu Goethe etc. – die Betonung nationaler Identität und Besonderheit. Geschichtsbewusstsein und Klassikpflege dienten zur Abwehr avantgardistischer Kunst, aber auch der westlichen Welt insgesamt. Denn wenn Kunst Äquivalent der Gesellschaftsordnung ist, sind modernistische Abweichungen keine künstlerischen Entscheidungen, sondern politische. In der UdSSR und dann auch der DDR stand hinter allen Kunstdebatten der Wunsch nach Vollendung, die Sehnsucht nach einer repräsentativen Kunst, die dem Selbstgefühl, ‚Sieger der Geschichte' zu sein, im großen Kunstwerk Ausdruck verleihen würde. Stalin in den dreißiger und Ulbricht in den fünfziger Jahren fassten diese Sehnsucht als Erwartung einer neuen Klassik. Der „sozialistische Realismus" bildete dazu keinen Gegensatz, sondern war, diesem Vollendungsdenken gemäß, Erfüllung und Gipfelpunkt des in früheren Zeiten Angelegten.

Dieses trotz sozialistischem Realismus durchaus bürgerliche, klassikbewusste, nationale Kunstprogramm ist die *eine* paradox anmutende Ausprägung der Sowjetisierung mit weitreichenden, nachhaltigen Folgen.

Ein *zweiter*, überaus folgenreicher Sowjetisierungsaspekt betrifft den Status des Autors. Literatur und Autorschaft hatten schon im Rußland des 19. Jahrhunderts einen anderen Stellenwert als in den anders organisierten Kulturen des Westens: Über die ästhetische Funktion wollte bzw. sollte der russische Autor, Künstler und Priester zugleich, „eine metaphysisch begründete Wahrheit" vermitteln; das Dichterwort erhielt „Offenbarungscharakter".[40] Lenin und vor allem Stalin intensivierten diese Privilegierung der Literatur und den Kult um die Künstler noch (zu Lasten allerdings ihrer Autonomie) – man traute dem Wort Wirkungsmacht zu und damit das pädagogische Potential, den erteilten „sozialen Auftrag" zu erfüllen, fürchtete aber auch seine womöglich subversive Kehrseite. Die ‚Fürsorge', die Partei und Staat der

---

40 Vgl. Klaus Städtke: Einleitung. In: Städke: Welt hinter dem Spiegel, S. XV und S. XVII.

Literatur in Form von Achtung oder Ächtung zukommen ließen, gehört zu den ambivalenten Spezifika der sowjetischen Herrschaft.

Auch die Schriftsteller in der DDR profitierten von der ihnen gewährten Privilegierung und dem Nimbus, mit dem, ganz ähnlich wie
in der Sowjetunion, die Existenz des Künstlers umgeben wurde; damit
waren sie aber, hierin ebenfalls ihren sowjetischen Kollegen vergleichbar, auch der zweifelhaften Prominenz ausgesetzt, dass sich
höchste Partei- und Regierungsstellen um literarische Werke und
Kunstfragen kümmerten. Doch gerade die Widerstände, wie sie Zensur und kulturpolitischer Apparat errichteten, werden seit der „Wende" vielfach vermisst, denn Sprechverbote und autoritative Diskursre-
geln verleihen Worten zweifellos ein höheres Eigengewicht. Es ist
dieser Verlust an Sicherheit wie an Status, der (wie auch in anderen
Gesellschafts- und Arbeitsbereichen) etliche Schriftsteller und Künstler den vergangenen sowjetisch dominierten Zeiten durchaus
nachtrauern lässt.

Frank Hoffmann

Verwestlichung als kulturelle Modernisierung in der frühen Bundesrepublik

Begriffe und Prozesse

Wenn in Parallele zur Analyse der Prägungen des kulturellen Lebens in der DDR durch einen Prozess der Sowjetisierung für die Bundesrepublik der Begriff „Verwestlichung" gewählt wird, ist damit für die Interpretation der westdeutschen Kulturgeschichte von ihren Anfängen bis zur Mitte der sechziger Jahre eine wichtige Vorentscheidung getroffen worden. Denn damit wurde einem von mehreren, in der wissenschaftlichen Diskussion durchaus konkurrierenden und konkurrierende Deutungen anzeigenden Termini ein Vorzug eingeräumt. Man spricht, um die politische, gesellschaftliche und kulturelle Entwicklung Westdeutschlands in dieser Zeit zu charakterisieren, gerne auch von Amerikanisierung, Westernisierung, Modernisierung, Normalisierung – und alle diese Vorschläge bedeuten zugleich Interpretationen der Nachkriegszeit im Kontext der deutschen Geschichte des 19. und 20. Jahrhunderts. Alle Begriffe haben ihre Vor- und Nachteile, ihre spezifische Erklärungsleistung und müssen sich Ausblendungen, Einseitigkeiten und Verkürzungen vorwerfen lassen.[1]

Spricht man von Verwestlichung, vom langen Weg nach Westen und der Ankunft im Westen, so besteht die Gefahr einer Verklärung des Westens. Dies ist etwa gegen die großen Darstellungen von Hein-

---

[1] Zur begrifflichen Klärung vgl. Anselm Doering-Manteuffel: Wie westlich sind die Deutschen? Amerikanisierung und Westernisierung im 20. Jahrhundert. Göttingen 1999, S. 11-13; Konrad Jarausch: Die Umkehr. Deutsche Wandlungen 1945-1995. Bonn 2004, S. 22-25, S. 138f.; Heinz Bude: Vorwort. In: Heinz Bude / Bernd Greiner (Hg.): Westbindungen. Amerika in der Bundesrepublik. Hamburg 1999, S. 7-15, plädiert für den Begriff der Verwestlichung, denn er scheine „besser geeignet, die uneindeutigen Verhältnisse von Kontinuität und Bruch zu erfassen" (Zitat S. 14f.); vgl. auch Axel Schildt: Sind die Westdeutschen amerikanisiert worden? In: Aus Politik und Zeitgeschichte 50/2000, S. 3-10. vgl. auch Detlef Junker (Hg.): Die USA und Deutschland im Zeitalter des Kalten Krieges 1945-1990. Ein Handbuch. 2 Bände. Stuttgart / München 2001.

rich August Winkler[2] und Axel Schildt[3] eingewendet worden: Es werde versucht, deutsche Geschichte, frei nach Jakob Burckhardt, „'sieges-west-deutsch' anzustreichen".[4] Aus der Perspektive von 1990 werde die westdeutsche Staatsbildung und mit ihr die Kultur der Bundesrepublik als die erfolgreichere, durch demokratische Legitimation und sozioökonomischen Erfolg überlegene Variante deutscher Nachkriegsgeschichte dargestellt, die den Pfad einer Sonderentwicklung verlassen habe und vom „deutschen Sonderweg" in den Mainstream europäisch-westlicher Moderne eingebogen sei. Es steht also nicht nur das umstrittene Konzept des Sonderwegs in Frage,[5] sondern auch die Kohärenz oder Identität und schließlich die Vorbildhaftigkeit des Westens werden in Zweifel gezogen.[6] Beide Argumente sind problematisch und können daher nicht vollständig überzeugen: Dass der Westen nur eine offene, veränderbare und ideologisch nicht genau gefüllte Größe ist, macht gerade seinen Vorzug, vielleicht sogar eines seiner essentiellen Wesensmerkmale aus, auch wenn diese Komplexi-

---

2 Heinrich August Winkler: Der lange Weg nach Westen II. Deutsche Geschichte 1933-1990. Bonn 2004 (= Deutsche Geschichte vom „Dritten Reich" bis zur Wiedervereinigung. Der lange Weg nach Westen. Band 2. München 2000).

3 Axel Schildt: Ankunft im Westen. Ein Essay zur Erfolgsgeschichte der Bundesrepublik. Frankfurt am Main 1999.

4 Philipp Gassert: Die Bundesrepublik, Europa und der Westen. Zu Verwestlichung, Demokratisierung und einigen komparatistischen Defiziten der zeithistorischen Forschung. In: Geschichte ist immer Gegenwart. Vier Thesen zur Zeitgeschichte. Mit Beiträgen von Jörg Baberowski u. a. Stuttgart / München 2001, S. 67-89, Zitat S. 67. – Gasserts grundsätzliche Kritik an der Verwestlichungsthese ist notwendig überspitzt, aber stets erfrischend. Dennoch dürfte sie in dem gerade entscheidenden Argument des komparativen Defizits nicht trennscharf genug sein: Gerade im Vergleich mit anderen Ländern scheint Verwestlichung in Deutschland nicht identisch mit der säkularen Erfahrung der „Amerikanisierung" zu sein; wenigstens markiert der Begriff eine andere Perspektive auf eine komplexe kulturelle Transformation.

5 Vgl. insoweit den Beitrag von Bernd Faulenbach in diesem Band: Verlust der Geschichte? Zum Umgang mit der Vergangenheit in der deutschen Öffentlichkeit nach der „deutschen Katastrophe", S. 21-37. Ein pointierter Aufriss der Debatte bei Hans-Ulrich Wehler: Der deutsche „Sonderweg". In: Hans-Ulrich Wehler: Konflikte zu Beginn des 21. Jahrhunderts. Essays. München 2003, S. 112-116.

6 Vgl. Gassert: Die Bundesrepublik, S. 74-76; vgl. auch Jarausch: Die Umkehr, S. 22, S. 169f., der auf die „Belastungen" des Westens „durch Sklaverei, Imperialismus sowie Ausbeutung" (S. 22) verweist.

tät manchmal als Defizit verbucht wurde. Erinnerlich ist die Suche nach der um den Kernbegriff der Freiheit gebauten „Idee des Westens", zumal in den fünfziger Jahren, um etwas dem Ostblock mit seiner scheinbar kohärenten und ausformulierten Ideologie entgegenstellen zu können. Auf der anderen Seite bedeutet die Feststellung einer Verwestlichung weder, wie unterstellt, dass der damit vollzogene Weg absolut positiv wäre, also normativ vorbildlich für andere Weltgegenden oder ethisch vollkommen, noch ist dieser Weg damit teleologisch, also geschichtsphilosophisch zwangsläufig auf ein festes Ziel zulaufend, gewesen.

Einige positive Argumente für den Begriff „Verwestlichung" sollen im Kontext dieses Beitrags entwickelt werden, um zugleich im Aufriss unsere Fragestellung zu erläutern, was sich denn da verändert, verwestlicht oder auch modernisiert hat in der jungen Bundesrepublik im Vergleich zum Deutschland in der ersten Hälfte des 20. Jahrhunderts. Danach sollen drei Beispiele kultureller Verwestlichung skizziert werden, um über den Streit um Begriffe und Bewertungen die kulturellen Entwicklungsprozesse nicht aus dem Blick zu verlieren:

- Erstens lässt sich eine Erweiterung und partielle Verschiebung des Kulturbegriffs konstatieren, zumal durch die Integration lebensweltlicher und soziokultureller Elemente im Verständnis von Kultur, stichwortartig also um die wachsende Bedeutung von Freizeit, Medien, Jugend, Unterhaltung und Konsum als Teile des kulturellen Lebens. In diesem Bereich wird auch das Paradigma „Amerika" und das Konzept der Amerikanisierung zu erläutern sein.
- Zweitens soll an einige intellektuelle Bereicherungen in den fünfziger und sechziger Jahren erinnert werden, insbesondere an den Beitrag von Remigranten bzw. Bildungsmigranten für das geistige Profil der jungen Bundesrepublik. Auch hier spielen die USA als Erfahrungsraum und Erwartungshorizont eine beträchtliche, aber nicht ausschließliche Rolle, jedoch liegt der Fokus stärker auf den Akteuren, also den alten und neuen Kultureliten.
- Im Anschluss an die Fragen nach Kulturverständnis und Protagonisten soll schließlich für einen kulturellen Leitsektor – die Literatur bzw. das literarische Leben – eine Konkretisierung gewagt werden: Inwieweit lässt sich die berühmteste literarische Gruppierung der Bundesrepublik, die Gruppe 47, als ein Beispiel kultureller Verwestlichung und Modernisierung interpretieren?

Verwestlichung als Bestimmungsmoment der Modernisierung

Das Plädoyer für den Begriff der Verwestlichung basiert vor allem darauf, dass es den Veränderungsprozess in Westdeutschland auf eine möglichst plurale Weise kennzeichnet: Er erinnert politisch an das Projekt der Westbindung,[7] auf das Adenauer seine Politik aufgebaut und wodurch er die Bundesrepublik gleich doppelt eingebunden hat: ökonomisch mit den westeuropäischen Nachbarn in der späteren EWG, militärisch-weltpolitisch im atlantischen Bündnis mit USA und NATO. Verwestlichung ruft historisch ins Gedächtnis, dass West-deutschland – anders als die „Sowjetisch Besetzte Zone" – von drei Siegermächten besetzt und so divergierenden Einflüssen ausgesetzt war. Zwar haben die Vereinigten Staaten von Amerika ohne Zweifel als die weitaus stärkste Besatzungsmacht den mächtigsten Eindruck gemacht. Aber auch Großbritannien und Frankreich haben über eigene Institutionen wichtige Impulse für das westdeutsche Kulturleben ge-geben.[8] Die Bedeutung Frankreichs, das auch kulturpolitisch eine ei-gene Besatzungspolitik verfolgte, ist gerade für die frühen fünfziger Jahre nicht zu unterschätzen.[9] Der Essayist Jean Améry, ein höchst kenntnisreicher Zeitgenosse, hat dies eingehend in seinem Buch *Ge-burt der Gegenwart,* eine leider vergessene, glänzend geschriebene und reich informierende Kulturgeschichte der Jahre 1945 bis 1960, dargelegt. Améry schreibt für die unmittelbare Nachkriegszeit Frank-reich und Paris die wichtigste kulturelle Rolle in Europa zu. Aber, so setzt er fort, auch danach kamen „aus Frankreich noch die interessan-testen Romane, die schönsten Filme, die klügsten politischen Essays".

---

7   Jarausch: Die Umkehr, S. 148f.; Winkler: Der lange Weg, S. 142-153.

8   Überragend ist das Vorbild Großbritanniens zum Beispiel für den so wichtigen Bereich der Medien, insbesondere des Rundfunks, vgl. Manfred Görtemaker: Geschichte der Bundesrepublik Deutschland von der Gründung bis zur Gegen-wart. München 1999, S. 220ff.; Kaspar Maase: „Amerikanisierung der Gesell-schaft". Nationalisierende Deutung von Globalisierungsprozessen. In: Konrad Jarausch / Hannes Siegrist (Hg.): Amerikanisierung und Sowjetisierung in Deutschland 1945-1970. Frankfurt am Main / New York 1997, S. 219-241, hier S. 236.

9   Vgl. die Hinweise im Beitrag von Paul Gerhard Klussmann in diesem Band, S. 14f.; zur französischen Kulturpolitik vgl. allgemein die Hinweise zum For-schungsstand und zur neueren Literatur bei Rudolf Morsey: Die Bundesrepublik Deutschland. Entstehung und Entwicklung bis 1969. München, 4., überarb. u. erw. Aufl. 2000, S. 143f., S. 243-246.

Indes, die „tragenden Ideen des Westens" schufen mit dem aufkommenden Kalten Krieg, also spätestens ab 1948, das räumt auch Jean Améry ein, fürderhin die USA.[10] Doch nicht nur diese Position hat viele Forscher dafür eingenommen, von Amerikanisierung als der bestimmenden Kategorie für die fünfziger und sechziger Jahre zu sprechen.[11] Vielmehr spricht auch die unverkennbare Prägung des Alltags durch die populäre Kultur der USA dafür. Indes sollten drei gegenläufige Aspekte berücksichtigt werden: Amerikanisierung ist – erstens – gerade auch aus deutscher Perspektive ein *säkularer* Prozess, der bereits vor dem Ersten Weltkrieg registriert und in der Zwischenkriegszeit viele Bereiche von der Unterhaltungsmusik über die Massenmedien bis zu den Rationalisierungsstrategien der Industrie geprägt hat.[12] Zweitens handelt es sich um ein *globales* Phänomen; einer Amerikanisierung des soziokulturellen Lebens in unterschiedlicher Intensität unterzogen sich nahezu alle west- und mitteleuropäischen Gesellschaften,[13] und – mit einigem Mut zur Verkürzung gesprochen – auch die Globalisierung der Gegenwart setzt diesen Trend auf einem höheren Niveau fort.[14] Amerikanisierung blieb indes – drittens – gleichsam in einem System kommunizierender Röhren verbunden mit einem latenten oder manifesten Antiamerikanismus.[15] Auch in der sich mit Begeisterung und mustergültig ameri-

---

10 Jean Améry: Geburt der Gegenwart. Gestalten und Gestaltungen der westlichen Zivilisation seit Kriegsende. Olten / Freiburg im Breisgau 1961, S. 66.

11 Alf Lüdtke / Inge Marßolek / Adelheid von Saldern (Hg.): Amerikanisierung. Traum und Alptraum im Deutschland des 20. Jahrhunderts. Stuttgart 1996; Jarausch / Siegrist: Amerikanisierung; Maase: „Amerikanisierung der Gesellschaft", S. 221, betont die rein „heuristische" Bedeutung des Begriffs.

12 Das zeigen die Beiträge im ersten Teil von Lüdtke / Marßolek / von Saldern: Amerikanisierung.

13 Mark Mazower: Der dunkle Kontinent. Europa im 20. Jahrhundert. Frankfurt am Main 2002, S. 440-444.

14 Maase: „Amerikanisierung der Gesellschaft", S. 228ff., setzt auch dies in einen säkularen Zusammenhang. Vgl. auch Bernd Greiner: „Test the West". Über die „Amerikanisierung" der Bundesrepublik Deutschland. In: Bude / Greiner: Westbindungen, S. 16-54, hier S. 31.

15 Christian Schwaabe: Antiamerikanismus. Wandlungen eines Feindbildes. München 2003.

kanisierenden Bundesrepublik[16] gab es solche antiamerikanischen
Stimmen ganz unterschiedlicher Couleur: sei es die rechtskonservative
Tradition eines hochmütigen deutschen Kulturbewusstseins,[17] sei es
der im Generalbass katholisch gestimmte Europa- und Abendlanddis-
kurs,[18] sei es schließlich die von der Frankfurter Schule inspirierte lin-
ke Kritik an Kulturindustrie und Massenkonsum.[19] Jede dieser drei
Traditionslinien verdiente eine eigene Betrachtung, auf die Frankfurter
Schule ist kurz zurückzukommen.

Verwestlichung scheint mithin – gerade weil mit Winkler, Schildt
und anderen die Realität eines spezifischen Entwicklungspfads in
Deutschland, wie in anderen europäischen Nationen auch, als plausibel angenommen wird – damit doch der für Westdeutschland charak-
teristischere und damit überzeugendere Begriff zu sein. Die Ver-
gleichsparameter werden damit diachron angelegt, es wird also auf die
Unterschiede zwischen der Bundesrepublik von 1955 oder 1965 und
dem Wilhelminischen Kaiserreich oder der Weimarer Republik ge-
schaut, dies auch um den Preis, manche synchronen Parallelen mit den
Nachkriegsgesellschaften der westeuropäischen Nachbarn zu unterschätzen. Belgien, Frankreich oder Schweden hatten, bei aller Vorsicht im vergleichenden Urteil, jedenfalls keine „Umkehr" (Jarausch)
ihrer kulturellen und politisch-demokratischen Leitideen und Aushandlungsverfahren zu vollziehen. Der bundesdeutsche Weg zu einer
zivilgesellschaftlichen, demokratischen und auf breite Partizipation
angelegten Kultur führte hingegen eindeutig in Richtung Westen, eine
Richtung, die deutsche intellektuelle, politische und gesellschaftliche
Eliten in der ersten Hälfte des 20. Jahrhunderts dezidiert verworfen
hatten.[20]

---

16 Paradigmatisch sei die Bereitschaft zur Akzeptanz von angloamerikanischen
    Fremd- bzw. Lehnwörtern, so Maase: „Amerikanisierung der Gesellschaft", S.
    232, mit Anm. 27.

17 Eine bedrückende Blütenlese bietet Greiner: „Test the West", S. 19-27.

18 Axel Schildt: Zwischen Abendland und Amerika. Studien zur westdeutschen
    Ideenlandschaft der 50er Jahre. München 1999.

19 Clemens Albrecht: Die Massenmedien und die Frankfurter Schule. In: Clemens
    Albrecht u. a.: Die intellektuelle Gründung der Bundesrepublik. Eine Wir-
    kungsgeschichte der Frankfurter Schule. Frankfurt am Main / New York 1999,
    S. 203-246.

20 Eine erste Übergangsphase bedeutet das späte Kaiserreich bzw. das Jahrzehnt
    des Ersten Weltkriegs, vgl. Wolfgang J. Mommsen: Die Urkatastrophe Deutsch-

Verwestlichung deutet schließlich mithin auf eine – zugegeben dif-
fuse oder besser: pluralistische – inhaltliche Füllung des komplemen-
tären Begriffs der Modernisierung hin, der schon zu Beginn der achtziger Jahre eingeführt wurde, um die soziokulturelle Entwicklungsdy-
namik der Adenauerzeit zu charakterisieren und sie gegen den Vorwurf des (rein) Restaurativen zu verteidigen.[21] Seither sind die technologischen, kulturellen, politischen und sozialen Modernisierungsschü-
be seit 1950 in vielschichtigen Analysen deutlich gemacht worden.[22]
Freilich sind – dies ist aus der Debatte um die Modernisierung im Nationalsozialismus bekannt –[23] auch Diktaturen formal zu mancherlei
Modernisierungsdynamiken in der Lage. Insofern scheint die Betonung einer inhaltlichen Linie in Richtung Westen – also in Richtung
Parlamentarisierung, Demokratisierung, Zivilgesellschaft, um es zu
wagen, doch einige stichwortartige Füllungen anzudeuten – gleichwohl von Wichtigkeit. Inwieweit dieser Nexus von Modernisierung
und Westorientierung traditionelle deutsche Kulturmuster berührte,
soll in der folgenden Konkretisierung des Kulturverständnisses deutlicher gemacht werden.

Ein moderner Kulturbegriff

Als erstes Symptom kultureller Verwestlichung sei nämlich auf die
Erweiterung und Pluralisierung von Kultur selbst, also den modernen
Kulturbegriff, hingewiesen. In den fünfziger und noch stärker in den
sechziger Jahren wurden sprachlich ganz neue Felder von Kultur entdeckt – von der Betriebs- oder Unternehmenskultur über die Wohn-
und Esskultur bis zur Bestattungskultur. Kultur wurde nun erst im
Plural denkbar: Viele Kulturen traten an die Stelle der einen, hohen

---

lands. Der Erste Weltkrieg 1914-1918. Stuttgart 2002; Frank-Lothar Kroll: Kultur, Bildung und Wissenschaft im 20. Jahrhundert. München 2003, S. 1-10.

21 Vgl. zur Forschungsgeschichte die Übersicht bei Morsey: Die Bundesrepublik
    Deutschland, S. 206f.

22 Als Resümee mit anschaulichen Beispielen vgl. Edgar Wolfrum: Die Bundesre-
    publik Deutschland 1945-1990. Stuttgart 2005, S. 189-215, der die Begriffe
    Amerikanisierung und Verwestlichung zwar voneinander abhebt, ohne aber eine
    wirkliche Differenzierung zu markieren.

23 Michael Prinz / Rainer Zitelmann: Modernisierung und Nationalsozialismus.
    Darmstadt, 2., erg. Aufl. 1994.

Kultur. Es zerbrach in Westdeutschland damit das Paradigma von „Bildung und Kultur", das Georg Bollenbeck als das „deutsche Deutungsmuster" schlechthin erkannt und interpretiert hat.[24] Seinen schärfsten Ausdruck hatte es nach 1900 in der Frontstellung gegen die westeuropäischen Nachbarn gefunden.[25] Ihnen wurde lediglich Zivilisation und Zivilisiertheit zugestanden, nicht jedoch Kultur, welche durch geistige Tiefe, ein individuelles Bildungserlebnis und einen strengen ästhetischen Kanon bestimmt ist. In der Literatur ist diese Opposition am berühmtesten in der Kontroverse zwischen Thomas und Heinrich Mann ausgetragen worden, in welcher der spätere Literaturnobelpreisträger meinte, seinen älteren Bruder als „Zivilisationsliteraten" denunzieren zu können. Thomas Manns deutsch-kulturelle Anmaßung, die er u. a. in seinem Groß-Essay *Betrachtungen eines Unpolitischen* entwickelte,[26] steht im Kontext anderer Fehlleistungen von Dichtern, Intellektuellen und Professoren, die im Ersten Weltkrieg auf deutscher Seite ein kulturelles Sendungsbewusstsein und Sonderbewusstsein unter dem verkürzenden Stichwort „Ideen von 1914" verbreiteten.[27] Ihre Wurzeln liegen allerdings, wie Bollenbeck und zuvor Norbert Elias gezeigt haben,[28] bereits im späten 18. Jahrhundert, als in Deutschland eine Überhöhung und Verengung des Kulturbegriffs gegenüber der noch in der Aufklärung gebräuchlichen und bei den euro-

---

24 Georg Bollenbeck: Bildung und Kultur. Glanz und Elend eines deutschen Deutungsmusters. Frankfurt am Main 1996 (zuerst 1994), passim, besonders S. 305-309.

25 Ebd., S. 229ff., S. 268ff.; als Versuch einer aktualisierenden Deutung vgl. Frank Hoffmann: Kampf der Kulturen – kulturelle Kämpfe. Einleitung. In: Anne Hartmann / Frank Hoffmann (Hg.): Kultur – Macht – Gesellschaft. Beiträge des Promotionskollegs Ost-West. Münster / Hamburg / London 2003, S. 15-24, hier S. 16ff.

26 Thomas Mann: Betrachtungen eines Unpolitischen. Berlin 1918. Vgl. Kurt Sontheimer: Thomas Mann und die Deutschen. München 1961.

27 Bollenbeck: Bildung und Kultur, S. 272-277; Steffen Bruendel: Volksgemeinschaft oder Volksstaat. Die „Ideen von 1914" und die Neuordnung Deutschlands im Ersten Weltkrieg. Berlin 2003, vgl. als neuere Zusammenfassung zur Forschung Mommsen: Die Urkatastrophe, S. 113-123. Mommsen spricht allerdings eher vom „Geist des August 1914".

28 Bollenbeck: Bildung und Kultur; Norbert Elias: Über den Prozeß der Zivilisation. Soziogenetische und psychogenetische Untersuchungen. 1. Band: Wandlungen des Verhaltens in den weltlichen Oberschichten des Abendlandes. Frankfurt am Main, 22., neu durchges. u. erw. Aufl. 1998, S. 89-98, S. 400f.

päischen Nachbarn weiterhin gültigen Gleichsetzung von Kultur und Zivilisation erfolgte. Diese Verabsolutierung von Kultur haben Idealismus, Klassik und Neuhumanismus ausdifferenziert und verinnerlicht. Im späten 19. und frühen 20. Jahrhundert wurde der Bildungsauftrag dieser Idee immer stärker entkernt, und es erwuchs daraus ein überhebliches Sendungsbewusstsein, wonach am deutschen Wesen die Welt genesen könne.

Konrad Jarausch hat in seiner Darstellung der deutschen Wandlungen nach 1945 stark die Komponente der Zivilisierung hervorgehoben.[29] Die Rückkehr zur Angleichung von Kultur und Zivilisation, auf die Jarausch zwar nicht eingeht, scheint gleichwohl ein treffliches Argument für seine These zu sein. Denn diese semantische und materielle Neudefinition von Kultur ist nämlich gleich in zweierlei Hinsicht virulent. Kultur wird gleichsam doppelt pluralisiert, wächst in die Breite wie in die Tiefe. Einerseits gewinnen gleichsam von unten, aus dem populären und unterhaltsamen Bereich, viele bislang gering geschätzte Bereiche neue Aufmerksamkeit, also die Unterhaltungsmusik, Kino und Film, schließlich das Fernsehen.[30] Diese kulturellen Reproduktionsangebote greifen zudem sehr rasch über die sozialen und generationsmäßigen Grenzen hinaus.[31] Auf der anderen Seite gehört zur Erweiterung der Alltagskultur auch die lebensweltliche Prägung durch moderne Technik, etwa im Haushalt oder als Automobil, durch eine Freizeitpraxis wie dem Auslandstourismus, durch Bekleidung und neue Konsumformen (Supermarkt).[32] Das US-amerikanische Vorbild ist natürlich in allen diesen Bereichen das am schnellsten und sichtbarsten zu Greifende. Wichtige Leitfossilien der Epoche – Rock 'n Roll und Elvis Presley in der Musik, James Dean im Film, Coca

---

29 Jarausch: Die Umkehr, S. 12ff. spricht mit Dan Diner von Zivilisationsbruch, aber auch, S. 26ff., von Rezivilisierung und vertritt das Konzept der Zivilgesellschaft für West- und Ostdeutschland, vgl. S. 243ff.

30 Schwaabe: Antiamerikanismus, S. 132ff., charakterisiert diese massenkulturellen Aspekte markant.

31 Jost Hermand: Kultur im Wiederaufbau. Die Bundesrepublik Deutschland 1945-1965. München 1986, betont allerdings die soziale Differenzierung, wenn er von der „Kultur der Unterprivilegierten" (S. 288) und „massenverbreiteter Kunst" (S. 312) spricht.

32 Axel Schildt: Moderne Zeiten. Freizeit, Massenmedien und „Zeitgeist" in der Bundesrepublik der 50er Jahre. Hamburg 1995.

Cola und Jeans, der Supermarkt und die Superconstellation – kommen aus USA. Tatsächlich handelt es sich aber um eine Angleichung der Lebenswelten in der gesamten „westlichen Welt". In manchen für die kulturelle Lebenswelt besonders charakteristischen Bereichen, etwa im Tourismus und im Produktdesign, spielen die USA für Deutschland gewiss nicht die Hauptrolle.

Beide Aspekte – Verwestlichung und Amerikanisierung durch die populäre Kultur sowie Internationalisierung der Lebenswelt durch Technik, Mode und Design – werden zusammengehalten durch ihre Rückbindung an den Konsum, so dass die Verwestlichung der Bundesrepublik an der Konsumkultur als dem vielleicht markantesten Kriterium festzumachen ist.[33] Um dies an einem praktischen Beispiel zu verdeutlichen: Kulturelle Modernität und soziokulturelle Kompetenz ließ sich Anfang der sechziger Jahre immer weniger durch eine avancierte Kulturtechnik wie die Hausmusik beweisen. Die mag in bürgerlichen Haushalten zwar noch gepflegt worden sein, doch fand die so genannte „ernste Musik" der Zeitgenossen kaum den Weg in die Konzertsäle, und zum ‚Laienspieler' kam sie überhaupt nur in Ausnahmefällen.[34] Die kulturelle Differenzierungsleistung war also kaum noch im geselligen Diskurs um moderne Musik zu leisten, sehr viel augenfälliger jedoch durch die Wahl der entsprechenden Haushaltselektronik. Soziokulturelles differenzierend war die Bevorzugung einer modernen Stereoanlage der Firma Braun in ihrem funktionalistischen Design statt einer schweren Musiktruhe im „Gelsenkirchener Barock", die hinter Eichenholz die Technizität des Objekts verbergen wollte.[35] Mit den berühmten Design-Produkten der Firma Braun ist bewusst ein

---

33 Michael Wildt: Am Beginn der „Konsumgesellschaft". Mangelerfahrung, Lebenshaltung, Wohlstandshoffnung in Westdeutschland in den fünfziger Jahren. Hamburg 1994; vgl. auch Wolfgang Ruppert: Zur Konsumwelt der 60er Jahre. In: Axel Schildt / Detlef Siegfried / Karl Christian Lammers (Hg.): Dynamische Zeiten. Die 60er Jahre in den beiden deutschen Gesellschaften. Hamburg 2000, S. 752-767.

34 Vgl. die Hinweise im Beitrag von Mirjana Stančić in diesem Band, S. 84f.; vgl. auch Ulrich Dibelius: Die Musik in den fünfziger Jahren. In: Dieter Bänsch (Hg.): Die fünfziger Jahre. Beiträge zu Politik und Kultur. Darmstadt 1984, S. 259-282.

35 Vgl. Hermann Glaser: „Wir haben es geschafft": In: Frank Grube / Gerhard Richter: Das Wirtschaftswunder. Unser Weg in den Wohlstand. Hamburg 1983, S. 176-192, mit eindrucksvollen Bildbeigaben, S. 184, S. 187ff., S. 200f.

aus Deutschland stammendes Beispiel gewählt worden. Die Firma hat sich bei der Entwicklung der Produktlinie freilich, so mag man einwenden, stark auf die Ästhetik der Ulmer Hochschule für Gestaltung gestützt, und die ist wiederum sehr deutlich vom Prinzip „form follows function" bestimmt: also eine über Amerika reimportierte Maxime des Bauhauses und der internationalen Moderne.[36] Immerhin, Bauhausdesign statt „altdeutscher Möbel", das war auch ein Stück kultureller Verwestlichung.

Intellektuelle Akteure der Verwestlichung

Blicken wir nun – zweitens – auf die intellektuelle Szenerie der fünfziger und sechziger Jahre in Deutschland. Hier steht das Stichwort „Westen" sogleich im Kontext des Kalten Krieges, und auf das in den fünfziger Jahren beklagte Defizit des Westens wurde schon hingewiesen: Er sei im Vergleich mit dem ideologisch hoch aufgerüsteten Ostblock, der eine klare politische und kulturelle Weltdeutung einschließlich Geschichtsphilosophie und Sozialutopie bot, ohne eine einheitliche Idee. Eine wichtige institutionelle Schaltstelle dieser Debatten wurde der „Kongress für Kulturelle Freiheit", dessen langjährige Finanzierung durch den US-Geheimdienst CIA zwar im Nachhinein manchen Schatten auf dieses kulturelle Modell Verwestlichung warf, gleichwohl für die Einbindung deutscher Intellektueller in den Westen keinen geringen Beitrag leistete.[37]

Die geistigen Debatten, die innerhalb Westdeutschlands in Büchern und Zeitschriftenbeiträgen seit Kriegsende ausgetragen wurden, hatten zuvörderst auf Erklärungen der Gegenwart gezielt, die Bewältigung der deutschen Katastrophe, wobei Lösungsversuche gerne in Richtung einer Neubesinnung auf das Abendland und in einer europäischen Aufgabe Deutschlands gesehen wurden. Die mit den Begriffen Abendland und Europa verfochtenen Konzepte waren politisch dabei keineswegs immer auf den Kurs der Bonner Regierung festgelegt.[38]

---

36 Christian Borngräber: Nierentisch und Schrippendale. Hinweise auf Architektur und Design. In: Bänsch: Die fünfziger Jahre, S. 223-258, hier S. 244-247; Ruppert: Zur Konsumwelt, S. 757.

37 Michael Hochgeschwender: Freiheit in der Offensive? Der Kongreß für Kulturelle Freiheit und die Deutschen. München 1998.

38 Vgl. Schildt: Abendland und Amerika; Hermand: Kultur, S. 77-88.

Von unterschiedlichen Positionen aus vereinten sich etwa in Frontstellung gegen Adenauers Kurs der Westbindung und Wiederbewaffnung Verfechter der These, Deutschland könne als eine politische und geistige Brücke Europas zwischen Ost und West darstellen.[39] Erst als die europäische Integration deutliche Erfolge hatte und die Europäische Wirtschaftsgemeinschaft mit ihren Außengrenzen an Pyrenäen und Elbe, Nordsee und Italien wie ein Widergänger des Reichs Karls des Großen erschien, gab dies der Verknüpfung von Abendlandmythos und Europaidee einen Auftrieb, der die Politik der Bundesregierung nachhaltig unterstützte. Paradigmatisch in diesem Sinne wurde die große Europarat-Ausstellung zu Karl dem Großen in Aachen in der Mitte der sechziger Jahre.[40]

Sowohl hinsichtlich der Autoren wie der Themen ist der behäbige, konservative Charakter solcher frühen geistig-politischen Diskurse beklagt worden, gerade auch von kritischen Zeitgenossen, zum Beispiel dem linkskatholischen Publizisten Eugen Kogon, der früh das Stichwort „Restauration" in die Debatte warf,[41] oder von Wolfgang Koeppen, dessen Romantitel *Das Treibhaus* eine dichte Metapher für die junge Bundesrepublik und die künstliche Hitze ihrer hauptstädtischen Politik fand.[42] Gegen das zwischenzeitlich zum Stereotyp geronnene Bild von den „restaurativen Fünfzigern" wurde mittlerweile freilich eine so erdrückende Fülle modernisierender Faktoren ins Feld geführt,[43] dass es vielleicht doch berechtigt erscheint, die Skepsis und Kritik der Zeitgenossen nicht ganz in Vergessenheit geraten zu lassen.

Freilich kann von Verwestlichung im kulturellen Bereich nicht gesprochen werden, wenn nicht doch einige wichtige innovative Impulse

---

39 Vgl. Jakob Kaiser: Wir haben Brücke zu sein. Reden, Äußerungen und Aufsätze zur Deutschlandpolitik. Herausgegeben von Christian Hacke. Köln 1988.

40 Wolfgang Braunfels (Hg.): Karl der Große. Werk und Wirkung. Aachen 1965.

41 Eugen Kogon: Die Aussichten der Restauration. Über die gesellschaftlichen Grundlagen der Zeit (1952). In: Eugen Kogon: Die unvollendete Erneuerung: Deutschland im Kräftefeld 1945-1963. Politische und gesellschaftliche Aufsätze aus zwei Jahrzehnten. Frankfurt am Main 1964; S. 136-154; vgl. auch Jarausch: Die Umkehr, S. 386.

42 Wolfgang Koeppen: Das Treibhaus. Roman. Stuttgart und Hamburg 1953.

43 Die klassische Synthese bietet der Sammelband von Axel Schildt / Arnold Sywottek (Hg.): Modernisierung im Wiederaufbau. Die westdeutsche Gesellschaft der 50er Jahre. Bonn 1993.

erwähnt werden, nämlich – beispielhaft – die Kulturpolitik der Alliierten, die Bedeutung von Austauschprogrammen, die Entwicklung der Politikwissenschaft als Demokratiewissenschaft und schließlich der wachsende Einfluss einiger intellektueller Remigranten.

Die alliierte Politik von „re-education" bzw. ab 1950 nur noch „reorientation" trug, bei allem berechtigten Zweifel an einigen Prämissen dieser Konzeption und im Wissen um viele Hemmnisse, die einen durchschlagenden Praxiserfolg behinderten,[44] doch sicher zur Aufweichung der verfestigten deutsch-nationalistischen und faschistischen Ideologeme und Weltanschauungen in Westdeutschland bei. Amerikanischer Pragmatismus und britischer Pluralismus strebten nach einer Stärkung demokratischer Spielregeln und Institutionen. Aber dies sollte nach Möglichkeit durch die Praxis eingeübt werden – Graswurzeldemokratie, *learning by doing* sind wichtige Stichworte – und nicht durch Verordnung von oben geschehen, auch wenn zumal die US-Amerikaner in ihrer Zone anfangs oft, aber ohne Fortune von einem etwas schlichten Erziehungsoptimismus ausgingen.[45] Zeitweise erfolgreiche Gestaltungsinstrumente waren jedenfalls die alliierten Kulturzentren, also etwa die berühmten Amerikahäuser, mit ihrem Angebot an Theateraufführungen, Vorträgen, Bibliotheken, Filmen und vor allem sehr vielen Diskussionsveranstaltungen. Als Training für die demokratische Meinungsbildung wurde in diesen Zentren – neben dem Kulturkonsum – auch der Diskussion neuer Bücher, von Vorträgen und Filmen eine sehr große Bedeutung zugemessen.[46]

Auf einem noch avancierteren Niveau, das kann hier nur angedeutet werden, gelang die Verwestlichung der jungen Nachwuchseliten Westdeutschlands – zweitens – durch ein intensives Einladungs- und Austauschprogramm. Hier sind allein zwischen 1948 und 1953 ca.

---

44 Entnazifizierung und Umerziehung der Deutschen gehören zu den recht gut erforschten Kapitel der Geschichte nach 1945, vgl. – neben Standardwerken wie Karl-Heinz Füssl: Die Umerziehung der Deutschen. Jugend und Schule unter den Siegermächten des Zweiten Weltkriegs 1945-1955. Paderborn u. a. 1994 – die Übersichten bei Morsey: Die Bundesrepublik Deutschland, S. 144f., S. 243-246.

45 Vgl. Greiner: „Test the West", S. 44f.

46 Ebd., S. 32; Axel Schildt: Die USA als „Kulturnation". Zur Bedeutung der Amerikahäuser in den 1950er Jahren. In: Lüdtke / Marßolek / Saldern: Amerikanisierung, S. 257-269; Schildt: Sind die Westdeutschen amerikanisiert worden?

10.000 Westdeutsche im Rahmen der re-orientation in die USA zu Reisen eingeladen worden, vor allem Angehörige der mittleren und jüngeren Generation aus allen Führungsgruppen von Politik, Wirtschaft, Gewerkschaften, Verbänden und Kirchen.[47] Auch danach ist die Bedeutung von Studienstipendien, wie sie vor allem durch Senator William Fulbright initiiert wurden,[48] kaum geringer zu schätzen, entfalteten sie doch, zumal in den Geisteswissenschaften, eine nachhaltige Wirkung. Dazu gehören viele Historiker, die in den sechziger Jahren Lehrstühle an den alten und neuen Universitäten der Bundesrepublik erhielten und in den kommenden Jahrzehnten ihr Fach prägen sollten; als besonders prominente Beispiele seien nur Hans Ulrich Wehler und Thomas Nipperdey genannt.[49]

In einem weiteren Bereich des Kultursegments Wissenschaft lässt sich die Verwestlichung durch Bildungsmigration noch deutlicher nachzeichnen: Gemeint ist die Implementierung der Politologie an bundesdeutschen Universitäten ab Anfang der fünfziger Jahre. Wilhelm Bleek hat zwar in seiner großen Darstellung der deutschen Politikwissenschaft mit Recht auf die einheimischen Traditionen des Fachs hingewiesen. Aber er bestätigt zugleich, auch gegen kritische Einwände, dass neben einigen Repräsentanten aus dem Widerstand gegen den Nationalsozialismus es gerade nach Deutschland zurückkehrende Emigranten waren, die dem Fach rasch zu Respekt als Demokratiewissenschaft verhalfen.[50] Übrigens geschah dies zunächst gegen den Widerstand anderer Disziplinen, die das Fach als „undeutsch", so der Nationalökonom Alexander Rüstow, ablehnten.[51] Tat-

47 Greiner: „Test the West"; S. 45f.; Schildt: Moderne Zeiten, S. 416f.

48 James F. Tent: A Brief History of the German-American Fulbright Program, 1952-2002. In: http://www.fulbright.de/commission/history/history.pdf [Zugriff vom 11. Januar 2007]; vgl. auch Karl Heinz Füssl: Deutsch-amerikanischer Kulturaustausch im 20. Jahrhundert: Bildung – Wissenschaft – Politik. Frankfurt am Main / New York 2004.

49 Hartmut Lehmann: Die „Verwestlichung" der historischen Wissenschaft. In: Bude / Greiner: Westbindungen, S. 119-137.

50 Wilhelm Bleek: Geschichte der Politikwissenschaft in Deutschland. München 2001, S. 265ff., S. 275f., S. 282f.; vgl. auch Alfons Söllner: Normative Verwestlichung. Der Einfluß der Remigranten auf die politische Kultur der frühen Bundesrepublik. In: Bude / Greiner: Westbindungen, S. 72-92.

51 Bleek: Geschichte der Politikwissenschaft ..., S. 278.

sächlich waren natürlich in den USA entwickelte Modelle wie die
Theorie totalitärer Systeme, die Systemtheorie von Parsons sowie em-
pirische Methoden wegweisend für die deutsche Politikwissenschaft
und auch die Sozialwissenschaften überhaupt. Freilich sollte darüber
die parallele Rezeption französischer Beiträge – herausragend ist die
Gestalt von Raymond Aron – nicht vergessen werden.

Schließlich muss auf die Bedeutung einer weiteren Gruppe von Remigranten hingewiesen werden: auf die Rückkehr der Frankfurter
Schule, wenigstens in Gestalt ihrer beiden einflussreichsten und wohl
fruchtbarsten Köpfe, Max Horkheimer und Theodor W. Adorno. Seit
den späten vierziger Jahren bereiteten sie sorgfältig die neue Etablierung an der Frankfurter Universität vor, 1951 wurde dann das Institut
für Sozialforschung eröffnet, 1952 stand Horkheimer bereits als Rektor an der Spitze der Johann-Wolfgang-Goethe-Universität. Zumal
Adorno gelang es ab Ende der fünfziger Jahre – auch durch Nutzung
moderner Medien, zumal durch Rundfunkvorträge – eine höchst einflussreiche, über fachwissenschaftliche Kreise hinaus wirksame Gestalt des geistigen Lebens in der Bundesrepublik zu werden. Der Beitrag der Frankfurter Schule ist zweifellos enorm, so dass sogar ausdrücklich von der „intellektuellen Gründung der Bundesrepublik"
gesprochen wurde.[52] Insbesondere die Verankerung des Gedankens
der – wie es zeitgenössisch hieß – „Vergangenheitsbewältigung", als
einer kritischen, alle kulturellen Bereiche und geisteswissenschaftli-
chen Disziplinen durchdringenden Auseinandersetzung mit dem deutschen Völkermord an den europäischen Juden, ist sicher eine herausragende Leistung der Frankfurter Schule.[53] Sie bewahrte zudem – bei
manchen internen Konkurrenzen – die Verbindung zu den in den USA
gebliebenen Denkern der Schule, etwa zu Leo Löwenthal und Herbert
Marcuse, so dass fortlaufend neue Impulse kamen, ebenso wie die in
der Exilzeit entwickelten Forschungsprojekte und Methoden in die
soziologische Praxis der Bundesrepublik Eingang fanden. Was denn
noch *restaurativ* war in der frühen Bundesrepublik, wurde nun zu-

---

52 Albrecht u. a.: Die intellektuelle Gründung; vgl. darin besonders den Beitrag
    von Clemens Albrecht: Vom Konsens der 50er zur Lagerbildung der 60er Jahre:
    Horkheimers Institutspolitik, S. 132-168.

53 Michael Bock: Metamorphosen der Vergangenheitsbewältigung. In: Ebd., S.
    530-566.

nehmend einer scharfen, theoretisch fundierten „Hinterfragung"[54] ausgesetzt. Adorno und Horkheimer öffneten aber nicht nur weit die Tü-
ren nach Westen und schufen manche Querverbindungen in die USA
und anderswohin. Sie gaben mit ihrem Konzept von Kulturindustrie,
wie es bereits in ihrem Werk *Dialektik der Aufklärung* (zuerst 1944)
entfaltet war, ein kritisches Modell zur Analyse der Amerikanisierung
und Modernisierung der Massenmedien vor, das den traditionell kulturkritischen Gestus – etwa der Entgegensetzung deutscher Kultur und
westlicher Zivilisation – weit hinter sich ließ oder doch wenigstens auf
ein neues theoretisches Niveau hob. Freilich, ohne mediale Kooperationen konnte auch die Frankfurter Schule ihre Position nicht befesti-
gen: Die viel berufene Suhrkamp-Kultur, zumal die „Edition Suhrkamp" mit dem kongenialen Design des Willy Fleckhaus, bildete ein
höchst erfolgreiches Vermarktungsmodell der Ideen und Theoriekon-
zepte.

Deutsche Dichter – verwestlicht?

Es mag problematisch scheinen, wenn neben die jüdischen Remigranten Max Horkheimer und Theodor W. Adorno nun die Kriegs- und
Flakhelfergeneration gerückt wird, also junge Deutsche mit Fronter-
fahrung, die berühmten „Obergefreiten" der Gruppe 47.[55] Dieses dritte
Fallbeispiel, seinerseits längst Gegenstand legendenhafter Verklärung
wie Feindbild und Hassobjekt, steht nicht ohne Einschränkungen und
von Anfang an für kulturelle Verwestlichung. Denn die Entstehung in
der tiefen kulturellen und landschaftlichen Provinz am oberbayeri-
schen Bannwaldsee, nicht ohne heftige Affekte gegen die Besat-

---

54 Vgl. Karl-Markus Michel: Der Grundwortschatz des wissenschaftlichen Ge-
    samtarbeiters seit der szientifischen Wende. In: Jürgen Habermas (Hg.): Stich-
    worte zur geistigen Situation der Zeit. Frankfurt am Main, 2. Band: Politik und
    Kultur, S. 817-841, hier S. 828 (Stichwort „hinterfragen").

55 Vgl. die prägnante Charakterisierung, die auf angeblichen Militarismus abhob,
    durch einen scharfen Kritiker der Gruppe, Rolf Schroers: Die „Gruppe 47". In:
    Merkur 206 (Mai 1965), S. 448-458, hier zitiert nach: Hermann Glaser (Hg.):
    Bundesrepublikanisches Lesebuch. Drei Jahrzehnte geistiger Auseinanderset-
    zung. Frankfurt am Main 1980, S. 495-506, Zitat S. 501. – Vgl. die Entgegnung
    von Heinrich Böll: Angst vor der „Gruppe 47". In: Merkur 209 (August 1965),
    S. 775-783, auch in: Glaser: Bundesrepublikanisches Lesebuch, S. 506-517, be-
    sonders S. 509.

zungsmächte hätte auch eine altdeutsche Geschichte eines abseits stehenden Dichterkreises eröffnen können. Indes, die Entwicklung war, trotz der angedeuteten alten und neuen Vorwürfe,[56] eine andere, und so wurde die Gruppe 47 ohne Zweifel zum bedeutendsten literarischen Gesprächskreis in der Bundesrepublik, unvergleichlich in ihrer inneren Entwicklung und in ihrer Bedeutung für die Verbindung von Kunst, Gesellschaft und Öffentlichkeit in der westdeutschen Nachkriegsgeschichte. Und daher darf sie auch, dies meine These, als ein Beispiel für Verwestlichung und Modernisierung deutscher Kultur gelten.

Die Geschichte der Gruppe ist untrennbar mit der Person des Schriftstellers Hans Werner Richter verbunden.[57] Er hat sie 1947, nach seinem berühmt gewordenen „Rauswurf" bei der US-lizenzierten Zeitschrift *Der Ruf,* schon dies ein Stück „Gründungsmythos", als einen Freundeskreis jüngerer, jedenfalls im Wesentlichen erst nach 1945[58] hervorgetretener oder wenigstens berühmt gewordener Schriftsteller und Literaturkritiker konzipiert, die sich bald im jährlichen Turnus zu Tagungen zusammenfanden, bis 1967. Hier wurde anfangs durchweg Unveröffentlichtes in loser Reihe vorgetragen und dann von allen Anwesenden kritisch kommentiert. Dieses Konzept der literarischen Werkstatt wandelte sich etwa ab Ende der fünfziger Jahre durch eine immer größere Rolle der professionellen Literaturkritik sowie vor allem durch das öffentliche Interesse an den Tagungen, an der Präsenz der Verleger und der Medien, einschließlich sogar des Fernsehens. Wichtigste Ursache dafür war schlicht der Erfolg der Gruppe 47, ge-

---

56 Hingewiesen sei hier nur auf die These einer spezifischen Affinität der Gruppe 47 zum Antisemitismus, vgl. Klaus Briegleb: Mißachtung und Tabu. Eine Streitschrift zur Frage: Wie antisemitisch war die Gruppe 47? Berlin 2003.

57 Heinz Arnold: Die Gruppe 47. Reinbek 2004. bietet einen aktuellen Überblick mit weiterführenden Hinweisen, auf den für das folgende verwiesen wird; vgl. ferner Heinz Ludwig Arnold (Hrsg.): Die Gruppe 47 – Ein kritischer Grundriß. Sonderband der Edition Text + Kritik. 3. überarb. Aufl. München 2004 – Weiterhin lesenswert ist das Erinnerungsbuch von Hans Werner Richter: Im Etablissement der Schmetterlinge. 21 Porträts aus der Gruppe 47. Neuausgabe Berlin 2004.

58 Damit ist die Problematik einer „Stunde Null" angesprochen; tatsächlich haben nicht wenige Schriftsteller der Gruppe 47 eine Vorgeschichte als Autoren im Dritten Reich, vgl. Hans Dieter Schaefer: Das gespaltene Bewußtsein. Über deutsche Kultur und Lebenswirklichkeit 1933-1945. München 1981.

nauer: das hohe Ansehen, das zahlreiche der Dichter und Schriftsteller gewonnen hatten, und nicht zuletzt das Faszinosum der intellektuellen Kritiker-Schaukämpfe. Insbesondere die mediale Wahrnehmung belegt den Zusammenhang von Kultur und Konsum auch in diesem Fallbeispiel.

Wenn die Frankfurter Schule die intellektuelle Gründung der Bundesrepublik bedeutet hat, dann wird man ähnliches hinsichtlich der Bedeutung der Gruppe 47 für die literarisch-kulturelle Fundierung Westdeutschlands behaupten können. Als Beleg genügt die Aufzählung der berühmtesten Autoren und Kritiker, die sich über einen längeren Zeitraum der Gruppe zugehörig fühlten, und ihre Bedeutung weit über die Phase der aktiven Existenz der Gruppe hinaus – nämlich bis in die Zeit der deutschen Vereinigung[59] – wird schlagartig deutlich: Zur Gruppe 47 gehörten die beiden späteren Literaturnobelpreisträger Heinrich Böll und Günther Grass, ferner die Prosaschriftsteller Martin Walser, Siegfried Lenz und Alfred Andersch, die Lyriker Hans Magnus Enzensberger und Peter Rühmkorf, die Kritiker Walter Jens, Joachim Kaiser und schließlich auch Marcel Reich-Ranicki. Viele weitere berühmte Namen müssten genannt werden, auch Autoren aus Österreich wie Ilse Aichinger und Ingeborg Bachmann, bedeutende Kritiker wie Walter Höllerer und Fritz J. Raddatz, von den älteren Autoren Günter Eich, Wolfgang Hildesheimer und später Peter Weiss, von den Jungen, die Anfang der sechziger Jahre dazu stießen, seien Uwe Johnson und Peter Handke genannt. Raddatz und Johnson belegen die Offenheit gegenüber den Autoren, die bis zum Mauerbau aus der DDR kamen, aber auch Hans Mayer, der erst 1963 von Leipzig endgültig in den Westen wechselte, war der Gruppe verbunden. Kurz: Die deutschsprachige Literatur der zweiten Hälfte des 20. Jahrhunderts – zumal hinsichtlich Prosa, Lyrik und kritischer Essayistik – ist zu weiten Teilen mit der Gruppe 47 verbunden gewesen.

Für den Erfolg des Gruppenmodells ausschlaggebend war die Lockerheit des Verbunds. Weder bildeten die Autoren eine literarische Schule, auch wenn Hans Werner Richter anfänglich einem kargen Realismus das Wort redete, noch gab es eine organisatorische Verfasstheit oder gar eine politische Einheitlichkeit. Gewiss ordneten sich

---

59 Vgl. die bezeichnende Skizze zu der Tagung in der Nähe von Prag im Mai 1990 bei Heinz Czechowski: Die Pole der Erinnerung. Autobiographie. Düsseldorf 2006, S. 208f.

die meisten Autoren irgendwie *links* ein, aber das war für sie ein
dehnbarer Begriff. Und obwohl aus der Gruppe heraus eine ganze
Reihe politischer Interventionen in Form von offenen Briefen und
Resolutionen vorgetragen wurden, so zur Atombewaffnung der Bundeswehr (1958), zum Bau der Berliner Mauer (1961), im Rahmen der
Spiegelaffäre (1962) oder zum Vietnamkrieg (1965),[60] so waren diese
Bekundungen immer individuelle Proteste der Autoren, die unter-
zeichneten, die damit nicht selten auch in der Gruppe auf Widerspruch
stießen. Dass indes Schriftsteller und literarische Intellektuelle sich
intensiv am politisch-öffentlichen Diskurs beteiligten, sich einmisch-
ten und dabei für demokratische, pazifistische oder bürgerrechtliche
Positionen eintraten, stand doch in Deutschland im Ganzen nur in einer eher bescheidenen Traditionslinie, die nun aber vehement ausgebaut und zu einem intellektuellen Pflichtenkanon entwickelt wurde.
Manch Angehöriger der alten Eliten, wie Ludwig Erhard, der als Bundeskanzler glücklose Nachfolger Adenauers, mochte es gar nicht,
wenn Dichter meinten, auch zu ökonomischen und sozialpolitischen
Fragen das Wort ergreifen zu sollen.[61]

Keiner allerdings, auch nicht Hans Werner Richter, war befugt, im
Namen der Gruppe 47 zu sprechen. Wenn Kritiker und Feinde der
Gruppe, darunter manche, die anfänglich den Weg in sie gesucht hatten, gleichwohl ihre Macht und die wachsende Arroganz kritisierten,
so entsprach dies nur der zunehmenden Aufmerksamkeit in der Mediendemokratie und in der literarischen Konsumkultur. Das berühmteste Verdikt gegen die Gruppe 47 sprach Josef Hermann Dufhues
aus, der zeitweilige Geschäftsführende Vorsitzende der CDU, und es
gehört in die Kette missglückter literarischer Vergleiche führender
Unionspolitiker, die auch schon einmal Brechts späte Lyrik und die
Machwerke eines Horst Wessel, Dichter der Parteihymne der NSDAP,
gleichsetzten.[62] Dufhues nannte die Gruppe 47 eine „geheime Reichs-

---

60 Vaterland, Muttersprache. Deutsche Schriftsteller und ihr Staat seit 1945. Zu-
    sammengestellt von Klaus Wagenbach u. a. Berlin 1994, S. 145, S. 188f., S.
    199f., S. 216f.

61 Vgl. Hermann Glaser: Deutsche Kultur. Ein historischer Überblick von 1945 bis
    zur Gegenwart. München / Wien 1997, S. 204.

62 Am eindrucksvollsten hat sich Uwe Johnson, selbst Opfer literarisch-politischer
    Diffamierungen durch Heinrich von Brentano, mit diesem Komplex auseinan-
    dergesetzt, vgl. Uwe Johnson: Begleitumstände. Frankfurter Vorlesungen.
    Frankfurt am Main 1992 (zuerst 1980), S. 193-251.

schrifttumskammer",[63] und er verfehlt damit schon in der Vergleichs-
ebene das eigentlich Spezifische: Denn die Gruppe besaß eben zu keinem Zeitpunkt einen offiziellen, gar institutionellen Charakter, selbst
wenn einige Mitglieder wie Alfred Andersch sie gern als eine Art literarische Akademie gesehen hätten. Doch die Gruppe blieb eine locke-
re Verbindung von Individualisten, die sich weder intellektuell auf
Linie noch organisatorisch institutionalisieren ließen.

Und damit scheint ein wesentliches Charakteristikum bezeichnet,
das für die Zuordnung der Gruppe zum Konzept der Verwestlichung
deutscher Kultur spricht. Die Arbeitsweise der Gruppe, ihr von Richter geprägtes Selbstbewusstsein, sich zunehmend auch als politisches
Gewissen der Nation zu verstehen, aber auch die immer stärker am
literarisch-kulturellen Markt orientierte Praxis der Tagungen – all dies
deutet in vielerlei Hinsicht auf die von Konrad Jarausch konstatierte
zivilgesellschaftliche Umkehr in Deutschland. Dazu gehört die Verin-
nerlichung bürgerlich-demokratischer Partizipation und Meinungs-
freude, ebenso aber die Prinzipien von Öffentlichkeit und Konkurrenz.
Und schließlich gehört dazu, darauf hat Jarausch ebenfalls hingewiesen, die Entscheidung für den Markt, der nun einmal auch im Kulturbetrieb einer offenen Gesellschaft unumgänglich war, wollte man
nicht, wie die Dichter in der DDR, vom Wohlwollen der politisch
Mächtigen abhängig werden.[64]

Neben diesen wichtigen Zusammenhang treten andere Faktoren, die
eine Öffnung der Gruppe 47 nach Westen im Sinne einer kulturellen
Verwestlichung bezeugen. Auch die ihr vorgeworfene Ausgrenzung
der literarischen Emigration[65] ist kein Gegenargument, da hier eher ein
Generationenkonflikt als eine literarische oder intellektuelle Ablehnung zu konstatieren ist. Kontakte zu Kollegen ihrer Generation aus
Westeuropa hat die Gruppe indes durchaus gehabt, und einige der
jüngeren Autoren wie Enzensberger, Grass, Johnson und Walser, die
fast alle zugleich dem Suhrkamp Verlag verbunden waren, wollten zu
Anfang der sechziger Jahre mit westeuropäischen Freunden eine euro-

---

63 Arnold: Gruppe 47, S. 114.

64 Jarausch: Die Umkehr, S. 107ff. Jarausch geht zwar auf einzelne ihrer Autoren,
    nicht jedoch auf die Gruppe 47 selbst ein; vgl. auch Arnold: Gruppe 47, S. 93-
    99.

65 So schon Schroers: Die „Gruppe 47", S. 502.

päische Kultur- und Literaturzeitschrift begründen.[66] Hans Werner Richter sah gar angesichts einzelner Texte, die bei Tagungen vorgetragen wurden und in denen die „großen Worte" zugunsten der „knappen Aussagesätze" verworfen wurden, „Gertrude Stein und Ernest Hemingway [...] gleichsam unbemerkt im Raum" der Gruppe stehen.[67] Indes waren nicht diese stilistischen Anklänge an den Westen entscheidend, zumal die realistische Kargheit der Kahlschlagliteratur von anderen, modernen Schreibweisen bald ergänzt und verdrängt wurde, wie sie Aichinger, Eich und später Grass und Johnson vorstellten und wie sie Helmut Heißenbüttel in der Gruppe konsequent, wenn auch ohne durchschlagende Resonanz vortrug. Mehr zählte die Orientierung an der Öffentlichkeit, die schließlich zu Tagungen im Ausland – zunächst in Schweden, 1966 dann sogar in den USA – führte. Wenn dabei auch die innere Kohärenz der Gruppe bis zur Überspannung provoziert wurde und im Vorfeld der kulturellen Umbrüche von 1967/68 zum Ende und scheinbaren Scheitern der Gruppe führte: Ihre zivilisatorische Funktion hatte sie längst erfüllt. Sie war weder ein deutsches Dichterkränzchen noch eine pompöse Akademie oder ein mächtiger Kartellverband; auch kein Schriftstellerverband wie in der SED-Diktatur.[68] Die Probleme der späten Phase, die in der zunehmenden Dominanz brillanter Kritiker und im Medienzirkus gesehen wurden, waren gerade typische Zeichen eines modernen und westlichen Kulturbetriebs.

---

66 Zum Projekt der internationalen Zeitschrift *Gulliver* (auch andere Namen waren im Gespräch) vgl. Eberhard Fahlke / Raimund Fellinger (Hg.): Uwe Johnson – Siegfried Unseld. Der Briefwechsel. Frankfurt am Main 1999, S. 110f., S. 1094-1136.

67 Zitiert nach Arnold: Die Gruppe 47, S. 38.

68 Es ist bemerkenswert, dass kaum ein Jahr nach der vorerst letzten und legendären Tagung der Gruppe 47 in der fränkischen Pulvermühle, nämlich am 8. Juli 1969, auch in der Bundesrepublik ein gewerkschaftsähnlicher Schriftstellerverband begründet wurde, der Verband deutscher Schriftsteller e. V. (VS). Er hat sehr viel stärker als die Gruppe 47 einen offiziellen Anspruch erhoben und sich politisch, insbesondere in der Kooperation mit den Kollegen in der DDR, keineswegs immer im Sinne einer Westorientierung positioniert. Vgl. Renate Chotjewitz-Häfner / Carsten Gansel (Hg.): Verfeindete Einzelgänger. Schriftsteller streiten über Politik und Moral. Berlin 1997. – Die für 1968 in Prag geplante Jahrestagung der Gruppe 47 fiel sowohl äußeren Umständen (Einmarsch der Roten Armee in die Tschechoslowakei) als auch inneren Streitigkeiten zum Opfer. Die zeitliche Nähe all dieser Ereignisse belegt, dass eine Zeitenwende eingetreten war und die Gruppe ihre Funktion erfüllt hatte.

Verwestlichung, Modernisierung, Normalisierung?

Eine aktuelle Frage bleibt, auch wenn sie ein Stück Feuilleton markiert: In welchem Zusammenhang stehen der soziokulturelle Prozess der Verwestlichung in den fünfziger und sechziger Jahren mit der seit den neunziger Jahren vielfach apostrophierten „Normalisierung" oder Erneuerung Deutschlands in der Berliner Republik?[69] Löst die Normalität des vereinten Landes historisch das Versprechen der Westorientierung ein, oder markiert dies einen ganz neuen Weg deutscher Kultur und Politik am Ende des 20. und zu Anfang des 21. Jahrhunderts? Biegt die Bahn deutscher Geschichte gleichsam, um geschichtsphilosophisch zu spekulieren, vom Westweg zurück in die Normalspur des Sonderwegs? Gewiss, zwischen diesen Prozessen und Ereignissen liegen scheinbar ganze historische Epochen: die Kulturrevolution von 1967/68, die sozialliberale Ära mit Reformen, Entspannungs- und Ostpolitik, die geistig-moralische Wende von 1982, die die „Ära Kohl" begründete, und vor allem das Jahrhundertereignis von friedlicher Revolution und Mauerfall in der DDR, was in die Vereinigung Deutschlands mündete.

In diesen Jahren ist sich die Bundesrepublik mit der Erfahrung der Verwestlichung selbst historisch geworden. Ablesbar wurde dies spätestens in der etwas theoretischen und aus dem Rückblick fast hilflos wirkenden Debatte um die „deutsche Frage" und die nationale „Identität" in der (alten) westdeutschen Republik, die – kurz vor der Herausforderung durch die wirkliche Geschichte – Historiker und Publizisten in den achtziger Jahren bewegte.[70] In der zeithistorischen Bewertung ist seit den achtziger Jahren das Verdikt, die Adenauerzeit – und also die Epoche der Verwestlichung – sei eine Epoche der gesellschaftlichen und kulturellen Restauration gewesen, zunehmend durch die

---

69 Vgl. statt vieler Verweise den Jahresband 2006 der Zeitschrift *Merkur*: Ein neues Deutschland? Zur Physiognomie der Berliner Republik (Merkur 689/690, Sonderheft). Stuttgart 2006.

70 Erinnert sei an Sammelbände wie Werner Weidenfeld (Hg.): Die Identität der Deutschen. München 1983; Werner Weidenfeld (Hg.): Nachdenken über Deutschland. Materialien zur politischen Kultur der Deutschen Frage. Köln 1985; Die Frage nach der deutschen Identität. Ergebnisse einer Fachtagung der Bundeszentrale für politische Bildung. Bonn 1985; Karl-Ernst Jeismann (Hg.): Einheit – Freiheit – Selbstbestimmung. Die Deutsche Frage im historisch-politischen Bewusstsein. Frankfurt am Main 1987.

Herausarbeitung modernisierender Faktoren bereits in den fünfziger Jahren – Technik, Konsum und Mode, amerikanische Filme und Musik, westliche Theorien und Bücher – zurückgewiesen worden.[71] Dagegen ist seit den neunziger Jahren wieder verstärkt – etwa hinsichtlich der Vergangenheitspolitik – auf die Kontinuitäten zur NS-Zeit hingewiesen worden. Dennoch bleibt das Bild der Wirtschaftswunderzeit in der öffentlichen Darstellung und im historischen Bewusstsein der Deutschen seit 25 Jahren hell und optimistisch, wenigstens bunt und interessant.[72] Wichtige Farbtupfer, man kann auch sagen: Versatzstücke, geben Jazz, Rock 'n Roll und Beat, Filme mit James Dean, aber auch mit Peter Kraus und Heinz Erhard, Urlaubsreisen nach Italien, die zugleich lustigen wie schicken und individuellen Automobile der Zeit und die modischen Designobjekte mit Nierentisch und im edlen Plastik-Grau. Über die politische Bedeutung der Wiederentdeckung der „fünfziger Jahre" als einer Modernisierung mit konservativem Vorzeichen zu Beginn der Ära Kohl muss kaum gestritten werden. In der Debatte um Nachrüstung und Stabilität des westlichen Bündnisses hatte die Erinnerung an Westbindung und Verwestlichung eine unverkennbare soziokulturelle Verweisungsfunktion. Inzwischen jenseits der Ära Schröder stehend, bedrängt – nochmals sei es zugespitzt – die Frage, ob das Stichwort von der „Normalisierung" Deutschlands in der Berliner Republik die Phase der Verwestlichung abschließt oder die Geschichte neuerlich abbiegt?

„Bonn ist nicht Weimar", verkündete der Schweizer Publizist Fritz René Allemann bereits zehn Jahre nach Kriegsende und brachte damit die erfolgreiche Veränderung des politischen Systems der Bundesrepublik auf den Begriff.[73] Sechzig Jahre nach Kriegsende scheint dies,

---

71 Noch Görtemaker: Geschichte der Bundesrepublik, S. 249-270, widmet der „kulturellen Restauration" allerdings ein eigenes Kapitel. Zuerst mit großem Nachdruck hat Hans Peter Schwarz auf den modernisierenden Charakter der Epoche hingewiesen, vgl. ausgebreitet seine große Darstellung: Die Ära Adenauer. Epochenwechsel 1957-1963. Stuttgart / Wiesbaden 1983, und seinen programmatischen Beitrag: Modernisierung oder Restauration? Einige Vorfragen zur künftigen Sozialgeschichtsforschung über die Ära Adenauer. In: Kurt Düwell / Wolfgang Köllmann (Hg.): Rheinland-Westfalen im Industriezeitalter. Düsseldorf 1984, Band 3, S. 278-293.

72 Für eine umfassende Sicht vgl. Adenauers Welt. Ein Lesebuch zur Alltags- und Sozialgeschichte der frühen Republik. Zusammengestellt und eingeleitet von Kirsten Petrak, Dietmar Petzina und Werner Plumpe. Essen 2006.

73 Fritz René Allemann: Bonn ist nicht Weimar. Köln 1956.

dem Normalisierungsdiskurs zum Trotz, nicht mehr sicher, schaut man auf die sich auftürmenden Probleme: Arbeitslosigkeit, Ausfransung des Parteiensystems, neue Unsicherheiten in Europa. Freilich zeigen gerade die Berliner Verwerfungen, wie erfolgreich die Spitzenpolitiker zumindest das Paradigma der Amerikanisierung habitualisiert haben: Gerhard Schröder, noch wenige Wochen vor seiner Abwahl als der in allen Stürmen scheinbar ungerührte „Gambler" gefeiert,[74] erwies sich ebenso als gelehriger Adept westlicher Mediendemokratie wie seine lächelnde Nachfolgerin aus der Ex-DDR. Von deutschem Furor sind allenfalls noch einige Gestalten aus der Provinz erfasst.

Wenn der Berliner Historiker Heinrich August Winkler, bei Beschluss seiner Beschreibung des langen Wegs der Deutschen in den Westen, neben den Änderungen im Staatsbürgerschaftsrecht ausgerechnet im Einsatz der Bundeswehr im Kosovokrieg „ein Stück jener europäischen Normalisierung Deutschlands"[75] sieht, die die Gegenwart bestimmt, mag mancher hingegen fragen, wohin das – und etwa auch die Verwestlichung? – die Bundesbürger noch führen wird. Und daher scheint uns das eine Konzept im anderen keineswegs notwendig aufzugehen. Zumal auf kultureller Ebene scheint Normalisierung eine wenig aussagefähige Kategorie zu sein, will doch Kultur stets das Neue, das Andere, das Unnormale.

---

74 Vgl. das Titelblatt und den Aufmacher des Magazins *Time* (European Issue), 6. Juni 2005.

75 Winkler: Der lange Weg, S. 655.

Silke Flegel

Eine „Mischung aus Kalkül, Konzept und Naivität".[1]
Der DEFA-Film bis 1966

Es gab

eine sehr ernsthafte Konkurrenzreligion – das Kino. Kino war eigentlich eine noch viel bessere Möglichkeit, nicht zu Hause zu sein. Es machte mir nichts aus, Filme dreimal zu sehen. Ich langweilte mich nie. [...] Wie wird das heute aufhören? Die Überzeugung, dass ein Film ungefähr so viel Macht hat wie Gott, immer wieder frei über die Geschicke der Menschen zu entscheiden, war mir durch nichts zu nehmen.[2]

Man unterschied

die einzelnen Sektoren am besten durch ihre Kino-Programme. War es ein früher Film noir, was ich bei den Franzosen sah? [...] Frankreich verstand sich auf diese erotisch-unterkühlte Düsternis, sein Kino war noch dunkler als das Berlin der frühen fünfziger Jahre. Aber es hatte schon diesen Existenzialisten-Sog. Amerika war wie ein Versprechen. Das Versprechen lag bereits in dem Namen Hollywood. Kein Land, keine Stadt konnte weiter weg sein vom Berlin der Nachkriegsjahre [...] als Hollywood. Colorvision und Breitwand, das ganze Leben. Und trotzdem, das war das Aufregende, schien es ein intimes Interesse an uns gefasst zu haben. Ja, wozu sonst unterhielt Hollywood – und Amerika war gewiss nur sein Abgesandter – einen ganzen Sektor in Berlin? Im Amerika-Haus lief zur Eröffnung „Schnee am Kilimandscharo" eine Woche lang umsonst. War das nicht ein Zeichen? Nicht mal die Russen zeigten ihre Märchenfilme umsonst. [...] „Faust im Nacken", „Endstation Sehnsucht" oder „Saat der Gewalt" – das waren meine Filme. Aus „Saat der Gewalt" kann ich noch heute ganze Szenen erzählen, auch weil es in der Schule spielte.[3]

---

1   Auf der Suche nach Wahrheit. Ralf Schenk im Gespräch mit Klaus Wischnewski. In: Ingeborg Pietzsch / Ralf Schenk (Hg.): Schlagt ihn tot, den Hund ... Film- und Theaterkritiker erinnern sich. Berlin 2004, S. 185-204, Zitat S. 204.

2   Angelica Domröse: Ich fang mich selbst ein. Mein Leben. Aufgeschrieben von Kerstin Decker. Bergisch Gladbach 2003, S. 13.

3   Ebd., S. 28.

Für die russischen Märchenfilme brauchte ich ein paar Pfennige Ost, für „Quo Vadis" in der Nachmittagsvorstellung genau 25 Pfennige West. Der Besitz von Verwandtschaft [in allen Sektoren der Multikulti-Stadt, S. F.] war gewissermaßen eine „sozialpolitische Maßnahme". Die DDR erfand diesen Ausdruck viel später, meinte aber etwas anderes damit.[4]

Den DEFA-Film kannte ich fast gar nicht. Nun gut, „Das kalte Herz" hatte ich gesehen und liebte es. Auch die „Buntkarierten" hatten mich beeindruckt [eine episodische Arbeiterchronik von Kurt Maetzig von 1949, S. F.]. Aber dabei blieb es. Mehr kannte ich nicht. „Ernst Thälmann – Sohn seiner Klasse" mal nicht mitgerechnet. Den hatte ich sogar zweimal gesehen, einmal in der Schule als Pflichtvorstellung und einmal im Zeltlager an der Ostsee, auch als freiwillige Pflichtvorstellung. Ich mochte „Ernst Thälmann – Sohn seiner Klasse" nicht. Die Tragik von „Mamatschi, schenk mir ein Pferdchen!" verstand ich sofort, die von Thälmann nicht. Wie kann man ein „Sohn seiner Klasse" sein? Ich hielt das für kolossal unsinnlich. [...] Im Herbst 1957 begann ich also, in größter Eile DEFA-Filme anzusehen. Sie hießen „Polonia-Express" oder „Klotz am Bein". Horst Drinda spielte mit in „Klotz am Bein". Es ging um den Elektroinstallateur Gustav Hauschild, der im VEB Textilmaschinenbau arbeitet und bald eine Wohnung bekommen soll, weil er Mitglied wird in der Wohnungsbaugenossenschaft. Da erbt er ein altes Haus und braucht den ganzen Film, um zu lernen, dass es besser ist für den sozialistischen Aufbau und die eigene Zukunft, in die Wohnungsbaugesellschaft einzutreten, als auf eigene Faust alte Häuser zu renovieren, die noch aus dem Kapitalismus stammen. – Ich verstand die DEFA nicht. Wie kann man so über alte Häuser denken? Ich liebte die alten Häuser. „Schlösser und Katen" von Maetzig sah ich auch. Die Schlösser gefielen mir besser als die Katen.[5]

Die Schilderungen Angelica Domröses, einer der bekanntesten und beliebtesten Theater- und Filmschauspielerinnen der DDR, stecken voller Provokationen und Frechheiten, aber auch wichtigen Hinweisen, etwa auf die Qualität und Bedeutung des Märchen- und Kinderfilms der frühen DDR-Zeit. Sie laden aber geradezu dazu ein, einen Teil der Filmstadt Babelsberg, südwestlich von Berlin gelegen, an Zehlendorf grenzend, zu erkunden. Es können hier zwar nur wenige Regiekünstler und ihre Arbeiten vorgestellt werden, doch sie selbst sollen zu Wort kommen, denn sie haben *das zweite Leben der Filmstadt Babelsberg*[6] entwickelt und ihr Bild während der fünfziger und

---

4   Ebd., S. 29.

5   Ebd., S. 56f.

6   Ralf Schenk (Red.): Das zweite Leben der Filmstadt Babelsberg. DEFA-Spielfilme 1946-1992. Herausgegeben vom Filmmuseum Potsdam. Berlin 1994.

sechziger Jahre geprägt. Sie könnten erzählen, wie ihre Kollegen sich bemühten, den Mythos vom Arbeiterhelden zu erschaffen, und wie sie durch einige „Kaninchen-" oder „Tresor-Filmen", die nicht einmal in die Kinos gelangten, zum Mythos wurden.

Die kleine Kinogeschichte von Angelica Domröse hat im Nachkriegsberlin noch zur Zeit der vier bestehenden Besatzungszonen begonnen, und weil der Beitrag von Anne Hartmann in diesem Band bereits Grundlegendes zur Sowjetisierung der deutschen Kultur in der SBZ/DDR mitgeteilt hat,[7] kann dieser Aspekt hier ganz ausgeklammert bleiben. Es besteht also nun die Gelegenheit, sich gleich aus Berlin hinaus zu bewegen und in Gedanken nach Potsdam zu reisen, allerdings nicht, ohne vorher noch an einige wichtige Fakten zu erinnern. Denn die geschilderten kindlichen Erinnerungen an das Berliner Kinoleben in den fünfziger Jahren lassen sich aus dem reinen Zeitzeugenbericht durchaus herauslösen und auch belegen.

Die DDR-Filmplangestaltung lag in den Händen der Hauptverwaltung (HV) Film, einer Abteilung des im Januar 1954 neu gegründeten DDR-Kulturministeriums. Sie hatte große Mühe, das Filmangebot sowohl in der Hauptstadt als auch in der Provinz attraktiver zu gestalten und zu verbessern. Für Berlin gestalteten sich diese Versuche recht schwierig, denn aufgrund der finanziellen Planvorgaben waren die Kinos immer bemüht, besonders publikumswirksame Filme zu zeigen. Echte ‚Publikumsmagneten' aber waren weniger die eigenen frühen DEFA-Produktionen, der *Deutschen Film Aktiengesellschaft*, wie der bereits erwähnte Zweiteiler *Ernst Thälmann – Sohn seiner Klasse* bzw. *Ernst Thälmann – Führer seiner Klasse* (von 1954 bzw. 1955), sondern eher Filme aus dem westlichen Ausland, Filme des französischen oder italienischen „kritischen Realismus", und westdeutsche Streifen. Dementsprechend entschieden sich die Leiter der Filmtheater, nur bei entsprechender staatlicher bzw. gesellschaftlicher Unterstützung für die DEFA-Produktionen, wie die filmhistorische Forschung inzwischen festgestellt hat:

> Während „Schwerpunktfilme" durch organisierten Kinobesuch garantierte Besucherkontingente banden und damit eine indirekte Subventionierung

---

7   Anne Hartmann: „Sowjetisierung" der deutschen Kultur?, S. 89-106 in diesem Band.

durch die Partei- und Massenorganisationen erhielten, konzentrierten sich viele Theaterleiter darauf, die [ökonomische, S. F.] Planerfüllung mit den am meisten frequentierten Filmen zu erreichen.[8]

Filme aus der UdSSR, den Volksdemokratien und DEFA-Filme fielen durch dieses Raster hindurch, sie füllten die östlichen Kinosäle und -kassen eben nicht. Und natürlich darf das Angebot im Westen der Stadt nicht vergessen werden; besonders in den „Grenzkinos" wurden seit dem Beginn des Kalten Krieges gern Produktionen aus dem Ausland oder aus der Bundesrepublik gezeigt, die in der DDR nicht zugelassen waren. Für DDR-Bewohner wurden verbilligte Kinokarten zu einem sehr günstigen Preis verkauft, sodass ganz besonders gern die Jugendlichen die West-Berliner Kinos besuchten. Auch die verstärkt durchgeführten Grenzkontrollen konnten dies nicht verhindern:

> An der Sektorengrenze zum Potsdamer Platz am Sonntag [...] nachmittags konnte geradezu eine Demonstration von Jugendlichen beobachtet werden, die aus den Grenzkinos nach Hause gingen und sich lebhaft über den eben gesehenen Film unterhielten,[9]

wobei man immer davon ausgehen musste, dass

> gerade die Filme stark besucht werden, die Morde, Erotik und Abenteuer zum Inhalt haben. Zu den sogenannten „Ost-Vorstellungen" werden allgemein solche Filme gezeigt, die auf den Besucher, und hier besonders auf die Halbwüchsigen einen schädlichen Einfluß ausüben. Man lenkt mit diesen Filmen die Bevölkerung vom Tagesgeschehen und damit vom Klassenkampf ab und füllt gleichzeitig die Taschen der Kinobesitzer.[10]

Weil diese Entwicklung sich tatsächlich in der Verdoppelung der Besucherzahlen in den West-Berliner Kinos niederschlug – zwischen 1950 und 1954 auf 61,3 Millionen Zuschauer –, reagierte die DDR, indem verstärkt westdeutsche und ausländische Filme für die Ostkinos

---

8 Vgl. zur Berliner Kinopolitik: Thomas Heimann: DEFA, Künstler und SED-Kulturpolitik. Zum Verhältnis von Kulturpolitik und Filmproduktion in der SBZ/DDR 1945 bis 1959. Berlin 1994, S. 226-231, Zitat S. 227.

9 Analyse der Abteilung Kunst, Literatur und kulturelle Massenarbeit des ZK der SED nach der Genfer Konferenz vom 20. September 1955 (SAPMO/ZPA NL 182, Sign. 931, pag. 333). Zitiert nach: Ebd., S. 228 und Anm. 269 auf S. 253.

10 Analyse der Abteilung Geldumlauf, Berliner Zahlungsverkehr vom 5. April 1955 (BArch Potsdam, Bestand C 20, Sign. 1714, pag. 8-14, hier: pag. 8). Zitiert nach: Ebd., S. 227 und Anm. 268 auf S. 253.

eingekauft wurden, und zwar mit durchschlagendem ökonomischen Erfolg. Diese vorsichtige Öffnung der Kinospielpläne hin zum westlichen Filmmarkt, also der Versuch, der DDR einen Hauch von Weltoffenheit und ‚Weltniveau' zu verleihen, führte jedoch andererseits auch dazu, dass man sich gleichsam den ideologischen Gegner in die eigenen Kinosessel setzte.

Dies alles umreißt die Lebens- und Arbeitsbedingungen auch all derjenigen Künstler, die das Filmland DDR während dieser ersten Phase zu ‚modernisieren' versuchten. Einer von ihnen ist Kurt Maetzig, Regisseur von zwanzig Filmen, die zwischen 1947 und 1974 bei der DEFA entstanden sind. Eine Zeitlang war er Professor und auch Direktor der *Hochschule für Film und Fernsehen* Potsdam-Babelsberg, deren Profil er für viele Jahre maßgeblich mitgeprägt hat.

Angelica Domröse deutete es in ihren Erinnerungen an: Maetzigs Thälmann-Filme gehörten zum Pflichtprogramm eines jeden DDR-Bürgers, ja mehr noch: Das 251minütige Großprojekt, das die DEFA und eigentlich die SED bei ihm in Auftrag gegeben hatte, war *das* Prestigeprojekt der Filmproduktion bis zur Mitte der fünfziger Jahre.[11] Der Arbeiterschriftsteller und Kommunist Willi Bredel hatte 1948 die Biographie *Ernst Thälmann. Beitrag zu einem politischen Lebensbild*[12] geschrieben; sein Buch wurde wenig später ausgezeichnet durch ein Vorwort von Wilhelm Pieck und eine Gedenkrede von Walter Ulbricht. Bredels Biographie war die Grundlage des Haupt-Planvorhabens der DEFA ab 1949, Walter Ulbricht ging es um „das größte Vorhaben in der Geschichte des deutschen Films".[13] Und dafür sparte die DEFA an gar nichts, weder am zeitlichen, noch am organisatorischen

---

11 Erster Teil: Ernst Thälmann – Sohn seiner Klasse. Regie: Kurt Maetzig. Szenarium: Willi Bredel, Michael Tschesno-Hell. Kamera: Karl Plintzner. Laufzeit: 127 min / fa. Premiere: 09.03.1954. Mit Günther Simon, Hans-Peter Minetti u. a.; Zweiter Teil: Ernst Thälmann – Führer seiner Klasse. Regie: Kurt Maetzig. Szenarium: Willi Bredel, Michael Tschesno-Hell. Kamera: Karl Plintzner. Laufzeit: 140 min / fa. Premiere: 07.10.1955. Mit Günther Simon, Hans-Peter Minetti, Karla Runkehl, Michel Piccoli u. a.

12 Willi Bredel: Ernst Thälmann. Beitrag zu einem politischen Lebensbild. Berlin (DDR) 1948.

13 Zitiert nach: Ralf Schenk: Zur Geschichte der „Thälmann-Filme". In: Programmbeilage zu den Videos „Ernst Thälmann – Sohn seiner Klasse" und „Ernst Thälmann – Führer seiner Klasse". Heft Nr. 7. Redaktion Ralf Schenk. DEFA-Stiftung (Berlin) 2000, S. 5.

oder finanziellen Einsatz. Allein der erste Teil *Ernst Thälmann – Sohn seiner Klasse* verschlang 6,3 Millionen Mark, der zweite Teil *Ernst Thälmann – Führer seiner Klasse,* der in einer neuen zweiten Drehphase, also nicht direkt parallel mit dem ersten Streifen entstand, immerhin noch einmal rund vier Millionen. Die beiden Drehbuchautoren im „Thälmann-Kollektiv", Willi Bredel und sein Co-Autor Michael Tschesno-Hell, wurden ab April 1951 durch die Partei von allen anderen beruflichen, gesellschaftlichen und politischen Verpflichtungen entbunden, um all ihre Schaffenskraft allein der Gestaltung der „Story line" und der Drehbücher widmen zu können.

Ernst Thälmann, KPD-*Vorsitzender* von 1925 bis 1933, galt der SED als eines ihrer größten Vorbilder. 1944 im KZ Buchenwald erschossen, sollte Thälmann hier nun

> „als Führer und Organisator der deutschen Arbeiterklasse im Kampf um
> Frieden, Demokratie und Sozialismus" gleichsam wieder auferstehen [...]
> (Fred Gehler). Gewünscht ist ein Heldenbild ohne Furcht und Tadel, und ein
> Gesellschaftspanorama der Zeit zwischen 1918 und 1944, in dem möglichst
> alles Platz findet, was ins Geschichtsbild der SED paßt.[14]

Der Film durfte trotz des unvermeidlich tragischen Endes – Thälmanns Tod – keinesfalls pessimistisch schließen, „sondern kämpferisch, ein Hohelied des Sieges"[15] sollte er sein, so der Parteiauftrag an Kurt Maetzig und das Thälmann-Kollektiv.

Kurz zum Inhalt und auch zur Problematik dieses Vorzeigeprojekts:[16] Der erste Teil *Ernst Thälmann – Sohn seiner Klasse* behandelt die zwanziger Jahre des 20. Jahrhunderts und zeigt Thälmann zuhause, bei der Arbeit, in der Fabrik und auf der Werft bei den Arbeitern. Er agitiert gegen den Versailler Vertrag, er kämpft für die Rechte der

---

14 Ebd., S. 4.

15 Ebd., S. 5.

16 Der von F.-B. [Frank-Burkhard] Habel vorgelegte Band *Das große Lexikon der DEFA-Spielfilme. Die vollständige Dokumentation aller DEFA-Spielfilme von 1946 bis 1993.* Berlin 2000, gibt zuverlässige Antworten auf viele Fragen nach allen Spielfilmen der DEFA. Im Hinblick auf die Filminhalte folgt Habel größtenteils der Gesamtdarstellung von Susanne Brömsel / Renate Biehl: Filmographie. Die Kino-Spielfilme der DEFA 1946 bis 1993. In: Schenk: Das zweite Leben der Filmstadt Babelsberg, S. 356-541.

Arbeiter, und er weckt ihr besonderes Klassenbewusstsein.[17] Den historischen Fakten entgegen wird Thälmann hier als Feldherr herausgehoben, um den sich seine Kameraden scharen, dessen Stimme widerspruchslos anerkannt wird und der schon immer die Partei leitet.[18] Thälmann steigt wie ein Phönix aus der Asche, es interessiert nicht, woher er kommt und wer er ist. Er ist einfach da, und zwar ausschließlich abgebildet in seiner Profession als Politiker. Der Regisseur Kurt Maetzig problematisiert diesen Personenkult der fünfziger Jahre viel später auch selbst, in einem Interview aus dem Jahr 1977:

> Es fehlen – was damals überhaupt nicht gewünscht wurde und heute undenkbar ist – Momente, in denen Thälmann nicht Politiker ist, in denen er etwas anderes tut, vielleicht im Zug mit den anderen mal Skat spielt oder sich ärgert oder nach Gemüse ansteht oder selbst etwas kaufen muß – das würde ich heute noch unbedingt durchsetzen, doch damals habe ich das vergeblich versucht.[19]

Auch anders als es tatsächlich war, führt Thälmann schon 1919 den Hamburger Trauerzug für die ermordeten Karl Liebknecht und Rosa Luxemburg an. Und der Hamburger Aufstand von 1923 ist nur in der Phantasie von Willi Bredel und Michael Tschesno-Hell von Thälmann initiiert, auch hier erscheint er als der überlegene Stratege.[20] (Der wah-

---

17 Vgl. Brömsel / Biehl: Filmographie, S. 371.

18 Frank Tunnat zeigt in seiner überzeugenden Analyse des Thälmann-Epos, dass das Verfahren der ‚historischen Variation' zur Taktik der DEFA gehörte, mit der sie ihren „Modell-Zuschauer" zu erreichen dachte: „Die Kommunikationsstrategie der DEFA bestand darin, dem Zuschauer nicht viel Spielraum für Interpretationsmöglichkeiten zu lassen. Nach dem SED-Verständnis wird im Thälmann-Film nicht die Wahrheit gezeigt, jedoch ist der Film an die Wahrheit angelehnt. Es wird ein Bild der Wirklichkeit gezeigt. Der Zuschauer ist emotional involviert, glaubt dem Film und seinem Inhalt, d. h. der Lehre des Sozialismus, die im und durch den Film verkündet wird." Frank Tunnat: Filmsprache als Instrument der Politik. Anmerkungen zu Kurt Maetzigs Thälmann-Film. In: Klaus Finke (Hg.): Kader, Arbeiter und Aktivisten im DEFA-Film. Oldenburg 2002, S. 165-179, Zitat S. 166f.

19 Heiko R. Blum: Kurt Maetzig. Der Pionier. In: Film in der DDR. Mit Beiträgen von Heiko R. Blum, Hans C. Blumenberg u. a. München / Wien 1977, S. 57-76, Zitat S. 63.

20 Vgl. Tunnat: Filmsprache als Instrument der Politik, besonders S. 170f. (Sequenz Nr. 8). Der Analyse ist ein Sequenzprotokoll von *Ernst Thälmann – Sohn seiner Klasse* beigegeben, das die hier skizzierte Inhaltsangabe ergänzt (ebd., S. 177-179).

re Hamburger Initiator, Hans Kippenberger, existiert im Film hingegen gar nicht, denn er kam bei den Stalinschen „Parteisäuberungen" in
der Sowjetunion in den dreißiger Jahren ums Leben.[21])
Der zweite Teil des Thälmann-Epos thematisiert die Vorzeit des
Dritten Reichs, das Geschehen spielt beginnend mit den Jahren 1931
und 1932, in denen sich die Weltwirtschaftskrise unaufhaltsam beschleunigt und längst offensichtlich geworden ist, bis zur Ermordung
Thälmanns im Jahr 1944. Ernst Thälmann stellt sich gegen Hindenburg der Wahl zum Reichspräsidenten, Hindenburg erringt erneut den
Sieg, Thälmann erhält 10 % der Stimmen. Als die Nationalsozialisten
mit Hitler wenig später an die Macht kommen, wird Thälmann verhaftet und abtransportiert. Der Film zeigt Einzelheiten der elfjährigen
Kerkerhaft bis zu seinem Tod – etwa das Scheitern eines Befreiungs-
versuchs seiner Genossen oder der Tod seiner Mitkämpferin Änne
Jansen bei einem Bombenangriff im gegenüberliegenden Frauenge-
fängnis.[22]
Bis in die achtziger Jahre hinein blieben die beiden Filme bestimmend für das öffentliche Bild Ernst Thälmanns in der DDR. Offen-
sichtliche Unwahrheiten, die zum größten Teil dem Wollen Walter
Ulbrichts entsprangen, der jahrelang massiven direkten Einfluss auf
die Arbeiten des „Thälmann-Kollektivs" nahm, Szenen korrigierte und
zum Teil völlig umschrieb, ganz neue Handlungsstränge ausdachte
und Thälmann zu einem fünf Jahre längeren Leben, nämlich bis zur
Gründung der DDR im Jahr 1949 verhelfen wollte, blieben bis zum
Ende der DDR in der Öffentlichkeit unaufgeklärt. Sogar der Regisseur, Kurt Maetzig, äußert sich bis heute im Hinblick auf die Ar-
beitsaufsicht und die Einflussnahme durch die Partei eher vorsichtig,
spricht nachsichtig allenfalls von inhaltlicher „Beratung" durch die
SED:

> Die Genossen haben [...] Unterhaltungen sehr zurückhaltend geführt, das
> heißt, sie haben ihre politischen Meinungen ausgedrückt und haben manch-
> mal ihr Behagen oder Unbehagen ausgedrückt. Und wir haben uns dann hin-
> terher zusammengesetzt und untersucht: „Was haben die Genossen gemeint,
> was haben sie ausdrücken wollen? Haben wir dieses richtig, jenes falsch ge-
> macht? Gucken wir uns das daraufhin noch einmal an!" Und wir haben dann

---

21 Vgl. Schenk: Zur Geschichte der „Thälmann-Filme", S. 5.

22 Vgl. Brömsel / Biehl: Filmographie, S. 376f.

auch verändert. Das war kein grobes Eingreifen, sondern wirklich eine respektvolle Zusammenarbeit. (1987)[23]

Es sei an dieser Stelle schon einmal vorgegriffen: Auffällig ist, dass Maetzig in all seinen Filmen, die der Thälmann-Legende folgten, ganz auf Geschichten von Denkmalen, Göttern und Heiligen verzichtet. Er kehrt zurück zur Darstellung von Menschen, so wie er es meisterhaft schon in seinem Debüt *Ehe im Schatten* (1947) und in *Die Buntkarierten* (1949) vorgeführt hat, bevor er sich mit *Der Rat der Götter* (1950) als zeithistorisch-politischer Agitator empfahl. Es gibt ein Weg weisendes Beispiel für die große Kunst einer genauen Personenzeichnung aus Maetzigs Spätwerk, das noch vorgestellt werden wird, und zwar *Das Kaninchen bin ich* aus dem Produktionsjahr 1964/65.

Auch eine öffentliche Kritik am Thälmann-Epos fand bis zum Ende der DDR-Zeit nicht statt. Nur ein einziges Mal, 1956, in den Zeiten des so genannten „Tauwetters", deutet Slatan Dudow – bei einem Autounfall früh verstorbener DEFA-Regiekollege Maetzigs und langjähriger Freund und Mitarbeiter Bertolt Brechts – Bedenken im Hinblick auf den Monumentalstil an, auf den von der Partei geforderten Stil traditioneller sowjetischer Stalin-Epen aus den vierziger Jahren:

> Wir wären froh gewesen, wenn manche Szene in diesem Film lebendiger, echter und dadurch überzeugender gewesen wäre. Bei der Überhöhung vergaßen sie den Menschen, er ging ihnen oft dabei verloren. Uns allen fehlte der Mut zu einer offenen und fruchtbaren Diskussion. Wir schwiegen uns gemeinsam aus, und das Schweigen rächte sich bald.[24]

Im Übrigen handelt es sich bei Kurt Maetzig um den einzigen DEFA-Filmkünstler, der sich schon im Jahr 1949 gegen „Kitsch" und „Schematismen" in der Kunst gewandt und während der „Formalismus"-Debatte 1951 versucht hatte,

> die kulturpolitische Disziplinierung der Künstler zumindest ein Stück weit abzuschwächen, indem er vor der Gefahr schematischer Ideologieprodukte warnte. Trotzdem blieb er selbst nicht gegen Schematismen in seiner Filmarbeit resistent; offensichtlich ein deutliches Zeichen für den politischen und institutionell vermittelten Anpassungsdruck bei der DEFA [...].[25]

---

23 Zitiert nach: Schenk: Zur Geschichte der „Thälmann-Filme", S. 6.

24 Zitiert nach: Ebd., S. 7.

25 Heimann: DEFA, Künstler und Kulturpolitik, S. 128.

Auch wenn hier naturgemäß nur ein sehr unvollständiger Eindruck
der DEFA-Filmarbeit aus den Produktionsjahren 1953 bis 1955 gegeben werden kann, muss doch mit Deutlichkeit in Erinnerung gerufen
werden, in welcher Situation dieses Heldenepos für jeden DDR-
Bürger zur Pflicht gemacht wird: Der Anfang Juni 1953 auf Druck der
sowjetischen Führung ausgerufene „Neue Kurs", der zwar innenpolitische Lockerungen in der DDR versprach, die Arbeiterklasse jedoch
gerade nicht entlastete – vor allem nahm man die früher heraufgesetz-
ten Arbeitsnormen in der Produktion nicht zurück –, und die hochsen-
siblen Tage des Volksaufstands um den 17. Juni 1953 liegen beim
Kinostart des ersten Teils am 9. März 1954 (Berlin, Friedrichstadt-
Palast) noch nicht sehr lang zurück. Die Kulturschaffenden hatten
versucht, diesen „Schwächemoment der Administration", so Manfred
Jäger, für sich zu nutzen, und im Hinblick auf die Filmproduktion der
DEFA hagelte es vor allem aus der *Deutschen Akademie der Künste*
Kritik an der „Verengung des Themenplans" für die DEFA, welcher
nur wenige Menschen wirklich interessiere.[26] Und als Ergebnis dieser
Diskussionen präsentierte man nun die Thälmann-Epen!

Schnitt, 1959 – eine Begegnung mit Frank Beyer, Jahrgang 1932.[27]
Mit ihm trifft man auf einen zweiten herausragenden Filmkünstler
der DDR, der jedoch eine neue Generation verkörpert, die in der DDR
sozialisiert wurde und ihre Ausbildung erfahren hat.
Nach seinem Regiediplom an der berühmten Prager Filmhochschule
war Beyer in den Jahren 1955 und 1956 als Regieassistent bei der
DEFA unter Vertrag, unter anderem arbeitete er auch mit Kurt Maetzig. Beyers Kameramann in seinen frühen DEFA-Jahren, Günter
Marczinkowsky, fasste in einem Gespräch im Jahr 1989 die Eindrücke
von der Filmkunst der frühen DDR-Jahre zusammen, die die „jungen
Leute", die nun „etwas einbringen" wollten, teilten. Die DEFA-Filme
seien in ihrer Bildsprache alle „ein wenig arm" gewesen, der künstlerische Aspekt sei, bis zu dem Zeitpunkt, als Frank Beyer die Chance
erhielt, eigene Filme zu machen, vernachlässigt worden:

---

26 Vgl. Manfred Jäger: Kultur und Politik in der DDR 1945-1990. Köln 1994, S.
    71ff.

27 Ein sehr frühes Porträt (1977) des Filmemachers Frank Beyer hat Hans C. Blu-
    menberg gezeichnet: Frank Beyer. Die unzerstörbare Menschenwürde. In: Film
    in der DDR, S. 99-114.

Die Ideologie hatte zu stimmen, man hatte nach vorne zu denken, zu reden und vielleicht auch mal zu lachen, wozu da noch einprägsame Bilder? In der [...] Kunst der DDR hatte es Formalismus-Diskussionen gegeben, alles, was unsere Menschen nicht gleich erkennen konnten, war westlich, dekadent und gehörte zum morbiden Imperialismus. Man wußte um die Kraft von Bildern, besonders im Film und redete von neuen sozialistischen Inhalten und von der sozialistischen deutschen Filmkunst.[28]

In dieser Zeit suchte Frank Beyer schon nach eigenen Stoffen, nach einzigartigen, konfliktbehafteten, interessanten Geschichten, die er mit seinem ausgeprägten Gespür für die optimale Besetzung von Charakterrollen bedienen konnte. Und so begann er seine eigene Regiearbeit bei der DEFA 1959/60 mit *Fünf Patronenhülsen,* einer Geschichte aus dem spanischen Bürgerkrieg, die er als „politischen Abenteuerfilm" inszenierte.[29] Bis 1961 hatte die DEFA noch kein eigenes Spielfilmensemble, doch Frank Beyer organisierte sich für seine Projekte immer wieder Bestbesetzungen von den Theatern der DDR: schon sehr früh bei den Damen Annekatrin Bürger sowie Erwin Geschonneck, Eberhard Esche, Ulrich Thein, Armin Mueller-Stahl und Manfred Krug bei den Herren, sie alle gehören zu den auch international bekanntesten und erfolgreichen DDR-Schauspielern, wozu die Arbeiten mit Frank Beyer sicherlich in nicht geringem Maße beigetragen haben.

Von den weiteren herausragenden und sehr bekannten DEFA-Arbeiten Beyers seien genannt die Verfilmung des Romans von Bruno Apitz *Nackt unter Wölfen* aus dem Produktionsjahr 1962, die Geschichte eines kleinen jüdischen Jungen, der im KZ seinen Vater verloren hatte und von den Häftlingen beschützt wurde;[30] und weiter die

---

28 Ulrich Teschner: „... die haben unseren Sozialismus nicht verstanden". In: Harry Blunk / Dirk Jungnickel (Hg.): Filmland DDR. Ein Reader zu Geschichte, Funktion und Wirkung der DEFA. Köln 1990, S. 9-26, Zitat S. 17f.

29 Ebd., S. 18.

30 Der 1958 erschienene Roman *Nackt unter Wölfen* von Bruno Apitz ist inspiriert von realen Erlebnissen während Apitz' achtjähriger Haft im Konzentrationslager Buchenwald, ebenso beruht die Romangeschichte um den geretteten dreijährigen polnisch-jüdischen Jungen auf einer authentischen (Über-)Lebensgeschichte: Bei dem Jungen handelt es sich um den 1941 geborenen Stefan Jerzy Zweig, dessen Mutter und Schwester von den Nationalsozialisten ermordet wurden, sein Vater Zacharias Zweig jedoch überlebte, anders als im Roman, das Konzentrationslager Buchenwald in der Realität. Stefan Jerzy Zweigs Lebensweg führt ihn später noch einmal nach Buchenwald zurück, in die ebenfalls im Jahr 1958 in der DDR geschaffene Mahn- und Gedenkstätte, als er dort seinen

einzige wirklich gelungene, weil auch anspruchsvolle Komödie der
DEFA, *Karbid und Sauerampfer* von 1963, eine von Hans Oliva-
Hagen geschriebene Geschichte nach einer wahren Begebenheit, die
von Frank Beyer haarscharf entlang der Grenze des noch Machbaren
inszeniert wurde; gerade noch realisierbar besonders im Hinblick auf
die komische Darstellung der sowjetischen „Freunde", der Befreier,
die an keiner Stelle des Films der Lächerlichkeit preisgegeben werden
durften, über die man sich aber trotzdem herrlich amüsiert.

Und natürlich ist Beyers *Spur der Steine*[31] aus dem Produktionsjahr
1965/66 zu nennen, ein so genannter „Tresor-Film", ein „Kaninchen-
Film", bei dem sich der Filmpionier Kurt Maetzig und sein Schüler
wieder begegnen:

Das 11. Plenum des ZK der SED vom 15. bis 18. Dezember 1965
beschreibt das Ende einer seit dem Mauerbau vorsichtig eingeleiteten
Liberalisierung auf kulturellem Gebiet. Es führte u. a. zum Verbot von
zwölf DEFA-Filmen des laufenden Produktionsjahres, darunter auch
Streifen von Maetzig und Beyer. Im Schnitt produzierte die DEFA
jährlich etwa 15 Filme, so dass nun fast eine vollständige Jahrespro-
duktion in den Tresoren verschwand (eine Ausnahme davon bildet
zum Beispiel *Lots Weib,* das Regiedebüt des Drehbuchautors Egon
Günther). Die Tiefe dieser kulturhistorischen Zäsur kann nicht über-
schätzt werden; sie hinterließ bei den Kulturschaffenden wahre Trau-
matisierungen.[32]

Am stärksten betroffen waren diejenigen Künstler und Intellektuellen, die
sich mit Gegenwart und Zukunft ihrer eigenen Gesellschaft beschäftigten, vor

---

Abschlussfilm als Kameramann an der Hochschule für Film und Fernsehen
Potsdam-Babelsberg drehte.

31   Spur der Steine. (Nach dem gleichnamigen Roman von Erik Neutsch.) Regie:
     Frank Beyer. Buch / Szenarium: Karl Georg Egel, Frank Beyer. Kamera: Günter
     Marczinkowsky. Laufzeit: 139 min / s/w. Premiere: 15.06.1966. Mit Manfred
     Krug, Krystyna Stypulkowska, Eberhard Esche, Hans-Peter Minetti u. a.

32   Vgl. dazu umfänglich: Wolfgang Engler: Die Ostdeutschen. Kunde von einem
     verlorenen Land. Berlin 2000, besonders S. 109-140 („Die Jungen und die Al-
     ten. Warum dieselben Faktoren, die den Erfolg des Aufbruchs verhießen, sein
     Scheitern begünstigten"); und Wolfgang Engler: Strafgericht der Moderne – Das
     11. Plenum im historischen Rückblick. In: Günter Agde (Hg.): Kahlschlag. Das
     11. Plenum des ZK der SED 1965. Studien und Dokumente. Berlin, 2. erweiter-
     te Auflage 2000, S. 16-36.

allem die Schriftsteller und eben die Filmschaffenden der DEFA. Mit dem „Kahlschlag" wurde ein Exempel statuiert.[33]

Günter Witt, seinerzeit Stellvertretender Minister für Kultur und Leiter der Hauptverwaltung Film, hatte seit Anfang der sechziger Jahre angesichts der drohenden Bedeutungslosigkeit des DEFA-Spielfilms nicht nur in der DDR, sondern auch im internationalen Vergleich, erste vorsichtige Reformversuche gewagt: so die bereits angedeutete Verjüngung der Funktionäre im DEFA-Studio und die Eröffnung größerer künstlerischer Spielräume und thematischer Freiheit für die Regisseure. Auch hatte er eine gewisse „Aufbruchstimmung" und eine Atmosphäre in der Bevölkerung wohl schon früh, im März 1964, dahingehend wahrgenommen, dass in der sozialistischen Gesellschaft etwas geändert werden müsse. Unter Berufung auf die Bitterfelder Konferenz von 1959 rief Witt dazu auf, „heiße Eisen anzupacken" und „Widersprüche aufzudecken". Und gleichzeitig erklärte er den Filmzuschauer zum „wahren Souverän":

> An die Filmkunst werden manchmal Forderungen gestellt, die ihrem Wesen widersprechen. Das führte dann zu Helden aus der Retorte, die unglaubhaft wirken, nicht überzeugen können und keine tiefe Anteilnahme beim Zuschauer auslösen. Das Leben ist bunt und vielschichtig. Ein Spielfilm ist weder eine Dienstvorschrift in bewegten Bildern, noch ein illustriertes Lehrbuch für eine Neuerermethode.[34]

Es gab also wohl doch „ein deutliches Bewußtsein für problematische Seiten der Entwicklung und eine Hoffnung auf Weiterentwicklung und Demokratisierung, die erstaunlicherweise gerade in dem so

---

33 Irmgard Wilharm: Tabubrüche in Ost und West – Filme der 60er Jahre in der Bundesrepublik und der DDR. In: Axel Schildt / Detlef Siegfried / Karl Christian Lammers (Hg.): Dynamische Zeiten. Die 60er Jahre in den beiden deutschen Gesellschaften. Göttingen 2000, S. 734-751, Zitat S. 739. Der Begriff „Kahlschlag" geht auf den Hörspielautor und Lyriker Wolfgang Weyrauch zurück, der damit im Nachwort zu der von ihm herausgegebenen Anthologie *Tausend Gramm. Sammlung neuer deutscher Geschichten.* Hamburg / Berlin 1949, S. 209-219, seine Forderung nach einer völlig erneuerten deutschen Literatur nach dem Ende des Dritten Reiches bezeichnete. Inzwischen ist der „Kahlschlag" als Schlagwort aus der Fachdiskussion nicht mehr wegzudenken und hat Eingang gefunden auch in andere Gesprächszusammenhänge, so auch zur Bezeichnung des 11. Plenums des ZK der SED 1965.

34 Zitiert nach: Wilharm: Tabubrüche in Ost und West, S. 739. Ausführlicher auch bei Hans Kaufmann: DEFA-Frühling findet vorläufig nicht statt. Sonderdruck aus dem SBZ-Archiv. Köln 1966, S. 31f.

stark politisierten Medium Film aufgenommen wurde."[35] So konnten sich namhafte Regisseure für eine kurze Zeit der Themen des DDR-Alltags annehmen, durchaus auch der negativen – „wie Karrierismus, Anpassung und Heuchelei" –,[36] doch an verantwortlicher Stelle blieb Witts Erkenntnis ungehört: Während des angesichts der großen Probleme des „Neuen Ökonomischen Systems" ursprünglich als Wirtschaftsplenum einberufenen 11. Plenums des ZK der SED wurden auch geringste Hoffnungen auf Modernisierung und Reformierung zerstört, und zwar auch und im Besonderen in der Bevölkerung der DDR.[37]

Mit einem ‚verspäteten' Verbot des Streifens *Spur der Steine* wurde der erneute Kurswechsel drastisch demonstriert, denn noch nach dem 11. Plenum wurde er zunächst zur Aufführung freigegeben, kurz nach seiner Premiere jedoch unter argumentativer Zuhilfenahme von gesteuerten Publikumsprotesten verboten. Dass ein solches Vorgehen Mitte der sechziger Jahre nicht allzu überraschend war, schildert Günter Marczinkowsky, Kameramann (auch) bei *Spur der Steine,* in dem schon zitierten Gespräch aus dem Jahr 1989:

> Das vom ZK der SED genehmigte Drehbuch und von der HV-Film zum Produzieren freigegebene Buch war noch lange kein Erfolgsrezept. Jede Filmabnahme war immer eine spannende Sache. Brach die Abnahmekommission bei der Vorführung in Jubel aus, so konnte zwei Stunden später aus Berlin Stadtmitte ein Anruf kommen, daß der besagte Film nicht zur Aufführung freigegeben ist und im Archiv zu landen habe.[38]

Für Beyers Streifen war vor dem Kinostart massiv geworben worden, bei seiner Abnahme hatte er das Prädikat „Besonders wertvoll"

---

35 Rolf Richter: Rückblenden. In: Gabriele Muschter / Rüdiger Thomas: Jenseits der Staatskultur. Traditionen autonomer Kunst in der DDR. München / Wien 1992, S. 201-216, Zitat S. 205.

36 Vgl. dazu genauer Dagmar Schittly: DDR-Alltag im Film. Verbotene und zensierte Spielfilme der DEFA. In: Aus Politik und Zeitgeschichte (APuZ) B 17/2002 vom 26. April 2002, S. 23-29, hier besonders S. 26f. Die hier pointiert vorgetragene Darstellung basiert auf der ausgreifenden Dissertation von Dagmar Schittly: Zwischen Regie und Regime. Die Filmpolitik der SED im Spiegel der DEFA-Produktionen. Berlin 2002.

37 Ausführliche Information zum Gesamtkomplex bei: Monika Kaiser: Machtwechsel von Ulbricht zu Honecker. Funktionsmechanismen der SED-Diktatur in Konfliktsituationen 1962 bis 1972. Berlin 1997.

38 Teschner: „... die haben unseren Sozialismus nicht verstanden", S. 20.

erhalten. Manfred Krug als damals schon außergewöhnlich populärer DDR-Sänger und -Schauspieler prangte als eine der Hauptfiguren (neben Eberhard Esche) werbewirksam auf riesigen Plakatwänden, und die ehrenvolle Nominierung des Films für das Filmfestival in Karlsbad (Karlovy Vary), eines der wichtigsten Festivals wenigstens im Ostblock, war schon bekannt gegeben worden.

Und dann das plötzliche Aus: Der festlichen Uraufführung am 15. Juni 1966 bei den Arbeiterfestspielen in Potsdam-Babelsberg folgte die Aufforderung an die technischen Mitarbeiter des Filmkollektivs, vor der offiziellen Premiere den Film noch einmal zum Zweck einer technischen Korrektur für das Kopierwerk anzusehen. Während dies gewöhnlich mit etwa vier bis fünf Personen geschah, war das Kino an diesem Tag bis in die Ränge hinein voll besetzt mit verpflichteten Parteifunktionären, die sich vor dem Kinostart noch eine Meinung darüber bilden sollten, wie die Arbeiterklasse im Film dargestellt sei.[39] Das Ergebnis war bestellter, lautstarker Protest und deutlich beleidigende Kritik gegen die anwesenden Filmemacher, Regisseur Frank Beyer und Kameramann Günter Marczinkowsky. Zwar ging die für den 1. Juli 1966 im Ost-Berliner *Kino International* angesetzte Premiere unter Zwischen- und Buhrufen, Türenschlagen und handgreiflichen Tumulten noch über die Leinwand, doch dann verschwand *Spur der Steine* bis zu seiner Wiederentdeckung am 23. November 1989 in den Tresoren. Frank Beyer wurde von dem VEB/DEFA-Studio für Spielfilme entlassen und ans Staatstheater Dresden geschickt, wo er zwei Jahre lang inszenierte. Er sollte sich dort ‚bewähren'.

Begründungen, warum *Spur der Steine* nicht in die Kinos kam, fand man viele, allein schon in der Charakterzeichnung der beiden Gegenspieler: des undogmatischen Parteisekretärs Werner Horrath (Eberhard Esche), der keine Scheu vor unkonventionellen Methoden auf dem Bau zeigt, und des rauflustigen und rebellischen, dabei sehr erfolgreichen Baubrigadeführers Hannes Balla (Manfred Krug):

---

39 Die allgemeinen Kriterien zur Beurteilung eines DEFA-Films lauteten in etwa wie folgt: „Diente der Film der unverbrüchlichen Freundschaft zur Sowjetunion, dem Freund und Bruder; welche Rolle spielte die Partei, die SED, in dem Film; wie war der Parteisekretär dargestellt, wer sollte ihn spielen, war der Schauspieler in der Partei; wir war die Staatsmacht dargestellt, die Volkspolizei, die Sicherheitsorgane; war die Jugend genügend optimistisch gezeichnet; waren der Klassenfeind, der Gegner, das ewig Gestrige, entlarvend genug beschrieben?" Ebd., S. 20.

> In seiner Brigade, die voll hinter ihm steht, stimmen Leistung und Prämien,
> weil er sich nicht an die Planwirtschaft hält, auf eigene Faust fehlendes Mate-
> rial besorgt und selbst Schichten festlegt. Was die Bauleitung vermasselt,
> rückt er auf seine anarchistische Weise wieder gerade.[40]

Ein weiteres Mal weckte die offene und ehrliche Darstellung des sozialistischen Alltags in der DDR, die deutlich abweicht von derjenigen, die die Partei propagiert, massive Missstimmung: Hier gibt es
den verheirateten Parteisekretär, der mit der jungen Ingenieurin auf
der Baustelle ein Kind zeugt, sich von seiner Ehefrau und seinem ehe-
lichen Kind aber nicht trennen will, weil er sich nicht entscheiden
kann und Angst um seine Karriere hat; weiter den Bauleiter, der ille-
gale Geschäfte macht und sich korrumpieren lässt, und den Volkspoli-
zisten, der von der Brigade Balla im wahrsten Sinne des Wortes ‚Baden geschickt' wird. Und am Wochenende wird getrunken und geprü-
gelt.

Immer wieder zur Begründung des Filmverbots herangezogen wurden auch Schlüsselszenen und -dialoge der Bauarbeiter wie: „Fehler in
der Projektion hat 's hier schon oft gegeben. Das ist doch kein Grund,
den Plan zu ändern!" „Warum eigentlich nicht?" „Weil der Plan heilig
ist, merken Sie sich das!",[41] oder:

> Franz: „Kein Material, so was gab's früher nicht."
> Balla: „Was gab's früher?"
> Franz: „Mal keine Arbeit oder manchmal wenig Geld."
> Balla: „Was habt ihr da gemacht?"
> Franz: „Revierwechsel."
> Balla: „Oder?"
> Franz: „Streik".
> Balla: „Also, Streik. Und zwar so lange, bis hier Ordnung ist."[42]

Die deutliche Aufforderung des Protagonisten Balla / Krug zum
Streik auf der Baustelle stellte „die harmonisierenden Konfliktmuster
des real existierenden Sozialismus in Frage." Allein die Idee, „daß das
Arbeiterkampfinstrument aus Zeiten der für überwunden erklärten

---

40 Vgl. Helmut Pflügl (Red.): Der geteilte Himmel. Höhepunkte des DEFA-Kinos
    1946-1992. Band 1: Die Filme der Retrospektive. Wien 2001, besonders S. 223-
    226, Zitat S. 223.

41 Zitiert nach: Wilharm: Tabubrüche in Ost und West, S. 743.

42 Zitiert nach: Wolfgang Gersch: Szenen eines Landes. Die DDR und ihre Filme.
    Berlin 2006, S. 125.

Klassengesellschaft immer noch notwendig sei",[43] stellte Theorie und Realität des Sozialismus auf eine nicht erlaubte Probe, rührte für die Mächtigen an ihrem Trauma: dem 17. Juni 1953.

Hinzu kommt, dass der Film – und dies gilt auch für fast alle verbotenen Spielfilme des 11. Plenums – ein weiteres Tabu thematisiert, und zwar „die Selbstkritik als Ausdruck des Lernens aus eigenen Fehlern. Die Selbstkritik des unfähigen Baustellenleiters, der entgegen seinem eigenen Antrag das Projekt weiter leiten musste, entlarvt das Ritual als Farce." So erlangt der Zuschauer die Erkenntnis, dass dem Menschen das Erkennen der Wahrheit durch die aktuellen Lebensbedingungen erschwert ist. Der Film formuliert auf diese Weise eine der zentralen Forderungen auch der anderen verbotenen Filme. „Es geht um Wahrhaftigkeit, um Glaubwürdigkeit und um Moral."[44]

Nach den mehrstündigen historisch-biographisch angelegten Monumentalfilmen soll zum Abschluss ein weiterer Streifen von Kurt Maetzig analysiert werden, der mindestens ebenso zu seinem Ansehen beigetragen hat: *Das Kaninchen bin ich*[45] nach einem Roman von Manfred Bieler mit dem Titel *Maria Morzeck oder Das Kaninchen bin ich,* ein Film ebenfalls aus dem berüchtigten DEFA-Produktionsjahr 1964/65. Wenn an früherer Stelle schon von „Kaninchen-Filmen" („Tresor-Filmen") die Rede war, so wird hier nun der Namengeber dieses Begriffs offenbar: Nach Maetzigs Film wurden die anderen Verbotsfilme als „Kaninchen-Filme" bezeichnet.[46] Dass ein Streifen des renommierten und bis dahin scheinbar unangreifbaren DEFA-Regisseurs das 11. Plenum nicht ‚überlebte', war besonders spektakulär. Die folgende, knappe Schilderung des Filminhalts soll das Verständnis um die Verbotsgründe ermöglichen:

---

43 Wilharm: Tabubrüche in Ost und West, S. 743.

44 Vgl. ebd., S. 743f. Im Jahr 2001 hat Frank Beyer eine umfangreiche Autobiographie vorgelegt und *Spur der Steine* darin ein eigenes Kapitel gewidmet. Vgl. Frank Beyer: Wenn der Wind sich dreht. Meine Filme, mein Leben. München 2002, S. 126-153.

45 Das Kaninchen bin ich. Regie: Kurt Maetzig. Buch / Szenarium: Manfred Bieler. Kamera: Erich Gusko. Laufzeit: 118 min / s/w. Premiere: 08.03.1990. Mit Angelika Waller, Alfred Müller, Ilse Voigt u. a.

46 Vgl. Pflügl: Der geteilte Himmel, S. 321f.

Der Film erzählt die Geschichte der 19jährigen Kellnerin Maria Morzeck. Sie darf in der DDR nicht studieren, weil ihr Bruder Dieter wegen „staatsgefährdender Hetze" zu drei Jahren Zuchthaus verurteilt wurde. Ohne sich zunächst der Tatsachen bewusst zu sein, verliebt sich Maria während eines Konzertbesuchs in eben jenen Richter, der ihren Bruder in einem dubiosen Prozess und aufgrund nicht näher definierter republikfeindlicher Äußerungen verurteilt hatte. Und obwohl sie im Verlauf der Spielhandlung bemerkt, dass ihr wesentlich älterer Richter-Freund Paul Deister Gesetze und Menschen ausschließlich für seine Karriere benutzt, dass er ausnahmslos formaljuristische Prinzipien für seine Urteilsfindung gelten lässt, ist Maria erst sehr spät in der Lage, von dem Richter die Wahrheit zu fordern und die lückenlose Aufklärung von Widersprüchen zu verlangen. Erst nach langem Hin und Her um ein von ihr eingereichtes Gnadengesuch für den Bruder, verlässt sie ihren Freund, den Richter, und „Maria erkennt, daß sie wieder nur benutzt wird und daß sie nicht wie ein Kaninchen vor der Schlange sitzen bleiben darf." Als ihr Bruder vorzeitig aus der Haft entlassen wird und von Marias Liebesbeziehung mit dem Richter erfährt, schlägt er in seiner Unfähigkeit, mit dieser Situation umzugehen, in hilfloser Brutalität auf seine Schwester ein. „Handfeste Hilfe findet Maria bei ihrer Tante [...]." Sie reinigt Maria praktisch (in einem Waschzuber) und auch symbolisch, und sie baut sie wieder auf. „Maria ist kein Kaninchen mehr, sondern ein ‚alter Hase'", sie zieht aus der gemeinsamen Wohnung aus und kämpft um ihre Einschreibung zum Studium. „Optisch wird die Rückbesinnung auf die eigene Stärke am deutlichsten, wenn wir Maria nach der Waschzubersequenz sehen, wie sie vor dem Spiegel ihre Verletzungen mit Schminke überdeckt."[47]

Für die Partei- und Staatsführung waren hier gleich etliche Tabus gebrochen worden: Zwar nimmt der Film im Hinblick auf Marias Geschichte ein positives Ende, und die beiden starken Frauen, Maria und ihre Tante, stehen aufrecht. Aber ihr aufrechter Gang wird ihnen in ihrer täglichen Lebenswelt schwer gemacht. Von einem „selbstverständlichen Fortschritt im Geist des Sozialismus" findet sich hier keine Spur, die Forderungen eines eng verstandenen sozialistischen Realismus sind nicht erfüllt: „Der karrieresüchtige Richter wird weiter

---

47 Wilharm: Tabubrüche in Ost und West, S. 741.

richten, der brutal-hilflose Bruder weiter schlagen."[48] Dieses Faktum
vor allem machte *Das Kaninchen bin ich* unannehmbar für die Partei:
Der Richter als Repräsentant des Justizwesens (in der kommunistischen Diktatur) der DDR wird im Film offen angegriffen, „inhumanes
Handeln der Staatsmacht vorgeführt". Auch wenn Kurt Maetzig den
Film angelegt hatte als Korrekturvorschlag für das eigentlich von ihm,
dem bis dahin fünfmaligen Nationalpreisträger und Genossen, aner-
kannte und unterstützte System, und zwar im Sinne eines wünschenswerten „Sozialismus mit menschlichem Antlitz", und auch wenn sein
Film die DDR bereits auf dem Weg zu einem solchen sah, stellte sich
dies beim 11. Plenum als Illusion heraus. „Die Kritik am politischen
Opportunismus, ausgerechnet an einem Richter dargestellt, war [...]
nicht akzeptabel."[49]

Aus Gründen einer historischen Gerechtigkeit bleibt an dieser Stelle
nur, in aller Kürze die Bilanz des 11. Plenums aufzuzeigen, und die
Regisseure und die Titel der „Kaninchen-Filme" zu benennen, die erst
nach 1989/90 in den (Programm-)Kinos gezeigt werden konnten:[50]
Frank Vogels *Denk bloß nicht, ich heule,* Günter Stahnkes *Der Frühling braucht Zeit,* Egon Günthers *Wenn Du groß bist, lieber Adam,*
Jürgen Böttchers einziger dokumentarischer Spielfilm *Jahrgang 45,*
Hermann Zschoches *Karla* (mit einem Drehbuch von Ulrich Plenzdorf), Ralf Kirstens *Der verlorene Engel* nach der Novelle *Das
schlimme Jahr* von Franz Fühmann oder Gerhard Kleins *Berlin um die
Ecke,* der ein „soziales Experiment" sein wollte, „der Fragen aufwarf,
ohne antworten zu können oder zu wollen, der sich als Gesprächsan-
regung, als Aufforderung zum öffentlichen Gespräch verstand".[51]

Zur Bilanz des 11. Plenums des ZK der SED gehört die Gesamtent-
wicklung des DDR-Kinos seit 1965 bis zu seinem Ende 1989/90: Es

---

48 Ebd., S. 742.

49 Vgl. die affektive Argumentation bei Gersch: Szenen eines Landes, hier beson-
    ders S. 113-116, Zitat S. 115.

50 Eine ausführliche Würdigung u. a. aller „Kaninchen-Filme" findet sich bei Erika
    Richter: Zwischen Mauerbau und Kahlschlag 1961 bis 1965. In: Schenk: Das
    zweite Leben der Filmstadt Babelsberg, S. 159-211, besonders S. 194-211.

51 Bettina Hindemith: Der DEFA-Spielfilm und seine Kritik. Probleme und Ten-
    denzen. In: Blunk / Jungnickel: Filmland DDR, S. 27-46, Zitat S. 38.

wurde verkündet, dass man nun nur noch Filme über die Arbeit, von der Arbeit, zur Arbeit mache.[52]

> Die DDR-Filmgeschichte hat nach dem 11. ZK-Plenum eine entschiedene Wendung genommen. Es ist in DEFA-Filmen nie wieder so direkt Kritik an Funktionären, an Mitgliedern der Partei geübt worden. Und wo es versucht wurde [...], wurde sofort wieder verboten.[53]

Und es entschied sich eine große Zahl von einzelnen künstlerischen Lebenswegen hier: Der zitierte stellvertretende Minister für Kultur und Leiter der Hauptverwaltung Film Günter Witt wurde im Februar 1966 all seiner Ämter enthoben, ebenso wie die meisten der „Kaninchen"-Regisseure wie Frank Beyer und Günther Stahnke sowie der seit 1958 verantwortliche Dramaturg Klaus Wischnewski von der DEFA entlassen wurden. Wischnewski fand sich später als Chefdramaturg am Ost-Berliner *Deutschen Theater* wieder. Andere Künstler entgingen der Entlassung allein durch das Verfassen und Veröffentlichen einer „Selbstkritik". Dazu entschloss sich unter manch Anderem auch Kurt Maetzig, der hoffte, damit sich und andere Kollegen vor weiteren Repressalien schützen zu können. Der Wortlaut seiner Selbstanklage lässt auf die Dramatik und die schweren Folgen für einen großen Teil der betroffenen Künstler schließen: Nachdem er „die tiefen Gedanken des 11. Plenums kennengelernt habe", schlage er sich jetzt „mit dem Problem herum, wie es möglich ist, daß sich gute Absicht in schlechte Wirkung verkehren kann".[54] Auch könne er sich nicht damit rechtfertigen, dass er vor der schon verbotenen Vorlage von Manfred Bieler nicht gewarnt worden wäre, im Gegenteil, man habe mit ihm ein ausführliches Gespräch geführt und ihm von der Verfilmung des Romans von höchster Stelle dringend abgeraten und so weiter ...[55]

---

52 Vgl. Teschner: „... die haben unseren Sozialismus nicht verstanden", S. 23.

53 Richter: Rückblenden, S. 209.

54 Kurt Maetzig: Stellungnahme zum 11. Plenum des ZK. Der Künstler steht nicht außerhalb des Kampfes. Diskussionsbeitrag des Genossen Kurt Maetzig vor der Abteilungsparteiorganisation I des DEFA-Studios für Spielfilme. In: Agde: Kahlschlag, S. 303-309, Zitat S. 304.

55 Vgl. ebd., S. 307.

*

Das selbstständige Dokumentarfilm-Studio der DEFA mit herausragenden Filmern, Galionsfiguren des DDR-Dokumentarfilms wie Andrew und Annelie Thorndike, Heynowski und Scheumann (H&S), der
Gruppe Katins oder dem Maler und Fotografen Jürgen Böttcher,
Künstlername „Strawalde", konnte an dieser Stelle nicht vorgestellt
werden, und dies ist ausdrücklich zu betonen: Diese Entscheidung
resultiert keinesfalls aus der Einsicht, dass die DEFA hier ausschließlich Beiträge von minderer Qualität hervorgebracht hätte. Dies ist
nicht der Fall.

Ganz besonders in den sechziger Jahren nahm der DEFA-
Dokumentarfilm eine herausragende Rolle in den Kinos der DDR ein;
zwingend gab es jeweils vor dem angekündigten Kinospielfilm einen
etwa halbstündigen Dokumentarfilm als Vorfilm. Dessen Themen
umfassten das vollständige Spektrum von Leben und Alltag in der
DDR, vom Bericht vom Evangelischen Kirchentag in Leipzig über die
Geschichte der Berliner Stalinallee zur Werbung für die Jugendweihe,
von der Reportage über die Nationale Volksarmee mit dem märchenhaften Titel *Es war an einem Sonnabend* über Werbung für das Kauf-
haus „Haus des Kindes" in Berlin, von dem Bericht über eine Übung
der Berliner Betriebskampfgruppen bis zur Ausleihe von Sportgeräten
in FDGB-Heimen, Titel: *Unser liebes Eigentum.*

Und zwischenzeitlich widmet sich auch die filmwissenschaftliche
Forschung dem Dokumentarfilm-Studio der DEFA mit einem gewissen Nachdruck.[56]

---

56 Vgl. z. B. Ernst Opgenoorth: Volksdemokratie im Kino. Propagandistische
　Selbstdarstellung der SED im DEFA-Dokumentarfilm 1946–1957. Köln 1984;
　Günter Jordan: DEFA-Wochenschau und Dokumentarfilm 1946-1949. Neuer
　deutscher Film in der Nachkriegsgesellschaft zwischen Grundlegung und Wan-
　del von Selbstverständnis, Funktion und Gestalt. Berlin, Diss. 1990; Günter Jor-
　dan / Ralf Schenk (Red.): Schwarzweiß und Farbe. DEFA-Dokumentarfilme
　1946-92. Herausgegeben vom Filmmuseum Potsdam. Berlin, 2. korr. und erg.
　Aufl. 2000 (zuerst 1996); Gebhard Moldenhauer (Hg.): Einblicke in die Le-
　benswirklichkeit der DDR durch dokumentare Filme der DEFA. Oldenburg
　2001; Rüdiger Steinmetz / Tilo Prase: Dokumentarfilm zwischen Beweis und
　Pamphlet. Heynowski & Scheumann und Gruppe Katins. Leipzig 2002; Matthi-
　as Steinle: Vom Feindbild zum Fremdbild. Die gegenseitige Darstellung von
　BRD und DDR im Dokumentarfilm. Konstanz 2003; Claudia Böttcher / Judith
　Kretzschmar / Corinna Schier: Walter Heynowski und Gerhard Scheumann –

Diese Feststellung leitet zu einem kurzen Fazit und Ausblick über: Auch in den siebziger und achtziger Jahren sind in der DDR bedeutende Filme entstanden: Schon 1968 legte Konrad Wolf, der beim 11. ZK-Plenum bestürzt die Angriffe auf seine Kollegen erlebte – sein realistischer Film *Sonnensucher* über den Uranbergbau in der Wismut war schon 1958 verboten worden –, mit dem Anti-Kriegsfilm *Ich war neunzehn* ein Meisterwerk vor, 1971 folgten *Goya* und 1980 *Solo Sunny.*

Heiner Carow (Regie) und Ulrich Plenzdorf (Szenarium) brachten 1973 mit der *Legende von Paul und Paula* das Lebensgefühl einer unbeschwerter aufgewachsenen jungen Generation auf die Kinoleinwände. Plenzdorfs Filmskript *Die neuen Leiden des jungen W.* wurde in der DDR filmisch allerdings nicht realisiert, er hatte es ‚für die Schublade' geschrieben. Dieser Gegensatz ist bezeichnend: Die traumhafte Übersteigerung des DDR-Alltags im Liebesfilm war möglich, die kritische Geschichte einer scheiternden Sozialisation – trotz der produktiven Erbe-Anverwandlung – nicht.

So blieben Stoffe aus der sozialistischen Gegenwart nach den traumatischen Erfahrungen von 1965 für die DEFA-Regisseure ein nur selten mit Glück eingegangenes Risiko, wie u. a. auch am Beispiel von Siegfried Kühn zu zeigen wäre: Der Kinostart seines Streifens *Das zweite Leben des Friedrich Wilhelm Georg Platow* (1973) wurde verhindert, während ihm nur ein Jahr später mit *Wahlverwandtschaften* ein wichtiger Beitrag gelang auf einem Feld, das für den DEFA-Film eine immer größere Rolle spielen sollte: die Literaturverfilmung.

Frank Beyers Adaption von Jurek Beckers Roman *Jakob der Lügner* etwa erreichte 1975 als einziger DEFA-Film gar eine Oscar-Nominierung.

Der DEFA-Film also doch auf Weltniveau?

Auch hier ist auf 1965 zurückzuschauen: Denn Frank Beyers Strafversetzung ans Dresdner Theater nach 1965/66 hatte *Jakob der Lügner* über Jahre hinweg verzögert.

Dokumentarfilmer im Klassenkampf. Eine kommentierte Filmographie. Leipzig 2003; Tilo Prase / Judith Kretzschmar: Propagandist und Heimatfilmer. Die Dokumentarfilme Karl-Eduard von Schnitzlers. Leipzig 2003; Tilo Prase: Dokumentarische Genres. Gattungsdiskurs und Programmpraxis im DDR-Fernsehen. Leipzig 2006.

So erweist sich das dramatische Wechselspiel von Kultur und Politik in der DDR am Beispiel des DEFA-Films als eine Lehrstunde für die Einsicht in die am Ende wohl doch größere Wirksamkeit der Kunst.

Michaela S. Ast

Der *Junge Deutsche Film* – Ausgewählte Fakten und kontextuelle Faktoren der 1960er Jahre

Vorbemerkung

Der Begriff *Junger* bzw. *Neuer Deutscher Film* steht für weit mehr als für die neuartige Anwendung von Filmformen und die Wahl innovativer Filmsujets in der Bundesrepublik Deutschland in den 1960er und 1970er Jahren. Seine Entwicklung wurde durch zahlreiche weitere Faktoren, wie das gespannte Verhältnis zwischen der etablierten deutschen Filmbranche und dem Nachwuchs oder durch politische Entscheidungen, beeinflusst. Besonders aufschlussreich sind die Argumente der jungen Filmschaffenden und der Gegner des etablierten Films für die Analyse des Kontexts. Ein tieferes Verständnis des Phänomens kann somit in der Kombination durch Faktenwissen über die kontextuellen Faktoren z. B. in Politik oder Filmtheorie und die spezielle Auslegung durch die genannten Gruppen erreicht werden. Hier wird vor allem die Perspektive dieser Gruppen in den 1960er Jahren in den Mittelpunkt gestellt. In diesem Zusammenhang muss darauf hingewiesen werden, dass die Auswahl der thematischen Schwerpunkte sowie der genannten Filmbeispiele subjektiv ist und im Rahmen dieses Beitrags nur verkürzt dargestellt werden kann.

Da es heute üblich ist, die Entwicklungsphasen des komplexen Phänomens durch die unterschiedlichen Begriffe *Junger Deutscher Film* für die 1960er Jahre und *Neuer Deutscher Film* für die 1970er Jahre zu bezeichnen, wird im Folgenden der Begriff *Junger Deutscher Film* benutzt, da es hier vorrangig um die 1960er Jahre geht.

1.   Die Filmkrise

Drei wesentliche Faktoren schufen um 1960 eine Atmosphäre, in der jegliche Bemühungen, einen ‚anderen' Film zu machen als den bisher bekannten, öffentlich besonders aufmerksam beobachtet wurden:

1. die sogenannte *Filmkrise*, die man in Deutschland in der öffentlichen Diskussion intensiv wahrnahm,
2. das Erscheinen von *Schmähschriften* über den deutschen Film
   und der *Zensurdiskurs*, innerhalb dessen vor allem die linke
   Filmkritik[1] staatliche Eingriffe in die Filmproduktion als Zensur anklagte,
3. das Entstehen von *Vorläuferfilmen*, die bereits Kennzeichen
   aufweisen, die später dem *Jungen Deutschen Film* zugerechnet
   werden sollten.

1.1   Die Krise der Kinos

Die Filmkrise ist zunächst eine Krise der Kinos. Die Zahl der Kinobe-
suche ging von 1956 bis 1968 von 817 Millionen auf 192 Millionen
pro Jahr zurück, was ein großes Kinosterben nach sich zog. Gleichzeitig wurde das Fernsehen neben anderen neuen Möglichkeiten der
Freizeitgestaltung immer wichtiger. Die Zahl der Teilnehmer am
Fernsehempfang stieg von 681.000 im Jahr 1956 auf 4,6 Millionen im
Jahr 1960. Darüber hinaus litt die Filmwirtschaft darunter, durch die
Besatzungsmächte in viele kleine, finanzschwache Filmfirmen zerschlagen worden zu sein, da man eine Konzentration wie die der UFA
vor 1945 zukünftig vermeiden wollte.[2]
  Ein weiteres Kennzeichen der Filmkrise ist das Übergewicht an-
spruchsloser Unterhaltungsfilme in den Kinos der 1950er Jahre. Hier
dominierten Musik- und Heimatfilme sowie thematische und ästheti-

---

1   Um die Zeitschrift *Filmkritik* entstand Ende der 1950er Jahre die linke Filmkri-
    tik. Sie wandte sich oft polemisierend gegen etablierte Gruppen und konservati-
    ve Geisteshaltungen in Politik und Film und prangerte über Jahre hinweg die
    Tätigkeiten verschiedener Institutionen, Politiker und Filmschaffender an. Öf-
    fentlichmachung und Anklage von Mechanismen im deutschen Film im politi-
    schen Zusammenhang wurden zu Charakteristika der *Filmkritik* und offenbarten
    ihre ideologiekritische Haltung. Mit der linken Filmkritik und der Aufspaltung
    in ästhetische Linke und politische Linke 1969 hat sich insbesondere Peter Kes-
    sen auseinandergesetzt in: „Ästhetische Linke" und „Politische Linke" der Zeit-
    schrift „Filmkritik" in den 1960er Jahren unter besonderer Berücksichtigung
    Jean-Luc Godards. Berlin 1996.

2   Vgl. Thomas Elsaesser: Der Neue Deutsche Film. Von den Anfängen bis zu den
    Neunziger Jahren. München 1994, S. 33ff. (Englische Originalausgabe: Thomas
    Elsaesser: New German Cinema. A History. Houndmills / Basingstoke / Hamp-
    shire / London 1989.)

sche Muster aus der UFA-Tradition des Dritten Reichs. Als aussage-
kräftiger Beweis für die Minderwertigkeit des deutschen Films in den
1950er und zu Beginn der 1960er Jahre führt man bis heute an, dass
1961 kein Deutscher Filmpreis vergeben wurde, da sich kein qualitativ
ausreichender Film für die Jury hatte finden lassen.[3]
Das Phänomen der Entstehung junger Filme um 1960 ist nicht auf
Deutschland beschränkt. In anderen Ländern gab es ähnliche Entwicklungen. In Frankreich beispielsweise entstand im Zusammenhang mit
dem Rückgang der Kinobesuchszahlen als Reaktion auf die Dominanz
bestimmter etablierter Filmformen die Nouvelle Vague mit Regisseuren wie François Truffaut oder Jean-Luc Godard.

1.2   Die öffentliche Diskussion

Die Filmkrise wurde begleitet durch eine massive öffentliche Diskussion. Maßgeblich beeinflusst wurde diese auf Seiten der Gegner des
etablierten Films vor allem durch zwei Polemiken aus dem Jahr 1961
– *Der deutsche Film kann gar nicht besser sein* von Joe Hembus und
Kunst oder Kasse von Walther Schmieding – sowie durch die linke
Filmkritik um die Zeitschrift *Filmkritik*. Aus Hembus' und Schmiedings Rundumschlägen gegen den zeitgenössischen deutschen Film
und aus den oft provokanten Artikeln der *Filmkritik* werden nachfolgend einige zentrale Argumente skizziert. Den deutschen Filmprodu-
zenten wurde vorgeworfen, nichts für das Ansehen des deutschen
Films in der Welt zu tun und nur den Erfolg auf dem Inlandsmarkt im
Blick zu haben. So sei das Etikett „deutscher Film" auf dem internationalen Filmmarkt sogar verkaufshemmend.[4] Darüber hinaus kümmerten sie sich nicht um eine organische und runde Umsetzung der Filmsujets, sondern addierten lediglich die „besten" und „größten" Namen
der Branche mit „großen Stoffen", z. B. in Verfilmungen bekannter
Romane. Dadurch entstünden zwar gelegentlich künstlerische und
finanzielle Erfolge, aber auf jegliches innovative Moment durch den
Einsatz junger, unbekannter Kräfte werde verzichtet.[5] Auch gegen den

---

3   Z. B. Rainer Rother (Hg.): Sachlexikon Film. Reinbek 1997, S. 40.

4   Vgl. Joe Hembus: Der deutsche Film kann gar nicht besser sein. Ein Pamphlet
     von gestern. Eine Abrechnung von heute. München 1981, S. 11.

5   Vgl. ebd., S. 85ff.

Umgang mit der Vergangenheit im etablierten deutschen Film wurden
schwere Vorwürfe erhoben. So habe man die Vergangenheit weder
bewältigt noch etwas zu ihrer Bewältigung unternommen. Es werde
eine „Entpolitisierung des Zweiten Weltkrieges"[6] in westdeutschen
Kriegsfilmen vorgenommen, indem man sich auf das „Menschliche"
konzentriere und politische Belange ausblende. Daraus resultiere auch
ein Versagen bei der Auseinandersetzung mit der „unbewältigten Gegenwart",[7] denn die Sujets der herkömmlichen Filme zeigten nur unre-
präsentative Ausschnitte aus der deutschen Gegenwart und sparten die
Teilung Deutschlands oder den Kommunismus völlig aus.[8] Die wenigen durchgeführten Versuche filmischer Zeitkritik werden als miss-
lungen oder zu harmlos kritisiert.[9] Darüber hinaus wird im Zusammenhang mit der Kritik am Umgang mit der Vergangenheit moniert,
dass viele Filmschaffende bereits zwischen 1933 und 1945 in der
deutschen Filmbranche tätig gewesen seien.[10] Hieraus entstand die
Hypothese der personellen Kontinuität, die oft auch als geistige Kontinuität im Sinne einer undemokratischen, autoritären Haltung bei Ent-
scheidungsträgern verstanden wurde:

---

6   Theodor Kotulla: Nacht fiel über Gotenhafen. In: Filmkritik 4 (1960) H. 4, S.
    101f., hier S. 102.

7   Walter Schmieding: Kunst oder Kasse. Der Ärger mit dem deutschen Film.
    Hamburg 1961, S. 12.

8   Vgl. Helmut Färber: Durchbruch Lok 234, S. 583. In: Filmkritik 7 (1963) H. 12,
    S. 583f., hier S. 583. Vgl. auch Schmieding: Kunst oder Kasse, S. 12f.

9   Vgl. Schmieding: Kunst oder Kasse, S. 68.

10 Vgl. Hembus: Der deutsche Film kann gar nicht besser sein, S. 133ff. Eine Un-
    tersuchung aus dem Jahr 1966 nennt hierzu konkrete Zahlen. Sie listet 189 Re-
    gisseure und Drehbuchautoren auf, die im nationalsozialistischen und im Nach-
    kriegsfilm tätig waren. Bis 1958 habe in der Bundesrepublik Deutschland die
    Quote der Regisseure und Drehbuchautoren, die bereits im Dritten Reich in die-
    ser Sparte gearbeitet haben, über 60 %, bis 1960 über 54 % betragen. Auch der
    Stil nach dem Krieg („Spätufastil") und die Genres seien weitgehend übernom-
    men worden. Vergleichsweise seien bei der DEFA in der DDR 95,7 % der
    Drehbuchautoren im Jahr 1960 frei von einer Vergangenheit bei der nationalso-
    zialistischen Filmproduktion gewesen. Vgl. Hans-Peter Kochenrath: Kontinuität
    im deutschen Film (1966). In: Wilfried von Bredow / Rolf Zurek (Hg.): Film
    und Gesellschaft in Deutschland. Dokumente und Materialien. Hamburg 1975,
    S. 286-292, hier S. 287.

Die personale Verflechtung zwischen den Schöpfern des NS-Films und des westdeutschen Nachkriegsfilms ist so stark, daß man ohne Übertreibung von einer kontinuierlichen Fortführung des Films im Dritten Reich in Westdeutschland sprechen kann.[11]

Ferner zielten Hembus' und Schmiedings Polemiken auch auf den Staat, der sich zu wenig um die Qualität des deutschen Films gekümmert habe. So seien die aus Filmbesuchen resultierenden Vergnügungssteuer-Einnahmen von bisher 1,5 Milliarden DM erst 1961 minimal in den Film zurückinvestiert worden. Lediglich vier Millionen DM hätte man in Form von 20 Prämien à 200.000 DM für die besten Filme zur Verfügung gestellt.[12] Allgemeine Übereinkunft herrschte bei allen Gegnern des etablierten Films in der Überzeugung dringender Notwendigkeit, technischen und schöpferischen Nachwuchs heranzubilden.

1.3 Der Zensurdiskurs

Die starke politische Komponente bei Hembus und Schmieding dominierte auch die Diskursbeiträge der linken Filmkritik. So entstand u. a. ein ganzer „Zensurdiskurs", innerhalb dessen intensiv darüber diskutiert wurde, wie sich staatliche Stellen einschränkend auf den deutschen Film auswirken. So wie schon Vergangenheits- und Gegenwartsbewältigung durch die Gegner des etablierten Films als eng miteinander verbunden angesehen wurden, so verquickten sie auch den Faktor der personellen und geistigen Kontinuität zur Nazi-Zeit mit einer angeblichen inneren Übereinstimmung vieler Filmschaffender mit den aktuellen, autoritären politischen Machthabern. Dies begründeten sie z. B. mit ihren Berichten von Eingriffen in Filme oder Drehbücher durch Verleiher. Ohne hier ins Detail gehen zu wollen, seien im Folgenden die wesentlichen administrativen Einrichtungen genannt, denen Vorwürfe der staatlich organisierten Zensur gemacht wurden: Bundesbürgschaftsaktionen, Kultur- und Dokumentarfilmprämien, die Freiwillige Selbstkontrolle (FSK), der Interministerielle Ausschuss für Ostfilme und die Filmbewertungsstelle Wiesbaden

---

11 Kochenrath: Kontinuität im deutschen Film, S. 287.

12 Vgl. Schmieding: Kunst oder Kasse, S. 143.

(FBW).[13] Im Zensurdiskurs versuchte man, diesen Institutionen und den hinter ihnen stehenden Politikern sehr detailliert nachzuweisen, dass sie die Filmproduktion für ihre politischen Zwecke beeinflussen, um die eigene Herrschaftssicherung zu gewährleisten. In diesem Sinne wurden von den Gegnern des etablierten Films auch sämtliche Gesetzesentwürfe für das Filmförderungsgesetz gedeutet, das nach jahrelangen Kontroversen 1967 in Kraft trat. Man unterstellte, dass das Gesetz den Machtsicherungsinteressen der großen Koalition diene, indem es „das künstlerische Personal völlig unter der Kontrolle der Produzenten, Verleiher und Geldgeber"[14] belasse. So würde die Normstabilität des Publikums gesichert, und es könne vermieden werden, dass der Film zum Medium bereits in Unruhe befindlicher Bevölkerungsgruppen wird.[15]

Durch die scharfe Ablehnung des etablierten Films bei Hembus, Schmieding und in der linken Filmkritik wurde die öffentliche Diskussion in Richtung eines Gegensatzes zwischen alten und jungen Filmschaffenden intensiviert. Ihre scharfe Normativität und kompromisslose Ablehnung aller Elemente des etablierten Films war sicherlich wesentliche Grundlage für die Entwicklung der weiteren Diskussionen in den 1960er Jahren. Es wurde ein Antagonismus aufgebaut, der den „schlechten" etablierten Film einem „guten" zukünftigen Nachwuchsfilm gegenüberstellte. An dieser Dichotomie sollten sich zahlreiche Beiträge der öffentlichen Diskussion der 1960er Jahre orientieren. Die heftigen Kontroversen, radikalen öffentlichen Wortmeldungen und politischen Positionierungen sind zudem als früher Ausdruck einiger der in der Studentenbewegung noch populärer gewordenen Ansichten anzusehen. Darüber hinaus ermöglichte die rigorose Argumentation eine ausgeprägte, oft überhöhte Wahrnehmung des *Jungen Deutschen Films* als tatsächlicher Überwinder des etablierten Films.

---

13 Mehr dazu bei Michaela S. Ast: „Der alte Film ist tot. Wir glauben an den neuen." Die Genese des „Jungen Deutschen Films" – eine Diskursanalyse. Diss. Bochum 2007.

14 Dieter Prokop: Drei Thesen über Filmpolitik, Filmwirtschaft und Filmkunst. In: Dieter Prokop: Materialien zur Theorie des Films. München 1971, S. 291-295, Zitat S. 295.

15 Vgl. ebd., S. 294f.

1.4 Etappen und Vorläuferfilme

In der aktuellen Filmgeschichtsschreibung zum *Jungen Deutschen Film* ist eine Unterteilung des Phänomens in Etappen üblich. Sein endgültiger Durchbruch wird in der Regel in den Jahren 1966/67 gesehen, da zu diesem Zeitpunkt dank Spielfilmprämien und dank des *Kuratoriums Junger Deutscher Film,* zahlreiche Debütfilme entstehen konnten. Bereits zu diesem Zeitpunkt nannte man 1966 das „'Jahr eins' des jungen deutschen Films".[16] Das Jahr 1962 mit dem *Oberhausener Manifest* wird heute häufig als Startschuss für die Bewegung bewertet. In den Jahren von 1962 bis 1966/67 herrschte Unsicherheit darüber, ob es so etwas wie einen „neuen deutschen Film", also einen Film, der im Gegensatz zum etablierten neue Akzente setzt und intensiv den Nachwuchs einbindet, wirklich schon gibt oder ob sich bisher nur einzelne Regisseure hervorgetan hatten. Die Zeit zwischen 1962 und 1966/67 ist insofern als Zwischenphase anzusehen, in der Unklarheit darüber herrschte, ob es einen Durchbruch des deutschen Nachwuchses in seiner Gesamtheit schon gegeben hat oder ob dieser als gescheitert anzusehen ist. Die früher entstandenen Filme, die die eskapistischen Themenmuster des etablierten Films durchbrachen, indem sie z. B. aktuelle Probleme der Zeit aufgriffen, werden oft als Vorläuferfilme angesehen. Die Art und Weise, wie aktuelle Probleme der Zeit im etablierten Film behandelt wurden, zeigt z. B. Hans Deppes *Grün ist die Heide* (1951). Dieser ästhetisch konventionelle, teils melodramatische Heimatfilm behandelt das Thema der Vertreibung der Deutschen und ihre Probleme, sich in der neuen Umgebung zurechtzufinden. Er löst die Problematik in einem Integrations-Happy-Ending auf, das zwar tröstlich endet, aber den Zuschauer weder zum Nachdenken anregt, noch realistische Umgangsmöglichkeiten mit den vorhandenen Problemen anbietet. Zu den Filmen, die ihren Akzent stärker auf Zeitkritik setzten, ist z. B. *Die Halbstarken* (Georg Tressler, 1956) zu rechnen, der nach amerikanischem Vorbild das Thema Jugendkriminalität und rebellierende Jugend aufgreift und dazu Amateurdarsteller an Originalschauplätzen einsetzte. Spezifisch bundesrepublikanische Themen finden sich in den Filmen *Das Mädchen Rose-*

---

16 Urs Jenny: Der junge deutsche Film – eine Bilanz. In: Verband der Deutschen Filmclubs e. V. (Hg.): Neuer Deutscher Film. Eine Dokumentation. Mannheim 1967, S. 1-11, hier S. 3.

marie (Rolf Thiele, 1958), der die Doppelmoral in der bundesdeutschen Wirklichkeit behandelt, oder in *Zwei unter Millionen* (Victor Vicas / Wieland Liebske, 1961), der aus Westperspektive die Geschichte einer Übersiedlung ‚kleiner Leute' aus der DDR während des Wirtschaftswunders erzählt. Außerhalb der gängigen Erzählmuster des etablierten Films steht darüber hinaus *Wir Wunderkinder* (Kurt Hoffmann, 1958), in dem kabarettistisch Zeitkritik vermittelt und die Geschichte eines ehemaligen Nazis erzählt wird, der wieder in höhere Positionen aufgestiegen ist. Ferner werden zu den Vorläuferfilmen auch Experimentalfilme wie *Jonas* (1957) und *Ohne Datum* (1962), beide von Ottomar Domnick, *Die Parallelstraße* (Ferdinand Khittl, 1962) oder *Tobby* (Hansjürgen Pohland, 1961) gerechnet. Weil es jedoch schwierig ist, aus diesen Filmen allgemeingültige Aussagen über die Gesellschaft und ihren Umgang mit Gegenwart oder Vergangenheit herauszulesen, gelten sie eher als Außenseiterfilme. In ihnen war der Versuch der radikalen Abkehr vom etablierten Film zu sehr auf die Filmästhetik beschränkt, während die Themenwahl nicht das Potential zur Begründung eines neuen Stils aufwies, was später beim *Jungen Deutschen Film* funktionieren sollte.

Ein wichtiger Film aus dem Jahr 1962, der retrospektiv als einer der frühesten Vertreter des *Jungen Deutschen Films* oder auch als Vorläuferfilm eingeschätzt wird und der sich thematisch und ästhetisch stark vom etablierten Film unterscheidet, ist *Das Brot der frühen Jahre* (Herbert Vesely) nach der gleichnamigen Erzählung von Heinrich Böll. Kameramann, Schauspieler, Produzent und Regisseur gehören zu den Unterzeichnern des *Oberhausener Manifests*, auf das im nächsten Kapitel eingegangen wird. Nachdem das *Oberhausener Manifest* veröffentlicht worden war, wurde dieser Film mit großen Erwartungen belegt. Man erhoffte von ihm die Antwort, „ob der deutsche Film wider alle Skepsis doch noch imstande ist, einen Beitrag zur Weltkinematographie zu leisten."[17] Doch blieb er ein Misserfolg beim Publikum, wenn er auch den Deutschen Filmpreis 1962 gewann. Herbert Vesely hatte daraufhin große Probleme, weiter als Regisseur zu arbeiten.[18] So wurde der Film zeitnah auch nicht als erster Vertreter des

---

17 Reinhold E. Thiel: Mutmaßungen über Walter. In: Filmkritik 6 (1962) H. 1, S. 12-16, Zitat S. 16.

18 Mehr zu Herbert Vesely bei Ferdinand Jung: Das Kino der frühen Jahre. Herbert Vesely und die Filmavantgarde in der Bundesrepublik. In: Hilmar Hoffmann /

Jungen Deutschen Films erkannt, vielmehr wurde sein ästhetisches und künstlerisches Scheitern beklagt, und er wurde in die „Ecke der avantgardistischen Experimente"[19] abgeschoben. Durch seinen Misserfolg seien die Chancen junger Regisseure über Jahre hinweg gehemmt worden.[20]

Die Suche nach neuen Erzählformen zeigt sich in *Das Brot der frühen Jahre* an seinen ästhetischen Besonderheiten, zu denen die Vermischung der Zeitebenen, der asynchrone Ton, die ungewöhnlichen Bildausschnitte, Wiederholungen und Fragmentierung gehören. Heinrich Böll selbst war zunächst von der Erzählweise in Herbert Veselys Drehbuch angetan, da es seiner Einschätzung nach Parallelen zu Alain Robbe-Grillet und dem *Nouveau Roman* aufwies. Doch auch im Hinblick auf seine experimentelle Erzählweise wurde dem Film nur das Scheitern bescheinigt. Während bei Robbe-Grillet die Möglichkeit einer definitiven Erkenntnis der Wirklichkeit ausgeschlossen worden sei, sei in *Das Brot der frühen Jahre* die Situation am Ende völlig geklärt.[21]

2.   *Das Phänomen* Junger Deutscher Film

Weil in der etablierten deutschen Filmbranche die Chancen für den Nachwuchs schlecht waren, kamen die Vertreter des *Jungen Deutschen Films* zumeist aus dem Kurz-, Werbe- oder Industriefilm, wo sich die einzigen Möglichkeiten zu experimentieren geboten hatten. Ihre Wahl der Filmsujets orientierte sich an der von der etablierten Branche gemiedenen kritischen Auseinandersetzung mit Gegenwart und Vergangenheit. Dazu nutzten sie intensiv auch die Filmästhetik, indem sie Erzählformen anwandten, die im etablierten deutschen Film völlig ungewöhnlich waren, etwa offene Enden oder Brüche in der

---

Walter Schobert (Hg.): Zwischen Gestern und Morgen. Westdeutscher Nachkriegsfilm 1946-1962. Katalog. Frankfurt am Main 1991, S. 318-377.

19 Enno Patalas: Prämien. In: Filmkritik 10 (1966) H. 11, S. 605.

20 Diese Auffassung äußert beispielsweise Wolfram Schütte: Darstellung der gesellschaftlichen Wirklichkeit – im jungen deutschen Film? Im jungen Film der Bundesrepublik. In: Verband der Deutschen Filmclubs (Hg.): Neuer Deutscher Film, S. 28f., hier besonders S. 28.

21 Vgl. Thiel: Mutmaßungen über Walter, S. 16.

Erzählstruktur, die den Zuschauer zum Nachdenken anregen sollten. Dabei griffen sie zum Teil gar auf Erzählmittel aus der Stummfilmzeit zurück, wie im Einsatz von Zwischentiteln. Nach den ersten großen, auch internationalen Erfolgen wurde 1967 das Erfolgsrezept der jungen Filmemacher in eben dieser Auseinandersetzung mit Vergangenheit und Gegenwart gesehen. In der aktuellen sozialen und politischen Realität der Bundesrepublik Deutschland hätten sie Themen entdeckt und für sich eingenommen, die der etablierte Film zugunsten seiner eskapistischen Einstellung gemieden habe.[22] Auch der Einsatz junger Filmemacher für die politische Institutionalisierung der Nachwuchsförderung wurde als wichtiger Beitrag zu ihrem Erfolg anerkannt.

2.1   Das Oberhausener Manifest *und die* Westdeutschen Kurzfilmtage Oberhausen

Ein in der Filmgeschichtsschreibung stets als besonders wichtig genanntes Ereignis ist die Präsentation des *Manifests für Oberhausen*, später *Oberhausener Manifest* genannt, am 28. Februar 1962 durch eine 26köpfige Gruppe von hauptsächlich aus München kommenden jungen Filmschaffenden.[23] Zunächst wurden sie *Münchener Gruppe* genannt, heute wird nur noch von den *Oberhausenern* gesprochen. Hauptaussagen des Manifests waren die Deklaration des Untergangs des etablierten Films und der Ausruf der Entstehung eines neuen:

> Wir erklären unseren Anspruch, den neuen deutschen Spielfilm zu schaffen.
> [...] Wir haben von der Produktion des neuen deutschen Films konkrete,
> geistige, formale und wirtschaftliche Vorstellungen. Wir sind gemeinsam be-
> reit, wirtschaftliche Risiken zu tragen. Der alte Film ist tot, wir glauben an
> den neuen.[24]

Während der Pressekonferenz der *Westdeutschen Kurzfilmtage* in Oberhausen, bei der das Manifest verkündet wurde, nahmen die jun-

---

22 Vgl. Jenny: Der junge deutsche Film – eine Bilanz, S. 5.

23 Die Oberhausener Gruppe ging aus der *DOC 59 – Gruppe für Filmgestaltung* hervor. Mehr Details zur Entstehungsgeschichte bei Jung: Das Kino der frühen Jahre, S. 327.

24 Vgl. Oberhausener Manifest. In: Hans Helmut Prinzler / Eric Rentschler: Augenzeugen. 100 Texte neuer deutscher Filmemacher. Frankfurt am Main 1988, S. 29.

gen Filmschaffenden einige zentrale Themen des *Jungen Deutschen Films* vorweg. Sie forderten, dass sich der Film der Wirklichkeit zuwenden und bisher tabuisierte Themen der letzten 30 Jahre behandeln müsse. Außerdem wollten sie eine künstlerische Erweiterung des Films und machten die *Nouvelle Vague*, damals Inbegriff für den Autorenfilm, zu ihrem Vorbild. Auch über die Institutionalisierung der staatlichen Filmförderung wurde gesprochen. Die jungen Filmschaffenden schlugen eine *Stiftung Junger Deutscher Film* vor,[25] die zukünftig junge, unkonventionelle Nachwuchsfilmprojekte fördern sollte, und forderten vom Staat ganz konkret die Bereitstellung von fünf Millionen DM zur Finanzierung von zehn Spielfilmen. Bedenken der Pressekonferenzteilnehmer zum finanziellen Risiko wiesen sie zurück, da der Staat bislang 84 Millionen DM in zehn Jahren am deutschen Film verloren habe.

Das *Oberhausener Manifest* war, laut retrospektiver Aussagen der Oberhausener, bereits im Vorfeld als Provokation von Haro Senft ausgedacht worden. Edgar Reitz berichtet, dass es von den Gruppenmitgliedern durchaus mit Angst präsentiert worden sei.[26] Das Manifest schlug hohe publizistische Wellen und schuf mit einem Schlag ein großes öffentliches Bewusstsein für einen möglichen neuen Film in Deutschland. Dies sorgte während der Filmkrise mit ihrer andauernden schlechten Stimmung für Hoffnung auf einen innovativen Nachwuchs, auch wenn viele Journalisten, etablierte Filmschaffende oder Politiker die Verkünder des Manifests für unerfahrene, junge Angeber hielten. Der Skandal war so groß, dass das *Oberhausener Manifest* bis heute nicht in Vergessenheit geraten ist und einen festen Bezugspunkt in der Filmgeschichtsschreibung zum *Jungen Deutschen Film* darstellt, obwohl in ihm lediglich aus der öffentlichen Diskussion bekannte Argumente zusammengefasst und provokativ vermittelt worden waren. Darüber hinaus gehörten letztlich viele Mitglieder der Oberhausener Gruppe gar nicht zum Kern des *Jungen Deutschen Films*, im Gegenteil: Heute stehen viele Regisseure für den *Jungen Deutschen Film*, die damals gar nicht mitunterzeichnet hatten. Aus der

---

25 Das spätere *Kuratorium Junger Deutscher Film*.

26 Interviews mit den Unterzeichnern des *Oberhausener Manifests* finden sich in Rainer Lewandowski: Die Oberhausener. Rekonstruktion einer Gruppe 1962-1982. Diekholzen 1982.

Veröffentlichung des Manifests war ein erster Erfolg bereits im Mai 1962 zu verzeichnen, nämlich ein „Public Hearing" in Bonn, zu dem etablierte und junge Filmschaffende sowie Politiker durch das Innenministerium eingeladen wurden und während dessen die Wünsche der Nachwuchsfilmer zunächst auf offene Ohren stießen. Letztlich umgesetzt wurden jedoch mehrheitlich die Forderungen der etablierten Branche.

In den folgenden Jahren wurden *junge* Filmprojekte immer wieder an den Aussagen des *Oberhausener Manifests* gemessen, wobei bis 1966/67 die Bilanz jedoch überwiegend negativ ausfiel. Ein erster Rückschlag war schon im Mai 1962 der Misserfolg des Films *Das Brot der frühen Jahre* bei den Filmfestspielen in Cannes. Vor dem Erscheinen der zahlreichen Debütfilme 1966/67 gab es darüber hinaus keine anderen Filme junger Filmschaffender, denen man ernsthaft zuschrieb, die ersten legitimen Vertreter einer intensiv erhofften neuen Filmbewegung zu sein.[27] Dies wurde in der Öffentlichkeit immer wieder als frühes Scheitern der Oberhausener „Rebellen" wahrgenommen: Sie hätten sich zurückgezogen, ohne ihr Ziel zu erreichen.

Die *Westdeutschen* Kurzfilmtage *Oberhausen* wurden 1954 noch unter dem Namen *1. Westdeutsche Kulturfilmtage* vom Landesverband der Volkshochschulen Nordrhein-Westfalen und der Stadt Oberhausen gegründet. Von Anfang an wurden insbesondere auch ausländische Filmschaffende miteinbezogen. Während der ersten zehn Jahre expandierte diese Veranstaltung im Hinblick auf die teilnehmenden Filmschaffenden, eingesandten Filme, Zuschauer und Kosten außerordentlich. Und obwohl sie als erfolgreicher eingestuft werden können als die Konkurrenzveranstaltung *Mannheimer Kultur- und Dokumentarfilmwoche,* erhielten die *Kurzfilmtage* bis 1970 keine Finanzzuschüsse des Bundes. Eine Erklärung hierfür ist eine längerfristige Kontroverse der Festivalverantwortlichen mit Bundesinnenminister Hermann Höcherl, der die Oberhausener Veranstaltung als „rotes Festival" bezeichnet hatte, da hier traditionell Filme und Filmschaffende des Ost-

---

27 In diesen Jahren entstanden z. B. die sehr eigenwilligen Filme *Der Damm* (1964) von Vlado Kristl, einem aus Jugoslawien eingewanderten Regisseur, oder *Nicht versöhnt* (1965) von Jean-Marie Straub und Danièle Huillet, die je nach Interpretation oft eher als Außenseiterfilme denn als Junge Deutsche Filme angesehen werden. Außerdem erschienen in dieser Zeit zahlreiche Kurzfilme der Oberhausener, die vielbeachtet waren, wie z. B. Alexander Kluges *Porträt einer Bewährung* (1964).

blocks stark vertreten waren. Diese Faktoren boten neben anderen den jungen Filmschaffenden einen Kontext, in dem sich ihr Manifest besonders gut präsentieren ließ.[28]

2.2   Junge Deutsche Filme *der Jahre 1966/67*

Einige Debüt-Langfilme der Jahre 1966/67 sollen hier beispielhaft vorgestellt werden. Der Film, der immer wieder mit an erster Stelle genannt wird, wenn es um den *Jungen Deutschen Film* geht, ist *Abschied von gestern* (Alexander Kluge, 1965/66). Er war ein Erfolg bei den Filmfestspielen in Venedig und gewann den Deutschen Filmpreis 1967. In ihm vereinigt sich der Versuch, Vergangenheit und Gegenwart zu bewältigen mit einer Ästhetik, die für den deutschen Film der damaligen Zeit völlig ungewöhnlich war. Sein Sujet ist die Geschichte einer jüdischen Protagonistin, deren Familie von den Nazis bedroht und teilweise umgebracht wurde. Er bringt sie in Situationen, in denen er sie mit der bundesrepublikanischen Gegenwart kollidieren lässt, wodurch spezifisch für die Bundesrepublik zutreffende Aussagen gemacht werden sollten. Kluge vergleicht die Protagonistin mit einem Seismographen in unserer Gesellschaft, dessen Ausschläge er zu registrieren versucht habe.[29]

Ästhetisch zeichnet sich Abschied *von gestern* durch den Einsatz von Laiendarstellern und eines echten Staatsanwalts, durch seine Zwischentitel, die Kommentare, die assoziative Montage, das episodenhafte Erzählen und durch Improvisation aus. Sein Film wurde in der *Filmkritik* als „Kahlschlagfilm"[30] bezeichnet, der zeige, dass jede Tradition in Deutschland, auch die filmische, ein Scherbenhaufen sei.

Einer der Filme, die viel Aufsehen erregten und auch heute noch vorrangig im Zusammenhang mit dem *Jungen Deutschen Film* genannt werden, ist *Der junge Törleß* (Volker Schlöndorff, BRD / Frankreich 1965/66), der nach der Romanvorlage *Die Verwirrungen des Zöglings*

---

28 Mehr dazu bei Michaela S. Ast: „Der alte Film ist tot. Wir glauben an den neuen." (wie Anm. 13).

29 Vgl. Tribüne des Jungen Deutschen Films. II. Alexander Kluge. In: Filmkritik 10 (1966) H. 9, S. 487-491, hier S. 487f.

30 Vgl. Frieda Grafe: Auf den ersten Blick: Filme in Venedig. In: Filmkritik 10 (1966) H. 10, S. 550-553, hier S. 550.

Törleß von Robert Musil gedreht wurde. Schlöndorffs Ziel war es, durch das Sichtbarmachen bleibender Dispositionen mit diesem Film zur Aufarbeitung der nationalsozialistischen Vergangenheit und ihrer Vorgeschichte beizutragen.[31] Im Sinne des Generationenkonflikts, der sich in den 1960er Jahren im Rahmen der Studentenbewegung mit mannigfaltigen Vorwürfen gegen die Elterngeneration wegen der Mitverantwortlichkeit für den Nationalsozialismus entwickelte, erhob Schlöndorff drastische Vorwürfe gegen die deutsche Bevölkerung der 1930er und 1940er Jahre. Er bezeichnete den Roman als „prophetische Parabel", in der die Figur Törleß das deutsche Volk, die Figur Basini den Juden und seine Quälgeister die Diktatoren verkörperten. Das deutsche Volk hielt er für „schuldiger als die Tyrannen, da es die Möglichkeit gehabt habe zu erkennen".[32]

Weitere wichtige Literaturadaptionen des *Jungen Deutschen Films* sind *Nicht versöhnt* (Jean-Marie Straub, Danielle Huillet, 1965) – ein radikaler Film nach Heinrich Bölls *Billard um halb zehn*, der 1966 den Hauptpreis in Cannes gewann, aber durch seine textleiernden Laiendarsteller große Teile des Publikums gar nicht erreichte – sowie *Schonzeit für Füchse* (Peter Schamoni, 1966) nach Günther Seurens *Das Gatter*. In letzterem Film, der einen Hauptpreis bei der Berlinale gewann, wird die Jugend kritisch, skeptisch und aggressiv gegenüber den älteren Generationen, aber auch „eingeigelt" und resigniert dargestellt. In diesem Film erkannten Kritiker die Verkörperung der „skeptischen Generation",[33] die 1957 der Soziologe Helmut Schelsky beschrieben hatte.[34]

---

31 Vgl. Der junge Törleß. In: Filmkritik 10 (1966) H. 5, o. S. Ferner greift er damit auch die bekannte These der Kontinuität nationalsozialistischen Gedankenguts auf.

32 Vgl. ebd.

33 So z. B. Rainer Hartmann: Die Wilden Reiter sind unter uns. In: Verband der Deutschen Filmclubs (Hg.): Neuer Deutscher Film, S. 22f.

34 Vgl. Helmut Schelsky: Die skeptische Generation. Düsseldorf / Köln 1963, S. 74ff. Der Soziologe Helmut Schelsky beschrieb die zwischen 1945 und 1955 in die Jugendphase Eintretenden als „skeptische Generation". Er stellte fest, dass ihr Bewusstsein durch die Ohnmachtserfahrungen der Kriegs- und Nachkriegszeit entpolitisiert und entideologisiert worden sei. Durch die erlebten fundamentalen Bedrohungen stünden für sie nun die Festigung der als erschüttert erfahrenen persönlichen und privaten Lebensverhältnisse, zu denen auch die primären Sozial- und Gruppenbindungen gehören, an erster Stelle. Berufliche Ausbildung

Ein nicht adaptierter Stoff ist *Mahlzeiten* (Edgar Reitz, 1967), der als bester Erstlingsfilm ausgezeichnet wurde. Hier thematisiert Edgar Reitz landläufige Vorstellungen von Ehe und Partnerschaft am Beispiel eines an ihnen scheiternden jungen Mannes. Reitz wollte zeigen, wie die Protagonisten von einer Erziehungstradition bestimmt werden, die den Menschen nicht glücklich, sondern nur gehorsam oder beherrscht macht. Repräsentativ für die zeitkritische Herangehensweise des *Jungen Deutschen Films* ist Reitz' Äußerung, er habe die Welt so erfahren, wie er sie im Film darstellt.[35] Ein weiteres Zitat beschreibt derlei gesellschaftskritische Ambitionen noch genauer: Reitz berichtet, er habe in den Diskussionen über seinen Film gelernt, dass die Geschichten, die die jungen Filme erzählen, in „Bezug auf gesellschaftliche Hintergründe noch relevanter werden müssen, ohne dass die Filme selbst gesellschaftstheoretisch werden."[36]

Ferner wird in *Mahlzeiten* auch auf den damals aktuellen Diskurs über Engagement und Anpassung rekurriert. Der Protagonist kommt durch seine Anpassung an die beruflichen und privaten Anforderungen zu Fall, sein Ausweg hätte Engagement für ein selbstbestimmtes Leben sein können. Dieser Film ist auch als Appell an die Gesellschaft zu verstehen, sich von festgefahrenen Lebensstrukturen zu trennen. Formal zeichnet sich *Mahlzeiten* durch den dominanten Kommentar und die authentisch wirkenden Situationen aus.

Ebenfalls nicht auf einer literarischen Vorlage basiert *Es* (Ulrich Schamoni, 1966). Dieser Film war kommerziell sehr erfolgreich und konnte 1966 den Deutschen Filmpreis und den Hauptpreis in Cannes gewinnen. Hierin geht es um den Alltag eines jungen, unverheiratet zusammenwohnenden Paares, an dem sich u. a. auch die Entfremdung der Generationen untereinander offenbart. Die Mängel in der Kommunikation des jungen Paares werden erst deutlich, als die Frau ein Kind erwartet, dies ihrem Freund aber nicht mitteilt, sondern verschiedene Maßnamen unternimmt, um das Kind letztlich erfolgreich abzutreiben. Um Probleme, die aus dem gegenseitigen Unverständnis

---

und Fortkommen, Meisterung des Alltags und Familie hätten den höchsten Stellenwert.

35 Vgl. Tribüne des Jungen Deutschen Films. VI. Edgar Reitz. In: Filmkritik 11 (1967) H. 3, S. 128-132, hier S. 130.

36 Vgl. Leserzuschriften. Edgar Reitz: Mahlzeiten (Fk 3/67). In: Filmkritik 11 (1967) H. 7, S. 418.

der Generationen entstehen können, geht es auch in *Tätowierung* (Johannes Schaaf, 1967). In *Wilder Reiter GmbH* (Franz-Josef Spieker, 1966) zeigt sich die Gesellschaftskritik in der Darstellung von Konsumgewohnheiten und Starrummel. In den meisten dieser Filme wird ein Gesellschaftsbild vermittelt, in dem Heuchelei, Dummheit, Kommerzdenken, kleinbürgerliche Haltungen, Egoismus und Verantwortungslosigkeit dominieren. Sie sind stets auf Kritik an dieser Gesellschaft ausgerichtet.

Einige Filme, die dem *Jungen Deutschen Film* zugeordnet werden, weisen nicht die analytische Herangehensweise der vorgenannten Filme auf. Ein großer komödiantischer Erfolg war 1967 *Zur Sache Schätzchen,* der von der ersten Regisseurin des *Jungen Deutschen Films*, May Spils, gedreht wurde. Hier trifft ein „Gammler" auf ein Mädchen aus gutem Hause und beide durchleben einige dramatische und unterhaltsame Episoden. Einige Begriffe aus dem Film, z. B. „fummeln", gingen in die Alltagssprache ein. Die Filme *Rote Sonne* (Rudolf Thome, 1969) und *48 Stunden bis Acapulco* (Klaus Lemke, 1967) waren weder gesellschaftskritische Analyse noch Komödie, sondern vielmehr durch Gangstergeschichten des amerikanischen Films beeinflusst. Sie widmeten sich vor allem der Darstellung von Oberflächen und bemühten sich nicht um die Vermittlung von psychologischen Motiven der Protagonisten.[37] Rudolf Thome und Klaus Lemke galten bereits Ende 1964 als Vertreter der *Neuen Münchener Gruppe*, die als Nachfolger der *Münchener* (= *Oberhausener*) verstanden wurde. Dieses „erste Auftreten der nächsten Generation", zu der auch Regisseure wie Roland Klick und Eckhart Schmidt gerechnet wurden, habe stattgefunden, während die *Oberhausener* trotz ihrer Kurzfilme noch immer nicht den neuen deutschen Spielfilm geschaffen hätten.[38]

---

37 Vgl. Volker Brandlmeier: Die Münchner Schule. Zur Vorgeschichte des jungen deutschen Films 1962-1968. In: Hoffmann / Schobert (Hg.): Zwischen Gestern und Morgen, S. 50-69, hier S. 58ff.

38 Vgl. Joe Hembus: Erstes Auftreten der nächsten Generation (Zuerst in: Twen, Dezember 1964). Abgedruckt in: Hembus: Der deutsche Film kann gar nicht besser sein, S. 204-206.

2.3 Institutionalisierungen

Ein weiterer Effekt der intensivierten Diskussionen der 1960er Jahre waren verschiedene Institutionalisierungen der Filmausbildung und Filmförderung, die hier kurz vorgestellt werden. Sie sind nicht als direktes Verdienst des *Jungen Deutschen Films* anzusehen, jedoch ist ihre Entstehung mit ihm eng verwoben, da ein wesentliches Kennzeichen der jungen Filmschaffenden ihre Forderung nach Nachwuchsförderung war. Die früheste institutionelle Manifestierung alternativer Filmproduktion war die Gründung des *Instituts für Filmgestaltung* in Ulm durch Alexander Kluge, Detten Schleiermacher und Edgar Reitz im Jahr 1962. Hier widmete man sich vor allem dem Experimentalfilm.[39] 1963 wurde die *Deutsche Kinemathek* in Berlin mit der Aufgabe der Archivierung und Vorführung bedeutsamer Filme und der Verbesserung des filmkulturellen Klimas in der BRD eröffnet.[40] Weitere wichtige Daten liegen in der Mitte der 1960er Jahre. 1965 entstand die bei der Verkündung des Oberhausener Manifests vorgeschlagene Stiftung unter dem Namen *Kuratorium Junger Deutscher Film*. Dessen Aufgabe war es zunächst, Nachwuchsfilme mit jeweils 300.000 DM aus Bundesgeldern zu unterstützen. 1966 wurde dann die *Deutsche Film- und Fernsehakademie Berlin GmbH* mit 35 Studenten gegründet,[41] 1967 nahm die Münchener *Hochschule für Fernsehen und Film* ihre Tätigkeit auf. Im November 1967 gründete sich die *Arbeitsgemeinschaft neuer deutscher Spielfilmproduzenten*, um den Filmschaffenden, die sich im bisherigen Verband deutscher Film- und Fernsehproduzenten schlecht vertreten fühlten, mehr Einfluss zu verschaffen und für die Verabschiedung des Filmhilfegesetzes einzutreten.[42] Diese

---

39 Eine ausführliche Dokumentation zur Arbeit des Instituts für Filmgestaltung in Ulm findet sich bei Daniela Sannwald: Von der Filmkrise zum Neuen Deutschen Film. Filmausbildung an der Hochschule für Gestaltung Ulm 1958-1968. Berlin 1997.

40 Vgl. Reinhold E. Thiel: Wozu haben wir eine Kinemathek? In: Filmkritik 7 (1963) H. 3, S. 97-98, hier S. 97f.

41 Vgl. Heinz Rathsack: Studienbeginn in Berlin. In: Filmkritik 10 (1966) H. 11, S. 611-614, hier besonders S. 611. Und vgl. Filmakademien. In: Filmkritik 10 (1966) H. 11, S. 606.

42 Vgl. Leonhard H. Gmür: Zur Chronik. In: Constantin-Film GmbH (Hg.): Der junge deutsche Film. Dokumentation zu einer Ausstellung der Constantin Film. München 1967, S. 22f., hier S. 23.

vertrat Ende 1967 bereits fast die Hälfte des Angebots an jungen deutschen Filmen.[43]

Eine der wichtigsten staatlich institutionalisierten Entwicklungen war der Erlass des Filmförderungsgesetzes im Jahr 1967 nach jahrelangem Tauziehen u. a. mit den Kirchen. Dem Gesetz wurden massive Vorwürfe gemacht, den etablierten Film ungerechtfertigt zu begünstigen. Tatsächlich ging nach seinem Erlass die Produktion von Jungen Deutschen Filmen zurück. Das veranlasste die jungen Filmschaffenden und die Gegner des etablierten Films im gleichen Jahr die *Mannheimer Erklärung* zu veröffentlichen. Hierin sprachen sie sich ausdrücklich gegen das Filmförderungsgesetz aus, das die Altbranche, Großverleihe und Großproduktionen begünstige und den Nachwuchs diskriminiere. Sie erklärten, dass die Erneuerung des deutschen Films nicht stattgefunden hat und wandten sich gegen die alte Geisteshaltung, Film nur unter wirtschaftlichen Gesichtspunkten zu sehen. Es folgten einige Filmförderungsgesetz-Novellen, jedoch wurde es erst ab 1979 für gerecht gehalten.[44]

2.4   *Literatur, Sprache und* Junger Deutscher Film

Das Verhältnis des Films zu Literatur und Sprache ist in den 1960er Jahren ein vieldiskutiertes filmtheoretisches Thema. Die Literatur ist auf vielfältige Weise mit dem Film verbunden. Dabei kennzeichnet sich sowohl der etablierte Film als auch der *Junge Deutsche Film* dadurch, dass immer wieder auf literarische Vorlagen zurückgegriffen wurde. Das bescherte dem *Jungen* wie auch später dem *Neuen Deutschen Film* einige große Erfolge, wurde aber oft auch negativ beurteilt. So brachte es ihm den Vorwurf ein, sich einfach blindlings an literarische Erfolge anhängen zu wollen. Verfilmte Bücher deutscher Autoren würden per se als Kunstwerke angesehen und dann nicht mehr kritisch beurteilt.[45] Das galt auch für die Vergabe von Drehbuchprämien oder Geldern des *Kuratoriums Junger Deutscher Film*. Man

---

43 Vgl. Enno Patalas: Eine Vertretung für den deutschen Film. In: Filmkritik 11 (1967) H. 11, S. 605.

44 Vgl. Lewandowski: Die Oberhausener, S. 23.

45 Vgl. Wilfried Berghahn: Die Zeit der Schuldlosen. In: Filmkritik 8 (1964) H. 8, S. 415-417, hier S. 416.

unterstellte diesen Geldgebern, eine Literaturverfilmung als geringeres kommerzielles Risiko anzusehen und deshalb die Verfilmung selbst-entwickelter Stoffe von Filmautoren zu vernachlässigen. Besonders die Stellen, die die Autorenfilme fördern sollten, seien schnell wieder davon abgekommen und hätten nicht genug Vertrauen in die Regis-seure mit solchen „originalen Stoffen".[46]

Außerdem war das Verhältnis von Film und Literatur auch durch die Versuche der Zusammenarbeit von jungen Filmemachern und Litera-ten gekennzeichnet, was sich z. B. in einem Treffen der *Oberhausener Gruppe* mit der *Gruppe 47* äußerte, das allerdings für beide Seiten nicht zufriedenstellend verlief.[47] Ferner gab es filmtheoretische Bei-träge zur Diskussion über eine mögliche „Literarisierung" des Films durch die Anwendung literarischer Formprinzipien.[48]

Auf eine spezifische filmtheoretische Entwicklung im Zusammen-hang mit dem *Jungen Deutschen Film* soll hier hingewiesen werden. Sie steht nicht repräsentativ für ihn, sondern soll vielmehr verdeutli-chen, wie differenziert und intellektuell einzelne Strömungen sein konnten, die sich unter dem „Dach" des *Jungen Deutschen Films* ent-wickelten. Edgar Reitz, Alexander Kluge und Wilfried Reinke, die sich mit ihrer ideologiekritischen Herangehensweise an der Kritischen Theorie Horkheimers und Adornos orientierten, mahnten 1965 an, dass in Deutschland besondere Defizite in der Entwicklung der Film-sprache bestünden. Deshalb diskutierten sie für Deutschland neue Vorstellungen von der Verwendung von Stereotypen, also von der „fortgesetzten Wiederholung eines Einfalls, einer erzählerischen, dra-maturgischen oder bildnerischen Idee, die in einem bestimmten Zu-sammenhang häufig wiederkehrt".[49] Nachdem in der klassischen Film-theorie die Bewertung des Stereotyps negativ gewesen war, wiesen Reitz / Kluge / Reinke ihm eine produktive Bedeutung für die Aus-

---

46 Vgl. Tribüne des Jungen Deutschen Films. V. Franz-Josef Spieker. In: Filmkri-tik 11 (1967) H. 2, S. 67-70, hier S. 70.

47 Vgl. Jung: Das Kino der frühen Jahre, S. 333f.

48 Frieda Grafe: Vom naiven zum sentimentalischen Film. In: Filmkritik 5 (1961) H. 5, S. 227-231.

49 Vgl. Jörg Schweinitz: Das Stereotyp als filmkulturelle Sprachform. Theoriege-schichtliche Entdeckungen bei Gilbert Cohen-Séat und Edgar Morin. In: Jörg Frieß / Britta Hartmann / Eggo Müller: Nicht allein das Laufbild auf der Lein-wand ... Berlin 2001, S. 177-196, Zitat S. 177.

drucksfähigkeit des Films zu, das den Film näher an die Sprache her-
anrückte. Sie werteten Analogien bei Konventionalität und Abstrakt-
heit von Sprache und Filmsprache positiv und regten die Suche nach
der auf der Benutzung von Stereotypen basierenden Intelligibilität des
Mediums Film an, um durch die anspruchsvolle Anwendung von Stereotypen, komplexe Ausdrucksmöglichkeiten zu erreichen.[50] Die Filme von Alexander Kluge – z. B. *Abschied von gestern* und *Die Artisten in der Zirkuskuppel: ratlos* (1967) – zeigen, wie er versuchte, diese
komplexen Aussagen umzusetzen. Dazu setzte er allerdings ein großes
Vorwissen und eine ausgeprägte Assoziationsfähigkeit bei den Zuschauern voraus.

Reitz / Kluge / Reinke versuchten zudem, für die Entwicklung geis-
tiger Zentren für den deutschen Film zu argumentieren, denn dieser
leide im Gegensatz zu den klassischen Künsten unter einem Traditi-
onsmangel. In den Zentren müsse das Bewusstsein dafür geschaffen
werden, dass der Film einen ungeheuren Rückstand gegenüber den
Ausdruckformen der literarischen Sprache hat.[51]

3.   *Die siebziger Jahre*

Abschließend soll auf einige Fakten aus der Zeit, die der hier untersuchten Phase folgte, hingewiesen werden. Im Verlauf der 1960er
Jahre hatte sich die *Oberhausener Gruppe* gespalten, immer wieder
gab es persönliche Unstimmigkeiten zwischen verschiedenen Regisseuren. Das Verhältnis untereinander war mehr von Konkurrenz als
von Kooperation geprägt. Hinzu kamen finanzielle Probleme. Das
Kuratorium Junger Deutscher Film wurde aus der Bundesfinanzie-
rung herausgenommen, ab 1968 standen ihm nur noch 750.000 DM
pro Jahr zur Verfügung, die von allen Bundesländern zusammen auf-
gebracht wurden. Und wie bereits erwähnt, sorgte auch das Filmförderungsgesetz eher für eine Benachteiligung des *Jungen Deutschen
Films*. Außerdem ließ ein Verleihermonopol kaum junge Filme auf
den Markt. Deshalb gingen viele Oberhausener zum Fernsehen oder

---

50 Vgl. ebd., S. 177f.

51 Vgl. Edgar Reitz / Alexander Kluge / Wilfried Reinke: Wort und Film. In: Wal-
    ter Höllerer (Hg.): Sprache im technischen Zeitalter. Sonderheft Die Rolle des
    Worts im Film. 13/1965 Januar bis März, S. 1015-1030, hier S. 1029f.

wandten sich der Produktion von Mainstream-Filmen zu. Der Unterzeichner des Manifests Rob Houwer beispielsweise wurde Produzent zahlreicher Sex-Filme der 1970er Jahre.

Die 1970er Jahre waren thematisch und ästhetisch von großer Vielfalt und Individualismus gekennzeichnet. Verschiedenste, oft sehr politische Autorenfilme und auch Literaturverfilmungen lassen sich unter dem Begriff *Neuer Deutscher Film* zusammenfassen. Mitte der 1970er herrschte zudem wegen verschiedener großer Erfolge im Ausland ein großes Selbstbewusstsein in der deutschen Filmbranche. Beispielsweise standen New Yorker Kinobesucher Schlange, um den neuesten Fassbinder-Film zu sehen und Volker Schlöndorffs *Die Blechtrommel* (1978/79) konnte einen Oscar gewinnen. Weiterhin wurde der Bezeichnungswechsel vom *Jungen* zum *Neuen Deutschen Film* aktuell. Dieser wurde damit erklärt, dass der „Junge" Film sich ab 1975 „Neu" genannt habe, um nicht einmal „alt" genannt zu werden.[52] Thomas Elsaesser sieht den Unterschied und die Weiterentwicklung des Phänomens in der moralischeren Haltung des *Neuen* im Gegensatz zum *Jungen Deutschen Film*.[53]

Darüber hinaus hat der Erfolg des *Oberhausener Manifests* wahrscheinlich auch dazu geführt, dass immer wieder Manifeste oder Verlautbarungen verschiedener Gruppen aus der Branche veröffentlich wurden. Zum Beispiel wandte sich 1979 die *Hamburger Erklärung* gegen die Fremdbestimmung des deutschen Films durch Gremien, Anstalten und Interessengruppen und lobte seine Vielfalt. Das *Manifest der Filmarbeiterinnen* forderte 1979 50 % aller Mittel für Filme, Produktionsstätten, Arbeitsplätze und Gremiensitze für Frauen sowie eine spezielle frauenspezifische Förderung für Verleih, Vertrieb und Abspielstätten. Schließlich wandte sich 1983 die *Münchner Erklärung* gegen Politiker, die die Kontrolle über Filmemacher und Filme bekommen und die Filmschaffenden auseinanderdividieren wollten.[54] Das Ende des *Neuen Deutschen Films* wird häufig mit dem Tod Rainer Werner Fassbinders 1982 in Verbindung gebracht. Die Begriffe des „jungen" oder „neuen" Films werden jedoch auch heute noch im-

---

52 Vgl. Robert Fischer / Joe Hembus: Der Neue Deutsche Film 1960-1980. München 1981, S. 15.

53 Vgl. Elsaesser: Der Neue Deutsche Film, S. 170f.

54 Alle Texte in Prinzler / Rentschler (Hg.): Augenzeugen.

mer wieder benutzt, wenn man ausdrücken will, dass im deutschen Film etwas Neues gemacht worden ist.

Abschließend lässt sich feststellen, dass die Anfangszeit des Phänomens *Junger Deutscher Film* durch ein weitreichendes Geflecht von Diskursen auf verschiedenen Feldern und durch zahlreiche administrative und organisatorische Veränderungen in der deutschen Filmbranche bestimmt wurde. Sie ist vor allem gekennzeichnet durch die große Dichotomie von Alt und Jung, also den in den Diskursen durch die Gegner des etablierten Films konstruierten Gegensatz zwischen dem ‚schlechten' etablierten Film und dem ‚guten' jungen bzw. noch zu schaffenden Film. Der *Junge Deutsche Film* wird tiefer gehend erst im Kontext mit gesellschaftlichen, politischen, filmtheoretischen und administrativen Veränderungen verständlich. Er bedeutet keinen revolutionären Umschwung, sondern ist eingebettet in fortschreitende gesamtgesellschaftliche Entwicklungen, mit denen er Wechselwirkungen einging.

Oskar Anweiler

Bildung und Politik im geteilten Deutschland[1]

I. *„Bürgerliche Restauration" und „sozialistische Revolution" –*
Bildungspolitik in Deutschland 1945 bis 1965

Im Titel dieses ersten Kapitels werden die bildungspolitischen Entwicklungen in der Bundesrepublik Deutschland und in der DDR in den ersten zwei Jahrzehnten nach dem Ende des Zweiten Weltkriegs mit zwei Schlagworten charakterisiert, die es auf ihre Berechtigung zu überprüfen gilt. Sie formulieren wichtige zeitgenössische Bewertungen und Kennzeichnungen der jeweiligen bildungs- und kulturpolitischen Kontexte in der geteilten Nation. Bei aller Bindung an die ideologisch gegensätzlichen Werte der Zeit sind die Begriffe jedoch nicht komplementär zu verstehen. Denn der Begriff der „bürgerlichen Restauration" bringt einen kritischen Einwand gegen die Bildungsstrukturen Westdeutschlands – als Teil der gesamten soziokulturellen Entwicklung – in der Adenauerzeit zum Ausdruck,[2] hingegen formuliert die These einer „sozialistischen Revolution" im Bildungswesen der DDR das Selbstverständnis der Akteure und Verantwortlichen im SED-Staat. Der begriffshistorische Aspekt deckt mit dem Verweis auf eine pluralistische Öffentlichkeit in der Bundesrepublik und eine in Teilen totalitär, jedenfalls diktatorisch bestimmte Gesellschaft in der DDR sofort die Schwierigkeiten des deutsch-deutschen Kulturvergleichs auf.

Damit ist zugleich mit der semantischen auch die methodische Problematik des Vergleichs der Bildungsentwicklung im geteilten Deutschland zwischen 1945 und 1990 angedeutet. Dieses Forschungs-

---

1 Ich danke Herrn Dr. Frank Hoffmann herzlich für die sachkundige und sorgfältige Redaktion der beiden Vorlesungen.

2 Vgl. Wolfgang Klafki: Die fünfziger Jahre – eine Phase schulorganisatorischer Restauration. Zur Schulpolitik und Schulentwicklung im ersten Jahrzehnt der Bundesrepublik. In: Dieter Bänsch (Hg.): Die fünfziger Jahre. Beiträge zu Politik und Kultur. Tübingen 1985, S. 131-162.

feld ist sowohl Teil der internationalen *Vergleichenden Erziehungswissenschaft* als auch Gegenstand einer multidisziplinären *Deutschlandforschung*, die komparativ vorgeht und argumentiert. Wie tragfähig das methodische Instrument des Vergleichs sein kann, ist gerade
im Bereich des Erziehungs- und Bildungswesens noch kurz vor dem
faktischen Ende der deutschen Teilung mit dem Fall der Mauer erprobt worden. Damals wurden folgende Prämissen der komparativen
Arbeit formuliert, die auch heute, nun für einen historischen Vergleich, weiterhin Gültigkeit beanspruchen können:

> Vergleiche zwischen der Bundesrepublik Deutschland und der Deutschen
> Demokratischen Republik stehen unter einem eigenen Vorzeichen: Sie bezie-
> hen sich auf zwei ‚Systeme', die durch eine gemeinsame Geschichte, Kultur,
> Sprache und Nationalität verbunden sind. Diese Gemeinsamkeiten bedingen
> eine natürliche Nähe und Zusammengehörigkeit; im Unterschied dazu kön-
> nen aber die bestehenden politisch-ideologischen Systemunterschiede in ei-
> nem geteilten Land auch eine gegenseitige Entfremdung und Distanz bewir-
> ken. In der Bildung und Erziehung wird dieses Spannungsverhältnis beson-
> ders deutlich: sowohl das kulturelle Erbe der Nation als auch die politisch-
> gesellschaftliche Struktur der Gegenwart prägen Jugenderziehung und
> Volksbildung. Die Frage nach fortwirkenden *Gemeinsamkeiten* und nach sys-
> tembedingten *Unterschieden* spielt daher eine zentrale Rolle im deutsch-
> deutschen Vergleich.[3]

Zu warnen ist hingegen vor vordergründigen Vergleichen: Zumal
manche nur auf den ersten Blick eindeutige Indikatoren der Sozialsta-
tistik des Bildungswesens wurden von der offiziellen DDR-Pädagogik
zum Beweis der eigenen Überlegenheit missbraucht. Wenn zum Beispiel die soziale Herkunft von Abiturienten oder Studierenden verglichen werden soll, ist es wegen der überaus breiten und unscharfen,
weite Funktionärskreise von Partei- und Staatsapparat einschließenden
„Definition" der „Arbeiterklasse" in der DDR nicht möglich, hierfür
einfach die Kategorie „Arbeiter" zu verwenden.

In der folgenden historisch-deskriptiven Analyse stehen zunächst
strukturelle und bildungspolitische Schlüsselentscheidungen der ersten
beiden Nachkriegsjahrzehnte im Mittelpunkt. Eine Periodisierung des

---

3 Vergleich von Bildung und Erziehung in der Bundesrepublik Deutschland und
   in der Deutschen Demokratischen Republik. Wissenschaftliche Kommission unter Leitung von Oskar Anweiler. Materialien zur Lage der Nation. Herausgegeben vom Bundesministerium für innerdeutsche Beziehungen. Köln 1990, S. 1.
   Hervorhebungen im Original.

Zeitabschnitts zwischen 1945 und etwa 1965 lässt für beide deutsche Staaten drei gemeinsame Abschnitte hervortreten: 1. Bildungspolitik unter der Dominanz der Besatzungsmächte (1945-1949/50); 2. Aufbau von Schule und Hochschule im föderalen System der Bundesrepublik bzw. im zentralistischen der DDR im Laufe der fünfziger Jahre; 3. Einsetzen erster Reformmaßnahmen (ab etwa 1959). Als tiefer reichende Zäsuren der bildungspolitischen Entwicklungen erweisen sich dann in beiden deutschen Staaten bildungspolitische Grundentscheidungen in der Mitte der sechziger Jahre.[4]

In der DDR leitet das Gesetz über das einheitliche sozialistische Bildungssystem vom 25. Februar 1965 eine Modernisierung des Bildungswesens im Zeichen der „wissenschaftlich-technischen Revolution" ein, zugleich ist aber auch die Phase der zum Teil sprunghaften Anpassung an die Sowjetunion abgeschlossen. Seit 1964 wurden an der Polytechnischen Oberschule (POS), die seit 1959 die Regelschule für alle Schülerinnen und Schüler in der DDR war, neue Lehrpläne eingeführt, zunächst in der Unterstufe, ab 1966 sukzessive auch in den Mittel- und Oberstufen.

In der Bundesrepublik war im Juli 1965 die Einsetzung des Deutschen Bildungsrates ein Signal und Indiz für die Reform-, Planungs- und Modernisierungseuphorie des kommenden Jahrzehnts im Bildungssektor. Der Bildungsrat trat an die Stelle des 1953 berufenen und eher locker strukturierten, sich auf Empfehlungen beschränkenden „Deutschen Ausschusses für das Erziehungs- und Bildungswesen". Zuvor war mit dem „Hamburger Abkommen" vom 28. Oktober 1964 die Vereinheitlichung des Schulwesens in den Bundesländern verein-

---

4   Zur Vertiefung und zum Nachweis der in den folgenden Abschnitten dargelegten Fakten sei auf einige ausführlichere, mit Belegen und weiterführender Literatur versehenen Überblicksdarstellungen des Verfassers verwiesen. Vgl. Oskar Anweiler: Bildungspolitik in Deutschland 1945-1965. Aspekte und Probleme eines Vergleichs zwischen der Bundesrepublik Deutschland und der Deutschem Demokratischen Republik in historischer und aktueller Sicht. In: Dietrich Hoffmann / Karl Neumann (Hg.): Erziehung und Erziehungswissenschaft in der BRD und der DDR. Band 1: Die Teilung der Pädagogik (1945-1965). Weinheim 1994, S. 15-40; Oskar Anweiler: Grundzüge der Bildungspolitik und der Entwicklung des Bildungswesens seit 1945. In: Vergleich von Bildung und Erziehung, S. 11-33; Bildungspolitik in Deutschland 1945-1990. Ein historisch-vergleichender Quellenband. Herausgegeben, eingeleitet und erläutert von Oskar Anweiler u. a. Opladen 1992, hier vor allem Zeittafel auf S. 32-37.

bart worden, und die Kultusministerkonferenz (KMK) hatte sich im Juni 1964 für eine stärkere Bildungsplanung ausgesprochen.

Wenn sich so das Jahr 1965 als eine *relative* Zeitscheide ausmachen lässt, so ist mit dem Ende des Zweiten Weltkriegs, des NS-Regimes und dem Beginn der Besatzungszeit im Mai 1945 natürlich ein *absoluter* Anfangspunkt gesetzt. Allerdings kann auch im Bereich des Bildungswesens keineswegs von einer „Stunde Null" gesprochen werden. Denn mit der Fortexistenz der Verwaltungsstrukturen und mit dem Anknüpfen an ältere, 1933 unterdrückte pädagogische Traditionen und Vorbilder – teils in enger Kooperation der örtlichen Schulen und Schulträger mit den alliierten *Education Officers* – blieben zumal in den westlichen Besatzungszonen manche Kontinuitäten gewahrt.

Dennoch dominierte zuerst der Anspruch einer grundsätzlichen Erneuerung des Bildungswesens in allen vier Zonen. Die Grundlage dafür bildete die Forderung der Allliierten nach einer Entnazifizierung des Lehrkörpers und einer „Demokratisierung" der Unterrichtsinhalte und Schulformen. Dem Bildungswesen wurde in den Konzeptionen aller Besatzungsmächte eine fundamentale Bedeutung für die Erneuerung und Umerziehung der Deutschen insgesamt zugewiesen.[5] Ein Instrument in der SBZ war die Ersetzung großer Teile der Lehrerschaft durch in raschen Kursen ausgebildete Neulehrer. In den Westzonen wurde der Anspruch auf „Reeducation" und Entnazifizierung durch umfassende Einzelprüfungen, umzusetzen versucht. Allerdings erwies sich das Verfahren der Fragebögen und Spruchkammern durch Entlastungen und „Persilscheine" als fragwürdig.

Wie im Westen waren auch in der SBZ zunächst die Länder im Rahmen der Besatzungskontrolle für das Schulwesen zuständig. Jedoch setzte hier mit der Bildung von Zentralverwaltungen – hier der Deutschen Verwaltung für Volksbildung – sehr rasch eine Zentralisierung des Zugriffs auf den gesamten Bildungssektor ein. Differenziert wurde im Laufe der Zeit allerdings die Verantwortung für die drei Sektoren Schule, berufliche Ausbildung und Hochschulwesen. Für das allgemeinbildende Schulwesen und die Lehrerbildung wurde 1949 das Deutsche Pädagogische Zentralinstitut (seit 1970: Akademie der Pädagogischen Wissenschaften) geschaffen und dem neuen Ministerium

---

5   Vgl. Karl-Heinz Füssl: Die Umerziehung der Deutschen. Jugend und Schule unter den Siegermächten des Zweiten Weltkrieges 1945-1955. Paderborn u. a. 1994.

für Volksbildung unterstellt. Auch für die Berufsbildung und den Hochschulbereich wurden später den zuständigen staatlichen Verwaltungen (Staatssekretariat für Berufsbildung und Ministerium für Hoch- und Fachschulwesen) entsprechende Institute nachgeordnet.

Die so genannte „antifaschistisch-demokratische Schulreform" des Jahres 1946 wurde organisatorisch mit dem von der Deutschen Verwaltung für Volksbildung erarbeiteten „Gesetz zur Demokratisierung der deutschen Schule" durchgesetzt, auch wenn das Gesetz jeweils von den fünf Ländern und Provinzen der SBZ Ende Mai und Anfang Juni 1946 beschlossen wurde.[6] Es führte eine für alle Kinder verpflichtende, gemeinsame „Grundschule" mit acht Schuljahren ein, an die sich verschiedene Berufs- und Fachschulen sowie die in vier Jahren zum Abitur führende Oberschule anschlossen. Wichtigste Zielsetzung war die „Brechung des Bildungsmonopols" bürgerlicher Schichten und eine entsprechende Bevorzugung von Kindern bislang benachteiligter Schichten bei der Zulassung zur Oberschule. Mit der Errichtung von Arbeiter- und Bauern-Fakultäten, die 1949 an die Stelle der bisherigen Vorstudienanstalten traten, wurde an den Hochschulen eine Form der Studienförderung für traditionell bildungsferne Schichten, aber damit auch ein Instrument der Politisierung und Ideologisierung des Hochschulalltags geschaffen.

Auch in den Westzonen, vor allem in Hessen und in den norddeutschen Ländern, wurden von Schulreformern und Bildungspolitikern mit Unterstützung der Besatzungsmächte Konzeptionen einer Einheitsschule verfochten. Überall konkurrierten aber entsprechende Vorschläge in der pluralistischen Öffentlichkeit Westdeutschlands mit den überkommenen Schulformen. Wenn in diesen teils heftigen Diskussionen die Einheitsschule im Westen am Ende kaum eine Chance hatte, so lag dies auch daran, dass sich ihre Verfechter vorhalten lassen mussten, ein bildungspolitisches Konzept zu unterstützen, das in der SBZ als ein Kernelement der Sowjetisierung des Bildungswesens galt. An weit reichenden Reformen im Bildungswesen bestand in der Bevölkerung offenbar kein Interesse: „Keine Experimente", Adenauers erfolgreicher Wahlslogan (1957), galt nicht zuletzt für den Schulbereich, auch wenn der „Deutsche Ausschuss" in seinem Rahmenplan

---

6   Gesetz zur Demokratisierung der deutschen Schule. In: Bildungspolitik in Deutschland, S. 130-133.

(1959) Reformen entsprechend den „Bildungsbedürfnissen der modernen Gesellschaft" anmahnte. Nach den Debatten um die konfessionelle Prägung der Volksschulen („Konfessionsschulen") und den unterschiedlichen Entwicklungen in den Ländern der neuen Bundesrepublik wurde vorerst aber eher ein „Schulchaos" befürchtet, dem auf administrativer Ebene durch ein Abkommen der Ministerpräsidenten zur Vereinheitlichung des Schulwesens (u. a. einheitlicher Beginn des Schuljahrs am 1. April) abgeholfen werden sollte („Düsseldorfer Abkommen" vom 17. Februar 1955).[7]

Nachdem in der Bundesrepublik Überlegungen zur Errichtung eines Bundeskultusministeriums und mithin zur stärkeren bundespolitischen Verantwortung im Bildungsbereich gescheitert waren,[8] gewann die 1948 erstmals zusammen getretene Konferenz der Kultusminister (KMK) der Länder eine immer größere Bedeutung. Die erste Konferenz in Stuttgart-Hohenheim (19./20. Februar 1948) hatte noch die Minister aus allen vier Besatzungszonen mit Zuständigkeiten im Erziehungs- und Schulwesen versammelt. Doch zu der Fortsetzung dieser gesamtdeutschen Beratungen, die für den Herbst 1948 in Weimar geplant war, war es schon nicht mehr gekommen. Am 2. Juli 1948 konstituierte sich die KMK der westlichen Länder und übernahm seither, zum Teil im Zusammenwirken mit anderen Gremien, so der im April 1949 begründeten Westdeutschen Rektorenkonferenz als Spitzenorganisation der Universitäten, eine zentrale Koordinierungs- und Abstimmungsfunktion, empfand sich aber auch als gemeinsamer Repräsentant der „Kulturhoheit der Länder" gegenüber dem Bund („Bernkasteler Erklärung" der Kultusminister vom 18. Oktober 1949).[9]

Die Vertiefung der deutschen Spaltung im Bildungsbereich ist aber nicht nur an diesen äußeren Aspekten föderaler bzw. zentralstaatlicher Schulorganisation mit mehrgliedrigem bzw. auf die Einheitsschule bauendem Bildungssystem abzulesen, sondern mindestens ebenso sehr

---

7   Vgl. hierzu Oskar Anweiler: Bildungspolitik. In: Geschichte der Sozialpolitik in Deutschland seit 1945. Herausgegeben vom Bundesministerium für Gesundheit und Soziale Sicherung und vom Bundesarchiv. Band 3: 1949-1957. Bundesrepublik Deutschland. Bewältigung der Kriegsfolgen, Rückkehr zur sozialpolitischen Normalität. Herausgegeben von Günther Schulz. Baden-Baden 2005, S. 655-686, S. 664 (Rahmenplan-Zitat), S. 663 (Hamburger Abkommen).

8   Vgl. ebd., S. 661f.

9   Vgl. zur Arbeitsweise der KMK ebd., S. 657f.

an den inneren Zielsetzungen und vermittelten Bildungswerten. Die im Unterricht gegebene geistige Orientierung der Schüler entsprach in der Bundesrepublik der fünfziger Jahre – bei allen Differenzierungen in den Ländern – allgemeinen traditionellen bürgerlichen Normen, die Lehrbücher spiegelten einen Kanon klassischer Bildungswerte ab, etwa in den literarischen Texten, die im Deutsch- und Fremdsprachenunterricht vermittelt wurden. Aber nicht die Lehrpläne und Schulbücher allein dürfen hier als Quellen bildungshistorischer Bewertungen dieser Zeit herangezogen werden. Der Handlungsspielraum der Schulen und der Lehrer war durchaus breit und wurde teils durch reformpädagogische Ideen geprägt. So konnten einzelne Lehrerpersönlichkeiten eigene Akzente setzen, etwa wenn im Geschichtsunterricht Fragen des 20. Jahrhunderts behandelt wurden – auch ohne entsprechende Schulbücher oder Lehrplanvorschriften.

Demgegenüber wurden die pädagogischen Spielräume der Lehrer in der DDR der frühen fünfziger Jahre angesichts zentralstaatlicher Vorgaben zunehmend enger.[10] Die 1952 faktisch abgeschafften Länder hatten schon vorher ihre bildungspolitischen Kompetenzen eingebüßt. Es war bezeichnend, dass das neu gebildete Volksbildungsministerium der DDR seinen Platz im gleichen Haus fand wie das vorherige nationalsozialistische Reichsministerium für Wissenschaft, Erziehung und Volksbildung. Dem weltanschaulichen Monismus der „sozialistischen Revolution" entsprach ein ideologisches Leitbild, das bis in die einzelnen Unterrichtsstunden hinein umgesetzt werden sollte. Schon 1950 wurden die „führende Rolle des Lehrers" im Unterricht festgeschrieben und reformpädagogische Methoden verboten. Freilich sind auch hier Modifikationen möglich gewesen, aber am Konzept der „allgemein entwickelten sozialistischen Persönlichkeit", das ab 1952 propagiert wurde, hielt die DDR bis 1989 offiziell fest.

Ein wesentlicher Aspekt der politischen Indienstnahme des Bildungswesens war auch, wie schon erwähnt, der Gedanke einer „sozialen Revolution durch Bildung. Seit 1950 ergingen strikte Zulassungsbestimmungen ab der 9. Klasse der Oberschule mit festen Quoten für

---

10 Vgl. als Fallstudie Ulrike Mietzner: Enteignung der Subjekte – Lehrer und Schule in der DDR. Eine Schule in Mecklenburg von 1945 bis zum Mauerbau. Opladen 1998; Heinz-Elmar Tenorth / Sonja Kudella / Andreas Paetz: Politisierung im Schulalltag. Durchsetzung und Scheitern einer Erziehungsambition. Weinheim 1996.

Arbeiter- und Bauernkinder, wobei der formale Stichtag – der am 1.
Januar 1942 ausgeübte Beruf der Eltern – durch eine Reihe von Ausnahmen und Auslegungsfällen zugunsten von Funktionären, Angehö-
rigen der bewaffneten Kräfte, Opfern der NS-Zeit (Mitglieder der
Vereinigung der Verfolgten des Nazi-Regimes) usw. an Bedeutung
verlor. Entscheidend war die Zielsetzung, eine politisch loyale Elite
heranzubilden, eine neue sozialistische Intelligenz, die über die Arbei-
ter- und Bauernfakultäten auch an den Universitäten eine besondere
Förderung erhielten. Bis Ende des Jahrzehnts war dann, teils begleitet
durch massive Konflikte und beantwortet durch Flucht und Abwanderung von Studierenden und Lehrenden in den Westen, eine allgemeine
ideologische Disziplinierung der Hochschulen erreicht.[11]

In der schulorganisatorischen Praxis waren diese tief greifenden sozialen und kulturellen Veränderungen des Bildungswesens von einer
Phase der Experimente begleitet. Seit dem Schuljahr 1950/51 wurde
neben der Grundschule und der Oberstufe eine Zehnklassenschule
(1956 „Mittelschule" genannt) eingeführt, die mit dem Schulgesetz
vom 2. Dezember 1959 als „allgemeinbildende polytechnische Oberschule" zur Regelschule wurde. Auch wenn erst zu Beginn der achtziger Jahre über 90 % der Schüler über das 8. Schuljahr hinaus an der
POS blieben, war doch die frühzeitige Entscheidung (1955) für eine
zehnklassige Regelschule bemerkenswert, zumal in Westdeutschland
zu diesem Zeitpunkt noch keineswegs in allen Ländern ein neuntes
Volksschuljahr eingeführt war. Der Einführung des polytechnischen
Unterrichts in Analogie zur Sowjetunion und in Orientierung an bildungstheoretischen Überlegungen von Karl Marx ab September 1958
gingen durchaus kontroverse Diskussionen im Deutschen Pädagogischen Zentralinstitut und beim V. Pädagogischen Kongress der DDR
im Mai 1956 voraus. Die mit dem polytechnischen Unterricht einhergehende Inanspruchnahme der Schüler durch ökonomische Ziele wurde freilich im Rahmen der Schulgesetzgebung Mitte der sechziger
Jahre wieder reduziert. Im Bereich der Berufsausbildung wahrte die
DDR partiell die deutsche Tradition des „dualen Systems, d. h. der
Ausbildung in Betrieb und Berufsschule. Denn zumal die Industriebe-
triebe behielten – unterstützt durch die Begründung von Betriebsbe-

---

11 Vgl. Ilko-Sascha Kowalczuk: Geist im Dienst der Macht. Hochschulpolitik in
    der SBZ/DDR 1945 bis 1961. Berlin 2003.

rufsschulen (1948), die seit 1957 direkt unter Leitung der Betriebe standen – die Kontrolle über die Ausbildung ihres Nachwuchses.

Angesichts der umfassenden ideologisch motivierten Veränderungen in der DDR darf die relative Stabilität in der Bundesrepublik nicht als Stagnation missverstanden werden. Die zu Beginn des Jahrzehnts noch heftig diskutierte Konfessionsfrage verschwand immer mehr als bildungspolitischer Diskussionsgegenstand. Hinzuweisen ist aber vor allem auf eine Erweiterung des Zugangs zu den weiterführenden Schulen (Zunahme der Realschüler um 43 % und der Gymnasiasten um 25 % zwischen 1952 und 1960), wozu der schrittweise Wegfall des Schulgelds beitrug.

Mit dem „Honnefer Modell" der Studienförderung, das am 1. Juli 1957 in Kraft trat, wurde in einem komplizierten Aushandlungsverfahren zwischen Bund, Ländern, Universitäten und gesellschaftlichen Interessenverbänden wie dem Bundesstudentenring und dem Verband Deutscher Studenschaften auch ein bundesweites Instrument öffentlicher Begabtenförderung im Hochschulbereich entwickelt. Es markiert den Beginn einer neuen staatlichen Aktivität auf diesem Sektor, die in das Bundesausbildungsförderungsgesetz von 1971 münden sollte. Es war übrigens nicht zuletzt eine unterschwellige bildungspolitische Systemkonkurrenz zur DDR, die eine öffentliche Förderung hochbegabter Studierender in der Bundesrepublik unabdingbar machte. Denn bereits seit 1953 konnten aus der DDR geflüchtete Studierende eine besondere Beihilfe in ihren ersten beiden Semestern erhalten. Weitergehende Ideen, wie in der DDR ein allgemeines Stipendium zu gewähren – der westdeutsche Sozialistische Deutsche Studentenbund (SDS) dachte an ein „Studienhonorar" – hatten aber keine Verwirklichungschance.[12]

Als weiteres Element der Begabtenförderung in der Bundesrepublik wurde in den fünfziger Jahren intensiv die Verbreiterung des so genannten „Zweiten Bildungswegs", also einer Vermittlung weiterführender Bildung und der Hochschulreife außerhalb der Regelschulen, diskutiert. Der junge Soziologe Ralf Dahrendorf, der durch sein Buch *Bildung ist Bürgerrecht* später die bildungspolitischen Debatten der sechziger Jahre wesentlich prägen sollte, forderte bereits 1959 dazu auf, Bildungswege jenseits der geraden Linie „vom Kindergarten zur

---

12 Vgl. Anweiler: Bildungspolitik (2005), S. 675-679.

Hochschule" zu schaffen, alle Talente der Nation auszuschöpfen, gleiche Startchancen zu eröffnen, die Divergenz von Beruf und Bildung zu überwinden und den traditionellen Bildungskanon zu revidieren.[13] Angesichts der sich abzeichnenden grundlegenden, Ost wie West betreffenden technologischen Veränderungen – Stichworte wie Sputnik-Schock, Kybernetik, „zweite" industrielle Revolution müssen hier genügen – gerieten Bildung, Bildungsplanung und Bildungsökonomie im Laufe der sechziger Jahre in beiden deutschen Staaten in den Mittelpunkt öffentlicher Diskussionen. Beispielhaft steht dafür der später oft zitierte Satz in der Regierungserklärung von Bundeskanzler Ludwig Erhard vom 18. Oktober 1963: „Es muß dem deutschen Volks bewußt sein, daß die Aufgaben der Bildung und Forschung für unser Geschlecht den gleichen Rang besitzen wie die soziale Frage für das 19. Jahrhundert."[14]

II. Reformaufbruch, Modernisierung und Stagnation – Bildungspolitik in Deutschland 1965 bis 1990

Die sich bis Mitte der sechziger Jahre herausgebildeten strukturellen Gegensätze von Bundesrepublik und DDR blieben auch in den siebziger und achtziger Jahren die bestimmenden Faktoren der bildungspolitischen Entwicklung: (1) Der zentralistischen Lenkung des Bildungswesens in der DDR steht im Westen das föderalistische Prinzip mit der Kulturhoheit der Länder gegenüber. (2) Ebenso unvereinbar sind auf weltanschaulicher Ebene ein ideologischer Monismus als Ausfluss der faktischen Einparteienherrschaft der SED und der politische Pluralismus in der Bundesrepublik wie (3) im Ökonomischen die alternativen Leitbilder von sozialistischer Planwirtschaft und sozialer Marktwirtschaft. Diese Divergenzen gilt es zumal deswegen zu betonen, weil in der Phase weltpolitischer Entspannung zwischen der Kubakrise (1962) und der KSZE-Schlussakte (Helsinki 1975) in Ost und West

---

13 Dahrendorfs Vortrag „Die vier Bildungswege der modernen Gesellschaft unter besonderer Berücksichtigung des Zweiten Bildungsweges in den hochindustrialisierten Gesellschaften des Westens" von 1959 wird hier zitiert nach: Ebd., S. 681; vgl. Ralf Dahrendorf: Bildung ist Bürgerrecht. Plädoyer für eine aktive Bildungspolitik. Osnabrück 1965.

14 Zitiert nach: Zwischen Freiheit und Ordnung. Zur Kulturpolitik der CDU/CSU. Herausgegeben von der Bundesgeschäftsstelle der CDU. Bonn 1964, S. 9.

manche Konzepte einer Konvergenz der Systeme im Zeichen indust-
riegesellschaftlicher Entwicklungen diskutiert wurden. Unser verglei-
chend-integratives Verfahren wird im bildungspolitischen Feld daher
durchaus neben den Kontrasten zunehmend auch Ähnlichkeiten und
Gemeinsamkeiten in den Blick zu nehmen haben, ohne damit die
grundsätzlichen Unterschiede zu vergessen. Festzustellen sind zum
Beispiel vergleichbare Problemstellungen oder alternative Handlungs-
optionen wie die Folgenden, die in der Bundesrepublik wie in der
DDR seit Mitte der sechziger Jahre einer Lösung harrten. Für die weitere systematische Betrachtung[15] können sie als analytische Kriterien
dienen:

- Die Auswirkungen der technisch-ökonomischen Veränderungs-
  prozesse, zum Beispiel durch die Mikroelektronik, begründeten
  massive Veränderungen in der Arbeitswelt und verlangten neue
  Qualifikationen der Beschäftigten. Sie stellten damit eine große
  Herausforderung für das Bildungswesen dar.

- In eine zunehmende Spannung geriet das in der DDR wie dann
  auch im Westen vermehrt unterstützte Postulat der „Chancengleichheit" mit dem Bedürfnis einer „Begabtenförderung".

- Zu vermitteln galt es zwischen bildungspolitischen Strukturentscheidungen und bildungstheoretischen Befunden der Erzie-
  hungswissenschaften: Die Auseinandersetzungen über Lehrformen
  und Lerninhalte wurden in Debatten um Curricula und didaktische
  Konzepte geführt.

- Schließlich stellte sich übergreifend die Frage nach dem generellen Stellenwert von Erziehung und Bildung im jeweiligen politischen Gesamtsystem. Aber auch innerhalb des Bildungssystems
  waren die jeweils vorherrschenden Perspektiven – von der praktischen Pädagogik her oder aus der Sicht der Bildungspolitik – in
  beiden deutschen Staaten teils identisch, teils konträr.

Zunächst kann für die sechziger und frühen siebziger Jahre für beide
Untersuchungsgebiete gleichsam von einer „Bildungskonjunktur",
einem „Aufschwung" des allgemeinen Interesses und der Anteilnahme

---

15 Neben den in Anmerkung 3 genannten Texten sind als Beleg und weiterführen-
   de Hinweise zum Folgenden heranzuziehen: Oskar Anweiler: Grundzüge der
   Bildungspolitik und der Entwicklung des Bildungswesens seit 1945. In: Vergleich von Bildung und Erziehung, S. 11-33, vor allem S. 19-27.

an Fragen von Bildung und Erziehung gesprochen werden.[16] In der DDR war die Rede von der „wissenschaftlich-technischen Revolution", auf die mit dem „Gesetz über das einheitliche sozialistische Bildungssystem" (1965) geantwortet werden sollte. Erkennbar ist das Ziel langfristiger planerischer Sicherheit, dem in der Bundesrepublik ein im Einzelnen mitunter diffuses, jedenfalls mit unterschiedlichem Entwicklungstempo und in zum Teil abweichende Richtungen laufendes Reformgeschehen gegenübersteht. Die mit der Planungsgewalt in der DDR verbundenen biographischen Prägungen und Dispositionen – insbesondere eine deutlich ausgeprägte Orientierung auf staatliche Planungsvorgaben für im Westen stärker individuell beeinflusste Entscheidungen (Schultyp, Berufswahl, Ausbildung, Weiterqualifizierung) – sind nach 1990 im Prozess der inneren Vereinigung deutlich geworden. Wenn das DDR-Schulsystem inzwischen gerade in den ostdeutschen Bundesländern mitunter eine ausdrückliche Rehabilitierung erlebt, hängt dies nicht zuletzt damit zusammen. Die angestrebte und zugesagte „soziale Sicherheit" wurde durch die geregelte Schullaufbahn vorbereitet.

In der Bundesrepublik kam der Anstoß zu Bildungsreformen und zu einer kritischen Bestandsaufnahme der bisherigen Schul- und Hochschulpolitik aus einer bildungspolitisch aktiv gewordenen und interessierten Öffentlichkeit. Beispielhaft und einflussreich geworden ist – neben dem bereits genannten Impuls, den das Buch von Dahrendorf gab – vor allem der Alarmruf des Heidelberger Religionsphilosophen Georg Picht, der von einer „Bildungskatastrophe" in der Bundesrepublik[17] sprach: Auf der Basis internationaler Vergleichszahlen beklagte er massive Defizite insbesondere bei der Finanzierung des Bildungswesens und bei der quantitativen „Produktion" von Abiturienten und Studierenden. Ging schon Picht im Einzelnen von unvollständigen Daten und nicht durchweg stichhaltigen Argumenten aus, so war die dadurch ausgelöste Mediendebatte von übertriebenen Erwartungen und Ansprüchen an die Veränderung des Bildungssektors gekennzeichnet.

---

16 Vgl. Klaus Hüfner / Jens Naumann / Helmut Kühler: Hochkonjunktur und Flaute. Bildungspolitik in der Bundesrepublik Deutschland 1967-1980. Stuttgart 1986.

17 Georg Picht: Die deutsche Bildungskatastrophe. Analyse und Dokumentation. Olten 1964.

Überlagert wurde die Debatte um nötige Reformen und bildungsökonomische Planungen dann in der zweiten Hälfte der sechziger Jahre von den Aktivitäten der sich gegen die seit 1966 regierende Große Koalition formierenden „Außerparlamentarischen Opposition" (APO). Ihr wichtigstes Zentrum hatte die APO an den Universitäten. Doch es wäre ein großer Irrtum zu glauben, dass die APO-Aktivitäten mit ihrer kulturrevolutionären Romantik den Anstoß für den Bildungsaufbruch der Zeit bewirkt hätten. Darauf hat Hermann Lübbe früh aufmerksam gemacht, der in dieser Zeit von einer Professur in Bochum in die unmittelbare bildungspolitische Verantwortung als Staatssekretär (SPD) beim Ministerpräsidenten von Nordrhein-Westfalen wechselte. Vielmehr ist an die Leistungen von Kultusministern wie Paul Mikat (Nordrhein-Westfalen) und Wilhelm Hahn (Baden-Württemberg) zu erinnern, die man als „konservative Modernisierer" bezeichnen kann. Beide gehörten der CDU an.

Doch neben der Länderebene rückte jetzt stärker der Bund in die Verantwortung. Das 1969 noch von der Großen Koalition verabschiedete neue Berufsbildungsgesetz, die Errichtung eines Bundesministeriums für Bildung und Wissenschaft durch die neue sozialliberale Koalition 1969 und die im Juli 1970 gebildete Bund-Länder-Kommission für Bildungsplanung (BLK) markieren wesentliche Schritte hin zu stärkerer bundesstaatlicher Vereinheitlichung. Eine Grundgesetzänderung (Artikel 75, 91 a und b) im Mai 1969 hatte die Voraussetzung dafür geschaffen, dass der Bund in der Bildungsplanung und bei der Rahmengesetzgebung für die Hochschulen mehr Kompetenzen bekam, was vor allem auch mehr finanzielle Beteiligung bedeutete. Sie war angesichts der enormen Expansion des Bildungssektors in dem Jahrzehnt bildungspolitischer „Hochkonjunktur" auch dringend erforderlich. Die Bildungsausgaben von Bund, Ländern und Gemeinden verdreifachten sich in dieser Zeit nahezu (1965: 15,7 Mrd. DM, 1973: 44,6 Mrd.), und es verdoppelte sich die Zahl der Schüler weiterführender Schulen und der Studierenden (Realschulen 1965: 571.000, 1975: 1,147 Mio.; Gymnasien 1965: 958.000, 1975: 1,863 Mio.; Studierende 1965: 308.000, 1975: 696.000).[18]

Diese in der deutschen Bildungsgeschichte einmaligen Steigerungsraten entsprachen einem gemeinsamen – über die Parteien hinweg –

---

18 Anweiler: Grundzüge der Bildungspolitik, S. 23.

geteilten planerischen und ökonomischen Optimismus und der Bereitschaft zur Öffnung höherer Bildungswege für breiteste Bevölkerungsschichten. Doch schon 1973/74, mit der tief greifenden konjunkturel-
len Abschwächung im Gefolge der so genannten Ölkrise von 1973,
begann auch ein bildungspolitischer „Abschwung", in dessen Folge
nicht nur die finanzielle Expansion des Bildungssektors gestoppt, sondern auch Reform- und Planungskonzeptionen abgebremst wurden.
Dies gilt auch für den am 15. Juni 1973 von der BLK vorgelegten *Bildungsgesamtplan*. Er zeigte bereits deutlicher einen Kompromisscha-
rakter zwischen den Konzeptionen der unterschiedlichen politischen
Lager, also der sozialliberalen Bundesregierung und den von der SPD
bzw. auf der anderen Seite den von der CDU geführten Landesregie-
rungen, als der *Strukturplan für das Bildungswesen* des Deutschen
Bildungsrats (1970). In der Folge verlagerte sich die Bildungspolitik
wieder stärker zurück in die Länder. Der Deutsche Bildungsrat wurde
1975 aufgelöst, der Bildungsgesamtplan nicht fortgeschrieben. Das
Anfang 1976 – nach jahrelangen Auseinandersetzungen um eine „pa-
ritätische" Gruppenuniversität (Gruppe der Professoren, Studenten,
Mittelbau, nichtwissenschaftliches Personal) – verabschiedete Hoch-
schulrahmengesetz wurde 1985 grundlegend novelliert, wobei die
Position der Professoren gestärkt und das einheitliche Reformmodell
der Gesamthochschule gestrichen wurden. Allerdings blieb die bildungspolitische Gesamtkonstellation nach dem Regierungswechsel
von der sozialliberalen Koalition zur Koalition aus CDU/CSU und
FDP vom Herbst 1982 ansonsten ohne tiefgreifende Änderungen.

Schon früher verloren die beiden genannten bildungspolitischen
Konzeptionen von 1970 (Strukturplan) und 1973 (Bildungsgesamtplan) für eine zentrale Reformlenkung angesichts dieser politischen
Lage, der veränderten finanziellen Handlungsspielräume und im Streit
der Parteien um neue Schulmodelle rasch an Wirkungskraft. Dieser
Konflikt manifestierte sich vor allem in der Auseinandersetzung um
die Gesamtschule als Alternative zum dreigegliederten Schulsystem
und als Instrument der viel zitierten „Chancengleichheit" im Bildungswesen. In der Kontroverse[19] um den Charakter der (integrierten)
Gesamtschule als Ergänzung und Reformversuch neben Hauptschule,

---

19 Vgl. Harald Ludwig (Hg.): Gesamtschule in der Diskussion. Bad Heilbrunn
    1981.

Realschule und Gymnasium einerseits bzw. als neue Regelschule andererseits zerbrach der grundsätzliche bildungspolitische Reformkonsens der späten sechziger Jahre. Dahinter standen allerdings sowohl zum Teil massive Divergenzen bei den curricularen Reformen als auch bei den soziokulturellen und politischen Leitwerten, die mit Hilfe der Veränderungen im Schulwesen befördert werden sollten.

Freilich standen von den über 1.000 Lehrplänen, die in den Fächern an den verschiedenen Schultypen der elf westdeutschen Länder gültig waren, vor allem „Gesinnungsfächer" wie Deutsch oder Geschichte vorübergehend im Mittelpunkt der Aufmerksamkeit.[20] Irritationen bei den Eltern rief zum Beispiel die Einführung der Mengenlehre im Mathematikunterricht der Grundschulen hervor, aber auch die Sexualerziehung konnte Medienöffentlichkeit beanspruchen. Die Debatte wurde hier erst mit einem Spruch des Bundesverfassungsgerichts vom 21. Dezember 1977 beendet, der zwar Sexualerziehung in den Schulen zuließ, aber eine einseitige Ausrichtung im Sinne einer „emanzipatorischen" oder „repressionsfreien" Erziehung – damit zwei zeitgenössische Stichworte aus Reformkreisen aufgreifend – untersagte. Zu breiten politischen Auseinandersetzungen führten Überlegungen zur Reduktion des Geschichtsunterrichts zugunsten einer integrierten Sozial- oder Gesellschaftskunde in Nordrhein-Westfalen und Hessen, wo auch heftig über neue, den bisherigen Literaturkanon weitgehend außer Kraft setzende Rahmenrichtlinien des Fachs Deutsch gestritten wurde. Elternprotest, der parteipolitisch von der jeweils oppositionellen CDU aufgegriffen und unterstützt wurde, führte in beiden Ländern am Ende zu einer Revision der neuen Lehrpläne, womit die 1974 einsetzende Phase der Konzentration und Reduktion bildungspolitischer Reformen auch inhaltlich erkennbar wurde.

In der DDR ist schon mit dem Übergang der politischen Macht von Ulbricht zu Honecker im Jahre 1971 eine bildungspolitische Zäsur zu erkennen. Unter der Leitformel „Stabilität und Kontinuität" ging der Reformelan ebenso zurück wie ehrgeizige Ziele einer Expansion der Hochschulausbildung zugunsten einer verstärkten Qualifikation des

---

20 Zum Folgenden vgl. Oskar Anweiler: Bildungspolitik. In: Geschichte der Sozialpolitik in Deutschland seit 1945. Herausgegeben vom Bundesministerium für Gesundheit und Soziale Sicherung und vom Bundesarchiv. Band 5: 1966-1974. Bundesrepublik Deutschland. Eine Zeit vielfältigen Aufbruchs. Herausgegeben von Hans Günter Hockerts. Baden-Baden 2006, S. 711-753, hier S. 729f.

Facharbeiternachwuchses. Während in der Bundesrepublik auch nach Ende der bildungspolitischen Hochkonjunktur die Zahl der Studierenden weiter deutlich anwuchs (Anteil der Studienanfänger an den 19- bis 21-Jährigen 1979: 18,2 %, 1987: 22,9 %), pendelte sie sich in der DDR auf einem niedrigeren Niveau (ca. 12 %) ein.[21] Damit wurde in der DDR der Fragenkomplex von Auswahl, Förderung, Begabung und Verteilung von Bildungszugängen brisanter.[22] In den achtziger Jahren, und hier sind unterschwellig durchaus Parallelen zu neuen Zielsetzungen in der Bundesrepublik sichtbar, lässt sich eine Hinwendung zur Begabten- und Bestenförderung erkennen. Individualförderung, innere Differenzierung innerhalb der Einheitsschule und außerschulische Förderung von Hochbegabten, seit 1983 auch fakultativer Unterricht in den Klassen 9 und 10 waren Instrumente dieser Strategie, die auf die internationale Konkurrenz bei der Gewinnung eines in Technologie und Naturwissenschaft leistungsfähigen Nachwuchses reagierte.

Formal hielt die DDR aber auch in dieser Phase einer gebremsten Bildungsoffensive an der ideologisch begründeten gezielten Förderung von Arbeiter- und Bauernkindern fest. Die damit beanspruchte Realisierung der auch im Westen als Leitziel diskutierten Chancengleichheit war freilich nicht nur angesichts diffuser sozialer Kriterien immer weniger zu belegen, sondern auch mit einer weiterhin offensichtlichen Diskriminierung bestimmter sozialer Schichten – z. B. Pfarrerskinder – verbunden. Gleichwohl lag der Anteil der „Arbeiterkinder" 1975 (45,7 % im Direktstudium an den Hochschulen) z. B. unter ihrer Quote von 1960 (50,3 %). Langfristig einen Vorsprung gegenüber der Bundesrepublik erreichten die jungen Frauen im höheren Bildungswesen der DDR, die bereits 1986 die Hälfte aller Studierenden an den Hochschulen und an den Fachschulen sogar einen Anteil von fast drei Vierteln (72,6 %) erreichten.[23]

---

21 Zahlen nach: Dietmar Waterkamp: Handbuch zum Bildungswesen der DDR. Berlin 1987, S. 325.

22 Vgl. Gerhard Schreier: Förderung und Auslese im Einheitsschulsystem. Debatten und Weichenstellungen in der SBZ/DDR 1946 bis 1989. Köln / Weimar / Wien 1996.

23 Vgl. für diese und weitere Daten die Hinweise bei Oskar Anweiler: Bildungspolitik. In: Geschichte der Sozialpolitik in Deutschland seit 1945. Herausgegeben vom Bundesministerium für Gesundheit und Soziale Sicherung und vom Bundesarchiv. Band 9: 1961-1971. Deutsche Demokratische Republik. Politische

Hinsichtlich der curricularen Strukturen hielt die DDR an den zentralistischen Vorgaben fest und unterschied sich hier weiter deutlich von der Entwicklung in den westdeutschen Ländern. Das zentrale Lehrplanwerk und das schulische Leistungskriterium einer unbedingten Lehrplanerfüllung blieben bis 1989 verbindlich, auch wenn es seitens der Akademie der Pädagogischen Wissenschaften Vorschläge für eine größere Flexibilität gab. Die Starrheit auch der seit 1982/83 inhaltlich weiter entwickelten und überarbeiteten Lehrpläne wurde in der Phase der friedlichen Revolution zu einem der Hauptkritikpunkte am Bildungswesen der DDR.

Zentrale Bildungsvorgaben oder einheitliche Prüfungsaufgaben müssen nicht ein Anzeichen für ein diktatorisches Bildungsregime sein, sie sind auch seit langem in Frankreich oder im demokratischen Polen der Gegenwart üblich. In der DDR waren sie aber an eine einheitliche Weltanschauung gebunden, an das Ziel der „Formung" eines sozialistischen Bewusstseins in der Schule. Entsprechend betont wurde die *Erziehungs*funktion aller Bildungseinrichtungen, einschließlich der Berufsausbildung und der Hochschulen. Welche Konsequenzen dies hatte, zeigt ein weiterer Vergleich: Während in der Bundesrepublik die KMK 1983 bei den Beratungen zum Unterricht über Verteidigungspolitik und Friedenssicherung keinen Konsens in der Frage erzielte, ob Offiziere der Bundeswehr an den Schulen darüber referieren dürften, nahm dieser Bereich in der DDR ganz andere Ausmaße an. Über Berufsausbildung und Studium verankerte das SED-Regime die sozialistische Wehrerziehung in einer Art „Salamitaktik" immer stärker im Bildungswesen, bis im Jahre 1978 der Wehrunterricht für das 9., ein Jahr später auch für das 10. Schuljahr verbindlich eingeführt wurde.[24]

Gleichwohl – und hier zeigte sich auch in der DDR, dass Erziehung nicht allmächtig sein kann – entglitt gerade die Jugend dem politischen Zugriff des SED-Systems immer stärker. Wenn es dazu eines Beweises bedurft hätte, lieferten ihn die Entwicklungen des Jahres 1989, die friedliche Revolution in der DDR. Wie der „IX. Pädagogische Kongreß" vom Juni 1989 zeigte, blieb für kritische Bedenken

---

Stabilisierung und wirtschaftliche Mobilisierung. Herausgegeben von Christoph Kleßmann. Baden-Baden 2006, S. 561-608, hier S. 605f.

24 Michael Koch: Die Einführung des Wehrunterrichtes in der DDR. Erfurt 2000.

oder Reformansätze im Bildungswesen der DDR kein Raum, anders als in sozialistischen Nachbarstaaten wie Polen, Ungarn und der Sowjetunion. Margot Honecker verkündete auf dem Kongress: Mit „Marx, Engels und Lenin [...] vorwärts, auch in das nächste Jahrtausend!"[25]

III. Die unverhoffte Einheit – eine Schlussbetrachtung aus der Perspektive des Jahres 2005

Auf die deutsche Einheit war indes - ebenso wie in anderen Bereichen – auch in der bundesdeutschen Bildungspolitik niemand wirklich vorbereitet. Die Kultusministerkonferenz beschloss erst im Dezember 1989, die Amtschefs anzuweisen, sich näher mit den Auswirkungen der Entwicklungen in der DDR für das deutsche Bildungssystem zu befassen. Im Bundesministerium für Bildung und Wissenschaft hatte der zuständige Beamte, Karsten Brenner, immerhin zu diesem Zeitpunkt bereits eine Problemskizze für Minister Möllemann entwickelt. Aber auch hier standen zuerst im Mittelpunkt nicht die Fragen der nationalen Einheit und der Zusammenführung der divergierenden Bildungsmodelle, sondern Überlegungen, welche Beiträge für die Förderung eines Erneuerungsprozesses in der DDR zu leisten sind. Angesichts der massiven Abwanderung aus der DDR seit Herbst 1989 sollte zum Bleiben ermuntert, ein physisches „Ausbluten" verhindert werden. Die Überlegungen zu einer möglichst engen Zusammenarbeit mit den Reformkräften in der DDR, die sich innerhalb weniger Monate vom SED-Regime befreiten, standen freilich unter der Erwartung, dass man dazu einige Zeit habe.

Die Dynamik des Einigungsprozesses wurde also deutlich unterschätzt, und so hinkte die Bildungspolitik der allgemeinen Entwicklung hinterher, so dass dieses Politikfeld in den Diskussionen auf dem Weg zur deutschen Einheit kaum eine Rolle spielte. Es gab also durchaus keine Schubladenpläne, mit deren Hilfe 1990 die westdeutsche Seite in Ostdeutschland das Bildungssystem umgekrempelt hätte. Es waren die neuen, bei der Wahl am 18. März 1990 legitimierten demokratischen Kräfte in der DDR, die aus der schonungslosen Kritik an ideologischen und restriktiven Elementen des DDR-Bildungssystem und angesichts einer gesellschaftlich weit verbreiteten Orien-

---

25 Zitiert nach: Bildungspolitik in Deutschland, S. 443.

tierungslosigkeit über die wichtigsten unmittelbaren Reformschritte Orientierung und praktikable Hilfe bei westlichen Vorbildern suchten, und zwar zumeist bei den westdeutschen Partnerländern der auf DDR-Gebiet neu entstehenden fünf Länder.

Am 16. Mai 1990 nahm eine Gemeinsame Bildungskommission beider deutschen Staaten ihre Arbeit auf, um die angestrebte „Bildungseinheit" vorzubereiten. Dabei formulierte der neue Minister für Bildung und Wissenschaft im Kabinett de Maizière, Hans-Joachim Meyer, die folgende Eingangserklärung: „Ziel der DDR-Regierung ist der Aufbau eines föderativ gegliederten Bildungswesens, das Teil der gesamten deutschen Bildungslandschaft wird." Diese politische Leitlinie der DDR-Regierung von 1990 ist der These einer „Kolonisierung" der neuen Bundesländer im Prozess der deutschen Einheit entgegen zu halten: Die fundamentalen Veränderungen auch im Bildungsbereich entsprangen Entscheidungen, die in den letzten Monaten der demokratischen DDR getroffen wurden.

Kultur- und Bildungspolitik wurde daher auch in Ostdeutschland wieder pluralistischer und vielgestaltiger, damit aber auch unübersichtlicher. Man mag darüber streiten, ob 1990 eine Chance zu einer stärkeren Vereinheitlichung oder grundsätzlichen Reform des Bildungswesens bestanden habe und ob es wünschenswert gewesen wäre, eine solche Gelegenheit zu nutzen.[26] Doch bestätigt sich auch aus heutiger Perspektive die große Bedeutung der Länder für Schule und Bildung. Dies unterstreicht die von der seit 2005 regierenden Großen Koalition im Rahmen ihrer „Föderalismusreform" angestrebte Korrektur der 1969 – auf dem Höhepunkt der westdeutschen „Bildungskonjunktur" – geschaffenen bildungspolitischen Kompetenzen und Mitwirkungsaufgaben des Bundes.[27] Bildungsplanung, Hochschulbau und Schulfinanzierung sind nunmehr wieder fast ausschließlich Ländersache. Bildung und Kultur erweisen sich so als das stärkste Refugium des Föderalismus in Deutschland, ebenso wie auf der Ebene der Euro-

---

26 Vgl. hierzu und zum Schlussabschnitt insgesamt die Ausführungen des Verfassers in seinem Beitrag: Bildung – Einheit und Vielfalt. In: Wolfgang Thierse / Ilse Spittmann-Rühle / Johannes L. Kuppe (Hg.): Zehn Jahre Deutsche Einheit. Eine Bilanz. Opladen 2000, S. 139-148.

27 Gesetz zur Änderung des Grundgesetzes vom 28. August 2006. In: Bundesgesetzblatt 2006, Teil I, Nr. 41, S. 2034; Föderalismusreform-Begleitgesetz vom 5. September 2006. In: Bundesgesetzblatt 2006, Teil I, Nr. 42, S. 2098.

päischen Union diese Bereiche wohl noch für lange Zeit die bleibende
Bedeutung der Nationalstaaten charakterisieren werden.

Knut Ipsen

Recht als Kulturelement in beiden deutschen Staaten

Das Recht, oder genauer, die jeweilige Gesamtrechtsordnung in den beiden deutschen Staaten als Kulturelement zu behandeln, stellt ein Unterfangen dar, dem sich zumindest die deutsche Staatsrechtslehre erst im Jahr 2005 mit breitem Ansatz genähert hat: Im Oktober 2005 befasste sich die Vereinigung der deutschen Staatsrechtslehrer auf ihrer Jahrestagung unter dem Rahmenthema „Kultur und Wissenschaft" mit der Kultur im Verfassungsstaat, dem Grund und den Grenzen der Wissenschaftsfreiheit, mit der Universität im Zeichen von Ökonomisierung und Internationalisierung sowie mit der Sprache als Kultur- und Rechtsgut.[1] Das Generalthema und seine Untergliederungen geben die Orientierung vor, anhand derer sich der Rechtswissenschaftler üblicherweise den Bezügen seiner Disziplin zur Kultur nähert; sie geben zugleich die Grenzen vor, innerhalb derer sich solche Überlegungen üblicherweise bewegen. Wenn es um Recht und Kultur geht, dann befasst sich der Rechtswissenschaftler gemeinhin mit den Kompetenzen und Zuständigkeiten des Staates auf Bundes- und Länderebene in Bezug auf die Kultur. Es wird akribisch abgegrenzt, was der Staat mittels seiner Rechtssetzung in Bezug auf Kultur tun darf und was nicht. Hinzukommt dann noch die Erörterung, was der Staat kraft verfassungsrechtlichen Kulturauftrags tun muss – damit hatte sich die Vereinigung deutscher Staatsrechtslehrer bereits vor 22 Jahren befasst.[2] Auf eine bewusst vergröbernde Form gebracht, bedeutet dies: Im Interessenzentrum des Juristen liegt die Kultur gemeinhin als

---

1 Kultur und Wissenschaft. Berichte und Diskussionen auf der Tagung der Vereinigung der Deutschen Staatsrechtslehrer in Frankfurt am Main vom 5. bis 8. Oktober 2005. Mit Beiträgen von Karl-Peter Sommermann u. a. Berlin 2006.

2 Kulturauftrag im staatlichen Gemeinwesen. Die Steuerung des Verwaltungshandelns durch Haushaltsrecht und Haushaltskontrolle. Berichte und Diskussionen auf der Tagung der Vereinigung der Deutschen Staatsrechtslehrer in Köln vom 28. September bis 1. Oktober 1983. Mit Beiträgen von Udo Steiner u. a. Berlin 1984.

Gegenstand des Rechts, nicht aber umgekehrt, das Recht als Element der Kultur. Eine solche Umkehr des Erkenntnis leitenden Interesses würde gebieten, sich dem Recht mit einem kulturwissenschaftlichen Ansatz zu nähern, der dieses Element und seine Wechselwirkung mit anderen Elementen innerhalb des staatlichen Gebiets- und Personenverbandes erfasst, in dem Kultur existent ist. Dabei darf allerdings nicht verkannt werden, dass der Staat je nach Ausmaß und Intensität seines Gestaltungsanspruchs die eine Kultur ausmachenden Elemente einander in einer Weise zuordnen könnte, die dem freiheitlich-demokratischen Rechtsstaat unserer Verfassung widerspricht. Recht als Kulturelement in den beiden deutschen Staaten bietet einen Vergleich dafür, wie unterschiedlich das Recht als Kulturelement verortet und wirksam sein kann.

Dabei ist im Folgenden zu dem Zweck, die Staatsbezogenheit von Kultur und Recht deutlich zu machen, zwischen einem weiten und einem engen Kulturbegriff zu unterscheiden: Der weite Begriff versteht Kultur im Sinne eines ethnologischen Problems als Ausdruck und Ergebnis des Selbstgestaltungswillens eines Volkes oder einer Volksgruppe. Kultur im engeren Sinne in ihrer Beziehung zum Staat und seinem Recht wird seit der Aufklärung im Sinne einer Absonderung aus der Staatsgestaltung verstanden, nämlich als Sammelbegriff aller geistig-schöpferischen Betätigungsfelder, die in Sonderbeziehung zum Staat stehen, wie zum Beispiel Kunst und Wissenschaft, Religion und Erziehung. Beide Begriffe erlauben eine erste Zuordnung: Ist ein Staat darauf angelegt, dem Selbstgestaltungswillen seines Volkes ein definitives Ziel – etwa in Gestalt einer ausgeformten Ideologie mit Verbindlichkeitsanspruch – vorzugeben, dann muss dem Recht im Rahmen einer solchen Kultur von vornherein ein grundlegend anderer Wirkungsbereich zugeordnet werden als in einem Gemeinwesen, in dem es gerade darum geht, Gestaltung durch den Staat und Gestaltung durch das Volk von einander abzugrenzen, gegeneinander auszubalancieren und dadurch gerade den Selbstgestaltungswillen des Volkes ohne einengende Zielvorgabe zu schützen. Die in dieser Unterscheidung zum Ausdruck gelangende Grundanlage von Kultur und Recht bildet den Hintergrund, vor dem im Weiteren versucht wird, auf die Frage nach dem Recht als Kulturelement in den beiden deutschen Staaten eine Antwort zu finden.

I. Recht als Kulturelement in der DDR

Soweit in der DDR von „Kultur" als Gegenstand einer Politik, d. h. von Kultur im engeren Sinne des Begriffs, die Rede war, wurde Kultur stets zugleich mit einer klaren Zielvorgabe verbunden. So bedeutete das allgemeine Ziel der Kultur „die Verwirklichung der sozialistischen Revolution auf dem Gebiet der Ideologie und Kultur und die Herausbildung einer der Arbeiterklasse, dem schaffenden Volk und der Sache des Sozialismus ergebenen Intelligenz"; diese Zielbestimmung war als „allgemeine Gesetzmäßigkeit des sozialistischen Aufbaus in allen Ländern" zu begreifen.[3] Dass die Politik den „Selbstgestaltungswillen" des Volkes indessen im Sinne des weiten Kulturbegriffes erfassen und nach der in der Definition enthaltenen Zielvorgabe strikt auszurichten beabsichtigte, wird in der Erklärung des damals zuständigen Sekretärs im Zentralkomitee (ZK) der SED, Kurt Hager, auf der 6. Tagung des ZK der SED am 6. und 7. Juli 1972 deutlich. Danach sind

> die verschiedenen Elemente der sozialistischen Kultur, [...] die sozialistische Arbeitskultur, der Schutz und die Gestaltung der Umwelt, die Kultur in den menschlichen Beziehungen und im persönlichen Lebensstil, die Weiterentwicklung der wissenschaftlichen Weltanschauung und ihre Verbreitung im Volk, die Förderung von Wissenschaft und Bildung, die Pflege des humanistischen Kulturerbes und seine Aneignung durch die Werktätigen, der Aufschwung der Kunst und ihre gesellschaftliche Wirksamkeit, die Entwicklung aller schöpferischen Begabungen und Talente des Volkes.[4]

Wer derart von einer Ziel- und Inhaltsbestimmung der sozialistischen Kultur ausgeht, muss – schon, um in der eigenen Logik zu verbleiben – dem Recht dieselbe ziel- und inhaltsbestimmte Funktion beimessen wie der Kultur selbst. „Das sozialistische Recht nimmt die objektiven Gesetzmäßigkeiten der sozialistischen Gesellschaft in sich auf und wirkt so als Hebel für deren bewusste Durchsetzung".[5] Wie

---

3   Kulturpolitik. In: Kleines politisches Wörterbuch. Berlin (Ost) 1973, S. 478f., Zitat S. 478.

4   Zitiert nach: Heinz Kersten / Harald Kleinschmidt: Kulturpolitik. In: DDR-Handbuch. Wissenschaftliche Leitung: Hartmut Zimmermann. Herausgegeben vom Bundesministerium für innerdeutsche Beziehungen. Köln, 3., überarb. und erw. Aufl. 1985, 2 Bände, Band 1, S. 767-776, Zitat S. 768.

5   Thesen zum Wesen und zur Entwicklung des sozialistischen Rechts. In: Staat und Recht 12 (1963), S. 1841-1850, Zitat S. 1844.

Kurt Sontheimer und Wilhelm Bleek zutreffend festgestellt haben, beschränkt sich das sozialistische Verständnis des Rechts damit nicht schlicht auf seine Verortung als „Überbauphänomen im Sinne der Marx-Engelsschen Vorstellung vom Recht als einem Überbau über den die historische Entwicklung bestimmenden Produktionsverhältnissen". Das Recht ist vielmehr ein Mittel zur „bewussten Gesellschaftsgestaltung".[6] Es würde somit der Kulturgestaltung als allgemeiner Gesetzmäßigkeit des sozialistischen Aufbaus diametral widersprechen, dem Recht im sozialistischen Staat eine Schutzfunktion in Bezug auf den Selbstgestaltungswillen des Volkes im Sinne liberaler Staatsmodelle einzuräumen. Recht als Element sozialistischer Kultur kann systemimmanent nicht den Zweck der Begrenzung staatlicher Macht gegenüber der Selbstgestaltung des Volkes haben.

Dass dies so ist, zeigt in mehrfacher Hinsicht die Verfassung der DDR vom 9. April 1968.[7] Unter der Rubrik „politische Grundlagen" wurde die DDR als ein „sozialistischer Staat deutscher Nation" gekennzeichnet, der die politische Organisation „der Werktätigen in Stadt und Land" darstellt, die „gemeinsam unter Führung der Arbeiterklasse und ihrer marxistisch-leninistischen Partei den Sozialismus verwirklichen" (Art. 1). Die grundlegende Zielbestimmung war an exponierter Stelle festgelegt: „Das gesellschaftliche System des Sozialismus wird ständig vervollkommnet" (Art. 2). Das einheitliche sozialistische Bildungssystem sollte die Bürger befähigen, „die sozialistische Gesellschaft zu gestalten und an der Entwicklung der sozialistischen Demokratie schöpferisch mitzuwirken" (Art. 17, Abs. 2). In diesem Sinne gehörte „die sozialistische Nationalkultur [...] zu den Grundlagen der sozialistischen Gesellschaft." Die DDR „fördert und schützt die sozialistische Kultur, die dem Frieden, dem Humanismus und der Entwicklung der sozialistischen Menschengemeinschaft dient" (Art. 18, Abs. 1). Für die „Einhaltung und die Verwirklichung der Verfassung", einschließlich dieser zitierten Normen, sollte die „Staats- und Rechtsordnung" der DDR „die grundlegende Garantie" sein (Art. 86), wie überhaupt die „Rechtspflege [...] der Durchführung

---

6   Kurt Sontheimer / Wilhelm Bleek: Die DDR. Politik, Gesellschaft, Wirtschaft. Hamburg 1972, S. 120.

7   Der Text ist leicht zugänglich in: Ingo von Münch (Hg.): Dokumente des geteilten Deutschland. Stuttgart ²1976, S. 525-548. Danach die folgenden Zitate.

der sozialistischen Gesetzlichkeit, dem Schutz und der Entwicklung der Deutschen Demokratischen Republik und ihrer Staats- und Gesellschaftsordnung" dienen sollte (Art. 90).

Nach alledem hat die DDR von ihrem ideologischen Ansatz her konsequent das Recht als Element ihrer Kultur instrumentell verstanden, d. h. als eines der Mittel, deren es zum Aufbau der sozialistischen Kultur bedurfte. Der eingangs formulierte Kulturbegriff ist weder in seinem weiten noch in seinem engen Sinne tauglich, dieses sozialistische Verständnis der Kulturgestaltung zu erfassen. Wird an die beiden Begriffsverständnisse angeknüpft, so könnte der weite Kulturbegriff, auf die DDR angewendet, lediglich dahin verstanden werden, dass Kultur der in jeder Hinsicht determinierte Selbstgestaltungswillen eines Volkes ist. Der enge Kulturbegriff im Sinne der Absonderung aus der Staatsgestaltung müsste im Hinblick auf die DDR in das genaue Gegenteil umgewandelt werden, denn danach werde Kultur gerade Staatsgestaltung (unter anderem) mit dem Mittel des Rechts.

Überzogen wäre es indessen, wenn aus diesem instrumentellen Verständnis des Rechts gefolgert würde, dass Recht als Element der DDR-Kultur habe den Staat zu einem unberechenbaren Willkürsystem ohne Rechtssicherheit gemacht. Die Verortung des Rechts als Teil des Überbaus im Sinne der marxistisch-leninistischen Rechtstheorie wirkt nach eben dieser Theorie zugleich verändernd und gestaltend.[8] Richtpunkt für das Verhältnis von Kultur und Recht war und blieb allerdings die allgemeine Gesetzlichkeit des sozialistischen Aufbaus im oben dargelegten Sinne, die nicht nur eine ideologische Grundorientierung, sondern auch ein Rechtsprinzip darstellte.

II.   *Recht als Kulturelement in der Bundesrepublik Deutschland*

Es wäre eine unzulässige Vereinfachung, wollte man in Bezug auf die Bundesrepublik Deutschland das Recht als Element der Kultur als darauf beschränkt ansehen, Kultur zu ermöglichen, d. h. den Selbstgestaltungswillen des Volkes von staatlicher Mitgestaltung weitgehend freizuhalten. Die Länder, bei denen die im Sinne des engen Kulturbegriffs zu verstehende Kulturhoheit liegt, haben in ihren Verfas-

---

8   Vgl. Georg Brunner: Einführung in das Recht der DDR. München ²1979, S. 2.

sungen⁹ – zum Teil noch vor Inkrafttreten des Grundgesetzes – in durchaus unterschiedlicher Weise geregelt, wie sie das Verhältnis zwischen Kultur und Staat verstehen. Die Verfassungen einiger Bundesländer enthalten keine Erwähnung des Kulturbegriffs, so die Berliner und die Hamburger Verfassung. Die Verfassung des Landes Baden-Württemberg erwähnt ebenfalls nicht explizit die Kultur, enthält jedoch die Kultur gestaltende Vorgaben, wenn beispielsweise die Freiheit der Persönlichkeit dahin verstanden wird, dass der Mensch berufen ist, „seine Gaben in Freiheit und in der Erfüllung des christlichen Sittengesetzes zu seinem und der anderen Wohl zu entfalten" (Art. 1, Abs. 1). Auch enthält diese Landesverfassung Vorgaben der Erziehungsziele: „Die Jugend ist in der Ehrfurcht vor Gott, im Geiste der christlichen Nächstenliebe, zur Brüderlichkeit aller Menschen und zur Friedensliebe, in der Liebe zu Volk und Heimat, zur sittlicher und politischer Verantwortlichkeit, zu beruflicher und sozialer Bewährung und zu freiheitlicher demokratischer Gesinnung zu erziehen" (Art. 12, Abs. 1). Die übrigen 13 Bundesländer erwähnen in ihren Verfassungen die Kultur ausdrücklich, wenngleich mit unterschiedlicher Zweckrichtung und ebenso unterschiedlichem Stellenwert. So bekennt sich Bayern in der grundlegenden Vorschrift über die Staatsziele ausdrücklich dazu, „ein Rechts-, Kultur- und Sozialstaat" zu sein (Art. 3, Abs. 1). Brandenburg kennzeichnet sich in seiner nach der Wiedervereinigung verabschiedeten Verfassung als „der Kultur verpflichtetes demokratisches Land" (Art. 2, Abs. 1). Bremen beschränkt sich auf die Fixierung von Erziehungszielen, darunter „die Erziehung zur Teilnahme am kulturellen Leben des eigenen Volkes und fremder Völker" (Art. 26, Nr. 4). Die Verfassung Hessens enthält ebenfalls detailliert beschriebene Erziehungsziele (Art. 56), darunter das Ziel, den Geschichtsunterricht auf „die großen Wohltäter der Menschheit, die Entwicklung von Staat, Zivilisation und Kultur, nicht aber Feldherren, Kriege und Schlachten" (Art. 56, Abs. 5) zu orientieren. Die Verfassung Mecklenburg-Vorpommerns gehört zu den liberalen Landesverfassungen, die sich im Wesentlichen auf das Bekenntnis der Förderung von Kultur beschränken (Art. 16). Zu dieser Kategorie gehört auch die Verfassen Niedersachsens (Art. 6), ebenso die Verfassung

---

9   Sie sind gesammelt zugänglich in: Rudolf Schuster (Hg.): Die Verfassungen aller deutschen Länder. München 1994.

Nordrhein-Westfalens (Art. 18). Kulturförderung als Aufgabe des Staates ist auch in der Verfassung von Rheinland-Pfalz verankert (Art. 40, Abs.1), wobei darüber hinaus auch Erziehungsziele für die Schule vorgegeben sind: „Die Schule hat die Jugend zur Gottesfurcht und Nächstenliebe, Achtung und Duldsamkeit, Rechtlichkeit und Wahrhaftigkeit, zur Liebe zu Volk und Heimat, zum Verantwortungsbewusstsein für Natur und Umwelt, zu sittlicher Haltung und beruflicher Tüchtigkeit und in freier, demokratischer Gesinnung im Geiste der Völkerversöhnung zu erziehen" (Art. 33). Ähnliches enthält die Saarländische Verfassung (Art. 30; Art. 34). Sachsen beschränkt sich auf die Festlegung der Kulturförderung als Staatsaufgabe (Art. 11, Abs. 1) und gewährleistet (wegen der sorbischen Bevölkerung) explizit den Schutz der Kultur ethnischer Minderheiten (Art. 5, Abs. 2). Die Verfassung Sachsen-Anhalts enthält vergleichbare Regelungen wie die sächsische Verfassung, legt aber darüber hinaus als Erziehungsziel „die Entwicklung zur freien Persönlichkeit, die im Geiste der Toleranz bereit ist, Verantwortung für die Gemeinschaft mit anderen Menschen und Völkern und gegenüber künftigen Generationen zu tragen" fest (Art. 27, Abs. 1). Die Verfassung Schleswig-Holsteins bekennt sich zur staatlichen Kulturförderung (Art. 9) und enthält eine Schutzklausel zugunsten der kulturellen Eigenständigkeit von Minderheiten (Art. 5, Abs. 2). Die Verfassung Thüringens widmet ihren dritten Abschnitt der „Bildung und Kultur". Neben der (nahezu in allen Verfassungen enthaltenen) Aufgabe der Förderung der Kultur bestimmt sie als Aufgabe von Erziehung und Bildung, „selbständiges Denken und Handeln, Achtung vor der Würde des Menschen und Toleranz gegenüber der Überzeugung anderer, Anerkennung der Demokratie und Freiheit, den Willen zur sozialen Gerechtigkeit, die Friedfertigkeit im Zusammenleben der Kulturen und Völker und die Verantwortung für die natürlichen Lebensgrundlagen des Menschen und die Umwelt zu fördern" (Art. 22, Abs. 1). Das Grundgesetz enthält in weiser Bescheidung der durch seinen Art. 30 abgesicherten Kulturhoheit der Länder keine explizite Erwähnung des Verhältnisses von Kultur und Staat, wobei die Rechtsprechung des Bundesverfassungsgerichts zum Grundrecht der Freiheit von Kunst und Wissenschaft, Forschung und Lehre (Art. 5, Abs. 3) durchaus Auswirkungen auf die Kultur des Gesamtstaates verzeichnet hat.

Die Vielfalt, welche die Bundesländer in Bezug auf die Behandlung der Kultur in ihren Verfassungen aufweist, mag den überzeugten Föderalisten begeistern. Aussagekräftig in Bezug auf das, was die Länderverfassungen unter Kultur verstehen, ist diese Vielfalt nur sehr bedingt. Mit Ausnahme der Verfassung Bayerns, das sich ausdrücklich als „Kulturstaat" kennzeichnet, gibt keine Landesverfassung einen Anhaltspunkt dafür, dass ihr ein zuvor analysierter, bezüglich seines Inhalts und seiner Grenzen abgeklärter Kulturbegriff zugrunde gelegt worden ist. Soweit die Förderung der Kultur als Staatsaufgabe in den Verfassungen fixiert worden ist, steht sie zumeist – oft in ein und demselben Artikel – auf gleichrangiger Ebene mit Kunst, Wissenschaft und Sport. Kultur als Einprägung menschlicher Zwecke in die Natur in Betätigung menschlichen Selbstgestaltungswillens hat den Autoren der betreffenden Landesverfassungen wohl nicht vorgeschwebt, denn dann hätte es nicht zur Gleichstellung von Kultur und Kunst, Kultur und Sport und ähnlichem kommen können. Man gewinnt vielmehr den Eindruck, als ob der Begriff „Kultur" in mancher Landesverfassung eher als Auffangbecken für das herhalten muss, was unter den vorher gekennzeichneten Feldern wie Bildung, Kunst, Wissenschaft und Sport nicht zu erfassen war. Wer zudem die unterschiedlichen Erziehungsziele, die zum Teil zitiert worden sind, miteinander abgleicht, der wird wachsenden Schwierigkeiten begegnen, wenn er dem im politischen Diskurs verwendeten Begriff der „deutschen Leitkultur"[10] mit Inhalt erfüllen will. Sucht man also im positiven Grundlagenrecht, nämlich in den Verfassungen der Länder nach Position und Wirkung des Rechts als Element der Kultur, dann wird man nur sehr begrenzt fündig.

An nutzbarer Erkenntnis bringt jedenfalls die Analyse der Landesverfassungen in Bezug auf ihre Behandlung der Kultur als gemeinsamen Nenner, dass fast alle Verfassungen die Förderung der Kultur als staatliche Aufgabe kennzeichnen. Ob diese Förderung eine ‚wertfreie' zu sein hat oder ob die Staatsaufgabe der Förderung indirekt die staatliche Kultursteuerung ermöglicht, bleibt jenseits rechtswissenschaftlicher Kontroversen der Wirklichkeit überlassen. Wo durch Landesverfassungen der Erziehung – ohne sie in jedem Fall erkennbar als Teil

---

10 Vgl. Norbert Lammert (Hg.): Verfassung, Patriotismus, Leitkultur: was unsere Gesellschaft zusammenhält. Hamburg 2006.

der Kultur zu begreifen – differenzierte Erziehungsziele vorgegeben werden, bleibt die Frage offen, ob es sinnvoll ist, den jungen Menschen in dem einen Bundesland zur Gottesfurcht und zur Vaterlandsliebe, in dem anderen zur Friedfertigkeit im Zusammenleben der Kulturen und Völker zu erziehen. Vielleicht ist es der Selbstbescheidung staatlicher Organe zu danken, dass Deutschland aufgrund derart unterschiedlicher Erziehungszielvorgaben nicht Staatsbürger höchst unterschiedlicher Prägung schafft.

Wer sich auf die Suche macht, das Recht als Kulturelement in der Ebene des einfachen Gesetzesrechts zu suchen, der wird hier bisweilen Spuren finden, die eher an vergangene Kulturen gemahnen und insoweit lediglich von historischem Interesse sind. Zwei Beispiele mögen dies erläutern: Die Verfassung unseres Staates, das Grundgesetz, ist aufgrund des Zusammenwirkens der Grundrechte und des Staatsorganisationsrechts eindeutig vom Gewaltmonopol des Staates geprägt. Unsere Rechtsordnung erlaubt selbsttätige Gewaltanwendung durch den Menschen nur in den Rechtsformen der Notwehr oder der Nothilfe. Dennoch wies das Strafgesetzbuch der Bundesrepublik noch ein gutes Dutzend von Jahren nach Inkrafttreten des Grundgesetzes einen Abschnitt über den Zweikampf auf. Damals bestimmte § 206 StGB, dass derjenige, der seinen Gegner im Zweikampf tötet, mit Einschließung nicht unter zwei Jahren bestraft wird. Die Einschließung war damals eine Freiheitsstrafe ohne entehrende Folgen. Sie bestand in Freiheitsentzug mit Beaufsichtigung der Beschäftigung und Lebensweise des Gefangenen in besonderen, von den „gewöhnlichen" Strafanstalten abgesetzten Vollzugseinrichtungen. Als „normales" Tötungs- oder Körperverletzungsdelikt konnte der Zweikampf mit tödlichem Ausgang nur bestraft werden, wenn der betreffende Duellant, die „vereinbarten oder hergebrachten Regeln des Zweikampfes" vorsätzlich übertreten hatte (so der damalige § 207 StGB). Mithin galten trotz des Grundgesetzes in den sechziger Jahren des vorigen Jahrhunderts in der Bundesrepublik Deutschland noch Rechtsvorschriften, die von einer längst vergangenen Ehren- und Streitkultur des 19. Jahrhunderts zeugten.[11] Oder ein anderes Beispiel: Die Regelung des Bürgerlichen Gesetzbuches, nach der die Eltern eines Kindes die

---

11 Vgl. Ute Frevert: Ehrenmänner. Das Duell in der bürgerlichen Gesellschaft. München 1991.

elterliche Gewalt in eigener Verantwortung und im gegenseitigen Einvernehmen zum Wohl des Kindes auszuüben haben, war ergänzt durch eine Vorschrift, die besagte: „Können sich die Eltern nicht einigen, so entscheidet der Vater; er hat auf die Auffassung der Mutter Rücksicht zu nehmen" (§ 1628 Abs. 1 BGB). Zwar gebot das Grundgesetz in Artikel 3 bereits seit 1949 die Gleichberechtigung von Mann und Frau, jedoch konnte dieses Verfassungsgebot nicht verhindern, dass während der ersten zehn Jahre nach Inkrafttreten des Grundgesetzes die eklatant verfassungswidrige Vorschrift des BGB weiterhin mit der Begründung angewendet wurde, es entspräche dem überkommenen Familienbild, dass in solchen Streitfällen über die Ausübung der elterlichen Gewalt der männliche Elternteil das Letztentscheidungsrecht habe. Erst 1959 machte das Bundesverfassungsgericht dieser Ungleichheit ein Ende, indem es § 628, Abs. 1 BGB für verfassungswidrig wegen Verstoßes gegen Art. 3, Abs. 2 GG erklärte.

Wer angesichts solcher Beispiele, der sich weitere hinzufügen ließen, zu der Ansicht gelangt, Recht sei als Kulturelement im Wesentlichen auf eine retardierende Funktion beschränkt, der verkennt, dass jede Kultur sich aus der für sie stets grundlegenden Auseinandersetzung zwischen Tradition und Erneuerung bildet. So gehört Tradition ebenso wie die Erneuerung zu jeder Kultur. Ein Fortschritt wäre es gewiss, wenn die Kulturwissenschaften dazu beitragen könnten, den eingangs als Arbeitshypothese eingeführten weiten Kulturbegriff als Grundlage für die weiteren Untersuchungen aufzubereiten, welche einzelnen Elemente Gegenstand des Selbstgestaltungswillens eines Volkes oder einer Volksgruppe sind. Dann würde auch, was manchem Juristen gut tun würde, die Rechtsordnung nicht mehr als ehernes, autonomes und nur den Kundigen zugängliches Gebäude betrachtet, sondern als – um im Bild zu bleiben – offenes Haus, das zu seinem Umfeld vielfältige Verbindungen unterhält. Das verlangt manche Neuerung in Grundverständnis und Methodologie. Beides verlangt interdisziplinäres Arbeiten, wie es dem Rechtswissenschaftler nach wie vor eher fremd ist.

3. Neue Generationen zwischen Protest und Tendenzwende

Guido Hiß

Theater um Achtundsechzig. Werkstatt der Revolution oder ästhetischer Fluchtpunkt?

Als man mir Thema und (Unter-)Titel für diesen Beitrag vorschlug, sagte ich gleich zu. Denn Achtundsechzig finde ich grundsätzlich ebenso interessant wie Revolution oder Ästhetik, gerade mit Blick auf die neuere Theatergeschichte. Als ich mich später an den Schreibtisch begab, musste ich feststellen, dass sich aus dieser Themenformulierung durchaus heikle Fragen ergeben. Zwar lassen sich mit der magischen ‚68' durchaus gravierende gesellschaftliche Umwälzungen in Zusammenhang bringen, aber das Wort Revolution würde ich dafür nicht strapazieren. Zum anderen ist mir nicht bekannt, dass die Bühne je zu einer Werkstatt der Revolution geworden wäre, allenfalls vielleicht zu einem Instrument ihrer Propagierung oder zum Seismographen eines Bruchs in der gesellschaftlichen Tektonik. Außerdem halte ich das Ästhetische keineswegs für einen Punkt, zu dem man fliehen kann (etwa vor der Wirklichkeit), sondern für einen imaginären Raum, in dem ganz reale Probleme intensiv behandelt werden können, oft sogar besser als an ihrem originalen diskursiven Ort. Versteht man „Fluchtpunkt" perspektivisch, kommt man der Sache allerdings näher.

Man kann den Titel gewiss sinnvoll auf Achtundsechzig (und die Folgen) beziehen, aber nur dann, wenn man ihn als programmatische Verdichtung begreift, als antithetische Formulierung – im Geist der Zeit. Man muss ihn gleichsam in Anführungszeichen setzen. Ausformuliert könnte das etwa so lauten: ‚Wir wollen Theater als Werkstatt der Revolution neu erfinden, um seinen bürgerlich eskapistischen Status zu beenden. Revolutionäre Energie darf nicht weiter in ästhetische Kanäle abfließen. Denn auch kritische Kunst bestärkt zuletzt nur das, wogegen sie angeht: den gesellschaftlichen Status Quo. Zumindest wenn sie in einer etablierten Institution dieser Gesellschaft vorgetragen wird.'

Ich möchte im Folgenden die nachhaltige Politisierung des Theaters im Zeichen der Studentenrevolte auf drei Ebenen zum Thema machen. Ein kleiner Exkurs beschäftigt sich einführend mit der Tradition kulturrevolutionärer Theateransätze in Deutschland, mit Wagner, Piscator und Brecht. Ein historisches Fallbeispiel skizziert einen herausragenden Beitrag zur kritischen Neufassung des Theaters um Achtundsechzig. Es geht um Aktivitäten Peter Steins in München, Bremen und Berlin. Das dritte kleine Kapitel schaltet mediengeschichtliche Dimensionen ein und wagt hinsichtlich des revolutionären Anspruchs eine kleine Relativierung, das Bewahrende im vorgeblich Umwälzenden beleuchtend.

1.   Dionysos und Apoll

Die Proklamierung des Theaters als revolutionäre Anstalt ist keine Erfindung von ein paar jungen Regisseuren, die im Umfeld der Studentenbewegung begannen, die Bühnen zu erobern, heißen sie Stein, Peymann, Flimm, Zadek oder Neuenfels. Die revolutionäre Geschichte des Theaters ist viel älter. Denn als öffentlicher Ort, als Versammlungsort, als Ort einer gemeinschaftlichen Tätigkeit, geriet Theater immer wieder in den Fokus politischer Aktivisten. Im Anschluss an die gescheiterte Revolution von 1848 entwarf Richard Wagner im Züricher Exil unter dem Stichwort „Theater und Revolution" ein weit reichendes Programm für eine sozialrevolutionäre Bühnenkunst. Es ging maßgeblich darum

> einzuholen, was die gescheiterte Revolution von 1848 ihm verweigert hatte: das Umdenken aller bestehenden religiösen, politischen, gesellschaftlichen und kulturellen Verhältnisse, die revolutionäre Erneuerung einer moralisch wie institutionell als bankrott erachteten Welt.[1]

---

1   Udo Bermbach: Der Wahn des Gesamtkunstwerks. Richard Wagners politisch-ästhetische Utopie. Frankfurt am Main 1994, S. 11f.

In Wagners kulturrevolutionärem Programm verbinden sich soziale, ästhetische und zivilisationskritische Perspektiven. Wagner träumt von einer „wirklichen, wahrhaftigen Kooperation" der Produzenten, von einer „Genossenschaft" der Dichter, Maler, Musiker und Architekten. Aber auch von wirklicher Gemeinschaft von Spielenden und Schauenden. Jenseits von Individuation und Partikularisierung, jenseits von Geldherrschaft und falscher Rationalität soll auf dem Boden dieser produktiven und rezeptiven „Allgemeinsamkeit" das „Kunstwerk der Zukunft" erwachsen. Die grundlegende ‚kommunistische' Überlegung, wonach eine neue Gemeinschaft der Künste (nach dem Vorbild der antiken Tragödie) einer kollektiv erlösten Menschheit zuarbeiten könne, findet sich übrigens noch in der Programmatik des russischen Proletkults, etwa bei Platon M. Kerschenzew.

Das Berliner Theater der Zwanziger Jahre bildet, auch was die politische Aufgabenstellung betrifft, den „Horizont des Jahrhunderts" (Günter Rühle), insbesondere die mit Piscator und Brecht verbundenen Ansätze. Piscators Theater versuchte mit filmisch („episch") erweiterten Mitteln, einer kommunistischen Welt den Boden zu bereiten. Das universalisierende Identitätsmodell, das im Gemeinschaftsraum Aufführung modellhaft erlebt werden soll, ist die klassenlose Gesellschaft. Nicht auf Diskursivität oder auf rationalisierende Distanz setzt diese Theaterutopie. Piscator träumt vom polyfunktionalen „Raumklavier", das ein „Trommelfeuer" von Reizen von allen Seiten und auf allen Kanälen in den Zuschauerraum schleudern soll. Das physische Erleben des ideologisch Intendierten ist Programm. Das Projekt rüttelt am Ego des Zuschauers selbst, will, was es inhaltlich vertritt, zugleich körperlich und emotional erfahrbar machen: das Glück der kommunistischen Subjektüberwindung. Die postrevolutionäre Ära gehört dem Kollektiv und das Theater wird zum Instrument seiner Erfahrung. Dass diese theatrale Agitation gezielt am Körper und gerade nicht am Geist der Zuschauer ansetzt, bestätigt Piscator in einem drastischen Bild, und zwar zum Anlass der ersten großen Politrevue „Roter Rummel" (von 1924):

> Wie mit Eisenhämmern sollte sie mit jeder ihrer Nummern niederschlagen, nicht nur an einem Beispiel, sondern an Dutzenden dieses Abends ihr Leitmotiv beweisen, ihr: Ceterum censeo, societatem civilem esse delendam! [...] Kein Ausweichen durfte es mehr geben, [...] ein Trommelfeuer von Beispielen mußte herangebracht werden [...]. Und das unter skrupelloser Ver-

wendung von Möglichkeiten: Musik, Chanson, Akrobatik, Schnellzeichnung, Sport, Projektion, Film, Statistik, Schauspielerszene, Ansprache.[2]

Sowohl Wagner als auch Piscator proklamierten ihr Medium als Werkstatt der Revolution. Bereits Wagner unterschritt mit Blick auf die revolutionäre Verpflichtung des Theaters das Feld des Künstlerisch-Zweckfreien. Bei Piscator, der durch die Schule Dadas gegangen war, galt das Ästhetische selbst hoch verdächtig („Kunst ist Scheiße"). Doch für das junge Theater um Achtundsechzig waren diese historischen Formen allenfalls negative Vorbilder. Sie spielten aus guten Gründen fast keine Rolle. Nicht Piscators rote Dionysie bildete die Referenz, sondern das dialektische Theater. Der Abgott der Achtundsechziger hieß Bertolt Brecht.

Brecht empfand das Ästhetische allerdings nicht als Fluchtort. Im *Kleinen Organon für das Theater* proklamierte er als die „allgemeinste Funktion", die er für das Theater gefunden habe, „das Vergnügen".[3] Grundsätzlich sei es schwierig, eine Theorie theatralischer Verfremdung „außerhalb einer Ästhetik" darzustellen. Brecht wollte das Theater keinesfalls in direkter politischer Aktion aufheben, sondern allenfalls eine szenische Kunst ausbilden, die einem „wissenschaftlichen Zeitalter" angemessen wäre. Das Vergnügen, um das es ging, war das Vergnügen der Erkenntnis. Das neue Theater sollte die Welt als veränderbare zeigen, den Zuschauer als Denkenden Ernst nehmen und dabei über politische Entwicklungen und Missstände aufklären. Agitation und Propaganda fallen aus diesem Raster heraus. Ebenfalls mit dem szenischen oder auch filmischen Dampfhammer vermittelte Botschaften und Kollektivräusche. Wo Piscator eine der eindrucksvollsten Multimediamaschinen der Theatergeschichte plante, das „Totaltheater", reichten bei Brecht ein paar Fässer, ein paar Bretter und ein halbhoher Vorhang. Und wo Piscator die Schauspieler mit seinen Projektionsmaschinen fast erschlug, setzte der Stückeschreiber auf eine re-

---

2   Erwin Piscator: Das politische Theater. In: Zeittheater. Das politische Theater und weitere Schriften. Herausgegeben von Manfred Brauneck und Peter Stertz. Reinbek bei Hamburg 1986, S. 57.

3   Vgl. Bertolt Brecht: Kleines Organon für das Theater. In: Bertolt Brecht: Schriften zum Theater 2. Frankfurt am Main 1967ff. (= Gesammelte Werke in 20 Bänden. Band 16), S. 661-700, Zitat S. 663.

formierte Schauspielkunst, in der Lage, die raffinierte sokratische Dialektik seiner Fragen subtil zu vermitteln.

Wie jeder Aufklärer in der Geschichte des Abendlandes setzte Brecht auf Sprache und Diskursivität. Er entwarf ein neues Bündnis der Szene mit dem Logos, erprobte das „semantische Statut" des Theaters (Roland Barthes). Keineswegs gab er die Fabel, mithin die Logik der Narration Preis: „Die Fabel ist nach Aristoteles – und wir denken da gleich – die Seele des Dramas."[4] Piscator setzte – durchaus in Bayreuther Tradition – auf die multidimensionale Überwältigungsmaschine, auf überlebensgroße Bilder, Klänge, auf Massen und Elektrizität und damit zuletzt auf das Nervensystem seiner Zuschauer: Ideologie ‚via Haut'. Brecht setzte auf Erkenntnisfreude. In Nietzsches berühmten Kategorien wäre Piscator ein Dionysiker, Brecht auf der Seite Apollons.

Man kann das eben Angedeutete auch in den Termini der Mediengeschichtsschreibung formulieren. Brecht arbeitet in der Fluchtlinie jener historischen Vorherrschaft des Sprachlichen und Schriftlichen, das Marshall McLuhan in den sechziger Jahren auf den Begriff der „Gutenberg-Galaxis" getauft hatte. Piscator, orientiert an Bild, Nervenreiz und sinnlicher Überwältigung, zeigt sich schon klar (und unbewusst) im Bündnis mit der postgutenbergischen neuen Medienwelt. Die Kinoleinwand ist unübersehbar Hauptingredienz seiner Inszenierungen. Mit der Gutenberg-Galaxis, die aus dem Urknall der Erfindung des Buchdrucks hervorging, verbindet sich die abendländische Karriere wissenschaftlicher Rationalität, der Abschied von Natur im Zeichen ihrer Beherrschung, sowie, in meinem Feld, die weitestgehende Literarisierung des Theaters.

Der theatrale Leitstern des Gutenbergtheaters ist naturgemäß der dramatische Text; das Theater post Gutenberg lebt aus dem Bild und der Musik. Das eine zielt auf den Kopf der Zuschauer, das andere stimuliert Gefühle. Es können auch revolutionäre darunter sein. Wichtig für unser Thema ist die Beobachtung, dass schon in den zwanziger Jahren der politische oder meinethalben auch revolutionäre Beitrag des Theaters in zwei divergierenden Welten formuliert wurde. Wich-

---

4   Brecht: Kleines Organon für das Theater, S. 667.

tig ist ferner die Tatsache, dass die Achtundsechziger ihre Vorstellungen von einem radikalen Theater vor dem Hintergrund einer umfassenden Medialisierung vortrugen, die, massenmedial und bildermäch-
tig vorgetragen, klar *post Gutenberg* agierte. Die Fallbeispiele reichen
von Hollywood bis nach Woodstock und darüber hinaus.

2.   Über die Abschaffung der Kunst

„L'art est mort, ne consommez pas son cadavre". Diesen Satz schrei-
ben Studenten im Mai 1968 an Wände der Sorbonne. Karl Markus
Michel flicht im *Kursbuch 15* einen „Kranz für die Literatur", erklärt
Kunst zum Luxus und resümiert: Die Kunst „tummelt sich munter
zwischen Allotria und Zauberspruch, und das Ergebnis ist: der Dichter
steht hoch im Kurs, aber er hat nichts zu melden".[5] Dass Kritik „seit
Jahren an des Kaisers neuen Kleidern" webe, beklagt, ebenda, Yaak
Karsunke, „dabei braucht er bestenfalls noch ein Leichenhemd."[6] Hans
Magnus Enzensberger hört „das Sterbeglöcklein für die Literatur"
läuten.

Diese Äußerungen aus den Jahren 1968 und '69 belegen den Höhepunkt der „zweiten Phase der Politisierung der Kunst" in den sechziger Jahren. Sie belegen zugleich ihre Krise. Noch am Anfang der Dekade waren die „Literaten, Schriftsteller, Kritiker, die ‚Intellektuellen'
Westdeutschlands zur Zeit ihres größten Selbstgefühls".[7] Schon 1966
stand die „Gruppe 47" praktisch vor ihrem Ende. „Vom mangelnden
Selbstvertrauen der schreibenden Hofnarren unter Berücksichtigung
nicht vorhandener Höfe" betitelte Günther Grass seine Rede (anlässlich der „Gruppe"-Tagung in Princeton). Den geschichtlichen Hintergrund für die zunehmende Politisierung und der mit ihr verbundenen
Selbstwertkrise der Kunstschaffenden markieren die Spiegel-Affäre
1962, die Krise der parlamentarischen Opposition, „die in dem Regie-
rungsbündnis der SPD mit der CDU/CSU 1966 ihren sinnfälligen

---

5   Karl Markus Michel: Ein Kranz für die Literatur. In: Kursbuch 15, November
     1968, S. 174.

6   Yaak Karsunke: Anachronistische Polemik. In: Ebd., S. 168.

7   Karl Heinz Bohrer: Die gefährdete Phantasie, oder Surrealismus und Terror.
     München 1979, S. 90f.

Ausdruck fand".[8] Im Hintergrund stehen das Erstarken neofaschisti-
scher Tendenzen und die Verabschiedung der Notstandsgesetze, die
im Anwendungsfall wesentliche Grundrechte der Verfassung außer
Kraft setzen. Im Hintergrund steht der Vietnam-Krieg, empfunden als
politische und moralische Bankrotterklärung der westlichen Führungsmacht.

Im Zusammenhang mit der ersten Politisierungswelle versuchte
man, auf die gesellschaftlichen Herausforderungen mit neuen Formen
zu reagieren. Dabei drückte sich das gewandelte Selbstverständnis der
dramatischen Literatur exemplarisch im Entstehen einer Fülle von
dokumentarischen Werken aus. „Nichts verdeutlicht dies mehr als die
Tatsache, daß sich der dokumentarischen Methode so unterschiedliche
Autoren wie z. B. Hochhuth, Kipphardt, Weiss, Grass [...] oder selbst
Frisch bedient haben."[9]

Den Vordenkern der „zweiten Politisierungswelle" im Zeichen der
Studentenrevolte war schließlich auch die gesellschaftskritische Literatur und Dramatik ihrer unmittelbaren Vorgänger verdächtig, auch
hier witterte man „Sedimente bürgerlicher Ideologie". Den wohl wichtigsten philosophischen Hintergrund der „Neuen Linken" lieferte, gerade auch im Hinblick auf die Kunstdiskussion, die Kulturkritik der
„Frankfurter Schule", lieferten die Schriften von Adorno, Habermas,
Benjamin. Den vielleicht direktesten Bezug zu den zitierten Grabre-
den vermittelt ein Aufsatz aus dem Jahre 1937, der 1967 in deutscher
Übersetzung zugänglich wurde: „Vom affirmativen Charakter der
Kultur". Herbert Marcuse konstatiert darin die praktische Folgenlosigkeit der Kunst im Hinblick auf die von ihr intendierten humanitären
Ziele, und er macht den Zusammenhang deutlich, der zwischen dieser
Folgenlosigkeit und dem autonomen Status der Kunst in der bürgerlichen Gesellschaft besteht.[10] Dass aber Kunst, auch kritische, gerade
noch unterstütze, wogegen sie angehen will, ist eine bittere These. Vor
dem Hintergrund dieses Arguments erklären sich die zitierten Grabre-
den: *Wenn also Kunst nur stabilisiert, was sie bekämpft, muss sie ab-*

---

8   Ebd., S. 668.

9   Ebd., S. 678.

10   Peter Bürger: Theorie der Avantgarde. Frankfurt am Main 1974, S. 13f.

geschafft werden. Oder zumindest – dies die abgemilderte Konsequenz – was (‚bürgerliche') Institution ist an der Kunst, muss beseitigt werden, um ihre gesellschaftliche Wirksamkeit erst freizusetzen.

Die Institution Theater zu bekämpfen, hieß zuallererst: die Macht der Intendanten zu brechen, hieß anzugehen gegen jene Generation von Theaterleitern, die, wie Peter Iden schreibt, „in den alten, traditionsreichen und [...] nach dem Krieg rasch und repräsentativ aufgebauten Häusern fast ausnahmslos wie Fürsten in Kleinstaaten" herrschten. „Everding in München, Buckwitz in Frankfurt, Barlog in Berlin, Stroux in Düsseldorf."[11]

Ins Zentrum des Nachdenkens über eine revolutionäre Neubegründung des Theaters geriet ein junger Mann, der mit den Herrschaftsverhältnissen im öffentlichen Theatersystem schon einschlägige Erfahrungen gemacht hatte, und der zum Vordenker der heißen Phase des politischen Theaters um Achtundsechzig werden sollte: Peter Stein. Er war „nach ausgedehnten Studien" Regieassistent bei Fritz Kortner an den Münchner Kammerspielen geworden. Seine erste eigene Inszenierung von Bonds *Gerettet* wurde von der Zeitschrift *Theater heute* umgehend zur Aufführung des Jahres 1967 gewählt. Doch Steins Karriere an den Münchner Kammerspielen wurde jäh unterbrochen, als er, im Juli 1968, nach einer Vorstellung des *Vietnam Diskurs* von Peter Weiss, für den Vietkong sammeln ließ. Everding setzte ihn unverzüglich vor die Tür. Stein wechselte an die Berliner Schaubühne, damals eine der dezidiert ‚linken' Bühnen der Stadt. Man übernahm Bühnenbildelemente der Münchner Inszenierung und erarbeitete das Stück neu: mitbestimmt von Schauspielern und Laiendarstellern. In Berlin kam es immerhin zu drei Aufführungen. Diesmal versuchte man, Geld zu sammeln für amerikanische (Vietnam-)Deserteure. Die politisch hochgespannte Atmosphäre eskalierte in der Festnahme von Schauspielern. Vorgeblich aus Gründen mangelnder künstlerischer Qualität wurde die Aufführung von der Intendanz abgesetzt. Die (Marcuse-)These von der affirmativen Eigendynamik institutionalisierter Kunst sah man dabei ideal bestätigt. In einem vom *Vietnam-*

11 Peter Iden: Die Schaubühne am Halleschen Ufer 1970–1979. München / Wien 1979, S. 17.

Kollektiv des Ensembles der Staatsbühne am Halleschen Ufer verfassten „Rückblick auf den Viet Nam Diskurs" artikulierte sich das folgendermaßen:

> Das Theater, auch dieses, ist ein Bestandteil des offiziellen Kulturbetriebes.
> Das Bedürfnis des Beherrschten nach Auflehnung gegen die Herrschenden
> wird durch linkes Bildungstheater sublimiert, die marxistische Dialektik in
> der Form von pseudo-revolutionärem Schöngeist in den Schoß des Abend-
> landes gesenkt und tief unten integriert. Anders: Das Establishment vögelt
> die Antiautoritären, die nach dem unerwarteten Lustgewinn wieder ganz
> hübsch und neu differenzieren können. [...] „Nicht nur Dokumentartheater ist
> im Kapitalismus Scheiße [...]."[12]

Das nachfolgende Engagement führte Stein an das Bremer Theater,
das in den sechziger Jahren unter Kurt Hübner, zum „Zentrum szeni-
scher Arbeit in Deutschland" geworden war.[13] Die erste Politisierungswelle war an diesem Haus fast spurlos vorbeigegangen, die
zweite erfasste es dann nachdrücklich. In ihrem Scheitelpunkt stand
die heute legendäre Inszenierung von Goethes *Torquato Tasso*. Ein
klassisches Stück über das Verhältnis von Kunst und Macht, das dem
Team um Peter Stein die ideale Vorlage bot, ihren eigenen gesellschaftlichen Stellenwert durchzuspielen.

Vor dem Hintergrund der zeitgenössischen Kulturdiskussion erwuchs im Verlauf der Probenarbeiten aus der Beschäftigung mit dem
zweihundert Jahre alten Stück ein Arbeits- und Denkprozess, der den
Rahmen „Klassikerinszenierung" beinahe sprengte. Das äußerte sich
auch in einem Parallelprojekt. Ein Teil des für das Verhältnis Kunst
und Macht, Künstler und Institution sensibilisierten Ensembles zog
die direkte Konsequenz: Man begann, parallel, an einer selbstbe-
stimmten Inszenierung zu arbeiten, der „Frauenvolksversammlung"

---

12 Das Vietnam-Kollektiv des Ensembles der Staatsbühne am Halleschen Ufer:
   Rückblick auf die Arbeit am „Viet Nam Diskurs" der Schaubühne am Halleschen Ufer, Berlin. In: Theater Heute (10) 1969 H. 4, S. 24f., Zitat S. 24f.

13 Hübner hatte es verstanden, die wichtigsten und innovativsten Theaterleute der
   jüngeren Generation an sein Haus zu binden. Viele der heute etablierten Thea-
   terschaffenden nahmen dort ihre Anfänge: die Regisseure Peter Zadek, Wilfried
   Minks, Hans Hollmann, Rainer Werner Faßbinder, Hans Neuenfels, Klaus Michael Grüber, die Bühnenbildner Karl Ernst Hermann und Erich Wonder, und
   über die am *Tasso* beteiligten Schauspieler hinaus sind zu nennen: Margit Cars-
   tensen, Hannelore Hoger, Hans Peter Hallwachs, Vadim Glowna, Fritz Schede-
   wy (u. a.).

des Aristophanes. Es kam indes zu keiner Aufführung, sondern, einen Tag vor der *Tasso*-Premiere, am 29. März 1969, machten die Beteiligten ihre Diskussion öffentlich. „Es gab kein konsumierbares [...] Produkt mehr, sondern nur den Ausweis und Nachweis von Selbstbeschäftigung (Beschäftigung mit sich als Klärungsprozeß, wie man Theater machen soll). Das war die Krisis selbst."[14]

Der gleiche Gedankenhintergrund, der in der *Frauenvolksversammlung* die Form aufsprengte, bog sich im *Tasso* in Form von „gesellschaftskritischen Bedeutungen [...] in die mehrdeutige Anschaulichkeit des Spiel zurück".[15] Das äußert sich vor allem in den Anfangssequenzen, in „Vorspiel", „Bekränzung" und „Erstem Zwischenspiel", im Neuarrangement des Textes, in den Spiel-im-Spiel-Anlagen, im episierenden Gestus der Inszenierung. Unentwegt kommentierte sich die Szene selbst, wohlgemerkt ohne auf externe Einblendungen angewiesen zu sein, etwa auf Dia- oder Filmprojektionen.

Die „epische" Vermessung des klassizistischen Dramas, die sich in den viel beschriebenen parodistischen Elementen vielleicht am deutlichsten ausdrückt, holt Symptome eines sozialen (und eben nicht dichterisch-essentiellen) Krankheitsbilds ans Licht: Überzogene Dichtereitelkeit steht nicht als humoristischer und „denunziatorischer" Selbstzweck, sondern als Indiz pathologischer Verhältnisse. Und damit war erreicht, was Brecht im Kern anstrebte: die soziale Vermessung der Aktionen und Akteure, das Durchscheinen des Gesellschaftlichen im vordergründig Individuellen, die gestische Aufhebung des Subjektiven im Sozialen. Im Sinne des angestrebten Vergnügens der Erkenntnis, im Sinne der Dialektik, im Sinne der Geschichte und gerade – im Sinne der Kunst.

Stein zog über die Zwischenstation Zürich nach Berlin, gründete die Schaubühne am Halleschen Ufer als mitbestimmtes Theater (neu).

---

14 Günther Rühle: Die Suche nach der Kunst. In: Günther Rühle: Theater in unserer Zeit. Frankfurt am Main 1976, S. 194.

15 Ivan Nagel: Epitaph und Apologie auf Steins „Tasso". In: Theater 1969, S. 27-31, Zitat S. 28. Und vgl. Goethe u. a.: Torquato Tasso. Regiebuch der Bremer Inszenierung. Herausgegeben von Volker Canaris. Mit Beiträgen von Edith Clever u. a. Frankfurt am Main 1970, besonders S. 179.

Und gleich die erste Inszenierung, bestätigte noch einmal programmatisch die Säule, auf die das revolutionäre Theater bauen wollte. Man spielte Gorkis *Mutter* in Brechts Bearbeitung, und die deutlichste Referenz an den Augsburger Inspirator markierte die Besetzung von Therese Giehse, einer alten Brecht-Mitstreiterin, als Pelagea Wlassowa.

Brecht war endlich im Westen angekommen. Sein Einfluss zeigte sich in mehreren Bereichen. Etwa im kritischen Impetus einer episch sich artikulierenden Spielweise, die maßgeblich auf die Vermittlung gesellschaftlicher Dimensionen setzt. Der Brecht-Bezug meint zweitens, dass man weiter auf Dramen setzte, und sei es, um sie in der szenischen Verfremdung zur historischen Kenntlichkeit zu bringen. Nicht zufällig verbindet sich mit Steins erster Dekade an der Schaubühne eine geradezu beispiellose Aufwertung von Dramaturgie, ergo von Arbeit am Text und insbesondere an seiner Geschichtlichkeit. Kunst sucht hier klar die Verbindung zur Wissenschaft, zu Philologie, Soziologie, Geschichte. Den dritten Inspirationspunkt markiert die Idee eines kollektiven Schaffens. Hier wirkt sich – institutionsimmanent - etwa die Lehrstück-Debatte aus, das Ziel der politischen Selbstbildung und Findung eines künstlerischen Kollektivs. Der Idee eines sozialistischen Theaters schien einzig das Mitbestimmungsmodell angemessen, wobei sich die ursprünglich artikulierte Forderung nach einer Abschaffung von Kunst in die dezentere Variante einer Reformierung der Institution Theater abmilderte (was sich aber auch nicht durchsetzte).

3. Die Schriftgelehrten

Ich habe im ersten Abschnitt auf die großen Traditionslinien des politischen Theaters hingewiesen. Dabei standen sich im Prinzip zwei Götter und ihre Oberpriester gegenüber, Dionysos und Apoll, Piscator und Brecht. Mediengeschichtlich gesehen, artikuliert sich im Widerstreit über das adäquate politische Theater das Pulsieren der Gutenberg-Galaxis selbst. Wie hältst Du 's mit dem Leitmedium Schrift? Piscator steht, was diesen Punkt betrifft, auf der Seite Wagners, Brecht auf der Seite Lessings. Wo aber stehen die Achtundsechziger? Inge Münz-Koenen beantwortet diese Frage klar und eindeutig: „Die Achtundsechziger sind [...] in [...] größerem Ausmaß noch schrift-

sprachlich sozialisiert worden und hatten es mit einer vergleichsweise
überschaubaren Medienlandschaft zu tun. [...] Kurz vor der Verbreitung des PC waren die Theoretiker der Studentenbewegungen gleichsam die letzten Schriftgelehrten."[16] Kaum bestreitbar ist, dass das „An-
und Zusammengelesene [...] eine unmittelbare Autorität" hatte.[17] Dafür bürge zuletzt die berühmte Heldenreihe längs der Geschichte des
neunzehnten und zwanzigsten Jahrhunderts, „auf der sich Karl Marx,
Max Stirner, Michail Bakunin, Sigmund Freud, Wladimir Iljitsch Lenin, Rosa Luxemburg und andere relativ einträchtig platzieren konnten."[18] Das war allerdings nur dadurch möglich, dass eine „auf Kausa-
lität und Letztbegründung bedachte Diskursstrategie regierte" und
damit immer noch und vielleicht zum letzten Mal die Gutenberg-
Galaxis gegen eine Welt in Stellung gebracht wurde, die sich – nach
den Diagnosen der Medientheoretiker – in audiovisuellen Simulatio-
nen aufzulösen begann.

Daraus ergeben sich nicht uninteressante theatergeschichtliche Konsequenzen. Schaltet man die Dimension von Mediengeschichte ein,
erweist sich das vorgeblich revolutionäre Theater womöglich als überraschend konservativ. Was heißt es, wenn eine Generation, die in eine
globale Medienrevolution hineinwächst, sich an Vorstellungen orientiert, die maßgeblich aus einer Zeit stammen, die das Fernsehen als
Leitmedium nicht kannte, geschweige denn digitale Perspektiven? Ich
möchte eine Antwort in zwei Punkten zumindest skizzieren:

Die maßgebliche Orientierung an der (heiligen) Schrift (Brechts)
operiert im Plan eines an der Sonne Gutenbergs ausgerichteten Theaters. Aber auch wenn Kommentar, Kritik, Lehre in die Häuser einzo-
gen, die Texte zogen gerade nicht aus. Das Drama wurde noch nicht in
Zweifel gezogen, die Dramaturgie blühte, die Achtundsechziger grif-

---

16 Inge Münz-Koenen: Bilderflut und Lesewut. Die imaginären Welten der Acht-
    undsechziger. In: Rainer Rosenberg u. a. (Hg.): Der Geist der Unruhe. 1968 im
    Vergleich: Wissenschaft – Literatur – Medien. Berlin 2000, S. 83-96, Zitat S.
    89.

17 Ralf Bentz u. a.: Protest! Literatur um 1968. Marbach am Neckar 1998 (= Mar-
    bacher Kataloge 51. Herausgegeben von Ulrich Ott und Friedrich Pfäfflin), S.
    127.

18 Münz-Koenen: Bilderflut und Lesewut, S. 91.

fen nicht wie ihre postmodernen Nachfolger die Theatralität der Gutenbergwelt an, sie bestärkten sie noch. Der sozialrevolutionäre Gestus verdeckt nur den medienkonservativen Kern. Anders ausgedrückt: Die Parteinahme für das Proletariat artikulierte sich in einer traditionell bürgerlich inspirierten Form. Vielleicht brach der Aufbruch gerade deshalb so schnell in sich zusammen, weil die traditionellen Schlüssel, auf die man sich berief, nicht in die neuen Löcher passten. Die zu revolutionierenden Massen „„glotzten TV", die Intellektuellen lasen Bücher. Vielleicht war die Brecht-Orientierung im Zeitalter des Vietnamkriegs bereits anachronistisch geworden.

Im Unbewussten des Theaters um Achtundsechzig tobte – dies wäre die zweite These – ein Kulturkampf, der mit dem vordergründig proklamierten nur indirekt zu tun hat. Es ist ein Kampf um das Leitmedium Sprache, mithin um das Drama. Im Bündnis mit dem dramatischen Text war Theater in Deutschland stark geworden, eine bedeutende Bildungsinstitution, eine säkulare Kirche, ein höchstes Kulturgut. Dem Theater war sozusagen alles zuzutrauen, von der Affirmation einer bürgerlichen Welt bis zu ihrer Umwälzung. Dass Theater indes lange nicht mehr als Leitmedium agierte, ist seit dem Massenerfolg des Kinos in den Zwanziger Jahren prinzipiell bekannt. Das revolutionäre Pathos um Achtundsechzig verdrängte diese einfache Erkenntnis nachhaltig, eben um den Preis eines womöglich illusionären Machterhalts.

Die radikalen politischen Parolen überdecken und pointieren die Überschätzung der szenischen Möglichkeiten. Man klammerte sich an eine Meinungsmacht, die längst zur Maulformel geronnen war, ketzerisch gesagt: vielleicht schon bei Brecht. In den medialen Müllhalden des audiovisuellen Zeitalters behaupteten Künstler ihre dramaturgischen Spielräume als Welt und vor allem als Welt verändernd. Indem sich Theatermacher als Politiker inszenierten, zeigten sie sich nicht der Revolution verpflichtet, sondern der Fiktion, was ihrer traditionellen Aufgabenstellung erstaunlich nahe kommt. Dass sich Peter Stein Mitte der achtziger Jahre einer noch älteren (psychologisierenden) Form des theatralen Bündnisses mit der Sprache, derjenigen Stanislawskis, verschrieb, liegt in der Logik des Ansatzes. Inzwischen ist er bis zu Goethe zurückgereist.

Der an Brecht ihrerseits geschulten Achtundsechziger-Kritik galt und gilt dies als Hochverrat. Ich vermute, dass Peter Stein schlichtweg die Wunschökonomie diverser Herrschaften erschütterte. Denn der Traum vom revolutionären Theater reagiert im Achtundsechziger-Kontext auf den geheimen Wunsch, die dem Theater von Gutenberg verliehene Macht nicht an die neuen Medien abzugeben. Peter Steins berüchtigte ‚konservative' Wendung hat allenfalls den ‚Fehler', diese heimliche Wunschökonomie aufzudecken. Die Verbannung Steins aus der Insel der Seligen ist damit auch ein Akt der Traumzensur. Der um Achtundsechzig im Zeichen von Marcuse unterstellte „affirmative Charakter der Kultur" disqualifiziert in der Tat das Ästhetische als Fluchtpunkt, verstanden als Ort einer gesellschaftlich kontraproduktiven Sublimierung revolutionärer Energie.

Die kleine historische Skizze lässt einen gewissen Verdacht zumindest bedenkenswert erscheinen. Der revolutionäre Impuls übermalte nur den geheimen medienkonservativen Willen: Nicht um die Überwindung der Kunst geht es, sondern um die Bewahrung der Schrift und ihrer Deutungshoheit als (linkes, aufklärerisches) Leitmedium. Vor diesem Hintergrund werden die wilden Attacken der theatralen Postmoderne wider das Drama erst eigentlich verständlich, nämlich als selbstkritische Vertiefung jener Auseinandersetzung um Theater und Macht, die der Bremer *Tasso* gestartet hatte.

Bernd Faulenbach

Hoffnungen und Enttäuschungen. Das „doppelte" 1968 und seine Folgen[1]

I. Zum Thema

„1968" ist Chiffre für das Geschehen in jenem Jahr, auch für politisch-soziale Bewegungen, die 1968 kulminierten und – real oder vermeintlich – eine Prägekraft für die Generation der „68er" ausübten. Über die politische, politisch-kulturelle und die kulturelle Nachwirkung der Ereignisse und Bewegungen gibt es bis in die Gegenwart Streit, obgleich „1968" im engeren Sinne nun schon mehr als dreieinhalb Jahrzehnte zurückliegt und die Generation der „68er" inzwischen kurz vor dem Eintritt ins Rentenalter steht.[2]

Die Schwierigkeit der Beurteilung von „1968" wird dadurch erhöht, dass bewusst geworden ist: Es gab ein „doppeltes 1968" – 1968 im Westen, über das viel diskutiert wird und 1968 im Osten, das allzu häufig außerhalb unseres Horizonts bleibt. Auf diesem Hintergrund soll hier das „doppelte 1968" thematisiert werden, wobei auch der Nachwirkung von 1968 im Westen und im Osten nachgegangen werden soll. Ich möchte wie folgt vorgehen:

- Zunächst ist nach „1968" im Westen zu fragen: nach den weltweiten Studentenprotesten und den besonderen (west)deutschen Ausformungen.

---

1   Verfasser und Herausgeber weisen ausdrücklich darauf hin, dass dieser Text bereits im Jahr 2005 verfasst wurde und die Grundlage eines Vortrags am 2. November 2005 an der Ruhr-Universität Bochum bildete. Die seither erschienene Forschungsliteratur wurde bewusst nicht eingearbeitet, auch um die aus dem Vortrag erwachsene Struktur des Beitrags zu bewahren.

2   Siehe Wolfgang Kraushaar: 1968 als Mythos, Chiffre und Zäsur. Hamburg 2000; Jürgen Busche: Die 68er. Biographie einer Generation. Berlin 2003; Bernd Faulenbach / Rainer Eckert (Hg.): Auf dem Weg zur Zivilgesellschaft. Mythos und Realität der 60er und 70er Jahre in Ost und West. Essen 2003.

- Danach ist „1968" im Osten zu thematisieren: Zentral für „1968" in Osteuropa war – neben Protesten in Polen – der „Prager Frühling", dessen Bedeutung für die DDR und ihre Gesellschaft, überhaupt für das sozialistische Lager zu beleuchten ist.

- In einem dritten Schritt sind Vergleiche anzustellen: Haben wir es mit einer Koinzidenz von verschiedenen Geschehnissen zu tun oder lassen sich Affinitäten bei den Phänomenen feststellen? Lassen sich gar Hinweise auf Beeinflussungen oder kommunikative oder andere Beziehungen feststellen?

- Schließlich ist nach den Folgen von „1968" im Westen und im Osten zu fragen, wobei das Scheitern der Bewegungen, woran äußerlich betrachtet kein Zweifel bestehen kann, einzubeziehen ist. Inwieweit von „1968" her sich Linien zu „1989" ergeben, ist dabei zu erörtern.

II.   *„1968" als Bewegung in der westlichen Welt und in der Bundesrepublik*

1968 entwickelte sich in zahlreichen Ländern auf dem Hintergrund eines politisch-kulturellen Umbruchs eine Protestbewegung, die wesentlich von Studenten getragen wurde.[3] Gemeinsam war der national erhebliche Unterschiede aufweisenden Bewegung der Protest gegen den Vietnam-Krieg der USA, doch ging es vielfach auch um Bürgerrechte, Demokratie und teilweise auch um soziale Umgestaltung. Verknüpft mit den Protesten waren Sympathien mit Befreiungsbewegungen in der Dritten Welt, vor allem auch in Lateinamerika. Resultat war vielerorts die Entstehung einer „neuen Linken", deren Subjekt nicht mehr Arbeiter, Gewerkschaften und Arbeiterbewegung, sondern junge Leute, vor allem Studierende waren. Erscheinungsformen, Ziele und Nachwirkungen der meist bald zerfallenden Bewegung sind in den jeweiligen nationalen Kontexten aufzusuchen.

Die Bewegung in der Bundesrepublik Deutschland hatte u. a. in den Protesten im Kontext der *Spiegel*-Affäre ihre Vorgeschichte, speiste

---

3   Dazu siehe Ingrid Gilcher-Holtey: Die 68er Bewegung. Deutschland – Westeuropa – USA. 2. Aufl. München 2003; Eric Hobsbawm: Das Zeitalter der Extreme. Weltgeschichte des 20. Jahrhunderts. München / Wien 1995, S. 361f.; S. 376ff.; S. 406ff.

sich zunächst vorrangig aus der Kritik an der Ordinarienuniversität und aus der Forderung nach einer Bildungsreform, später verstärkt aus dem Protest gegen die Große Koalition und die Notstandsgesetzgebung, die als Bedrohung der Demokratie betrachtet wurden.[4] Bildete der Sozialistische Deutsche Studentenbund den Kern der Studentenbewegung, zu der freilich auch andere Studentengruppen gehörten, so verband sich die Studentenbewegung im Kampf gegen die Notstandsgesetzgebung, durch die aus der Sicht der Bundestagsparteien die alliierten Vorbehaltsrechte abgelöst werden sollten, mit linksorientierten Professoren, Gewerkschaftern und anderen Bürgern in der Außerparlamentarischen Opposition (APO). Zur Radikalisierung der Bewegung, die zusätzlich durch den Vietnam-Krieg stimuliert wurde und anfangs die Protestformen an den amerikanischen Universitäten adaptierte, später aber über diese hinausging, trugen zwei Gewalttaten bei: der Tod des im Juni 1967 von einem Polizisten bei der Anti-Schah-Demonstration erschossenen Studenten Benno Ohnesorg und das Ostern 1968 von einem Rechtsradikalen verübte Attentat auf den Studentenführer Rudi Dutschke. Manche glaubten bald, eine revolutionäre Situation zu erleben und propagierten Ideen einer Rätedemokratie.

Entgegen verbreiteter Ansicht wird man nicht sagen können, dass die „68er" die Auseinandersetzung mit der NS-Zeit in Gang gebracht haben.[5] Erinnert sei nur an den Auschwitz-Prozess, die Verjährungsdebatten, die Beschäftigung mit den NS-Verbrechen, insbesondere dem Judenmord, in Publizistik und Kultur seit den frühen 60er Jahren. Und doch wurde diese Auseinandersetzung durch die Studentenbewegung verbreitert, auch fand die Frage der gesellschaftlichen Verantwortung hier verstärktes Interesse, was die Frage der Kontinuität zur Gesellschaft der Bundesrepublik aufwarf und Vorstellungen einer umfassenden gesellschaftlichen Umgestaltung moralisch auflud. So sehr

---

4   Vgl. Hermann Korte: Eine Gesellschaft im Aufbruch. Die Bundesrepublik Deutschland in den sechziger Jahren. Frankfurt 1987.

5   Siehe dazu die Beiträge von Detlef Siegfried, Bernd A. Rusinek und Karl Christian Lammers in: Axel Schildt / Detlef Siegfried / Karl Christian Lammers (Hg.): Dynamische Zeiten. Die 60er Jahre in den beiden Gesellschaften. Hamburg 2000, S. 77ff., S. 114ff., S. 148ff.; Bernd Faulenbach: Emanzipation von der deutschen Tradition? Geschichtsbewusstsein in den sechziger Jahren. In: Werner Weidenfeld (Hg.): Politische Kultur und deutsche Frage. Materialien zum Staats- und Nationalbewußtsein in der Bundesrepublik Deutschland. Köln 1989, S. 73-92.

die Wiederentdeckung linker, überwiegend marxistischer Faschismus-Theorien zunächst auch neue Fragestellungen förderte, so verengte sich doch recht bald die Diskussion zu ökonomistischen Theorien, die beträchtliche Teile des Geschehens ausblendeten und wenig für die Erfassung und Erklärung des Holocaust erbrachten, teilweise sogar zu bedenklichen Blockaden und Fehldeutungen bei der Beschäftigung mit dem Dritten Reich und dem Zweiten Weltkrieg führten.[6]

Der Kampf der 68er Bewegung hatte Züge eines Generationenkonfliktes; getragen wurde die Bewegung vorrangig von der ersten Nachkriegsgeneration, die den Zweiten Weltkrieg nicht mehr bewusst erlebt hatte. Sie war eingebettet in Prozesse des tiefgreifenden gesellschaftlichen Wandels und war zugleich deren Ausdruck und Katalysator. Zu nennen ist in diesem Zusammenhang ein rasch voranschreitender Wertewandel von den Pflicht- und Akzeptanzwerten zu den Werten der Selbstverwirklichung, der Durchbruch einer neuen Sexualmoral und die Schaffung neuer Sozialformen wie der Wohngemeinschaften.[7] Aufs Ganze gesehen kann man geradezu von einer kleinen Kulturrevolution sprechen, die u. a. auch in Postulaten einer neuen „antiautoritären Erziehung" und einer Veränderung der Erziehungspraxis ihren Niederschlag zu finden begann. In Frage gestellt wurden Konventionen, Traditionen und überkommene Autoritäten.

Über den engeren Bereich der Studentenbewegung hinaus, die sicherlich nur eine Minderheit der Studierenden umfasste, forderten beträchtliche Teile der jungen Leute mehr Mitbestimmung und Partizipation. ‚Demokratisierung' war eines der großen Schlagworte der Zeit, das bald die Brücke zwischen der Studentenbewegung und der alten Linken, insbesondere der Sozialdemokratie bilden sollte. Willy

---

6   Exemplarisch für die marxistischen Interpretationen der NS-Bewegung und des Dritten Reiches: Reinhard Kühnl: Formen bürgerlicher Herrschaft. Liberalismus – Faschismus. Reinbek bei Hamburg 1971. Siehe auch Axel Kuhn: Das faschistische Herrschaftssystem und die moderne Gesellschaft. Hamburg 1973. Vgl. Ian Kershaw: Der NS-Staat. Geschichtsinterpretationen und Kontroversen im Überblick. Reinbek bei Hamburg 1988.

7   Zum Wertewandel siehe Helmut Klages / Hans-Jürgen Hippler / Willi Herbert (Hg.): Werte und Wandel. Ergebnisse und Methoden einer Forschungstradition. Frankfurt am Main / New York 1992; Heiner Meulemann: Werte und Wertewandel. Zur Identität einer geteilten und wieder vereinten Nation. Weinheim / München 1996. Vgl. Bernd Faulenbach: „Modernisierung" in der Bundesrepublik und in der DDR während der 60er Jahre. In: Zeitgeschichte 25 (1998), S. 282-294, hier S. 288ff.

Brandt kündigte in seiner Regierungserklärung 1969 an, „mehr Demokratie wagen" zu wollen.[8]

Mit Christoph Kleßmann ist vor einer positiven oder negativen Mythisierung von 1968 in Deutschland zu warnen: „Das spektakuläre Jahr 1968 gehört [...] in die tiefgreifenden sozialen und kulturellen Wandlungsprozesse der bundesrepublikanischen Gesellschaft und ihrer politischen Kultur seit den frühen sechziger Jahren."[9]

III. 1968 im Osten: der „Prager Frühling" und die DDR

Im Hinblick auf die DDR und die neuen Bundesländer wird manchmal behauptet, die Problematik Ostdeutschlands liege darin, dass es hier kein „1968" gegeben habe, was insofern zutreffend ist, als es 1968 in der DDR ziemlich ruhig blieb.[10] Doch blieb sie von „1968" tatsächlich unberührt, wenn man „1968" auf die Vorgänge in Polen und vor allem in der CSSR ausdehnt?

Im März 1968 entwickelten sich in Polen – Anlass war die Absetzung eines Theaterstückes – studentische Proteste, die zu einer Reformbewegung mit ähnlichen Zielen wie der von 1956 führte, die jedoch von Gomulka unterdrückt wurden, wobei als Feindbilder „Revisionismus" und „Zionismus" fungierten.

Ungleich größere internationale Beachtung als die Ereignisse in Polen fand der „Prager Frühling".[11] Hatte sich das intellektuelle und kul-

---

8 Willy Brandt: Regierungserklärung am 28. Oktober 1969 vor dem Deutschen Bundestag in Bonn. In: Stenographische Berichte 6. Deutscher Bundestag, 5. Sitzung, Band 71, S. 20-34. Wieder abgedruckt in: Willy Brandt: Mehr Demokratie wagen. Innen- und Gesellschaftspolitik 1966-1974. Bearbeitet von Wolther von Kieseritzky. Bonn 2001 (Berliner Ausgabe. Band 7), S. 218-224, Zitat S. 219. Vgl. auch Bernd Faulenbach: Die Siebzigerjahre – ein sozialdemokratisches Jahrzehnt? In: Archiv für Sozialgeschichte 44 (2004), S. 1-37, insbes. S. 14ff.

9 Christoph Kleßmann: Das Jahr 1968 in westlicher und östlicher Perspektive. In: Bernd Faulenbach / Rainer Eckert (Hg.): Auf dem Weg zur Zivilgesellschaft? Mythos und Realität der 60er und 70er Jahre in Ost und West. Essen 2003, S. 11-22, Zitat S. 14.

10 Vgl. Armin Mitter / Stefan Wolle: Untergang auf Raten. Unbekannte Kapitel der DDR-Geschichte. München 1993, S. 367ff.

11 Zur Bedeutung des „Prager Frühlings" und seines Scheiterns für die Tschechoslowakei, Polen, die Sowjetunion und die DDR vgl. die Podiumsdiskussion „'Sozialismus mit menschlichem Antlitz' – Zur Bedeutung des Scheiterns des

turelle Klima schon vor 1968 in der CSSR verändert, so wurde diese
Veränderung weiter verstärkt durch die vom kommunistischen Apparat initiierte Reformbewegung, die als Katalysator der Erwartungen in
der Gesellschaft wirkte. Neben der Reformpolitik ‚von oben' griffen
die Bürger zu Initiativen, die an gesellschaftliche Organisationen der
Zeit vor 1948 anknüpften (unabhängige Gewerkschaften, Bund der
Freiheitskämpfer u. a.); Momente nicht nur verstärkter Partizipation,
sondern auch gesellschaftlicher Selbstorganisation waren unübersehbar. Sie stellten die Reformpolitik, die einen „Sozialismus mit
menschlichem Antlitz" zu realisieren suchte, nicht in Frage, sondern
erfüllten sie mit Leben. Im Ganzen schien der Prager Frühling auf
einen Dritten Weg zu zielen, der eine Synthese positiver Komponenten des kommunistischen wie des westlichen Gesellschaftssystems
anstrebte und eine Brückenfunktion zwischen Ost und West bilden
konnte. Wie tragfähig ein derartiges Konzept war, wurde nicht entschieden, weil die Warschauer Pakt-Staaten durch ihren Einmarsch in
die CSSR den „Prager Frühling" gewaltsam beendeten.

Bezogen auf die DDR hat Stefan Wolle von einer „versäumten Revolte" gesprochen, die sich in einer Aufsässigkeit der teilweise aus
dem Westen beeinflussten jungen Generation angekündigt habe, doch
nicht zu Stande gekommen sei und sich später nicht einfach habe
nachholen lassen.[12] Gleichwohl wurde 1968 die Entwicklung der
CSSR in der DDR mit Interesse verfolgt und führte zu vielfältigen
Diskussionen in der Bevölkerung. Allerdings war die Bekundung offener Sympathie für die Reformkommunisten im Nachbarland gefährlich. Es waren vor allem Studenten, Hochschullehrer, Intellektuelle,
bei denen der Prager Frühling und das mit diesem verbundene Konzept eines demokratischen Sozialismus Resonanz fanden, während für
die breiteren Massen die Idee eines „Sozialismus mit menschlichem
Antlitz" wohl etwas abstrakt erschien. Für die SED freilich war der
Prager Frühling mit seiner Nähe zu Konzepten des Dritten Weges
(womöglich verknüpft mit Konvergenztheorien) gleichbedeutend mit

---

Prager Frühlings 1968 und anderer Reformbemühungen in ‚realsozialistischen
Systemen'" mit Beiträgen von Heinz Timmermann, Michael Reimann, Boris
Orlov, Wlodzimierz Borodziej und Stefan Wolle, abgedruckt im Tagungsband
Faulenbach / Eckert: Auf dem Weg zur Zivilgesellschaft, S. 23-45.

12 Stefan Wolle: Die versäumte Revolte: Die DDR und das Jahr 1968. In: Aus
Politik und Zeitgeschichte 2001, B 22-23, S. 37-46.

ideologischer Diversion; aus ihrer Sicht setzte das Monopolkapital die sozialdemokratische Variante zur Schwächung des kommunistischen Lagers ein – für Ulbricht wurde die als Partei der „Arbeiterverräter" denunzierte Sozialdemokratie erneut zum Hauptfeind.

In den Akten der Staatssicherheit finden sich viele Einzelbeispiele von Akten des Widerstandes und der Verweigerung im Kontext des Prager Frühlings und seiner Niederschlagung, die zu Empörung und Enttäuschung führte.[13] Doch zu öffentlichen Manifestationen der Solidarität und des Protestes konnte es durch die Präsenz der Staatsmacht kaum kommen – die Niederschlagung der Bewegung des 17. Juni 1953 war weder bei den Vertretern des Systems noch in der Bevölkerung vergessen. Dennoch spricht manches für die These, dass 1968 auch die DDR durch eine Krise erschüttert wurde. Doch gerade weil diese überdeckt wurde, fanden Reformimpulse in der SED-Führung keinen Widerhall. Allerdings erhielten Opposition und Dissidenz auch in der DDR und in Osteuropa durch 1968 einen Schub.

IV.   Koinzidenz der Ereignisse und die Frage nach Affinitäten der Bewegungen

1968 im Westen und im Osten, in der Bundesrepublik und in der DDR bzw. in der Tschechoslowakei wirkt auf den heutigen Betrachter – jedenfalls prima facie – wie eine Koinzidenz unterschiedlicher Geschehnisse. Allzu verschieden waren die auf Veränderung drängenden Kräfte, sieht man davon ab, dass hier wie dort Studierende und Intellektuelle eine wesentliche Rolle spielten, im Westen wohl stärker als im Osten. Das ungleich größere Risiko gingen die Akteure im Osten ein; die Bedingungen und Möglichkeiten für Protestbewegungen waren im Westen viel günstiger als im Osten, wo die Reformbewegung durch militärische Mittel und Staatsaktionen beendet wurden, während im Westen gewaltsame Formen des Protestes zwar zu Zusammenstößen mit Polizei und Justiz führten, doch die Legitimität von Demonstrationen niemals wirklich in Frage stand, ungeachtet der Tatsache, dass ein Teil der Presse, insbesondere die des Springer-Konzerns, massiv Stimmung gegen die Studentenbewegung und die APO mach-

---

13 Siehe Mitter / Wolle: Untergang auf Raten, S. 378ff.

te. Im Westen zerfiel die Protestbewegung rasch, im Osten wurde sie unterdrückt.

Fragt man nach ideellen Affinitäten, so stößt man auf Schwierigkeiten, Positionen und programmatische Aussagen zu finden, die für die jeweilige Bewegung repräsentativ sind. Teile der 68er Bewegung im Westen betrachteten Kuba oder China als Leitbilder, doch vertraten andere auch Ideen eines demokratischen Sozialismus bzw. eines Dritten Weges, die zentral für die Reformbewegungen (und Dissidenten) im Osten waren; zu einem gemeinsamen Diskurs darüber kam es augenscheinlich nicht.

Die Frage, inwieweit die Kommunikationszusammenhänge des Westens und des Ostens jeweils übersprungen wurden, lässt sich beim gegenwärtigen Forschungsstand nur schwer beantworten. Allerdings wird man wohl sagen müssen, dass die Bewegungen im Westen und Osten sich vergleichsweise wenig wahrgenommen haben und es nur in geringem Maße direkten Austausch von Ideen gab. Insbesondere gilt dies für die Neue Linke im Westen bezogen auf den Osten, der meist als eher uninteressant gesehen wurde, wenn er auch für manche Projektionsfläche eigener Vorstellungen wurde.[14] Umgekehrt schwappten wohl auch antiautoritäre Haltungen über die Grenze in den Osten.[15] Bemerkenswert ist jedoch, dass die SED-Führung zwar durch die Formen der Auseinandersetzung im Westen irritiert war, auch einen nicht kontrollierten Linksradikalismus mit repressiven Mitteln zu unterbinden suchte, gleichwohl die Studentenbewegung und APO zu fördern und zu beeinflussen suchte, weil sie in ihnen Mittel zur Destabilisierung der Bundesrepublik und ihrer Gesellschaft sah.[16] Diese Variante der Westarbeit der SED ist erst nach 1989 offengelegt worden, darf freilich nicht zu der Fehlannahme führen, Studentenbewegung und APO seien Geschöpfe der SED gewesen.

---

14 Vgl. dazu Christian Semler: 1968 im Westen – was ging uns die DDR an? In: Aus Politik und Zeitgeschichte 2003, B 45, S. 3-5.

15 Annette Simon hat auf ein vergleichbares Generationsgefühl in Ost und West hingewiesen: „Die Achtundsechziger der DDR sind genau wie ihre Schwestern und Brüder im Westen geprägt von der Musik dieser Zeit und dem Lebensgefühl, das sie transportierte." Anette Simon / Jan Faktor: Fremd im eigenen Land? Gießen 2000, S. 9.

16 Siehe Wolfgang Kraushaar: SED, Stasi und Studentenbewegung. In: Kraushaar: 1968 als Mythos, Chiffre und Zäsur, S. 139-162; Stefan Wolle: Die versäumte Revolte, S. 40ff.

Adam Michnik hat 1993 die Unterschiede von 1968 im Osten und im Westen auf den Punkt gebracht:

> Ich gehörte einer Generation an, die damals [1968] auf Studentenversammlungen und unter Polizeiknüppeln ihre ersten Erfahrungen sammelte, getragen von der Hoffnung auf den Prager Frühling und die ersten Schwalben der russischen Demokratie, die sich in Sacharows und Solschenizyns ersten Büchern ankündigte, und hoffnungsvolle Nachrichten kamen auch von der Seine, wo französische Studenten einen Karneval veranstalteten, den sie „Revolution" nannten.

Es habe jedoch einen grundlegenden Unterschied gegeben:

> Für meine Altersgenossen in Paris und Kalifornien, Rom und Frankfurt wurde das Jahr 1968 zu einem Schlüsselerlebnis mit weitreichenden gesellschaftlichen Folgen. Auf der anderen Seite der Berliner Mauer wurde das Jahr zu einem Wechselbad zwischen Freude – und gewonnener Freiheit – und Trauer, weil sie so schnell wieder verloren ging.[17]

Keine Frage, dass der Ausgang im Westen und im Osten sehr unterschiedlich war und dementsprechend auch die Nachwirkung des Geschehens von 1968.

V.   Nachwirkungen in der Bundesrepublik

In der Bundesrepublik hatte „1968" erhebliche Wirkung, obwohl Studentenbewegung und APO rasch zerfielen. Mit der Verabschiedung der Notstandsgesetze und der Auflösung der Großen Koalition sowie der Bildung der sozial-liberalen Koalition unter dem Sozialdemokraten Willy Brandt, der Gegner Hitlers und der Nazis gewesen war und deshalb gleichsam das „andere Deutschland" verkörperte, entfielen wesentliche Anlässe des Protestes der Außerparlamentarischen Opposition. Die Studentenbewegung aber radikalisierte sich, und aus ihr entwickelten sich eine ganze Reihe von Richtungen, die sogenannten K-Gruppen – KBW, KPD-ML, MSB-Spartakus, Spontis usw. –, die sich untereinander bekämpften, teilweise sektiererische Züge annahmen und nicht zuletzt darin differierten, ob sie die Sowjetunion, China

---

17 So Adam Michnik in der Wochenpost vom 25.03.1993. Hier zitiert nach: Kleßmann: Das Jahr 1968 in westlicher und östlicher Perspektive, S. 12.

oder Albanien als Vorbild betrachteten.[18] War schon 1968 die Trennlinie zur Anwendung von Gewalt nicht scharf gezogen worden, so suchte in der Folgezeit die Baader-Meinhof-Gruppe in der sogenannten „Rote-Armee-Fraktion" (RAF) auf der Grundlage eines unklaren, partiell an der Dritten Welt orientierten, durch radikalen Wirklichkeitsverlust gekennzeichneten Programms mit Gewaltmitteln Staat und Gesellschaft zu erschüttern, Aktionen, die mehr als 30 Menschen – die eigenen Opfer nicht mitgezählt – das Leben kosteten und im Herbst 1977 durch die Entführungen des Arbeitgeberpräsidenten Schleyer und einer Lufthansa-Maschine den Staat ernsthaft mit dem Ziel herausforderten, Gesinnungsgenossen ebenso freizupressen wie die gesellschaftliche Ordnung in Frage zu stellen. Die in sich zersplitterte extreme Linke stützte sich während der 70er Jahre auf eine linke Sub- bzw. Gegenkultur mit Buchhandlungen, Miniverlagen, Zeitschriften usw., die sich in den 80er Jahren aufzulösen begann.[19]

Dies war indes nur eine von 1968 ausgehende Linie. Ein starker Zug zur Politisierung bildete sich in den ausgehenden 60er Jahren heraus, fand in der Studentenbewegung ihren Ausdruck, war aber nicht auf diese beschränkt, obgleich sie ihr einen zusätzlichen Schub verlieh. Diese Politisierung ergriff beträchtliche Teile der Gesellschaft und wirkte sich u. a. auch in massenhaften Parteieintritten junger Leute, insbesondere in die SPD aus. Auf einem SPD-Parteitag 1973 in Hannover konstatierte Willy Brandt, dass zwei Drittel der Parteimitglieder in den letzten zehn Jahren der Partei beigetreten seien.[20] Dadurch hatte sich die Partei nicht nur stark verjüngt, sondern es intensivierten sich auch die Willensbildungs- und Partizipationsprozesse. Die Jungsozialisten, die während der 70er Jahre in den Medien beträchtliche Aufmerksamkeit fanden, rückten eindeutig nach links und vertraten –

---

18 Siehe dazu Gerd Koenen: Das rote Jahrzehnt. Unsere kleine deutsche Kulturrevolution 1967-1977. Köln 2001.

19 Auch die etablierten Verlage publizierten während der siebziger Jahre verstärkt linke und marxistische Literatur. Vgl. dazu Adelheid von Saldern: Markt für Marx. Literaturbetrieb und Lesebewegungen in der Bundesrepublik in den Sechziger- und Siebzigerjahren. In: Archiv für Sozialgeschichte 44 (2004), S. 149-180.

20 Parteitag der Sozialdemokratischen Partei Deutschlands vom 10. bis 14. April 1973 in der Stadthalle Hannover. Bd. I. Protokoll der Verhandlungen. Anlagen. Bonn o. J., S. 102f.

nicht zuletzt unter dem Eindruck der Studentenbewegung und der Neuen Linken – marxistische Positionen und antikapitalistische Strategien. Für die Parteiführung und die Regierungsarbeit stellten sie zeitweilig ein Problem dar. Es kam zu Flügelbildung und Polarisierung, die das Bild der Sozialdemokratie in der Öffentlichkeit beeinträchtigten.[21]

Die Fundamentalpolitisierung wirkte sich mittelbar aber auch auf die Mitte und den rechten Teil des Wählerspektrums aus, was dem nachgeholten Parteibildungsprozess der CDU zu Gute kam. Sie artikulierte sich im Widerstand gegenüber bestimmten Reformen, etwa im Bildungsbereich. Die Hessischen Rahmenrichtlinien im Fach Deutsch seien als Beispiel genannt. Zudem setzte sich die Politisierung in den neuen sozialen Bewegungen, in Bürgerinitiativen, in der Frauenbewegung, in der Anti-Atomkraftwerk-Bewegung und in der Friedensbewegung der siebziger und frühen achtziger Jahre fort, in denen – teilweise über personelle Kontinuitäten, partiell auch über K-Gruppen – Impulse der Bewegungen vom Ende der sechziger Jahre aufgegriffen wurden, was auch die Adaptierung von Formen der Auseinandersetzung einschloss.

Aufs Ganze gesehen wirkte die Politisierung sich keineswegs negativ für die Demokratie in der Bundesrepublik aus. Die Bewegungen wurden ganz überwiegend kanalisiert und in das politische System integriert, trugen sogar zu dessen neuer Fundierung bei – sieht man von bestimmten Gruppen wie der RAF und aus dem kommunistischen Lager ab, die scheiterten und/oder sich selbst marginalisierten. Eher positiv wirkte sich für Demokratie und Zivilgesellschaft auch aus, dass traditionelle Autoritäten in Frage gestellte, Konventionen aufgelöst und zunehmend neue Verhaltensformen eingeübt wurden. Inwieweit damit längerfristig der soziale Zusammenhang zu Gunsten eines fast grenzenlosen Individualismus aufgelöst wurde, wäre jedoch zu diskutieren.

---

21 Vgl. Faulenbach: Die Siebziger Jahre – ein sozialdemokratisches Jahrzehnt?, S. 27ff.; Annekatrin Gebauer: Der Richtungsstreit in der SPD. „Seeheimer Kreis" und „Neue Linke" im innerparteilichen Machtkampf. Diss. Frankfurt am Main 2003; Dietmar Süß: Die Enkel auf den Barrikaden. Jungsozialisten in der SPD in den Siebzigerjahren. In: Archiv für Sozialgeschichte 44 (2004), S. 67-103.

Überaus bedeutsam war auch, dass 1969 erstmals ein wirklicher Regierungswechsel zu Stande kam, die Bonner Demokratie sich dabei bewährte und der Politikbegriff der sozial-liberalen Koalition den traditionell abgehobenen deutschen Politik-Begriff überwand. Auf diesem Hintergrund erscheint die These von der „Umgründung" der Bundesrepublik in den ausgehenden 60er und frühen 70er Jahren plausibel.[22] Etwas Ähnliches meint die Vorstellung, dass es in dieser Zeit einen Schub der „Verwestlichung" gegeben habe, was auf dem Hintergrund der Zielsetzungen der Studentenbewegung und der Neuen Linken zunächst nicht überzeugen will.[23] Allerdings nahm in dieser Zeit nicht nur die transnationale Orientierung zu, sondern schwächten sich auch bisherige Spezifika der deutschen Staats- und Gesellschaftstradition und der ihnen zu Grunde liegenden Wertorientierungen ab. Die Bundesrepublik wurde pluralistischer und das westlich-aufklärerische Denken setzte sich endgültig durch.[24] Verknüpft mit diesen politisch-kulturellen Veränderungen war ein Wandel des Lebensstils bei den jüngeren Generationen.[25]

---

22 So Manfred Görtemaker: Geschichte der Bundesrepublik Deutschland. Von der Gründung bis zur Gegenwart. München 1999, S. 475ff. Die These von einer „zweiten Gründungsperiode" vorher schon bei Bernd Faulenbach: Die Epoche sozialdemokratischer Regierungsverantwortung. In: Inge Marßolek / Heinrich Potthoff (Hg.): Durchbruch zum modernen Deutschland? Die Sozialdemokratie in der Regierungsverantwortung 1966-1982. Essen 1995, S. 9ff.

23 Vgl. dazu Heinrich August Winkler: Der lange Weg nach Westen. Band 2: Deutsche Geschichte vom Dritten Reich bis zur Wiedervereinigung. München 2000, S. 248ff.

24 Jürgen Habermas konstatierte in den achtziger Jahren, dass die eigentliche Leistung der Gesellschaft der Nachkriegszeit der Bruch mit den deutschen Sondertraditionen und die Öffnung für die Ideen des Westens sei; siehe dazu Jürgen Habermas: Geschichtsbewußtsein und posttraditionale Identität. Die Westorientierung der Bundesrepublik. In: Jürgen Habermas: Eine Art Schadensabwicklung. Kleine Politische Schriften VI. Frankfurt 1987, S. 159-179. Vgl. auch Jörn Rüsen / Eberhard Lämmert / Peter Glotz (Hg.): Die Zukunft der Aufklärung. Frankfurt am Main 1988.

25 Christoph Kleßmann spricht von einer „Lebensstilrevolution". – Kleßmann: Das Jahr 1968 in westlicher und östlicher Perspektive, S. 22.

VI. Die „ausgebliebene Revolte" und das Ende des „realen Sozialismus" 1989

Ungleich problematischer war die langfristige Wirkung des gewaltsa-
men Endes des Prager Frühlings für die Entwicklung des realen Sozialismus, der erneut in eine Stagnationsphase eintrat, welche die gesellschaftlichen Prozesse wie die Gründung der Solidarność Ende der
siebziger Jahre, die das System in Frage stellte, eher begünstigte als
hemmte. Gedanken des Prager Frühlings griff dann seit Mitte der
achtziger Jahre Michail Gorbatschow mit seiner Politik der Perestroika auf, die in der DDR-Führung kritisch gesehen wurde und das SED-
System als zunehmend obsolet erscheinen ließ. Allerdings zeigte sich,
dass das sowjetische System – jedenfalls Ende der achtziger und in
den frühen neunziger Jahren – sich generell als reformunfähig erwies.
Bei dem Versuch es zu reformieren, flog es gleichsam auseinander.
Selbst der späte Übergang zu einer demokratisch-sozialistischen,
wenn man will ‚sozialdemokratischen Politik', bedeutete einen Sys-
tembruch, der letztlich zur Auflösung des sozialistischen Lagers und
der Sowjetunion führte.

Auch für die DDR war die Niederwerfung der Reformbewegung in
der Tschechoslowakei bedeutsam. Zwar versuchte der auf Ulbricht
folgende Honecker mit der Integration von Wirtschafts- und Sozialpolitik einen neuen Politikansatz zu realisieren, doch verstärkte die Ver-
tragspolitik mit der Bundesrepublik die Spielräume oppositionellen
Verhaltens, das ohnehin immer wieder aus dem Westen – allein durch
die mediale Partizipation – Nahrung erhielt. Die seit den ausgehenden
70er Jahren sich herausbildende Opposition, die sich überwiegend
unter dem Dach der Evangelischen Kirche entwickelte, wurde in er-
heblichem Maße von Menschen getragen, die als junge Leute 1968
erlebt hatten. Ihr politisches Streben hatte nun überwiegend nicht
mehr die SED zum Adressaten und stand – mehr mittelbar als unmittelbar – in kommunikativem Zusammenhang mit der Friedens- und
Ökologiebewegung des Westens.[26] Obgleich die Opposition teilweise

---

26 Vgl. Markus Meckel / Martin Gutzeit: Opposition in der DDR. Zehn Jahre
kirchliche Friedensarbeit – kommentierte Quellentexte. Köln 1994; Eberhard
Kuhrt u. a. (Hg.): Opposition in der DDR von den 70er Jahren bis zum Zusammenbruch der SED-Herrschaft. Opladen 1999; Ehrhart Neubert: Die Opposition
in den achtziger Jahren. In: Rainer Eppelmann / Bernd Faulenbach / Ulrich

Konzepte eines Dritten Weges vertrat, war sie nicht mehr – wie die Reformkräfte des Prager Frühlings – mit dem kommunistischen System verknüpft. Gleichwohl wurden in ihr Ideen der aktiven Bürgergesellschaft, die schon im Prager Frühling eine Rolle gespielt hatten, weitergeführt. Es war diese Opposition, die den erstarrten reformunfähigen SED-Staat zum Einsturz brachte und damit eine Kettenreaktion in Osteuropa auslöste.

1989/90 ging die Entwicklung dann weit über den Prager Frühling hinaus, dessen Repräsentanten deshalb in der Tschechoslowakei zu tragischen Gestalten wurden. Der Umbruch 1989/90 ließ auch die Reformkonzepte von 1968 obsolet erscheinen. Und doch wurden jetzt Ideen der Bürgergesellschaft, die 1968 als Perspektive aufgetaucht, jedoch nicht zum Zuge gekommen waren, realisiert.

Der Herbst 1989 brachte in Deutschland den Sturz des SED-Systems durch eine Bürgerbewegung. Dadurch wurden die Voraussetzungen dafür geschaffen, dass die DDR der Bundesrepublik beitrat, die durch die Reform- und Politisierungsperiode Ende der 60er und der 70er Jahre zur sozialstaatlich verfassten Zivilgesellschaft geworden war. Die in größeren Zusammenhängen zu interpretierenden zweigeteilten Ereignisse von 1968 wirken – wenn auch vielfach gebrochen –, jeder Teil auf seine Weise, in der Gesellschaft des vereinigten Deutschland nach, die ungeachtet vielfältiger Spannungen in ihrer Kultur verschiedene Geschichten im Hegelschen Sinne „aufhebt", was Diskurse darüber einschließt. Eine der Thesen, die zu diskutieren sind, lautet:

> Die Westachtundsechziger träumten von der Revolution und haben eine gesellschaftliche Reform bewirkt. Die Ostachtundsechziger dagegen wollten den Sozialismus reformieren und haben später eine Revolution ausgelöst, die bei aller Gewaltlosigkeit in ihren Folgen an Radikalität der Konsequenzen kaum zu überbieten ist.[27]

Mählert (Hg.): Bilanz und Perspektiven der DDR-Forschung. Paderborn / München / Wien / Zürich 2003, S. 180-187.

27 Wolle: Die versäumte Revolte, S. 46.

Rüdiger Steinmetz

Deutsch-deutsche Fernsehbeziehungen und die Medienwende

Der 9. November 1989, der Tag, an dem die Mauer geöffnet wurde, gehört zu den historischen Daten der Deutschen; der Tag, an dem ein „Eingriff in die Physiognomie einer ganzen Epoche" stattfand.[1] Er leitete den Prozess der Vereinigung der beiden deutschen Staaten ein, deren Gründung 40 Jahre zuvor zur Teilung Deutschlands geführt hatte; einen Prozess, der nur von wenigen Menschen noch wirklich erwartet wurde; einen Prozess, der von Tag zu Tag an Eigendynamik gewann; einen Prozess, der zur formalen Vereinigung der beiden deutschen Staaten am 3. Oktober 1990 führte und schließlich einen Prozess der geistigen und materiellen Vereinigung einleitete, der auch derzeit noch nicht beendet ist.

Mit dem 9. November 1989 begann neben vielem anderen auch die Vereinigung der Mediensysteme, die sich seit dem Ende des Zweiten Weltkriegs sehr weit auseinander entwickelt und die innerhalb der so gegensätzlichen politischen und gesellschaftlichen Systeme so unterschiedliche, gegensätzliche Aufgaben hatten. Der Tag steht schließlich weltweit für das Ende des Kalten Krieges und damit für einen längeren und differenzierten Prozess, in dem die bis dahin üblichen, auch medial gepflegten jeweiligen Feindbilder abhanden kamen und die so bequem überschaubaren Ideologien – nicht nur die östliche! – zusammenbrachen, Ideologien, denen die allzu menschliche, aber zugleich allzu simple Unterscheidung nach dem Freund-Feind-Schema zugrunde lag.

Nachfolgend sollen die Beziehungen zwischen dem ostdeutschen und den westdeutschen Fernsehsystemen sowie der Wandel der aktuellen Berichterstattung vor allem von ARD- und DDR-Fernsehen im Zusammenhang mit dem 9. November 1989 rekonstruiert werden. Es

---

1 Jürgen Habermas: Die nachholende Revolution. Frankfurt am Main 1990, S. 157.

geht dabei um die Rolle eines Mediums, dessen Wandel sich gleichsam im Zeitraffer vollzog. Auf dieses und andere Medien der DDR
und in Abwandlung eines Satzes von Karl Marx wurde von „Toten-
gräbern des Sozialismus" gesprochen.[2] Inwieweit – bzw. ob überhaupt
– das DDR-Fernsehen dem Sozialismus das Grab geschaufelt hat,
wird in einem größeren von der Deutschen Forschungsgemeinschaft
geförderten Projekt untersucht.[3] Zugleich sprach der Ost-Berliner Soziologe Helmut Hanke von der „ersten Fernsehrevolution der Welt"
durch aktive Beteiligung „der deutschen Medien" und meinte damit
vor allem die westdeutschen. Ob das „Westfernsehen" und seine Korrespondenten in der DDR zum Totengräber des Sozialismus wurden,
wäre erst noch umfangreicher zu untersuchen. In einem kurzfristigen
Sinne waren sie sicher nicht die Auslöser der friedlichen Revolution;
sie informierten, wie es die Aufgabe von Medien in demokratischen
Systemen ist, aber sie provozierten keine „Revolution". Eher langfristig trugen die (grenzüberschreitenden elektronischen) Medien zur
Auflösung der DDR bei. Mit dem 1975 in Helsinki begonnenen
KSZE-Prozess, vor allem mit dem „Korb III" und seinen Vereinbarungen über humanitäre Zusammenarbeit, speziell denjenigen über die
medialen Informationen und ihre Verbreitung, begann ein langfristiger
Erosionsprozess, dessen erste Etappe der deutsch-deutsche Austausch
von Fernseh-, Hörfunk- und Zeitungskorrespondenten darstellte. Subjektiv mögen die medialen und auf den verschiedenen Hierarchie-
Ebenen wirkenden Akteure andere Ziele – von der „Entlarvung des
Klassenfeindes" bis zur „friedlichen Koexistenz", vom informieren-
den Bericht bis zur investigativen Reportage und dem entlarvenden
Kommentar – verfolgt haben: Vor allem die Geschichte der 15 Jahre
zwischen 1975 und 1989 ist von heute aus als Prozess des System-
wandels (auch) durch mediale Annäherung zu verstehen. Dies bleibt
im Einzelnen in Bezug auf das ‚Westfernsehen' und den Hörfunk
noch zu untersuchen.

---

2   Helmut Hanke: Kommunikation in Aufruhr – Medien im Wandel. In: Rundfunk
    und Fernsehen 38 (1990) H. 3, S. 319ff.

3   Programmgeschichte des DDR-Fernsehens – komparativ. DFG-Forschergruppe
    an den Universitäten Leipzig, Halle, Humboldt zu Berlin und der Hochschule
    für Film und Fernsehen „Konrad Wolf" in Potsdam. Vgl. hierzu im Anhang zu
    diesem Band: Rüdiger Steinmetz: Weiße Flecken auf der Forschungs-Landkarte.
    DFG-Forschergruppe zur Programmgeschichte des DDR-Fernsehens, S. 363-
    392.

Mehr als zehn Jahre nach den tiefgreifenden Veränderungen in Deutschland ist es an der Zeit, ost- und westdeutsche Quellen aufeinander zu beziehen. Es sind hier diejenigen ausgewählt, die in den tieferen Etagen der Archive lagern. Im Vordergrund steht dabei der 9. November 1989, aber auch seine Vorgeschichte, wobei Primärquellen, also Akten und Programme, herangezogen und auf dieser Basis komparativ vorgegangen wurde.

Beziehungen zwischen dem Fernsehen der DDR und ARD, ZDF und RTL

Zwischen der ARD und dem Fernsehen der DDR hatten sich mit dem Beginn der neuen Ostpolitik der Regierung Brandt / Scheel, dem Grundlagenvertrag von 1972 und im Anschluss an die KSZE-Schlussakte von Helsinki bis zum Ende der 80er Jahre hin stetig, aber in Wellenbewegungen, mit Aufschwüngen und Rückschlägen, Arbeitsbeziehungen entwickelt. 1974 entsandten ARD und ZDF ihre ersten ständigen Korrespondenten in die Hauptstadt der DDR: zuerst Hans-Jürgen Wiesner (ZDF) und dann Lothar Loewe (ARD). Im Zusammenhang mit diesen zunächst zarten und fragilen Beziehungen blieb seit Mitte der 70er bis in die 80er Jahre hinein die Behandlung des Status West-Berlins zwischen ARD / ZDF und dem DDR-Fernsehen[4] umstritten –[5] trotz des Vierseitigen Abkommens der ehemaligen Alliierten vom 3. September 1971. In Folge der Berichterstattung über die Biermann-Ausbürgerung, die Isolierung des Dissidenten Robert Havemann und die Selbstverbrennung des Pfarrers Brüsewitz im Jahr 1976 stand das ARD-Studio in Ost-Berlin vor der Schließung. Kurz vor Weihnachten, am 22. Dezember 1976, wurde dann ‚nur' der

---

4 Der Begriff ‚DDR-Fernsehen' bezeichnet hier und im Folgenden den Deutschen Fernsehfunk ebenso wie das Fernsehen der DDR – Bezeichnungen, die in der DDR zu unterschiedlichen Zeiten Geltung hatten.

5 Positionen seit 1949: West-Berlin als „integraler Bestandteil", als Bundesland der Bundesrepublik (westliche Position), und West-Berlin als „selbstständige Einheit" (östliche Position). Vgl. zum Streit der Mediensysteme hierüber: Rüdiger Steinmetz: Von der anti-imperialistischen Solidarität zu den Stärken des Sozialismus. Ein Blick zurück ins zweite Jahrzehnt des Festivals. In: Fred Gehler / Rüdiger Steinmetz (Hg.): Dialog mit einem Mythos. Ästhetische und politische Entwicklungen des Leipziger Dokumentarfilm-Festivals in vier Jahrzehnten. Leipzig 1998, S. 38-40.

ARD-Korrespondent Lothar Loewe „wegen schweren Verstoßes gegen die Rechtsordnung" aus der DDR ausgewiesen. Äußerer Anlass war Loewes Aussage in einer Reportage für die *Tagesschau,* an der innerdeutschen Grenze werde „auf Menschen wie auf Hasen" geschossen.[6]

Die konfrontative Zeit der 70er Jahre wurde in der 80er Jahren abgelöst durch eine kooperative, dem Schlachtenlärm um die gescheiterten SALT-Verhandlungen und die Stationierung von Mittelstrecken-Raketen zum Trotz. Immer befand sich das DDR-Fernsehen aber in der Grundsituation, im Wettbewerb mit dem bundesrepublikanischen Fernsehen zu stehen. Direkt wurde dies in den DDR-Fernseh-Hierarchien nur selten thematisiert. Das sei aber auch nicht nötig gewesen, so Heinz Adameck:

> Alle […] kannten das Westfernsehen wie das eigene Programm, von vorne bis hinten. Es war natürlich so, dass die ARD ihrem System gedient hat und wir unserem System. Und so wurden auch die Pläne angelegt. Aber im Hinterkopf hatte jeder, wie das in einer Auseinandersetzung mit dem Gegner Bestand haben wird. Das hat dann auch Stilblüten hervorgebracht, schlimmster Art.[7]

Jahrzehntelang zeichneten die Systeme die jeweils anderen Fernsehprogramme auf: in Adlershof bzw. in Hannover. Davon profitierten auf der einen Seite Karl-Eduard von Schnitzler mit seinem *Schwarzen Kanal* sowie die ZK-Abteilung Agitation und auf der anderen Seite die *Rote Optik, drüben, Kennzeichen D, ZDF-Magazin* und das Presse- und Informationsamt der Bundesregierung. Dieses gegenseitige mediale Bespitzeln hat heute den Vorteil, dass Programmlücken in den Archiven durch die jeweilige ehemalige Gegenseite aufgefüllt wurden.

Intensivere Beziehungen zwischen den Medien-Systemen entwickelten sich als Folge der Milliarden-Kredite der BRD an die DDR von 1983 und 1984 und im Zusammenhang mit dem Luther-Jubiläum. Die ARD kaufte unter anderem herausragende historische Fernseh- und

---

6 Vgl. Lothar Loewe: Erfahrungen bei der Fernseh-Berichterstattung aus der DDR. In: Karl Friedrich Reimers / Monika Lerch-Stumpf / Rüdiger Steinmetz (Hg.): Von der Kino-Wochenschau zum aktuellen Fernsehen. Diskussion und Materialien. München 1983, S. 293-307.

7 Tilo Prase / Rüdiger Steinmetz: Interview mit Heinz Adameck. Berlin, 15.09.2005 (unveröff.).

Dokumentarfilme wie *Die Kinder von Golzow, Martin Luther* (1983), *Johann Sebastian Bach* und *Der Schimmelreiter* (1984), *Freischütz* (1985), *Sachsens Glanz und Preußens Gloria* (1986), *Gräfin Cosel* (1987).[8] Mit Letzterem, dem zweiteiligen Fernsehfilm über die Mätresse Augusts des Starken, erlöste das DDR-Fernsehen bei der ARD 400.000 DM/VM.

Der Filmhändler Leo Kirch benutzte das DDR-Fernsehen mitunter, um ARD und ZDF unter Druck zu setzen. Wenn die westlichen Anstalten ein Programm nicht kaufen wollten, bot er es im Osten an – zu einem Dumpingpreis. So lief eine Verfilmung von Thomas Manns *Hochstapler Felix Krull* zuerst im DDR-Fernsehen.[9]

Eine erneute Intensivierung der Beziehungen, vor allem mit der ARD, brachte der Besuch Erich Honeckers im September 1987 in der Bundesrepublik mit sich, der präzise vorbereitet wurde. Die Beziehungen zwischen ZDF und DDR-Fernsehen blieben dahinter weit zurück, auch was das Volumen des Programmaustauschs betraf. Zur Vorbereitung des Honecker-Besuchs trafen die Intendanten Heinz Adameck (Fernsehen der DDR) und Willibald Hilf (SWF- und ARD-Vorsitzender) am 10.12.1986 in Berlin zu einem ersten Spitzengespräch zusammen; dann tagten Arbeitsgruppen, und am 6. Mai 1987 wurde in Frankfurt am Main die erste Vereinbarung über die Zusammenarbeit zwischen ARD und Fernsehen der DDR durch Heinz Adameck und Willibald Hilf unterzeichnet.[10] In elf Artikeln regelte

---

8 Fernsehen der DDR / HA Internationale Verbindungen: Zum Stand der Beziehungen des Fernsehens der DDR mit der ARD, 21.11.1988. DRA [Deutsches Rundfunkarchiv Babelsberg] o. Sign.

9 Vgl. Tilo Prase / Rüdiger Steinmetz: Interview mit Heinz Adameck. Berlin, 15.09.2005 (unveröff.).

10 Vereinbarung zwischen dem Staatlichen Komitee für Fernsehen beim Ministerrat der Deutschen Demokratischen Republik und den der Arbeitsgemeinschaft der öffentlich-rechtlichen Rundfunkanstalten der Bundesrepublik Deutschland (ARD) angehörenden Landesrundfunkanstalten über die Zusammenarbeit auf dem Gebiet des Fernsehens, 06.05.1987. DRA o. Sign. Zur Delegation der ARD gehörten neben Hilf der HR-Intendant Hartwig Kelm, der ARD-Programmdirektor Dietrich Schwarzkopf und der Geschäftsführer der DEGE-TO, der Programmverwertungsgesellschaft der ARD, Hans Joachim Wack. Zur DDR-Delegation gehörten Hans-Joachim Seidowsky, Direktor für internationalen Programmaustausch, und Klaus Ottersberg, Direktor für internationale Verbindungen. Teilnehmerangaben nach: Fernsehen der DDR / HA Internationale Verbindungen: Zum Stand der Beziehungen des Fernsehens der DDR mit der ARD, 21.11.1988. DRA o. Sign.

dieser Vertrag Grundlagen der künftigen Zusammenarbeit. Dies betraf vor allem:

- den gegenseitigen Erwerb von Programmen aller Gattungen und unter Beachtung des Urheberrechts,
- deren auch gekürzte Ausstrahlung, „vorausgesetzt, dass dadurch Aussage und Inhalt des Werkes nicht verfälscht werden", und die Information über die Ausstrahlung,
- die Verwendung von Ausschnitten aus aktuellen und anderen Sendungen nach der „bestehenden Praxis"; das bedeutete, dass der seit Beginn des deutsch-deutschen Nachkriegsfernsehens geltende und tolerierte rechtlose Status der Verwendung von Ausschnitten, meist zu Propaganda-Zwecken, aufrecht erhalten wurde – beispielsweise um Karl-Eduard von Schnitzlers *Schwarzen Kanal* nicht zu gefährden,
- regelmäßige Treffen auf höchster Ebene zum Zweck „grundsätzlicher Erörterungen",
- die zweimal jährliche Veranstaltung von Programmbesichtigungen,
- gegenseitige Unterstützung der akkreditierten Korrespondenten, Reisekorrespondenten, Reporter und Kamerateams,
- gemeinsame Produktionen,
- den Erwerb deutschsprachiger Programme aus Drittländern,
- den Austausch von Publikationen,
- gegenseitige Informationsbesuche bei Messen etc.,
- produktionstechnischen Erfahrungsaustausch,
- Teilnahme an Fernsehwettbewerben und -festivals im jeweils anderen Staat.

Dem Zeitgeist entsprach die Festlegung, „entstehende Streitfragen gütlich beizulegen". Dieser Vertrag schrieb eine teilweise bereits bestehende Praxis fest, aber auf seiner Basis entfaltete sich eine noch regere Programm-Kooperation und eine intensive Reisetätigkeit von ARD-Vorsitzenden, Intendanten und ihren Vertretern in die Hauptstadt der DDR, u. a. im Oktober 1987 und am 5. Februar 1988 Willibald Hilf (SWF, als ARD-Vorsitzender), am 5. Februar 1988 Hans Bausch (SDR), im März 1987, im August 1987 und im September 1988 Hartwig Kelm (HR), am 4. Februar 1988 Friedrich Nowottny

(WDR).[11] Nowottny sprach dabei unter anderem den Wunsch aus, „im Frühjahr 1988 mit seiner Familie die DDR besuchen zu dürfen."[12] Da Erich Honecker ein Fan von Friedrich Nowottny war, wie Heinz Adameck sich erinnerte,[13] wurde dies möglich gemacht.

Am 20. Januar 1988 trafen sich Arbeitsdelegationen unter Leitung des ARD-Programmdirektors Dietrich Schwarzkopf einerseits und von Hans-Joachim Seidowsky, Stellvertreter des Fernseh-Komitee-Vorsitzenden und Direktor für internationale Programmangelegenheiten, andererseits, in Berlin. 1988 begannen dann auch die vereinbarten turnusmäßigen Programmbesichtigungen: zunächst in Leipzig und Ost-Berlin unter Beteiligung des ARD-Programmdirektors, begleitet von drei Fernsehdirektoren und fünf Fernsehspielchefs, sowie weitere Sonder-Sichtungen für die ARD. Sie kauften 13 der 87 vorgeführten Sendungen. Im April 1989 traf man sich in Warnemünde, nach der Wende, im April 1990, in Karl-Marx-Stadt (Chemnitz).

Der Vertrag vom 6. Mai 1987 blieb auch nach der Wende zunächst gültig und bildete die Grundlage der Zusammenarbeit mit dem Deutschen Fernsehfunk und der ARD. Die durchschnittlichen Produktionskosten des DDR-Fernsehens lagen Ende der 80er Jahre bei 2.033 Mark je Sendeminute. Intendant Adameck brüstete sich, ein sehr „produktives Fernsehkollektiv" zu leiten, weil die ARD 5.247 DM und die BBC gar 8.000 bis 10.000 DM je Sendeminute aufwenden müssten.[14]

Beim Honecker-Besuch in der Bundesrepublik im September 1987 unterstützte die ARD die Berichterstattung des DDR-Fernsehens durch vielfältige technische Kooperation, allein bei 35 von 37 Sen-

---

11 Fernsehen der DDR / HA Internationale Verbindungen: Zum Stand der Beziehungen des Fernsehens der DDR mit der ARD, 21.11.1988. DRA o. Sign.

12 Adameck an Joachim Herrmann, 05.02.1988. DRA o. Sign.

13 Tilo Prase / Rüdiger Steinmetz: Interview mit Heinz Adameck. Berlin, 15.09.2005 (unveröff.). Adameck: „Honecker liebte Nowottny über alles. Er hat ihn sogar, als Bundeskanzler Helmut Schmidt 1981 mit Nowottny auf Schloss Hubertusstock kam, fast umarmt und begrüßt: ‚Endlich lerne ich Sie mal kennen.'" Honecker habe in den 70er Jahren auch angeregt, eine Art *Bericht aus Bonn*, den Nowottny von 1973 bis 1985 moderierte, solle doch vom DDR-Fernsehen realisiert werden.

14 Heinz Adameck: „Diskussionsbeitrag" auf der 3. Kreisdelegiertenkonferenz der SED-Kreisleitung Fernsehen am 03.12.1988, S. 35ff. SAPMO-BArch DY 30/495.

dungen. Das DDR-Fernsehen dankte „für ausgezeichnete Unterstützung und großes Entgegenkommen". Rolf Schmidt-Holtz (ARD) und Michael Hering (Fernsehen der DDR), die beiden Partner bei einer Live-Schaltung am 9. September 1987, blieben über Dienstleistungen und publizistische Fragen in einem „unverbindlichen Erfahrungsaustausch".[15] Nach dieser offenbar perfekten Zusammenarbeit äußerten „leitende Vertreter der ARD [...] wiederholt die Hoffnung auf großzügige Unterstützung bei einem Besuch von Bundeskanzler Kohl in der DDR."[16] Dienstleistungen bei großen Übertragungen bzw. Aufzeichnungen erbrachte das DDR-Fernsehen für die ARD 1987 sechsmal, 1988 viermal und 1989 fünfmal. Mit Valutamark in der Größenordnung zwischen 572.000 DM (1987) und 475.000 DM (1989)[17] wurden diese Hilfestellungen bezahlt. Es handelte sich beispielsweise 1988 um Übertragungen aus dem Friedrichstadtpalast für den HR, um Sendungen innerhalb der DDR-Kulturwoche im SWF, eine plattdeutsche Sendung aus Güstrow für den NDR und um einen Vespergottesdienst aus Zerbst für den SFB.

Zusätzlich zur Vergabe dieser Dienstleistungen wurde die ARD für das Fernsehen der DDR zum „bedeutendsten Käufer von DDR-Fernsehprogrammen im NSW"[18] (= im nicht-sozialistischen Wirtschaftsgebiet). 1987 erlöste das DDR-Fernsehen mit ca. 1,8 Mio. DM/Valutamark die bis dahin höchste Summe aus Programmverkäufen von 41 Sendungen insgesamt, und 1988 war es ein ähnliches Valuta-Volumen für 24 dramatische Sendungen und Serienteile, darunter *Claire Beroline, Einzug ins Paradies, Die erste Reihe, Wir sind fünf, Der Geisterseher* und vier Folgen *Polizeiruf 110*, zusätzlich sieben dokumentarische Sendungen und zwei Unterhaltungssendungen.[19] 1989 wurden mehr als 30 Sendungen an die ARD mit einem Wert wie

---

15 Adameck an Joachim Herrmann, 05.02.1988. DRA o. Sign.

16 Fernsehen der DDR / HA Internationale Verbindungen: Zum Stand der Beziehungen des Fernsehens der DDR mit der ARD, 21.11.1988. DRA o. Sign.

17 Fernsehen der DDR / HA Internationale Verbindungen: Zum Stand der Beziehungen des Fernsehens der DDR mit der ARD, 21.11.1988. DRA o. Sign. und: Intendanz / Vereinbarungen ARD/ZDF/ORF [Anfang 1990]. DRA 303/1990.

18 Fernsehen der DDR / HA Internationale Verbindungen: Zum Stand der Beziehungen des Fernsehens der DDR mit der ARD. DRA o. Sign.

19 Fernsehen der DDR / HA Internationale Verbindungen: Zum Stand der Beziehungen des Fernsehens der DDR mit der ARD, 21.11.1988. DRA o. Sign.

in den beiden Vorjahren verkauft.[20] Es wurde zur Gewohnheit, beim DDR-Fernsehen Literatur- und Gegenwartsstoffe, einzelne Folgen der Krimireihe *Polizeiruf 110* und der Reihe *Der Staatsanwalt hat das Wort* zu kaufen. Dem stand auf der anderen Seite eine weit geringere Zahl an Programmeinkäufen des DDR-Fernsehens bei der ARD gegenüber: 1987 fünf fiktionale Sendungen von der DEGETO (1988: zehn), 15 weitere Sendungen und die Serie *Katja unterwegs in der DDR* (1987: 2. Staffel, 1988: 3. Staffel).[21] Preise konnten aus den bisher gesichteten Akten nicht entnommen werden. Erst nach Akteneinsicht kann festgestellt werden, ob die ARD das DDR-Fernsehen in gewisser Weise subventionierte. Bis zu einem gewissen Grade sieht es heute im Rückblick der ehemalige Intendant Heinz Adameck so, wenn er feststellt: „Das [den Erlös aus Programmverkäufen an das westdeutsche Fernsehen, R. S.] hatten wir ja in unserer Planung direkt mit drin, den Verkauf einer Menge Programme. Sonst wären wir ja bankrott gegangen."[22]

Kontinuierlich, aber in der entgegen gesetzten Richtung unausgeglichen gestaltete sich die Sportberichterstattung aus dem jeweils anderen Staat seit dem ARD-DDR-Fernsehen-Grundlagenvertrag vom Mai 1987:

Das DDR-Fernsehen übernahm von der ARD 1987 vier sportliche Großereignisse und 13 im Jahr 1988 sowie zusätzlich Sportübertragungen aus dem Eurovisionsangebot der ARD. Im Gegenzug übernahm die ARD 1988 nur vier sportliche Großereignisse aus der DDR.[23]

Eine etwas zugespitzte Bilanz dieses Teils des Programmaustauschs zwischen DDR-Fernsehen und ARD lautet: In der Bundesrepublik bekamen die Zuschauer von der DDR ein Bild der Kultur, der Kunst und ein wenig des sauberen Umgangs mit Gesetzesbrechern vermit-

---

20 Intendanz / Vereinbarungen ARD/ZDF/ORF [Anfang 1990]. DRA 303/1990.

21 Fernsehen der DDR / HA Internationale Verbindungen: Zum Stand der Beziehungen des Fernsehens der DDR mit der ARD, 21.11.1988. DRA o. Sign.

22 Tilo Prase / Rüdiger Steinmetz: Interview mit Heinz Adameck. Berlin, 15.09.2005 (unveröff.).

23 Fernsehen der DDR / HA Internationale Verbindungen: Zum Stand der Beziehungen des Fernsehens der DDR mit der ARD, 21.11.1988. DRA o. Sign. Zahlen 1988 nur für die ersten drei Quartale.

telt.[24] In der Deutschen Demokratischen Republik bekamen die Zuschauer von der Bundesrepublik vor allem ein Bild der Sportstätten vermittelt, auf denen ihre erfolgreichen Sportler starteten: Skispringer Jens Weißflog, die Rennrodler und die Fußballer.

Im Programmbereich der (halb-)aktuellen Berichterstattung sah die Bilanz folgendermaßen aus: 1987 übernahm das DDR-Fernsehen insgesamt 221 Sendungen mit einer Länge von fast 13.000 Minuten (= 217 Stunden) von der ARD. Hier spielte der Honecker-Besuch in der Bundesrepublik eine zentrale Rolle. 1988 waren es 116 Sendungen mit nur knapp 34 Stunden Länge.[25] Im Gegenzug gab das DDR-Fernsehen an die ARD 1988 insgesamt nur elf Sendungen mit einer Länge von sieben Stunden ab. Bei Aktuellem bediente man sich gegenseitig am jeweiligen internationalen Nachrichtenpool.

Am 17. April 1987 strahlte das Fernsehen der DDR erstmals eine nicht-sportliche Fernsehsendung der ARD vollständig aus: *Ein deutsches Schicksal: Kaplan Joseph Rossaint.* Der Südwestfunk sendete vom 15. bis 22. Oktober 1988 eine „DDR-Kulturwoche im Südwestfunk" (Redaktion: Gustav Adolf Bähr und Erich Bottlinger) und wurde vom DDR-Fernsehen dafür gelobt, weil er „die Bürger im Südwesten viel sachlicher und differenzierter [über die DDR informiert habe, R. S.] als die ARD-Korrespondenten."[26] Erich Honecker und Oskar Lafontaine vereinbarten im August 1988 eine erste Fernseh-Koproduktion, die im September / Oktober 1989 ausgestrahlt werden sollte. Zwei vierköpfige Familien in Berlin und Saarbrücken sollten porträtiert werden. Im Juni 1988 wurden ARD und ZDF mit Zustimmung des DDR-Fernsehens als neue assoziierte Mitglieder in die OIRT (Organisation Internationale de Radiodiffusion et de Télévision; deutsch: Internationale Rundfunk- und Fernsehorganisation) aufgenommen, wofür sich ARD-Koordinator Richard W. Dill im September

---

24 Möglicherweise versprachen sich die ARD/DEGETO-Programmeinkäufer vom *Polizeiruf 110* und von *Der Staatsanwalt hat das Wort* einen Blick in verborgene Winkel der DDR-Realität.

25 Fernsehen der DDR / HA Internationale Verbindungen: Zum Stand der Beziehungen des Fernsehens der DDR mit der ARD, 21.11.1988. DRA o. Sign. Zahlen 1988 nur für die ersten drei Quartale.

26 Fernsehen der DDR / HA Internationale Verbindungen: Zum Stand der Beziehungen des Fernsehens der DDR mit der ARD. DRA o. Sign.

1988 während der Sitzung des Intervisionsrates in Helsinki artig bedankte.[27]

Die DDR-Korrespondenten der ARD, Claus Richter und Hans-Jürgen Börner, und ihre ARD-Kamerateams wurden vom IPZ (= Internationalen Pressezentrum) „betreut" und „unterstützt" bei ihrer Berichterstattung über die Leipziger Frühjahrs- und Herbstmessen, das Gipfeltreffen des Warschauer Vertrages im Mai und Dezember 1987, beim internationalen Berliner Treffen für kernwaffenfreie Zonen im Juni 1988 in Berlin, beim Evangelischen Kirchentag und Katholikentreffen 1987, bei der Leipziger Dokumentar- und Kurzfilmwoche und bei der vierten ökumenischen Begegnung im September / Oktober 1988 in Erfurt.[28]

Am 15. Januar 1988, dem 69. Todestag Rosa Luxemburgs, sowie erneut und intensiver 1989 lenkten die Rosa-Luxemburg-Demonstrationen die internationale Aufmerksamkeit auf die DDR, weil dort Freiheit als Freiheit des Andersdenkenden von eben diesen anders Denkenden eingefordert wurde.[29] Die westlichen Korrespon-

---

27 Fernsehen der DDR / HA Internationale Verbindungen: Zum Stand der Beziehungen des Fernsehens der DDR mit der ARD, 21.11.1988. DRA o. Sign.

28 Fernsehen der DDR / HA Internationale Verbindungen: Zum Stand der Beziehungen des Fernsehens der DDR mit der ARD, 21.11.1988. DRA o. Sign.

29 Rosa Luxemburg hatte in ihrem 1922 erstmals veröffentlichten Traktat die Russische Revolution vehement begrüßt, Lehren für eine sozialistische Umgestaltung in Deutschland gezogen, aber zugleich heftige Kritik an der ersten Phase der Agrarreform und am Privileg der Freiheit geäußert, das nur wenige revolutionäre Regierungs- und Parteivertreter für sich in Anspruch nähmen, ohne das von den Zaren unterdrückte Volk in diese Zeit der Freiheit mitzunehmen: „Je demokratischer die Institution, je lebendiger und kräftiger der Pulsschlag des politischen Lebens der Masse ist, um so unmittelbarer und genauer ist die Wirkung – trotz starrer Parteischilder, veralteter Wahllisten etc. [...] [Es] ist [...] eine offenkundige, unbestreitbare Tatsache, daß ohne freie, ungehemmte Presse, ohne ungehindertes Vereins- und Versammlungsleben gerade die Herrschaft breiter Volksmassen völlig undenkbar ist. [...] Freiheit nur für die Anhänger der Regierung, nur für Mitglieder einer Partei – mögen sie noch so zahlreich sein – ist keine Freiheit. Freiheit ist immer nur Freiheit des anders Denkenden. Nicht wegen des Fanatismus der ‚Gerechtigkeit', sondern weil all das Belehrende, Heilsame und Reinigende der politischen Freiheit an diesem Wesen hängt und seine Wirkung versagt, wenn die ‚Freiheit' zum Privilegium wird." Rosa Luxemburg: Zur Russischen Revolution (zuerst veröffentlicht 1922 von Paul Levi nach dem handschriftlichen Manuskript aus dem Nachlass). Hier zitiert nach: Rosa Luxemburg: Politische Schriften. Band 3. Frankfurt am Main 1968, S. 106-141. Diese von einer sozialistischen Position aus geäußerte Fundamentalkritik an einer sich selbst privilegierenden, erstarrten und brutalen Machtelite

denten hatten seit Anfang der 80er Jahre Kontakte zu Gruppen der
entstehenden Opposition geknüpft und berichteten über deren Aktionen bzw. nutzten deren Informationen über die Friedensgebete, über
humanitäre, ökonomische und ökologische Probleme und Missstände.
Damit stellten sie im Westen, aber über diesen Umweg auch im Osten,
die Öffentlichkeit her, die auch Rosa Luxemburg gefordert hatte. Diese Öffentlichkeit bewirkte einen gewissen Schutz der Oppositionellen.
Die Kontakte der Korrespondenten führten zu einem „Katz- und
Mausspiel" (Fritz Pleitgen) mit dem Ministerium für Staatssicherheit
(MfS) und mitunter auch zu von Stasi-Mitarbeitern platzierten Fehlin-
formationen.[30]

Aus Anlass der Einführung eines neuen ARD-Korrespondenten Anfang Februar 1988 beschwerte sich Intendant Heinz Adameck über die
„Provokationen" der West-Journalisten in direkten Gesprächen mit
Friedrich Nowottny (04.02.1988) und dem neuen ARD-Vorsitzenden
Hans Bausch bei einem „Spitzentreffen und -Mittagessen am 5. Februar 1988 im Ostberliner Grand-Hotel."[31] Bausch hatte den SWF-
Intendanten Willibald Hilf mitgebracht, weil dieser „seine guten Beziehungen ein wenig auf mich [Bausch] weiterleiten" sollte.[32] Adameck sagte in einer Grundsatzerklärung beim Essen „mit goldenen Löf-
feln, […] zwischen Aperitif und Vorspeise", es müsse künftig sicher-
gestellt sein, „dass es einigen Hitzköpfen und ihren Hintermännern
nicht erlaubt werden dürfe, das Erreichte in Frage zu stellen und ihre
Berichterstattung auf antisozialistische Kräfte zu konzentrieren, die
zusätzlich geheimdienstlich gesteuert sind."[33] Mit den Hitzköpfen
meinte Adameck auch Claus Richter. Und er warf den Korrespondenten auf dem Umweg über Nowottny, Bausch und Hilf vor, was auch
das *Neue Deutschland* bereits in die Welt gesetzt hatte: „Journalisten

---

schien der Opposition in der DDR die ideale Plattform für ihre Kritik am DDR-
System der Endzeit 1988 und 1989 zu sein.

30 Vgl. Operation Fernsehen, Teil 1: West-Korrespondenten im Visier der Stasi.
ARD/WDR, 21.07.2004.

31 Auszug aus dem Tagebuch des ARD-Vorsitzenden vom 10. Februar 1988.
ARD-Programmdirektion München, DRA o. Sign.

32 Ebd.

33 Adameck an Joachim Herrmann, 05.02.1988. DRA o. Sign.

auf der Gehaltsliste der BRD-Geheimdienste."[34] Adameck stellte diesen Vorwurf nicht aus eigener Machtvollkommenheit, sondern auf Geheiß aus dem ZK auf. Denn die Medienkontrolleure im ZK, beim MfS und im Außenministerium, das für die Akkreditierung der Korrespondenten zuständig war, übertrugen ihr eigenes Medienverständnis auf die Fernsehstrukturen im Westen und meinten, dass also auch die Korrespondenten der ARD bloß Agenten der Bundesregierung sein könnten. Von heute aus zurückblickend, diagnostiziert Heinz Adameck bei Erich Honecker und ZK-Sekretär Joachim Herrmann ein völliges Missverständnis hinsichtlich der Rolle des Fernsehens im Medienzeitalter: „Die haben geglaubt, wenn man den Hebel umlegt, Direktiven gibt, läuft das."[35]

WDR-Intendant Friedrich Nowottny bestritt nach Adamecks Protokoll „nicht absolut, dass es so etwas [bewusste Provokationen durch Falschinformationen aus Quellen der Bürgerrechtsbewegung, R. S.] geben könne, aber für seine Journalisten wies er das zurück. Sollte es trotzdem Beweise geben, würde er sofort Konsequenzen ziehen." Bausch wird von Adameck mit den Worten zitiert, „dass beim geringsten Verdacht eines Verstoßes gegen die Spielregeln seine Korrespondenten nach Hause geschickt würden."[36]

Die ARD-Intendanten waren mit dem DDR-Fernseh-Intendanten Heinz Adameck „völlig einverstanden" in der Haltung, dass es eine „stabile Entwicklung der DDR" gäbe.

> Zum Schluss bestätigte Nowottny, dass er verstanden habe, dass es uns um die Fortsetzung der Friedenspolitik, der Abrüstung und um eine normale, gute Zusammenarbeit mit der BRD ginge – darin eingeschlossen die Zusammenarbeit mit den Medien.[37]

Bausch ging noch einen Schritt weiter als Nowottny, der gegenüber Adameck immer noch von seiner Berichterstattung über den Besuch Helmut Schmidts bei Honecker auf Schloss Hubertusstock schwärmte. Bausch nach Adamecks Protokoll:

---

34 Adameck an Joachim Herrmann, 05.02.1988. DRA o. Sign.

35 Tilo Prase / Rüdiger Steinmetz: Interview mit Heinz Adameck. Berlin, 15.09.2005 (unveröff.).

36 Adameck an Joachim Herrmann, 05.02.1988. DRA o. Sign.

37 Adameck an Joachim Herrmann, 05.02.1988. DRA o. Sign.

Die ARD-Intendanten seien sich im Klaren, dass sie in ihrer kommenden
Konferenz über eine Neubewertung des Arbeitsauftrages ihrer Korrespondenten in der DDR sprechen müssen. Bausch formulierte wörtlich: „Wir müssen
weg von jeder Konfrontation."[38]

Bausch bestätigte dies in seinem *Tagebuch des ARD-Vorsitzenden:*
„Ich habe in aller Form versichert, dass es nicht die Absicht und Aufgabe der Korrespondenten in Ostberlin sei, aktiv in irgendein Geschehen einzugreifen oder sich mit Widerstandsgruppen zu verbünden." Er
versicherte außerdem, „dass aktives Handeln unserer Korrespondenten
in Ostberlin durch eigens für das West-Fernsehen inszenierte Vorgänge von uns nicht gebilligt wurde."[39]

Hans Bausch sagte Adameck aber auch, dass er derartige Vorwürfe
bereits kenne, und zwar vom südafrikanischen Informationsminister,
der sich über die angeblich verzerrende Apartheid-Berichterstattung
beschwert habe. Diese Parallele habe Heinz Adameck verblüfft. Umgekehrt habe das Fernsehen der DDR in den letzten Jahren in Stuttgart
„einige Veranstaltungen von wenigen hundert Leuten [...] groß her-
ausgestellt, die bei uns gar nicht auffielen."[40] SDR-Intendant Hans
Bausch hatte insgesamt den Eindruck: „Den Verdacht konnten wir
aber sicherlich nicht entkräften, dass Widerstandsgruppen in der DDR
sich notgedrungen an uns wenden und unsere Korrespondenten solche
Vorgänge natürlich nicht außer Acht lassen dürften."[41] Der Intendant
des DDR-Fernsehens ging mit dem Eindruck aus den Gesprächen:
„Sie haben verstanden, dass es der DDR um normale Beziehungen,
um die korrekte Einhaltung der Verträge und nicht um eine Zuspitzung geht." Bausch sagte gegenüber Adameck außerdem, dass er
„gewisse Hoffnungen" auf den neuen Chefredakteur von *Tagesschau*
und *Tagesthemen,* Henning Röhl, setze, und dass er, Bausch, „selbst
mehr Einfluss auf diese beiden Nachrichtensendungen nehmen" wer-

---

38 Adameck an Joachim Herrmann, 05.02.1988. DRA o. Sign.

39 Auszug aus dem Tagebuch des ARD-Vorsitzenden vom 10. Februar 1988.
    ARD-Programmdirektion München, DRA o. Sign.

40 Auszug aus dem Tagebuch des ARD-Vorsitzenden vom 10. Februar 1988.
    ARD-Programmdirektion München, DRA o. Sign.

41 Auszug aus dem Tagebuch des ARD-Vorsitzenden vom 10. Februar 1988.
    ARD-Programmdirektion München, DRA o. Sign.

de.[42] Hiervon schrieb Bausch in seinem Tagebuch nichts, sei es, dass er diese Äußerung aus medienpolitischen Gründen nicht protokolliert haben wollte, sei es, dass daraus Adamecks Verständnis eines Befehls-Gehorsams-Verhältnisses auch in den Westmedien sprach.

Der ehemalige ARD-Korrespondent Claus Richter erfuhr von diesen Gesprächen erst durch einen Vortrag des Verfassers während des Symposiums aus Anlass des 50. Jahrestages des Fernsehstarts in Hamburg am 6. Dezember 2002. Er bestätigte, mit Dissidenten zusammengearbeitet zu haben, wenn es um nicht-offizielle Informationen, verdeckt gedrehte Videomaterialien und die Publikation dissidenter Ziele gegangen sei. Mit einem westdeutschen Geheimdienst habe er in der DDR aber zu keiner Zeit zusammengearbeitet, diese Behauptung sei völlig aus der Luft gegriffen gewesen. Hier prallten investigatives und staatlich bzw. parteilich gelenktes Medienverständnis aufeinander. Im offiziellen Selbstverständnis der DDR von der Rolle der Medien musste derartiges journalistisches Handeln als Provokation verstanden werden. Das Alltagsverständnis sah aus Heinz Adamecks heutiger Sicht anders aus. Die Vorwürfe der „Provokation" oder auch der „ideologischen Diversion" seien nur benutzt worden, „um sich selbst zu beruhigen. Die Zuschauer haben das nicht akzeptiert, und das wussten wir auch. [...] Vielleicht hat es die Führung so gesehen, aber die Fernsehmitarbeiter nicht."[43]

Auf Intendantenebene standen pragmatische Programmplanungen und gutes Essen und Trinken auf der Agenda der Zusammenkünfte. Es herrschte ein viel entspannteres Klima als Mitte der 70er Jahre, als Lothar Loewe ausgewiesen wurde. Heikle Fragen wurden am Ende der 80er Jahre direkt angesprochen, aber sie führten zu keinen diplomatischen Verwicklungen mehr. Realpolitik herrschte vor und pragmatische Programmpolitik, und das nicht nur auf Fernsehebene. So stellte ZEIT-Chefredakteur Theo Sommer bei einer DDR-Reise mit mehreren seiner Redakteure „eine außerordentliche Entwicklung"

---

42 Adameck an Herrmann, 12.07.1988, SAPMO-BArch DY 30/IV 2/2. 037/43. Vgl. dazu: Gunter Holzweißig: Die Medien und die friedliche Revolution. In: Deutschland Archiv 39 (2006) H. 6, S. 1012-1024, Zitat S. 1018.

43 Tilo Prase / Rüdiger Steinmetz: Interview mit Heinz Adameck. Berlin, 15.09.2005 (unveröff.).

fest.[44] Er sah „Bewegung statt Stagnation", „selbstbewusste Gelassen-
heit" statt „Zaghaftigkeit", „freundlichere Farben überall" statt Grau
und Trübsal,[45] eine Diagnose, die DDR-Bürger seinerzeit nicht geteilt
hätten. Ihnen war klar, dass es sich um Stagnation und Zerfall handelte. Auch Spitzenkräfte wie Heinz Adameck, der als Vorsitzender des
staatlichen Fernsehkomitees im ZK verkehrte, praktizierten – zumindest nach heutiger Darstellung – eine Art „Double Think", wie George
Orwell es in seinem 1948 erschienenen Roman *1984* schon beschrieben hat. Adameck und Kulturminister Joachim Hoffmann, die des
Öfteren mit ihren Frauen gemeinsam in Urlaub fuhren,

> haben immer darauf gehofft, dass vielleicht sogar eine natürliche Lösung
> durch das Alter der Führung noch mal möglich ist. Und wenn kein Wunder
> geschieht, haben wir gewusst, dass das zum Krach führen muss. Wir haben
> natürlich nicht geahnt, dass das zum völligen Ende führt, das wollten wir
> auch nicht.[46]

Außerdem hatte Adameck Informationen von seinem Kollegen La-
pin im Sowjetischen Fernsehen. Dieser schilderte ihm die Auswirkungen der Gorbatschow-Politik so, dass darin auch die Zukunft der DDR
zum Vorschein kam: „Das geht hier bei uns gegen die Wand. Man
kann nicht alles lockern, ohne eine Konzeption zu haben wie die Chi-
nesen. Das wird hier schlimm, stell dich darauf ein."[47]

Im Westen dagegen hatte sich der Zeitgeist auf friedliche Koexistenz
eingestellt. Und die ARD, in einigem Abstand auch das ZDF, und das
Fernsehen der DDR waren spätestens seit dem Honecker-Besuch von
medialen Gegnern auf beiden Seiten des Eisernen Vorhangs zu kolle-
gialen Arbeitspartnern geworden, bei denen es um die Ausweitung der
Zusammenarbeit bis hin zu Koproduktionen ging, und keineswegs um
Konfrontation. Diese Harmonie zwischen den Fernsehsystemen in Ost
und West hielt bis September 1989 an. Auf der Ebene der aktuellen

---

44 So im Bericht seines Betreuers Wolfgang Meyer, Hauptabteilungsleiter Presse
    im DDR-Außenministerium. Vgl. hierzu: Holzweißig: Die Medien und die
    friedliche Revolution, hier besonders S. 1018f.

45 Theo Sommer (Hg.): Reise ins andere Deutschland. Reinbek 1986, S. 19. Zitiert
    nach: Holzweißig: Die Medien und die friedliche Revolution, S. 1019.

46 Tilo Prase / Rüdiger Steinmetz: Interview mit Heinz Adameck. Berlin,
    15.09.2005 (unveröff.).

47 Ebd.

Berichterstattung verschärften sich in der Endphase allerdings die Gegensätze.

Das Verhältnis DDR-Fernsehen – ZDF:
Dieter Stolte wollte der Erste vor der ARD sein

Auch die Geschäftsbeziehungen des DDR-Fernsehens zum ZDF hatten ein längeres Vorspiel, auch hier gab es gegenseitige Hilfe, Programmsichtungen und -ankäufe – allerdings auf einem weit niedrigeren quantitativen Niveau als mit der ARD. Bis 1987 geschah dies weitgehend wie bei der ARD auf Arbeitsebene, ab 6. Mai 1987 dann ebenfalls wie bei der ARD auf der Grundlage einer ersten Vereinbarung auf Intendantenebene. War die Kooperation mit der ARD und den ARD-Anstalten umfangreicher, so war die Zusammenarbeit mit ZDF-Intendant Dieter Stolte für Intendant Heinz Adameck menschlich intensiver und angenehmer: „Vom persönlichen Kontakt her war es gesprächsfreudiger mit dem ZDF. Dieter Stolte war da ein anderer Mann, er war neugierig."[48]

Zur Vorgeschichte dieses Vertrages: Im März 1986 hatten beide Fernsehsysteme eine Vereinbarung über die kostenpflichtige Verwertung von Programmausschnitten getroffen, innerhalb derer das DDR-Fernsehen Ausschnitte aus den ZDF-Magazinen *Kennzeichen D, Denkmal* und *Freizeit* verwendete.[49] Zuvor war Intendant Adameck bereits zweimal mit dem ZDF-Intendanten Stolte zusammengetroffen (20.05.1985 und 14.01.1987). Es hatte 1987 zwei Verhandlungsrunden der Fernsehpartner zwischen Hans-Joachim Seidowsky, Direktor für Internationalen Programmaustausch im DDR-Fernsehen, und Walter Konrad, Chef-Programmplaner des ZDF, in Dresden und Mainz

---

48 Ebd.

49 Fernsehen der DDR / HA Internationale Verbindungen: Zum Stand der Beziehungen des Fernsehens der DDR mit dem ZDF, 21.11.1988. DRA o. Sign. Die Programmminute kostete nach dieser Vereinbarung 950 DM. Unterzeichnung der Vereinbarung am 6. Mai 1987 in Mainz in Anwesenheit Adamecks, des Direktors für Internationalen Programmaustausch Hans-Joachim Seidowsky, des Direktors für Internationale Verbindungen Kurt Ottersberg und auf Seiten des ZDF neben Intendant Dieter Stolte auch Chefredakteur Reinhard Appel, stellvertretender Programmdirektor Heinz Ungureit, Justitiar Ernst-Werner Fuhr, Technischer Direktor Albert Ziemer und Heinz Kimmel, Leiter der HA Internationale Angelegenheiten.

gegeben. In der Folge des Vertrages trafen sich Delegationen der jeweiligen für die Fernsehdramatik bzw. das Fernsehspiel, für die Aktualität und für die Unterhaltung zuständigen Bereiche in Berlin (17.07.1987) und Mainz (06.-09.04.1988).[50]

Das DDR-Fernsehen erwartete neben lukrativen Programmverkäufen, günstigen Einkäufen und Dienstleistungen, dass es die ARD und das ZDF gegeneinander ausspielen könnte. ZDF-Intendant Dieter Stolte setzte – wie seine ARD-Kollegen – auf gute Zusammenarbeit mit dem DDR-Fernsehen. Anlässlich der Einführung neuer ZDF-Korrespondenten stellte Stolte 1985 bereits seine Haltung folgendermaßen dar:

> Die personelle Besetzung [...] habe Stolte bewusst in den Dienst guter Arbeitsbeziehungen zur DDR gestellt. Mit der Aufnahme eines Konservativen (Dr. Brüssau, Mitglied der CDU) und eines „Linken" (Funk ist Mitglied der SPD) habe er ein ausgewogenes Team in die DDR entsandt, das nicht auf Konfrontation gehen, sondern mit Einfühlungsvermögen die DDR so widerspiegeln werde, wie sie sich ihm darstellt.[51]

Die ZK-Abteilung Agitation war andererseits „der Meinung, dass es möglich ist, das starke Konkurrenzverhältnis zwischen ZDF und ARD in gewissem Sinne für uns zu nutzen."[52] Diese Fernsehmarkt-Mechanismen waren den hauptamtlichen Agitatoren im ZK also durchaus bekannt.

Vor diesem Hintergrund waren die weitgehend identischen Verträge mit der ARD bzw. dem ZDF vom 6. Mai 1987 von der ZK-Abteilung Propaganda in die Wege geleitet worden: Man

> sollte [...] unseres Erachtens die Möglichkeiten von kommerziellen und Arbeitsbeziehungen zwischen dem Fernsehen der DDR und den beiden Fernsehanstalten der Bundesrepublik überprüfen und entsprechende Vorschläge unterbreiten. Wenn es dazu Einverständnis gibt, würde ich Genossen Adam-

---

50 Fernsehen der DDR / HA Internationale Verbindungen: Zum Stand der Beziehungen des Fernsehens der DDR mit dem ZDF, 21.11.1988. DRA o. Sign.

51 ZK Agitation / Geggel an Herrmann, 28.05.1985 Ge/He. SAPMO-BArch DY 30 / vorl. SED 38896.

52 ZK Agitation / Geggel an Herrmann, 28.05.1985 Ge/He. SAPMO-BArch DY 30 / vorl. SED 38896.

eck beauftragen, eine Analyse der Beziehungen DDR-Fernsehen zu ARD und ZDF mit Schlussfolgerungen zu unterbreiten.[53]

Das Gespräch zwischen Stolte und Adameck im Mai 1985 legte hierfür offenbar eine solide Grundlage. Alle Einzelheiten meldete Adameck in die ZK-Abteilung Agitation und Propaganda weiter: Stolte

> wolle, sobald die Bedingungen dafür gegeben sind, vor der ARD der Erste sein. Diese Absicht wird offensichtlich stark von der Konkurrenz zwischen ZDF und ARD stimuliert [...] Professor Stolte zeigte sich außerordentlich gut informiert. Er kennt die Reden des Generalsekretärs.[54]

Stolte schlug vor, DDR-Fernsehprogramme über 3sat auszustrahlen. Doch dies sollte erst nach der Wende Wirklichkeit werden.

Nach dem Prinzip des „Do ut des" verhandelten Dieter Stolte und Heinz Adameck auch sehr offen über gegenseitige Programmveränderungen. Der jeweils anderen politischen Seite waren *Der schwarze Kanal* von Karl-Eduard von Schnitzler (1960-1989) und das *ZDF-Magazin* (1966-1988) von Gerhard Löwenthal mediale Dornen im Auge. Auf der Arbeitsebene zwischen den Intendanten wurden Lösungsmöglichkeiten dafür gesucht, diese Stachel zu ziehen, wie Heinz Adameck sich erinnert: „Stolte hat gesagt, ich stelle den Löwenthal ein [gemeint ist: Einstellung des *ZDF-Magazins*, R. S.], was er sowieso vorhatte, und dann hat er gleich den nützlichen Zweck damit verbunden. Dann können wir den Schnitzler auch mit weghauen. Das wurde ziemlich offen besprochen."[55] Dies war nicht nur ein Plausch zwischen Intendanten, sondern es standen durchaus Aktionen dahinter. Für von Schnitzlers Nachfolge hatte Intendant Adameck den jungen Redakteur der *Aktuellen Kamera* (AK), Jan Carpentier,[56] im Auge.

---

53 ZK Agitation / Geggel an Herrmann, 28.05.1985 Ge/He. SAPMO-BArch DY 30 / vorl. SED 38896.

54 ZK Agitation / Adameck an Geggel, 21.05.1985 (wortgleich von Geggel an Herrmann) über Gespräch mit Stolte am 20.05.1985 über „Fragen der praktischen Fernseharbeit". SAPMO-BArch DY 30 / vorl. SED 38896.

55 Tilo Prase / Rüdiger Steinmetz: Interview mit Heinz Adameck. Berlin, 15.09.2005 (unveröff.).

56 Jan Carpentier wurde dann Reporter und Moderator des zum 1. September 1989 neu geschaffenen Jugendmagazins *Elf99*. In der Wendezeit tat er sich mit einem recht braven Interview mit dem gerade zum Generalsekretär ausgerufenen Egon Krenz, mit dem Wandlitz-Porträt („Wir haben Euch das jetzt gezeigt, damit Ihr

Joachim Herrmann, dem Leiter der ZK-Abteilung Agitation, schlug er dies im Juli 1988 vor, weil sich Carpentier „bei politischen Ereignissen als Moderator bewährt" habe. Und Herrmann fand diesen Vorschlag „sehr gut".[57] Zu diesem Personalwechsel kam es nicht mehr. Erst am 30. Oktober 1989, am Beginn der ersten Wende-Phase, sollte von Schnitzler mit unversöhnlich klassenkämpferischen Worten vom Bildschirm abtreten.[58]

Aber Dieter Stolte löste den wegen seiner ständigen DDR-Kritik inzwischen ungeliebten und politisch penetranten Gerhard Löwenthal nach seiner letzten Sendung bereits am 23. Dezember 1987 als Moderator ab – gegen dessen ausdrücklichen Willen. In der Stasi-Zentrale floss Sekt, wie sich der ehemalige Offizier Günter Bohnsack erinnert.[59] Löwenthal verabschiedete sich bei seinen Zuschauern mit den Worten: „Gott schütze Sie." Das *ZDF-Magazin* wurde im Jahr 1988 eingestellt.

Die Zusammenarbeit zwischen DDR-Fernsehen und ZDF intensivierte sich schließlich doch nicht so wie 1985 und 1987 geplant. Aufgrund des Honecker-Besuchs brachte das Jahr 1987 dem DDR-Fernsehen zwar Programmverkäufe in Höhe von 586.014 DM/VM, aber 1988 halbierten sie sich dann schon wieder auf 217.000 DM/VM. Zudem sagte das ZDF die geplanten Programmbesichtigungen ab.

Euch selbst ein Bild machen könnt.") und mit einigen kritischen Interviews mit der Partei- und Staatselite in deren Wohnghetto Wandlitz hervor, so u. a. mit Kurt Hager (24.11.1989). Heute arbeitet er als freier Fernsehreporter, meist für den RBB. Vgl. dazu: Thomas Schuhbauer: Umbruch im Fernsehen, Fernsehen im Umbruch. Die Rolle des DDR-Fernsehens in der Revolution und im Prozess der deutschen Vereinigung 1989-1990 am Beispiel des Jugendmagazins „Elf 99". Berlin 2001.

57 Adameck an Herrmann, 12.07.1988, SAPMO-BArch DY 30/IV 2/2. 037/43. Vgl. dazu: Holzweißig: Die Medien und die friedliche Revolution, S. 1018 und: Gunter Holzweißig: Die schärfste Waffe der Partei. Eine Mediengeschichte der DDR. Köln u. a. 2002, S. 170.

58 Seine Abschiedsworte lauteten: „Es bedarf also der Kunst, das Richtige richtig und schnell und glaubhaft zu machen. In diesem Sinne werde ich meine Arbeit als Kommunist und Journalist für die einzige Alternative zum unmenschlichen Kapitalismus fortsetzen: als Waffe im Klassenkampf, zur Förderung und Verteidigung meines sozialistischen Vaterlandes. Und in diesem Sinne, meine Zuschauerinnen und Zuschauer, liebe Genossinnen und Genossen – auf Wiederschauen." DRA E028-00-06/0004/300.

59 Vgl. Christhard Läpple: Die Feindzentrale. ZDF, 13.11.2006.

1987 hatte das DDR-Fernsehen zwei ZDF-Sendungen ausgestrahlt, 1988 dann keine mehr. Nur im Sport verliefen der Programmaustausch und die Dienstleistungen „reibungslos, unkompliziert, schnell und sachlich."[60] Insgesamt aber gestaltete sich der Programmaustausch für das DDR-Fernsehen „unbefriedigend".

Kooperationspartner RTL

Mit dem Beginn des dualen Systems aus öffentlich-rechtlichen und privat-kommerziellen Rundfunkanstalten in der Bundesrepublik im Jahr 1984 entwickelte sich auch eine Kooperation zwischen dem Fernsehen der DDR und RTL. Helmut Thoma, Mitbegründer und Geschäftsführer von RTL, besaß keinerlei Berührungsängste gegenüber dem DDR-Fernsehen.[61] Bereits als Justitiar des ORF (1969-1973) hatte er auch persönliche Kontakte zum DDR-Fernsehen entwickelt, speziell zu Heinz Adameck. Für diesen ging Thoma unter allen Vertretern des westdeutschen Fernsehens „am weitesten."[62] Vom Fernsehen der DDR kaufte er Mitte der 80er Jahre billig „Erotisches zur Nacht". 1988 hatten DDR-Fernsehen und RTL einen Synchronvertrag abgeschlossen. Thoma ließ seine günstig eingekauften US-Serien dort synchronisieren.[63]

Helmut Thoma hatte eine skurrile Idee der Zusammenarbeit, die dem kommerziellen Sender angemessen war, im DDR-Fernsehen ernsthaft erwogen, schließlich aber nicht realisiert. Thoma war zwischen seinen Engagements bei ORF und RTL Geschäftsführer des französischen Vermarkters für Fernsehwerbung IP Deutschland gewesen. Vor diesem Hintergrund gebar er Ende der 80er Jahre die Idee, in den Zeiten, in denen das DDR-Fernsehen kein Programm sendete,

---

60 Fernsehen der DDR / HA Internationale Verbindungen: Zum Stand der Beziehungen des Fernsehens der DDR mit dem ZDF, 21.11.1988. DRA o. Sign.

61 Vgl. hierzu und zum Folgenden: Helmut Thoma: RTL: Vom Underdog zum Marktführer. Interview. In: Gerlinde Frey-Vor / Rüdiger Steinmetz (Hg.): Rundfunk in Ostdeutschland. Erinnerungen – Analysen – Meinungen. Konstanz 2003, S. 270f.

62 Tilo Prase / Rüdiger Steinmetz: Interview mit Heinz Adameck. Berlin, 15.09.2005 (unveröff.).

63 Vgl. ebd.

westliche Werbung auszustrahlen. Hierfür war bereits der langjährige Vorsitzende der staatlichen Planungskommission, Mitglied des ZK und des Präsidiums des Ministerrats, Gerhard Schürer, gewonnen worden. Diese „gemeinsame Nutzung von Sendern, die in der DDR standen", war nach Thomas Erinnerung „schon besprochen, aber dann kam die Wende dazwischen."[64] Der west-östliche Deal sollte ein Volumen von 100 Millionen DM haben und dem DDR-Fernsehen dazu dienen, moderne westliche Technik zu kaufen[65] – die es u. a. für *Elf99* benötigte, das ab Anfang 1989 planerisch vorbereitete Jugendmagazin. In einer Minimalversion dieses Projekts sollte wenigstens zur Leipziger Frühjahrs- bzw. Herbstmesse westliche Werbung ausgestrahlt werden. Heinz Adameck erinnert sich heute: „Unsere Begründung war, wofür wir richtig verdroschen wurden: ‚Die Leute wissen doch sowieso Bescheid, was es dort [im Westen, R. S.] gibt. Sie unterschätzen das sogar, was die Werbung betrifft.'"[66] Die Annäherung der Systeme war offenbar schon so weit vorangeschritten, vor allem aber die ökonomische Not der DDR so groß, dass dieses Projekt realistisch erschien.[67]

Die ökonomische Krise der DDR war durch Produktivitätsschwächen in den 80er Jahren, den aufgelaufenen Schuldendienst, u. a. durch den von Franz Josef Strauß vermittelten Kredit der Bundesrepublik, und durch eine unausgeglichene Import-Export-Bilanz entstanden. Die DDR stand unmittelbar vor der Zahlungsunfähigkeit.

Der Fünfjahrplan 1986-1990 für das NSW wird in bedeutendem Umfang nicht erfüllt. Bereits in den Jahren 1971-1980 wurden 21 Mrd. VM mehr importiert als exportiert. Das ist im Zusammenhang mit der dazu erforderlich gewordenen Kreditaufnahme und den Zinsen die Hauptursache des heutigen außergewöhnlich hohen Schuldenberges. [...] Die Konsequenzen der unmittelbar bevorstehenden Zahlungsunfähigkeit wäre ein Moratorium (Umschul-

64 Thoma: RTL, S. 271.

65 Tilo Prase / Rüdiger Steinmetz: Interview mit Heinz Adameck. Berlin, 15.09.2005 (unveröff.).

66 Ebd.

67 Vgl. Gerhard Schürer: Gewagt und verloren – eine deutsche Biografie des Chefs der Plankommission der DDR. Frankfurt / Oder 1996.

dung), bei der der internationale Währungsfonds bestimmen würde, was in der DDR zu geschehen hat."[68]

Diese katastrophale Lage, so schonungslos erst in den ersten Tagen der Wende bilanziert, lag allen Annäherungen zwischen dem Fernsehen der DDR und ARD, ZDF und RTL in den 80er Jahren zugrunde. Jede müde Westmark war hochwillkommen, selbst wenn sie der Preis für weitgehende ideologische Kompromisse war. West-Werbung über DDR-Fernsehsender – das war allerdings ein allzu weit gehender Kompromiss.

Programmaustausch durch Abgucken?

Eine andere Art von „Programmaustausch", allerdings einseitig in West-Ost-Richtung, habe es zwischen den Fernsehsystemen über Jahrzehnte gegeben – so lautet ein hartnäckiges Klischee. Das DDR-Fernsehen habe sich Programme und Formate aus dem westdeutschen Fernsehen „abgeguckt", um sie zu imitieren, damit ostdeutsche Zuschauer zu binden und vom Umschalten auf das Fernsehen der ARD und des ZDF abzuhalten. Die „allabendliche Ausreise" der DDR-Zuschauer gen Westen wird u. a. auch damit begründet. Eine Antwort auf diese Hypothese wird viel differenzierter ausfallen müssen. In ihrer für das Ende des Jahres 2007 geplanten Abschlusspublikation wird die Forschergruppe zur Programmgeschichte des DDR-Fernsehens sie teilweise zu geben versuchen.[69] Angenommen wird, dass die Orientierung von ostdeutschen Fernsehmachern und -zuschauern gen Westen intensiver und ausgeprägter war als die Ost-Orientierung von westdeutschen Machern und Zuschauern. Das bestä-

---

68 Gerhard Schürer / Gerhard Beil / Alexander Schalck / Ernst Höfner / Arno Donda: Analyse der ökonomischen Lage der DDR mit Schlussfolgerungen. Vorlage für das Politbüro des Zentralkomitees der SED, 30.10.1989. SAPMO-BArch DY 30/J IV 2/2A/3252.

69 Auch wenn die Deutsche Forschungsgemeinschaft die präzise komparative Programmforschung hierzu nicht mehr ermöglichte, indem sie die Untersuchungen auf das Programm des DDR-Fernsehens fokussierte und die Analyse der möglicherweise vergleichbaren Programme, Formate, Darstellungsformen und Techniken von ARD und ZDF nicht unterstützte. Die aufgrund dieses Umstands sicher unvollkommenen Ergebnisse können hier jedoch nicht vorweggenommen werden.

tigte auch Heinz Adameck. Einen großen Einfluss des westlichen Fernsehens habe es gegeben, „einen nicht zu unterschätzenden Einfluss gab es da, verknüpft mit der Illusion, dass das alles so ist. Und dass, wenn du morgen da hinkommst, auch alles gleich hast. Also, das ist schon erzeugt worden."[70]

Zugleich waren Teile des Programms, die ostdeutschen Unterhaltungsprogramme und dramatischen Sendungen, so attraktiv, dass keine „abendliche Ausreise" zustande kam. Zu nennen sind hier die so genannten Fernsehromane und Unterhaltungs- und Musikshows wie *Ein Kessel Buntes, Showkolade, Da liegt Musike drin* und *Alles singt.* Eine direkte Programmkonkurrenz, ein Kontrastprogramm, war dem Fernsehen der DDR aus Gründen technischer und finanzieller Art nicht möglich. Dazu „waren wir weder geeignet, noch in der Lage. Sondern wir haben gesagt, da wir das nicht alles können und auch nicht alles wollen, auch die Auswüchse nicht, müssen wir auf Substanz setzen."[71] Dennoch habe das westdeutsche Fernsehen, auch wenn man es nicht direkt thematisiert habe,

> eine riesige Rolle gespielt, ist immer präsent gewesen; jeder wusste das, und jeder hat sich indirekt danach gehalten. Es ging gar nicht anders. [...] Manches war auch abgekupfert, da bin ich mir völlig im Klaren. Selbst wenn wir den Befehl nicht gegeben haben oder die Anweisung, in den Köpfen der Mitarbeiter war das aber vorhanden. Wir hatten das ja alle. [...] Zum Teil hat natürlich die Mannschaft in der BRD abgeguckt, aber die BRD-Mannschaft hat auch hier abgeguckt.[72]

Wolfgang Rademann, Erfinder und Produzent der 1980 gestarteten ZDF-Reihe *Das Traumschiff,* bekannte, die Idee sei ihm im Jahr 1977 beim Sehen der DDR-Fernsehserie *Zur See* mit Horst Drinda gekommen.[73] Ebenso – das sei hier in Parenthese gesagt – wurde Rademann durch die tschechoslowakische Serie *Das Krankenhaus am Rande der Stadt* (1979 im DDR-Fernsehen, 1981 in der ARD) zur ZDF-Serie *Schwarzwaldklinik* (1985-89) inspiriert.

---

70 Tilo Prase / Rüdiger Steinmetz: Interview mit Heinz Adameck. Berlin, 15.09.2005 (unveröff.).

71 So erinnert sich Heinz Adameck. Vgl. ebd.

72 Ebd.

73 Vgl. u. a.: dpa: 20 Jahre „Traumschiff": Ein bisschen Eskapismus tut der Seele gut. In: Hamburger Morgenpost vom 11.10.2001 und Erik Heier: Zur See. In: Tagesspiegel (Berlin) vom 13.12.2002.

Auf der Mikroebene, bei der konkreten Programmplanung, spielte der Blick nach Westen für die ostdeutschen Programmgestalter durchaus eine Rolle. Hier wurden öffentlich zugängliche Quellen ausgewertet, aber es wurden auch über inoffizielle Wege Informationen über mittelfristige Planungen beschafft. Die konkreten Programmankündigungen (Programmfahnen), die ARD und ZDF an die Fernsehzeitschriften verschickten, ebenso wie die internen Programminformationen waren dem DDR-Fernsehen zugänglich. Heinz Adameck will über das Ministerium für Staatssicherheit oder seinen Mann für den internationalen Programmverkauf, Hans-Joachim Seidowsky, keine inoffiziell beschafften Informationen über Planungen und andere ARD-/ZDF-Interna erhalten haben. Dennoch ist den Akten der Behörde BStU klar zu entnehmen, dass es Anfang der 80er Jahre die Pressechefin der ARD-Programmdirektion war, die über Seidowsky Informationen über mittelfristige Programmplanungen weitergab. Heinz Adameck bringt es heute so auf den Punkt: „Das ist ja eine offene Gesellschaft gewesen, das [inoffiziell Informationen zu beschaffen, R. S.] war ja alles gar nicht so nötig. Es war ja genug auf dem Markt. Das haben die Programmdirektion oder die Programmplanung ausgewertet."[74]

Auf der Mesoebene, einer strukturellen und generell Fernsehprofessionellen Ebene, waren das ostdeutsche wie das westdeutsche Fernsehen in allgemeinere, übergreifende und internationale Entwicklungen eingebunden. Zum einen war diese Kontextualisierung institutionell verankert durch die Einbindung in die Intervision bzw. die Eurovision. Zum anderen spielten informelle Informationsflüsse eine Rolle, z. B. beim Zusammentreffen von Redakteuren oder höher in der Hierarchie angesiedelten Vertretern der drei Fernsehorganisationen ARD, ZDF und Fernsehen der DDR, etwa bei internationalen Programmmessen, Festivals oder technischen Konferenzen. Hierzu erinnert sich Heinz Adameck:

> Ich hatte eine Menge Informationen durch die Kontakte, die es trotz der Systemunterschiede gab. Wir haben uns auf internationalen Konferenzen getroffen und uns zusammengetan im Sport, damit das nicht so teuer wurde. Ich war eine Weile Vorsitzender der Intervision und Intendant Beckmann [Eberhard Beckmann, Hessischer Rundfunk, R. S.] aus Frankfurt am Main war

---

74 Tilo Prase / Rüdiger Steinmetz: Interview mit Heinz Adameck. Berlin, 15.09.2005 (unveröff.).

Vertreter der Eurovision, und wir haben uns natürlich immer ausgetauscht und untereinander auch zusammengewirkt, um Kosten runterzudrücken. Oder der erste Vertrag zwischen Intervision und Eurovision: dass man Konzerte übertragen konnte, der tägliche Austausch von Aktualitäten – das wurde da alles beschlossen. Da hat man natürlich auch mal diskutiert, und die haben mal erzählt, was sie machen wollen, vorhaben."[75]

So war man nolens volens eingebunden in internationale Entwicklungen, die sich bis in die Gestaltung, die Formatierung, von Programmen und Programm-Strukturen auswirkten. Auf der Makroebene handelte es sich schließlich um mehr oder minder moderne Industriestaaten mit vergleichbaren Perspektiven und Problemen.

Die Macht der Gewohnheit
Programmplanungen für den 9. November 1989

Im Oktober und November 1989 wurde das Fernsehen der DDR „weniger als ein Medium der Unterhaltung, sondern zunehmend als unentbehrliches Forum für Informations- und Meinungsbildung sowie als Anwalt großer Teile der Bevölkerung" wurde es wahrgenommen.[76] Doch bis es so weit war, machten das Fernsehen und sein Apparat samt Journalisten und Künstlern trotz Ausreisewelle, wachsenden Protests innerhalb der DDR-Bevölkerung in den Sommermonaten 1989 und rapide zurückgehender Akzeptanz weiter wie bisher. Abzulesen ist dies an den Protokollen der Beratungen des Fernseh-Komitees und der so genannten „Monatsberatung" des Komitee-Vorsitzenden, die große Kontinuität belegen.

Anfang September sahen die Planungen für die Tage, die in die Geschichte eingehen sollten, noch ganz gewöhnlich aus: Am Mittwoch, 8. November, sollten ein Fernsehfilm *(Schulmeister Spitzbart)* im ersten Programm und ein Hardy-Krüger-Spielfilm (*Die Abseitsfalle,* F / I 1963) im zweiten zur Hauptsendezeit miteinander konkurrieren, danach sollten Oberliga-Fußball und Geschichte der DDR *(Wissenschaftler für Pädagogen)* folgen. Zur Erinnerung an die Reichspog-

---

75 Ebd.

76 Michael Schmidt: Fernsehen – aus der Nähe betrachtet. In: Utopie kreativ, Sonderheft 2000, S. 32-41. Zitiert nach:
    www.rosalux.de/cms/fileadmin/rls_uploads/ pdfs/2000_Sonderheft_Schmidt.pdf
    (Zugriff vom 21.12.2006).

romnacht sollte dann im ersten Programm noch ein DEFA-Dokumentarfilm gesendet werden (Roza Berger-Fiedler: *Die Nacht, als die Synagogen brannten*). Am Tag danach, am 9. November, sollten *Spielspaß* und *Prisma* in DDR 1 gegen *Inspektor ohne Waffen*, einen Kriminalfilm aus Bulgarien in DDR 2 konkurrieren. Um 21.20 Uhr sollte im zweiten Programm Ullrich Kastens Filmessay *Filmmale – Mahnmale* mit Ausschnitten aus „bedeutenden antifaschistischen Filmen" ausgestrahlt werden.[77]

Mit partiellem Aktionismus reagierten die Leitung (Adameck) und die Programmplanung allerdings dann doch, obwohl das Programm des letzten Quartals 1989 bereits seit Juli ‚stand'. So kam der Start des Jugendmagazins *Elf 99* (Hauptzielgruppe: 14- bis 17-Jährige), seit Anfang des Jahres vorbereitet, Anfang September 1989 gerade zur rechten Zeit und wurde besonders stark beworben. Mit modernster elektronischer Produktions- und Studiotechnik und sehr jungen Moderatoren und Reportern ließ sich ein jugendliches Image kreieren, das dem Bild eines verstaubten und verkrusteten Staatsprogramms entgegenwirkte. Zwischen Videoclips wurde Freches und Frisches, aber tendenziell Staatserhaltendes untergebracht.

Mit ebenso großem PR-Aufwand wurde kurzfristig die letzte Trilogie der dokumentarischen Altmeister Heynowski und Scheumann (H&S) für Anfang / Mitte Oktober ins Programm gehoben. So beschloss das Fernsehkomitee am 12. September 1989, die bisherigen Planungen zu ändern und *Die dritte Haut* von H&S am 3., 10. und 17. Oktober jeweils um 20.00 Uhr zu senden. Das Komitee beabsichtigte damit, die beiden Autoren erneut einen besonderen Akzent im Programm des DDR-Fernsehens setzen zu lassen, in dem die Errungenschaften des Sozialismus im Wohnungsbau den Defiziten kapitalistischer Gesellschaften positiv gegenübergestellt wurden. Die Öffentlichkeitsarbeit dafür schloss eine Pressevorführung wie auch die Publikation von Hinweisen auf die entsprechenden Veränderungen des ursprünglich vorgesehenen Programms ein.

Bis Mitte September waren die Protokolle der Komiteeberatungen frei jeglichen Bezugs auf den Exodus Tausender Menschen aus der DDR. Am 12. September zeugte nur die genannte Hereinnahme der

---

77 Chefredaktion Sendeplanung: Hauptsendungen im Abendprogramm. 6. Planungsabschnitt 1989 (30.10.-14.12.1989). Komiteefassung, Stand 04.09.1989, DRA o. Sign.

Dokumentationen von einer gewissen Unruhe. Dies sollte dann jedoch die letzte ‚normale' Komiteeberatung werden. Erst danach finden sich in den Protokollen Ausführungen zu aktuellen Entwicklungen.

Bei einem Zusammentreffen der Bezirkskorrespondenten der *Aktuellen Kamera* (AK) mit Heinz Adameck am 22. September gab dieser noch steinerne Sätze von sich: Die Menschen laufen weg, „weil ein ganzes ideologisches System gegen uns steht. […] Es geht nicht darum, wer hat heute gewonnen. Es geht um große Politik. Es gibt keine sogenannten Menschheitsfragen. Es gibt Klassenfragen, da stecken die Menschheitsfragen mit drin."[78] Dem AK-Korrespondenten in Rostock, Michael Schmidt, war danach „klar, daß es der Leitung des Fernsehens nur um ein ‚Weiter so!' bei der Aktuellen Kamera ging. Ins Zentrum der Berichterstattung gehörten ‚die Tatsachen des Sozialismus und die Menschen, die morgens früh zur Arbeit gehen, an der Seite der Partei.'"[79]

Die Protokolle der „Montagsberatungen", meist unter Leitung Heinz Adamecks, entsprachen noch bis zum 16. Oktober dem Standard der letzten Jahre. Zu diesem Zeitpunkt hatten am 9. Oktober (auch „Aufruf der Leipziger Sechs") 70.000, am 16. Oktober schon 100.000 Leipziger demonstriert – an beiden Tagen im Angesicht der Gefahr einer blutigen Eskalation. Am 23. Oktober demonstrierten schließlich 320.000 Menschen allein in Leipzig.

Doch aus den Montagsberatungen des Fernsehens wurden keineswegs Montagsdemonstrationen: Am 16. Oktober – ohne Adamecks Beteiligung – wurde die *Aktuelle Kamera* noch für ihre „sehr gute Leistung" bei der Berichterstattung über Honeckers Begegnung mit der Delegation der VR China anlässlich des 40. Jahrestages der DDR belobigt; ebenso Lutz Renner („Kanzler Kohl und seine Wunschträume"), Michael Illner und Karl Eduard von Schnitzler für ihre „herausragenden" AK-Kommentare.[80] Allerdings wurde an diesem Tag wohlweislich schon die Sendung *40 Jahre DDR* „aus der Wertung genommen". Am 23. Oktober wurde noch einmal, ein allerletztes Mal,

---

78 Zitiert nach den schriftlich festgehaltenen Erinnerungen von Schmidt: Fernsehen – aus der Nähe betrachtet, S. 32-41.

79 Ebd.

80 Vgl. Protokoll der Festlegungen des Vorsitzenden aus der Montagsberatung, 16.10.1989. DRA o. Sign.

Der Schwarze Kanal mit „gut" bewertet, ebenso wie *Die dritte Haut* und auch *Elf 99*. Ein „Sehr gut" erhielt die Berichterstattung der AK über die Ablösung Erich Honeckers durch Egon Krenz.

Zugleich standen die Zeichen für einige Privilegierte schon auf Übergang in eine neue Zeit. Heinz Adameck wusste bereits seit der Sitzung des Politbüros am 10. Oktober 1989, dass Erich Honecker wenig später zurücktreten würde.[81] Entsprechend verhielt er sich in seinen letzten Tagen im Amt. So konnte nach seinen heutigen Erinnerungen den Akteuren nichts mehr passieren, wenn Frank Schöbel im letzten *Kessel Buntes* unter alter Ägide Anfang Oktober sang: „Wir brauchen keine Lügen mehr", oder wenn Helga Hannemann Gunter Emmerlich fragte: „Meinste, dass wir für diese Sendung wirklich geeignet sind?", und Emmerlich antwortete: „Mach dir nichts draus, es gibt noch andere Leute, viel wichtigere, die nicht hinlangen."[82] Tosender Beifall: Die Zuschauer hatten verstanden.

Am 18. Oktober löste Egon Krenz Erich Honecker als SED-Generalsekretär ab. Tags darauf löste sich das über Jahrzehnte ausgeübte Informations- und Meinungsmonopol der SED auf, als der langjährige Leiter der ZK-Abteilung Agitation, Heinz Geggel, verkündete:

> Nach der restriktiven Pressepolitik nun in den Medien das Interesse der Bürger wecken. Bürgernähe. Generelle Wende, keine kleinen Ausbesserungen – auch in den Medien. [...] Freimütigkeit – das hilft dem Sozialismus am besten. Wir werden den einzelnen Medien nicht mehr reinreden. [...] Chefredakteure sind verantwortlich.[83]

Diese letzte Direktive, an der Rosa Luxemburg ihre Freude gehabt hätte, wurde allzu bald auf die Probe gestellt. Zunächst intern, in den Redaktionen, veränderten sich die Abläufe, dann auch äußerlich an Programmen und Programm-Strukturveränderungen erkennbar. So wurde der *Schwarze Kanal* eingestellt, die letzte Sendung wurde am 30. Oktober 1989 ausgestrahlt. Auf seinem Sendeplatz kam in der

---

81 Vgl. Tilo Prase / Rüdiger Steinmetz: Interview mit Heinz Adameck. Berlin, 15.09.2005 (unveröff.).

82 Wiedergabe nach Adamecks Erinnerungen: Tilo Prase / Rüdiger Steinmetz: Interview mit Heinz Adameck. Berlin, 15.09.2005 (unveröff.).

83 Hier die Mitschrift eines Teilnehmers an Heinz Geggels letzter „Argu": Ulrich Bürger [d. i. Ulrich Ginalos]: Das sagen wir natürlich so nicht! Donnerstag-Argus bei Herrn Geggel. Berlin 1990, S. 227.

Wendezeit das *Donnerstagsgespräch* zu Ehren, live, mit Politikern, Wissenschaftlern und Künstlern.

Besonders deutlich wurde der Einschnitt mit dem 4. November 1989, an dem eine kurze, intensive Phase fundamentaler Veränderungen im Fernsehen der DDR begann. Eine besondere Probe aufs Exempel des neuen dezentralen „Chefredakteursprinzips"[84] wurde die erste Live-Übertragung von einem öffentlichen Platz: Völlig unangekündigt wurde die große Demonstration der Bürgerrechtsgruppen „gegen Gewalt und für verfassungsmäßige Rechte" vom Berliner Alexanderplatz zeitsynchron übertragen. Das Neue Forum und verschiedene Künstlerverbände (Künstler der Berliner Theater, Verband der Bildenden Künstler, Verband der Film- und Fernsehschaffenden und das Komitee für Unterhaltungskunst) hatten zu der offiziell beantragten und genehmigten Demonstration aufgerufen. Etwa 500.000 Menschen folgten diesem Aufruf, Millionen sahen die Statements von 26 Rednern[85] am Bildschirm. Doch je länger die Übertragung dauerte, desto nervöser wurde ZK-Sekretär Joachim Herrmann. Er rief Intendant Adameck an, um ihn anzuweisen, die Live-Übertragung abzubrechen. „Das lief und Herrmann saß mit Egon Krenz und Innenminister Friedrich Dickel zusammen. Er sagte: ‚Wir sind hier der Meinung, du schleichst dich jetzt langsam [aus der Sendung, R. S.] raus.' Ich sagte, ‚Nein, über das Telefon kannst du das mit mir nicht machen.'" Weder die Anweisung noch ihre Nicht-Befolgung hatten noch irgendwelche Konsequenzen.

---

84 Vgl. dazu: Holzweißig: Die Medien und die friedliche Revolution, S. 1013.

85 Klaus Baschleben (Journalist), Marianne Birthler (Jugendmitarbeiterin der Evangelischen Kirche), Prof. Dr. Lothar Bisky (Rektor der Hochschule für Film und Fernsehen / HFF Babelsberg), Annekathrin Bürger (Schauspielerin), Kurt Demmler (Liedermacher), Dr. Konrad Elmer (Theologe), Roland Freitag (Student), Prof. Dr. Manfred Gerlach (Vorsitzender der LDPD), Dr. Gregor Gysi (Rechtsanwalt), Christoph Hein (Schriftsteller), Stefan Heym (Schriftsteller), Robert Juhoras (Student, Ungarn), Marion van de Kamp (Schauspielerin), Tobias Langhoff (Schauspieler), Jan Josef Liefers (Schauspieler), Ulrich Mühe (Schauspieler), Heiner Müller (Dramatiker), Prof. Dr. Jens Reich (Neues Forum), Günter Schabowski (SED-Politbüromitglied, 1. Sekretär der SED-Bezirksleitung Berlin), Ekkehard Schall (Schauspieler), Johanna Schall (Schauspielerin), Henning Schaller (Bühnenbildner), Friedrich Schorlemmer (Pfarrer), Steffie Spira (Schauspielerin), Joachim Tschirner (Dokumentarfilmer), Christa Wolf (Schriftstellerin), Markus Wolf (Schriftsteller und ehemaliger Chef der Hauptverwaltung Aufklärung des Ministeriums für Staatssicherheit).

Am 6. November 1989 nahm Intendant Adameck zum letzten Mal an den Montagsberatungen teil. Als radikale Änderung wurde an diesem Tag beschlossen, Bewertungen einzelner Sendungen nicht mehr vorzunehmen und künftig monatlich auf der Basis der Daten der Zuschauerforschung über „Tendenzen und Schwerpunkte der Programmarbeit im Komitee" zu beraten. Dazu kam es aber nicht mehr, da das Komitee aufgelöst wurde. Nach einer Unterbrechung von gut einem Monat wurden die Beratungen ab 12. Dezember unter dem neuen Generalintendanten Hans Bentzien als „Dienstberatungen" wieder aufgenommen. Aus „Genossen" wurden im Protokoll von nun an „Kollegen".

Das Fernsehprogramm am Tag der Maueröffnung

Am Tag der Öffnung der Mauer wurde alles anders, nur nicht der Programmablauf des Fernsehens in Deutschland – in Ost und West. So fielen im DDR-Fernsehen zwar die *Tiere vor der Kamera* und das *Sandmännchen* der Pressekonferenz im Internationalen Pressezentrum Ost-Berlin (IPZ) zum Opfer, auf der Günter Schabowski von der Sitzung des ZK berichtete. Die Live-Übertragung dauerte laut Sendefahrplan 67 Minuten, von 17.55 Uhr bis 19.02 Uhr. (Das *Sandmännchen* wurde in das zweite Programm verschoben.)

Aber: Der *Spielspaß* mit Hans-Günter Ponesky wurde dann im ersten Programm ebenso programmgemäß ausgestrahlt wie das Magazin *Prisma* und der französische Spielfilm *Komba – Gott der Pygmäen.* Nur der Spielfilm wurde zweimal für aktuelle Meldungen der *Aktuellen Kamera* von jeweils zwei Minuten unterbrochen. Die eingetretenen Veränderungen waren eher an den Inhalten und dem plötzlich veränderten journalistischen Selbstverständnis der Nachrichten und des Magazins erkennbar als an ihrem Umfang. Im zweiten Programm blieben die Veränderungen ebenfalls moderat: „*Der Inspektor ohne Waffen* musste ebendiese strecken, um *Des Kaisers neuen Kleidern, eine[r] Öko-Modenschau,* der ersten Folge der Reihe *Klartext,* um 20.00 Uhr Platz zu machen; und kurz vor der *Tagesthemen*-Zeit, um 22.25 Uhr, wurde die neue *AK Zwo* ausgestrahlt, die tags zuvor, am 8. November, ihre Premiere gehabt hatte.

Aus Schabowskis Pressekonferenz ist der hundertfach wiederholte, kurze Ausschnitt mit der beiläufigen Erwähnung, dass die Ausreise-

Regelung sofort in Kraft trete, allseits bekannt. Zu sehen ist, dass er
wie zufällig Zettel mit Notizen über den Ausreisebeschluss des Ministerrats auseinander faltet. Weniger bekannt ist, dass Schabowski seinen Auftritt dramaturgisch sehr gut vorbereitet hatte. Dies wird deutlich, wenn der Verlauf der gesamten Pressekonferenz analysiert wird:
Krenz hatte Schabowski zwei Blätter unmittelbar vor seiner kurzen
Fahrt vom ZK ins Internationale Pressezentrum zugesteckt mit der
Bemerkung, das sei doch etwas für die Pressekonferenz. Krenz habe,
so Schabowski, gesagt: „Das wird ein Knüller für uns".[86] „Das ist doch
die Weltnachricht", lautete die Formulierung nach Krenz' Erinnerungen.[87] Schabowski hatte sich diese historische Weltnachricht für das
Ende vorbehalten, als Höhepunkt seines Auftritts auf der internationalen Bühne, den er sichtlich genoss. In der 58. Minute der Live-
Übertragung stellte der Korrespondent der italienischen Nachrichten-
agentur ANSA etwas unmotiviert – mit Schabowski für diesen Zeitpunkt offenbar abgesprochen – die allzu einfache, rhetorische Frage:
„Glauben Sie nicht, dass der Reisegesetzentwurf, den Sie vor wenigen
Tagen vorgestellt haben, ein großer Fehler war?" Schabowski erwi-
derte: „Nein, das glaube ich nicht."[88]

Das war das Stichwort, um mehr als zwei Minuten lang zur Begründung auszuholen, wie und warum die DDR-Bürger aus einer „psychologischen Drucksituation" befreit werden sollten. Langeweile machte
sich schon breit, als er schließlich auf den Punkt kam:

> Das Reisegesetz ist ja noch nicht in Kraft, es ist immer noch ein Entwurf. Al-
> lerdings ist heute, so viel ich weiß [Schabowski blickt nach rechts zu dem
> dort sitzenden Mitglied des Politbüros], eine Entscheidung getroffen worden.
> Es ist eine Empfehlung des Politbüros aufgegriffen worden, dass man aus
> dem Entwurf des Reisegesetzes den Passus herausnimmt und in Kraft treten
> lässt, der – wie man so schön oder unschön sagt – die ständige Ausreise re-
> gelt, also das Verlassen der Republik. Weil wir es für einen unmöglichen Zu-
> stand halten, dass sich diese Bewegung vollzieht über einen befreundeten
> Staat, was ja auch für diesen Staat nicht ganz einfach ist. Und deshalb haben
> wird uns dazu entschlossen, heute eine Regelung zu treffen, die es jedem

---

86 Günter Schabowski: Der Absturz. Berlin 1991, S. 306.

87 Egon Krenz: Wenn Mauern fallen. Wien 1990, S. 182.

88 Eigenes Transkript, Fernsehen der DDR, 09.11.1989.

Bürger der DDR möglich macht, über Grenzübergangspunkte der DDR aus-
zureisen.[89]

Auf die Nachfrage von Journalisten, wann diese Regelung in Kraft
trete, fuhr Schabowski fort:

> Also Genossen, mir ist das also hier mitgeteilt worden, dass eine solche Mit-
> teilung eigentlich heute schon verbreitet worden ist. Sie müsste eigentlich
> schon in Ihrem Besitz sein. Also [Schabowski liest den offiziellen Text der
> Reiseregelung vor, der in Nachrichtensendungen dann immer wieder zitiert
> werden sollte.]: Privatreisen nach dem Ausland können ohne Vorliegen von
> Voraussetzungen, Reiseanlässen und Verwandtschaftsverhältnissen beantragt
> werden. Die zuständigen Abteilungen der Volkspolizei-Kreisämter in der
> DDR sind angewiesen, Visa zur ständigen Ausreise unverzüglich zu erteilen,
> ohne dass dafür noch geltende Voraussetzungen für eine ständige Ausreise
> vorliegen müssen. Ständige Ausreisen können über alle Grenzübergangsstel-
> len der DDR zur BRD bzw. zu Berlin West erfolgen. [...] (Frage: Wann tritt
> das in Kraft?) Nach meiner Kenntnis ist das sofort, unverzüglich.[90]

Danach war die Pressekonferenz sehr schnell zu Ende, einige aktuell
berichtende Journalisten verließen fluchtartig den Raum. Hätte Schabowski diese Information um 18.00 Uhr als Aufmacher der Pressekonferenz verwendet, wäre sie gleich wieder zu Ende gewesen.

Das ZDF hätte in seiner *heute*-Sendung ab 19.00 Uhr die Möglich-
keit gehabt, die Weltnachricht als erstes Fernsehprogramm zu verbrei-
ten. Doch der Kanzler-Besuch in Polen überschattete die noch brisan-
tere Aktualität der Maueröffnung. Volker Jelaffke als Redakteur im
Studio und Otto Diepholz als Chef vom Dienst (CvD) machten die
Sendung (nach dem Überblick) mit dem Kohl-Besuch in Warschau
(Bericht: Gerry Nasarsky) und dem Treffen mit Lech Walesa (Bericht:
Klaus Walther) auf. Erst an siebter und achter Stelle folgten eine
Wortnachricht sowie ein Bericht von Werner Brüssau über die ZK-
Sitzung und über den Besuch des nordrhein-westfälischen Minister-
präsidenten Johannes Rau in Ost-Berlin. An 14. Stelle, genau um
19:14:33 Uhr, meldete Jelaffke dann die historische Situation mit fol-
genden Worten:

> Noch einmal zurück nach Ost-Berlin. SED-Politbüro-Mitglied Schabowski
> hat vor wenigen Minuten mitgeteilt, dass von sofort an DDR-Bürger direkt

---

89 Ebd.

90 Ebd.

über alle Grenzübergänge zwischen der DDR und der Bundesrepublik Deutschland ausreisen dürfen. Mit dieser heutigen Entscheidung sei eine Übergangs-Regelung bis zur Verabschiedung des neuen Reisegesetzes geschaffen worden. Schabowski äußerte sich vor der internationalen Presse.[91]

Es folgte der verkürzte Schabowski-Redeausschnitt. Das ZDF hatte also die Weltnachricht, und es brachte den verklausulierten Satz aus der Pressekonferenz als erstes audiovisuelles Medium. Aber die Tragweite blieb den Redakteuren noch verborgen.

Als erste Fernsehnachrichtensendung brachte die *Aktuelle Stunde* des Westdeutschen Rundfunks (WDR) die Weltnachricht um 19.07 Uhr, und zwar bereits in ihrer Hauptbedeutung und verständlich formuliert. Die Moderatorin Sabine Brandi, die mit Johannes Kaul im Studio war, sagte: „Das frisch gewählte Politbüro-Mitglied Schabowski hat eben verkündet, dass ab sofort die innerdeutschen Grenzen zur Ein- und Ausreise freigegeben sind."[92] Sabine Brandi machte dabei ein Gesicht, als glaube sie ihren eigenen Worten nicht.

In ihrer vollen Tragweite erkannte die Berliner *Abendschau* des Senders Freies Berlin (SFB) die Politbüro-Entscheidung, und sie brachte sie um 19.23 Uhr als Aufmacher. Jochen Sprentzel befragte im Anschluss daran den Regierenden Bürgermeister Walter Momper. Momper, ab 19.25 Uhr live auf Sendung, zeigte sich als Realist: „Ich glaube, dass das wirklich ein Tag der Freude ist. Es macht mich froh, und es sollte uns alle sehr froh machen, auch wenn wir wissen, dass daraus viele Lasten auf uns zukommen werden."[93]

Die AK des DDR-Fernsehens um 19.30 Uhr versteckte diesen ‚Knüller' nach einem langen Themenüberblick von zwei Minuten und einem Bericht über die Pressekonferenz in einer verklausulierten Wortmeldung an dritter Stelle. Noch an diesem historischen Abend

91 Korrigiertes Sendeprotokoll der „heute"-Sendung Nr. 430/89 vom Donnerstag, 09.11.1989. ZDF-Archiv GB ABD (Geschäftsbereich Archiv-Bibliothek-Dokumentation).

92 Westdeutscher Rundfunk Köln (WDR) Printarchiv und Sichtung des U-matic-Mitschnitts der *Aktuellen Stunde* vom 09.11.1989 im WDR-Archiv. Vgl. auch die Leserzuschrift des ehemaligen CvD des WDR Karl-Heinz Angsten: Ziemliche Panik. In: epd medien Nr. 13 vom 19.02.2003.

93 Eigenes Transkript der *Abendschau* des Senders Freies Berlin (SFB), 09.11.1989.

wurde eher verlautbart als wirklich informiert, zumindest in der *Aktuellen Kamera.*

Die *Tagesschau* machte mit der Topmeldung auf, widmete sich pünktlich ab 20.15 Uhr aber den DFB-Pokalspielen in Stuttgart und Kaiserslautern. Robin Lautenbach sprach einen historischen Aufsager vor dem Brandenburger Tor:

> Vor 28 Jahren und knapp drei Monaten wurde die Mauer erbaut. Sie wurde zum Symbol nicht nur der Teilung der Stadt und der Teilung Deutschlands, sondern sie wurde auch ein Symbol des Kalten Krieges. Spätestens seit heute Abend ist dieses Bauwerk nur noch ein Baudenkmal.[94]

In der Halbzeitpause des Fußballspiels, um 21.00 Uhr, zeigte die ARD ihren siebten Sinn, indem sie den *Siebten Sinn* nicht zeigte und stattdessen für neun Minuten einen *Brennpunkt extra* vom SFB über die Ereignisse einschob.

In den *Tagesthemen* nach der Übertragung der Fußballspiele um 22.42 Uhr machte Hanns Joachim Friedrichs mit einer Würdigung der historischen Situation auf. SFB-Intendant Günther von Lojewski kommentierte die Ereignisse in der auf 48 Minuten ausgedehnten Ausgabe der „Tagesthemen". Um 23.40 Uhr unterbrach die ARD die Wiederholung eines Fernsehfilms für 21 Minuten, um in einer Sondersendung von der Pressekonferenz von Bundeskanzler Helmut Kohl aus Warschau zu berichten.

Nach dem zweiten Teil des Fernsehfilms berichtete die *Tagesschau* ab 01.20 Uhr erneut aktuell aus Berlin und brachte das erste längere Interview mit dem Regierenden Bürgermeister Walter Momper, gefolgt von einem *Brennpunkt* ab 01.36 Uhr. Hans-Joachim Kulenkampffs *Späte Einsichten* in den *Nachtgedanken* ab 02.00 Uhr widmeten sich der historischen Situation nicht – sie kamen aus der Konserve. Und dann war – anders als heute – Sendeschluss bis zum nächsten Morgen um 09.00 Uhr.

Ins zweite Programm des DDR-Fernsehens wurde um 21.57 Uhr eine kurze Meldung der AK über die Maueröffnung eingeschoben. Die *AK Zwo* begann früher als die *Tagesthemen,* um 22.29 Uhr. Nachrichtenchef und Moderator Lutz Herden stellte die Reiseregelung in einem einminütigen Bericht an die erste Stelle und führte dazu anschließend ein Studiogespräch.

---

94 Eigenes Transkript der Dokumentation auf Phoenix, 09.11.2002.

Im dritten Fernsehprogramm des SFB waren die Änderungen am deutlichsten. Es lief in dieser Nacht zur Hochform in der Live-Berichterstattung auf. Programmdirektor Horst Schättle moderierte die Sondersendung und lud den Regierenden Bürgermeister Walter Momper und den Oppositionsführer Eberhard Diepgen ins Studio ein. Vom SFB kamen alle Beiträge und Live-Schaltungen, die in dieser Nacht in der ARD ausgestrahlt wurden. Der SFB musste in der ARD gar ein wenig ‚Überzeugungsarbeit' leisten, um den *Brennpunkt* ab 01.36 Uhr ins Gemeinschaftsprogramm zu bringen. Nach und nach trafen bis zu sechs Reporter und bis zu acht Kamerateams in der Masurenallee ein. Am nächsten Morgen sendete der SFB ab 07.00 Uhr eine von Hans-Werner Kock moderierte Morgen-Schau.

Während die Weltnachricht für die deutschen Fernsehprogramme völlig überraschend kam und die Nachrichtensendungen erst nach und nach reagierten, kam für die US-Fernsehgesellschaften ABC, CBS, NBC und CNN der Zeitpunkt der Maueröffnung und der dann langsam anschwellende Menschenstrom gerade recht für die Live-Aufsager in der Prime Time. Der BBC-Hörfunk berichtete ab Donnerstagnacht live von der Mauer – im Gegensatz zur Deutschen Welle. Die privatkommerziellen Programme RTL und Sat1 reagierten kaum wahrnehmbar.

Einig waren sich die deutschen Fernsehsysteme an diesem Abend darin, den deutschen Michel nicht völlig aus seinem gewohnten Unterhaltungstrott zu werfen und ihm seinen Krimi *Philip Marlowe* (DDR 2), seinen *Spielspaß* (DDR 1), seinen Fußballspiel-Spaß (ARD) und seinen Glücksspiel-Spaß *Der Große Preis* (ZDF) nicht zu verderben. Die Systeme unterschieden sich aber doch sehr in Umfang und Inhalt ihrer Programmreaktionen. Angesichts der völligen Überraschung durch die ‚Knüller'-Entscheidung des ZK war das Ausmaß der aktuellen Änderungen in der ARD beachtlich: Insgesamt 123 Minuten, gut zwei Stunden, wurden allein im Ersten zusätzlich gesendet. Das ZDF blieb am unbeweglichsten. Es nutzte sein ohnehin geplantes aktuelles Programm *Spezial* über den „Kanzler in Polen" (21.01 Uhr bis 21.46 Uhr) für die aktuelle Berichterstattung. Und natürlich machte dann das *heute-journal* um 21.46 Uhr mit einem Bild der AK von der Mauer auf. Im Übrigen blieb das ZDF-Programm weitgehend unverändert und sendete nur insgesamt zehn Minuten länger als geplant.

Im DDR-Fernsehen blieben die quantitativen Programmänderungen allein aus dem aktuellen historischen Anlass der Maueröffnung sehr überschaubar: je vier Minuten Nachrichten-Ausweitung in DDR 1 und DDR 2. Werden jedoch die bereits am 8. November für den folgenden Tag geplanten Programmänderungen (Pressekonferenz von Schabowski, *Des Kaisers neue Kleider* plus *AK Zwo*) hinzugerechnet, dann waren 138 Minuten, weit mehr als zwei Stunden, eine dem revolutionären Anlass angemessene Leistung des DDR-Fernsehens.

Ein Zuschauer, der sich am 9. November über die aktuellen Ereignisse informieren wollte, hatte also folgende Möglichkeiten:

DDR 1	Pressekonferenz mit Schabowski	17.55-19.02 Uhr
WDR	*Aktuelle Stunde*	19.07 Uhr
ZDF	*heute*	ca. 19.15 Uhr
SFB	*Abendschau*	19.23 Uhr
DDR 1	*Aktuelle Kamera*	19.33 Uhr
ARD	*Tagesschau*	20.00 Uhr
ARD	*Brennpunkt aktuell*	21.00 Uhr
ZDF	*Spezial: „Der Kanzler in Polen"*	21.01 Uhr
ZDF	*heute-journal*	21.46 Uhr
DDR 1	AK-Meldung	21.53 Uhr
DDR 2	AK-Meldung	21.57 Uhr
DDR 1	AK-Meldung	22.22 Uhr
DDR 2	*AK-Zwo*	22.29 Uhr
ARD	*Tagesthemen*	22.42 Uhr
DDR 1	*Aktuelle Kamera*	23.05 Uhr
ARD	Pressekonferenz mit Kohl	23.40 Uhr
DDR 1	AK-Kurznachrichten	00.14 Uhr
DDR 2	AK-Kurznachrichten	00.40 Uhr
ARD	*Tagesschau*	01.20 Uhr
ARD	*Brennpunkt*	01.36 Uhr

Die Programmbeobachter des DDR-Fernsehens, die diesem selbst angehörten, fanden im Abendprogramm des Tages einiges Neue, das sie lebhaft begrüßten. Aber sie fanden auch, dass es gut war, „an einem solchen Tag" und an den Tagen danach noch Unterhaltung zur Ablenkung im Programm zu senden. Begrüßt wurde die Live-Berichterstattung von der Pressekonferenz, aber zugleich auch gefordert, live von ZK-Sitzungen zu berichten. Zur AK hieß es: „Vor vier Wochen hätte diese AK aus der Pressekonferenz und der ZK-Tagung bestanden. Heute: [...] endlich aktuell, nicht mehr reglementiert, den Tatsachen entsprechend engagiert. Die AK ist endlich aktuell und sehenswert geworden."[95] Das innenpolitische Magazin *Prisma* wurde gepriesen als „zeitgemäße Sendung mit heißen Themen aus der Sphäre der Unfähigkeit und Schlamperei der Kommunalwirtschaft; [...] Analyse der Mißwirtschaft".[96] Gefordert wurde auch die Ausstrahlung der im Archiv verschwundenen DDR- und sowjetischen Filme, noch rhetorisch umschrieben mit: „Ich denke, es wäre an der Zeit, dass unser Fernsehen lange vernachlässigte und lange erwartete Spielfilme unserer Produktion und aus der sowjetischen Produktion zeigen würde."[97]

Für das zweite DDR-Fernseh-Programm wurde positiv bewertet, dass in der Reportage *Des Kaisers neue Kleider* über die „Unzufriedenheit der Bevölkerung mit den produzierten Ladenhütern [...] keine Tabus ausgelassen" wurden.[98] Auch die neue Nachrichtensendung auf DDR 2, *AK-Zwo,* erhielt eine gute Note.

Die westdeutschen FernsehkritikerInnen waren sich darin einig, dass der historisch erste Tag und der Beginn des zweiten Tages – außer vom SFB – vom westdeutschen Fernsehen verschlafen wurde. Vor allem das ZDF habe bis zum nächsten Mittag weitergemacht, als ob nichts geschehen sei. Das Resümee: „Geschichte sollte in Deutschland jedenfalls für die Öffentlich-Rechtlichen nach Möglichkeit per Ankündigung geschehen."[99]

Für die ersten 20 Stunden nach Schabowskis spektakulären Ausführungen ist eindeutig zu bestätigen, was Mathias Schreiber am 14. November 1989 in der FAZ schrieb: „Die ARD hat weitaus am schnells-

---

95   Udo Lomas / Kinderfernsehen: Programmeinschätzung am 09.11.1989, 1. Programm. DRA o. Sign.

96   Udo Lomas / Kinderfernsehen: Programmeinschätzung am 09.11.1989, 1. Programm. DRA o. Sign.

97   Udo Lomas / Kinderfernsehen: Programmeinschätzung am 09.11.1989, 1. Programm. DRA o. Sign.

98   Heike Zauder: Programmbeobachter, 09.11.1989. DRA o. Sign.

99   e. n.: ARD und ZDF: DDR-Berichterstattung. In: Rheinischer Merkur / Christ und Welt vom 17.11.1989.

ten reagiert, am umfassendsten informiert. [...] Das ZDF konnte da nicht mithalten."[100]

Live-Rausch ab 10. November 1989

Am 10. November 1989 gaben sich die Programme des DDR-Fernsehens – wie auch diejenigen von ARD und ZDF – viel aktueller: Ab 07.55 Uhr wurden zwar zunächst das geplante Schulfernseh-Programm und die Wiederholung des *Spielspaß* vom Vorabend gesendet. Ab 10.50 Uhr wurde das erste DDR-Programm immer wieder durch die AK unterbrochen: um 10.50 Uhr, 11.38 Uhr, 13.05 Uhr, 14.10 Uhr, 15.30 Uhr, 16.28 Uhr, 19.30 Uhr und 01.21 Uhr. Wichtiger noch als die Nachrichtensendungen waren aber andere Programmänderungen: So übertrug DDR 1 live von 18.22 Uhr bis 19.26 Uhr die SED-Kundgebung im Lustgarten. Vom Lustgarten meldete sich auch von 18.00 Uhr bis 18.30 Uhr *Elf 99* mit einem *Spezial* auf DDR 2, nachdem dieses Programm tagsüber überwiegend mit Schulfernseh-Sendungen gefahren worden war. Aktuelle Nachrichten gab es in der *AK-Zwo* nur ab 22.00 Uhr und zum Sendeschluss ab 00.39 Uhr. Der gesamte geplante Abend in DDR 1 wurde ergänzt um die in mehrere Abschnitte aufgeteilte Sendung *Berlin heute* (20.01 Uhr bis 20.22 Uhr, 21.51 Uhr bis 22.16 Uhr, 22.38 Uhr bis 23.06 Uhr), eine Studio-Talkrunde mit einer Phone-In-Möglichkeit für Zuschauer (Telefonplätze im Studio), geleitet von Bernhard Büchel (plus Co-Moderator), mit Hermann Kant, einem evangelischen Pastor, dem ehemaligen Kulturminister Klaus Höpcke und einem Obersten der Volkspolizei.

Immer wieder wurde live an das Brandenburger Tor und an den Übergang Heinrich-Heine-Straße geschaltet. Am Brandenburger Tor saßen Westberliner auf der Mauer und blickten über Stunden gen Osten auf eine Kette der Volkspolizei herab. Am Grenzübergang standen die Menschen um Stempel an, weil sie der kurzfristigen Reiseregelung wohl nicht trauten.

Vom 10. November sind keine Programmbeobachtungen überliefert, aber vom 11. November, einem Sonnabend. Der Hauptausgabe der

---

100 Mathias Schreiber: Triumph in der ersten Reihe. Rückblick auf ein deutsches Fernseh-Wochenende (Tagebuch). In: Frankfurter Allgemeine Zeitung (FAZ) vom 14.11.1989.

AK wurde als positiv bescheinigt, dass sie nicht nur aktuell berichtete, sondern auch Serviceinformationen (West-U-Bahn-Fahrpläne, Fahrpreise im Westen) gebracht habe, der *AK-Zwo,* dass sie „ein völlig neues Gesicht gegenüber der Hauptausgabe – eben ein aktuelles" habe. Im *Sandmännchen* sollten Kinder zwischen Gerechtigkeit und Ungerechtigkeit unterscheiden lernen.[101] Eine andere Beobachterin fand in der AK ein „klares Zeichen eines neuen Windes auch in der SED", kritisierte aber, dass die zweite Ausgabe der AK über einzelne Themen des Tages nichts berichtet habe.[102] Für DDR 2 wurde positiv die Programmänderung gewertet, die zum ersten Mal nach 20 Jahren wieder eine Kabarettsendung ins DDR-Fernsehen gebracht habe: das Programm der *Leipziger Academixer* mit dem aus heutiger Sicht weisen, geradezu seherischen Titel: „Wir stehen uns noch bevor".[103]

ARD und ZDF intensivierten vom 10. November an ihren Live- und Spezial-Marathon, den sie bereits in den Tagen vor der Maueröffnung begonnen hatten. Jeder Tag brachte ein neues deutsch-deutsches Fernseh-‚Wunder': den *ARD-Presseclub* am Sonntag aus Adlershof (Moderation: Gerhard Fuchs; Leitung: Fritz Pleitgen), unter anderem mit dem stellvertretenden Chefredakteur der AK, Götz Förster, dem Chefredakteur der *Jungen Welt* (FDJ), Hans-Dieter Schütt, und der Chefredakteurin der *Wochenpost,* Brigitte Zimmermann. Das gesamte Wochenende war in der ARD ein einziger *Brennpunkt,* moderiert von Jürgen Engert und Fritz Pleitgen, mit etlichen deutsch-deutschen Fernsehpremieren: Ein DDR-Fernsehteam lieferte erstmals einen Beitrag – ausgerechnet über die DDR-Grenztruppen – für die ARD (*Brennpunkt* Sonntagabend), Fritz Pleitgen interviewte Günter Schabowski, das *ZDF-heute-journal* mit Ruprecht Eser kam live aus Ost-Berlin, die ARD-*Tagesthemen* mit Hanns-Joachim Friedrichs meldeten sich live aus Leipzig, die Appel-Runde des ZDF, *Journalisten fragen – Politiker antworten,* wurde aus Berlin-Adlershof gesendet, die ARD strahlte das DDR-Feature *Ist Leipzig noch zu retten* aus.

---

101 Bernd Dammasch / Diensthabender: Programmeinschätzung, 11.11.1989, 1. Programm. DRA o. Sign.

102 Martina Hasselmann / Prisma: Programmbeobachter, 11.11.1989, 1. Programm. DRA o. Sign.

103 P. Heinrich / Chefredaktion / Musik: Programmbeobachter, 11.11.1989. DRA o. Sign.

ARD und ZDF erreichten traumhafte Einschaltquoten, z. B. die ARD-*Brennpunkte* am 9. und am 11. November 32 % und 29 %, was 11,6 bzw. 10,8 Millionen westdeutscher Zuschauer entsprach. In der Woche nach dem Mauerfall brachte die ARD zehneinhalb Stunden an Sondersendungen, das ZDF knapp acht Stunden.

Zusammenfassend lässt sich sagen: Die quantitativen Programmänderungen in der aktuellen Berichterstattung waren im Programm des DDR-Fernsehens und in denjenigen von ARD und ZDF am 9. November noch gering. SFB und ARD machten das Fernsehen in dieser Nacht aber schon ansatzweise zu dem Live-Medium, das es in den folgenden Tagen und Wochen werden sollte. Im DDR-Fernsehen waren vor allem die qualitativen Änderungen – gemessen an der geringen Bewegung, die bis dahin stattgefunden hatte – doch beachtlich, und sie wurden von den Zuschauern beachtet. Vom 10. November an zeigten nicht nur Jürgen Engert, Fritz Pleitgen, Ruprecht Eser und viele andere in der ARD und im ZDF, wie aktuelle Berichterstattung aussehen kann, sondern auch das DDR-Fernsehen. Dort wurden offen und live Zuschauerfragen gestellt und beantwortet, berichteten Reporter von verschiedenen Brennpunkten, traten Bürgerrechtler live auf. Eine Live-Zeit mit Berichten von den Sitzungen des Runden Tisches, aus dem Plenarsaal der Volkskammer von Pressekonferenzen und öffentlichen Plätzen – eine kurze Zeit des Experiments mit der medialen Öffentlichkeit als einer purgativen Kraft, mit deren Hilfe Neues entsteht.

Das Verhalten der DDR-Zuschauer

Das Zuschauerverhalten in der DDR war in den 80er Jahren weitgehend stabil.[104] Es konzentrierte sich im Wesentlichen auf Unterhaltung und bestand aus einem fernsehtypischen Unterhaltungsslalom, wie ihn auch westdeutsche Zuschauer prinzipiell praktizierten. Wenn ‚publizistische‘, also aktuelle bis dokumentarische Sendungen, Bildungsprogramme und das *Kulturmagazin* ausgestrahlt wurden, schalteten maximal 5 % der Zuschauer ein; alles darüber wurde als Erfolg be-

---

104 Vgl. Michael Meyen: Kollektive Ausreise? Zur Reichweite ost- und westdeutscher Fernsehprogramme in der DDR. In: Publizistik (47) 2002 H. 2, S. 210.

zeichnet.[105] Bei einer durchschnittlichen Sehbeteiligung in der Hauptsendezeit von 55 % bis 60 % betrug der virtuelle Exodus in die West-
programme von ARD und ZDF allabendlich 20 % bis 25 % – ein Drittel bis knapp die Hälfte. Zum einen erweiterten sich die DDR-
Zuschauer dadurch das Unterhaltungsangebot, und zum anderen über-
prüften sie dadurch Informationen der DDR-Medien.[106] 1988 sahen
21,4 % das erste DDR-Fernsehprogramm, 15,3 % das zweite; insgesamt sahen also 36,7 %[107] das DDR-Fernsehen zur Hauptsendezeit um
20.00 Uhr. Die DDR-Fernsehforschung wies allerdings nur 35,7 %
aus.[108] 1989 fiel dieser Durchschnittswert auf 32,1 %, weniger als im
Jahr 1982, bevor die Programm-Strukturreform mit ihrer Unterhal-
tungswende griff.

Im letzten Quartal 1989 veränderten sich die Erwartungen der ostdeutschen Zuschauer an das DDR-Fernsehen radikal – und zugleich
seine Nutzung. Stand bis dahin die Unterhaltungsfunktion im Vordergrund, nahm Ende 1989 die Information den ersten Bedürfnisplatz ein.
Die Veränderungen begannen aber erst am 29. Oktober, also immerhin elf Tage nach der Amtsübernahme durch Egon Krenz.

Bis dahin waren Bewertung und Akzeptanz der Nachrichtensendung
Aktuelle Kamera kontinuierlich abgesunken, mit dem Tiefpunkt am 2.
Juli 1989 mit 4,0 % Sehbeteiligung – Bewertung immerhin „noch be-
friedigend" (3,29 auf einer Schulnoten-Skala). Ab 21. August bewerteten die Zuschauer die *Aktuelle Kamera* immer schlechter. Während
der Ausreise von DDR-Bürgern im September und Oktober ging die
Glaubwürdigkeit der DDR-Nachrichten völlig zu Bruch. Der Niedergang der Glaubwürdigkeit der AK erreichte am 3. Oktober 1989 mit
einer Bewertung von 5,56 den absoluten Tiefpunkt. Am 2. Oktober,
kurz vor dem Staatsgründungsjubiläum, nahmen 2.000 Menschen an
Montagsgebet und -demonstration teil. MfS-Chef Erich Mielke sagte

---

105 Vgl. ebd., S. 215.

106 Vgl. ebd., S. 218.

107 Vgl. ebd., S. 211.

108 Zuschauerforschung: Wie hat das Fernsehen der DDR den Erwartungen der
Zuschauer seit der Wende entsprochen? DRA H 081-03-02.

am 3. Oktober: „Die Lage in der DDR ist explosiv; jetzt muß gehandelt werden, sonst geht der Sozialismus den Bach runter."[109]

Nach dem Amtswechsel zu Egon Krenz trat die AK ab dem 29. Oktober ihren Siegeszug in der Zuschauergunst an. Durch die Wende veränderten sich die Durchschnittswerte schlagartig. Zwei Monate nach dem absoluten Tiefpunkt, am 6. Dezember, erreichten Sehbeteiligung und Bewertung der AK die absolute Spitze: 62,6 % und eine Bewertung von 2.39. Das war so viel wie das DDR-Fernsehen im ersten Halbjahr nur mit Hilfe zweier alter Heinz Rühmann-Filme erreicht hatte.[110] In der letzten Novemberwoche wurden auch die bis dahin geheim gehaltenen Zahlen und Bewertungen der Zuschauerforschung im Fernsehbetrieb endlich öffentlich, sie wurden im Fernsehzentrum Adlershof ausgehängt.[111]

Die AK wurde zum Indikator der Fernseh-Wende. Das schlug sich in den Nutzerzahlen und in der Bewertung nieder. Im November befragte die Zuschauerforschung die Zuschauer, wie sie das veränderte Programm beurteilten. Dabei fanden drei Viertel (73,4 %) der Zuschauer das Programm „jetzt besser als früher", wenige Wochen später waren es schon 86 %. In der Presse (29,2 %) und im Fernsehen (28,4 %) lasen die DDR-Bürger Ende Oktober die stattfindenden Veränderungen am ehesten ab.

In der Hitliste führte die AK weit vor dem Jugendmagazin *Elf99,* dem innenpolitischen Magazin *Prisma* und der neu eingeführten Nachrichtensendung im zweiten Programm, *AK Zwo.* Eindeutig hatte die AK einen Vertrauensgewinn erzielt: Vier von fünf Zuschauern meinten, dass sie nun „Vielfalt widerspiegelte". Und drei von vieren waren überzeugt, dass sie jetzt „die anstehenden Probleme [...] offen und ehrlich" anspreche.[112] Die AK überholte kurz vor Weihnachten 1989 auch die westdeutschen Nachrichtensendungen in der Nutzung. Etwa jeder zweite Fernsehzuschauer in der DDR schaltete die AK ein.

---

109 Zitiert nach Ekkehard Kuhn: Der Tag der Entscheidung. Leipzig, 9. Oktober 1989. Berlin / Frankfurt am Main 1992, S. 41.

110 Zuschauerforschung: Wie hat das Fernsehen der DDR den Erwartungen der Zuschauer seit der Wende entsprochen? DRA H 081-03-02, S. 1.

111 Dramatische Kunst / Crahe, Sekretär des Kollegiums: Festlegungsprotokoll der Kollegiumssitzung vom 23.11.1989. DRA o. Sign.

112 Zuschauerforschung: Wie hat das Fernsehen der DDR den Erwartungen der Zuschauer seit der Wende entsprochen? DRA H 081-03-02, S. 6.

Dahinter sah die ‚Hitparade' der Zuschauergunst folgendermaßen aus:
Tagesschau, heute, Tagesthemen, andere Nachrichtensendungen und
das *heute-journal*. Die neue *AK Zwo* wurde von 5 % bis 10 % der Zuschauer gesehen.[113]

Noch ganz am Anfang einer Veränderung, deren Dimensionen für
das System insgesamt und für den Einzelnen nicht absehbar waren,
fand es noch fast die Hälfte (43,3 %) der Zuschauer „entschuldbar,
dass es in letzter Zeit in manchen Sendungen des Fernsehens mitunter
zu falschen oder nur zum Teil richtigen Darstellungen kam, was
Rücksichtnahme und Entschuldigungen zur Folge hatte". 41,6 % der
Befragten meinten allerdings, dass so etwas „nicht vorkommen dürfte". Und einem harten Kern von 10,7 % waren die Veränderungen
noch überhaupt „nicht aufgefallen."[114]

Drei Viertel der Zuschauer akzeptierten in der Wendezeit die häufi-
gen Programmänderungen – das heißt aber zugleich, dass immerhin
ein Viertel sich davon gestört fühlte. Im Hauptprogramm handelt es
sich immerhin um etwa 90 % teils sehr kurzfristiger Programmänderungen. Unter den Veränderungen begrüßten die DDR-Zuschauer – in
dieser Reihenfolge:

1. dass die *AK* anders wurde,
2. dass der *Schwarze Kanal* eingestellt wurde,
3. dass neue Diskussionsrunden eingeführt wurden und
4. dass es im zweiten Programm jetzt die *AK Zwo* gab.[115]

Die neuen Reihen *Klartext* (ab 06.11., überwiegend montags, 21.30
Uhr), die *Donnerstagsgespräche* (ab 19.10., 20.00 Uhr, zunächst 20 %
Zuschauer) waren zunächst sehr erfolgreich hinsichtlich der Zuschau-
erbeteiligung und -bewertung, ebenso wie das renommierte Magazin
Prisma (ebenfalls 20 %). Aber es stelle sich bald ein Sättigungseffekt
ein, vor allem bei den langen Gesprächsrunden.[116] Typisch deutsch ist
wohl, dass im größten Umbruch der deutschen Geschichte nach 1945
Tiersendungen unverändert beliebt blieben.

---

113 Ebd.
114 Ebd., S. 7.
115 Ebd., S. 1.
116 Ebd., S. 10ff.

Die höchste Akzeptanz in den drei Wendemonaten erzielten folgende Sendungen (Zuschauerbeteiligung / Bewertung):[117]

Montag, 02.04.	19.00 Uhr	*Visite*	18,6 %
Donnerstag, 05.04.	20.00 Uhr	*Donnerstags-gespräch*	24,7 %
Freitag, 06.04.	16.45 Uhr	*Elf99*	7,1 % (bei den 14- bis 17-Jährigen 31 %)
Montag, 09.04.	19.00 Uhr	*Du und Dein Garten*	22,8 %
Donnerstag, 12.04.	20.00 Uhr	*Prisma*	24,5 %
Samstag, 21.04.	20.00 Uhr	*Ein Kessel Buntes*	24,9 %
Sonntag, 22.04.	20.00 Uhr	*Polizeiruf 110: Falscher Jasmin*	43,8 %
Montag, 23.04.	19.30 Uhr	*AK am Abend*	45,6 %

Die Kundgebung vor dem ZK-Gebäude (04.11.1989) lag zwar knapp über der Zuschauerbeteiligung am *Musikantenstadl* am 17.12.1989. Aber die Sendungen, die sich mit der Frage nach den Gründen der Ausreisenden und mit dem Besuch Bundeskanzler Kohls beschäftigten, lagen aber doch beträchtlich unter den Zuschauerbeteiligungswerten, die die Volksmusik in diesen revolutionären Zeiten erzielte. Der *Musikantenstadl* kurz vor Weihnachten wurde von 52,4 % der DDR-Zuschauer gesehen und mit 1,27 bewertet.[118] Nur zum Jahresende war den Zuschauern die Lust am *Prosit* (31.12.1989) vergangen. Diese Jahresendsendung erreichte das schlechteste Ergebnis seit 1981: 32,7 % / Bewertung 3,07 (Durchschnitt 1981-1988: 47,1 % / Bewertung 2,73).

Die mediale Wende hatte ihre (kurze) Zeit. Die Menschen in Ostdeutschland waren der (medialen) Veränderungen bald müde. Ihr Leben hatte einen Bruch, einen Paradigmenwechsel erfahren, wie er grö-

---

117 FF dabei [Programmzeitschrift] 1990 H. 23.

118 Zuschauerforschung: Wie hat das Fernsehen der DDR den Erwartungen der Zuschauer seit der Wende entsprochen? DRA H 081-03-02, S. 24.

ßer kaum sein kann. Die ungewohnten Veränderungen ihres Lebens mussten durch Fernseh-Programm-Konstanz kompensiert werden. Heinz Adameck charakterisiert heute die Mentalität seiner Zuschauer und Mitbürger folgendermaßen:

> Der DDR-Bürger war doch so veranlagt: Gesundheit umsonst, Studium ohne Kosten, alle Vorteile und den Konsum aus dem Westen, das zusammen. Und daran sind wir kaputt gegangen. [...] Alle die Erfahrungen, die jetzt noch die ehemaligen DDR-Bürger im Nachhinein machen, die haben sie ja vorher nicht kennengelernt.[119]

Resümee

Freundliche und expandierende Kooperation prägte das Verhältnis zwischen ARD sowie ZDF und DDR-Fernsehen bis in den September 1989. Auf der Leitungsebene des DDR-Fernsehens ging es bis in den Oktober hinein weiter wie gehabt. Bei der *AK* dauerten die Veränderungen am längsten; eine gewisse Öffnung begann mit der Übernahme der Position des SED-Generalsekretärs durch Egon Krenz am 18. Oktober, doch noch drei Wochen später, am 9. November, wurde die eigentliche Top-Meldung von der Maueröffnung unter „Verschiedenes" versteckt. Zuschauerreaktionen verhinderten aber, dass es beim Herunterspielen blieb.

Wie paralysiert war das Fernsehen in Ost und West angesichts der unerhörten Nachricht von der Öffnung der Mauer – mit Ausnahme des SFB, der bereits 20 Minuten später den Regierenden Bürgermeister dazu im Studio befragte. Die Schrecksekunde dauerte an: ZDF und die Privat-Kommerziellen schätzten die Öffnung der Grenzen am 9. November 1989 zunächst nicht richtig ein. Die ARD reagierte aktuell mit einer gewissen Flexibilität, dabei spielte der SFB die Schlüsselrolle.

In dieser Schrecksekunde, deren historische Dimension erst ganz allmählich erkannt wurde, klammerten sich die drei großen Systeme ARD, DDR-Fernsehen und ZDF an ihre langfristigen Programmplanungen. So aktiv, wie Helmut Hanke es im Nachhinein machen wollte, war das Fernsehen also nicht. Alle drei Mediensysteme waren sich einig darin, den deutschen Zuschauern ihren gewohnten Unterhal-

---

119 Tilo Prase / Rüdiger Steinmetz: Interview mit Heinz Adameck. Berlin, 15.09.2005 (unveröff.).

tungsabend voller Kriminal-, Glücks- und Fußballspiel nicht zu verderben.

Für eine kurze Zeit akzeptierten die meisten Zuschauer die flexiblere Programmplanung, und sie dürsteten ein paar Wochen lang nach aktuellen Informationen und Diskussionsrunden im eigenen, sich wandelnden Fernsehsystem. Vom 10. November 1989 an spielte das Fernsehen in West und Ost seine besondere Fähigkeit zu Live-Haftigkeit, Aktualität und Authentizität aus. Hohe Flexibilität vereinigte sich mit Professionalität, Neugierde mit Motiviertheit. Es begann die kurze Phase der großen Freiheit – und zugleich großen Unsicherheit – der ProgrammmacherInnen. Das war dann die wirkliche Fernseh-Wende in die 90er Jahre. Flexibilität und Motiviertheit wurden, wie wir heute wissen, aber in ihrem Schwung nur zu einseitigen Veränderungen genutzt, nicht auch zu Reformen der ARD. Ab Dezember 1989 begann mit *Musikantenstadln* und Tierfilmen aber schon wieder das alte Fernsehprinzip zu greifen: Abschalten beim Einschalten – durch Unterhaltung.

Peter Maser

Kirche und Kultur im geteilten Deutschland

Als ich diesen Beitrag zusagte, war mir noch nicht ganz klar, worauf ich mich dabei eingelassen hatte. Wenn wir in Deutschland von ‚Kirche' sprechen, haben wir es ja immer mit mindestens zwei Kirchen, der evangelischen und der katholischen, zu tun, um von der Fülle weiterer Freikirchen und ‚kleinen Religionsgemeinschaften' hier gleich ganz zu schweigen. Auch über den Begriff der ‚Kultur' und das Verhältnis von ‚Kirche und Kultur' müsste der Kirchenhistoriker eigentlich zunächst ganz grundsätzliche Erwägungen von beträchtlicher Tragweite anstellen, bevor er sich einer ganz konkreten historischen Situation zuwendet. Das alles aber ist hier offensichtlich gar nicht gemeint, geht es in diesem Sammelband doch um die „Deutsche Kulturgeschichte seit 1968. Etappen und Probleme". Ich spare mir also alle theologischen Weitschweifigkeiten, muss allerdings eingangs auch noch bekennen: Mein hauptsächliches Interesse richtet sich auf die Geschichte der Kirchen in der DDR. Deshalb werde ich mich heute auch ausschließlich auf die Problematik von Kirche und Kultur in der DDR konzentrieren, obwohl auch das durchaus noch seine Schwierigkeiten hat, gibt es hierzu doch kaum Vorarbeiten.

I.   Die zauberhaften Anfänge

Vergleicht man im Rückblick die kulturelle Bedeutung der Kirchen, insbesondere der evangelischen Kirchen, in der DDR mit derjenigen der Kirchen in den anderen sozialistischen Staaten, so ist zunächst festzuhalten: Diese Kirchen in der DDR blieben kulturell immer präsent, wobei diese Präsenz in den verschiedenen Phasen der SED-Diktatur ihren Charakter immer wieder veränderte. Dass den Kirchen im sowjetisch besetzten Teil Deutschlands überhaupt kulturelle Wirkungsmöglichkeiten zugestanden wurden, lässt sich auf zwei Grundsatzentscheidungen zurückführen, die beide in der Sowjetunion getroffen wurden: Im Großen Vaterländischen Krieg gingen Staat und

Kirche ein Bündnis ein. 1941 segnete Metropolit Sergij die Waffen
der Roten Armee, im Gegenzug wurde die antireligiöse Propaganda
eingestellt. Den sichtbarsten Ausdruck fand dieses neue Bündnisver-
hältnis im Geiste des Kriegspatriotismus bei jenem denkwürdigen
Empfang, bei dem Stalin und Molotov am 4. September 1943 der Führung der Russisch-Orthodoxen Kirchenführung gewährten. Wenige
Tage später konnte Metropolit Sergij auf den seit langem verwaisten
Patriarchenthron von Moskau und ganz Russland gewählt werden. Die
Auswirkungen dieser Entwicklung machten sich umgehend in den
deutschen Kriegsgefangenenlagern bemerkbar. Im Nationalkomitee
Freies Deutschland durften auch Geistliche an der Ausformung jenes
„Antifaschismus" mitwirken, in den auf der Basis der Volksfrontidee
„auch Sozialdemokraten, parteilose Arbeiter, Bauern, Intellektuelle,
Christen verschiedener Konfessionen, Offiziere und bürgerliche Kräf-
te"[1] einbezogen wurden.

  Die von der SMAD in der SBZ auf den Weg gebrachte „antifaschistisch-demokratische Umwälzung" eröffnete auch den Kirchen Wirkungsmöglichkeiten, mit denen innerhalb der deutschen Kirchen nicht
gerechnet worden war. Die sowjetischen Kulturoffiziere, deren Tätigkeit von Anne Hartmann und Wolfram Eggeling 1998 in einer großen
Studie umfassend aufgearbeitet wurde,[2] erwiesen sich in vielen Fällen
als verständnisvolle, oft hoch gebildete Gesprächspartner. In nicht
wenigen Fällen wurden die ersten Gottesdienste, nachdem die Waffen
schwiegen, auf Befehl dieser Kulturoffiziere gehalten. Viel wichtiger
waren allerdings die Privilegien, mit denen – wider alles Erwarten –
die Kirchen von der sowjetischen Besatzungsmacht ausgestattet wurden. Die Kirchen konnten ihre Entnazifizierung in die eigene Hand
nehmen, sie wurden von der Bodenreform ausgenommen und behielten ihre Status als Körperschaften des Öffentlichen Rechts. Die Theologischen Fakultäten an den staatlichen Universitäten blieben nicht
nur erhalten, mehrfach stellten Theologen auch die ersten Nachkriegs-
rektoren. Die staatlichen Finanzleistungen an die Kirchen, deren Ursprünge oft bis in die Phase der Säkularisation zu Beginn des 19.
Jahrhunderts zurückreichten, wurden ebenso anerkannt wie das Recht

---

1   Kleines Politisches Wörterbuch. 3., überarb. Aufl. Berlin 1978, S. 42.

2   Anne Hartmann / Wolfram Eggeling: Sowjetische Präsenz im kulturellen Leben
    der SBZ und frühen DDR. 1945-1953. Berlin 1998.

der Kirchen, zu den Lebensfragen des deutschen Volkes öffentlich Stellung zu nehmen. Deshalb durften schon sehr früh wieder Kirchenzeitungen erscheinen und die Eröffnung kircheneigener Verlage vorbereitet werden. Im Frühjahr 1946 hieß es in einer Klarstellung zum Thema „SED und Christentum", unterzeichnet von Wilhelm Pieck und Otto Grotewohl: „Der christliche Glaube und die Zugehörigkeit zu einer Religionsgemeinschaft sind kein Hinderungsgrund für das Bekenntnis zum Sozialismus." Der Geist antifaschistischer Bündnispolitik gestattete es schließlich auch noch, bereits am 10. Juli 1945 eine dezidiert christliche Partei in der SBZ, die CDU, zu etablieren. Künftige Konfliktlinien auf einem zentralen Gebiet kultureller Tätigkeit wurden allerdings mit einer Weisung Stalins vom Juni 1945 erkennbar, die Wilhelm Pieck folgendermaßen notierte: „Kein Religionsunterricht in der Schule – Jugend nicht durch Popen verwirren lassen – Religionsunterricht nur außerhalb der Schule."

Nimmt man alles zusammen, was diesen geradezu zauberhaften Anfang ausmachte, so lässt sich also einerseits feststellen, die Kirchen in der SBZ wurden für ihren Weg in die „neue Zeit" mit bemerkenswerten institutionellen, verfassungsmäßigen und politischen Rechten durch die sowjetische Führung ausgestattet. Diese machte andererseits klar, dass die Kirchen von der Jugend fernzuhalten waren. Im Frühjahr 1946 wurde das auch durch Ländergesetze über die „Demokratisierung der Schule" juristisch festgeschrieben.

Die SED-Führung hat in der Folgezeit in altbekannter kommunistischer Tradition einen dezidiert kirchenfeindlichen und offensiv atheistischen Kurs eingeschlagen, der im Kirchenkampf 1952/53 kulminierte. Die Hauptstoßrichtung der Verfolgungsmaßnahmen richtete sich damals geradezu selbstverständlich gegen die kirchliche Jugendarbeit, also gegen die Junge Gemeinde und die Studentengemeinden. Kirchenführer wie Otto Dibelius haben später bekannt, dass die Kirchen damals angesichts des Verfolgungsdrucks fast vor dem Aus ihrer institutionellen Existenz gestanden hätten. Bei ihren antikirchlichen Maßnahmen hatte die SED-Führung allerdings nicht in Rechnung gestellt, wie allergisch die sowjetischen Genossen reagieren konnten, wenn gegen ihre Grundsatzentscheidungen und ihre aktuellen Interessen verstoßen wurde. Vor dem Hintergrund einer Neuorientierung der Deutschlandpolitik im Zuge des „Neuen Kurses" wurde die Führungsspitze der SED, darunter Grotewohl und Ulbricht, zum 2. Juni 1953 nach Moskau einbestellt, um ein sowjetisches Diktat „Zur Gesundung der politischen Lage in der DDR" entgegenzunehmen. Darin hieß es an prominenter Stelle, es sei umgehend mit dem „nackten Administrieren in Bezug auf die Geistlichen" Schluss zu machen und die „schädliche Praxis der groben Einmischung der Behörden in die Angelegenheiten der Kirche" einzustellen. Die „Kriminalisierung" der kirchlichen Jugendarbeit sei zu beenden. Auch wenn dieses sowjetische Diktat keineswegs eine umfassende Bestandsgarantie für die Kirchen in der DDR bedeutete, hieß es doch im gleichen Papier, das „Hauptkampfmittel" gegen den „reaktionären Einfluss der Kirche" sollte in Zukunft eine „tüchtig durchdachte Aufklärungs- und Kulturarbeit" sein,[3] so waren damit doch wichtige und weiter wirkende Grundlagen für die Existenz der Kirchen in der DDR definiert worden. Die SED-Führung reagierte auf diese Beschränkungen ihrer antikirchlichen Aktivitäten in doppelter Weise: Einmal wurden die *Pfarrer, Christen und Katholiken* (Besier)[4] jetzt endgültig zu einem der ganz wichtigen Tätigkeitsbereiche des MfS, andererseits trat am 14. November 1954 ein Zentraler Ausschuss für Jugendweihen in der DDR an die Öffentlichkeit. Die seit März 1955 durchgeführten Jugendweihen haben – auch wegen schwerer taktischer Fehler der Kirchenleitungen – entscheidend zur Entchristianisierung der DDR beigetragen, pegelte sich die Teilnahme an der Jugendweihe doch rasch bei deutlich über 90 Prozent der entsprechenden Jahrgänge ein.

II. Kirche und Kultur in der DDR – im Überblick

Trotz aller bürokratischen Behinderungen und konspirativen Repressionen, unter denen das flächendeckende Zensurwesen wohl den meisten Schaden angerichtet hat, konnten die Kirchen in der DDR insgesamt gesehen doch in einer erstaunlichen Breite kulturell wirksam werden. Hier müssen Andeutungen genügen, zumal diese kirchlichen Aktivitäten noch keineswegs hinreichend aufgearbeitet sind, und es

---

3 Martin Georg Goerner: Die Kirche als Problem der SED. Strukturen kommunistischer Herrschaftsausübung gegenüber der evangelischen Kirche 1945 bis 1958. Berlin 1997, S. 117f.

4 Gerhard Besier / Stephan Wolf (Hg.): „Pfarrer, Christen und Katholiken". Das Ministerium für Staatssicherheit der ehemaligen DDR und die Kirchen. 2., durchges. und um weitere Dokumente verm. Aufl. Neukirchen-Vluyn 1992.

oft Abgrenzungsprobleme zwischen einer speziellen kirchlichen Kultur und dem allgemeinen Kulturbetrieb gibt. Das erklärt sich u. a. auch aus dem prinzipiellen Anspruch der SED-Führung, die Kultur sei wie Bildung und Erziehung Domäne des sozialistischen Staates, ginge es doch vor allem um die Formung „sozialistischer Persönlichkeiten". Kirchliche Kulturträger, aber auch nichtkirchliche Kulturschaffende bis hin zu den Kulturfunktionären im Partei- und Staatsapparat sind je länger je mehr mit diesem Anspruch aus unterschiedlichen Motiven in der Regel recht elastisch umgegangen.

1. Diese Gemengelage lässt sich am besten wohl an der Kirchenmusik demonstrieren. Praktisch die gesamte ‚große' Kirchenmusik gehörte zu dem auch in der offiziellen Kultur der DDR sorgsam gepflegten ‚Erbe'. Die Werkausgaben Bachs und Händels, aber auch umfassende Schallplatteneditionen der großen geistlichen Chorwerke waren Exportschlager. Wenn die in staatlicher Regie befindlichen, ihren Kirchen aber eng verbundenen berühmten Knabenchöre der DDR, die Thomaner und der Kreuzchor die Passionen oder das Weihnachtsoratorium sangen, dann war es für uns ‚DDR-Provinzler' zu Beginn der Radioübertragungen einfach wunderbar zu hören, wie viele Stationen in aller Welt sich bei solchen Großereignissen zuschalteten. Bei den großen Festspielen allerdings gab es dann schon feine Unterschiede. Der Rundfunkchor Berlin unter Leitung von Helmut Koch, der in der Tradition der Arbeiterchöre stand, konnte dann z. B. Händels „Messias" durchaus grandios zelebrieren, die großen kircheneigenen Chöre z. B. der fünf Kirchenmusikschulen oder die bedeutenden Domchöre, blieben von den Festspielen weitgehend ausgeschlossen. Das sollte sich erst Mitte der achtziger Jahre ändern, als auch bekannten Organisten immer häufiger Konzertreisen auch in das „nichtsozialistische Ausland" genehmigt wurden. Die Kirchenmusik auf Gemeindeebene war zunächst ein Hort traditioneller Bürgerlichkeit, bis dann seit Anfang der achtziger Jahre Kirchenkonzerte populär wurden, die nun auch immer mehr Menschen anzogen, die ansonsten nichts mit der Kirche zu tun haben wollten. Eine völlig neue Situation bedeutete es dann allerdings, als in der Kirche ungefähr zur gleichen Zeit Jazzgottesdienste, Bluesmessen und manche ‚Gottesdienste ganz anders' zu grassieren begann. Die Stasi hatte sofort begriffen: Jetzt wird es brandgefährlich! Die Musik in der

Kirche wird politisch. Rainer Eppelmann, der mit seinen ‚hinreichend bekannten' Bluesmessen zuletzt mehrere tausend junge
Menschen aus den Randbereichen der DDR-Gesellschaft in die
Kirchen holte, avancierte damals nicht ohne Grund zum ganz
wichtigen „Staatsfeind".

2. Im Bereich der bildenden Künste blieben die Beiträge der Kirchen
eher peripher. Als Auftraggeber konnten sich die Kirchen nur sehr
begrenzt profilieren. Kirchenneubauten waren die Ausnahmen. Wo
sie möglich wurden, fehlte es meistens am Geld, aber auch an Interesse, diese aufwendiger künstlerisch auszustatten. Allerdings gab
es eine breite kirchliche Gebrauchskunst (Kalendergestaltungen,
Paramente, liturgische Geräte u. ä.), die jedoch kaum öffentlich-
keitswirksam wurde. Der *Evangelische Kunstdienst* in Ost-Berlin
versuchte neben anderen Aufgaben auch kunsterzieherisch zu wirken, blieb in seinen Möglichkeiten allerdings schon immer deshalb
beschränkt, weil er nicht allzu offensichtlich mit den SED-
Kunstdoktrinen kollidieren durfte. Ein eigenes Kapitel bildete, das
in diesem Zusammenhang wenigstens anmerkungsweise angesprochen werden soll, die „Rekonstruktion" bzw. Restauration bedeutender Kirchenbauten. Dabei entwickelten sich unterschiedliche
Formen einer engen Zusammenarbeit zwischen staatlichen und
kirchlichen Stellen, zumal die Kirchen mit Hilfe ihrer grenzüberschreitenden Partnerbeziehungen oft Materialien (Baustoffe, Kup-
ferbleche und -nägel, Läuteanlagen, Heizungstechnik) beschaffen
konnten, die es in der sozialistischen Mangelwirtschaft einfach
nicht gab.

3. Für die Literatur waren drei Verlage in der DDR von besonderer
Wichtigkeit. Die Evangelische Verlagsanstalt(EVA), die ihre erste
Lizenz noch von der SMAD erhalten hatte, und der katholische
Benno-Verlag standen unter direkter kirchlicher Regie. Hier wurden die gesamte kirchliche Gebrauchsliteratur (Gesangbücher,
Spruchhefte, Kalender, Bibeln usw.), aber auch Werke der wissenschaftlichen Theologie, vor allem aber auch diverse Belletristik für
das christliche Haus produziert. Der katholische Benno-Verlag
konnte durch Zusammenarbeit mit großen West-Verlagen durchaus auch immer wieder erstrangige Literatur aus dem Westen veröffentlichen, während die EVA in ihren belletristischen Ansprüchen eher hausbacken blieb. Eine Sorge, die alle DDR-Verlage

peinigte, hatten die Kirchenverlage nicht, die Sorge um die Papierbeschaffung. Die Einfuhr umfangreicher Papierkontingente wurde zwar immer wieder einmal behindert, größere Sorgen aber bereiteten die in der DDR notorisch knappen Druckkapazitäten. Neben den Kirchenverlagen spielte im Umfeld christlich ambitionierter Literatur der Union-Verlag in Ost-Berlin, der ein organisationseigener Betrieb der Ost-CDU war, eine besonders hervorgehobene Rolle. Hier erschienen u. a. die erste große Auswahlausgabe der Werke Albert Schweitzers und eine Gesamtausgabe des großartigen Johannes Bobrowski. Zusammen mit dem dem Union-Verlag angegliederten Verlag Koehler & Amelang in Leipzig wurde hier auch ein umfangreiches kulturhistorisches und kunstwissenschaftliches Programm verwirklicht, dessen Produktionen auch viele Lizenzausgaben im westlichen Ausland erlebten. Ich erwähne hier nur den großen Ikonen-Band meines Doktorvaters Konrad Onasch oder die dutzendfach aufgelegte *Christliche Ikonographie in Stichwörtern* von Badstübner, Sachse und Neumann. Selbstverständlich wurden sämtliche Manuskripte vor ihrem Erscheinen einer intensiven Zensur unterzogen, was in manchen Fällen das Erscheinen einzelner Titel um Jahre verzögern konnte, wenn es nicht ganz unterbleiben musste. Die Bücher der kircheneigenen Verlage waren in der Regel in den sogenannten „Volksbuchhandlungen" nur auf Bestellung erhältlich. Christliche Buchhandlungen gab es nur in den größeren Städten, so dass der Literaturvertrieb vielfach über sogenannte „Büchertische" in den Kirchen organisiert werden musste.

4. Die publizistischen Möglichkeiten der Kirchen in der DDR waren insgesamt zwar deutlich eingeschränkt, im Vergleich zu den anderen Ostblockstaaten doch beträchtlich. Einmal pro Woche erschien in der EVA der „Evangelische Nachrichtendienst in der DDR" (ena) mit einem Umfang von 16 Seiten in einer Auflage von 600 Stück. Die evangelischen Wochenzeitungen, vor allem *Die Kirche,* erreichten eine festgelegte Auflagenzahl von 147.000 Exemplaren, die verschiedenen Sonntagsblätter wurden mit einer Jahresauflage von gut sieben Millionen Stück registriert. Eine Besonderheit stellte die in West-Berlin erscheinende *Frohe Botschaft für jedermann* dar, ein streng erbauliches Blatt, das in beträchtlicher Anzahl in der DDR vertrieben wurde. Auch die linksprotestantische *Stimme*

der Gemeinde aus Frankfurt am Main erreichte einen streng limitierten Abonnentenstamm in der DDR. Auf katholischer Seite war der *Tag des Herrn* aus Leipzig mit einer Auflage von 100.000 Stück bestimmend, während das Ost-Berliner *St. Hedwigsblatt* nur mit 25.000 Stück zugelassen war. Der von der Ost-CDU herausgegebene *Standpunkt* unter Leitung von Günther Wirth legte neben seinen kirchenpolitischen Ambitionen besonderes Gewicht auf kulturpolitische Themen. Für Theologen und kirchliche Mitarbeiter bestimmt waren *Die Christenlehre, Die Zeichen der Zeit* und die altehrwürdige *Theologische Literaturzeitung,* die – einst von Adolf von Harnack begründet – auch im westlichen Ausland zur wissenschaftlichen Standardliteratur gezählt wurde. Ein besonderes Kapitel stellte die kirchliche Rundfunk- und Fernseharbeit dar. Die sonntäglichen Morgenfeiern im Rundfunk waren einst von der SMAD zugelassen worden und verfügten somit über eine sowjetische Bestandsgarantie. Nach dem berühmten Treffen zwischen Honecker und der Leitung des *Bundes der Evangelischen Kirchen* (BEK) im März 1978 gab es zusätzliche Sendetermine im Rundfunk und die Möglichkeit, pro Jahr sechs viertelstündige Fernsehsendungen in kirchlicher Verantwortung zu produzieren, die zumeist im Umfeld der großen kirchlichen Feiertage ausgestrahlt wurden.

Überschaut man das bisher allerdings nur grob skizzierte Tableau kirchlich-kultureller Wirkungsmöglichkeiten in der DDR, so wäre Folgendes festzuhalten:

1. Wesentliche Grundlage dieser Aktivitäten waren die sowjetischen Festlegungen aus der Zeit unmittelbar nach Kriegsende, die von der SED nicht grundsätzlich verändert werden konnten, aber auch von den Kirchen nicht ausgeweitet werden durften.

2. Sämtliche dieser Aktivitäten unterlagen dem vielfach gestaffelten Zensurwesen der DDR und wurden flächendeckend vom MfS observiert. Hinzu kamen deutliche Phänomene einer Selbstzensur, über deren Sinnhaftigkeit sich im Nachhinein trefflich streiten lässt.

3. Die traditionellen kulturellen Aktivitäten der Kirchen, sofern sie sich nicht überhaupt auf den innerkirchlichen Bereich konzentrierten, dienten letztlich der Bewahrung und der vorsichtigen Fort-

schreibung einer bürgerlichen Kultur überkommener Art. Die Resistenzpotentiale dieser Praxis sind nicht zu unterschätzen, zumal
damit auch auf der Grundlage der „besonderen Gemeinschaft der
ganzen evangelischen Christenheit in Deutschland" (BEK 1969)
Reste eines gesamtdeutschen Kulturbewusstseins gepflegt wurden.
4. Andererseits darf auch das „Nischendasein" dieser Kultur nicht
übersehen werden. Im Bewusstsein breiter Bevölkerungsschichten
kam diese einfach nicht mehr vor. Die mit der Jugendweihe systematisch vorangetriebene Entchristianisierung der DDR-
Gesellschaft wirkte sich auch hier je länger je mehr immer stärker
vor. Die traditionelle christliche Kultur schien dazu bestimmt, in
einem sorgfältig ummauerten Ghetto eines sehr allmählichen Todes zu sterben, hätte es da nicht zwei Entwicklungen gegeben, die
dazu zwangen, das Verhältnis von Kirche und Kultur in der DDR
noch auf eine ganz andere und neue Weise zu buchstabieren.

III.   Erbe und Tradition oder – „Mit Herrn Luther ist alles in Butter"

Am 7. März 1978 prangte auf der Titelseite des SED-Zentralorgans
Neues Deutschland ein sensationelles Foto. Es zeigte Erich Honecker
in heiterer Runde mit der Führung des BEK unter Leitung von Bischof
Albrecht Schönherr. Nach dem zeichenhaften Tod von Pfarrer Oskar
Brüsewitz im August 1976, dem Erscheinen des systemkritischen
Traktates *Die Alternative* von Rudolf Bahro und der skandalösen
Ausbürgerung des Liedersängers Wolf Biermann im November 1976
hatten sich die Konflikte innerhalb der DDR wieder einmal krisenhaft
zugespitzt, zumal sich gleichzeitig die Oppositionsbewegung unter
dem „Schutzdach der evangelischen Kirche" immer stärker politisierte. Bei der Staat-Kirche-Begegnung auf höchster Ebene im Staatsratsgebäude in Ost-Berlin, die Manfred Stolpe keineswegs reinen Herzens
eingefädelt hatte, ging es vor allem um die gegenseitige und öffentlichkeitswirksame Versicherung, „daß die Beziehungen der Kirchen
zum Staat in den letzten Jahren zunehmend von Sachlichkeit, Vertrauen und Freimütigkeit geprägt werden". Für die Kirchen wurde diese
Loyalitätserklärung durch eine ganze Reihe wesentlicher Zugeständnisse erleichtert, um die man sich teilweise bereits seit Jahren gemüht
hatte. Das alles war im Vorfeld in vertraulichen Verhandlungen bis in

einzelne Formulierungen hinein sorgfältig abgeklärt worden. Ganz am Rande hatten die Kirchen dabei auch um staatliche Unterstützung bei den im Jahr 1983 anstehenden Feiern zu Luthers 500. Geburtstag gebeten, die alles in allem aber im kleinen Rahmen gefeiert werden sollten. Diese wurde bei dem Spitzengespräch am 6. März 1978 nicht nur zugesagt, vielmehr erklärte der Partei- und Staatsratsvorsitzende: „Die Deutsche Demokratische Republik versteht sich als Erbin alles Progressiven und Humanistischen in der Geschichte unseres Volkes. Sie wird rechtzeitig durch eine staatliche Kommission das Lutherjubiläum vorbereiten."[5] Später sollte dann der Reformator, der doch stets gegenüber Thomas Müntzer als „Verräter" und „Fürstenknecht" abqualifiziert worden war, als eine der „großen Persönlichkeiten der deutschen Geschichte von Weltgeltung"[6] deklariert werden. Die neue kirchenpolitische Linie, insbesondere aber die sozialistische Eingemeindung Luthers, ging ganz wesentlich auf Erich Honecker persönlich zurück. Das Politbüro der SED bestätigte sie am 14. März 1978. Einen Tag später hielt es Stasi-Chef Mielke für nötig, alle Leiter der Diensteinheiten schriftlich anzuweisen:

> Es ist mit hoher politischer Verantwortlichkeit und tschekistischer Klugheit mitzuhelfen, die Politik von Partei und Regierung in Kirchenfragen durchzusetzen. Über sektiererische Hemmnisse und liberalistische Auffassungen ist zu informieren.[7]

Drei Tage später hatten sich alle stellvertretenden Vorsitzenden für Inneres der Räte der Bezirke und die für Kirchenpolitik Verantwortlichen aus den Bezirksleitungen der SED ein zweistündiges Grundsatzreferat von SED-Politbüromitglied Paul Verner bei einer Arbeitsbesprechung anzuhören, in dem die neue kirchenpolitische Linie erläu-

---

5   Beschluß des Politbüros vom 14. März 1978 über das Gespräch Erich Honeckers mit dem Vorstand der KKL am 6. März 1978. Zitiert nach: Frédéric Hartweg (Hg.): SED und Kirche. Eine Dokumentation ihrer Beziehungen. Bd. 2: 1968-1989. Bearbeitet von Horst Dohle. Neukirchen 1995, S. 328-341 (= Historisch-Theologische Studien zum 19. und 20. Jahrhundert (Quellen) 2.2).

6   Thesen über Martin Luther. Zum 500. Geburtstag. Zitiert nach: Einheit 36 (1981) H. 9, S. 890-903, hier S. 890.

7   Ministerrat der DDR. Ministerium für Staatssicherheit: Information über das Gespräch des Generalsekretärs des ZK der SED und Vorsitzenden des Staatsrates der DDR, Genossen Erich Honecker, mit dem Vorstand der Konferenz der Evangelischen Kirchenleitungen in der DDR am 6.3.1978. Zitiert nach: Besier / Wolf: „Pfarrer, Christen und Katholiken", S. 308-311 (wie Anm. 4).

tert wurde. Was Honecker in Sachen Luther wirklich plante, wurde jedoch dem Parteiapparat und auch dem MfS erst sehr allmählich klar. Bemerkenswert klarsichtig diagnostizierte Günther Gaus in einem Bericht an das Bonner Kanzleramt im Juli 1979 dann die neue Lage:

> Offensiv und in weiterer Änderung des bisherigen Geschichtsbildes der DDR will die Partei- und Staatsführung alles unternehmen, um die weltweiten Gedenkveranstaltungen mit der Blickrichtung auf die sich aus der Biographie Luthers ergebenden Zentren in Eisleben, Wittenberg und Eisenach für die eigene Sache nutzbar zu machen. [...] Jetzt soll nun endgültig Luther für die Geschichte des sozialistischen deutschen Staates voll in Anspruch genommen werden. Aus Luther soll, wie es ein Funktionär formulierte, „unser Luther" werden.[8]

Es ist hier nicht die Gelegenheit, Verlauf und Ergebnisse des Lutherjahres 1983 im Detail zu schildern. Die DDR-Führung konnte ihre internationale Reputation durchaus ein Stück steigern, wenn auch Honeckers ehrgeiziger Plan, aus diesem Anlass die protestantischen Monarchen Europas um sich zu versammeln, ein Traum blieb. Die evangelischen Kirchen in der DDR standen zumindest für dieses Jahr im Mittelpunkt des öffentlichen Interesses und konnten sich auch auf ökumenischer Ebene eindrucksvoll positionieren. In der DDR-Gesellschaft blieben die Auswirkungen des Lutherjahres durchaus marginal, so erreichten die Fernsehproduktionen, darunter auch der vielgerühmte mehrteilige Lutherfilm, nur eine sehr geringe Reichweite. Die Kirchentage des Lutherjahres trugen auf entscheidende Weise zur Vernetzung der Opposition in der DDR bei, obwohl das MfS unaufhörlich im Einsatz war, um die hochrangigen Gäste aus dem Ausland, die zahlreichen Journalisten und die Parkaträger aus den kirchlichen Basisgruppen unter Kontrolle zu halten und zu isolieren. Das alles darf heute nicht interessieren: Was aber bedeutete die neue Luther-Begeisterung Honeckers für das Verhältnis von Kirche und Kultur in der DDR?

Mit dem Lutherjahr 1983 wurden die reformatorischen Grundlagen der evangelischen Kirchen endgültig in die „Nationalgeschichte der DDR" eingefügt – und das in einer erstaunlich umfassenden Weise, die einen durchaus ergebnisreichen christlich-marxistischen Dialog

---

8 Ständige Vertretung der Bundesrepublik Deutschland bei der DDR: Vermerk über ein Gespräch mit Oberkirchenrat Dr. Helmut Zeddies vom 15.8.1982, BA Koblenz B 288 II 6-3430 18017/79 (unveröffentlicht).

über die Reformation und Luther ermöglichte. Honeckers Luther-Coup war allerdings nur vor dem Hintergrund einer seit langem in der Geschichtswissenschaft der DDR geführten Diskussion möglich. Dort unterschied man auf immer differenziertere Weise zwischen „Erbe" und „Tradition". Das Erbe umfasste die Gesamtheit der historischen Ereignisse, zur Tradition wurden hingegen nur jene Elemente, Epochen und Entwicklungen der deutschen Geschichte gezählt, die das sozialistische System zu stützen und zu stabilisieren vermochten. In der älter werdenden DDR, die die Jahre ihres pseudorevolutionären Aufbruchs längst hinter sich gelassen hatte, musste der Katalog der Traditionen deshalb notwendigerweise immer länger werden, selbst Preußen und Friedrich der Große, Bismarck oder auch Karl May waren vor dem sozialistischen Zugriff seit Ende der siebziger Jahre nicht mehr sicher. Neben vordergründigen politischen Interessen gewann vor allem der ältere Luther für die SED-Historiker an Interesse, ließ sich an ihm doch studieren, wie einer in die Jahre gekommenen Revolution zu dauerhafter Etablierung verholfen werden konnte. Noch wichtiger waren den SED-Propagandisten jene Sekundärtugenden, die in der desillusionierten DDR-Gesellschaft immer mehr an Überzeugungskraft verloren hatte. So heißt es in der neunten These zum Lutherjahr, Luther habe auf dem Gebiet der Sozialethik „vielen Generationen die Verpflichtung zum Dienst am Nächsten" vermittelt sowie „die Ermutigung zu schöpferischer, sinnvoller Arbeit, die Ablehnung des Mißbrauchs menschlicher Arbeit zu Profitzwecken, den Schutz der Familie und die Hochschätzung von Fleiß, Arbeitsamkeit, Pflichterfüllung und Sparsamkeit als wesentliche Tugenden."[9] Rudolf von Thadden merkte zu dieser Verwendung Luthers in der DDR sarkastisch an, der Reformator müsse nun in der DDR dazu dienen, „etwas mehr Zement in die Fundamente des um klarere Identität bemühten Separatstaates" zu bringen.[10]

---

9   Thesen über Martin Luther, S. 899 (wie Anm. 6). Vgl. dazu näher: Hartmut Lehmann: Protestantisches Christentum im Prozeß der Säkularisierung. Göttingen 2001, S. 102-126, hier besonders S. 114f.

10 Rudolf von Thadden: Mit Luther Staat machen. Die historische Bedeutung der Reformation aus der Sicht der DDR. In: Frankfurter Allgemeine Zeitung vom 19. Februar 1983. Zitiert nach: Lehmann: Protestantisches Christentum ..., S. 124f.

Insgesamt gesehen bedeutete das Lutherjahr 1983 in der DDR gewiss eine deutliche gegenseitige kulturelle Öffnung von Kirche, Staat und Partei. Dass theologische Ideen eine die Geschichte gestaltende Wirkung entfalten konnten, und das gerade auch auf kulturellem Gebiet, war für Marxisten fortan nicht mehr nur ein idealistisches Geschwätz. Die Kirchenvertreter ihrerseits hatten die Vertreter des Staats- und Parteiapparates in begrenzter Weise als kooperativ erlebt und eine beträchtliche Stärkung ihres persönlichen und institutionellen Selbstwertgefühls erfahren. Für einen kurzen Moment konnte es so scheinen, als ob die „Kirche in Sozialismus" tatsächlich Realität werden würde, schien man doch gelernt zu haben, bei Berücksichtigung aller unaufhebbaren ideologischen Unterschiede auf der Grundlage nun als gemeinsam anerkannter kultureller Traditionen zum Wohl der sozialistischen Gesellschaft gemeinsam zu wirken – eine Anpassungsstrategie von beiden Seiten, die allerdings auf beiden Seiten mehr eine Sache der Führungseliten als der jeweiligen Basis blieb, wie sich bereits noch im Lutherjahr selber zeigen sollte.

IV.   Die Kirchen, die Bürgerrechtler und die Kultur

Der temporäre Friedensschluss des Lutherjahres 1983 zwischen der SED-Herrschaft und den Kirchen als kulturellem Großereignis unter dem Banner des „nationalen Erbes" galt eigentlich schon Ende 1983 nicht mehr. Die fünf regionalen Kirchentage dieses Jahres hatten der Bürgerrechtsbewegung in der DDR einen spürbaren Auftrieb gegeben, der Kirchen, Staat und Parteien heftig genug strapazieren sollte.

Die Bürgerrechtsbewegung der DDR war zwar vornehmlich ein Phänomen der achtziger Jahre, reichte in ihren Wurzeln aber bis in die Anfänge der sechziger Jahre zurück. Die Einführung der Wehrpflicht im Januar 1962 produzierte den Wehrdienstverweigerer. Bis zur Einführung des waffenlosen Wehrdienstes im September 1964 nahmen rund 1.500 Wehrpflichtige das Risiko einer Gefängnisstrafe auf sich, um ihrem Friedenszeugnis treu zu bleiben. Wehrdienstverweigerer im Gefängnis machten in Gefängnissen eines Staates, der die Friedenspropaganda auf jede mögliche und unmögliche Weise instrumentalisierte, allerdings keine gute Figur. Die Anordnung des Nationalen Verteidigungsrates der DDR vom 7. September 1964 über die Einführung eines waffenlosen Wehrdienstes in den Baueinheiten der NVA sollte dieses Problem lösen und hat tatsächlich einen Teil der bis dahin bestehenden Konflikte aus dem Bewusstsein der Öffentlichkeit verdrängt. Was die Strategen im Politbüro der SED nicht bedacht hatten, war die rasche Entwicklung der Baueinheiten zu regelrechten „Schulen der Opposition". Hier trafen sich junge Männer, die für ihre pazifistischen Überzeugungen bereit waren, auch erhebliche Benachteiligungen bei der Berufsausbildung und der beruflichen Karriere in Kauf zu nehmen. Es gibt wohl noch keine entsprechenden Untersuchungen, trotzdem aber lässt sich schon heute sagen: Bausoldaten waren in aller Regel überzeugungstreu, in spürbarer Weise unangepasst sowie vergleichsweise kreativ und gebildet. In den meisten Fällen wurde die Entscheidung für die Baueinheiten religiös-pazifistisch begründet, auch wenn die Grenzen zwischen den Kirchengliedern im eigentlichen Sinn und kirchenfernen Jugendlichen im Alltag der Baueinheiten rasch zerfaserten. Wer seinen Wehrdienst in einer Baueinheit abgeleistet hatte, war in aller Regel für den weiteren Aufbau des Sozialismus verloren. Das ursprünglich noch streng pazifistische Engagement weitete sich seit Beginn der achtziger Jahre inhaltlich, politisch und geographisch rasant aus. Der Zusammenhang mit der Friedensproblematik blieb dabei immer präsent, wurde aber ständig neu gewichtet: Der Konziliare Prozess und die Ökumenischen Versammlungen der zweiten Hälfte der achtziger Jahre liefen z. B. unter dem Motto ‚Gerechtigkeit, Frieden und Bewahrung der Schöpfung'. Der Übergang von einer pazifistisch orientierten Basisbewegung der Frommen zu einer zunehmend politisch agierenden Bürgerrechts- und Oppositionsbewegung, der sich z.B. an der politischen Biographie von Rainer Eppelmann nachvollziehen lässt, ordnete auch das Verhältnis von SED-Staat und Kirche neu. Die SED-Machthaber mussten einigermaßen hilflos zusehen, wie immer mehr „politisch-negative Kräfte" sich unter das Schutzdach der Kirchen drängten, die mit Kirche und Christentum nur wenig zu tun hatten. Da die schwächelnde SED-Diktatur aber immer stärker auf das verdeckte Bündnis mit den Kirchen angewiesen war, konnte gegen diese Entwicklung nur mit den üblichen Instrumenten des MfS, mit Ausweisungen und Entlassungen aus der Staatsbürgerschaft der DDR reagiert werden. Der Versuch, Druck aus dem Kessel zu nehmen, indem man den renitentesten Aktivisten die Ausreise in den Westen genehmigte, ging allerdings genau so schief wie das Experiment mit den Baueinheiten der NVA. Von 1977 bis zum Sommer 1989 summierte sich die Zahl der „Ausreiser" auf etwa 500.000 (320 Erstantragssteller, 160.000 Ausgereiste und rund 18.000 politische Häftlinge) und wurde damit zum Massenphänomen. Die etwa 90.000 DDR-Bürger, die mit allen Mitteln zum Bleiben im Lande bewegt werden konnten, stellten übrigens ebenfalls eher ein Moment weiterer Destabilisierung der SED-Diktatur dar, hatten sie doch oft über Jahre hinweg einen zuletzt aufgegebenen Kampf geführt, in dem sie alle Illusionen über den „sozialistischen Humanismus" verloren hatten.

Die achtziger Jahre waren aber überhaupt die Phase des großen Illusionsverlustes. Die sozialistischen Ideale waren selbst innerhalb der SED welk geworden, der ökonomische Ruin der DDR konnte nur noch mit Hilfe ständig neuer Subventionen aus dem Westen verzögert werden und die Gesellschaft der DDR zerlegte sich immer stärker in unterschiedliche Segmente, die eigentlich nur noch von der Mauer und dem allmählich schwächer werdenden Interesse der sowjetischen Führungsmacht an ihrem Satellitenstaat zusammengehalten wurde. Spätestens seit der skandalösen Ausbürgerung Wolf Biermanns aus der DDR im November 1976 zerbrach auch das oft privilegien- und illusionsgestützte Bündnis der Künstler mit dem SED-Staat. Eine ganze Reihe renommierter Figuren aus dem Kreis der DDR-Kulturschaffenden verließ die DDR. Ich nenne hier nur Sarah Kirsch, Manfred Krug und A. R. Penck. Stefan Heym blieb im Lande, widersprach aber schon aus Prinzip jeder tatsächlichen oder behaupteten Autorität. Christoph Hein, Volker Braun oder Günter de Bruyn lavierten ständig an Veröffentlichungsverboten entlang. Zu offen terroristischen Repressionen gegenüber den aufmüpfigen Künstlern war das alt gewordene SED-Regime aber nicht mehr in der Lage: Hermann Kant und andere SED-Hofpoeten verkauften diese Hilflosigkeit einem allzu gläubigen West-Feuilleton gerne als angebliche Liberalisierung. Die jüngeren und (noch) weniger prominenten Künstler aber begannen mit der Schaffung einer parallelen Zweiten Kultur nach polnischen oder tschechischen Vorbildern. Unabhängige Ausstellungen, Lesungen, Theateraufführungen und Konzerte wurden nun in allerlei Klubs, in Ateliers oder in Privatwohnungen veranstaltet – und konnten von den Repressionsorganen des SED-Staates immer weniger verhindert werden, obwohl das MfS hier noch einmal zur Höchstform auflief und einige höchst wirkungsvolle Einflussagenten, wie z. B. Sascha Anderson, platzieren konnte.

Diese Parallelkultur hatte mit den Kirchen eigentlich kaum noch etwas zu tun, nutzte aber doch auch die Schutzräume der Kirchen. Denkwürdig blieb das Biermann-Konzert im September 1976 in der Prenzlauer Marienkirche, zeigte es doch neue Bündnischancen zwischen den Kirchen und einer in der Regel nichtchristlichen Künstlerschaft auf. Lutz Rathenow, Elke Erb und Wolfgang Hilbig, um nur einige Namen zu nennen, folgten diesem Beispiel. Bald zeigten auch unangepasste Maler ihre Werke in Kirchen, die Konzerte von Rockgruppen dort waren bald auch keine Ausnahmeerscheinung mehr – bis hin zu den Eppelmannschen Bluesmessen in Berliner Kirchen.

Die Kirchenleitungen sahen diese neue kulturelle Rolle der Kirchen mit Sorgen. Das MfS signalisierte auf unterschiedlichen Wegen mögliche Großkonflikte. Einflussreiche Spitzen-IM in kirchlichen Leitungsfunktionen kolportierten das Prinzip ‚Die Kirche ist für alle da, aber nicht für alles!' Damit aber war auch das Dilemma präzise beschrieben, das sich für das kirchliche Establishment ergab. Der Öffentlichkeitsanspruch des Evangeliums und das vom Evangelium her gebotene Eintreten für die Entrechteten und Erniedrigten machte es unmöglich, die Kirchentüren einfach zu schließen. Das Gewährenlassen für die Künstler im Raum der Kirche wurde denn auch in unzähligen offiziellen und konspirativen Gesprächen mit den Vertretern der Macht als karitativer Akt, dem sich die Kirche nicht entziehen könne, deklariert. Diese Argumentationsfigur musste aber auch innerkirchlich aktiviert werden gegenüber den zumeist sehr traditionell geprägten Gemeinden. Dort herrschte ja keineswegs die reine Glückseligkeit angesichts der friedlichen Besetzung der Kirchen und Gemeindehäuser durch langhaarige Bartträger und Kuttenträger in Jesuslatschen, die in ihren gesellschaftlich randständigen Teilen erst noch lernen mussten, dass das Rauchen und Schnapstrinken während des Gottesdienstes nicht erwünscht war. Rainer Eppelmann löste das Problem mit Hilfe sogenannter „Schnapsgarderoben", in denen die mitgebrachten Trinkvorräte während der Bluesmessen sicher verwahrt wurden. Wer nicht durch anstößige Trink- und Rauchgewohnheiten in der Kirche negativ auffiel, konnte Verwunderung, Entsetzen oder doch blankes Unverständnis aber natürlich auch durch die Art von

Kunst im weitesten Sinn auslösen, die mit ihm in die Kirchen einge-
schleppt wurde.

Das besondere Kennzeichen jener Jahre kurz vor dem Sturz der
SED-Diktatur war die völlige Unübersichtlichkeit und das Zerfließen
aller Grenzen: Wer war Opposition und wer wurde vom MfS bezahlt?
Wer machte welche Kunst oder wer redete nur darüber? Wer gehörte
zu welcher Gruppe und zu welchem Milieu? Wanderer zwischen den
unterschiedlichsten Kleinwelten des Milieus gab es genug. Wer ging
in die Kirche, um dort seine religiöse Existenz zu leben? Wer nutzte
Kirche und Gemeinderaum lediglich als Schutzraum? Wer stolperte
gleichsam nur durch Zufall in die heiligen Hallen? Die MfS-Akten
spiegeln auf geradezu tragikomische Weise die wachsende Unfähigkeit wieder, dieses Durcheinander noch in sauberen Berichten zu erfassen. Hätten die kirchlichen Dienststellen mehr Akten geführt als sie
tatsächlich aus verständlicher Vorsicht angelegt haben, würden wir
dort das gleiche Unvermögen feststellen müssen, das kulturelle Chaos
zu überblicken – in einem System, das doch mit dem Anspruch ange-
treten war, jedes Wort und Bild zu kontrollieren.

Berühmt wurde die Szene am Prenzlauer Berg, die allerdings mehr
Fiktion als Realität war. Die von Sascha Anderson und Elke Erb 1985
im Westen herausgegebene Anthologie „Berührung ist nur eine Rand-
erscheinung" suggerierte hier eine Geschlossenheit der Personen und
Ideen, die so es nie gegeben hat. Ein großer Teil der am Prenzlauer
Berg Agierenden verhielt sich letztlich unpolitisch. Die Zersetzungs-
strategien des MfS taten ein Übriges, so dass die Szene am ‚Prenzel-
berg' bereits Mitte der achtziger Jahre für Mielkes Schlapphüte zunehmend an Interesse verlor. Einzelne Persönlichkeiten, wie Ludwig
Mehlhorn oder Stephan Bickhardt, schlugen allerdings eine Brücke
zwischen der Szene und politischen Opposition und beteiligten sich an
der oppositionellen Samisdat-Produktion. 1986 veranstaltete Rainer
Eppelmann die Ausstellung unter der kirchlich-traditionell daher
kommenden Tarnbezeichnung „Wort und Werk" in der Samariterkir-
che, die alternativen Künstlern ein Bühne bot und auch Samisdat-
Zeitschriften zeigte. Lutz Rathenow las im Mai 1984 in der Evangelischen Akademie Magdeburg aus seinem nur im Westen erschienenen
Buch *Boden 411, Stücke zum Lesen und Texte zum Spielen.* Besonders
chaotisch verliefen die Entwicklungen im Milieu der Untergrund-
bands, die oft nur noch in kirchlichen Räumen auftreten konnten.

Die Kirchen, genauer gesagt: wichtige Persönlichkeiten der Kirchen, haben in jenen letzten Jahren des SED-Regimes versucht, die Verbindungen zwischen den Künstlern und der Opposition zu halten. Der *Friedenskreis Dresden-Johannstadt* wurde hier besonders aktiv. Generell lässt sich zusammenfassen:

> Stefan Heym war häufiger Gast, auch Monika Maron, Jürgen Rennert oder Ulrich Plenzdorf wurden oft eingeladen. Schriftstellerlesungen und Auftritte von Liedermachern, Ausstellungen von Malern, musikalische Vorführungen gehörten zum selbstverständlichen Repertoire kirchlicher Veranstaltungen.[11]

Gabriele Eckart notierte damals in ihrem Protokollbuch *So sehe ick die Sache* die Aussage eines siebzehnjährigen „Lehrlings" wohl recht zutreffend: „Die Kirche ist der einzige Ort, wo man seinen Geist bißchen anstrengen kann."[12]

Die kulturelle Bedeutung aller dieser Gruppen, Entwicklungen und ihrer Kontakte zur Kirche ist bis heute noch nicht wirklich analysiert. Ehrhart Neubert hat in seinem großen Buch über die *Geschichte der Opposition in der DDR 1949-1989* von 1997 viele Fakten und Namen festgehalten und damit zumindest die Breite der Bewegung innerhalb und außerhalb der Kirchen dokumentiert.[13] Ihr Ende kann allerdings nur tragisch genannt werden. Der historische Sieg der Opposition in der DDR bedeutete zugleich auch ihr Ende. Mit der Öffnung der Mauer machte sich die Opposition selber überflüssig. Weder die ‚breiten Volksmassen' in der DDR, noch die West-Parteien interessierten sich für die Oppositionellen in der Stunde des Sieges. Die Kirchen gingen so schnell wie möglich zur Tagesordnung über, auf der die Oppositionellen nicht mehr vorkamen. Einige wenige Bürgerrechtler durften für zwei oder drei Wahlperioden in den verschiedenen parlamentarischen Gremien Posten beziehen, andere vermochten sich in der eng begrenzten Aufarbeitungsszene festzusetzen. Die allermeisten aber schlagen sich als Kostgänger in allerlei politischen Stiftungen und Einrichtungen durch oder sind längst beim Sozialamt gelandet. Die Begegnung

---

11 Ehrhart Neubert: Geschichte der Opposition in der DDR 1949-1989. Bonn 1997, S. 536.

12 Gabriele Eckart: So sehe ick die Sache. Protokolle aus der DDR. Leben im Havelländischen Obstbaugebiet. Köln 1984, S. 58.

13 Neubert: Geschichte der Opposition ... (wie Anm. 11).

von Kirche und Kultur im Zeichen der Opposition blieb eine Episode, an die sich alle beteiligten Seiten inzwischen nur ungern noch erinnern lassen.

V.   *Kirche und Kultur in der DDR*

Welche Bedeutung ist dem Beziehungsgeflecht von Kirche und Kultur im Rückblick zuzusprechen?

1. Die Kirchen haben auf ihre Weise, d. h. ohne bewusstes Eigenwollen, zum Erhalt bürgerlicher Kultur in der DDR beigetragen. Das betraf vor allem die Bereiche der Musik und der Denkmalpflege.

2. Die neuen Ansätze einer sozialistischen Erberezeption überrollten die Kirchen mehr, als dass sie diese tatsächlich hätten mitgestalten können.

3. Historisch bedeutend war gewiss die Phase, in der Kirchen mehr ungewollt als gewollt den Trägern der oppositionellen Kultur in der DDR eine partielle Heimstätte vermittelten und in akuten Konflikten mit der Staatsmacht zu vermitteln vermochten.

4. Am wichtigsten aber war in historischer Sicht wohl die Kultur der Gewaltlosigkeit, die die Kirchen in die Gesellschaft der im Koma liegenden SED-Diktatur vermittelten. Da waren sich kirchliches Establishment, die „Kirche von unten" und die oppositionsbewegten kirchlichen Jugendarbeiter mit den unterschiedlichsten Kräften der politischen Opposition vor dem Hintergrund ihrer gemeinsamen pazifistischen Prägung völlig einig: „Keine Gewalt! Nehmt Kerzen und nicht Steine oder Knüppel in die Hände! Dass es in der DDR zu keinem Massaker nach Pekinger Vorbild, zu keinem Bürgerkrieg oder zur militärischen Invasion der Warschauer Pakttruppen kam, war eine späte, aber um so wunderbarere Spätfrucht des frühen, kirchlich getragenen Pazifismus. Wer bereit ist, es als eine kulturelle Leistung anzuerkennen, den Ausbruch von Gewalt in einer Situation, die nach Gewalt geradezu zu rufen schien, zu verhindern und den Übergang zu ganz anderen gesellschaftlichen Verhältnissen zu moderieren, der wird dem Thema „Kirche und Kultur in der DDR" seine eigene, dauerhafte Bedeutsamkeit zugestehen müssen.

Harro Müller-Michaels

Ästhetik und Engagement – Zwei Linien der Literatur nach 1968

In einem Seminar über „Autobiografien nach Auschwitz" an der University of Maryland sollte es am 13. Oktober 1998 um Adornos Appell einer *Erziehung nach Auschwitz*[1] gehen. Ich wollte mit den Studierenden herausarbeiten, dass Adorno ein zentrales Mittel der Erziehung in der Befähigung zum Mitleiden sah, denn es sei offenkundig, dass die Täter unfähig zur Identifikation mit den Opfern, zu Empathie oder Mitleid gewesen seien. Adorno beklagt die „universale Kälte" der Täter im Nationalsozialismus. Das zentrale Medium einer Erziehung zu Mitleid ist für ihn die Kunst.

Den Text konnte ich zunächst nicht behandeln, weil eine Studentin einen Artikel aus dem Internet hochhielt und mich bat, dazu Stellung zu beziehen: Es handelte sich um Martin Walsers *Erfahrungen beim Verfassen einer Sonntagsrede*[2] vom 11. Oktober 1998 mit den inzwischen vertrauten Sätzen, wie

- „Ich fange an wegzuschauen",
- „Instrumentalisierung der Schande",
- „Auschwitz wird zur ‚Moralkeule'".

Was ich zu diesen Äußerungen sage? Da ich den Text noch nicht kannte, werde ich geäußert haben, dass ich den Artikel erst einmal lesen müsse, dass schon bei Ruth Klüger in ihrer Autobiografie[3] über Walsers Indifferenz gegenüber dem Nationalsozialismus die Rede war, dass die Frage der Moral in der Literatur die Debatten seit Jahr-

---

1 Theodor W. Adorno: Erziehung nach Auschwitz. (1966). In: Gesammelte Schriften, Band 10.2: Kulturkritik und Gesellschaft II. Eingriffe – Stichworte – Anhang. Herausgegeben von Rolf Tiedemann. Frankfurt am Main, S. 674-690.

2 Walsers Rede ist weiterhin im Internet nachzulesen: http://www.dhm.de/lemo/html/dokumente/WegeInDieGegenwart_redeWalserZumFriedenspreis/ (Zugriff vom 09.08.2007).

3 Ruth Klüger: weiter leben. Eine Jugend. Göttingen 1992; vgl. zu Walser die Abschnitte über die Gespräche mit „Christoph" im Jahre 1946, S. 210-218.

zehnten bestimme etc. Bemerkenswert aber an dieser zufälligen Konfrontation von Adornos *Erziehung nach Auschwitz* und Walsers *Sonntagsrede* sind immerhin folgende Aspekte:

– Adornos Abhandlung handelt von dem notwendigen Zusammenhang von Ästhetik und Moral, ähnlich wie in seinem Diktum „Nach Auschwitz ein Gedicht zu schreiben, ist barbarisch" (1949).[4] An anderen Stellen, so in der *Ästhetischen Theorie,* verteidigt er entschieden die Autonomie der Kunst: „Aber die Funktion der Kunst in der gänzlich funktionalen Welt ist ihre Funktionslosigkeit".[5]

– Nicht nur die amerikanischen Studierenden fordern von den Autoren eine moralische Glaubwürdigkeit.

– Die Walser-Bubis-Debatte ist Ausdruck des immer wieder aufbrechenden Streits um die Ästhetik und ihren gesellschaftlichen Stellenwert; Walser beklagt, dass „Zeitgeist vor Ästhetik" rangiere.

Die zwei Brennpunkte des Streits um Ästhetik und Ethik in der Kunst werden mit wechselnder Gewichtung ins Spiel gebracht, wenn über Form, Inhalt und Funktion der Literatur nachgedacht wird: zum einen die Verteidigung der Autonomie gegen heteronome Zwecke, zum anderen das Engagement für den gesellschaftlichen Auftrag von Kunst.

Die folgenden Ausführungen sollen sich um einzelne ausgewählte Kontroversen seit 1965 bündeln, die Debatten rekonstruieren und die bestimmenden Ideen diskutieren. Dabei wird deutlich, dass der Konflikt um Form und Leistung der Kunst ständig schwelt, in regelmäßigen Abständen aber – mit mehr oder minder großer Heftigkeit – ausbricht. Das Ausbrechen dieser Eklats hat Carl Amery aus Anlass des Streits um den *Stellvertreter* von Rolf Hochhuth in ein anschauliches Bild gebracht: Sie seien „Zacken eines großen, zusammenhängenden Eisbergs", der unter der „kulturpolitischen Wasserlinie schwimmt."[6]

---

4 Adornos Notat von 1949 erschien 1951 erstmals in der Festschrift für Leopold von Wiese *Soziologische Forschung in unserer Zeit.* Bekannt wurde es durch den Essay *Kulturkritik und Gesellschaft.* Theodor W. Adorno: Kulturkritik und Gesellschaft. In: Gesammelte Schriften, Band 10.1: Kulturkritik und Gesellschaft I. Prismen. Ohne Leitbild. Herausgegeben von Rolf Tiedemann. Frankfurt am Main 1977, S. 11-30, Zitat S. 30.

5 Theodor W. Adorno: Ästhetische Theorie. Herausgegeben von Gretel Adorno und Rolf Tiedemann. Frankfurt am Main 2. Aufl. 1974, S. 475.

6 Zitiert nach: Robert Weninger: Streitbare Literaten. Kontroversen und Eklats in der deutschen Literatur von Adorno bis Walser. München 2004, S. 230.

Einzelne dieser Zacken im Ozean der Literatur sollen im Folgenden beschrieben werden; vergessen werden soll dabei auch nicht, wie die „Titanic" unter der Wasserlinie auf die Eisberge aufgelaufen ist.

Kontroversen in der deutschen Literatur
1961ff.
Die Formalismusdebatten

Bundesrepublik Deutschland	DDR
Heißenbüttel – Grass	Mickel – Braun

1966
Verantwortung des Schriftstellers
Zürcher Literaturstreit

1976
Ausbürgerung Biermanns

1990
Es geht nicht nur um Christa Wolf
Deutsch-deutscher Literaturstreit

1993
Anschwellender Bocksgesang

1998
Von der rechten Erinnerung
Die Walser-Bubis-Debatte

1. *Labor oder Spiegel?*
   Der Literaturstreit um die soziale Verantwortung der Schrift-steller ab 1961

Anfang der sechziger Jahre wird die Linie der engagierten Literatur stärker. Es beginnt 1961 mit der Debatte um die Werke Bertolt Brechts: Könne man in einer demokratischen Gesellschaft Werke ei-nes Autors aufführen, der engagiert für das sozialistische Gesell-schaftsmodell plädiert? Die Debatte wird 1962 forciert, nachdem Hochhuths *Der Stellvertreter* erschienen ist, und gewinnt ihren ersten

Höhepunkt mit der *Ermittlung* von Peter Weiss (1965).[7] Walter Höllerer hat sie 1965 mit seinem Plädoyer für das lange Gedicht auf die
theoretische Ebene gehoben. Er sah den Vorteil des langen Gedichts
gegenüber dem kurzen vor allem in seiner größeren Fähigkeit zum
„Umgang mit der Realität" aufgrund seiner größeren stofflichen Auf-
nahmekapazität. Insofern stellten seine *Thesen zum langen Gedicht*[8]
eine Absage an die hermetische Lyrik mit ihren Wirklichkeitsauflö-
senden Tendenzen dar. Zugleich hatte dieser Umschwung eine sehr
bedeutsame politische Komponente. Für Höllerer war das lange Gedicht nämlich „schon seiner Form nach politisch" und kam deshalb
auch für die Revision der apolitischen Haltung der hermetischen Lyrik
in der Nachfolge Benns in Frage.[9]

So anfechtbar die Thesen waren und auch noch sind (Kürze und
Länge sind eine Frage von Quantität und nicht von Intention der Lyrik), so deutlich machen sie die Tendenz, sich von dem Hermetismus
Benns, Celans, Krolows u. a. zu lösen und Wirklichkeit zu gewinnen,
erfahrungsvoller zu werden.

Der Streit hatte seinen Ausgang genommen bei einer Arbeitstagung
„Lyrik heute" im November 1960. In dem poetologischen Streitge-
spräch standen sich Heißenbüttel und Mon auf der einen Seite, Grass,
G. B. Fuchs und Rühmkorf auf der anderen Seite gegenüber. Die Positionen, so wie sie sich auf der Tagung artikulierten, schienen ziemlich
unvereinbar. Aber nicht um die viel strapazierte Streitfrage: Engagement – ja oder nein? ging es, sondern um die prekären Verhältnisse
zwischen Sprache und Wirklichkeit, Sprache und Dichter, Dichter und
Wirklichkeit. Günter Grass bezeichnete sich, um sich vom „Labor-
dichter" abzusetzen, als „Gelegenheitsdichter". Franz Mon betonte
dagegen, dass er die Bedeutungsdimension des Wortes keineswegs
leugne, und definierte die programmatische Formel von der „Konkre-
tition des Wortes" als Freisetzung der „absoluten Fülle" des Wortes.

---

7   Peter Weiss: Die Ermittlung. Oratorium in elf Gesängen. Frankfurt am Main
     1965.

8   Walter Höllerer: Thesen zum langen Gedicht. In: Akzente 12 (1965) H. 2, S.
     128-130.

9   Vgl. Otto Knörrich: Die deutsche Literatur seit 1945. Stuttgart 1978, S. 72ff.

In der Konfrontation von neuem Erlebnisgedicht und konkreter Poesie lebt der alte Gegensatz zwischen subjektivistischem Gefühlsgedicht und moderner Sprachartistik wieder auf.

Während in der Bundesrepublik das entschiedene Engagement sich allmählich gegen die Hermetik in der Nachfolge Benns durchsetzte, lief die Entwicklung in der DDR in umgekehrter Richtung: vom Brennpunkt Realismus des „Bitterfelder Wegs" zu Hermetik. Ausdruck dieser Bewegung ist die Anthologie *In diesem besseren Land* (1966),[10] in der sich Autoren der „mittleren Generation" (Rainer Kirsch) versammelten, um mit Formen zu experimentieren und das Subjekt und seine Perspektiven stärken. Die Gedichte kreisen um allgemeinmenschliche Erfahrungen, Vorstellungen, Absagen, Reisen, Brände, Arbeit. Besonderes Aufsehen erregte das Gedicht *Der See* von Karl Mickel – eine bildhafte Auseinandersetzung mit Marx' Bestimmung der Arbeit als „Stoffwechselprozess des Menschen mit der Natur". In dem Gedicht heißt es u. a.

See, schartige Schüssel, gefüllt mit Fischleibern
Du Anti-Himmel unterm Kiel, abgesplitterte Hirnschal
Von Herrn Herr Hydrocephalos, vor unsern Zeitläuften
Eingedrückt ins Erdreich, Denkmal des Aufpralls
Nach rasendem Absturz: du stößt mich im Gegensinn
Aufwärts, ab, wenn ich atemlos nieder zum Grund tauch
Wo alte Schuhe zu Haus sind zwischen den Weißbäuchen.
[...]
            Also bleibt einzig das Leersaufen
Übrig, in Tamerlans Spur, der soff sich aus Feinschädel-
Pokalen eins an [...]

Ich saufe, ich saufe, ich sauf – wohin mit den Abwässern!
See, schartige Schüssel, gefüllt mit Fischleibern:
Durch mich durch jetzt Fluß inmitten eurer Behausungen!
Ich lieg und verdaue den Fisch – – – – – – – – – –[11]

---

10 In diesem besseren Land. Gedichte der Deutschen Demokratischen Republik seit 1945. Ausgewählt, zusammengestellt und mit einem Vorwort versehen von Adolf Endler und Karl Mickel. Halle (Saale) 1966.

11 Karl Mickel: Der See. In: Karl Mickel: Vita nova mea. Mein neues Leben. Gedichte. Berlin / Weimar 1966, S. 14f. Hier zitiert nach: In diesem besseren Land, S. 143f.

Die Aneignung der Natur ist kein gelingender, den Menschen for-
mender Vorgang, sondern konfliktgeladen und zerstörerisch. Das Gedicht ist ein großangelegter Entwurf mit neuer Bildlichkeit, bedeutendem Gegenstand und philosophischen Dimensionen: Die DDR-Lyrik
hat die Formhöhe der späten Benn-Gedichte erreicht mit einem un-
verwechselbaren Ton, wie er auch bei B. K. Tragelehn, Inge Müller
oder Rainer Kirsch zu finden ist.

Zuvor hatte sich schon Reiner Kunze zu dem Konflikt zu Wort ge-
meldet:

> Du darfst nicht, sagte die eule zum auerhahn,
> du darfst nicht die sonne besingen
> Die sonne ist nicht wichtig
>
> Der auerhahn nahm
> die sonne aus seinem gedicht
>
> Du bist ein künstler,
> sagte die eule zum auerhahn
>
> Und es war schön finster.[12]

Und es wurde noch finsterer. Die Debatte wurde nach kurzer Diskussion über Mickels *See* durch den Literaturpolitiker Hans Koch un-
vermittelt abgebrochen. Da einige der Autoren im Gefolge der Debatten mit Publikationsverbot belegt wurden, begann die Abwanderung
oder Ausbürgerung der Schriftsteller: Die Unabhängigkeit von Kunst
durfte es in einem totalitären Staat nicht geben.

Aber neue Stimmen erhoben sich immer wieder über die Wasserlinie
des politisch Erlaubten, allen voran wieder Rainer Kirsch (Ausschluss
aus der SED 1973). Nach Erscheinen seines Prosabandes *Die wunderbaren Jahre*[13] wurde Reiner Kunze aus dem Schriftstellerverband ausgeschlossen. Von heute aus gesehen, erscheint das Abdrängen, Aus-
treiben und Ausbürgern ein Vorspiel für den großen Streit um Wolf
Biermanns Ausbürgerung im November 1976.

---

12 Reiner Kunze: Das Ende der Kunst (1960). Zitiert nach: Reiner Kunze: Sensible
    Wege. Achtundvierzig Gedichte und ein Zyklus. Reinbek bei Hamburg 1976, S.
    14.

13 Reiner Kunze: Die wunderbaren Jahre. Prosa. Frankfurt am Main 1976.

Die Vorgeschichte und Geschichte des Falls Biermann[14] sei mit einigen in Stichworten in Erinnerung gerufen:
- 1953 Übersiedlung aus Hamburg in die DDR,
- 1963 aus der SED ausgeschlossen,
- 1965 Auftritts- und Veröffentlichungsverbot,
- 1972 Für meine Genossen. Hetzlieder, Gedichte, Balladen,
- 1976 in die Bundesrepublik eingeladen, wurde ihm am 17. November die Staatsbürgerschaft der DDR entzogen.

Die Kulturfunktionäre der DDR forderten zwar Engagement von ihren Künstlern, aber ausschließlich für die Partei und den Staat, nicht aber für die Menschen, die Freiheit und das Selbstbestimmungsrecht des Einzelnen. Der Umgang mit Biermann war sicher der Anfang der Entbürgerlichung der DDR – vielleicht der Anfang vom Ende des Staates. Protest gegen die Ausbürgerung Biermanns äußerten fast alle Schriftsteller (insgesamt 70 von Sarah Kirsch bis Christa Wolf, ausgenommen Hermann Kant, Anna Seghers oder Peter Hacks). Der Graben wurde tiefer zwischen der Intelligenz und der Partei.

Der nächste Skandal nahm von hier seinen Ausgang: die Überwachung des Ehepaars Gerhard und Christa Wolf. Es gab so etwas wie eine Gemeinsamkeit der Dichter in Ost und West mit ihrer Wendung vom Politischen zum Individuellen; man sprach von der „Tendenzwende" hin zu einer „neuen Subjektivität". Ausdrucksvolle Beispiele dieser neuen Stilrichtung sind Christa Wolfs *Kindheitsmuster* (1976), Uwe Johnsons *Jahrestage* (1970-1983) und Max Frischs *Montauk* (1975). Später folgte der Weg von der Geschichte zum Mythos, etwa in Christa Wolfs *Kassandra* (1983).

Bevor wir zum Streit um Christa Wolf kommen, gehen wir noch einmal zurück in den Westen und in das Jahr 1966.

2.   *Von der Verantwortung des Schriftstellers –*
       Der Zürcher Literaturstreit

Der so genannte „Zürcher Literaturstreit" entzündete sich an einer Rede des damals führenden Schweizer Germanisten Emil Staiger (1908-1987). Unter dem Titel *Literatur und Öffentlichkeit* hatte der

---

14 Vgl. Robert Grünbaum: Wolf Biermann 1976: die Ausbürgerung und ihre Folgen. Erfurt 2006.

Lehrstuhlinhaber für deutsche Philologie an der Universität Zürich am 17. Dezember 1966 eine Dankesrede gehalten anlässlich der Entgegennahme des Literaturpreises der Stadt Zürich. Zusammen mit Wolfgang Kaiser galt Staiger als bedeutendster Vertreter der sogenannten Werkästhetik, einer werkimmanenten literaturwissenschaftlichen Interpretationsmethode, die das Ästhetische am Werk in den Mittelpunkte rückte und die Autonomie des Kunstwerks gegen biografische, psychologische oder sozialhistorische Analyseverfahren abzuschotten versuchte. Für dieses Abschotten gab es nach dem Nationalsozialismus viele gute Gründe, denn von den Eingriffen der Staatsmacht in die Produktion von Kunst oder gar die Auftragsarbeiten im Zeichen einer Anti-Moderne gab es gute Gründe. Die Probleme der neuen Staigerschen Theorie lagen

– in dem Vertrauen auf das persönliche Gefühl als Interpretationsinstanz,
– in dem Verzicht auf alles Historische,
– in der Beschränkung auf das Klassische, das Wahre, Gute, Schöne.

Das Thema des Vortrags von Staiger ist die Verantwortung des Schriftstellers für die Öffentlichkeit – als Vorbild und Lehrer. Also auch hier wird ein Engagement gefordert, aber nicht für die Rechte der einzelnen Menschen, sondern für die Ideen einer allgemeinen Humanität:

> Wir begegnen dem Schlagwort „Littérature engagée", dabei wird aber niemand wohl, der die Dichtung wirklich als Dichtung liebt. Sie verliert ihre Freiheit, sie verliert die echte, überzeugende, den Wandel der Zeit überdauernde Sprache, wo sie allzu unmittelbar-beflissen zum Anwalt vorgegebener humanitärer, sozialer, politischer Ideen wird. So sehen wir denn in der „Littérature engagée" nur eine Entartung jenes Willens zur Gemeinschaft, der Dichter vergangener Tage beseelte. [...] Ein Schauspiel, dem wir heute in erschreckendem Maße ausgesetzt sind! Man gehe die Gegenstände der neueren Romane und Bühnenstücke durch. Sie wimmeln von Psychopathen, von gemeingefährlichen Existenzen, von Scheußlichkeiten großen Stils und ausgeklügelten Perfidien. Sie spielen in lichtscheuen Räumen und beweisen in allem, was niederträchtig ist, blühende Einbildungskraft. [...] Der Bürger applaudiert dem politischen Terror, die Dame der guten Gesellschaft sexuellen Exzessen, deren bloße Erwähnung sie sich in ihrem eigenen Hause verbitten würde. [...] Dieser Respekt ist fehl am Platz.[15]

---

15 Zitiert nach: Ebd., S. 70ff.

Und mit deutlicher Emphase fügte Emil Staiger am Ende seines Vortrags hinzu:

> Wenn uns die Dichter unserer Zeit verlassen, rufen wir den Beistand der Dichter vergangener Tage herbei und lassen uns von ihnen sagen, was der Mensch ist und vermag, was er auch heute noch vermag, sofern er stark und innig will.

Nichts gegen Autoren, die, wie Shakespeare oder Dostojewski, das Grauen und die Frevel zum Stoff ihrer Werke machten, aber die Werte der Gemeinschaft gegenwärtig halten. Alles aber gegen Autoren, die sich mit dem Verbrecherischen, dem Gemeinen verbinden und ohne Rettung in düstere Bereiche locken:

> Wenn solche Dichter behaupten, die Kloake sei ein Bild der wahren Welt, Zuhälter, Dirnen und Säufer Repräsentanten der wahren, ungeschminkten Menschheit, so frage ich: In welchen Kreisen verkehren sie? Gibt es denn heute etwa keine Würde und keinen Anstand mehr ...[16]

Das sind harte Worte gegen die Gegenwartsliteratur – gegen Brecht, Grass, Walser, Koeppen, Böll oder Peter Weiss –, aber Namen werden nicht genannt.

Die Einwände im nachfolgenden Streit sind ebenso massiv, sie verweisen auf die Grausamkeiten älterer Literatur (z. B. Boccaccio, Villon, Shakespeare, Joyce, Musil, Beckett) und fragen: Wo sind die schönen Helden? Sie kritisieren die Anonymität der Vorwürfe gegen die „heutige Literatur": Wen meinst du?, fragt Max Frisch, leben wir nicht in derselben Welt wie die Dichter, nur sie durchschauen sie besser?

Max Frisch kommentierte später, ob die positiven Helden, die Staiger fordert, nicht denen ähneln, die das Idealbild des real existierenden Sozialismus sind. Er behauptet die Nähe des orthodoxen bürgerlichen zum orthodoxen sozialistischen Diskurs.

Der Streit mag marginal erscheinen, er macht aber Wichtiges, Unabgegoltenes sichtbar:
– Welche Verantwortung haben Kunst und Wissenschaft vor der Öffentlichkeit in Sachen Moral und Politik?

---

16 Zitiert nach: Ebd.

– Wie hat Kunst sich gegenüber dem Bösen, dem Asozialen, dem Grauen, Schmerz, Chaos zu verhalten: als Abbild, als surreale Überzeichnung, mit Leitbildern?

– Wie vertragen sich Engagement und künstlerische Autonomie: gegenseitig ausschließend, als offener Widerspruch, als gegenseitig sich bedingend, dialektisch notwendig?

Als Zwischenfazit können wir schon jetzt festhalten: Die freie Entwicklung der Künste ist notwendig: die Experimente mit der Perspektive, der Kontingenz des Wirklichen, dem Spiel mit Formen und Funktionen, dem Wechsel der Medien. Ebenso nötig ist die Auseinandersetzung (im wörtlichen Sinne gemeint) mit dem Wirklichen, dem Geschichtlichen, der Natur mit dem Ziel der Aufklärung und Veränderung.

Vielleicht sind jene Werke am gelungensten, in denen das Wirkliche in neuer Perspektive erscheint oder ein Experiment mit der Form neu und Neues sehen lehrt. Das ist der Stellenwert der Epiphanie, des neuen Sehens, das für die moderne Kunst gilt. Avancierte Literatur ist dann solche, in der Artistik und Engagement auf dialektische (d. h. produktive) Weise miteinander verbunden sind, wie etwa in dem neuen Roman von Ingo Schulze *Neue Leben* (2005).[17]

Nach dem Zürcher Literaturstreit ging es in der Literaturgeschichte weiter mit dem entschiedenen Engagement für die Kunst, wie sie das legendäre *Kursbuch 15* vom November 1968 formulierte: mit dem Plädoyer für ein „Agitationsmodell" gegen den „experimentellen Text" (Enzensberger).

3.   Deutsch-deutscher Literaturstreit: Es geht nicht nur um Christa Wolf

Der Konflikt zwischen *littérature engagée* und *poesie pure* schwelt weiter. Die DDR-Literatur entfernte sich immer weiter von Bitterfeld (1980 geht Christa Wolf gar nach Kreta), von der Geschichte hin zur Mythologie, die westdeutsche Literatur entdeckte die neue Subjektivität und die Postmoderne. Massiv bricht der Streit wieder auf, als Christa Wolf ihre Erzählung *Was bleibt* im Mai 1990 veröffentlicht. Die Geschichte handelt von ihrer Überwachung durch die Staatssi-

---

[17]   Ingo Schulze: Neue Leben. Roman. Berlin 2005.

cherheit 1979. Ihr wird Opportunismus und Verlogenheit vorgeworfen, eine Verharmlosung der gewalttätigen Staatsmacht, die Verantwortungslosigkeit der Intellektuellen und deren Larmoyanz. Konkret konzentrieren sich die Vorwürfe gegen Christa Wolf auf drei Punkte:

– Sie habe immer zu wenig Kritik am Staat, an der Partei und an en Auswüchsen des Stalinismus geübt, ihr Widerstand war sehr zaghaft, bestenfalls „wohltemperiert" (Chaim Noll). Man finde von ihr keine Stellungnahme zum 17. Juni 1953, zum Einmarsch der DDR-Truppen in die CSSR 1968, zum Kriegsrecht in Polen 1981 oder gar zur Lage der Dissidenten in dem Sowjet-Imperium.

– Sie habe bis zum 4. November 1989 an dem sozialistischen Staat festgehalten: „Stell dir vor, es ist Sozialismus, und keiner geht weg", so ihre Vision am 4. November 1989.[18] Am 31. Januar 1990 räumt sie ein:

> Dieser Aufbruch kam wohl um Jahre zu spät, die Schäden in vielen Menschen und im Lande gehen zu tief, der zügellose Machtmissbrauch hat die Werte, in deren Namen er geschah, diskreditiert und zersetzt.[19]

– Die Veröffentlichung sei zehn Jahre zu spät gekommen. 1979 hätte sie einen Eklat provoziert, 1989/90 wäre sie wohlfeil:

> Denn der 9. November ist doch mindestens in dieser Hinsicht eine historische Wasserscheide. Davor wäre die Publikation dieses Textes eine Sensation gewesen, die sicherlich das Ende der Staatsdichterin Christa Wolf und vermutlich ihre Emigration zur Folge gehabt hätte. Danach ist der Veröffentlichung nur noch peinlich. Peinlich wie ihr Parteiaustritt zu einem Zeitpunkt, der keine Risiken mehr barg.[20]

Die weiteren Einzelheiten und Verästelungen dieses deutsch-deutschen Literaturstreits sind mehrfach dokumentiert und können daher kursorisch kommentiert werden.[21] Die Verteidigung Christa

---

18 Christa Wolf: Sprache der Wende. Rede auf dem Alexanderplatz. In: Christa Wolf: Auf dem Weg nach Tabou. Texte 1990-1994. Köln 1994, S. 11-13, Zitat S. 13.

19 Christa Wolf: Zwischenrede. Rede zur Verleihung der Ehrendoktorwürde der Universität Hildesheim. Zitiert nach: Weninger: Streitbare Literaten, S. 257.

20 Ulrich Greiner: Mangel an Feingefühl. Eine ZEITkontroverse über Christa Wolf und ihre neue Erzählung. In: Die Zeit, 1. Juni 1990.

21 Vgl. Thomas Anz: Es geht nicht um Christa Wolf. Der Literaturstreit im vereinten Deutschland. München 1991; Karl Deiritz / Hannes Krauss (Hg.): Der

Wolfs fällt nicht minder radikal aus: Kopelew spricht von „kleinkarierter Gehässigkeit und Wirklichkeitsferne", Walter Jens moniert das „Spruchkammerdenken" und spricht von der „großen Treibjagd". Auch der PEN wählt in seiner Stellungnahme einen nicht glücklichen Vergleich:

> Das Präsidium des PEN-Zentrums Bundesrepublik Deutschland begrüßt engagierte und scharfe Diskussionen unter den Schriftstellern beider deutscher Staaten, verwahrt sich aber zugleich gegen jene selbstgerechte moralische Abqualifizierung, die in zahlreichen Feuilletons mittlerweile modisch geworden ist als Spielart eines postmodernen McCarthyimus.[22]

Den Vorwurf des McCarthyismus zahlt Greiner mit gleicher Münze zurück:

> Wenn der PEN jetzt die Voten einiger westdeutscher Kritiker mit dieser Praxis vergleicht, dann weiß er entweder nicht, was er sagt, oder er lügt [...]. Mit gleichem Unrecht könnte man das PEN-Präsidium einen Haufen von Stalinisten nennen. Das ist es aber nicht. Es ist bloß dumm und dämlich.[23]

Der Streit eskaliert hörbar. Ulrich Greiner spricht nun allgemein von der Verantwortlichkeit der Intellektuellen in der DDR:

> Aber diesmal sind es die Intellektuellen selber, die sich als Gegenstand eines Verfahrens betrachten müssen, von dem die meisten noch nicht wissen, dass es bereits läuft, ob sie wollen oder nicht. In diesem Verfahren sind die Intellektuellen Ankläger und Angeklagte zugleich, und nur von ihnen selber kann es geführt werden. Der Streitwert ist hoch: Er heißt intellektuelle Moral.[24]

Bei derartig harten Streitfronten helfen nur Vermittlungsversuche, wie der von Uwe Wittstock.[25] Er plädiert dafür, dass man zwischen dem Autor und seinem Werk unterscheiden müsse, denn auch außergewöhnliche Werke hätten kleinmütige Menschen zu Autoren gehabt,

---

deutsch-deutsche Literaturstreit oder „Freunde, es spricht sich schlecht mit gebundener Zunge". Analysen und Materialien. Hamburg / Zürich 1991.

22　Zitiert nach: Weninger: Streitbare Literaten, S. 141.

23　Ulrich Greiner: Dumm & dämlich. Das PEN-Zentrum der Bundesrepublik und der Streit um Christa Wolf. In: Die Zeit, 13. Juli 1990.

24　Ulrich Greiner: Keiner ist frei von Schuld. Deutscher Literatenstreit: Der Fall Christa Wolf und die Intellektuellen. In: Die Zeit, 27. Juli 1990.

25　Vgl. Uwe Wittstock: Die Dichter und ihre Richter – Literaturstreit im Namen der Moral: Warum die Schriftsteller der DDR als Sündenböcke herhalten müssen. In: Süddeutsche Zeitung, 13./14. Oktober 1990.

wie etwa Louis-Ferdinand Céline, Knut Hamsun und Ezra Pound. Greiner aber setzt seine Attacken fort und nimmt die gesamte Linke ins Visier, zu denen Greiner sich eigentlich immer noch zählt, und bringt das Wort „Gesinnungsästhetik" ins Spiel, um damit auch die engagierte Literatur zu treffen:

> Diese Gesinnungsästhetik hat eine zutiefst deutsche Tradition. Sie wurzelt in der Verbindung von Idealismus und Oberlehrertum. Sie ist eine Variante des deutschen Sonderwegs. Sie läßt der Kunst nicht ihr Eigenes, sondern sie verpflichtet sie (wahlweise) auf die bürgerliche Moral, auf den Klassenstandpunkt, auf humanitäre Ziele oder neuerdings auf die ökologische Apokalypse. Die Gesinnungsästhetik [...] ist das gemeinsame Dritte der glücklicherweise zu Ende gegangenen Literaturen von BRD und DDR.[26]

In einer späteren Passage nennt er sie „engagierte Literatur" und erinnert damit an Staigers Gegenentwurf einer „Heiterkeit des Schönen".

Ich will an dieser Stelle nicht diskutieren, inwiefern Greiner und Schirrmacher nicht auch in ihren Besprechungen „Gesinnung" (und nicht die Kunstform) zum Gegenstand ihrer Kritik gemacht haben, aber festhalten, wie die Leitlinien in Ästhetik und Engagement aufbrechen und stärker sind als die Differenzen über die Ästhetik in den beiden deutschen Staaten. Uwe Wittstock schreibt:

> Als der deutsche Literaturbetrieb noch geteilt war, ging 's zwischen beiden Seiten friedlicher zu. Die Rollen waren klar umrissen: Im Osten hatte man die Zensur, im Westen hatte man Verständnis. [...] Kurz: Die Mauer konnte keinen Keil zwischen die Schriftsteller treiben. Die Wiedervereinigung hat das spielend geschafft.[27]

4. Prüfstein Moral? Die Walser-Bubis-Debatte 1998

Der Streit verebbte ein wenig, brach aber knapp drei Jahre später wieder auf: Botho Strauß hatte ihn mit seinem *Anschwellenden Bocksgesang* angestoßen. In dem provozierenden Text stellt er der Bundesrepublik die Diagnose

---

26 Ulrich Greiner: Die deutsche Gesinnungsästhetik. Noch einmal: Christa Wolf und der deutsche Literaturstreit. Eine Zwischenbilanz. In: Die Zeit, 2. November 1990.

27 Wittstock: Die Dichter und ihre Richter ... Hier zitiert nach: Weninger: Streitbare Literaten, S. 146f.

– „einer Hypokrise der öffentlichen Moral",
– „einer frevelhaften Selbstbezogenheit",
– „eines Drills des Vorübergehenden",
– „einer herrenlosen Erziehung",
– „eines gigantischen Maßes an Indifferenz",
– „eines Regimes der telekratischen Öffentlichkeit".[28]

Diese Herrschaft der indifferenten Medien „braucht keine Köpfe rollen zu lassen, es macht sie überflüssig."[29] Die Linke ist schuld, die schon Greiner im Visier hatte, als sie Christa Wolf verteidigte mit ihrer profanen, medienlüsternen, antiautoritären Ideologie, ihrem „Aufklärungshochmut". Die Medienmacher seien schuld am Kulturverfall und dem Krieg der Zukunft. Die Gegenoffensive lässt nicht auf sich warten und spielt die Rolle, die Strauß ihr mit seiner Provokation zugewiesen hat: eine empörte Zurückweisung jedes Neo-Konservativismus. Man darf vermuten, dass Botho Strauß ein Schauspiel erfunden hat, das die Öffentlichkeit nach seiner Regieanweisung aufführt; der Literaturstreit als Fiktion.

1998 facht Martin Walser den Streit um die Indienstnahme der Kunst noch einmal an: in seiner Rede aus Anlass der Verleihung des Friedenspreises des Deutschen Buchhandels. Was für Aufregung sorgte, hört sich so an:

> Jeder kennt unsere geschichtliche Last, die unvergängliche Schande, kein Tag den dem sie uns nicht vorgehalten wird. Könnte es sein, dass die Intellektuellen, die sie uns vorhalten, dadurch, dass sie uns die Schande vorhalten, eine Sekunde lang der Illusion verfallen, sie hätten sich, weil sie wieder im grausamen Erinnerungsdienst gearbeitet haben, ein wenig entschuldigt, seien für einen Augenblick sogar näher bei den Opfern als bei den Tätern? Eine momentane Milderung der unerbittlichen Entgegengesetztheit von Tätern und Opfern. Ich habe es nie für möglich gehalten, die Seite der Beschuldigten zu verlassen […]
> Ich sehe, dass öfter nicht mehr das Gedenken, das Nichtvergessendürfen das Motiv ist, sondern die Instrumentalisierung unserer Schande zu gegenwärti-

---

28 Botho Strauß: Anschwellender Bocksgesang. In: Der Spiegel, 8. Februar 1993. Vgl. auch die umfassendere Textfassung in: Heimo Schwilk / Ulrich Schacht (Hg.): Die selbstbewusste Nation. „Anschwellender Bocksgesang" und weitere Beiträge zu einer deutschen Debatte. Frankfurt am Main / Berlin 1994, S. 19–40 (zuerst in: Der Pfahl. Jahrbuch aus dem Niemandsland zwischen Kunst und Wissenschaft VII, München 1993).

29 Strauß: Anschwellender Bocksgesang (Ausgabe 1994), S. 31.

gen Zwecken. Immer guten Zwecken, ehrenwerten. Aber doch Instrumentalisierung. [...]
Wäre die Öffentlichkeit ärmer oder gewissensverrohter, wenn Dichter und Denker nicht als Gewissenswarte der Nation aufträten? [...] Das möchte man den Meinungssoldaten entgegenhalten, wenn sie, mit vorgehaltener Moralpistole, den Schriftsteller in den Meinungsdienst nötigen.[30]

Dem Grundgedanken, dass Manches aus gutem Willen zu viel getan worden ist, hätte man noch zustimmen können. Aber Redewendungen wie „Instrumentalisierung unserer Schande", „Meinungssoldaten" und Auschwitz als „Moralkeule", das ging über das hinaus, was man zu akzeptieren bereit war. Als ehemals Linker hatte Walser ein Tabu verletzt. Die Reaktion war explosiv. Ignatz Bubis beschuldigte Walser der „geistigen Brandstiftung": „Viermal spricht Walser von der Schande, aber nicht ein einziges Mal von den Verbrechen."[31] Der Disput war ein Appell an alle, Stellung zu beziehen, nicht nachzulassen in dem Erinnern und der Mühe, eine angemessene Form dieses Erinnerns zu finden.

Noch einmal wird die Linie der historisch gesättigten, der engagierten Literatur stark gemacht. Der Ästhetizismus hat nur dann eine Chance, wenn er noch in seiner Leerstelle den Appell auf Menschlichkeit und Moral enthält.

Warum wird die Literatur seit 60 Jahren immer wieder zum Prüfstein für Moral und Politik? Wir haben drei Antworten:

1. Literatur erhebt einen moralischen Anspruch seit ihren Anfängen: Für Lessing ist der mitleidigste Mensch der beste Mensch, für Schiller ist die Bühne eine moralische Anstalt, Döblin sieht in der Kunst eine „ars militans".

2. Der Grundkomplex des Nationalsozialismus liegt als Prüfstein auf allen Wegen, die Kunst gehen kann. Die unvorstellbare Unmenschlichkeit des Terrorregimes treibt alle Debatten immer zu

---

30 Martin Walser: Erfahrungen beim Verfassen einer Sonntagsrede. Frankfurt am Main 1998. Zitiert nach: Weninger: Streitbare Literaten, S. 187f. Vgl. auch die Zusammenstellung wichtiger Dokumente der Kontroverse von Frank Schirrmacher (Hg.): Die Walser-Bubis-Debatte. Eine Dokumentation. Frankfurt am Main 1999, sowie die Hinweise bei: Lennart Koch: Ästhetik der Moral bei Christa Wolf und Monika Maron. Der Literaturstreit von der Wende bis zum Ende der neunziger Jahre. Frankfurt am Main u. a. 2001, S. 204-216.

31 Ignatz Bubis: Rede in der Synagoge Rykestraße in Berlin am 9. November 1998. Zitiert nach: Ebd., S. 189.

dem zentralen Komplex deutscher Geschichte zurück. Jürgen Habermas spricht im Zusammenhang mit dem Streit um Botho Strauß von Auschwitz als „Signatur eines ganzen Zeitalters".[32]

3. Die Neigung der Schriftsteller seit Lessing, nicht nur zu dichten, sondern auch über die Dichtung zu reflektieren, schließt immer Fragen der Wirkung, Leistung und Funktion der Literatur ein.

Die Elemente der Kontroversen lassen sich in einer Grafik folgendermaßen zusammenfassen:

Kategorien des Literaturstreits

	Artistik	*Engagement*
Stoff	Abstraktionen	Gegenwartsnähe
Wirklichkeit	Phantasie / Mythos	empirische / historische Wirklichkeit
Sinnangebot	Möglichkeitssinn	Weltdeutung
Form	Stilisierung	Widerspiegelung
Funktion	Selbstzwecklichkeit	Erkenntnis

Aber vielleicht ist die enge Verzahnung von Ästhetik und Ethik gar kein Spezifikum der Nachkriegsliteratur, sondern verweist auf die beiden Pole des „delectare" und „prodesse", die Kunst um ihrer selbst Willen zu genießen und sie als eine Form der Erkenntnis, der Lehre, zu nutzen. Vielleicht entsteht, wo die Linien sich kreuzen, besonders anspruchsvolle Kunst: in den Gedichten Paul Celans, in den Dramen von Botho Strauß, in den Romanen von Christa Wolf oder dem Monumentalwerk *Jahrestage* von Uwe Johnson. Wie wir in unserem

---

32 Jürgen Habermas: Geschichtsbewußtsein und posttraditionale Identität. Die Westorientierung der Bundesrepublik. In: Jürgen Habermas: Eine Art Schadensabwicklung. Frankfurt am Main 1987, S. 161-179, Zitat S. 163.

Zwischenfazit schon festgestellt haben, wird es so sein, dass nur dort, wo das Ästhetische autonom – d. h. ohne Kompromisse mit dem Wirklichen – gedacht wird, auch eine ethische Dimension sichtbar wird, die Nachdenklichkeit fördert und umgekehrt: wo die Nachbildung von Wirklichkeiten die Komplexität zu erhalten trachtet, zugleich ein ästhetisches Experiment sichtbar wird.

Es gibt Diskurse, und es gibt Kunst, in denen die beiden Linien sich ausschließen, ja zu Frontlinien harter Kämpfe werden. Aber es gibt auch Werke, in denen Formwille und Gegenstand so miteinander verbunden sind, dass Ästhetik und Ethik als differente Aspekte eines ganzen Werkes erscheinen. Um dieser Werke Willen brauchen wir auch weiterhin Literaturstreite.

4. Viele Kulturen in der vereinten Nation

Siegfried Grosse

Institutionen für die deutsche Sprache und Literatur in Ost und West

Zahlreiche staatliche und private Institutionen haben in der Bundesrepublik und in der Deutschen Demokratischen Republik nebeneinander existiert und vierzig Jahre lang das kulturelle Leben unter der gegebenen Situation getragen und die deutsche Sprache in Lehre und Texten geprägt, z. B. Kultus- und Schulministerien, Universitäten, Herder-/Goethe-Institute, Verlage, Theater, Gesellschaften und Vereine (Pen-Club, Goethe- und Shakespeare-Gesellschaft) u. a.. Die Kooperationen unter ihnen waren eingeschränkt. Nach der politischen Wende sind besonders die Institutionen der ehemaligen DDR verändert, d. h. nach dem Vereinigungsvertrag denen der alten Bundesländer angepasst worden oder gar weggefallen. Eine umfangreiche Untersuchung brächte vermutlich aufschlussreiche Ergebnisse.

Ich habe für diesen Beitrag zwei Institutionen ausgewählt, die mit meinem Fach eng verbunden sind: mit der deutschen Sprache und der deutschsprachigen Literatur. In zunächst staatenspezifischer Doppelung stelle ich die vier Institutionen vor, die für die Erforschung der deutschen Sprache und für die Archivierung des deutschen Schrifttums in den west- und ostdeutschen Teilstaaten verantwortlich waren, und zeige dann, wie ihre Entwicklung nach der Wende auf Grund des Vereinigungsvertrages sehr unterschiedlich bis zum heutigen Stand verlaufen ist.

Das waren auf dem Gebiet der Sprachwissenschaft und Linguistik für die Bundesrepublik das Institut für Deutsche Sprache in Mannheim und für die Deutsche Demokratische Republik das Zentralinstitut für Sprachwissenschaft in Berlin; auf dem Gebiet des Schrifttums gab es die Deutsche Bücherei in Leipzig für die DDR und die Deutsche

Bibliothek in Frankfurt für die Bundesrepublik. Alle vier Institutionen hatten nicht nur ihre Bedeutung innerhalb der jeweiligen Staatsgrenzen, sondern darüber hinaus für Österreich, die Schweiz, Liechtenstein, Südtirol und alle Gebiete im Ausland, in denen Deutsch gesprochen, geschrieben und veröffentlicht wird.

Das Institut für Deutsche Sprache ist 1964 in Mannheim von Hugo Moser (Bonn), fünf weiteren Altgermanisten und von Leo Weisgerber als Vertreter der allgemeinen Sprachwissenschaft gegründet worden. Alleinige Aufgabe des Instituts sollte die Erforschung und Dokumentation der Deutschen Gegenwartssprache sein, das ist die deutsche Sprache, die seit 1945 gesprochen, geschrieben, gelesen und gehört wird. Die Institutsgründung fand 154 Jahre nach der Etablierung des ersten germanistischen Lehrstuhls an der damals neu gegründeten Berliner Universität statt. Sie war ein überraschendes Ereignis, das eine heute kaum mehr vorstellbare Wirkung nach sich gezogen hat.

Um diese deutlich zu machen, muss ich einen kleinen fachgeschichtlichen Exkurs einfügen. Bis 1964 bestanden die Germanistischen Institute oder Deutschen Seminare an den Universitäten aus einer alten und einer neuen Abteilung, jeweils geleitet von einem Ordinarius. In die alte gehörten Texte von den Anfängen bis Luther, in die neue die von Luther bis zur Gegenwart. Abgrenzungsschwierigkeiten gab es nie; denn die Alte Germanistik drang im Unterricht nur bis zur Mitte des 14. Jahrhunderts vor, und der Neugermanist begann in der Regel mit der Aufklärung. Zwischen beiden Abteilungen lag also ein kaum bekanntes Niemandsland von etwa 300 Jahren.

Die Wissenschaft von der deutschen Sprache und ihrer Geschichte gehörte in das Aufgabengebiet des Altgermanisten, der den Studierenden Gotisch, Alt- und Mittelhochdeutsch, Altsächsisch und historische Grammatik als Voraussetzung für das Verständnis der alten Texte beizubringen hatte. Die Lehre des Neuhochdeutschen, das sich in den mehr als 550 Jahren von Luther bis heute erheblich verändert hat, kam im akademischen Unterricht nicht vor. Man hielt es irrtümlicherweise in allen Stufen für allgemein verständlich. Von der Gegenwartssprache wurden nur die lebendigen Mundarten vom Altgermanisten beobachtet und gelehrt; allerdings interessierten sie weniger als regionale Form der heute gesprochenen Sprache, sondern mehr als noch fassbare Spuren historischer Sprachstufen.

Die Gründung des universitätsunabhängigen Instituts für Deutsche Sprache war für die Hochschulgermanistik das Signal, neben der Alt- und Neugermanistik eine dritte Abteilung für die Sprachgeschichte, die Linguistik und die synchrone Betrachtung geschriebener und gesprochener Texte aus der Gegenwart einzurichten. Damit wurden die Studienordnungen in ihren Proportionen und fakultativen Wahlmöglichkeiten wesentlich verändert.

Obwohl 1964 die finanzielle Situation von Bund und Ländern unvergleichlich besser war als heute, war die Existenz einer wissenschaftlichen Einrichtung des öffentlichen Rechts, die mit zentraler Funktion gleichsam frei im Raume schwebte, also nirgends angebunden war, und doch vom Staat finanziert werden sollte, schwierig zu sichern. Jahrelang lebte das Institut von befristeten Projekten, welche die Deutsche Forschungsgemeinschaft oder andere Stiftungen trugen. Nachdem sich das Institut mit Publikationen und den Veranstaltungen von Tagungen ausgewiesen hatte, wurde es in die Blaue Liste (jetzt Leibnitz-Gesellschaft) aufgenommen, d. h. es gehörte nun zu den wissenschaftlichen Einrichtungen, deren Etat jeweils zur Hälfte vom Bund und dem Land seines Sitzes, also Baden Württemberg, getragen wird. Inzwischen hat es die Höhen und Tiefen einer bewegten Entwicklung hinter sich. Heute arbeiten 103 Mitarbeiter in einem neu gebauten Haus. 2005 betrug das Haushaltsvolumen 7.700.000 Euro.

Die Frage nach der Notwendigkeit eines solchen Instituts ist mit dem Hinweis zu beantworten, dass sich das Deutsche wie jede andere Sprache ständig verändert und keine Größe ist, die aus festen Bausteinen wie Vokabular, Grammatik, Text, Aussprache und Schrift besteht. Die Sprache entwickelt sich laufend und sie tut dies ökonomisch; denn dem Zuwachs an Wörtern, Formen und Funktionen steht das Abstoßen des nicht mehr Gebrauchten gegenüber. Diese Veränderungen werden zum einen durch äußere Einflüsse hervorgerufen, und zum anderen entwickeln sie sich in langsamerer Geschwindigkeit aus der einer jeden Sprache innewohnenden Gesetzmäßigkeit. Dieser Wandel muss beobachtet, dokumentiert und für die Lehre der heranwachsenden Generation aufbereitet werden. Nur so können Sprechen und Verstehen, die wichtigsten Konstituenten jeder Gesellschaft, funktionieren und bewahrt, d. h. von Missverständnissen möglichst frei gehalten werden. Die äußeren Veränderungen betreffen z. B. das Vokabular, das heutzutage besonders die Fachsprachen ständig erweitern und verändern.

So haben die Computertechnik und die Popkultur Wortschätze, die
z. B. meinen vor dreißig Jahren verstorbenen Eltern völlig unbekannt
und damit unverständlich gewesen wären. Oder die Nomenklatur der
staatlichen Organe der DDR verlor bei der politischen Wende ihre
sprachwirksame Gültigkeit und wurde von einem Tag zum anderen
historisch. Beispiele für die innere sprachliche Veränderung sind der
Rückgang im Gebrauch des Konjunktivs und als Ersatz dafür die Entstehung neuer Modalpartikel, oder die Herausbildung immer neuer
Formen des Passivs (der Tisch kommt zum Verkauf statt der Tisch
wird verkauft). Eine Maxime der Gründungsväter gilt noch heute: das
IDS ist keine Normeninstanz wie die Académie Française, die Verbote
ausspricht und Sanktionen bei Sprachverstößen verhängt. Hier hat die
schmale Grenzlinie zwischen Sprachpflege und Sprachlenkung, die in
Zeiten nationaler Ideologien oft bedenkenlos überschritten worden ist,
ihre abschreckende und warnende Wirkung behalten.

Das Mannheimer Institut hat vier Abteilungen, deren Arbeitsergeb-
nisse in zahlreichen Publikationen vorliegen. Ich nenne nur einige
Beispiele aus jüngster Zeit:

1. Die erste Abteilung Grammatik hat eine umfassende dreibän-
   dige Grammatik der deutschen Gegenwartssprache publiziert
   und eine Reihe kontrastiver Grammatiken (Deutsch / Franzö-
   sisch, Deutsch / Polnisch, Deutsch / Rumänisch, Deutsch / Ja-
   panisch); zurzeit wird eine systematische Online-Grammatik
   aufgebaut.

2. In der Abteilung Lexik ist als jüngste Publikation das Neolo-
   gismenwörterbuch mit ca. 700 Neuwörtern der deutschen
   Sprache aus den neunziger Jahren zu nennen. Es gibt ein Wörterbuch des ‚Wende-Wortschatzes‘. Vom Deutschen Fremd-
   wörterbuch ist gerade der fünfte Band (G-J) mit 1.198 Druckseiten erschienen. Dieses historische Bedeutungs- und Beleg-
   wörterbuch versammelt den gesamten deutschen Fremdwort-
   schatz vom 15. Jahrhundert bis zur Gegenwart; und schließlich
   ist das Frühneuhochdeutsche Wörterbuch für die Zeit von der
   Mitte des 14. Jahrhunderts bis zum 17. Jahrhundert in Arbeit.
   In der Zeit bis zur politischen Wende hatte sich vor allem
   Manfred Hellmann eingehend mit dem Sprachgebrauch in der
   damaligen DDR befasst.

3. In der Abteilung Pragmatik werden regionale Umgangssprachen und die gesprochene Standardsprache mit ihren Variationen untersucht. Im Aufbau ist ein gesprächsanalytisches Informationssystem.

4. Die vierte Abteilung umfasst die Wissenschaftlichen Dienste. Dazu gehören eine umfangreiche linguistische Bibliothek von etwa 80.000 Bänden und 200 laufenden Zeitschriften, die Öffentlichkeits- und Publikationsarbeit, die Benutzerbetreuung, Sprachberatung und die Dokumentation. Das IDS verfügt mit fünf Millionen Buchseiten über das größte Textkorpus zur deutschen Gegenwartssprache weltweit, das sich seit 1946 bis heute aus aktuellen Textzeugnissen des gesamten deutschen Sprachgebiets speist. Es kann jederzeit für wissenschaftliche Untersuchungen abgerufen und genutzt werden.

Diese langfristigen Forschungsprojekte, die eine gesicherte Mitarbeiterschaft brauchen, wären im unruhigen Universitätsbetrieb vermutlich nicht möglich. In jedem März richtet das Institut eine Fachtagung aus, zu der sich jedes Mal etwa 450 Germanisten einfinden, von denen ein Drittel aus dem Ausland kommt. Die 42. Tagung 2006 steht unter dem Thema „Sprachkorpora – Datenmengen und Erkenntnisfortschritt". Die Tagungen sind zu anregenden Begegnungen geworden, die zur Kohärenz des Faches beitragen. Dies zur Beschreibung des IDS in seinem heutigen Stand.

Die parallele Einrichtung zum IDS war in der DDR das Zentralinstitut für Sprachwissenschaften (ZISW) an der Akademie der Wissenschaften zu Berlin. 1969 wurden im Rahmen der schon erwähnten Bildungs- und Universitätsreform nach sowjetrussischem Vorbild sechzig wissenschaftliche Institute mit insgesamt 26.000 Mitarbeitern als „Zentrum sozialistischer Großforschung" der Berliner Akademie der Wissenschaften angegliedert. Unter ihnen befand sich das Zentralinstitut für Sprachwissenschaft, das durch den Zusammenschluss von Sprachwissenschaftlern aus verschiedenen Forschergruppen und Universitätsinstituten gebildet worden war. Mit seinem Personalvolumen von etwa 220 Mitarbeitern war es für die sehr viel kleinere DDR etwa 5 mal größer als das 5 Jahre ältere Mannheimer Institut. Es hatte allerdings einen etwas größeren Aufgabenbereich. Denn neben Grammatik und Lexik gab es die Forschungsgebiete Phonologie, Sprachgeschich-

te, Computerlinguistik und Fremdsprachen. Dazu kamen die beiden
Langzeitprojekte des Grimmschen und des Goethe Wörterbuches. Das
ZTSW besaß eine Bibliothek von 68.500 Bänden und 370 Zeitschriften. Dazu kamen einige umfangreiche Corpora von Wörterbüchern
und Lexika. Die heterogene fachliche Struktur hatte man immer als
Nachteil empfunden. Denn die Abteilungen hatten wenig Verbindung
miteinander; und die Größe machte das Institut schwerfällig.

Das Institut war ideologischen Eingriffen ausgesetzt. Kurz nach seiner Gründung bekam es den Auftrag, „eine marxistisch-leninistische
Sprachwissenschaft" zu entwickeln und die Ergebnisse bis 1975 als
„Theoretische Probleme der Sprachwissenschaft" zu publizieren. Für
diese Aufgabe mussten personelle Umstrukturierungen vorgenommen
werden, die auf Kosten der Sprachgeschichte gingen, und des Struktu-
ralismus, der als bürgerliche Wissenschaft verfemt war. Vor der sachlich unmöglichen Ausführbarkeit dieser nicht fachwissenschaftlich,
sondern ideologisch motivierten Aufgabe hatten bereits sowjetische
Kollegen aus eigener negativer Erfahrung gewarnt. So erwies sich
auch in Berlin der Auftrag als ein wissenschaftlicher und wissen-
schaftspolitischer Fehlschlag, der stumm versandete. Das Institut blieb
von ähnlichen Aufgaben fortan verschont.

Vermutlich ist im Zusammenhang mit der Forderung nach einer
marxistisch-leninistischen Sprachwissenschaft auch das Vorwort zum
vierten Band des „Wörterbuchs der Deutschen Gegenwartssprache" zu
sehen. Von ihm waren seit 1961 unter der kompetenten Leitung von
Ruth Klappenbach drei von insgesamt sechs umfangreichen Bänden
erschienen, die in ihrer gründlichen Ausführlichkeit im deutschen
Sprachgebiet nichts Vergleichbares neben sich hatten. Die DDR ist als
Entstehungsort zu erkennen; denn im Belegmaterial fehlt die in der
Bundesrepublik erschienene Literatur, und es gibt Lemmata, die nur in
der DDR gebräuchlich waren, wie z. B. der berühmte Broiler. Das
entsprach der Absicht, den gegenwärtigen Sprachgebrauch abzubilden
und hatte mit ideologischer Indoktrination nichts zu tun. Das Belegmaterial für die zeitgenössische Ausprägung der deutschen Sprache
war mit Thomas Mann (*1875) als der am häufigsten zitierten Quelle
nicht besonders aktuell. 1970 begann der vierte Band mit einem über-
raschenden Vorwort, das mit folgenden Worten schließt:

> In den sprachlichen Unterschieden zwischen DDR und BRD, die hier nur
> skizziert werden konnten, manifestiert sich die ökonomische, politische und

insbesondere aber die ideologische Konfrontation zweier Weltsysteme. Das Wörterbuch der deutschen Gegenwartssprache wird das erste semantische Wörterbuch sein, das dieser Konfrontation auf linguistischem Gebiet Rechnung trägt. Es wird vom 4. Band an den gesamten Wortschatz konsequent auf der Grundlage der marxistisch-leninistischen Weltanschauung darstellen. Das gilt für die Auswahl der Stichwörter, für die Bedeutungsangaben, die kommentierenden Bemerkungen und auch für die Auswahl der Beispiele. Das Wörterbuch läßt dadurch vor allem diejenigen gesellschaftspolitisch relevanten Sprachwandlungen, die sich in der DDR vollzogen haben, deutlich hervortreten. Mit seinen lexikographischen Mitteln will es zur Festigung des sozialistischen Bewußtseins der Menschen in der DDR beitragen, aber auch den fortschrittlichen Kräften in anderen Ländern helfen, die Sprache des sozialistischen Staates deutscher Nation besser zu verstehen und den Versuchen des Sprachmißbrauchs durch die Monopolbourgeoisie entgegenzuwirken.[1]

Da es nun kaum jemanden gibt, der ein Wörterbuch wie einen Roman von der ersten bis zur letzten Zeile liest, dürfte nicht aufgefallen sein, dass dieses Vorwort mit seinem Treuebekenntnis zur staatlichen Ideologie vor allem die Funktion eines bekennenden Schutzschildes erfüllt hat. Denn Anlage, Auswahl und Aufbereitung der Belege unterscheiden sich im vierten Band nicht wesentlich von den vorausgegangenen Bänden. Natürlich werden der in der DDR übliche Wortschatz und die charakteristischen Bedeutungsveränderungen präsentiert; aber der Anteil am Gesamtwortschatz ist eine fachsprachliche Nische, die sich als kleiner erweist, als man nach dem Inhalt des Vorwortes annehmen sollte. Ruth Klappenbach hat vermieden, in ihrem Wörterbuch die Sprache in der DDR als Varietät des Deutschen wie das Österreichische oder das Schweizerische darzustellen.

Die Mitarbeiter des ZISW haben während der zwanzigjährigen Institutsgeschichte auf ihren Gebieten Sprachtheorie, Grammatik, Lexikographie, Sprachgeschichte, Phonologie und Computerlinguistik unter erschwerten materiellen Bedingungen gute fachwissenschaftliche Arbeit geleistet, die nicht unter dem westlichen Standard gelegen hat. Ihre Publikationen sind von der internationalen Linguistik rezipiert und geschätzt worden. Nach dem Kulturabkommen, das zwischen den beiden deutschen Staaten einige Jahre vor der Wende geschlossen worden war, kam es zu ersten Kontakten zwischen Berlin und Mann-

---

1 Werner Neumann / Ruth Klappenbach: Vorbemerkung. In: Wörterbuch der deutschen Gegenwartssprache. Herausgegeben von Ruth Klappenbach und Wolfgang Steinitz (†). 4. Band. Berlin 1974, S. If., Zitat S. II.

heim, d. h. zu gegenseitigen Besuchen, Vortragseinladungen, Ta-
gungsteilnahmen und dem Austausch von Schriften. Sogar ein erstes
gemeinsames Forschungsprojekt, nämlich die Erstellung eines Wörterbuches der Neologismen aus dem letzten Jahrzehnt, wurde konzipiert und begonnen.

Am 9. November 1989 fiel die Mauer; ein Jahr später (am 3. Oktober 1990) wurde der Zusammenschluss der beiden deutschen Staaten,
die vierzig Jahre lang im West- und Ostblock existiert hatten, in den
Gesetzen zur Vereinigung Deutschlands verankert. Diese umfassen
insgesamt 628 Druckseiten. Davon nimmt der Artikel 38 des Eini-
gungsvertrages, der die Zusammenführung von Wissenschaft und Forschung in einem vereinten Deutschland regelt, nur eine Seite und 8
Zeilen ein. Mit knappen Formulierungen wird dargelegt, dass die Berliner Akademie der Wissenschaften vom sowjetrussischen Organisati-
onsmuster zu lösen und strukturell den Wissenschaftlichen Akademien der alten Bundesländer anzugleichen ist. Es mussten also die
angegliederten und etatisierten sechzig Institute mit insgesamt 26.000
Mitarbeitern abgetrennt und anderweitig untergebracht werden. Mit
dieser sehr komplexen und komplizierten Aufgabe, für die der knappe
Zeitraum von 15 Monaten zur Verfügung stand, wurde der Wissenschaftsrat beauftragt. Alle betroffenen Wissenschaftler befanden sich
15 Monate lang in völliger Ungewissheit über ihre künftige Berufstätigkeit.

Ich kann hier nur von der Umwandlung des ZISW berichten, an der
ich als damaliger Präsident des Mannheimer Instituts für deutsche
Sprache unmittelbar beteiligt gewesen bin und nicht über das Schicksal der anderen 59 Institute und ihrer Mitarbeiter. Ein Teil der Mitarbeiterschaft war relativ alt, d. h. hier konnten sozialverträgliche Regelungen wie die Überführung in den Vorruhestand getroffen werden;
ein weiterer Teil konnte in Universitäten eingegliedert oder in For-
schungsprojekten ständig oder vorübergehend untergebracht werden.
Aber es ist gar keine Frage, dass angesichts der ungewöhnlichen Größenordnung vielen die totale Abwicklung ihres Instituts und damit die
Arbeitslosigkeit nicht erspart geblieben sind.

Die Leitung und das Kuratorium des IDS haben zunächst die Absicht verfolgt, nach besten Kräften das hoch qualifizierte Forschungs-
potential des ZISW zu retten und zu erhalten. Das Institut war nicht an
die staatliche Ideologie gebunden gewesen und von ihr in den Publika-

tionen geleitet worden. Das ging nicht nur aus seiner Selbstdarstellung hervor, die das Institut nach der Wende erstellt hatte, sondern auch aus der eingehenden Überprüfung durch den Wissenschaftsrat, der vor seiner Entscheidung über die künftige Organisation sehr sorgfältig recherchiert hat: Es wurde das Institut eingehend direkt befragt und besichtigt; es wurden Gutachten von dritter Seite eingeholt; es gab ausführliche Gespräche mit dem IDS, den Berliner Hochschulen und den Vertretern von Bund und Ländern, um die Möglichkeiten der Finanzierung auszuloten.

Man erwog zunächst, die beiden Institute für deutsche Sprache unter einer Leitung zusammenzuschließen und die beiden Standorten Berlin und Mannheim zu belassen. Damit wäre das IDS sehr einverstanden gewesen wäre. Denn es war zum einen an einer zweiten Position im Nordosten der Republik interessiert, um von dort aus die bestehenden Lücken in der regionalen Sprachforschung zu schließen, und zum anderen war ihm sehr daran gelegen, nicht den Eindruck aufkommen zu lassen, es wolle sich auf Kosten des ZISW bereichern.. Aber dieser Plan wurde schnell aus Gründen dieser in vergleichbaren Fällen nicht bewährten Organisation und wegen zu hoher Kosten aufgegeben.

Schließlich löste man die nicht germanistischen Teile aus dem gesamten Institut heraus. Man brachte die fremdsprachlichen Arbeitsgruppen in Hochschulfakultäten unter; die großen Wörterbuchunternehmen Grimm und Goethe blieben in der Obhut der Akademie; die linguistische Theorie und die Computerlinguistik kamen als von der DFG geförderte Projekte zur Humboldt-Universität. Und einige Gruppen wie z. B. die Fachgeschichte und die Wissenschaftlichen Dienste wurden aufgelöst.

Von den verbleibenden etwa 130 germanistischen Mitarbeitern bot man 22 Damen und Herren in Absprache mit dem IDS eine Versetzung nach Mannheim an. Das ist nur der sechste Teil, wobei auch deutlich wurde, wie überdimensioniert das Berliner Institut war. Die Entscheidung fiel im Spätjahr 1990. Als politische Überprüfung hatten die Berliner Damen und Herren eidesstattlich zu versichern, dass sie nicht für den Staatssicherheitsdienst gearbeitet hatten. Leider stellte sich nach einem halben Jahr heraus, dass in einem Fall die unterschriebene Erklärung mit der Realität nicht übereinstimmte. Denn ein umfangreiches Aktenfaszikel, das dem IDS zugestellt worden war, belegte die langjährige Tätigkeit des Mitarbeiters für die Staatssicher-

heit. Die langen, schwierigen Gespräche und die folgende Entlassung
sind mir in lebhafter Erinnerung geblieben.

Die neuen IDS-Mitglieder waren noch ein halbes Jahr in gemieteten
Räumen in Berlin tätig. Denn der Institutsneubau konnte erst ab 1. Juli
1991 bezogen werden. Die Stadt Mannheim kam der Personalerweite-
rung entgegen; indem sie auf die für sie reservierten Räume im neuen
Haus verzichtete und damit die Unterbringung des um 50 % vergrö-
ßerten wissenschaftlichen Personals möglich machte. Das Institut verließ Mitte 1991 nach 27 Jahren sein altes verwinkeltes Gebäude in der
Friedrich-Karl-Straße. Die Mitarbeiter entrümpelten ihre Arbeitszim-
mer vom Ballast erledigter und abgelegter Dinge und bezogen das
neue klar und zweckmäßig gegliederte Haus in R 5 zur gleichen Zeit
wie der Neuzugang aus Berlin. Diese glückliche gleichzeitige Fügung
hat die Integration der neuen Mitarbeiter außerordentlich erleichtert,
denn für jeden war der Arbeitsplatz und die geänderte Struktur der
räumlichen Zuordnung eine neue Situation im beruflichen Alltag.

Die Berliner Wissenschaftlerinnen und Wissenschaftler wurden entsprechend ihren Qualifikationen den vier Institutsabteilungen zugeordnet, und das Institut bekam die neue Sektion ‚Sprachgeschichte'
für die Arbeit am Frühneuhochdeutschen Wörterbuch. Das nicht wissenschaftliche Personal hat keinen Zuwachs erfahren. Die dadurch
veränderte Zahlenrelation zu den wissenschaftlichen Mitarbeitern war
gewissermaßen auf stille Weise eine Korrektur der Institutsstruktur,
die auf Grund der Wirksamkeit des Computers fällig gewesen wäre
und auf diese Weise ohne Entlassungen möglich war.

Der Zuzug aus Berlin wirkte wie ein frischer Wind von außen, der
dem Institut sehr gut getan und sein innerbetriebliches Klima mit neu-
en Diskussionspartnern wesentlich aufgelockert hat. Die Neuen wurden hilfsbereit aufgenommen und unterstützt; denn ihnen ist nach lan-
ger Berufstätigkeit in Berlin der Ortswechsel in das viel kleinere
Mannheim nicht leicht gefallen. Inzwischen sind die gegenwärtig 103
Mitglieder des Instituts zu einem homogenen Kollegium geworden, in
dem es keine Trennungslinie zwischen Eingesessenen und Zugezoge-
nen gibt. Deshalb gilt das IDS als gut gelungenes Beispiel einer erfolgreichen Ost-West-Integration. Man darf allerdings nicht vergessen, dass mit dieser Addition von einem kompletten westlichen Institut und einem nur kleinen Teil einer östlichen Institution das für die
Erforschung der deutschen Sprache insgesamt zur Verfügung stehende

Potential etwa nur noch ein Drittel des Umfangs beträgt, den beide Institute in Berlin und Mannheim zusammen vor der Wende gehabt haben. Große anstehende Aufgaben wie z. B. eine neue Vermessung der gesamten Sprachgebiete nach sprechsprachlichen Regionen oder die unterschiedliche Aneignung der deutschen Sprache durch die Immigranten können nicht begonnen werden.

Die zweite Institution, die ich vorstellen möchte, ist die Deutsche Bibliothek, die von 1945 bis zur Wende unter den beiden Namen Deutsche Bücherei in Leipzig für die DDR und Deutsche Bibliothek in Frankfurt für die Bundesrepublik existiert hat. Es handelt sich wiederum um zwei Institutionen, deren Situation aber völlig anders ist als im ersten Fall.

Die ursprüngliche und wesentlich ältere Institution ist die Deutsche Bücherei, die 1912 mit einem Vertrag zwischen der Stadt Leipzig, dem Königreich Sachsen und dem Börsenverein der Deutschen Buchhändler zu Leipzig gegründet worden ist. Sie sollte ein zentrales Archiv werden und die gesamte vom 1. Januar 1913 an erscheinende deutsche Literatur des In- und Auslandes sammeln, bibliographisch aufbereiten und unentgeltlich der Benutzung zugänglich machen. Alle Verlage deutschsprachiger Texte waren gehalten, von jeder Publikation ein Exemplar einzusenden. Die Nichtbeachtung dieser Anweisung hatte einen Ausschluss aus der Mitgliedschaft des Deutschen Börsenvereins zur Folge. Das Haus sollte das ‚Gedächtnis der Nation' werden, in dem alles in deutscher Sprache Gedruckte bewahrt wird und nichts von dem, was in das Haus gelangt ist, abgegeben oder vernichtet werden darf. Als Sitz wurde Leipzig bestimmt, das damals im Deutschen Reich der Mittelpunkt des Buch- und Verlagswesens war. Das repräsentative Jugendstilgebäude der Deutschen Bücherei, das heute unter Denkmalschutz steht, wurde in den Kriegsjahren 1914 bis 1916 errichtet. Am 2. September 1916 konnte es eingeweiht werden. Außer der Sammeltätigkeit ist die Institution für die Herausgabe der „Deutschen Nationalbibliographie" verantwortlich und für weitere bibliographische Periodica.

Bis zur nationalsozialistischen Machtübernahme 1933, unterstand die Deutsche Bücherei dem Reichsministerium des Inneren. Dann wurde sie dem Reichsministerium für Volksaufklärung und Propaganda unterstellt. Zum Glück änderten sich die 1912 beschlossenen Kriterien nicht. So wurde zwar die von den Nazis verbotene Literatur für die öffentliche Benutzung unter Verschluss gehalten und gesperrt, aber sie wurde nicht verbrannt, sondern blieb erhalten.

Im Laufe der Jahre bekamen die Sammlungen weitere neue Aufgaben (z. B. die Aufnahme fremdsprachiger Übersetzungen deutscher Werke oder fremdsprachiger Werke über Deutschland usw.). Bei einem Luftangriff auf Leipzig erlitt die Deutsche Bücherei Brandschäden; 1,6 Millionen Bände wurden ausgelagert, und das Haus blieb für die Benutzung geschlossen.

1945, unmittelbar nach Kriegsende, erfolgte die Wiedereröffnung. Aber mit der Teilung Deutschlands in vier Besatzungszonen verlor die Deutsche Bücherei ihre Position als zentrale Archivbibliothek für das gesamte Sprachgebiet. Denn der beginnende Wiederaufbau buchhändlerischer und bibliothekarischer Institutionen konzentrierte sich bald auf Frankfurt am Main. Und damit begann die bis heute erhaltene doppelte Archivierung, die ja – wie man am verheerenden Brand der Weimarer Anna-Amalia Bibliothek gesehen hat – durchaus ihren Sinn hat.

Am 4. November 1946 wurde unter Zustimmung der amerikanischen Militärregierung von der Stadt Frankfurt, der dortigen Universitätsbibliothek und Landesvertretern des Buchhandels die ‚Deutsche Bibliothek' als deutsche Archivbibliothek nach dem Leipziger Muster gegründet. 1952 wurde sie eine Stiftung des öffentlichen Rechts. 1959 konnte in Frankfurt der erste Neubau bezogen werden. 1969 hat der Bundestag das „Gesetz über die deutsche Bibliothek" beschlossen, die damit eine bundesunmittelbare Anstalt des öffentlichen Rechts geworden ist.

Beide Häuser arbeiteten parallel nebeneinander her, was man auch am nahezu identischen Inhalt der beiden nationalbibliographischen Verzeichnisse sah. Bis 1990 kamen in beiden Bibliotheken weitere Sammlungen hinzu: in Leipzig das Buch- und Schriftmuseum, die Anne-Frank-Shoah-Bibliothek und mehrere Sondersammlungen, in Frankfurt das Deutsche Musikarchiv Berlin (unter Beibehaltung seines Standortes), das alle Musikalien ab 1973 sammelt. In Leipzig wurde 1982 der für die Bestände der Deutschen Bücherei errichtete neue Magazinturm eingeweiht, so dass die wegen Raumnot ausgelagerten Bestände konzentriert werden konnten. 1966 begann Frankfurt, die Bibliographien mit der EDV zu erstellen; erst fünf Jahre später folgte

Leipzig auf diesem Weg. (Solche kommentarlosen Hinweise im Informationsmaterial deuten darauf hin, dass schon damals die maschinelle und technische Ausstattung in Frankfurt besser und moderner gewesen ist als in Leipzig).

Mit der Wiedervereinigung am 3. Oktober 1990 wurden die Deutsche Bücherei in Leipzig und die Deutsche Bibliothek in Frankfurt am Main zu der neuen Institution „Die Deutsche Bibliothek" organisatorisch miteinander verbunden, die von Frankfurt aus ein Generaldirektor leitet, der in Frankfurt und in Leipzig jeweils einen ständigen Stellvertreter hat. Seit 1990 arbeiten die beiden Standorte zusammen und teilen sich die immer größer werdenden Aufgaben, und zwar allein nach geografischen Gesichtspunkten: Leipzig ist zuständig für Berlin, Brandenburg, Mecklenburg-Vorpommern, Nordrhein-Westfalen, Sachsen, Sachsen-Anhalt und Thüringen, Frankfurt dagegen für Baden-Württemberg, Bayern, Bremen, Hamburg, Hessen, Niedersachsen, Rheinland-Pfalz, Saarland und Schleswig-Holstein. Alle in nur einem Exemplar gesammelten deutschsprachigen Veröffentlichungen des Auslands, die Übersetzungen aus dem Deutschen und die fremdsprachigen Germanica werden ausschließlich in Leipzig bearbeitet und archiviert.) Die Publikationen werden aufbereitet, und alle Daten fließen in das zentrale Katalogsystem und in die gemeinsamen bibliographischen Publikationen. Die zwei eingesandten Pflichtexemplare gehen an die beiden Häuser. Diese haben außerdem Schwerpunkte, die ihnen ihr eigenständiges Profil geben. So gibt es in Deutschland zwei Zentralarchive für das deutschsprachige Schrifttum von gleichem Rang und gleicher Aktualität, wodurch der Bestand gesichert und die Benutzbarkeit der Präsenzbibliothek verdoppelt wird.

Von 1992 bis 2005 sind am maroden Gebäude in Leipzig Baumaßnahmen zur Substanzsicherung durchgeführt worden. In Frankfurt wurde am 14. Mai 1997 das neue große und allen technischen Anforderungen gewachsene Bibliotheksgebäude eingeweiht. 2006 wird mit dem vierten Erweiterungsbau in Leipzig begonnen, in dem 2012 die 100. Wiederkehr der Gründung gefeiert werden soll.

Die Magazine der Deutschen Bibliothek, die in ihrem Bestand noch nicht hundert Jahre alt ist, enthalten zurzeit etwa 19 Millionen Einheiten: nämlich etwa 10,4 Millionen in Leipzig (ohne Sondereinheiten), 7,6 Millionen in Frankfurt und 1 Million Musikalien und Musiktonträger in Berlin. In Leipzig befinden sich 57.245 Titel laufender Zeit-

schriften, in Frankfurt 48.865. Sie sind auf 300 Regalkilometern untergebracht. Täglich kommen etwa 1.200 Titel in zwei Exemplaren
hinzu, das ist ein jährlicher Zugang von rund 600.000 Einheiten, d. h.
die Deutsche Bibliothek wächst jährlich um vier Regalkilometer, also
um zwei an jedem Standort. Täglich zählen die Lesesäle der Deutschen Bibliothek in Frankfurt und Leipzig 1.800 Besucher.

In der Fassung des jüngsten „Gesetzes über die Deutsche Bibliothek" vom 23.09.1990 wird der Sammelgegenstand nicht mehr Literatur genannt, sondern „Druckwerke", das sind im Sinne dieses Gesetzes „alle Darstellungen in Schrift, Bild und Ton, die im Vervielfälti-
gungsverfahren hergestellt und zur Verbreitung bestimmt sind". Seit
Sommer 2004 wird eine Erweiterung des Sammelauftrages auf Netz-
publikationen angestrebt. Die Deutsche Bibliothek hat bereits in einer
mehrjährigen Testphase die Erfassungsmöglichkeiten erprobt. Über
die dabei anfallenden Textmengen könnte es einem schwindlig werden.

Aber es wird auch versucht, die späte Gründung eines nationalen
Archivs für die Druckwerke, in Deutschland auszugleichen und die
Zeit vor 1913 zu füllen. Es gibt die Arbeitsgemeinschaft „Sammlung
Deutscher Drucke". Sie versucht die Lücken in der kulturellen Über-
lieferung seit der Erfindung des Buchdrucks zu schließen. Fünf große
Bibliotheken haben sich verpflichtet, für ein Zeitsegment alle Drucke
in deutscher Sprache möglichst vollständig zu erwerben. Die Zeitseg-
mente sind folgendermaßen aufgeteilt:

1450-1600	Bayerische Staatsbibliothek München
1601-1700	Herzog August Bibliothek Wolfenbüttel
1701-1800	Niedersächsische Staats- und Universitätsbiblio-thek Göttingen
1801-1870	Stadt- und Universitätsbibliothek Frankfurt a. M. und Senckenbergische Bibliothek
1871-1912	Staatsbibliothek zu Berlin – Preußischer Kulturbe-sitz
ab 1913	Die Deutsche Bibliothek Frankfurt am Main und Leipzig

Die Deutsche Bibliothek bestand seit 1945, also schon vor der
Gründung der DDR, aus zwei miteinander konkurrierenden Institutio-

nen, die getrennt nebeneinander doppelte Arbeit leisteten. Sie wurden im Vereinigungsvertrag zusammengeführt und bekamen eine neue Konzeption für ihre Aufgaben, die dem deutschen Schrifttum an zwei Standorten eine vorbildliche Archivierung sichern, wobei das historische Fundament ebenso gesichert wird wie die Erfassung zukünftiger Entwicklungen. Im Augenblick berät die Bundesregierung darüber, ob beide Standorte den Namen „Deutsche Nationalbibliothek" tragen sollen.[2]

---

2   Mein Beitrag stützt sich im Wesentlichen auf die folgende Literatur:
     Das Institut für Deutsche Sprache: Jahresbericht 2004. Mannheim 2005; Die Deutsche Bibliothek: Deutsche Bücherei Leipzig, Deutsche Bibliothek Frankfurt am Main, Deutsches Musikarchiv Berlin. Offenbach am Main 2004; Siegfried Grosse: Die Erweiterung des IDS als Folge der politischen Wende 1989. In: Heidrun Kämper / Ludwig M. Eichinger (Hg.): Sprach-Perspektiven. Germanistische Linguistik und das Institut für Deutsche Sprache. Tübingen 2007, S. 43-60; Klappenbach / Steinitz: Wörterbuch der deutschen Gegenwartssprache. Band 4 (wie Anm.1); Sprachreport 3/2005: Informationen und Meinungen zur deutschen Sprache. Herausgegeben vom Institut für Deutsche Sprache. Mannheim 2005.

Dietmar Petzina

Der „rheinische Kapitalismus" – seine Genese und soziokulturellen Implikationen im Zeitalter der Globalisierung

Das Thema meines Beitrags hat spätestens seit der vom seinerzeitigen SPD-Vorsitzenden, Franz Müntefering, im Frühjahr 2005 initiierten „Heuschreckendebatte" selbst in Boulevardmedien in vielfältigen Variationen seinen Niederschlag gefunden: als Debatte über die Moral des Managements international agierender Unternehmen, als anklagende Rhetorik gegenüber dem Gebaren ausländischer Finanzfonds, als populäre Schuldzuweisung bei der Verlagerung von Arbeitsplätzen von Deutschland in die neuen Mitgliedsstaaten der EU oder China, kurzum: als Diskussion über die Gefährdungen durch die Globalisierung zu Beginn des 21. Jahrhunderts.

Hierzu nur zwei Belege aus der *Süddeutschen Zeitung:* Ende 2005 hieß es an hervorgehobener Stelle unter der Überschrift „Eigentum verpflichtet doch nicht": „Die Umsätze steigen, und doch müssen Arbeitnehmer gehen. [...] Die Wirtschaft argumentiert mit den Zwängen der Globalisierung [...]".[1] Und in derselben Nummer wird der Trierer Bischof Reinhard Marx, einer der führenden Sozialethiker der katholischen Kirche, befragt, ob die Forderung des verstorbenen Papstes Johannes Paul II., die Arbeit stehe vor dem Kapital, nur noch ein frommer Wunsch sei. Marx antwortet, diese Forderung sei und bleibe

> richtig, weil die Wirtschaft für den Menschen da ist und nicht umgekehrt. Aber wenn die Kapitalverwertungsinteressen eine solche Dominanz gewinnen, dann habe ich Sorge um die Zukunft der sozialen Marktwirtschaft. [...] Mehr Rendite, weniger Arbeitsplätze? Das kann politisch nicht gewollt sein.[2]

---

1 Jonas Viering: Eigentum verpflichtet doch nicht. Weil die Firmen Kosten senken wollen, gehen täglich hunderte Jobs verloren. In: Süddeutsche Zeitung Nr. 288, 14.12.2005, S. 2.

2 „Wirtschaft ist für Menschen da". Bischof Marx zum Arbeitsmarkt. Interview: Matthias Drobinski. In: Ebd.

Was in den Zitaten deutlich wird: Selbst und gerade auch in liberalen Medien macht sich tiefes Unbehagen angesichts eines scheinbar nicht mehr kontrollierbaren globalen Kapitalismus breit, der – so die Befürchtung – mit dem Leitbild der sozialen Marktwirtschaft nicht mehr vereinbar sei. Damit sind wir zugleich beim Kern des heute zu diskutierenden Problems, den Perspektiven und Überlebensbedingungen des Modells des „rheinischen Kapitalismus" unter den Bedingungen der Globalisierung. Ich gehe in drei Schritten vor, die ich als Fragen formuliere:

1. Was versteckt sich eigentlich hinter dem Schlagwort „rheinischer Kapitalismus"? Wie und wann kam es zur Ausbildung dieses Wirtschaftssystems?
2. Was bedeutet die These vom „Kulturkampf"[3] zwischen rheinischem und angelsächsischem Kapitalismus? Und im Besonderen: Worin liegen die wesentlichen soziokulturellen Differenzen zwischen dem deutschen und dem „American way of Business"?
3. Und abschließend: Gibt es für den „rheinischen Kapitalismus" im Zeitalter der Globalisierung überhaupt eine Überlebenschance?

Ich komme zur ersten Frage. Zunächst zum Begriff „rheinischer Kapitalismus": Meines Wissens wurde er 1991 von Michel Albert in seinem Buch *Capitalisme contre capitalisme* geprägt, zumindest weltweit popularisiert.[4] Bemerkenswert ist nicht nur seine schnelle Verbreitung – das Buch wurde in 19 Sprachen übersetzt –, sondern auch die Person des Autors. Anders, als man vermuten möchte, handelt es sich dabei nicht um einen Repräsentanten der linken französischen Kapitalismuskritiker, sondern um einen führenden Unternehmer, den langjährigen Präsidenten eines der größten europäischen Versicherungsunternehmen (Assurances Générales de France), der freilich seine Karriere in der staatlichen Administration begonnen und es dort zum Leiter, zum „Commissaire général" des „Commissariat du Plan", der staatlichen Planungsbehörde gebracht hatte. Diese Verbindung von Staat und Wirtschaft ist in Frankreich traditionell besonders eng,

---

3   Werner Abelshauser: Kulturkampf. Der deutsche Weg in die Neue Wirtschaft und die amerikanische Herausforderung. Berlin 2003.

4   Michel Albert: Capitalisme contre capitalisme. Paris 1991. Deutsche Ausgabe: Kapitalismus contra Kapitalismus. Frankfurt am Main 1992.

ja geradezu ein tragender Pfeiler des Wirtschaftssystems insgesamt. Ich komme darauf zurück, doch an dieser Stelle ist der Hinweis wichtig, dass diese international vergleichende Kapitalismusanalyse von einem Vertreter der Wirtschaftseliten, also von einem ‚Insider' mit entsprechenden praktischen Erfahrungen stammt.

Was ist sein Anliegen? Unter dem Eindruck des Zusammenbruchs des kommunistisch-planwirtschaftlichen Systems 1989/90 machte er bereits 1991 darauf aufmerksam, dass nicht nur der Triumph des nunmehr konkurrenzlosen marktwirtschaftlich-kapitalistischen Systems auf der Agenda der Weltgeschichte stehe, sondern auch die Frage, welchem Modell von Kapitalismus die Zukunft gehöre. Hören wir ihn selbst:

> Zum ersten Mal in der Geschichte hat der Kapitalismus wirklich den Sieg davongetragen. Und zwar auf der ganzen Linie. Die vielleicht wichtigste Frage des Jahrhunderts kann zu den Akten gelegt werden [...], und weil sein Sieg so absolut ist, hat er seinen kritischen Spiegel verloren.[5]

Und weiter: „Er lässt sich in zwei Modelle differenzieren, die sich gegenüberstehen. Kapitalismus contra Kapitalismus."[6]

In großer Vereinfachung unterscheidet er den angelsächsischen oder neoamerikanischen Kapitalismus einerseits, den „rheinischen Kapitalismus" andererseits. „Rheinisch" ist für ihn dabei mehr eine kulturelle denn eine wirtschaftsgeographische Kategorie, umfasst alle älteren kontinentaleuropäischen Marktwirtschaften von Italien über Deutschland, die Benelux-Länder, Frankreich bis nach Skandinavien, aber auch das japanische Modell, freilich mit dem eindeutigen Zentrum der alten Bundesrepublik Deutschland. Dem stellt er das amerikanische Modell der Ära Reagan und das britische der Margaret Thatcher gegenüber, denen er auch einige südamerikanische Länder wie das Chile der Pinochet-Zeit zuordnet. Seine Option ist eindeutig. Dem kontinentaleuropäischen System der sozialen Marktwirtschaft, diesem „gut verwalteten Konsens", dem funktionierenden, nicht den Marktgesetzen unterworfenen Sozialstaat, dem Wertekanon relativ egalitärer Gesellschaften, den verantwortlich agierenden Gewerkschaften, gehört seine Sympathie, mehr noch: dem rheinischen Modell spricht er rück-

---

5   Albert: Kapitalismus contra Kapitalismus, S. 9.

6   Ebd., S. 13.

blickend nicht nur die soziale, sondern auch die „wirtschaftliche Überlegenheit" zu.

Freilich ist seine Prognose bezüglich der Zukunftsfähigkeit beider
Modelle nicht eindeutig, ja eher von Skepsis geprägt. Angesichts der
Dynamik der Reaganschen Revolution in den USA seit Mitte der
1980er Jahre – weniger Staat, niedrigere Steuern, mehr Rüstung mit
dem Ergebnis höherer Wachstumsraten – war spätestens um 1990
erkennbar, dass die USA den relativen Niedergang der 1970er Jahre
überwunden hatten. Sie schickten sich erneut an, die Maßstäbe für die
internationale Währungs-, Finanz-, Wirtschafts- und Technologiepoli-
tik zu setzen, während ein Jahrzehnt vorher der vorherrschende Topos
jener vom „American Decline", speziell im Vergleich zur Bundesrepublik und zu Japan, gewesen war. Wir wissen heute, dass sich in den
1990er die wirtschaftlichen Gewichte geradezu dramatisch zugunsten
der USA und zu Lasten Europas und Japans verschoben, erkennbar an
Wachstumsraten des Sozialprodukts, die mehr als doppelt so hoch wie
in Europa und Japan lagen. Das amerikanische Modell schien den
Herausforderungen der Globalisierung nicht nur ideologisch besser
gewachsen zu sein als der „rheinische Kapitalismus".

Doch genug der Verweise auf Michel Albert. Er hat, so meine Bewertung – unbeschadet seines großen Verdienstes, öffentlichkeits-
wirksam eine neue Kapitalismusdebatte in Gang gesetzt zu haben –,
im Interesse plakativer Thesenbildung zu sehr vereinfacht. Damit ver-
gröbert er vor allem die historisch-kulturellen Besonderheiten des
rheinischen deutschen Modells, die ich im Folgenden deutlicher spezi-
fizieren und in eine längere zeitliche Perspektive einordnen möchte.

Dieses Modell ist zumindest in seinen wesentlichen Strukturen älter
als das, was wir seit dem Zweiten Weltkrieg als „soziale Marktwirtschaft" bezeichnen. Bereits gegen Ende des 19. Jahrhunderts bildete
sich jenes institutionelle Grundgerüst einer „korporativen Marktwirtschaft" aus, das über ein Jahrhundert hinweg das Besondere der deutschen Wirtschaftskultur bedeutete. „Korporativ" meint hier, dass soziale Stellung, wirtschaftliche Betätigung und kulturelle Verortung des
Einzelnen vorrangig innerhalb berufsständischer, staatlich sanktionier-
ter Zusammenschlüsse erfolgte, in gewisser Weise am Leitbild der
mittelalterlichen Zünfte orientiert. Dieses Modell der späten Bismarckzeit stand in schroffem Gegensatz zu der erst 1869 verabschiedeten Reichsgewerbeordnung, die alle öffentlich-rechtlichen Mono-

polstellungen, Zünfte und Marktregelnden Korporationen im Interesse der Gewerbefreiheit und neuer unternehmerischer Dynamik verboten hatte. Es konkretisierte sich in einer umfassenden „Verkammerung",[7] d. h. der Ausbildung von berufsständischen Korporationen mit Zwangsmitgliedschaft und dem staatlich sanktionierten Recht, als öffentlich-rechtliche Körperschaften auch hoheitliche Aufgaben wahrzunehmen. Industrie- und Handelskammern, Handwerks- oder Ärztekammern waren und sind nicht nur Lobbyistenvereine, vielmehr auch zuständig für Ausbildungsfragen, den Berufszugang, die soziale Absicherung der Mitglieder oder die Umsetzung staatlicher Verordnungen. Werner Abelshauser hat in seiner Untersuchung zur Entstehung des deutschen Korporatismus schlüssig belegt, dass die Konsequenzen weit über das Kammersystem hinausreichten:[8] „Durch vielfältige personelle und institutionelle Bindungen [...] waren auch die sogenannten freien Verbände an das System institutionalisierter Zusammenarbeit mit staatlichen Instanzen angeschlossen", was sich nicht zuletzt in gegenseitiger enger personeller und institutioneller Verflechtung zeigte. Handelskammern waren ganz selbstverständlich auch Mitglieder im Centralverband deutscher Industrieller, dem Vorläufer des heutigen Bundesverbands der deutschen Industrie (BDI). Statt des britischen Modells „pluralistischer Interessenvermittlung" entstand ein System „organisierter Kooperation" im Dreieck von Staat, Kammern und Verbänden, aus dem freilich die Organisationen der Arbeitnehmerschaft in der Kaiserzeit ausgeschlossen blieben. Erst in der Weimarer Republik wurde aus dem „autoritären Korporatismus" ein freiheitlichsozialer, in dem die Gewerkschaften zu gleichberechtigten Partnern wurden.

Weshalb setzte sich trotz des liberalen Zeitgeistes des 19. Jahrhunderts und trotz der Bemühungen, mit der Reichsgewerbeordnung gleichsam ein marktliberales Grundgesetz zu verabschieden, in Deutschland dieses staatszentrierte Modell und nicht das britischamerikanische durch? Ich kann nur stichwortartig auf drei Punkte verweisen.

---

7 Abelshauser: Kulturkampf, S. 63.

8 Ebd.

1. Zum einen war die Rolle des intervenierenden Obrigkeitsstaates in Preußen-Deutschland, übrigens ähnlich wie in Frankreich, traditionell sehr viel stärker als im Mutterland der Industrialisierung, in England, oder gar in den politisch völlig anders organisierten Vereinigten Staaten. Selbst die preußischen Reformen zu Beginn des 19. Jahrhunderts waren ja eine „Revolution von oben".

2. Zum anderen: Ohne die aktive Rolle des Staates wäre der Weg in die Industrialisierung nicht vorstellbar gewesen, da es sowohl an einem handlungs- und gestaltungsfähigen Wirtschaftbürgertum als auch an der notwendigen materiellen Infrastruktur und dem erforderlichen Kapital fehlte. Natürlich gab es positive Ausnahmen, etwa im Rheinland oder in Sachsen, doch insgesamt war die deutsche Gesellschaft auf die Herausforderungen der technisch-industriellen Revolution sehr viel weniger vorbereitet als die englische oder amerikanische.

3. Und schließlich: Die 1870er Jahre waren nach den Boomjahren der ersten deutschen Industrialisierungswelle zwischen 1850 und 1870 ein Jahrzehnt der wirtschaftlichen Krise. Wir können auch von einer ersten Globalisierungskrise des Industriezeitalters sprechen, ausgelöst vom europaweiten Zusammenbruch spekulativ überhöhter Aktien- und Finanzmärkte. Preisverfall, sinkende Produktion und steigende Arbeitslosigkeit förderten Protektionismus, verstärkten den Ruf nach staatlicher Intervention und auf Seiten der Wirtschaft die Tendenz zu Unternehmenszusammenschlüssen durch Syndikate und Kartelle sowie die Ausbildung industrieller und landwirtschaftlicher Interessenverbände. Dabei war die kulturelle Zäsur tiefgreifender als die ökonomische Krise, da fortan der Wirtschaftsliberalismus in Deutschland seine ideologische Hegemonie verloren hatte und erst 75 Jahre später, nach dem Zweiten Weltkrieg, eine neue Chance erhielt.

Halten wir in einem kurzen Zwischenfazit fest: Bereits um 1900 hatte sich in Deutschland jener Typ des korporativen Kapitalismus ausgebildet und stabilisiert, der als Vorläufer des „rheinischen Kapitalismus" der Bundesrepublik eingeordnet werden kann. In der Weimarer Republik wurde dieses Modell durch Einbindung schlagkräftiger Gewerkschaften erweitert, im Kern jedoch nicht verändert. Und ähnliches gilt selbst für den Nationalsozialismus, wenngleich er dieses Modell für seine Expansions- und Aufrüstungspolitik instrumentalisiert und autoritär überformt hat. Wie sehr sich die wirtschaftlichen Kulturen Deutschlands einerseits und der angelsächsischen Länder andererseits bereits am Ende des 19. Jahrhunderts unterschieden, zu einem Zeitpunkt, als das Reich bereits zur drittgrößten Industriemacht der Welt geworden war, zeigt die Gegenüberstellung der wichtigsten Merkmale der jeweiligen Produktionsregime.[9] Vieles ist vertraut, was die These von der Langfristigkeit unterschiedlicher Wirtschaftskulturen bestätigt:

(siehe *Übersicht 1: Divergenz der Produktionsregime in Deutschland und den USA Ende des 19. Jahrhunderts* auf der folgenden Seite)

Freilich sollten wir diese Kontinuitätsthese mit Blick auf die Bundesrepublik auch nicht überstrapazieren. Fragen wir deshalb, dabei gegen den eigenen Strich bürstend, was sich nach 1945 veränderte, unbeschadet der Kontinuität von Institutionen wie dem Kammersystem oder des aus der Weimarer Republik stammenden Systems des Arbeitsmarkt- und Tarifrechts, dessen Spielregeln im Nationalsozialismus außer Kraft gesetzt worden waren. Zwei Ebenen sind zu unterscheiden: jene der Erfahrung des tagtäglichen Mangels und die Versuche, praktische Auswege zu finden; zum anderen jene der grundsätzlichen Diskussion über Krise des historisch überkommenen Kapitalismus und der Neugestaltung des Wirtschaftssystems schlechthin. Ich beschränke mich auf den zweiten Aspekt, da er im Mittelpunkt der Frage nach Kontinuität oder Neubeginn steht.

---

9   Vgl. Abelshauser: Kulturkampf, S. 97.

Übersicht 1: *Divergenz der Produktionsregime in Deutschland und den USA Ende des 19. Jahrhunderts*

Deutschland   **USA**

1. Arbeitsmarkt

Stammbelegschaften   Flexible Belegschaften
Branchen- und Unter-   Vermittlung   breiter
nehmensspezifische Aus-   Fähigkeiten außerhalb
bildung   der beruflichen Bildung

2. Finanzierung /
Corporate
Governance

Langfristige   Finanzie-   Kurze Zeithorizonte
rungsmodi
Universalbankensystem   Trennbankensystem
Unterentwickelter Kapi-   hochliquider   Kapital-
talmark   markt

Verfügungsgewalt weniger großer Eigentümer

3. Branchensystem

Vertikale und horizontale Konzentration

Langfristige Kapitalbetei-   Ausgeprägte   Fusions-
ligungen   und Übernahmeaktivi-
Keine feindlichen Über-   täten
nahmen
Korporative Interessen-   pluralistische   Interes-
politik (starke Verbände)   senpolitik   (schwache
                                        Verbände)
Kartelle   Anti-Trust-Gesetze

Vorweg: Auch hier gab es 1945 keinen völligen Bruch, vielmehr die Wiederaufnahme eine Debatte, die vehement bereits am Ende der Weimarer Republik, unter dem Eindruck der großen Weltwirtschaftskrise der 1930er Jahre, geführt wurde. Angesichts des Vordringens der großen Konzerne, Kartelle und international agierenden Trusts, des dramatischen Zusammenbruchs des Weltmarktes als Folge der Spekulations- und Finanzkrise in den USA und des Aufstiegs der totalitären Regime in Europa und Japan wurde von führenden zeitgenössischen Ökonomen das Ende des klassischen Kapitalismus ausgerufen. Der Kapitalismus habe aus seiner eigenen Logik heraus die funktionsfähigen Märkte zerstört, den eigenverantwortlichen, mit seinem Vermögen haftenden Unternehmer gegenüber der neuen Klasse der Manager zur Randfigur werden lassen. Der international bekannteste Nationalökonom, Joseph A. Schumpeter, zunächst Professor in Bonn, seit den 1930er Jahren in Harvard, zog 1942 das Resümee der jahrelangen Systemdebatte. In seiner berühmten Studie *Capitalism, Socialism and Democracy*[10] stellte er unter dem Eindruck von Krieg und kriegswirtschaftlicher Planung die für ihn entscheidende Zukunftsfrage: „Kann der Kapitalismus weiterleben?"[11] Seine lakonische Antwort: „Nein, meines Erachtens nicht." Seine Begründung: „[...] die Gestalt des Eigentümers und mit ihr das Eigentümerinteresse [ist] von der Bildfläche verschwunden". Damit war in der pessimistischen Logik dieser Argumentation – Selbstzerstörung des Kapitalismus – für Schumpeter der Weg in den Sozialismus unvermeidlich.

In der zeitgenössischen Diagnose durchaus ähnlich, in den Schlussfolgerungen jedoch grundverschieden waren demgegenüber jene Wissenschaftler, die als die eigentlichen geistigen Väter der sozialen Marktwirtschaft zu bezeichnen sind. Einige ihrer Namen sollten wir uns gerade heute, angesichts des Abgesangs auf den „rheinischen Kapitalismus", wieder ins Gedächtnis rufen: Alfred Müller-Armack, zugleich wichtigster Mitarbeiter Ludwig Erhards im Bundeswirtschaftsministerium und ‚Erfinder' des Begriffs „soziale Marktwirtschaft", der Kultursoziologe Alexander Rüstow, die Ökonomen Wil-

---

10 Joseph A. Schumpeter: Capitalism, Socialism and Democracy. New York 1942. Deutschsprachige Ausgabe: Kapitalismus, Sozialismus und Demokratie. Bern 1950.

11 Schumpeter: Kapitalismus, Sozialismus und Demokratie, S. 150.

helm Röpke, Walther Eucken, Adolf Lampe und Constantin von Dietze, der Historiker Gerhard Ritter, schließlich der Jurist Franz Böhm.
Eucken, Lampe und von Dietze bildeten seit den dreißiger Jahren den
Kern des so genannten „Freiburger Kreises",[12] der sich mit seinen
Konzepten von Rechtsstaatlichkeit und einer neuen marktwirtschaftlichen Ordnung zu einem Zentrum des intellektuellen Widerstandes
gegen das NS-Regime entwickelte und während des Krieges eng mit
der Widerstandsgruppe um den kurz vor Kriegsende von den Nazis
ermordeten Theologen Dietrich Bonhoeffer zusammenarbeiteten,
mehr noch, vom bürgerlichen und kirchlichen Widerstand gegen das
Regime als „übergeordnete Urteilsinstanz"[13] für die Entwicklung einer
neuen Wirtschafts- und Sozialordnung anerkannt wurden; Rüstow und
Röpke emigrierten nach dem Machtantritt der Nationalsozialisten in
die Türkei, wo sie wie eine Reihe weiterer deutscher Wissenschaftler
als akademische Lehrer an der Universität Istanbul wirkten. Hier ein
stichwortartiger Überblick:

*Übersicht 2:   Sieben ‚geistige Väter' der sozialen Marktwirtschaft
und zwei politische Gestalter*

I.   Die Intellektuellen

1. Wilhelm Röpke, 1899-1966, ‚Vater' des „Neoliberalismus", Pro-
    fessor für Nationalökonomie in Jena, danach Marburg, Emigration
    1933 in die Türkei, Professur an der Universität Istanbul, ab 1938
    Genf;

2. Walter Eucken, 1891-950, Professor für Nationalökonomie Uni-
    versität Freiburg/Breisgau, führender Kopf des „Freiburger Krei-
    ses", enger Kontakt zum kirchlichen Widerstand (Dietrich Bon-
    hoeffer) gegen das NS-Regime;

---

12 Zur Rolle des Freiburger Kreises und seiner Einordnung in die bürgerliche Op-
    position gegen das NS-Regime vgl. Daniela Rüther: Der Widerstand des 20. Juli
    auf dem Weg in die soziale Marktwirtschaft. Paderborn 2002.

13 Ebd., S. 461.

3. Adolf Lampe, 1897-1948, Professor für Nationalökonomie in Freiburg, zählt zum Kern des „Freiburger Kreises", enger Kontakt zum Widerstand, nach dem Attentat vom 20. Juli Konzentrationslager Ravensbrück, 1948 an den Folgen der Haft gestorben;

4. Constantin von Dietze, 1891-1973, Professor für Nationalökonomie, zählt ebenfalls zum Kern des „Freiburger Kreises"; Widerstand, nach dem 20. Juli1944 Verhaftung und Konzentrationslager Ravensbrück;

5. Franz Böhm, 1895-1977, Jurist und Ökonom, enger Kontakt zum Widerstand um Carl Goerdeler, Professor in Jena, 1940 wegen Kritik an der Judenpolitik des Regimes Entzug der Lehrbefugnis, nach 1945 Professor in Freiburg und Frankfurt am Main, CDU-Bundestagsabgeordneter, wirkte maßgeblich am Kartellgesetz 1957 mit;

6. Gerhard Ritter, 1888-1967, Historiker, Professor an der Universität Freiburg, nationalkonservativ, zählt ebenfalls zum „Freiburger Kreis" und stand wie Eucken in engem Kontakt zum kirchlich-protestantisch geprägten Widerstand, 1944 Verhaftung. Konservativismus und soziale Marktwirtschaft waren für ihn kein Widerspruch;

7. Alexander Rüstow, 1885-1963, Kultursoziologe und Ökonom, Beamter im Reichswirtschaftsministerium und Syndikus im Industrieverband, 1933 Emigration in die Türkei, Professor an der Universität Istanbul, nach 1945 Lehrstuhl Universität Heidelberg und dort bedeutender Politikwissenschaftler, langjähriger Vorsitzender der Aktionsgemeinschaft „soziale Marktwirtschaft", steht für die soziale Orientierung des „Ordoliberalismus".

II.   Die ‚Macher'

1. Ludwig Erhard, 1897-1977, politischer ‚Begründer' der sozialen Marktwirtschaft, gelernter Kaufmann, promovierter Ökonom, 1942 aus politischen Gründen Verlust seiner leitenden Position am Institut für Wirtschaftsbeobachtung Nürnberg, selbstständig, 1946 Wirtschaftsminister in Bayern, bereitete auf deutscher Seite Wäh-

rungsreform vor, 1948 Direktor der Verwaltung für Wirtschaft der Bizone, 1949-1963 Bundesminister für Wirtschaft und ‚Vater des Wirtschaftswunders', 1963-1966 Bundeskanzler ohne ‚Fortune'.

2. Alfred Müller-Armack, 1901-1978, Professor in Köln und Münster, Erfinder des Begriffs „soziale Marktwirtschaft", als Staatssekretär im Bundeswirtschaftsministerium ‚Alter Ego' von Ludwig Erhard.

Bei allen Unterschieden im Detail waren sich die Wissenschaftler in vier großen Zielen einig:

1. im politischen Willen, die scheinbar unveränderlichen Realitäten ihrer Zeit zu verändern und auf ein neues sittliches Fundament zu stellen;
2. in der gemeinsamen Vision einer freiheitlichen Gesellschaftsverfassung als Alternative zu den totalitären Herrschaftssystemen ihrer Zeit;
3. in der gemeinsamen Einsicht, dass dafür eine marktwirtschaftliche Ordnung mit sozialem Ausgleich konstitutiv ist − orientiert am Leistungswettbewerb, getragen von eigenverantwortlichen Unternehmern und Arbeitnehmern;
4. schließlich in der festen Überzeugung, dass für die Sicherung einer freiheitlichen Gesellschafts- und Wirtschaftsordnung jenseits des Laisser-faire-Kapitalismus des 19. Jahrhunderts ein aktiver Staat unentbehrlich sei.

Der wichtigste Befund bis hierher: Für die geistigen Väter der sozialen Marktwirtschaft sollte das Prinzip der Freiheit auf dem Markt mit dem des sozialen Ausgleichs verbunden werden, anders gesagt: Ohne Sozialpolitik kein Wettbewerb, ohne Wettbewerb keine Sozialpolitik.[14] Die wesentlichen Eckpunkte der sozialen Marktwirtschaft sind damit benannt. Sie beinhalteten unbeschadet der erwähnten institutionellen Kontinuitäten einen revolutionären Bruch mit den Alltagserfahrungen der Zeitgenossen am Ende des Krieges, die von staatlicher Steuerung, Kontrolle der Preise und Löhne, von Lebensmittelbewirt-

---

14 Vgl. Peter Gillies: Walter Eucken ganz aktuell. In: trend. Zeitschrift für soziale Marktwirtschaft. IV. Quartal 2003 H. 97, unpag. Hier nach: http://www.trend-zeitschrift.de/archiv/archiv97.html (Zugriff vom 17. April 2007).

schaftung, kurz: von einer Vielzahl von Ge- und Verboten geprägt
waren. Das große Verdienst Ludwig Erhards bestand darin, das Ord-
nungsmodell der sozialen Marktwirtschaft durchzusetzen und zum
materiellen Grundgesetz der neugegründeten Bundesrepublik zu machen. Subjektiv ging es für ihn um sehr viel mehr als um Wirtschafts-
politik; der bereits 1948 formulierte und später ständig wiederholte
Anspruch lautete, damit ein großes gesellschaftliches Freiheitsprojekt,
ein „demokratisches Grundrecht" zu verwirklichen, mehr noch: „die
alte konservative soziale Struktur endgültig zu überwinden."[15.] Die
Schärfe der damaligen Auseinandersetzung erklärt sich nicht zuletzt
aus diesem kulturkämpferischen Pathos, das freilich auch seine politischen Gegner auszeichnete. Und der Gegner waren viele – von der
britischen Besatzungsmacht über die Sozialdemokratie und die Gewerkschaften bis zu Teilen der CDU und der Industrie, die eine verschärfte Kartell- und Monopolkontrolle befürchtete. Und nicht zu vergessen: Bei der großen Mehrheit der Bevölkerung überwogen die
Ängste vor dem Neuen, das mit Unsicherheit und Spekulation assozi-
iert wurde. Die seinerzeitigen Meinungsumfragen unterstreichen dies
eindruckvoll: 1951, also drei Jahre nach der Währungsreform und dem
Abbau der planwirtschaftlichen Bewirtschaftung von Konsumgütern,
hatten nur 14 % der Bevölkerung eine positive Meinung von Erhard,
49 % jedoch eine negative. Zwar trauerte die Mehrheit nicht dem bürokratischen Monster der Kriegswirtschaft nach, doch forderte man
gleichwohl die Verantwortung des Staates für die Absicherung der
wesentlichen Existenzrisiken und eine weitreichende Wirtschaftpla-
nung. Zugleich sprachen sich 47 % für ein staatlich fixiertes Festpreis-
system aus, 37 % dagegen, obgleich das Allensbacher Meinungsfor-
schungsinstitut die Fragen sehr suggestiv formulierte, was ein anders
Ergebnis hätte erwarten lassen.[16]
Was aus späterer Sicht als selbstverständlicher Teil des Gründungs-
konsenses der jungen Bundesrepublik eingeordnet wurde, diese Entscheidung für ein sozial temperiertes marktwirtschaftlich-
kapitalistisches System, war anfangs nur von einer Minderheit akzep-

---

15 Ludwig Erhard: Wohlstand für alle. Düsseldorf 1957, S. 7.

16 Vgl. Jahrbuch der öffentlichen Meinung 1947-1955. Herausgegeben von Elisa-
    beth Noelle und Hans Peter Neumann. 2. Aufl. Allensbach 1956, S. 185 und S.
    233.

tiert, so dass es großen politischen Mutes bedurfte, eine derart weitreichende Reform in Gang zu setzen. Verglichen damit, waren die
„Hartz-Reformen" von 2004 geradezu bedeutungslos, da es vor 50
Jahren tatsächlich um eine Systementscheidung ging. Im Kern war sie
das Ergebnis eines nach harten Auseinandersetzungen erkämpften
Kompromisses im Kräftedreieck von Politik, Unternehmer- und Ar-
beitnehmerinteressen. Die Kompromissformel lautete: Betriebliche
Mitbestimmung der Arbeitnehmerseite und Stärkung des Sozialstaates
gegen Verzicht auf Sozialisierung und staatliche Planung.

Letztlich legitimierte jedoch erst die Erfahrung wachsenden
Wohlstandes in der Zeit des „Wirtschaftswunders" das Projekt „Soziale Marktwirtschaft", ablesbar an den sich verändernden Umfrageer-
gebnissen, vor allem aber an der absoluten Mehrheit der CDU in der
Bundestagswahl 1957. Nicht zuletzt aus diesem Grunde bekannte sich
1959 dann auch die Sozialdemokratie im „Godesberger Programm"
zum Prinzip des sozial verpflichteten Marktmodells, bei gleichzeitiger
Aufgabe ihrer planwirtschaftlichen Konzepte – was übrigens innerpar-
teilich seinerzeit sehr kontrovers debattiert wurde. Mir ist noch lebhaft
in Erinnerung, dass ich als damals politisch engagierter Student gemeinsam mit Studienfreunden vehement beim Vorstand der SPD gegen diesen vermeintlichen ‚Verrat' protestierte. Vielleicht erinnert
man noch den Spruch: „Wer mit 20 Jahren kein Marxist ist, hat kein
Herz ...".

*

Ich wende mich dem zweiten, kürzeren Teil meiner Überlegungen zu,
jenen nach den Differenzen und Konflikten zwischen „rheinischem"
und angelsächsischem Kapitalismus im Zeitalter der Globalisierung.
Dabei orientiere ich mich an folgenden Leitfragen:

1. Was versteckt sich hinter dem schillernden Begriff der Globalisierung?
2. Welche Folgen werden der Globalisierung zugerechnet – politisch
   und wirtschaftlich?

3. Welches der konkurrierenden Modelle von Kapitalismus ist dem Zeitalter der Globalisierung angemessener – das angloamerikanische oder das „rheinische" Modell?

Zum ersten Punkt: Das Stichwort „Globalisierung", heute ein schillernder Allerweltsbegriff, sucht man in Wörterbüchern der Politikwissenschaft oder Soziologie noch in den 1980er Jahren vergeblich – seine eigentliche Konjunktur beginnt erst nach 1990. 1993 gab es in der Frankfurter Allgemeinen Zeitung gerade 34 Nennungen jährlich, 1997 bereits 922, danach mit schnell steigender Tendenz.[17] Die dahinter stehenden Sachverhalte sind in Teilen älter als der Begriff –schließlich gab es bereits vor dem Ersten Weltkrieg eine intensive weltwirtschaftliche Verflechtung zwischen Rohstoff- und Industrieländern, internationale Kapitalströme, eine erste Kommunikationsrevolution und vieler internationale Abkommen und Institutionen. Mit Recht kann man die Epoche von 1880 bis 1914 als eine Vorform der heutigen Globalisierung bezeichnen, freilich zentriert auf die europäischen Industriestaaten und die USA. Die wesentlichen Entwicklungsstränge in Richtung der neuen, seit etwa 20 Jahren datierbaren Globalisierung nur in Stichworten:[18]

• die politisch vorangetriebene Liberalisierung des Welthandels und dessen Absicherung durch internationale Institutionen wie das GATT – General Agreement on Tariffs and Trade –, aus dem 1994 die WTO – World Trade Organization – hervorging. Die Bedeutung dieses Prozesses zeigt sich eindruckvoll in zwei Zahlen: Die Zölle auf Industriegüter betrugen 1950 durchschnittlich 40 %, 1984 gerade noch 5 %, und zwischenzeitlich sind sie zumindest in den entwickelten Ländern praktisch verschwunden;

---

17 Vgl. Deutscher Bundestag. Enquete-Kommission „Globalisierung der Weltwirtschaft – Herausforderungen und Antworten". 14. Wahlperiode. Kurzfassung des Abschlussberichtes 24. Juni 2002, S. 9. Hier nach: http://www.bundestag.de/Parlament/gremien/kommissionen/archiv14/welt/sb_gl ob_kurz.pdf (Zugriff vom 17. April 2007).

18 Die Punkte wurden übernommen aus: Deutscher Bundestag – 14. Wahlperiode – Drucksache 14/9200, 12.06.2002: Schlussbericht der Enquete-Kommission „Globalisierung der Weltwirtschaft – Herausforderungen und Antworten", S. 49ff. Hier nach: http://dip.bundestag.de/btd/14/092/1409200.pdf (Zugriff vom 17. April 2007).

- die Liberalisierung der Märkte über den engeren Warenaustausch hinaus für Dienstleistungen und Kapital, verbunden mit einem explosionsartigen Anstieg ausländischer Direktinvestitionen;
- die wirtschaftliche Dominanz transnational agierender Unternehmen; nach Schätzung der UN-Welthandelskonferenz (UNCTAD) gibt es rund 63.000 grenzüberschreitend agierende Unternehmen, die weltweite Produktionsverbünde etabliert haben. Die Produktion selbst wurde globalisiert und damit der Anpassungsdruck in Richtung globaler Standards – von der Höhe der Steuersätze bis zu Arbeitsbedingungen – verschärft;
- die Ausbildung globaler Finanzmärkte, deren Praxis sich vom ursprünglichen Zweck, der Finanzierung von Investitionen, immer mehr entfernt hat; Ende der 1990er Jahre wurden an den internationalen Devisenbörsen täglich rund 1.200 Milliarden Dollar gehandelt, wovon nur etwa 5 % der Finanzierung von Investitionen und Handelsgeschäften dienten; 95 % war spekulativer Geldhandel zwischen den Banken auf der Suche nach höheren Zinsen;
- die Revolution der internationalen Kommunikation durch Internet und mobile Netze war und ist ein zentraler Faktor dieser Beschleunigungsprozesse;
- und ein letztes Stichwort, das bereits einleitend genannt wurde: das Ende der Systemkonkurrenz durch den Zusammenbruch des sowjetischen Imperiums, das den Legitimationsdruck auf kapitalistische Gesellschaften, etwa im Bereich der Sozialpolitik, verringert hat.

Zum zweiten Punkt, den Folgen, oder genauer, den Folgen der Globalisierung, wie sie von unterschiedlicher Seite angesprochen wurden: Unstrittig hat sich der internationale Wettbewerb im Bereich der Produktion und damit der Kostenstandards verschärft; ebenso ist unstrittig, dass die Position von Kapitaleignern und Unternehmensleitungen gestärkt wurde. Strittig sind demgegenüber zwei Fragen: die nach Konvergenz oder Divergenz, nach mehr Gleichheit oder größerer Ungleichheit im internationalen Maßstab; und jene nach der Rolle und den gestalterischen Möglichkeiten von Politik. Hier nur eine kleine Auswahl von Streitpunkten und Behauptungen.

Kritiker wie *Attac* behaupten, Globalisierung sei ein Projekt zu Lasten der Dritten Welt, zerstöre Sozial- und Umweltstandards, vergrößere die Differenzen zwischen entwickelter und unterentwickelter Welt;

Kritiker aus dem linken politischen Spektrum befürchten die Absenkung mühsam erkämpfter Sozial- und Umweltstandards in den alten Industrieländern; paradoxerweise erhalten sie dabei ungewollte Unterstützung von Spitzenfunktionären aus Unternehmensverbänden, die gebetsmühlenartig die Forderung aufstellen, im Interesse des wirtschaftlichen Überlebens müsse es zu einer grundsätzlichen Überprüfung nationaler Sozial- und Steuerstandards kommen; und schließlich gibt es die These neoliberaler Überzeugungstäter und vieler Wirtschafts- und Politikwissenschaftler, die Politik habe abgedankt, der Staat könne nicht mehr gestalten, und das gesellschaftlich Beste sei es, die Globalisierung im Interesse der Wohlstandsmehrung den Marktkräften zu überlassen.

Wie sind die Fakten? Zum einen: Entgegen allen kritischen Behauptungen hat sich seit 1990 weltweit die Wirtschaftskraft positiv und in einem historisch nicht gekannten Tempo entwickelt. Schwellenländer haben dabei relativ mehr profitiert als die alten Industrieländer, freilich bei großen Unterschieden zwischen den boomenden asiatischen Schwellenländern wie China oder Thailand einerseits und den stagnierenden Verliererländern Afrikas andererseits. Die Folgen für Deutschland wie für andere alte Länder der Europäischen Union sind unterschiedlich. Fraglos zählen die deutschen Exportunternehmen zu den Gewinnern: Export und Außenhandelsüberschuss haben sich zwischen 1990 und 2000 verdoppelt, was sich in der Bezeichnung „Exportweltmeister" spiegelt. Andererseits summiert sich seit Mitte 1995 der Verlust an sozialversicherungspflichtigen Arbeitsplätzen auf über drei Millionen, stagniert die Kaufkraft der Mehrheit der Beschäftigten, bewegt sich die Arbeitslosenquote auf einer Rekordhöhe von rund 10 % – die monatlichen Meldungen der Bundesagentur für Arbeit sind bekannt.

Doch: Nicht alle Probleme hängen mit der Globalisierung zusammen, wie es in der öffentlichen Debatte gerne zur eigenen Entlastung suggeriert wird. Globalisierung wurde von vielen Politikern und Unternehmern gelegentlich als Popanz benutzt, um von der eigenen Hilflosigkeit abzulenken, sich aus der unternehmerischen Verantwortung zu stehlen oder auch Einschnitte in soziale Sicherungssysteme zu begründen, deren Probleme völlig andere Ursachen haben als die verschärfte internationale Konkurrenz. Ein Blick nach draußen ist dabei hilfreich. Länder wie Österreich, die Schweiz, die Niederlande oder die skandinavischen Länder, die ebenfalls der Tradition des „rheinischen Kapitalismus" verpflichtet sind und nicht weniger dem Globalisierungsdruck unterliegen, waren und sind erfolgreicher –mit Arbeitslosenquoten von weniger als der Hälfte.[19] Die meisten Fachleute sind sich einig, dass zentrale Probleme in Deutschland ‚hausgemacht' sind, etwa die Finanzierung der deutschen Einheit über die Anhäufung von Schulden statt über höhere Steuern oder die verzögerte Reform der sozialen Sicherungssysteme; ihre Analysen wurden nur allzu lange ignoriert. Um ein Beispiel zu nennen: Die so genannten „Hartz-Reformen" wären bereits vor einem Jahrzehnt überfällig gewesen, doch immerhin gibt es jetzt erste Maßnahmen im Interesse der jüngeren Generation.

Mit diesen Hinweisen soll der von der Globalisierung ausgelöste Anpassungsdruck nicht wegdiskutiert, jedoch sollen die Proportionen wieder ins Lot gebracht werden. Natürlich gab und gibt es Gewinner und Verlierer, ist der Anpassungsdruck im Bereich der Lohntarife oder die Intensität des steuerlichen Wettbewerbs zwischen alten und neuen Mitgliedern der Europäischen Union gewachsen. Doch per Saldo waren die Industrieländer „Gewinner der Globalisierung", wie ausdrücklich mit Blick auf Deutschland auch die Enquete-Kommission des Deutschen Bundestages *Globalisierung der Weltwirtschaft* in ihrem Schlussbericht im Jahre 2002 feststellte.[20]

*

Ich komme zum dritten Punkt, zur Frage nach den Potentialen der beiden Kapitalismustypen im Zeitalter der Globalisierung. Zugleich nehme ich die bereits einleitend formulierte dritte Leitfrage nach der

---

19 Vgl. Jahresgutachten 2005/06 „Die Chance nutzen - Reformen mutig voranbringen". Gutachten des Sachverständigenrats zur Begutachtung der gesamtwirtschaftlichen Entwicklung. Veröffentlicht am 09.11.2005. Wiesbaden 2005, besonders S. 146-149. Hier nach:
http://www.sachverstaendigenrat-wirtschaft.de/download/gutachten/ga05_iii.pdf
(Zugriff vom 17. April 2007).

20 Deutscher Bundestag: Schlussbericht der Enquete-Kommission „Globalisierung der Weltwirtschaft ...", S. 54 (wie Anm. 17).

Überlebenschance für den „rheinischen Kapitalismus" auf. Betrachten wir hierzu erneut die wesentlichen wirtschaftskulturellen Unterschiede zwischen Deutschland und den USA, wie sie noch in den 1990er Jahren erkennbar waren:

Die Stichworte im deutschen Fall lauten: staatlich gesicherte Sozialsysteme und hohes Niveau sozialer Sicherung individueller Lebensrisiken; Stammbelegschaften, Tarifpartnerschaft und regulierte Arbeitsmärkte, Mitbestimmung; duales System der Berufsausbildung; langfristige Finanzierungshorizonte der Banken und langfristige Planungsperspektiven der Unternehmen; keine feindlichen Übernahmen von Unternehmen; „Stakeholder-Value" als Prinzip der Unternehmenspolitik, also auch Berücksichtigung der Interessen der im Unternehmen Beschäftigten; starke Interessenverbände; insgesamt ein wenig flexibles, langfristig orientiertes System.

Im amerikanischen Fall: Sozialsysteme schwächer entwickelt, ‚Privatisierung' von Lebensrisiken; flexible Belegschaften, deregulierte Arbeitsmärkte, breite Ausbildung außerhalb eines Systems beruflicher Bildung; kurze Zeithorizonte in der Unternehmenspolitik, Prinzip des „Shareholder-Value", also Vorherrschen der Renditeerwartungen der Anteilseigener; ausgeprägte Fusionsaktivitäten, auch im Sinne feindlicher Übernahmen; schwache Verbände; insgesamt ein hochflexibles, vor allem kurzfristig orientiertes System.

Selbstredend ist diese Gegenüberstellung eine starke Vereinfachung, doch werden durch Zuspitzung die wesentlichen Differenzen zwischen zwei wirtschaftskulturellen Entwürfen deutlich. Vordergründig scheint der Kulturkampf zwischen beiden Modellen bereits entschieden, vor allem angesichts steigender Arbeitslosigkeit und niedriger Wachstumsraten, die deutlich mit den amerikanischen Erfahrungen in den 1990er Jahren kontrastierten. Selbst Michel Albert, der eingangs zitierte ‚Entdecker' des „rheinischen Kapitalismus", warf 1997 die Frage auf: „Do the Structural Problems of the Rhenish Model Make the American Solution Necessary?"[21] Und in einer Flut international vergleichender Standortdebatten wurde seither verteufelt und als Auslaufmodell bezeichnet, was 1990 noch als das unübertroffene Modell

---

21 Michel Albert: The Future of Continental Socio-economic Models. In: Max-Planck-Institut für Gesellschaftsforschung: MPIfG Working Paper 97/6 June 1997, unpag. Zitiert nach: http://www.mpi-fg-koeln.mpg.de/pu/workpap/wp97-6/wp97-6.html (Zugriff vom 17. April 2007).

sozialer Stabilität und wirtschaftlicher Prosperität gefeiert wurde: die
Deutschland AG mit ihrem seit einem halben Jahrhundert entwickelten Arrangement von Regulierungen und Sozialstaatlichkeit.

Dem stelle ich die abschließende These gegenüber, dass der „rheinische Kapitalismus" kontinentaleuropäischer Prägung Zukunft haben
muss und haben kann:

- Haben *muss,* da gesellschaftlich-kulturelle Traditionen nicht einfach über Bord geworfen werden können, ohne damit das Risiko
  großer Verwerfungen im demokratischen System zu riskieren;
- Haben *kann,* wenn das Modell revitalisiert und zugleich europäi-
  siert wird. Was das bedeuten könnte, will ich am Ende meiner
  Überlegungen in vier Punkten zusammenfassen:

1. Erforderlich ist es, sich auf die eigenen Stärken zu besinnen. Anders, als es der neoliberale Diskurs des letzten Jahrzehnts suggerierte, sind die Grundprinzipien des „rheinischen Kapitalismus"
   auch im Zeitalter der Globalisierung zukunftsfähig. Das gesellschaftliche Modell der sozialen Marktwirtschaft, das Freiheit und
   Solidarität verbindet, lässt sich auch im 21. Jahrhundert mit wirtschaftlicher Leistungsfähigkeit verbinden. Sozialstaat, kooperative
   Arbeitsbeziehungen und unternehmerische Orientierung am langfristigen Erfolg bieten auch in der Informations- und Wissensge-
   sellschaft mehr Chancen als Probleme. Eine der Stärken des „rheinischen" Modells war historisch seine Fähigkeit, sich neuen Herausforderungen anzupassen. Warum sollte das künftig obsolet geworden sein? Diese Fähigkeiten können sich allerdings nur dann
   entfalten, wenn das Modell als Ganzes akzeptiert wird und nicht
   einzelne Teile der Logik des angelsächsischen Kapitalismus un-
   terworfen werden. Derartige Implantate würden lediglich die
   Schwächen beider Kapitalismen potenzieren. Eine entzündete Le-
   ber lässt sich nicht durch eine Nierenoperation heilen, sondern nur
   durch weniger Alkoholkonsum. Dasselbe gilt für die Einführung
   der amerikanischen Unternehmenskultur in europäischen Unternehmen mit Betriebsräten und Mitbestimmung – am Ende über-
   wiegen die Nachteile.[22]

---

22 In diesem Sinn argumentiert Abelshauser: Kulturkampf, S. 188; ähnlich Jürgen
   Hoffmann: Kulturelle Voraussetzungen für die Entwicklung der sozialen
   Marktwirtschaft in Deutschland und Kontinentaleuropa. Centre of International

2. Globalisierung muss politisch gestaltet werden. „Global Governance" oder Globalpolitik muss mehr sein als der kleinste gemeinsame Nenner nationaler Interessen, sollte vielmehr im Rahmen der
UNO eine neue Legitimation der internationalen Institutionen wie
der Welthandelsorganisation, des Internationalen Währungsfonds
oder der Weltbank ermöglichen. Vor allem wären Instrumente zur
Kontrolle der internationalen Finanzmärkte zu entwickeln, die ihrerseits zu neuer Instabilität, zugespitzt: zu einer neuen Form von
unkontrolliertem Imperialismus geführt haben. Die Finanzkrisen
der 1990er Jahre in Argentinien, Korea oder Russland führten jeweils zu einem massiven Einbruch der Wirtschaftsleistung von bis
zu 20 %, anders gesagt: Der internationale, hochspekulative Fi-
nanzsektor vermag den Produktionssektor ganzer Volkswirtschaf-
ten zu deformieren. Es ist daher geboten, dass im Sinne einer guten
„Global Economic Governance" – ich orientiere mich an der Argumentation von Stefan A. Schirm – „Spekulationskapital an den
Kosten der Bewältigung von Finanzkrisen"[23] zu beteiligen ist.

3. Der „rheinische Kapitalismus" hat nur als europäisches Modell
eine Überlebenschance. Historisch konnte er sich unter dem
Schutzschirm des Nationalstaates entwickeln. Allein er verfügte
über jene breite Palette von politischen Instrumenten, um dem
wirtschaftlich effizienten, jedoch sozial blinden Marktmechanis-
mus das sozialpolitische Korsett zu verpassen. Und bis in die
jüngste Vergangenheit der neunziger Jahre gab es selbst innerhalb
der Europäischen Union sehr unterschiedliche nationale Reaktionen auf die Herausforderung der Globalisierung – vom radikalen
Marktkurs Margret Thatchers über den Umbau des Sozialstaates in
den Niederlanden oder Schweden bis zur Status Quo Politik im
Deutschland der Ära Helmut Kohl. Zwischenzeitlich ist jedoch die
Gestaltungsmacht des Nationalstaates angesichts des verschärften
internationalen Wettbewerbs und der Mobilität des Kapitals an

---

Studies Hamburg, CIS-Papers, No. 3, April 2005. In: http://www.hwp-
hamburg.de/cis/content_downloads/cp%203%20Hoffmann.pdf (Zugriff vom 23.
April 2007).

23 Vgl. Stefan A. Schirm: Politische Optionen für die Nutzung von Globalisierung.
In: Aus Politik und Zeitgeschichte, B 5/ 2003, S. 7-16, Zitat S. 16.

seine Grenzen gestoßen, und es ist nicht zufällig, dass heute mehr als die Hälfte aller für Deutschland wirtschaftspolitisch relevanten Verordnungen aus Brüssel stammen. Derzeit ist freilich unentschieden, welches gesellschaftspolitische Modell sich europaweit durchsetzen wird, das britische oder das „rheinische"; die Antwort lässt sich nicht mehr lange aufschieben, da nur eine einheitliche europäische Strategie die Chance eröffnet, die internationalen Rahmenbedingungen für Waren- und Finanzmärkte im Sinne rheinischer Traditionen zu beeinflussen. Dass dies nicht nur ein deutsches, sondern ein europäisches Anliegen ist, hat der französische Ministerpräsident, Dominique de Villepin, am 18. Januar 2006 in einer Grundsatzrede zur Zukunft der Europäischen Union an der Berliner Humboldt-Universität demonstrativ deutlich gemacht: Europa muss – so Villepin –

> sein Sozial- und Wirtschaftsmodell gegenüber der Globalisierung verteidigen. Ungeachtet unserer Unterschiede gibt es eine europäische Besonderheit: die Bedeutung, die dem Schutz der Arbeitnehmer beigemessen wird, das Gleichgewicht zwischen wirtschaftlicher Dynamik und Solidarität, die Gewährleistung des Zugangs aller zur Gesundheitsversorgung und zur Ausbildung. Diese Werte stehen im Zentrum unserer sozialen Traditionen [...]. So werden wir eine wahrhafte europäische Doktrin der Globalisierung gestalten, auf die die anderen Völker warten.[24]

4. Konstitutiv für das Überleben der sozialen Marktwirtschaft ist der handlungsfähige Staat. Diese Aussage steht nicht im Widerspruch zur Europäisierung, sondern ergänzt sie, da ‚Staat' national, regional und lokal, aber auch europäisch sichtbar wird. Eine verbreitete These besagt, der Staat habe mit der Globalisierung seine Gestaltungskraft verloren, die „globale Mobilität des Kapitals", zwinge jede Regierung in eine Standortkonkurrenz, die Drohung, nicht mehr in einem Land zu investieren, wirke auf jede Regierung, so jüngst Erhard Eppler, „wie die Ankündigung des eigenen Endes".[25]

---

24 Deutschland, Frankreich und die Zukunft der Europäischen Union. Rede des französischen Premierministers Dominique de Villepin, Humboldt-Universität Berlin, 18.1.2006 (Redemanuskript S. 5). In: Frankreich – Info. Herausgeber: Französische Botschaft Berlin, 18. Januar 2006. Zitiert nach: http://www.botschaft-frankreich.de/IMG/villepin_humboldt1-2.pdf (Zugriff vom 23. April 2007).

25 Erhard Eppler: Auslaufmodell Staat? Frankfurt am Main 2005, S. 53.

Eppler und viele andere, wie etwa der bayerische Ministerpräsident Edmund Stoiber, mahnen deshalb zu Recht eine europäische Lösung mit dem Ziel einer Mindestbesteuerung der Unternehmen an, um nicht zum Spielball von international agierenden Kapitalsammelstellen zu werden. Das Problem ist jedoch noch viel grundlegender. Der Staat ist seit dem 19. Jahrhundert verantwortlich für eine Vielzahl öffentlicher Güter. Nur sie gewährleisten, dass auch der sozial Schwache Zugang zu Schulen oder zu sauberem Wasser hat. Anders gesagt: Nur der Starke kann sich den neoliberalen, den schwachen Staat leisten, nicht der Schwache. Wir sollten jedoch nicht in Panik verfallen. Globalisierung erzwingt zwar Anpassung, nicht jedoch sozialpolitische Handlungsunfähigkeit, wie es eindrucksvoll die skandinavischen Länder beweisen. Meine These: Der handlungsfähige Staat und damit auch das „rheinische" Modell haben eine Zukunft, wenn dies europaweit politisch gewollt ist, jenseits der ideologischen Hegemonie des Neoliberalismus. Das setzt in vielen Punkten Reformen voraus, ohne damit die sozialstaatliche Substanz des „rheinischen Kapitalismus" aufzugeben. Wie das im Einzelnen aussehen könnte, wäre ein weiterer Aufsatz.

So habe ich hier zu beweisen versucht, dass das „rheinische" Modell kein Auslaufmodell sein muss, mehr noch: dass es eine der bedeutendsten kulturellen Errungenschaften eines langen historischen Prozesses darstellt, die aufzugeben den Verlust der eigenen europäischen Identität bedeuten würde.

Anhang

Rüdiger Steinmetz[1]

Weiße Flecken auf der Forschungs-Landkarte. DFG-Forschergruppe zur Programmgeschichte des DDR-Fernsehens

Das Fernsehen in Ost und West war und ist an der gesellschaftlich-kulturellen Modernisierung maßgeblich beteiligt. Im 20. Jahrhundert entstand in allen modernen Industriestaaten ein komplexes, selbstreferenzielles und transnational agierendes System der medialen Kommunikation, das in seiner räumlichen und zeitlichen Topologie technisch zunehmend entgrenzt wurde. Mit dem Fernsehen als Leitmedium entstanden audio-visuelle Welten, die gesellschaftliche Erfahrungen wie individuelle Fantasien zunehmend prägten. In der DDR nahm nach dem Start des Versuchsprogramms am 21. Dezember 1952, Stalins Geburtstag, der *Deutsche Fernsehfunk* am 3. Januar 1956 seinen regulären Betrieb auf. 1969 kam im *Fernsehen der DDR*[2] 1969 zeitgleich mit der Einführung des Farbfernsehens ein zweiter Kanal hinzu. Beide Programme wurden dann nach der deutsch-deutschen Wiedervereinigung im Dezember 1990 zur *DFF-Länderkette* zusammengelegt und am 31.12.1991 endgültig eingestellt. Bestimmend für die Entwicklung des neuen Massenmediums war in technischer, kultureller und medialer Hinsicht von Anfang an die ideologische Systemauseinandersetzung zwischen Ost und West. So war das Fernsehen in beiden deutschen Staaten ein zentrales Element des Kalten Krieges, mit dessen Hilfe der „kontrastive Dialog", wie die Forscher des DFG-Projekts diesen massenmedialen Prozess nennen, über die Block-Grenzen hinweg geführt wurde. Als Instrument des Kalten Krieges wurde es wegen seiner politisch-organisatorischen Einbindung vor allem

---

1   Rüdiger Steinmetz für das Gesamtprojekt: Zusammenstellung und Bearbeitung der Beiträge aus den Teilprojekten. Der Autor ist Sprecher des Gesamtprojekts gemeinsam mit Reinhold Viehoff (Halle / Saale). Auf einen detaillierten Nachweis der Forschungsergebnisse der Teilprojekte wird aus Platzgründen verzichtet. Vgl. hierzu die *MAZ*-Publikationen, die der Homepage des Gesamtprojekts zu entnehmen sind: http://www.ddr-fernsehen.de

2   Im Folgenden wird der Begriff ‚DDR-Fernsehen' als Sammelbezeichnung für den gesamten Untersuchungszeitraum benutzt, sofern nicht die jeweiligen historisch korrekten Bezeichnungen verwendet werden: *Deutscher Fernsehfunk* (DFF) bzw. *Fernsehen der DDR*.

in Walter Ulbrichts DDR benutzt, aber auch in der Bundesrepublik versuchte Konrad Adenauer mit wechselndem Erfolg, es für die Systemauseinandersetzung zu instrumentalisieren.[3]

In DDR und BRD prägten bisher vor allem Legenden und individuelle Erinnerungen das Bild von der Geschichte des Fernsehens: auf der Produktionsseite bei den ‚Machern' und auf der Rezeptionsseite bei den durch Fernsehen sozialisierten Zuschauern. Zum „West-Fernsehen" liegen bereits etliche organisationsgeschichtliche und auch programmgeschichtliche, wissenschaftliche Untersuchungen vor. Substanzielle, an Primärquellen orientierte Forschung zur Organisations- und Programmgeschichte des „Ost-Fernsehens" fand aber bisher so gut wie nicht statt. Mit diesem „weißen Fleck auf der Forschungs-Landkarte" beschäftigt sich seit Juni 2001 ein umfangreiches, von der *Deutschen Forschungsgemeinschaft* (DFG) gefördertes Projekt zur Programmgeschichte des DDR-Fernsehens. Etwa 30 Wissenschaftler, Nachwuchsforscher und Studenten der Universität Leipzig, der Martin-Luther-Universität Halle-Wittenberg, der Humboldt-Universität zu Berlin sowie der Hochschule für Film und Fernsehen „Konrad Wolf" in Potsdam-Babelsberg sind daran beteiligt und widmen sich unterschiedlichen Themen der ostdeutschen Fernsehgeschichte. Die insgesamt zehn Teilprojekte des Forschungsprojektes sollen hier im Überblick vorgestellt werden.

Ziel des aufwendigen Projekts, das in Kooperation mit der Stiftung *Deutsches Rundfunkarchiv* Potsdam-Babelsberg und Frankfurt am Main und dem Bundesarchiv (Bundesfilmarchiv) Berlin / Koblenz realisiert wird, ist eine systematische und vergleichende Forschung zur Programmgeschichte des *Fernsehens in der DDR* von den Anfängen des Versuchsfernsehens 1952 bis zum Ende des DFF 1991. Unter ‚Programm' verstehen Praktiker etwas anderes als Wissenschaftler, und auch innerhalb dieser Gruppen war und ist das ‚Programm'-Verständnis keineswegs kohärent. Das Forschungsprojekt untersucht, ausgehend von einer offenen Definition, folgende Parameter:

- die Einzelsendung;
- das Programm als strukturierte und auf Wiederholung angelegte Ganzheit;
- den Sendeplatz als einen die Rezeption vorprägenden Ort;
- die Topologie, d. h. das Verbreitungsgebiet, die technische Reichweite des Programms und
- das Programm als Teil des „Zeitgesprächs der Gesellschaft" – wie Emil Dovifat es einmal bezeichnete;
- das Ensemble der Programme ‚des' Fernsehens als Element der Kulturgeschichte und der politischen Geschichte.

Dabei stehen vor allem Sendungen und Formate im Mittelpunkt der Forschungen, die eher unterhaltenden Charakter besaßen, aber auch dramatische, dokumentarische und publizistische Genres kommen nicht zu kurz. Im engeren Fokus der Untersuchung wird nach den ästhetischen Prägungen,

---

3   Vgl. hierzu: Peter Hoff. Protokoll eines Laborversuchs. Kommentar zur ersten Programmschrift des DDR-Fernsehens 1955. Leipzig 2002 (= MAZ 1) und Rüdiger Steinmetz: Freies Fernsehen. Das erste privat-kommerzielle Fernsehprogramm in Deutschland. Konstanz 1996.

nach programmchronologischen Aspekten und nach der alltagskulturellen sowie institutionellen Einbindung dieser Sendungen gefragt. Die konzeptionellen und politischen Planungen im Fernsehen sind in diesem Forschungsfokus ebenso von Interesse wie das, was letztlich auf den Bildschirmen umgesetzt wurde, was und wie es die Zuschauer rezipierten.

Systematisch bedeutet das eine Konzentration auf die Produktebene, auf das gesendete (oder auch nicht gesendete) Programm, auf die faktische Zusammenstellung einzelner Medienangebote im Rahmen einer zeitlichen, Gattungs- /Genre-/ Format-typischen und medientechnischen Verknüpfung zum Programm durch die Institutionen des Fernsehsystems. ‚Programm' wird hier verstanden als die programmatische Verknüpfung von Einzelsendungen zu einem spezifischen Profil, das per Konvention als „Programm" bezeichnet und wahrgenommen wird und das insofern eine produktions-/ rezeptionsorientierende und produktions-/ rezeptionssteuernde Funktion hat. Aber ohne Einbeziehung des Davor (Entstehungskontext, Produktion) und Danach (Rezeption) einer Programmausstrahlung würden die Forschungen unvollständig bleiben.

Daher wird auf der Produktionsebene auch das kognitive professionelle Konstrukt der Programmproduzenten untersucht, das deren Produktionshandlungen anleitete und das selbst wieder eingebunden war in politische Vorgaben an die Profession, in technologische Bedingungen, in ästhetische Parameter der Fernsehgestaltung usw. Auf der Rezeptionsebene wird das Programm folglich auch untersucht als subjektiv zusammenhängendes Muster, dem von den Rezipienten Sinn zugeschrieben wird und das sich aus unterschiedlichen Programmelementen (Sendungen, Übergängen) zusammensetzt: das Programmschema als Muster der und für die Rezeption.

Im Zentrum steht die Erforschung des weißen Flecks ‚DDR-Fernsehprogramm' diachron als Ausdruck, Element und Instrument staatlicher und parteilicher Macht. Nicht zu trennen davon ist aber der synchrone Blick auf das Fernsehprogramm in der Bundesrepublik, der alle Untersuchungen lenkt, aufgrund der Vorgaben der DFG in der zweiten Projektphase aber nicht eigentlich durch die Erforschung programmlicher Primärquellen und Akten der öffentlich-rechtlichen Anstalten der ARD und des ZDF fundiert werden konnte. Ausgegangen wird davon, dass DDR und Bundesrepublik per Fernsehen einen „kontrastiven Dialog" führten. Zugleich wird das Fernsehprogramm der DDR diachron als Ausdruck eines eigenen medienspezifischen, vom politischen System auch unabhängigen, durch professionelle, ästhetische Dynamik sich entwickelnden Ganzen beschrieben – und dies wird synchron auf internationale Evolutionen des Fernsehprogramms wie auch auf die den Rahmen vorgebenden politischen Super-Systeme bezogen.

Die folgende Periodisierung hatten die einzelnen Teilprojekte in ihren jeweiligen Forschungsfeldern zunächst ausdifferenziert:[4]

---

4 In Anlehnung an Knut Hickethier / Mitarbeit Peter Hoff: Geschichte des deutschen Fernsehens. Stuttgart / Weimar 1998.

1. Phase der *Etablierung* von 1952 bis 1961,
2. Phase der *Konsolidierung* von 1961 bis 1971,
3. Phase der *Differenzierung* von 1971 bis 1982,
4. Phase der *Assimilierung* von 1982 bis 1991.

Dieser Einteilung liegen auf unterschiedlichen systematischen Ebenen angesiedelte, mehr oder weniger historisch zu nennende Wendepunkte, zu Grunde, die in den Teilprojekten dann auch als ‚historische Inseln' im primären Fokus der Untersuchungen standen: die Anfangsphase 1952 bis 1955 (mit Vorlaufphase), die Zeit um den Mauerbau 1961 bzw. um das Überschreiten der Eine-Million-Zuschauermarke, der Übergang von der Ulbricht- in die Honecker-Ära um 1971, die Zeit um die 1982er Programmreform und schließlich die Endphase zwischen dem Herbst 1989 und dem Ende des *Deutschen Fernsehfunks* 1991. In allen diesen Phasen interessierte das Vorher und das Nachher der Einschnitte, aus denen sich ‚zeitliche Inseln' ergaben.

In ihrem Verlauf förderten die Forschungen in den Teilprojekten je nach Gegenstands- und Programmbereich dann aber durchaus abweichende Zeitabschnitte zu Tage, so dass für das zentralistische DDR-Fernsehen keineswegs von struktureller Einheitlichkeit gesprochen werden kann. In der für Ende 2007 zu erwartenden Abschlusspublikation des Forschungsprojekts sind Antworten darauf zu erwarten, ob dies mit redaktionsspezifischen Unschärfen selbst im zentralistisch organisierten DDR-Fernsehen zu tun hat, ob es auf gattungs- und themenspezifischen und insofern systemübergreifenden Fernseheigenheiten beruht oder ob es eine Kombination von beidem ist. Aufgrund dieser Verschiebungen je nach Gegenstands- und Programmbereich wird die Endpublikation nach Jahrzehnten gegliedert sein.

Ein Schwerpunkt des gesamten Forschungsprojekts liegt auf der Unterhaltung; die meisten Teilprojekte haben einen direkten Bezug dazu, und in allen spielt die Unterhaltung eine indirekte Rolle, insofern Massenwirksamkeit durch unterhaltende Formen erreicht werden sollte. Der Stellenwert der Unterhaltung im und durch das Fernsehen veränderte sich, denn ‚unterhaltend' wurde im DDR-Fernsehen mit ‚heiter' übersetzt und bestand anfangs vor allem aus Wortunterhaltung. ‚Unterhaltung' als Programmsparte war in der Anfangsphase nicht vorgesehen, sondern sollte lediglich als Programmfunktion berücksichtigt werden. Das war kulturhistorisch zurückzuführen auf das Misstrauen der Institutionen, Parteien und Politiker der deutschen Arbeiterbewegungen gegen jede Art von Unterhaltung, bedeutete sie doch Ablenkung von der wirklich wichtigen Aufgabe: vom Klassenkampf. Unterhaltungssendungen dienten vor diesem geistigen Hintergrund zu Anfang als Transportmittel zur Beförderung von Wissen und schufen sich erst mit erwiesener Wirksamkeit einen eigenen originären Raum im Programm.

Das Gesamtprojekt ist auf sechs Jahre angelegt, von 2001 bis 2007. Ausgewertet wurden bisher zehntausende Seiten schriftlicher Archivquellen und die zeitgenössischen Publikationen. Analysiert wurden hunderte Sendungen, erstmals oder erstmals (weitgehend) komplett zu Verzeichnissen zusammengestellt wurden ihre Ausstrahlungsdaten. Eine Vielzahl an Gesprächen mit Zeitzeugen wurde bereits geführt und sollen weiter geführt werden. In der Projekt-spezifischen Publikationsreihe: *MAZ: Materialien – Analysen – Zu-*

sammenhänge (Leipziger Universitätsverlag) liegen die differenzierten Forschungsergebnisse vor. Daraus wird ein Kondensat für die Abschlusspublikation erstellt, und diese Publikation wird auf einer begleitenden DVD markante Programmbeispiele aus jedem behandelten Genre und aus jedem der vier Jahrzehnte enthalten. Auf einer Homepage können erste Ergebnisse betrachtet werden (http://www.ddr-fernsehen.de).

Neben der Ausfüllung eines weißen Flecks auf der Forschungs-Landkarte hat ein solches umfangreiches Projekt auch den Sinn der Förderung des wissenschaftlichen Nachwuchses und der Rückbindung der Forschungen in die Hochschullehre. Entsprechend entstanden und entstehen daraus kontinuierlich Dissertationen, Magister- und Diplomarbeiten sowie Habilitationen, und es wurden und werden ständig begleitende Haupt-, Ober- und Projekt-Seminare zu den Forschungsthemen angeboten.

Von Vornherein war dieses Projekt als ein gemeinsames Unterfangen (ehemals) west- und ostdeutscher Forscher angelegt: mit deren je persönlichen, spezifisch geprägten Erfahrungen, Begrifflichkeiten und wissenschaftlichen Herangehensweisen. Über sechs Jahre gemeinsamen Forschens an demselben Gegenstand, an denselben Programmen und Akten wurden a priori-Meinungen und -Urteile aufgelöst, Positionen durch ständige Diskurse über Gegenstände, Fakten, Personen, Strukturen und deren Bewertungen revidiert und ausdifferenziert, ohne dass dabei eine simple, vereinheitlichte Projekt-Perspektive entstanden wäre. Nur so und nicht durch Beharren auf Positionen, die letztlich durch den Kalten Krieg geprägt wurden, ist Deutschlandforschung in der Generation der jüngeren Forscher heute zu betreiben.

Teilprojekt 1:
Das Ende der Langeweile ...?
Strukturgeschichtliche, kulturpolitische, organisatorische und technische Aspekte der Programmentwicklung

Untersucht werden hier die Entwicklungslinien der Programmstruktur des DDR-Fernsehens. Das Projekt konzentrierte sich auf ‚Zeitinseln', um die Entwicklung des Programms und einzelner seiner Elemente in den Kontext der jeweiligen politischen, technischen, ökonomischen und ästhetischen Umgebungsbedingungen zu stellen: die Zeitinseln 1968 bis 1974: Wechsel von Ulbricht zu Honecker und 1981 bis 1985: „alternative Programmstruktur" sowie (in Arbeit) die Zeitinseln 1953-1956, 1958-1963 und 1988-1991. Zentrale Fragestellungen in diesem Projekt sind: Wie hängen politische und kulturelle Entwicklungen innerhalb der DDR und außerhalb zusammen mit der Entstehung und Entfaltung des Programms und mit der technischen Entwicklung? Wie hängen die technische und die Programmentwicklung zusammen? Welche Veränderungen der Programmstruktur lassen sich erkennen? Inwiefern ist hierfür die Konkurrenz mit dem West-Fernsehen verantwortlich? Welche Auswirkungen hatten personelle und organisatorische Vorgaben und Maßnahmen auf das Programm als Ganzes? Eine quantitative Auswertung der Sendeverlaufsprotokolle und der Programmankündigungen brachte Verschiebungen der Programmanteile von Fernsehgenres (heute:

‚Formate') zu Tage, die sich in Beziehung setzen lassen zu politischen Entscheidungen auf der Makro-Ebene als auch auf Veränderungen auf der Meso-Ebene.

Für die Zeitinsel 1968 bis 1974 sollen hier exemplarisch einige Ergebnisse dargestellt werden: Das DDR-Fernsehen war trotz der Einführung eines zweiten Programms nicht geprägt von großen programmstrukturellen Experimenten, Veränderungen oder Wandlungen. Das Erste Programm schien in seiner Struktur gefestigt; es bediente sich an erfolgreichen Formaten des Zweiten Programms zur Komplettierung seines Angebots. So war in den 70er Jahren eine Profilierung des „massenwirksameren" DDR 1 zu beobachten. Unterhaltungsshows und Spielsendungen fanden dort statt, nach 1972 auch Höhepunkte von Bühnenaufführungen.

Das Zweite Programm des DDR-Fernsehens begann am 3. Oktober 1969 mit der kontinuierlichen Ausstrahlung. Erste Planungen für ein zweites Fernsehprogramm, genannt „Deutschlandfernsehen", existierten in der DDR bereits seit Ende der 50er Jahre, beeinflusst durch die westdeutschen Planungen zu einem zweiten, alternativen Fernsehprogramm durch die Regierung Adenauer. 1963 wurden die Vorbereitungen eines zweiten Programms des DDR-Fernsehens mit neuer Konzeption wieder aufgenommen. Wenn auch der *Deutsche Fernsehfunk* als grenzüberschreitende Sendeeinrichtung mit gesamtdeutscher Bedeutung ursprünglich „für ganz Deutschland" sendete, so war das zweite Fernsehprogramm nicht mehr als ‚Propagandasender' für Westdeutschland konzipiert, sondern sollte den Zuschauern des DFF eine Alternative zum Angebot des ersten Programms bieten – natürlich auch, um sie vom Umschalten zum West-Fernsehen abzuhalten. In diesem Zusammenhang stand auch die Einführung des Farbfernsehens. Angesichts der Einführung des PAL-Farbfernsehsystems in der Bundesrepublik (25. August 1967) und des SECAM-Systems in der Sowjetunion und Frankreich (1. Oktober 1967) gab es für die DDR de facto keine Wahlmöglichkeit zwischen SECAM und PAL, war doch aus technischen und finanziellen Gründen eine Realisierung des Farbfernsehens nur in enger Zusammenarbeit mit der Sowjetunion möglich. In verschiedenen Beschlüssen verlegte man den Start eines zweiten Fernsehprogramms immer weiter nach vorne, bis schließlich das Politbüro des ZK der SED in seinem Beschluss vom 6. Februar 1968 die Einführung des Zweiten Fernsehprogramms als Farbprogramm zum 20. Jahrestag der Gründung der DDR festlegte. Doch unter dem Aspekt der „größtmöglichen Massenwirksamkeit" galt das Zweite Programm bei den Verantwortlichen aufgrund der nur langsam verbesserten Empfangsmöglichkeiten zunächst als zweitrangig.

Daher gelang es bis zur großen Programm-Strukturreform 1982/83 nicht, ihm ein eigenes Profil zu geben, und es konnte keine Kontrastierung zwischen den beiden Programmen stattfinden. Das Zweite Programm diente einerseits als Sammelbecken für bereits aus dem Ersten Programm bekannte Sendungen („Wiederholungssender") und für Sondersendungen (z. B. Weltfestspiele oder Olympische Spiele). Andererseits kam es ab 1971/72 den sowjetischen Wünschen nach Sendungen *Für Freunde der russischen Sprache* entgegen, was für Donnerstag und Sonntag eine spezielle, kleine

Zielgruppenspezifik bedeutete und dem Programm beim Publikum das Negativimage des so genannten „Russensenders" eintrug.

Im Durchschnitt sendete DFF 1/DDR 1 im Untersuchungszeitraum 13 Stunden am Tag, mit Programmpausen in der Mittagszeit. Das Zweite Programm startete 1969 und erreichte bis 1974 eine durchschnittliche Sendedauer von 4,3 Stunden. In beiden Programmen dominierten Filme und Serien (DDR 1: 25,2 %; DDR 2: 30,6 %), Nachrichten und Berichte (DDR 1: 17,2 %; DDR 2: 19,0 %) sowie Sport (DDR 1: 10,7 %; DDR 2: 12,5 %). Auffällig war in beiden Programmen der Mangel an Kinder- und vor allem Jugendsendungen (um 4 %), deren Programmanteile im Zeitverlauf stetig sanken. Nach der Programmreform 1972 reduzierten sich im Ersten Programm die Anteile der Filme und Serien, während sich Nachrichten und Berichte im Programm weiter etablieren konnten. DDR 2 sendete mehr Filme und Serien und ebenfalls mehr Nachrichten und Berichte.

Dies alles geschah vor dem Hintergrund der Konkurrenz im Äther, des „kontrastiven Dialogs", wie das Forschungsprojekt es nennt. Nicht nur für die Zuschauer war der Blick in den Westen beinahe allgegenwärtig, auch die DDR-Programmmacher orientierten sich am ‚Gegner' jenseits der deutsch-deutschen Grenze. ARD und ZDF setzten mit ihren Programmangeboten Maßstäbe und waren immer wieder die Messlatte für die Leistungen des DDR-Fernsehens. Nicht nur einzelne Sendeformen nahmen auf westliche Pendants Bezug, sondern die gesamte Programmentwicklung wurde davon beeinflusst. Für die Westorientierung der Programmpolitik des DDR-Fernsehens auf der Zeitinsel 1968 bis 1974 bedeutete das: Nachdem der gesamtdeutsche Auftrag des DDR-Fernsehens Mitte der 60er Jahre verworfen worden war und weil das Ostpublikum auf den DDR-Kanälen gehalten werden sollte, intensivierte das Fernsehen die Orientierung an den Unterhaltungswünschen der eigenen Zuschauer. Unterhaltende Angebote wurden als ebenso politisch definiert wie die publizistisch-dokumentarischen Sendungen. In der eigenen Programmplanung versuchte das DDR-Fernsehen, strategisch auf die Strukturen des West-Fernsehens zu reagieren: Gegen attraktive Programmangebote des Westens wurden eigene massenwirksame Sendungen gesetzt. Sendete der ‚Gegner' ein für die DDR-Zuschauer weniger anziehendes Programm, brachte man verstärkt die vom Publikum geschmähte Publizistik, d. h. aktuelle bis dokumentierende Sendungen. Doch Schwierigkeiten in der technischen Verfügbarkeit von Studio- und Sendetechnik wegen der eher noch steigenden Abhängigkeit von moderner, fremder Technik (UdSSR, nicht-sozialistisches Ausland, vor allem Bundesrepublik Deutschland) kennzeichneten den Versuch, der Bundesrepublik ein erfolgreiches, kontrastierendes Programm entgegenzustellen.

Die institutionelle Geschichte des DDR-Fernsehens von Mitte der 60er bis Mitte der 70er Jahre war von einem erheblichen Modernisierungsschub gekennzeichnet; Hintergrund: bedeutsamer gesellschaftlicher und industrieller Strukturwandel der DDR (Phase der „Neuen Ökonomischen Politik" unter Ulbricht und Übergang zur „Einheit von Wirtschafts- und Sozialpolitik" unter Honecker) und ihre verstärkte Einbindung in den RGW („sozialistische Integration"). Beschleunigt durch die Systemkrise in der ČSSR 1968 wurde die politische Anleitung und Instrumentalisierung des Mediums in der DDR

weiter intensiviert. Das starke personelle Wachstum des *Deutschen Fernsehfunks* bzw. der Studiotechnik Fernsehen (von etwa 1.900 Beschäftigten im
Jahr 1962 auf über 6.000 im Jahr 1973) war vor allem bedingt durch die
Vorbereitungen des zweiten Fernsehprogramms. Doch Personal- und Pro-
duktionskapazitäten des Fernsehens reichten in den frühen 70er Jahren nicht
mehr aus, so dass die Regionalstudios Halle und Rostock in der Programmplanung aufgewertet wurden. Im Verlauf der Vorbereitungen des Zweiten
Programms wurde der Programm- und Sendebetrieb in Adlershof 1968 aus
der Verantwortung des *Staatlichen Komitees für Rundfunk* herausgelöst und
dem neu gebildeten *Staatlichen Komitee für Fernsehen* beim Ministerrat der
DDR zugeordnet. Dies ging einher mit einer Straffung der Programm produ-
zierenden Strukturen. Der in einigen redaktionellen Bereichen noch stattfin-
dende Umbildungsprozess war bis Mitte der 70er Jahre schließlich weitgehend abgeschlossen. Parallel wurde die politische Durchdringung mit SED-
Strukturen seit 1967/68 weiter intensiviert.

Als weiterer Befund der Forschungen lässt sich festhalten, dass die Beziehungen zwischen den Medienmonopolen der DDR sehr viel enger geknüpft
waren als bisher angenommen. So wurde die Produktionshilfe insbesondere
nach dem Start des Zweiten Programms durch die DEFA institutionalisiert
und ein beachtlicher Anteil des nichtfiktionalen wie fiktionalen Programmangebots mit Aufträgen an die DEFA-Studios für Spiel-, Dokumentar- bzw.
Kurzfilm realisiert. Aufträge des Fernsehens gegenüber den DEFA-Studios
wurden zum festen Bestandteil der Produktionsplanung, die in Rahmenver-
trägen zwischen der *Hauptverwaltung Film* und dem *Staatlichen Komitee für
Fernsehen* eine feste Struktur erhielt. In der Folge konzentrierten sich einige
Arbeitsgruppen der DEFA-Dokumentarfilmstudios in Berlin und Potsdam
überwiegend auf Vertragsarbeiten, mit einem Auslastungsgrad von 80 % bis
100 % des jährlichen Produktionsausstoßes dieser Gruppen.

Neben den Eigenproduktionen des DDR-Fernsehens und den Auftragspro-
duktionen der DEFA-Studios kam ein Teil der Programme vom ,großen
Bruder' Sowjetunion. Dennoch war der direkte Einfluss des Sowjetischen
Fernsehens auf das *Fernsehen der DDR* außer der Farbfernseh-Entscheidung
in programmlichen Einzelfragen, auf der Mikro-Ebene, eher gering. Die
Versuche, durch Erhöhung des Anteils an sowjetischen Filmen, Informati-
onssendungen und Dokumentationen das Verhältnis zwischen den beiden
Staaten zu fördern, wurden seitens der Zuschauer weitgehend nicht hono-
riert. Allerdings legten Partei- und Staatsführung in ihren offiziellen Äußerungen immer großen Wert auf die „enge freundschaftliche Zusammenarbeit" beider Fernsehsysteme und die „stetige Verbesserung des Verhältnisses
DDR-UdSSR", die durch das *Fernsehen der DDR* geleistet werde. Groß war
der sowjetische Einfluss auf der Meso- und der Makro-Ebene, was also die
größeren Strukturen und Linien und schließlich die politisch restriktiven
bzw. die liberaleren Phasen betraf.

Im Forschungsprojekt wurden die kontextuellen und strukturellen Bedingungen des Programmaustauschs des DFF/*Fernsehens der DDR* seit Ende
der 50er Jahre rekonstruiert. Wesentliche Merkmale in diesem Zeitraum
waren: 1966/67 institutionelle Aufwertung der Filmredaktion und der Abteilung Programmaustausch im Fernsehfunk zu einer *Hauptabteilung Pro-*

grammaustausch/Film; mit Beginn des Zweiten Programms strategischer Bedeutungsgewinn von Programmaustausch und Import von Fremdfilmen im DDR-Fernsehen; Stabilisierung des Austauschs mit den Mitgliedern der *Intervision* und Aufbau von Beziehungen zur westeuropäischen *Eurovision* in den 60er Jahren; erste informelle Kontakte zu ARD und ZDF in den 60er Jahren und Intensivierung seit Beginn der 70er Jahre; enge Abstimmung des Einkaufs und Regelung der Verwertung von Fremdfilmen im DDR-Fernsehprogramm und im Kinowesen; Abstimmung des Programmaustauschs mit dem DEFA-Außenhandel bzw. Progress-Filmverleih; Abwehrstrategien gegen unerwünschte westliche, aber auch östliche Einflüsse nach dem 11. ZK-Plenum 1965, vor allem „Revisionismus-Verdacht" gegen Produktionen des tschechoslowakischen und ungarischen Fernsehens in der Systemkrise 1968; Verdoppelung des Anteils sowjetischer Filmproduktionen im Programmangebot des DDR-Fernsehens zwischen 1971 und 1975; trotz der Schwerpunktsetzung auf einen starken Anteil sowjetischer Beiträge im Zweiten Programm Intensivierung der Kontakte auf westlichen Film- und Fernsehmessen in den frühen 70er Jahren; Verfeinerung des Zensursystems für ausländische Produktionen, sowohl östlicher wie westlicher Provenienz (Neusynchronisierungen).

Teilprojekt 2:
Rezeptionsgeschichte.
Zuschauer wollten vor allem Unterhaltung, Entspannung, Vergnügen

In diesem Teilprojekt werden Muster der Fernsehnutzung in der DDR über den gesamten Sendezeitraum hinweg analysiert und in den Kontext des Alltags, von Arbeit und Freizeit, gestellt. Neben den Daten der Fernsehzuschauerforschung (Mitte der 60er Jahre bis 1991) stellten die Daten des Instituts für Meinungsforschung beim ZK der SED die zentralen Quellen dar. Einbezogen wurden ferner Daten und Befunde des Instituts für Jugendforschung sowie – für die Programmbewertungen – auch die Programmbesprechungen in der Tagespresse der DDR und in bestimmten Zeitschriften (Programmzeitschrift *FF dabei* und satirische Zeitschrift *Eulenspiegel).* Ergänzt wurden diese Quellen durch medienbiographische Interviews zur Fernsehnutzung in den späten 1980er Jahren.

Hemmend auf die Verbreitung des Fernsehens wirkten sich besonders in den Anfangsjahren der Mangel an verfügbaren Empfangsgeräten und der relativ hohe Preis der Geräte aus. Ab Mitte der 60er Jahre erlangte das Fernsehen eine außerordentlich hohe Bedeutung, da es nur wenige Alternativen bei der Gestaltung der Freizeit gab. Beschleunigend auf die Verbreitung des Fernsehens wirkte sich andererseits die geographische Nähe zur Bundesrepublik Deutschland aus. Eine technische Maßnahme trug dazu bei: Die DDR als einziges Land im Ostblock korrigierte 1957 den Bild-Ton-Trägerabstand des ausgestrahlten Fernsehsignals so, dass auch in der DDR bundesdeutsche Fernsehangebote genutzt werden konnten. War die Nutzung dieser konkurrierenden Angebote in der offiziösen Öffentlichkeit bis zum Ende der DDR verpönt, so musste der ‚Fremdseher' seit den als legitimierend verstandenen

Äußerungen Honeckers im Frühjahr 1971 keine Nachteile mehr befürchten. Ein aktives Eingreifen staatlicher Organe, das vereinzelt bis zum Anfang der 70er Jahre zu beobachten gewesen war, gehörte seitdem der Vergangenheit an.

Für die Hinwendung zu bundesdeutschen Fernsehprogrammen ermittelte die Zuschauerforschung des DDR-Fernsehens stets die gleichen Wünsche: unterhaltende, entspannende und vergnügliche Inhalte. Konnte man auf den eigenen Kanälen nichts Ansprechendes finden, so wechselte man überwiegend undogmatisch den Sender. Allenfalls zehn bis 20 % der Zuschauer in der DDR verbanden mit der Zuwendung zum eigenen Programm einen politischen Willen und übten Verzicht gegenüber den West-Programmen. Das 1969 eingeführte zweite Programm war bis 1983 keine echte Programmalternative; es galt als Wiederholungssender und ,Russenprogramm' (s. o.). Erst mit der Programmreform vom Dezember 1982 wurde das zweite Programm wenigstens an einzelnen Wochentagen von den Zuschauern als Alternative angenommen.

Die Reichweite des Fernsehprogramms wurde wesentlich vom Alltagsrhythmus der Menschen bestimmt. Die Erwerbsarbeit hatte bei der Strukturierung des Tagesablaufs fundamentale Bedeutung. In der DDR wurden an einem durchschnittlichen Arbeitstag 8,75 Stunden gearbeitet, auch war der Anteil der Frauen an der arbeitenden Bevölkerung mit über zwei Dritteln sehr hoch und wurde durch soziale Maßnahmen beständig befördert. Diese beiden Tatsachen wirkten dem im westlichen Europa zu beobachtenden Trend einer Zunahme des Zeitbudgets für Freizeit entgegen. Entsprechend kleiner war in der DDR generell das Zeitfenster, in dem die Angebote des Fernsehens genutzt werden konnten. Ein Drittel der Haushalte gab 1974 an, um 19.30 Uhr mit der Hausarbeit noch nicht fertig zu sein. Die geringe technische Ausstattung der Haushalte und das konservative Rollenverständnis der Ehemänner sorgten darüber hinaus für eine Benachteiligung der Frauen in Hinblick auf ihre Freizeitgestaltung. Frauen konnten sich daher auch weniger mit Medieninhalten politischer Natur befassen. Aus diesen Gründen wurde das DDR-Fernsehen während der Woche im Wesentlichen zwischen 20.00 Uhr und 21.30 Uhr genutzt. Nur an Wochenenden war eine umfänglichere Nutzung möglich. Es verwundert daher auch nicht, dass Unterhaltungssendungen *(Ein Kessel Buntes)*, Kriminalfilme *(Polizeiruf 110, Der Staatsanwalt hat das Wort)* und einzelne Serien *(Zur See)* an Wochenenden mit über 40 % die höchsten Einschaltquoten erzielten. Angebote der politischen Publizistik dagegen wurden deutlich weniger gesehen; die Hauptnachrichtensendung der *Aktuellen Kamera* wies im Durchschnitt eine Sehbeteiligung von zehn Prozent auf. Nur herausragende politische Ereignisse führten dazu, dass dieser Durchschnittswert überboten wurde. Als störend wurden die politischen Sendungen allerdings nicht empfunden, man hatte sich daran gewöhnt. Vermisst wurden v. a. Berichte über Unglücke, Katastrophen und Klatsch im *Fernsehen der DDR*. Die Nutzung des Mediums änderte sich zum Wendeherbst 1989, als für ein paar Monate Ratgeber- und Unterhaltungssendungen in ihrer Reichweite sanken und Sendungen mit politischem Inhalt Zuschauer gewannen.

Das West-Fernsehen besaß zwar eine höhere Glaubwürdigkeit als die Ost-Programme, aber auch an ARD und ZDF wurde gezweifelt. Man suchte die Wahrheit meistens in der Mitte. Eine höhere Sehbeteiligung am Haupt-Abendprogramm des DDR-Fernsehens als am West-Fernsehen wurde im Jahresdurchschnitt bis 1988 festgestellt: 33 % bis 40 %. Nur wenn das DDR-Fernsehen politische Inhalte und Bildungssendungen ausstrahlte, erreichte das bundesdeutsche Fernsehen eine höhere Sehbeteiligung. Bei ARD und ZDF suchte man gewöhnlich ebenfalls eher unterhaltende Sendungen. Die Sehbeteiligungswerte der Gebiete ohne West-Fernsehen lagen gewöhnlich um etwa 15 bis 20 Prozentpunkte höher als der DDR-Durchschnitt.

Der Zuschaueranteil, der *ständig* das Programm von ARD und ZDF verfolgte, lag seit den 1970ern bei ca. 20 %; über die Hälfte der Zuschauer in der DDR sahen *sehr oft* das bundesdeutsche Programm. Insgesamt war das Sehverhalten der Ostdeutschen bis 1988 sehr stabil.

Personen, die nach 1960 geboren worden waren, wichen von dem allgemeinen Sehverhalten in den 80er Jahren ab. Die primäre Ursache lag in dem kaum vorhandenen Angebot an Sendungen für Jugendliche bzw. an der Qualität, die nicht den Erwartungen der Jugendlichen entsprach. Fast die Hälfte aller Jugendlichen wich ins Erwachsenenprogramm aus. Der Anteil der Jugendlichen, die sich dem DDR-Jugendprogramm verweigerten, stieg in den 80ern von sechs auf 18 %. Entsprechend erzielte das bundesdeutsche Fernsehen unter den Jugendlichen in der DDR verglichen mit der Allgemeinbevölkerung höhere Akzeptanzwerte, vor allem bei Jugendsendungen.

Teilprojekt 3:
Heitere Dramatik. Fernsehtheater im Kellergewölbe der Moritzburg

Von Beginn des regelmäßigen Programmbetriebs an hatten Theaterproduktionen, vor allem auch die volkstümlichen, in Ost und West einen Stammplatz im Fernsehen. Die Gründung des *Fernsehtheaters Moritzburg* geschah als Gegenstück zum *Ohnsorg-Theater* des Norddeutschen Rundfunks (NDR) und des *Millowitsch-Theaters* des Westdeutschen Rundfunks (WDR). Während die westlichen Bühnen auch ohne Fernsehaufzeichnung genutzt wurden, war das *Fernsehtheater Moritzburg* eine Einrichtung allein des Fernsehens. Es gehörte zum Studio Halle des DFF/*Fernsehen der DDR* und war in den Kellergewölben der mittelalterlichen Moritzburg in Halle untergebracht. Dort wurden zwischen 1965 und 1991 ca. 270 Sendungen produziert: Lustspiele, Schwänke und Boulevardstücke, die dem Postulat einer volksnahen unterhaltsamen Fernsehkunst zu genügen hatten. Diese Stücke, die nach Herkunft und literarischer Epoche zeitweise einen Querschnitt durch die europäische Geschichte heiterer bis leichter Dramatik darstellten, wurden größtenteils monatlich für das Fernsehen inszeniert und vor einem kleinen Zuschauerkreis von ca. 50 Personen aufgezeichnet.

Institution und Genre des *Fernsehtheaters* wurden in ihrer programm- und medienästhetischen Entwicklung untersucht. Im Vordergrund standen dabei die Vollständigkeit der Untersuchung und die Fragen danach, ob das *Fernsehtheater* als exemplarisch für dieses Genre im DDR-Fernsehen anzusehen

und womit es vergleichbar ist. Die Quellenlage war unterschiedlich gut:
Vollständig lagen die Produktions- und Dramaturgieakten der Jahre 1971 bis
1990 vor; aus den ersten sechs Jahren, also für 1965 bis 1970, wurden nur
fragmentarische Informationen, häufig ohne Sendedaten, überliefert. Auf
dieser Grundlage standen im Zentrum der Untersuchung
* eine vollständige Erfassung der Programmgeschichte des *Fernsehtheaters*, d. h. die komplette Rekonstruktion des Spielplans;
* eine Analyse der Spielplanentwicklung im Hinblick auf die Funktion und Position des *Fernsehtheaters Moritzburg* und seiner Genres
  innerhalb des DDR-Fernsehsystems und damit deren exemplarische
  Aussagekraft und Vergleichbarkeit;
* eine Analyse der gesellschaftlichen, kulturellen und kommunikati-
  ven Funktionen des Genres, die eine komparativ dimensionierte
  Analyse wichtigster Produktionen in gehaltlicher, genregeschichtli-
  cher, (bildschirm-)ästhetischer und intermedialer Hinsicht ermöglicht und bedingt.
Aus dem Spielplan und seiner Analyse lassen sich drei Phasen isolieren.
1965 bis 1972/73: Diese Jahre stellten eine experimentierfreudige Periode
dar, die sich durch eine große Vielfalt an Formaten, Genres und Herkunft der
Stücke auszeichnete. 1972/73 bis 1982: In dieser Zeit bemühte man sich vor
allem um die Entwicklung von „sozialistischer heiterer Dramatik" und um
die Profilierung des Theaters als eines volksnahen Fernsehgenres. Das Re-
pertoire war dreigeteilt: literarisches Erbe, sozialistisches Ausland, DDR-
Dramatik. 1982 bis 1991: Konzentration auf DDR-Schwänke. Die Zahl der
jährlichen Produktionen sank von durchschnittlich zwölf auf vier Sendungen
ab.

Vor dem Hintergrund der literatur- und theaterwissenschaftlichen Kontroverse um die Erbe-Rezeption in der DDR, in der es um die Notwendigkeit
von Um-Interpretationen und Verkürzungen ging, wurden der Spielplan
insgesamt und nach bestimmten Kriterien ausgewählter Theaterinszenierun-
gen im Einzelnen untersucht. Als Ergebnis ist festzustellen, dass keinesfalls
von einer linearen Beziehung: kulturpolitische Vorgaben – Konzeption der
Produzenten – konkrete Umsetzung ausgegangen werden kann. Jede Ebene
muss als eigenständiges Segment untersucht und zu den anderen Entschei-
dungsebenen ins Verhältnis gesetzt werden.

Teilprojekt 4:
Das Einfache, das schwer zu machen ist.
Unterhaltungssendungen im DDR-Fernsehen – kleine und große Show
Die politische Modellierung von Unterhaltungsformen

Für das Thema ‚Unterhaltung' im DDR-Fernsehen brachten die nach dem
Zusammenbruch des zweiten deutschen Staates publizierten Lebenserinne-
rungen der realsozialistischen Entertainer nur wenig Klärung darüber, wie
die Erbauer des Sozialismus auf deutschem Boden von ihrem wichtigsten
Massenmedium bei Stimmung gehalten wurden. Die Unterhaltungssendungen von *Da lacht der Bär* über *Mit dem Herzen dabei* bis zu *Ein Kessel Bun-*

tes, von *Zwischen Frühstück und Gänsebraten* bis zu *Die goldene Note* oder *Showkolade*, auch *Schätzen Sie mal, Willi Schwabes Rumpelkammer* oder *Schöne Melodien gefragt* – sie alle hatten ihr Publikum, und zwar nicht nur dort, wo das West-Fernsehen nicht empfangen werden konnte.

Dabei war bei der Aufnahme des (Versuchs-)Programmbetriebes im Dezember 1952 an Unterhaltung als Programmsparte noch nicht gedacht worden. Das DDR-Fernsehen war als journalistisch-publizistisches Medium mit „agitatorisch politische(n) Funktionen" konzipiert, in dem die künstlerische Seite durch das Fernsehspiel als das „Große, Neue im Fernsehprogramm" repräsentiert wurde. Dagegen wurde den „Unterhaltungssendungen mit Musik, Gesang und Tanz" ohne weitere Spezifizierung als „ein ständiger Bestandteil" des Programms nur geringe Aufmerksamkeit geschenkt, „wobei Kabarett, Varieté und Kleinkunst nicht fehlen" durften. Das Projekt beschäftigte sich zunächst mit den geistesgeschichtlichen Wurzeln des Verständnisses von Unterhaltung. Es untersuchte auf dieser Grundlage die Frühphase der Fernsehunterhaltung vom Start des Versuchsprogramms 1952 als eines Prozesses des „Learning by doing" über die Gründung der Abteilung Unterhaltung 1956 und die erste Festlegung einer festen und für die Zukunft verbindlichen Programmstruktur 1957, die auch der Unterhaltung einen prominenten Platz zuwies, bis zur Entscheidung für den vorläufigen Verzicht auf ein zweites Programm 1964, der einen grundsätzlichen politischen Prämissenwechsel für die Fernsehunterhaltung einleitete.

Wissenschaftlich fundierte ostdeutsche Definitionsansätze des Begriffs ‚Unterhaltung' datieren erst aus den späten 60er Jahren. Definitionsversuche zur Fernsehunterhaltung in der Bundesrepublik erwiesen sich als auf die parallele Entwicklung in der DDR nicht übertragbar, da sie auf anderen kulturhistorischen und programmpolitischen Prämissen fußten. So wurde „unterhaltend" beim DFF zu Anfang schlicht mit „heiter" übersetzt. Sozioökonomisch betrachtet, diente die Unterhaltung zur Reproduktion der im Produktionsprozess verschlissenen Arbeitskraft der Werktätigen sowie der Ablenkung von der Stupidität der Prozesse der materiellen Produktion. Der Unterhaltung wurde aber auch eine Ideologie vermittelnde und agitatorische Funktion zugemessen. Daher waren an vielen Sendungen und Sendereihen der frühen DDR-Fernsehunterhaltung die gesellschaftlichen Entwicklungen und die jeweiligen Ausrichtungen des politischen Denkens sehr genau abzulesen. In fast allen Sendungen dominierte zunächst das gesamtdeutsche Anliegen. Die Unterhaltungssendungen der 50er Jahre veranschaulichten das deutschlandpolitische Programm der SED. Erst in den 60er und 70er Jahren kam es zu Versuchen der wissenschaftlichen Annäherung an einen eigenständigen Unterhaltungsbegriff.

Zu Anfang lud das Fernsehzentrum, vom Vorkriegs-Fernsehpionier Ernst Augustin nach dem Vorbild der Hörfunkhäuser der 30er Jahre projektiert, seine Zuschauer zu Gast in sein eigenes Haus. Diesem Zweck diente der Sendesaal, aus dem die ersten öffentlichen Veranstaltungen übertragen wurden. Das Programm wurde, abgesehen von selbst produzierten Filmen zu aktuellen Themen, in den Studios live produziert und gesendet. Mit der Indienststellung der ersten beiden Ü-Wagen im Herbst 1955 verließ das Fernsehen das Studio und fuhr zu seinen Zuschauern. Die so gewonnene Mobilität diente der Realisierung der direkten Kommunikation mit den Zuschauern, die vielfach aus den Betrieben kamen. Die dahinter stehende Idee war die Überzeugung, dass die Werktätigen nicht nur die Adressaten, sondern auch die potenziellen Mitwirkenden der Sendungen sein sollten. Daraus ergaben sich spezifische Anforderungen an die Moderatoren (Spielmeister etc.). Schauspieler und herkömmliche Conferenciers traten als Moderatoren von Unterhaltungssendungen (Spiel- und Quizsendungen) zeitweilig in den Hintergrund, stattdessen übernahmen Journalisten diese Rolle. In der Tradition der organisierten Arbeiterbewegung sollten sie sicherstellen, dass sich Fernsehleute und ihre Partner ‚auf gleicher Augenhöhe' gegenübertreten.

Fernsehunterhaltung war anfangs vor allem Wortunterhaltung. Zudem galt das gesprochene Wort als „Medium der nachhaltigsten und unvermitteltsten Ideologievermittlung". Die Beiträge in den Unterhaltungsmagazinen der 50er kamen aus Varietés, aus dem Zirkus und aus Kabaretts. Unterhaltend waren in diesem Verständnis schließlich auch die launigen Kommentare etwa zu informativen Filmbeiträgen. Im Gegensatz zur ARD erfand das DDR-Fernsehen seine Unterhaltungsformate in einem längeren Entwicklungsprozess selbst. Um die Genese dieser Formatierung nachvollziehen zu können, wurden z. B. von etwa 30 Sendungen *Da lacht der Bär* zehn ausführlich untersucht. Ähnlich wurde bei der „kleinen Show" vorgegangen.

Gemäß der Tradition der Arbeiterkultur wurde Unterhaltung zunächst als politisch-moralische Satire legitimiert. Mit den „großen Shows" präsentierte das DDR-Fernsehen die außenpolitischen Aspekte der Staatspolitik der DDR. Mit den „kleinen Shows" unterstützte es aktuelle politische Kampagnen. Sie richteten sich ausschließlich an die Bevölkerung der DDR. In Spielshows und Quizsendungen wurde die Idee des sozialistischen Wettbewerbs – einer siegt, doch alle sind die Gewinner – spielerisch umgesetzt. Die Sendeformate der Show waren anfangs an Radiosendungen orientiert bzw. hatten dort ihre Vorläufer, oder die Sendungen wurden gemeinsam von Hörfunk und Fernsehfunk realisiert. Wie im Westen war das Fernsehen ein Live-Medium.

Was war das Besondere an diesen Shows der großen und der kleinen Form, und wie kamen sie zustande, wie entwickelten sie sich, und inwieweit war diese Fernsehunterhaltung in politische Konzepte eingebunden – oder wollte und konnte sie sich aus solchen ideologischen Bindungen heraushalten? Untersucht wurden u. a. *So klingts in Auerbach* (1954), der erste Musikfilm des *Deutschen Fernsehfunks* als Synthese von Publizistik und Unterhaltung; *Grüße, Gäste, Gratulanten* (1957), die Festveranstaltung zum fünfjährigen Gründungsjubiläum des *Fernsehfunks* als Demonstration der Geschlossenheit des ‚sozialistischen Lagers', *Da lacht der Bär*, und zwar die Genese und die Strukturen der Reihe über zehn Jahre hinweg sowie dramaturgische Grundstrukturen einzelner Sendungen. Hinzu kam die „kleine Show" als innenpolitische Kampagnenlokomotive des DDR-Fernsehens, dazu gehörten u. a. *Tages Arbeit – abends Gäste* (1955/56), die Showreihe *Schiff ahoi!* (1958 bis 1960) und *Der große Spurt.* Zur „kleinen" Show wurde auch die *Tele-BZ*, eine journalistische Sendung, die als Erwiderung auf die West-Berliner *Abendschau* ab 1958 gesendet wurde. Von ihrem Charakter her waren „kleine Shows" „Wertungssendungen" wie *A, B oder C – das Schla-*

gertoto, Die Schlagerrevue oder die Spielshow *Die große Chance*. Diese Sendungen trugen keinen Kampagnencharakter, besaßen aber doch einen aktuellen Bezug zur jeweiligen Sendezeit.

Teilprojekt 5:
Literaturverfilmungen. Vom Buch zum Film

Fernsehspezifische Inszenierungen literarischer Vorlagen gehörten seit Beginn des DDR-Fernsehens zu einer der produktivsten und kontinuierlichsten Programmformen. Sie überwogen bei weitem die Produktion nach Original-Szenarien. Literarische Vorlagen unterstützten entscheidend die massenmediale Etablierung des jungen Mediums Fernsehen. Sie erfüllten den Anspruch auf Bildungsvermittlung und dienten neben der ideologischen Bewusstseinsbildung der historischen und kulturellen Legitimation des um seine Souveränität bemühten Staates.

Im Mittelpunkt der Forschungen standen die Programmleistungen, Strukturen und Arbeitsweisen des Bereichs Fernsehdramatik im organisatorischen Kontext des DDR-Fernsehens. Diese wurden vor dem Hintergrund der (kultur-)politischen Phasen in der DDR medienhistorisch rekonstruiert. Dabei konnten Aussagen über die spezifische Aneignung von Literatur durch das DDR-Fernsehen getroffen, DDR-typische Begriffe, also „Erbe", „Kanon", „Operativität" u. a., aus dem Blickwinkel einer heutigen Wissenschaftsperspektive neu betrachtet, thematische wie ästhetische Wandlungen, künstlerische und politisch-operative Haltungen in ihrem Wechselverhältnis sichtbar gemacht und aus der quantitativen Bestandsaufnahme Schwerpunkte für die qualitativ-exemplarische Analyse ausgewählter Teile des Quellenkorpus gewonnen werden. Damit wurden an den Literatur-Adaptionen des DDR-Fernsehens allgemeine Ausformungen einer ostdeutschen Medienkultur sichtbar.

Es entstanden zwei bibliographische Datenbanken zu Literatur-Adaptionen im *Deutschen Fernsehfunk/Fernsehen der DDR:* die erste zu programm- und medienspezifischen Aspekten der Fernsehdramatik mit über 800 Titeln. Sie berücksichtigt alle epischen Vorlagen (Roman, Novelle, Erzählung, Briefe, dokumentarische Texte und Reportagen), dramatischen Werke (Tragödie, Komödie und Lustspiel, Kriminalstück, Volksstück, Schwank und Posse) und Sonderformen wie das Hörspiel. Die zweite Datenbank zu kultur- und textwissenschaftlichen Gesichtspunkten der Literaturverfilmung mit etwa 300 Titeln enthält die relevanten Veröffentlichungen zum Forschungsgegenstand sowie eine Auswahl von TV-Rezensionen in der zeitgenössischen Tagespresse. Gesondert wurden Literaturverfilmungen des Kinderfernsehens erfasst.

Zur institutionellen Entstehung und Entwicklung der Fernsehdramatik konzentrierte sich die Untersuchung der Primärquellen im Bundesarchiv Berlin zunächst auf folgende Zeiträume: 1956/57 (Beginn regulärer Sendebetrieb / Kulturdebatten), 1962/63 (Verbot Stahnke, Kunert als Ausdruck der Antiformalismus-Strategien), 1965/66 (Auswirkung 11. Plenum 1965), 1971/72 (Paradigmenwechsel nach VIII. Parteitag), 1976-1979 (Biermann-

Resolution, Ausreisen, Ausschlüsse aus dem Schriftstellerverband), 1982/83 (alternative Programmgestaltung), 1985f. (Abwehr der Perestroika). Auf der Basis dieser Quellen konnten Entscheidungsprozesse, Strukturen und Funktionsweisen in der Fernsehdramatik sehr genau rekonstruiert werden.

Ergänzt um Einzelanalysen von Literatur-Adaptionen kam das Forschungsprojekt damit zu einer qualitativen Bestimmung des literarischen Kanons im DDR-Fernsehen: seiner thematischen wie ästhetischen Schwerpunkte, seiner historischen Epochen, seiner Ost-West-Gewichtung und seiner Veränderungen im kulturpolitischen Wandel der DDR. In einzelnen Programmgattungen konnten neben der Synchronität zu politisch-kulturellen Prozessen auch der allgemeinen Periodisierung entgegenlaufende Tendenzen festgestellt werden. In Fallstudien wurden exemplarisch verschiedene Aspekte des Verhältnisses von Adaption und literarischer Vorlage, stilistische Besonderheiten bei der visuellen Inszenierung, das Selbstverständnis der Aktiven, die Freiräume und Grenzen der künstlerischen Fernseharbeit, die Verflechtung von Kunst und Politik, die Kontrolle des Machtapparates und die Wirkung von Literaturverfilmungen untersucht: so z. B. *Ursula* nach Gottfried Keller als Beispiel für die Erbe-Aneignung und als Beleg für (internationale) Koproduktionen, *Die erste Reihe* und *Leutnant Yorck von Wartenburg* nach Stephan Hermlin als Exempel für die Gegenwartsautoren und thematisch signifikante Schwerpunkte wie die antifaschistische Literatur im DDR-Fernsehen.

Trotz der generellen Fixierung auf DDR-Gegenwartstexte, das bürgerlich-demokratische Erbe und sozialistische Klassiker zeigte sich ein ständiges Bemühen um internationale Autoren vor und nach 1945 sowie um die Entdeckung unbekannter Texte der unterschiedlichsten Nationalliteraturen. Auch unter medialen Gattungsgesichtspunkten war die Angebotspalette durchaus differenziert: Kurzformen und Mehrteiler, Serien und Reihen (Eigen- und Koproduktionen mit der DEFA) und fernsehspezifische Produktionsarten vom TV-Film über die Theaterübernahme bis zu DDR-eigenen Sonderformen wie die „szenische Dokumentation". Auf der gestalterischen Ebene blieben allerdings die Formen der ästhetischen Moderne diskreditiert, so dass die enge künstlerische Festlegung auf die Spielarten eines unscharf definierten sozialistischen Realismus die inszenatorische und stilistische Vielfalt immer mehr einengte.

Zwischen 1955 und 1990 wurden im Durchschnitt knapp 50 Literatur-Adaptionen pro Jahr ausgestrahlt, also fast eine pro Woche. Innerhalb dieser Zeit lagen Höhepunkte um 1960 und 1977, mit einem Minimum um 1969. Theateradaptionen überwogen aber – mit 90 % der Adaptionen bis Ende der 60er Jahre – bis in die Mitte der 80er Jahre. Erst die Zusammenarbeit mit der DEFA als Auftrags- und Koproduzent Ende der 50er Jahre erlaubte den allmählichen Einsatz von eigenen Literaturverfilmungen, die auf epischen Vorlagen beruhen, so dass sich am Ende der 70er Jahre ein ausgewogenes Verhältnis aus Literatur- und Theateradaptionen einpendelte.

Schwerpunkte der Forschung liegen nun auf der Kooperation der Fernsehdramatik mit den DEFA-Betrieben bzw. mit den Literaturproduzenten: die DEFA als Auftrags- und Koproduzent, der Verleiher *Progress* als Filmlieferant, der Schriftstellerverband als Mittler zwischen Autoren und Fernsehen, die Verlage als Lizenzgeber für Literaturverfilmungen, die Einbindung von Schriftstellern in die Produktionskontexte DFF und DEFA, Cross-writing sowie Sonderformen (Literarisierungen von Filmszenarien, Textsorte Hörspiel).

Teilprojekt 6:
Dokumentarische Genres.
Konstruktionen gesellschaftlicher Wirklichkeiten

Dieses Forschungsprojekt untersuchte die dokumentarischen Genres im DDR-Fernsehen als Konstruktionen des Bildes der Wirklichkeit in der sozialistischen Gesellschaft, und es untersuchte ferner die daraus rekonstruierbaren sozio-politisch-kulturellen Selbst- und Fremdbilder. Neben dem tradierten Dokumentarfilm (künstlerische Dokumentarfilme, zeitgeschichtliche Dokumentationen) wurde die entsprechende Programmsparte seit Mitte der 50er Jahre vorwiegend von Langmetrage-Produktionen des Bereichs Publizistik (Reportagen und Porträts) bestimmt. Auf der Publizistik lag von Anfang ein besonderes Gewicht des DFF-Programms.

Im Focus der diachronen Betrachtung standen Werkkontexte anerkannter Dokumentaristen und -gruppen, die vornehmlich, aber nicht nur, für das Fernsehen produzierten: Walter Heynowski, Gerhard Scheumann und *Studio H&S, Gruppe Dr. Katins,* Karl-Eduard von Schnitzler, Andrew und Annelie Thorndike und *Gruppe 67.* Mit ihren Arbeiten prägten sie maßgeblich das Bild, das die DDR-Bürger von der weltpolitischen und innerdeutschen bzw. deutsch-deutschen Situation und das sozialistische und nicht-sozialistische Ausland von der DDR bzw. von der Bundesrepublik hatte – und sie beeinflussten damit den Meinungsbildungsprozess. Die spezifischen Erzählweisen und Stile dieser Dokumentaristen trugen – überwiegend auf Haupt-Sendeplätzen – zur Aneignung und Akzeptanz dokumentarer Formen im DDR-Fernsehen insgesamt bei. Deren Analyse machte die Möglichkeiten und Grenzen unterhaltend-bildender Programmleistungen transparenter. Auf diese Dokumentaristen konzentrierten sich die Forschungen zunächst, weil sich ihre Arbeiten in herausragendem Maße, mehr als bei allen anderen Fernsehautoren und -gruppen, intensiv und offensiv mit dem 'Gegner', vornehmlich in der Bundesrepublik, aber auch in den USA, auseinander setzten. Diese Filme trugen zu dem „kontrastiven Dialog" zwischen Ost und West bei, der in dem gesamten Forschungsprojekt untersucht wird.

Beide Dokumentaristen-Gruppen, *H&S* und *Katins,* waren Grenzgänger in vielfacher Hinsicht: zwischen den Welten in Ost und West, zwischen Fernsehen und Kino, zwischen Dokumentarfilm, Dokumentation, Reportage, zwischen Beweis, Pamphlet, Manipulation und zwischen Anpassung und Veränderung in der DDR. Mit den Ergebnissen der Forschungen konnten neue Sichtweisen auf das *Studio H&S* (1969-1982) und die *Gruppe Dr. Katins* präsentiert werden. *H&S* entwickelten als Erste, aufbauend auf den frühen Filmen von Walter Heynowski, seit Mitte der 60er Jahre eine dokumentarische Filmästhetik, die durch die Verwendung von Trick- und graphischen Elementen und durch die Engführung von politischem Pamphlet und Beweis besonders wirkungsvoll war. Die nach Außen hin so symbiotisch wirkende, 25 Jahre lang aufrecht erhaltene Produktionsgemeinschaft von Heynowski und Scheumann war jedoch von gravierenden Widersprüchen durchsetzt.

Neben der Analyse zentraler Filme und der Untersuchung ihrer thematischen und ästhetischen Besonderheiten wurde die konspirative West-Arbeit der Dokumentaristen und ihrer Kameramänner enthüllt: bei *H&S* zentral Peter Hellmich und in der *Gruppe Dr. Katins* bestimmend Franz Dötterl. Untersucht wurde auch, welchen Umfang das *H&S*-Oeuvre hatte und mit welchen thematischen Schwerpunkten sich ihre Arbeiten in den verschiedenen Schaffensphasen auseinandersetzten? Erstmals wurde in einer vollständigen und kommentierten Filmographie ein Überblick über das gesamte Film- und Fernsehschaffen der beiden Dokumentarfilmer erarbeitet und in seinen politisch-gesellschaftlichen und zeitgeschichtlichen Kontext gestellt.

Bei der umfassenden Untersuchung der Arbeit der *Gruppe Sabine Katins,* der Redaktion *Alltag im Westen* (1972-1987) einschließlich des frühen Vorläufers *West-östlicher Alltag* (1968/69) wurde ein Untersuchungskorpus von rund 350 Filmen bearbeitet, darunter 40 in detaillierter Analyse. Ein wesentlicher Erkenntniszuwachs lag in der gattungsspezifischen und produktionstechnischen Grenzgängerschaft von Sabine Katins und Franz Dötterl. Die Forschungen ergaben umfassende Befunde zur Darstellung des Westens, zur filmischen Erzählweise der *Gruppe Dr. Katins* und erhellten Ursachen für deren Zerschlagung im Jahr 1979.

Ein weiterer Forschungsschwerpunkt lag auf der Untersuchung der zeitgeschichtlichen, deutschlandpolitischen Dokumentationen und der Auslandsreportagen *(Gedanken im Zug)* von Karl-Eduard von Schnitzler. Seine Kompilationsfilme wurden auf die Konstruktion von ‚sozialistischer Heimat' hin und als Propagandakonstrukte analysiert, wobei essenzielle Fälschungen dokumentaren Materials nachgewiesen werden konnten. Ein weiterer Forschungsschwerpunkt lag auf den Fernseh-Auftragsproduktionen der DEFA-*Gruppe 67* unter Leitung von Andrew Thorndike.

Erstmals wurde darüber hinaus eine komplette und – so weit irgend möglich – vollständige, kommentierte Filmographie des Werks von *H&S* vorgelegt. Ein Programmstruktur-analytischer Schwerpunkt lag auf der Untersuchung des Vorkommens dokumentarischer Sendungen, ihrer Sendeplätze und ihrer Verschiebungen im Programm des DDR-Fernsehens über den gesamten Zeitraum von 1952 (Beginn Versuchsprogramm) bis 1991 (Ende DFF-Länderkette) hinweg. Auf der Grundlage dieser Datenbank konnte ein Gesamtbild der dokumentarisch-publizistischen Programmgattung, ihrer inhaltlichen Schwerpunkte und des Anteils ihrer Eigen-, Auftrags- und Übernahme-Produktionen in ihrer Genese und Entwicklung gezeichnet werden:

In der ersten Dekade ostdeutscher Fernsehgeschichte waren tragende dokumentarische Genres Reportagen und Berichte, deren Hauptsujets Reisen und fremde Länder *(Im Auto durch Indien, Ein Paradies wird umgegraben),* der Aufbau der sozialistischen Gesellschaft *(Erbauer des besseren Morgen),* die deutsch-deutsche Problematik *(Zwei deutsche Dörfer, Die Mörder sind unter uns)* sowie Kunst, Architektur und Kultur darstellten. Der Langmetragefilm spielte eine untergeordnete Rolle. Meist kamen Filmimporte (Sowjetunion und sog. Volksdemokratien) zum Einsatz. Die ersten gewichtigen, im Fernsehen ausgestrahlten, von der DEFA produzierten Dokumentarfilme waren *Sieben vom Rhein* (07.10.1953) und *Du und mancher Kamerad* (05.09.1956). In großer Quantität wurden in den 50er Jahren Kultur- und Kurzfilme eingesetzt, die häufig zum Füllen von Lücken in der Programmstruktur dienten und in hoher Frequenz wiederholt wurden.

Festgestellt wurden Verschiebungen der dokumentarischen Programmschwerpunkte um die Programmreformen 1971/72 und 1982/83 herum. Dabei zeigte sich im Verlauf der Programmreformen ein Bedeutungswandel für die Gattung Dokumentarfilm, markiert durch quantitatives Wachstum einerseits und schrittweise Verdrängung der Dokumentarsendungen aus dem Hauptabendprogramm andererseits. In einer weiteren Datenbank wurden alle ausländischen Dokumentarfilme (Co-Produktionen) erfasst.

Einen weiteren komparativen Forschungsschwerpunkt bildeten Selbst- und Fremdbilder ost- beziehungsweise westdeutscher Heimat wie die Städte- und Landschaftsporträts über das eigene Land bzw. über den anderen deutschen Staat. Nach der Erfassung, Strukturierung und Systematisierung aller Dokumentarfilme des DDR-Fernsehens über die sozialistische Heimat erfolgte in einem zweiten Schritt die Filmanalyse ausgewählter Produktionen. Als prototypisch für das frühe DFF-Programm konnten die Reihen *Deutsche Heimat – schönes Land* und hinsichtlich des neuen Selbstbildes *Erbauer des besseren Morgen* ausgemacht werden. Ebenfalls untersucht wurden Identifikationsangebote wie der vielfach gesendete Film *Unser Erzgebirge* (DEFA für DFF 1956) sowie zahlreiche Produktionen, in denen sich das wandelnde Verständnis von Berlin als deutscher bzw. DDR-Hauptstadt dokumentierte (Reihe *Aus der deutschen Hauptstadt*). Zum Untersuchungskorpus der 70er und 80er Jahre gehörten ausgewählte Dokumentarfilme (vorzugsweise der Genres Städte- und Personenporträt) des DDR-Fernsehbereichs Publizistik, der Reihen *Entdeckungsreisen* (1970-1972), *Hierzulande* (70er Jahre) und *Entdeckungen im Alltag* (1980-1982). Dabei wurde – noch vorläufig – festgestellt, dass das mediale Selbstbild der DDR in der Darstellung eines stabilen und leistungsfähigen sozialistischen Staates bestand. Zwei Wirkungsabsichten konnten differenziert werden: a) nach Innen: Propagierung der Politik von Partei und Regierung und des ökonomischen und technischen Fortschritts sowie die Herausbildung und Stärkung des Nationalbewusstseins; b) nach Außen: deutliche Abgrenzung gegenüber der Bundesrepublik, verbunden mit einer Gegeninformation, und Vertiefung der Beziehungen innerhalb des sozialistischen Staatensystems.

Unter der Thematik „Geschichtsdeutung im Wandel" wurden dokumentarische Formen der Repräsentation von Zeitgeschichte im DDR-Fernsehen untersucht. Daran ließen sich gesellschaftliche Dispositionen und Muster der Zeit aufdecken, in der sie entstanden. Diese Dokumentationen fungierten als Spiegel des gesellschaftlichen Diskurses bzw. des Gerinnens von Geschichtsverständnis bzw. Geschichtspolitik ihrer Entstehungszeit. Im Zentrum standen und stehen noch: die nationalsozialistische Machtergreifung und das Kriegsende 1945, die Darstellung des Widerstands (kommunistischer, national-konservativer, klerikaler) gegen die NS-Herrschaft, der Holocaust, die Behandlung und Bewertung der beiden deutschen Staatsgründungen von 1949 im Programm der Jahre 1969/1979/1989 durch zeitgeschichtliche dokumentarische Fernsehproduktionen und das Berlin-Jubiläum 1987.

Ein weiterer Forschungsschwerpunkt untersuchte das Vorkommen und analysierte die „Fremd(en)bilder", die Darstellung der in der DDR lebenden Ausländer im dokumentarischen / publizistischen Programm. Die Thematik spielte im ostdeutschen Fernsehen eine widersprüchliche Rolle: Einerseits war die filmische Behandlung der Probleme von Ausländern tabuisiert, und andererseits propagierte die praktizierte Darstellung den von Partei und Staat vorgegebenen Kurs. Im Zentrum der Untersuchung stehen die „Vertragsarbeiter", die Exilanten, aber auch die Vertriebenen und Heimkehrer der 50er/60er Jahre mit ihrer jeweiligen Integrationsthematik. Eine gesonderte Betrachtung galt auch einer der letzten Dokumentarfilm-Reihen des DFF: In der *Fenster-Reihe* setzten sich Filmemacher 1991 erstmals offensiv und kritisch mit dem Thema ‚Ausländer in der DDR' auseinander.

Eine Fallstudie widmete sich dem innenpolitischen Dokumentarfilm in der Reihe *PRISMA-Reportagen.* Ca. 40 Produktionen (1970 bis 1980) wurden untersucht, u. a. die in der DDR-Öffentlichkeit debattierten Produktionen *... dann sag ich 's mit den Händen* (1971), *Wer schreibt, der bleibt!?* (1972), *Du baust dich kaputt* (1972), *Und wer da ehrlich ist* (1974), *Geld ist erstmal das wichtigste* (1976), *Facharbeiter – als Studenten nicht gefragt?* (1978), *Bis jeder eine Wohnung hat* (1979), *Mancher geht, wann er will* (1980) und *Eine Pfundsgeschichte* (1980).

Die Integration dokumentarischer Programme in den Kontext Publizistik war begleitet von theoretischen Diskursen. Diese Gattungstheorien dokumentarischer Genres zu rekonstruieren und mit Diskursen in der Bundesrepublik zu vergleichen, war und ist ein weiterer Schwerpunkt des Forschungsprojekts. Hierbei ging es um die theoretischen Lehrmeinungen, die Praxisauffassungen als Erfahrungswissen und die vergegenständlichten Formen als Werkkonstanten oder Invarianten. Behandelt wurden sowohl DDR-typische Genres wie die „Untersuchung" und der „Dokumentarbericht", die politisch bedingte argumentative und propagandistische Modifizierung vieler Formen sowie der in der Gattungstheorie und in der Fernsehpraxis regierende „naive Konstruktivismus", der zuvorderst die Repräsentanz sozialistischer Wirklichkeit legitimieren sollte.

Teilprojekt 7:
Sportfernsehen. Vom Sport im Fernsehen zum Fernsehsport

Im Rahmen des teilweise auf Formen der Fernsehunterhaltung konzentrierten Gesamtprojekts nimmt das Sportfernsehen eine gewisse Sonderstellung ein: Obwohl vorwiegend zur Unterhaltung genutzt, handelt es sich zum einen überwiegend um journalistische Genres und Formate, in denen Sport dargestellt und inszeniert wurde. Zum anderen kam der nationalen und internationalen Sportentwicklung eine Eigendynamik zu, die die DDR zwar zur nationalen Selbstdarstellung zu nutzen versuchte, der sie andererseits aber in einem erheblichen Maße ausgesetzt war und die sie nur bedingt ‚steuern' konnte. Die Eigenarten des Sports – Offenheit der Wettkämpfe, internationaler Charakter, systemübergreifende Regeln usw. – ließen eine politische und ideologische Funktionalisierung nur in begrenztem Maße zu, beispielsweise bei Siegen und vorderen Plätzen in den Medaillenwertungen. Daher ist das Spannungsfeld zwischen Politik und Fernsehen komplizierter als bei anderen Formen des Unterhaltungsfernsehens.

U. a. wurde eine Periodisierung der Entwicklung des Sportfernsehens der DDR in sechs Phasen geleistet, die auf der Basis einer kompletten Programmstatistik aller Standardsportsendungen sowie deren Analyse im Kontext von Sendeplätzen und Programmstruktur erstellt wurde. Dadurch konnten bisherige Periodisierungen präzisiert und teilweise korrigiert werden. Zu sportlichen Großereignissen wurden Inhalts- und Formatanalysen durchgeführt. Das Teilprojekt verfolgte folgende Fragestellungen: Wie entwickelte sich Sport im Fernsehen zum „Fernsehsport", d. h. wie und in welchen Formaten vollzog sich programmgeschichtlich die Inszenierung von Sport? Wie schlugen sich innen- und außenpolitische, ideologische, medientechnische und ökonomische Rahmenbedingungen der DDR in der Sportberichterstattung nieder, und in welchem Verhältnis standen diese zu den durch die internationale Sportentwicklung gesetzten Bedingungen? Unter welchen personellen, finanziellen und technischen Bedingungen wurde Sportberichterstattung produziert? Welche sportimmanenten und sportexternen gesellschaftlichen Wertsetzungen wurden angeboten? Medientechnologische und ästhetischen Aspekte sowie die Entwicklung der Sendeformate standen dabei im Zentrum.

Auf der Basis einer Programmstatistik wurde eine Sendeplatz- und Programmstrukturanalyse durchgeführt. Im Vordergrund der Untersuchungen standen die Standardsportsendungen mit Reihencharakter, jeweils auf den Zeitinseln (s. o. Teilprojekt 1): Erst ab dem Beginn der regelmäßigen Fernsehausstrahlungen ab 1956 spielt Sport eine Rolle im DFF-Programm. Die Zeit von 1956 bis zum Dezember 1964 kann als „Experimentierphase" bezeichnet werden, beginnend mit der Reihensendung *Sportkaleidoskop*, geprägt durch Sendungen unterschiedlichen Formats. Zunächst dominierte infolge mangelnder technischer Möglichkeiten das langfristig planbare Ratgeberformat. Mit der fortschreitenden Entwicklung der Fernseh- und Übertragungstechnik nahm der Anteil der aktuellen Berichterstattung vom nationalen und internationalen Sportgeschehen stetig zu. Regelmäßige Direktübertragungen von Sportereignissen am Wochenende wurden zentraler Bestandteil des Sportprogramms. Die Sportredaktion erreichte die lange eingeforderte Selbständigkeit, die in der Versuchsphase 1952 bis 1956 als Arbeitsgruppe Sport innerhalb der *Aktuellen Kamera* nicht gewährleistet war. In der „Konsolidierungsphase" (Januar 1965 – September 1969) setzte die MAZ-Technik ein und brachte mit *Sport Aktuell* eine der *Sportschau* (ARD) vergleichbare Standardsendung hervor. Die Einführung des Zweiten Programms stellte eine strukturelle Zäsur für das DDR-Sportfernsehen dar, da ab hier sendetechnisch mit dem Farbfernsehen und inhaltlich mit drei neuen Reihensendungen Neuland betreten wurde. Dieser Zeitraum (Oktober 1969 – Dezember 1972) kann als Phase der „Erprobung von Alternativen" bezeichnet werden. Trotz anfänglicher Betonung der Eigenständigkeit beider Programme war jedoch auch die Sportberichterstattung im Zweiten Programm von Beginn an keine wirkliche Alternative, sondern diente fast ausschließlich der Ergänzung bzw. Fortsetzung der Hauptsendung *Sport aktuell* im Ersten Programm und der dort laufenden Live-Berichterstattungen.

Die Phase von Januar 1973 bis Februar 1990 war durch Stabilität und Kontinuität bei der Sportberichterstattung geprägt. Die Informationsachse wurde ausgebaut, eine geringe Anzahl verschiedener Sendeformate lief fast durchgängig auf einem festen Sendeplatz. Die Standardsendung des Programmbereichs war und blieb *Sport aktuell*. Keinerlei Einfluss auf die Struktur des Standardprogramms der Sportredaktion hatten das Auftauchen der neuen privaten Konkurrenz in der Bundesrepublik seit 1984 und die Programmreformen des DDR-Fernsehens 1983. In der fünften, der „Phase der Neuorientierung", des Umbaus und der Abwicklung (März 1990 – Dezember 1991) reagierte die Chefredaktion Sport des DFF auf das einschneidende politische Ereignis der Öffnung der deutsch-deutschen Grenze und die Umbrüche in der Gesellschaft nach reichlich drei Monaten im März 1990. Diese Phase war einerseits durch die Entwicklung neuer, z. T. im deutschen Fernsehen unbekannter Formate gekennzeichnet, andererseits durch einen gravierenden Bedeutungsverlust des DDR-Sportfernsehens. *Sport Aktuell* wurde aber bis zum Ende beibehalten.

Insgesamt hatte das Sportfernsehen nach 1960 einen hohen Anteil am Programm, der teilweise über den offiziellen Statistiken lag. Dafür sorgte u. a. die extensive Berichterstattung von hochrangigen Sportereignissen (Olympische Spiele, *Friedensfahrt*, Weltmeisterschaften in diversen Disziplinen), wobei das DDR-Sportfernsehen auch von Intervisionsrechten z. B. am Eishockey partizipierte. Eine Orientierung auf „massenwirksame" Sportarten war frühzeitig feststellbar und wurde durch die Sportpolitik der DDR bekräftigt. Ab Mitte der 60er Jahre bis 1989/90 erfolgte eine Kanonisierung der Formate, danach gab es kurzfristige Versuche der Neuprofilierung, die mit der Auflösung des DFF zum Jahresende 1991 ein abruptes Ende fanden.

Programm- und inhaltsanalytische Fallstudien brachten u. a. folgende Ergebnisse: Beim Vergleich der Berichterstattung über die Olympischen Sommerspiele von 1972 in München und 1988 in Soul wurde festgestellt, dass sich 1972 die Sportberichterstattung des DDR-Fernsehens politischen Implikationen weit weniger verschließen konnte als 1988, obwohl beide Spiele einem gleich starken politischen Druck ausgesetzt waren. Im Unterschied zu 1972, als beide deutsche Staaten erstmals getrennte Mannschaften entsandten, erfolgte die Berichterstattung 1988 betont sachlich und streng auf die eigentlichen Sportereignisse bezogen. Analoge Ergebnisse brachten vergleichende Inhaltsanalysen von Sportlerporträts und Sportjahresrückblicken. War der Sport in den 50er und 60er Jahren eines der wichtigsten Mittel, die völkerrechtliche Anerkennung der DDR vorzubereiten und nationale Souveränität nach Außen zu demonstrieren, stand seit den späten 70er Jahren das Sportereignis an sich im Mittelpunkt der Moderationen und Kommentare.

Dies traf auch zu auf die *Friedensfahrt* (Radsport). Eine Fallstudie zeigte vor allem die starke Abhängigkeit der Berichterstattung von der zur Verfügung stehenden Technik, in diesem Fall aber auch von (sport-)politischen

Leitlinien. Viele Übertragungsformen wurden bei der *Friedensfahrt* erstmalig eingesetzt. Zugleich traten, vor allem ab 1968, die begrenzten finanziellen und technischen Möglichkeiten des DDR-Fernsehens immer deutlicher hervor. Den gesamten Zeitraum überblickende Analysen wurden zu Entwicklung und Einsatz der Technikressourcen durchgeführt sowie zu Personalentwicklung, -ausbildung und -einsatz in der Sportredaktion des DDR-Fernsehens. In beiden Bereichen zeichneten sich den ökonomischen und strukturellen Bedingungen folgend eigene Entwicklungslinien ab, die vom übrigen Fernsehen abwichen.

Teilprojekt 8:
Familienserie. Start mit Rentner haben niemals Zeit

Grundlegendes Ziel dieses Projekts war die Erforschung der Funktion und Vermittlung von Familienleitbildern in den Familienserien des DDR-Fernsehens und die Einordnung dieser Familienserien in den Programmfluss. Dazu fand eine Auseinandersetzung mit dem in der DDR verwendeten Unterhaltungsbegriff statt, und zum Verständnis eines Familienleitbildes in der DDR wurde soziologische, politologische und allgemeine Literatur zur DDR aufgearbeitet, woraus ein Analyseinstrumentarium entstand, das an einer Serie exemplarisch getestet und dadurch verfeinert wurde: *Rentner haben niemals Zeit* (Erstausstrahlung 1978/79).

Aus der multidisziplinären Literatur und aus der exemplarischen Analyse entwickelte das Forschungsprojekt eine Definition der Familienserie im DDR-Fernsehen, die sieben Kriterien enthält: Eine Familienserie ist eine Sendereihe von mindestens drei Folgen, bei der 1. die Besetzung der Figuren (überwiegend) konstant bleibt; 2. die Geschichten der Folgen abgeschlossen (oder Folgen übergreifend) angelegt sind; 3. die Familie den Rahmen der Geschichte bildet und die Hauptfiguren als Mitglieder einer Familie dargestellt werden; 4. die Familie immer Handlungsrahmen inszeniert wird, auch wenn der Beruf der Hauptfiguren im Mittelpunkt steht; 5. Arbeitswelt und Familie als zwei sich durchdringende Handlungssysteme vorkommen und in dramaturgisch bedeutungsvoller Wechselwirkung stehen; 6. der soziale Raum ‚Familie' flexibel ist, d. h. verschiedene Familienformen denkbar sind und auch defizitär sein können; 7. die Serien als „Familienserien" in der öffentlichen Kommunikation (Fernsehzeitschriften, Sendepläne) bezeichnet werden. Auf dieser Basis wurden alle Familienserien über den gesamten Zeitraum hinweg einer Themenanalyse unterzogen und die für die Untersuchung relevanten Familienserien ausgewählt.

Zu einigen Ergebnissen der Untersuchung: Serien waren vor allem Bestandteil des Abendprogramms, seltener des Vorabendprogramms. Vorherrschend waren Serien mit abgeschlossenen Handlungsfolgen bzw. das Serial, meist mit sieben oder 14 Folgen. Diese eher kurze Folgenreihe war Ausdruck der besonderen Produktionsbedingungen beim DDR-Fernsehen zum einen wegen der (beschränkten) Produktionsressourcen, und zum zweiten waren die kurzen Serien besser planbar und politisch-ideologisch besser zu kontrollieren. Die ‚klassischen' Grenzen zwischen berufsbedingter ‚Gesellschaft' und familialer ‚Gemeinschaft' verschwammen in der Darstellung der Familienserien durch die Übernahme von intimer Kommunikation und besonderer Herzlichkeit in außerfamiliale gesellschaftliche Bereiche. So waren in der Serie *Die Leute von Züderow* etwa die Arbeitskollegen füreinander wie eine Familie, in der über alles vertraulich gesprochen wurde. Die Familie und damit Themen und Handlungsverläufe waren sehr häufig durch die Berufe und die Arbeitsstellen der Eltern geprägt. Diese weitgehende Vermischung von Arbeitswelt und Familie entsprach den realen Verhältnissen in der DDR. Arbeit galt – ideologisch vorformuliert und praktisch erlebt – als der Bereich der Selbstverwirklichung schlechthin. Familienserien sollten auch das Heimatgefühl stärken.

Zu einigen ausgewählten Serien: *Die lieben Mitmenschen* war die erste Familienserie, die nach Honeckers Rede auf dem VIII. Parteitag der SED im Jahre 1971 ausgestrahlt wurde. Thematisiert wurden die Auseinandersetzungen einer weiter in ihrer bürgerlichen Vergangenheit lebenden Witwe mit ihrem Neffen, der als Prototyp einer „entwickelten sozialistischen Persönlichkeit" dargestellt wurde. Die Handlungsstruktur der Serie zeigte eine auf die Gesellschaft hin offene, anschlussfähige Familienkonstellation, wobei diese Außenbeziehungen der Familienmitglieder sich besonders auf die Hausgemeinschaft und das Arbeitskollektiv richteten. In der Serie *Die Lindstedts* wurde der Alltag einer Genossenschaftsbauern-Familie in der DDR geschildert. Die Lindstedts haben ihr Land in die LPG integriert und folgen damit dem Kollektivgedanken; sie wurden also in einer gewissen prästabilisierten Harmonie zwischen Familie und Umwelt inszeniert. Die Familie war zur Gesellschaft hin geöffnet. In der Serie *Rentner haben niemals Zeit* (1978/79) zeigte sich ein deutlicher thematischer Wechsel von Binnen- und Außenbeziehungen der Hauptakteure Paul und Anna. Zum einen wurden also Geschichten aus dem familiären / privaten Bereich und zum anderen aus dem Umfeld der Hausgemeinschaft / der Freunde erzählt, die in dieser Serie geschlechtsspezifisch modelliert wurden. Die Serie zeigte im Grundtenor heitere Geschichten des sozialistischen Alltags, die das Gefühl ansprachen und den Sozialismus als Heimat erlebbar machten, und das unter Verzicht auf irgendeine Form propagandistischer Elemente. In den Serien *Geschichten übern Gartenzaun* (ab 1982) und *Neues übern Gartenzaun* (ab 1985) blieben die Protagonisten während der gesamten Serie identisch, auch wenn sie von unterschiedlichen, in einigen Rollen umbesetzten Schauspielern gespielt wurden. Beide Staffeln spielten in einer Kleingartenidylle und im beruflichen Umfeld von Claudia. Kleingarten – wie an anderer Stelle die Hausgemeinschaft – und die Berufswelt waren als sozialistische Umwelt der Familie markiert und inszeniert. Thematisiert wurden in der ersten Staffel die Schwierigkeiten der alleinerziehenden kinderreichen Claudia, die trotz Doppelbelastung ihr Leben und das ihrer Familie beispielhaft meistert, weil sie aus Liebe und Solidarität von ihrem Lebensgefährten Manfred und ihrer fast erwachsenen Tochter Ilona unterstützt wird; vor allem aber, weil sie immer auf die sozialistische Menschlichkeit und Hilfe der Kollegen, Freunde und Gartennachbarn vertrauen kann. Vorurteile gegenüber kinderreichen Familien wurden entlarvt, die Doppelbelastung von Beruf und Kindererziehung entproblematisiert und der Wert von Arbeit als Brücke zwischen Individualität und Vergemeinschaftung positiv inszeniert. In der zweiten Staffel (*Neues übern Gartenzaun*) wurden vor allem die innerfamilialen Beziehungen thematisiert: Konflikte bei der Kindererziehung, der Wert von Arbeit, partnerschaftliche Treue, Eheprobleme und Partnerschaft im Alter.

In *Zahn um Zahn* (drei Staffeln 1985, 1986, 1988) standen sich die extrem stereotypisierten Figuren des Zahnarztes Wittkugel und seiner Assistentin („Häppchen") gegenüber. Beide wurden innerhalb der Serie nicht negativ bewertet, obwohl sie prima facie dem Familienleitbild des sozialistischen Orientierungsdiskurses widersprachen. In den letzten Folgen gehen beide aufeinander zu und heiraten schließlich, so dass hier der immanente Widerspruch zum Familienleitbild geradezu exemplarisch aufgelöst wird. Ästhetische Gestaltung und teilweise Cliffhanger-Dramaturgie zeugen von der Öffnung hin zu neuen Serienformaten.

Die Serien-Analysen zeigten, dass ab Ende der 70er das unterhaltende Element gegenüber der Ideologie immer stärker in den Vordergrund trat.

Teilprojekt 9:
Kinderfernsehen. Als Lenin ging und Sandmann blieb

Das Projekt beschäftigte sich mit den Produktionsbedingungen und -strukturen des Kinderfernsehens in der DDR, mit seiner Resonanz, Rezeption und Wirkung sowie mit der Einbindung des Kinderfernsehens in das Gesamtprogramm. Im Zentrum standen die fiktionalen Sendungen als qualitativ und quantitativ wichtigste Angebote. Sie wurden in ihrer Entwicklung erfasst und auf der Grundlage eines Leitfadens u. a. auf die durch sie vermittelten Wertorientierungen hin analysiert. Dabei standen folgende Fragen im Mittelpunkt: Wie gestaltete sich die Angebotsentwicklung im Kinderfernsehen nach Sparten, Formaten und Themen? Welchen Anteil an dieser Entwicklung hatte die Kinderdramaturgie als ein Programmproduzierender Bereich im Kinderfernsehen? Wann und in welcher Weise wurden im Kinderfernsehen politisch-pädagogische Direktiven umgesetzt sowie auf innen- und außenpolitische Veränderungen in den dramatischen Produktionen reagiert? Welche Akzeptanz hatte das Eigenproduzierte Kinderfernsehen bei den Zuschauern? Welche Nutzungsunterschiede gab es dabei zwischen den non-fiktionalen und fiktionalen Angebotsformen sowie zwischen jüngeren und älteren Kindern? Welches Bild vom Kind beeinflusste in den unterschiedlichen Perioden des Kinderfernsehens die Produktion fiktionaler Angebote? Welche Entwicklungen bei Themen und Gestaltungsmitteln sind in den fiktionalen Sendungen feststellbar?

In einem ersten Arbeitsschritt wurde eine Programmanalyse des Kinderprogramms durchgeführt. Dabei erfolgte eine Konzentration auf die fiktionalen und non-fiktionalen Standardsendungen des Kinderfernsehens sowie auf spezifische Zeitinseln (s. o.) und Umbrüche. Ziel der Programmanalyse war es, auf der Makroebene das Kinderprogramm als Ganzes in seinen strukturellen und genrebezogenen Merkmalen zu beschreiben. Es wurde die Angebotsentwicklung des Kinderfernsehens im Zeitraum von 1957 bis 1991 untersucht. Die Analyse erfolgte aus zwei unterschiedlichen Perspektiven. Erstens wurde das Programmangebot nach Umfang, Produktionsbereichen und redaktionellen Formen analysiert. Der zweite Teil befasste sich mit den Inhaltsprofilen und den daraus qualitativ ableitbaren Besonderheiten des Programmangebots für Kinder. Als ergänzendes Modul wurde die *Flimmerstunde* als Programmplatz für Kinderfilme von 1959 bis 1991 komplett codiert. Hier ging es vor allem um die Frage nach dem Verhältnis zwischen Eigen- und Fremdproduktionen und zu welchen Anteilen gegenwartsorientierte, historische und fantastische Stoffe gesendet wurden.

Aus der Programmstrukturanalyse wurden auch in diesem Teilprojekt Entwicklungsphasen abstrahiert; sie orientieren sich weitgehend an der institutionellen Struktur und laufen nicht immer synchron mit der Programmentwicklung:

1. Gründungs- und Experimentierphase 1953 bis 1963: Quantitativ spielte die Arbeit der Redaktion im DFF nur eine marginale Rolle. In dieser Phase wurden viele fiktionale Formate entwickelt (*Meister Nadelöhr, Sandmann, Bei Professor Flimmrich*), die das Kinderfernsehen bis zum Ende begleiteten. Waren in den Jahren von 1953 bis 1956 kaum feste Programmstrukturen anzutreffen, bildete sich ab 1957 eine rekurrente wöchentliche Sendestruktur mit festen Programmplätzen heraus.

2. Konsolidierung der Sendestruktur und erste Differenzierungsversuche 1964 bis 1972: 1964 wurden die Redaktionen Kinderfernsehen und Jugendfernsehen sowie Kinder- und Jugenddramaturgie gebildet. Damit vollzog sich eine Trennung zwischen dem non-fiktionalen und fiktionalen Produktionsbereich. 1969 erfolgte zudem eine Aufteilung in die Hauptabteilungen Kinderfernsehen und Jugendfernsehen, was Ausdifferenzierungen des Programms nach Altersstufen zur Folge hatte. Gleichzeitig kam es zu einer Reihe von Neuentwicklungen im Bereich der Sport- und Tierpublizistik.

3. In der dritten Phase von 1973 bis 1982 erfolgte eine weitere Differenzierung in Hinblick auf die Altersorientierung der Programmangebote. Das Kinderfernsehen stellte vor allem Angebote für die neun- bis 13jährigen Kinder bereit. Das korrespondierte mit einer Fülle neuer Sendungen aus dem Bereich der Publizistik wie Pioniermagazine, Freizeit- und Ratgebersendungen ab 1973. 1977 und 1979 kamen weitere publizistische Angebote (*Telethek, Dranbleiben*) hinzu, die ihren Schwerpunkt in den Themenbereichen Politik und Gesellschaft hatten. Alle diese Formate wurden spätestens Anfang der 80er Jahre – u. a. aufgrund mangelnder Zuschauerresonanz – eingestellt oder mit veränderten Konzepten und anderen Namen fortgeführt.

4. In der vierten Phase von 1983 bis 1991 gab es umfassendere Reorganisationen und Neuorientierungen, immer mit Blick auf eine stärkere Zuschauerbindung und Unterhaltungsorientierung. Außerdem konzentrierte sich das Programmangebot der einzelnen Redaktionen im Kinderfernsehen vermehrt auf jüngere Kinder. Ende der 80er Jahre nahm die Vielfalt an Sendungen noch einmal zu. Die bisherigen Sport-, Spiel- und Wissenssendungen wurden durch neue und ästhetisch aufwändigere Formate ergänzt.

Auf der Grundlage dieser Periodisierung der Entwicklung des Kinderfernsehens wurde in einem weiteren Modul wurde die Entwicklung des ‚Spielplans' der Kinderdramaturgie von 1953 bis 1991 untersucht. In den knapp vierzig Jahren des Kinderfernsehens wurden fast 500 fiktionale Kinderfilme und Fernsehspiele produziert. Die Gegenwart der Kinder wurde in 216 Produktionen thematisiert, Märchen oder fantastische Geschichten wurden in 184 Produktionen erzählt. Nur 95 Produktionen befassten sich mit geschichtlichen Themen. Betrachtet man die einzelnen Produktionen im Zeitverlauf, so zeigen sich erhebliche Unterschiede im jährlichen Produktionsumfang. Grundsätzlich waren es immer aufwändige Produktionen und die Realisierung von Serien, die zu erheblichen Veränderungen im Produktions- und Sendevolumen führten.

Blickt man genauer auf die Honecker-Ära, so bildeten zwei neue Konzeptionen (1974/1976) die Grundlagen der Produktion. In den Vordergrund gestellt wurden Fernsehspiele und -filme und weniger die publizistischen Sendungen. Die Inbetriebnahme der Farbstudios in Berlin-Johannisthal und die Erweiterung der Filmkapazitäten ermöglichte eine Vielzahl von inhaltlichen und ästhetischen Innovationen. Der Forderung nach Erhöhung des Schauwertes, nach heiteren und unterhaltsamen Fernsehfilmen und -spielen wurde Rechnung getragen. Mit *Spuk unterm Riesenrad* entstand die erste Staffel der *Spuk*-Serie, die in den folgenden Jahren zum festen Bestandteil des Programms des Kinderfernsehens gehörte und die neuen Farbfernsehtechniken nutzte. Infolge dieser Technik erhöhte sich die Zahl der fantastischen und märchenhaften Stoffe, Gegenwartsgeschichten wurden differenzierter und sensibler erzählt. Aber neben Porträts berühmter Persönlichkeiten, in denen die progressiven Traditionen der deutschen Geschichte aufgezeigt wurden, gab es auch verstärkt historische Stoffe, die sich mit dem zweiten Weltkrieg und der Zeit des Faschismus beschäftigten: *Joszia, die Tochter der Delegierten* (1977), *Das Obdach* (1981) und *Pianke* (1983).

Nach 1983 wurde im Zuge der Programmreform und als Konsequenz aus der Kritik an der Wirksamkeit ein Neuanfang im fiktionalen Programm für Kinder unternommen. Die Gegenwart geriet zu fast 60 % der Fernsehspiele und -filme ins Programm. Mit Geschichte befassten sich nur noch 15 % der Sendungen, und auch der Anteil des Märchens reduzierte sich auf 26 %. Die Untersuchungen zur Rezeption ergaben nicht nur für diese letzte Phase, dass die Zugewandtheit zum Fernsehen in seinem unterhaltenden, weniger in seinem publizistischen Charakter zu suchen war. Die Heranwachsenden bevorzugten die Genres, in denen Unterhaltung, Fiktion und Animation dominierten. Für Kinder gestaltete Fernsehspiele, Magazinformate und Dokumentarfilme, die auch Erziehungs- und Bildungsaspekte bedienten, konnten kaum auf Resonanz bei den jungen Zuschauern hoffen. Insgesamt zeigen sich sehr stabile Präferenzen bei den Genreinteressen. Und: Je älter die Kinder wurden, desto stärker wurde ihre Abgrenzung zum Kinderprogramm sichtbar. Somit entfiel ein wesentlicher Teil der Fernsehnutzung älterer Kinder bereits auf das Erwachsenenprogramm. Jüngere Kinder wurden durchweg durch das Kinderfernsehen erreicht und schauten auch vorrangig die für sie bestimmten Sendungen des Vorschulprogramms (*Sandmann, Zu Besuch im Märchenland, Spielhaus*). Ältere Kinder dagegen sahen kaum die für sie bestimmten Angebote. Hier fand bereits eine selektive Medienzuwendung der Kinder statt.

Am stärksten war der Zuspruch der Kinder immer dann, wenn die dramatischen Produktionen märchenhafte, fantastische und humorvolle Komponenten hatten. Historische und gegenwartsorientierte Stoffe erreichten – insbesondere wenn sie auf der fantastischen Ebene angesiedelt waren – häufig eine höhere Sehbeteiligung als der realistische Kinderfilm. Im Gegensatz zum Fernsehfilm erreichte das Fernsehspiel für Kinder kaum seine Zielgruppe, trotz der Wertschätzung innerhalb der Abteilung Kinderdramaturgie. Die Publikumserfolge der Anfangszeit waren nicht konstant. Bereits in der zweiten Hälfte der 70er Jahre wurden die Abwanderung vom Kinderfernsehen und die zunehmende Konkurrenz des bundesdeutschen Kinderfernsehens spürbar. Außerdem war das DDR-Kinderfernsehen vor allem werktags mit seinen Magazinformaten stark auf zehn- bis 13jährige Kinder konzentriert. Trotz aller redaktionellen Bemühungen, ein altersgerechtes und ausgewogenes Programm zu schaffen, konnte die Zielgruppenproblematik nicht gelöst werden. So wie sich Vorschulkinder tendenziell an Sendungen für ältere Kinder orientieren, so wenden sich ältere Kinder dem Jugend- bzw. Erwachsenenprogramm zu. Als äußerst stabil erwies sich auch das Unterhaltungsbedürfnis der Heranwachsenden. Unterhaltung und Spannungserleben waren die wichtigsten Motive des Fernsehgebrauchs. Vieles deutet darauf hin, dass die Kommunikationsbedürfnisse von Kindern im untersuchten Zeitraum relativ stabil geblieben sind. Sich durch das Fernsehen unterhalten zu lassen, ist ein Bedürfnis, das offensichtlich zeitlich, system- und gruppenübergreifend stabil war und ist.

Die Untersuchung des Bildes vom Kind im Kinderfilm war ein weiteres Modul des Projekts. Das Forschungsinteresse galt der Fragestellung, welche Geschichten über Kinder erzählt und welche Interpretationsangebote den Zuschauern damit nahegelegt wurden: Geschichten ergeben sich aus spezifischen Akteurskonstellationen, Handlungszielen und -ergebnissen. Für eine vertiefende Analyse wurden aus den 500 Eigenproduzierten Filmen und Fernsehspielen der Kinderdramaturgie 50 ausgewählt und einer vertiefenden Analyse unterzogen. Besonders relevant waren folgende Plot-Muster: Geschichten über die Beziehungen zwischen Kindern und Erwachsenen, Beziehungen zwischen Kindern und der Schule, Beziehungen ausschließlich zwischen Kindern. Insbesondere bei Beziehungen zwischen Kindern und Erwachsenen ließen sich viele Fälle einer Ungleichheit finden (Defizitmodell des Kindes), die sich insbesondere an das Muster hielten: ‚Erwachsene helfen Kindern' und ‚Kinder sollen sich an den Eigenschaften von Erwachsenen orientieren'. Das Wechselverhältnis von Kollektivität und Individualität war ein Thema, das in nahezu allen untersuchten Filmen verhandelt wurde, vorrangig in Bezug auf Schulthemen. Von zentraler Bedeutung war die kindliche Aktivität, die aber immer bevorzugt in der Gemeinschaft realisiert wurde. Alle Protagonisten in den analysierten Produktionen nahmen in vielfältigen Formen eine Außenseiterposition ein. Oft wurde ein Kind direkt oder auch weniger deutlich gegen eine Gruppe gestellt, in die es sich dann am Ende in der Regel wieder integrierte. Durch diese Reintegration ist die Gruppe mehrheitlich, angeregt durch den Protagonisten in der Außenseiterposition, zum Ende des Filmes hin in ihrer Form sozialer, aktiver oder gemeinschaftlich ‚verbessert' worden. Mehrheitlich wurden die Protagonisten als sensible, nachdenkliche, aber auch starke und renitente Kinder beschrieben. Fast alle gezeigten Kinder waren sehr engagiert, und das nicht nur, um Verbesserungen für sich selber zu erreichen, sondern in der Regel zwecks positiver Veränderungen für eine ganze Gruppe. Bei den Protagonisten handelte es sich sämtlich um starke Charaktere, die zum Teil eine gewisse kritische Distanz oder, einfacher formuliert, Aufsässigkeit gegenüber Erwachsenen an den Tag legten. Auffällig war der enge Zusammenhang mit der Arbeitswelt der Erwachsenen. In mehreren Filmen wurde thematisiert, dass Kinder entweder der Führung Erwachsener bedürfen, um sich ‚richtig' zu entwickeln, oder aber dass das positive Beispiel einer Brigade sie in die ‚richtige' Richtung lenkte. Die Kinder wurden frühzeitig angehalten, gemeinschaftliche Verantwortung zu tragen, oder anders formuliert: Das Handlungs- und Verhaltensspektrum wurde in relativ eingeschränkten Normen präsentiert.

Teilprojekt 10:
Fiktionale Geschichtssendungen

In diesem neuen Teilprojekt wurden seit dem Frühjahr 2004 fiktionale Geschichtssendungen im Programm des *Deutschen Fernsehfunks / Fernsehens der DDR* untersucht, also Fernsehbeiträge zu historischen Stoffen in fiktionsgebundenen Genreformen. Die fiktionale Geschichtssendung war ein umfangreiches, politisch und mentalitätsgeschichtlich außerordentlich bedeutsames und in der medialen Öffentlichkeit der DDR viel beachtetes Programmelement. An ihm lassen sich in besonderer Weise die Interaktion von ideologischem ‚Überbau' und medial-ästhetischer Praxis untersuchen und erkennen. Fiktionale Geschichtssendungen zeichnen sich – im Rahmen eines offenen Gattungskontinuums – durch eine typische Struktur aus: die paradox erscheinende Übermittlung ‚historischer Wahrheit' durch bewusste Fiktionalisierung und – damit zusammenhängend – die mediale Inszenierung eines authentischen Gestus. Das Teilprojekt berücksichtigte vor allem fiktionale Sendungen zu Geschichtsthemen, die erkennbar eine Brücke schlugen zwischen theoretischem Geschichtsdiskurs (Exposition und spezifische Bewertung historischer Ereignisse) und seinem externen Präsentismus (Gedenktage, Jubiläen) einerseits und der Genese und Charakteristik relevanter fiktionaler Sendebeiträge andererseits.

Die primären Fragestellungen des Teilprojekts waren gleichermaßen komplementär für das Gesamtprojekt, wie sie eigenständige Forschungsfelder bildeten. Der vertiefende Beitrag zum Gesamtprojekt war der, einen Zusammenhang zwischen massenmedialer Wirklichkeitskonstruktion und DDR-Aktualität deutlich zu machen. Entsprechend bestand eine der Projektaufgaben darin, fiktional repräsentierte Geschichtsstoffe auf jeweils bestehende gesellschaftliche Diskurse (ausgehend von Parteitagsbeschlüssen, Geschichtswissenschaft, Gegenwartsliteratur, Großereignissen, Alltagskultur) zu beziehen, d. h. den Binnenhorizont des Medienangebots und den

Außenhorizont der ‚kulturellen Kommunikation' in ein Verhältnis zu setzen. Dabei ging es um mehr oder minder direkt vermittelte Themenverbindungen, Problemüberschneidungen oder Bedeutungsidentitäten. Zu fragen war, wofür der historische Stoff in der aktuellen Erfahrungswirklichkeit (offiziell, inoffiziell) stand und für welchen Bedeutungstransfer er fiktionalisiert wurde. Für das DDR-Fernsehen wurden fiktionale Geschichtssendungen durchgängig und umfangreich produziert. Innerhalb des Bestandes, den das *Deutsche Rundfunkarchiv* (DRA) in Potsdam verzeichnet, wurden für die Untersuchung zwei zeitliche Zäsuren und zugleich Themenschwerpunkte gesetzt: die Gründungsphase der DDR mit Rückbezug auf den deutschen Faschismus und Rückblick auf eigene Aufbauleistungen sowie das Beispiel einer Geschichtsrevision mit der ‚Preußen-Renaissance'. Diese zentrale Untersuchungsperspektive wurde durch eine weitere Fragestellung ergänzt und pointiert. In Fallstudien wurde anhand des konkreten Produktionsrahmens ermittelt, inwieweit ein systemischer Zusammenhang nachzuweisen war zwischen dem Hauptaspekt des Meta-Diskurses – der offiziellen Geschichtspolitik – und dem internen Medienhandeln der Fernsehinstitution und des Schöpferkollektivs. Die Fallstudien galten Programmbeispielen, die durch Ankündigungen, Anlässe, Rezeptionsnachweise und Besprechungen einen höheren Bekanntheitsgrad hatten oder haben sollten.

Überblick über die Teilprojekte

Teilprojekt 1	Strukturgeschichtliche, kulturpolitische, organisatorische und technische Aspekte der Programmentwicklung	Leipzig / Halle
Teilprojekt 2	Rezeptionsgeschichte	Leipzig
Teilprojekt 3	„Heitere Dramatik" im Deutschen Fernsehfunk – das „Fernsehtheater Moritzburg" (Halle / Saale)	Halle
Teilprojekt 4	Große Show / Unterhaltungssendungen der fünfziger und sechziger Jahre	HU Berlin
Teilprojekt 5	Literaturverfilmungen / Fernsehdramatik	HU Berlin
Teilprojekt 6	Dokumentarfilm im DDR-Fernsehen	Leipzig
Teilprojekt 7	Entwicklung des Sportfernsehens	Leipzig / HFF Potsdam-Babelsberg
Teilprojekt 8	Familienserien im DDR-Fernsehen	Halle
Teilprojekt 9	Kinderfernsehen	HFF Potsdam-Babelsberg
Teilprojekt 10	Fiktionale Geschichtssendungen	Halle

Homepage des Gesamtprojekts: http://www.ddr-fernsehen.de

Auswahlbibliographie

1. Grundlegendes, Gesamtdarstellungen, Sammelbände

Albrecht, Clemens u. a. (Hg.): Die intellektuelle Gründung der Bundesrepublik. Eine Wirkungsgeschichte der Frankfurter Schule. Frankfurt am Main / New York 2000.

Bänsch, Dieter (Hg.): Die fünfziger Jahre. Beiträge zu Politik und Kultur. Tübingen 1985.

Barker, Peter (Hg.): Views from abroad. Die DDR aus britischer Perspektive. Bielefeld 2007.

Bauer-Volke, Kristina / Ina Dietzsch (Hg.): Labor Ostdeutschland. Kulturelle Praxis im gesellschaftlichen Wandel. 2. Aufl. Berlin 2004.

Benz, Wolfgang: Deutschland seit 1945. Entwicklungen in der Bundesrepublik und in der DDR. Chronik, Dokumente, Bilder. München 1990.

Benz, Wolfgang (Hg.): Die Geschichte der Bundesrepublik Deutschland. Aktualisierte und erweiterte Neuausgabe. 4 Bände. Frankfurt am Main 1989 (Band 4: Kultur).

Bollenbeck, Georg: Bildung und Kultur. Glanz und Elend eines deutschen Deutungsmusters. Frankfurt am Main 1994.

Bollenbeck, Georg: Tradition, Avantgarde, Reaktion. Deutsche Kontroversen um die kulturelle Moderne 1880-1945. Frankfurt am Main 1999.

Bracher, Karl Dietrich u. a. (Hg.): Geschichte der Bundesrepublik Deutschland in 5 Bänden. Stuttgart 1981-1987.

Clemens, Gabriele (Hg.): Kulturpolitik im besetzten Deutschland 1945-1949. Stuttgart 1994.

Conze, Eckart / Gabriele Metzler (Hg.): 50 Jahre Bundesrepublik Deutschland. Daten und Diskussionen. Stuttgart 1999.

Die Deutsche Bibliothek: Deutsche Bücherei Leipzig, Deutsche Bibliothek Frankfurt am Main, Deutsches Musikarchiv Berlin. Offenbach am Main 2004.

Faulstich, Werner (Hg.): Die Kultur der fünfziger Jahre. München 2002.

Faulstich, Werner (Hg.): Die Kultur der sechziger Jahre. München 2003.

Faulstich, Werner (Hg.): Die Kultur der siebziger Jahre. München 2004.

Faulstich, Werner (Hg.): Die Kultur der achtziger Jahre. München 2005.

Germanisches Nationalmuseum (Hg.): Was ist deutsch? Fragen zum Selbstverständnis einer grübelnden Nation. Ausstellungskatalog. Nürnberg 2006.

Glaser, Hermann: Deutsche Kultur. Ein historischer Überblick von 1945 bis zur Gegenwart. Bonn 1997.

Glaser, Hermann: Die Kulturgeschichte der Bundesrepublik Deutschland. 3 Bände. Durchgesehene Ausgabe. Frankfurt am Main 1990.

Glaser, Hermann: Kleine deutsche Kulturgeschichte von 1945 bis heute. Frankfurt am Main, durchges. Ausgabe 2007 (zuerst 2004).

Glaser, Hermann: Kleine Kulturgeschichte der Bundesrepublik Deutschland 1945-1989. Bonn 1991.

Glaser, Hermann (Hg.): Bundesrepublikanisches Lesebuch. Drei Jahrzehnte geistiges Auseinandersetzung. München, Wien 1978.

Glaser, Hermann / Lutz von Pufendorf / Michael Schöneich (Hg.): So viel Anfang war nie. Deutsche Städte 1945-1949. Berlin 1989.

Görtemaker, Manfred: Geschichte der Bundesrepublik Deutschland. Von der Gründung bis zur Gegenwart. München 1999.

Gransow, Volker: Zwei Kulturalisierungen in der Politik. In: MKF – Mitteilungen aus der kulturwissenschaftlichen Forschung 19 (1996), S. 47-53.

Hein-Kremer, Maritta: Die amerikanische Kulturoffensive. Gründung und Entwicklung der amerikanischen Information Centers in Westdeutschland und West-Berlin 1945-1955. Köln u. a. 1996.

Hermand, Jost: Kultur im Wiederaufbau. Die Bundesrepublik Deutschland 1945-1965. München 1986.

Hermand, Jost: Die Kultur der Bundesrepublik Deutschland 1965 bis 1985. Frankfurt am Main / Berlin 1990.

Heukenkamp, Ursula: Ein Erbe für die Friedenswissenschaft. Das Konzept der kulturellen Erneuerung in der SBZ (1945-1949). In: Ursula Heukenkamp (Hg.): Unerwünschte Erfahrung. Kriegsliteratur und Zensur in der DDR. Berlin / Weimar 1990, S. 9-71.

Jäger, Manfred: Kultur und Politik in der DDR 1945-1990. Neuauflage. Köln 1995.

Kleßmann, Christoph: Die doppelte Staatsgründung. Deutsche Geschichte 1945-1955. Bonn 1982.

Krauss, Marita: Heimkehr in ein fremdes Land. Geschichte der Remigration nach 1945. München 2001.

Krauss, Marita: Nachkriegskultur in München. Münchner städtische Kulturpolitik 1945-1954. München 1985,

Krohn, Claus-Dieter / Patrik von zur Mühlen (Hg.): Rückkehr und Aufbau nach 1945. Deutsche Remigranten im öffentlichen Leben Nachkriegsdeutschlands. Marburg 1997.

Kroll, Frank-Lothar: Kultur, Bildung und Wissenschaft im geteilten Deutschland 1949-1989. In: Archiv für Kulturgeschichte 85 (2003), S. 119-142.

Kroll, Frank-Lothar: Kultur, Bildung und Wissenschaft im 20. Jahrhundert. München 2003.

Langenbucher, Wolfgang R. / Ralf Rytlewski / Bernd Weyergraf (Hg.): Kulturpolitisches Wörterbuch. Bundesrepublik Deutschland / Deutsch Demokratische Republik im Vergleich. Stuttgart 1983.

Maase, Kaspar: Bravo Amerika. Erkundungen zur Jugendkultur in den fünfziger Jahren. Hamburg 1992.

Meier, Helmut: Der Kulturbund im politischen System der DDR in den siebziger Jahren. Berlin 2000.

Mühlberg, Dietrich: Die DDR als Gegenstand kulturhistorischer Forschung. In: MKF – Mitteilungen aus der kulturwissenschaftlichen Forschung 16 (1993), S. 7-85.

Schildt, Axel (Hg.): Dynamische Zeiten. Die 60er Jahre in den beiden deutschen Gesellschaften. Hamburg 2000.

Schissler, Hanna (Hg.): The miracle years. A cultural history of West Germany 1949-1968. Princeton / N. Y. / Oxford 2001.

Schivelbusch, Wolfgang: Vor dem Vorhang. Das geistige Berlin 1945-1948. München 1995.

Schnell, Ralf (Hg.): Metzler-Lexikon Kultur der Gegenwart. Themen und Theorien, Formen und Institutionen seit 1945. Stuttgart u. a. 2000.

Stein, Werner (Hg.): Der neue Kulturfahrplan. Die wichtigsten Daten der Weltgeschichte. München, erweiterte und aktualisierte Auflage 2004.

Stephan, Alexander (Hg.): Americanization and Anti-Americanization. The German encounter with American culture after 1945. New York / Oxford 2005.

Streisand, Joachim: Kulturgeschichte der DDR. Studien zu ihren historischen Grundlagen und ihren Entwicklungsetappen. Bearbeitet und herausgegeben von Hans-Dieter Lahne. Köln 1981.

Taberner, Stuart (Hg.): German culture, politics, and literature into the twenty-first century. Beyond normalization. Rochester / N. Y. 2006.

Wachter, Clemens: Kultur in Nürnberg 1945-1950. Kulturpolitik, kulturelles Leben und Bild der Stadt zwischen dem Ende der NS-Diktatur und der Prosperität der fünfziger Jahre. Neustadt an der Aisch 1999.

Weber, Hermann: Die DDR 1945-1990. München, 3., überarb. u. erw. Aufl., 2000.

2. *Wissenschaft und Bildung*

Anweiler, Oskar (Hg.): Bildungspolitik in Deutschland 1945-1990. Ein historisch-vergleichender Quellenband. Opladen 1992.

Ash, Mitchell G.: Verordnete Umbrüche – Konstruierte Kontinuitäten. Zur Entnazifizierung von Wissenschaftlern und Wissenschaften nach 1945. In: ZfG – Zeitschrift für Geschichtswissenschaft 43 (1995), S. 903-923.

Berg, Nicolas: Der Holocaust und die westdeutschen Historiker. Erforschung und Erinnerung. Göttingen 2003.

Connelly, John: Humboldt im Staatsdienst. Ostdeutsche Universitäten 1945-1989. In: Mitchell G. Ash (Hg.): Mythos Humboldt. Vergangenheit und Zukunft der deutschen Universitäten. Wien / Köln / Weimar 1999, S. 80-104.

Frei, Norbert / Sybille Steinbacher (Hg.): Beschweigen und Bekennen. Die deutsche Nachkriegsgesellschaft und der Holocaust. Göttingen 2001.

Führ, Christoph / Carl-Ludwig Furck (Hg.): Handbuch der deutschen Bildungsgeschichte. Band VI. / Bd. VII.: 1945 bis zur Gegenwart. Bundesrepublik Deutschland. Deutsche Demokratische Republik. München 1997, 1998.

Geissler, Gert: Geschichte des Schulwesens in der Sowjetischen Besatzungszone und in der Deutschen Demokratischen Republik 1945 bis 1962. Frankfurt am Main / Berlin / Bern 2000.

Sabrow, Martin: Das Diktat des Konsenses. Geschichtswissenschaft in der DDR 1949-1969. München 2001.

Sabrow, Martin (Hg.): Geschichte als Herrschaftsdiskurs. De Umgang mit der Vergangenheit in der DDR. Köln / Weimar / Wien 2000.

Sabrow, Martin (Hg.): Verwaltete Vergangenheit. Geschichtskultur und Herrschaftslegitimation in der DDR. Leipzig 1997.

3. Literatur und Theater

Arnold, Heinz Ludwig (Hg.): Die deutsche Literatur seit 1945. München 1997.

Barner, Wilfried (Hg.): Geschichte der deutschen Literatur von 1945 bis zur Gegenwart. 2. erweiterte Aufl. München 2006.

Böthig, Peter / Klaus Michael (Hg.): MachtSpiele. Literatur und Staatssicherheit. Leipzig 1993.

Bohn, Volker: Deutsche Literatur seit 1945. Texte und Bilder. Frankfurt am Main 1993.

Briegleb, Klaus / Sigrid Weigel (Hg.): Gegenwartsliteratur seit 1968. München 1992.

Daiber, Hans: Deutsches Theater seit 1945. Bundesrepublik Deutschland, Deutsche Demokratische Republik, Österreich, Schweiz. Stuttgart 1976.

Emmerich, Wolfgang: Kleine Literaturgeschichte der DDR. Erweiterte Neuausgabe. 2. Aufl. Berlin 2005.

Fischer, Ludwig (Hg.): Literatur in der Bundesrepublik Deutschland bis 1967. München 1986.

Groth, Joachim-Rüdiger / Karin Groth: Materialien zu Literatur im Widerspruch. Gedichte und Prosa aus 40 Jahren DDR. Kulturpolitischer Überblick und Interpretationen. Köln 1993.

Hasche, Christa / Traute Schölling / Joachim Fiebach: Theater in der DDR. Chronik und Positionen. Mit einem Essay von Ralph Hammerthaler. Berlin 1994.

Ihme-Tuchel, Beate: Die frühe Schriftstellerpolitik der SED und das „Desaster der interpretierenden Klasse". In: Heiner Timmermann (Hg.): Die DDR in Deutschland. Ein Rückblick auf 50 Jahre. Berlin 2001, S. 711-730.

Kiesel, Helmut: Geschichte der literarischen Moderne. München 2004.

Mayer, Hans: Die umerzogene Literatur. Deutsche Schriftsteller und Bücher 1945-1967. Berlin 1988.

Mertz, Peter: Das gerettete Theater. Die deutsche Bühne im Wiederaufbau. Weinheim / Berlin 1992.

Rüther, Günther: „Greif zur Feder, Kumpel". Schriftsteller, Literatur und Politik in der DDR 1949-1990. Düsseldorf 1991.

Rüther, Günther: Zwischen Anpassung und Kritik: Literatur im real existierenden Sozialismus der DDR. Melle 1989.

Rüther, Günther (Hg.): Kulturbetrieb und Literatur in der DDR. 2. Aufl. Köln 1988.

Schmitt, Hans-Jürgen (Hg.): Die Literatur der DDR. München / Wien 1983.

Schnell, Ralf: Geschichte der deutschsprachigen Literatur seit 1945. 2. überarbeitete und erweiterte Aufl. Stuttgart 2003.

Sebald, Winfried Georg (Hg.): A Radical Stage. Theatre in Germany in the 1970s and 1980s. Oxford 1988.

Stuber, Petra: Spielräume und Grenzen. Studien zum DDR-Theater. Berlin 1998.

Walther, Joachim: Sicherungsbereich Literatur. Schriftsteller und Staatssicherheit in der Deutschen Demokratischen Republik. Durchgesehene Ausgabe. Berlin 1999.

4. Medien, Film und Fernsehen

Allan, Seán / John Sandford (Hg.): DEFA: East German cinema 1946-1992. New York u. a. 1999.

Arnold, Klaus / Christoph Classen (Hg.): Zwischen Pop und Propaganda. Radio in der DDR. Berlin 2004.

Bausch, Hans: Rundfunkpolitik nach 1945. 2 Bände. München 1980.

Berg, Michael (Hg.): Die unerträgliche Leichtigkeit der Kunst. Ästhetisches und politisches Handeln in der DDR. Köln u. a. 2007.

Beutelschmidt, Thomas: Sozialistische Audiovision. Zur Geschichte der Medienkultur in der DDR. Potsdam 1995.

Beutelschmidt, Thomas (Hg.): Das literarische Fernsehen. Beiträge zur deutsch-deutschen Medienkultur. Frankfurt am Main u. a. 2007.

Blunk, Harry / Dirk Jungnickel (Hg.): Filmland DDR. Ein Reader zu Geschichte, Funktion und Wirkung der DEFA. Köln 1990.

Clarke, David (Hg.): German cinema since unification. London u. a. 2006.

Classen, Christoph: Bilder der Vergangenheit. Die Zeit des Nationalsozialismus im Fernsehen der Bundesrepublik Deutschland 1955-1965. Köln u. a. 1999.

Fehrenbach, Heide: Cinema in democratizing Germany. Reconstructing national identity after Hitler. Chapel Hill u. a. 1995.

Finke, Klaus (Hg.): DEFA-Film als nationales Kulturerbe? Berlin 2001.

Fritsche, Christiane: Vergangenheitsbewältigung im Fernsehen. Westdeutsche Filme über den Nationalsozialismus in den 1950er und 1960er Jahren. München 2003.

Frölich, Margrit / Christian Schneider / Karsten Visarius (Hg.): Das Böse im Blick. Die Gegenwart des Nationalsozialismus im Film. München 2007.

Gersch, Wolfgang: Szenen eines Landes. Die DDR und ihre Filme. Berlin 2006.

Gries, Rainer: Produkte als Medien. Kulturgeschichte der Produktkommunikation in der Bundesrepublik und der DDR. Leipzig 2003.

Habel, Frank-Burkhard: Zerschnittene Filme. Zensur im Kino. Leipzig 2003.

Hachmeister, Lutz / Friedemann Siering (Hg.): Die Herren Journalisten. Die Elite der deutschen Presse nach 1945. München 2002.

Holzweißig, Gunter: Die schärfste Waffe der Partei. Eine Mediengeschichte der DDR. Köln / Weimar / Wien 2002.

Jary, Micaela: Traumfabriken made in Germany. Die Geschichte des deutschen Nachkriegsfilms 1945-1960. Berlin 1993.

Jung, Uli (Hg.): Der deutsche Film. Aspekte seiner Geschichte von den Anfängen bis zur Gegenwart. Trier 1993.

Pannen, Stefan: Die Weiterleiter. Funktion und Selbstverständnis ostdeutscher Journalisten. Köln 1992.

Pflügl, Helmut (Red.): Der geteilte Himmel. Höhepunkte des DEFA-Kinos 1946-1992. 2 Bände. Wien u. a. 2001.

Schaudig, Michael (Hg.): Positionen deutscher Filmgeschichte. 100 Jahre Kinematographie. Strukturen, Diskurse, Kontexte. München 1996.

Schenk, Ralf (Red.): Das zweite Leben der Filmstadt Babelsberg. DEFA-Spielfilme 1946-1992. Herausgegeben vom Filmmuseum Potsdam. Berlin 1994.

Schenk, Ralf / Ingeborg Pietzsch: Schlagt ihn tot, den Hund … Film- und Theaterkritiker erinnern sich. Mit einem Nachwort von Egon Günther. Berlin 2004.

Schittly, Dagmar: Zwischen Regie und Regime. Die Filmpolitik der SED im Spiegel der DEFA-Produktionen. Berlin 2002.

Wilke, Jürgen: Mediengeschichte der Bundesrepublik Deutschland. Köln 1999.

5. Bildende Künste

Blume, Eugen / Roland März (Hg.): Kunst in der DDR. Eine Retrospektive der Nationalgalerie. Berlin 2003.

Damus, Martin: Kunst in der BRD 1945-1990. Funktionen der Kunst ein einer demokratisch verfassten Gesellschaft. Reinbek 1995.

Damus, Martin: Malerei der DDR. Funktionen der bildenden Kunst im realen Sozialismus. Reinbek 1991.

Feist, Günter / Eckhart Gillen / Beatrice Vierneisel (Hg.): Kunstdokumentation SBZ / DDR 1945-1990. Aufsätze. Berichte. Materialien. Berlin 1996.

Gillen, Eckhart: Das Kunstkombinat DDR. Zäsuren einer gescheiterten Kunstpolitik. Herausgegeben vom Museumspädagogischen Dienst Berlin. Köln 2005.

Gillen, Eckhart / Rainer Haarmann (Hg.): Kunst in der DDR. Köln 1990.

Goeschen, Ulrike: Vom sozialistischen Realismus zur Kunst im Sozialismus. Die Rezeption der Moderne in Kunst und Kunstwissenschaft der DDR. Berlin 2001.

Honnef, Klaus / Hans M. Schmidt (Hg.): Aus den Trümmern. Kunst und Kultur im Rheinland und Westfalen 1945-1952. Neubeginn und Kontinuität. Katalog. Köln / Bonn 1985.

Jacobi, Fritz (Hg.): Nationalgalerie Berlin. Kunst in der DDR. Katalog der Gemälde und Skulpturen. Berlin / Leipzig 2003.

Konferenz Nationaler Kultureinrichtungen KNK (Hg.): Nationalschätze aus Deutschland. Von Luther zum Bauhaus. München u. a. 2005.

Körner, Hans (Hg.): „Flächenland". Die abstrakte Malerei im frühen Nachkriegsdeutschland und in der jungen Bundesrepublik. Tübingen / Basel 1996.

Lang, Lothar: Malerei und Graphik in Ostdeutschland. Leipzig 2002.

Lindner, Bernd: Verstellter, offener Blick. Eine Rezeptionsgeschichte bildender Kunst im Osten Deutschlands 1945-1995. Köln / Weimar / Wien 1998.

Lindner, Bernd (Hg.): Klopfzeichen. Kunst und Kultur der 80er Jahre in Deutschland – Mauersprünge. Begleitbuch zur Doppelausstellung

„Mauersprünge" und „Wahnzimmer". Dokumentation Carmen Lutz. Leipzig 2002.

Muschter, Gabriele / Klaus Honnef (Hg.): Westchor Ostportal. 12 Positionen zeitgenössischer Kunst in Deutschland. Berlin 1995.

Muschter, Gabriele / Rüdiger Thomas (Hg.): Jenseits der Staatskultur. Traditionen autonomer Kunst in der DDR. München 1992.

Sachs, Angeli: Erfindung und Rezeption von Mythen in der Malerei der DDR. Analysen. Berlin 1994.

Schätzke, Andreas: Rückkehr aus dem Exil. Bildende Künstler und Architekten in der SBZ und frühen DDR. Berlin 1999.

Schulz, Bernhard (Hg.): Grauzonen – Farbwelten. Kunst und Zeitbilder 1945-1955. Katalog. Berlin / Wien 1983.

Thomas, Karin: Zweimal deutsche Kunst nach 1945. 40 Jahre Nähe und Ferne. Köln 1985.

Thomas, Karin: Kunst in Deutschland seit 1945. Köln 2002.

6. Architektur und Städtebau

Burckhardt, Hans-Günther / Hartmut Frank / Ulrich Höhns / Klaus Stieghorst: Stadtgestaltung und Heimatgefühl. Der Wiederaufbau von Freudenstadt 1945-1954. Analysen, Vergleich und Dokumente. Hamburg 1988.

Durth, Werner / Jörn Düwel / Niels Gutschow: Architektur und Städtebau der DDR. Band 1: Ostkreuz. Personen, Pläne, Perspektiven. Band 2: Aufbau. Städte, Themen, Dokumente. 2. durchges. u. erw. Aufl. Frankfurt am Main / New York 1999.

Durth, Werner / Niels Gutschow (Red.): Architektur und Städtebau der Fünfziger Jahre. Ergebnisse der Fachtagung in Hannover 1990. Bonn 1990.

Durth, Werner u. a. (Hg.): 1945. Krieg – Zerstörung – Aufbau. Architektur und Stadtplanung 1940-1960. Berlin 1995.

Hackelsberger, Christoph: Die aufgeschobene Moderne. Ein Versuch zur Einordnung der Architektur der fünfziger Jahre. München 1985.

Nerdinger, Winfried (Hg.): Aufbauzeit, Planen und Bauen. München 1945-1950. Katalog. München 1984.

Petsch, Joachim / Wiltrud Petsch: Bundesrepublik – eine neue Heimat? Städtebau und Architektur nach `45. Berlin 1983.

Petsch, Joachim: Die gebremste Sachlichkeit der Nachkriegsarchitektur. Zum Städtebau und zur Architektur der 50er Jahre. In: Georg Bollenbeck / Gerhard Kaiser (Hg.): Die janusköpfigen 50er Jahre. Wiesbaden 2000, S. 143-169.

Rabeler, Gerhard: Wiederaufbau und Expansion westdeutscher Städte 1945-1960 im Spannungsfeld von Reformideen und Wirklichkeit. Ein Überblick aus städtebaulicher Sicht. Bonn 1990.

Schätzke, Andreas: Zwischen Bauhaus und Stalinallee. Architekturdiskussion im östlichen Deutschland 1945-1955. Braunschweig / Wiesbaden 1991.

7. Musik

Custodis, Michael: Die soziale Isolation der neuen Musik. Zum Kölner Musikleben nach 1945. Stuttgart 2004.

Dibelius, Ulrich: Moderne Musik nach 1945. Neuausgabe. München 1998.

Knutschke, Beate: Neue Linke / Neue Musik. Kulturtheorien und künstlerische Avantgarde in den 1960er und 70er Jahren. Köln 2007.

Rauhut, Michael: Beat in der Grauzone. DDR-Rock 1964 bis 1972. Berlin 1993.

Rauhut, Michael: Schalmei und Lederjacke. Rock und Politik in der DDR der achtziger Jahre. Erfurt 2002.

Riethmüller, Albrecht: Deutsche Leitkultur Musik? Zur Musikgeschichte nach dem Holocaust. Stuttgart 2006.

Rock! Jugend und Musik in Deutschland. Herausgegeben von der Stiftung Haus der Geschichte der Bundesrepublik Deutschland und der Bundeszentrale für politische Bildung. Berlin 2005.

Salmen, Walter (Hg.): Verflechtungen im 20. Jahrhundert. Komponisten im Spannungsfeld elitär – populär. Mainz 2005.

Tischer, Matthias (Hg.): Musik in der DDR. Beiträge zu den Musikverhältnissen eines verschwundenen Staates. Berlin 2005.

Zur Weihen, Daniel: Komponieren in der DDR. Institutionen, Organisationen und die erste Komponistengeneration bis 1991. Köln 1999.

8. *Kirche und Religion*

Bürgel, Rainer (Hg.): Kirche im Abseits? Zum Verhältnis von Religion und Kultur. Stuttgart 1991.

Döhn, Horst / Joachim Heise (Hg.): Staat und Kirchen in der DDR. Zum Stand der zeithistorischen und sozialwissenschaftlichen Forschung. Frankfurt am Main 2003.

Daiber, Karl-Fritz: Religion in Kirche und Gesellschaft. Theologische und soziologische Studien zur Präsenz von Religion in der gegenwärtigen Kultur. Stuttgart 1997.

Gauly, Thomas M.: Kirche und Politik in der Bundesrepublik Deutschland 1945-1976. Bonn 1990.

Graf, Friedrich Wilhelm: Die Wiederkehr der Götter. Religion in der modernen Kultur. München 2004.

Greschat, Martin / Jochen-Christoph Kaiser (Hg.): Christentum und Demokratie im 20. Jahrhundert. Stuttgart / Berlin / Köln 1992.

Hermle, Siegfried / Claudia Lepp / Harry Oelke (Hg.): Umbrüche. Der deutsche Protestantismus und die sozialen Bewegungen in den 1960er und 70er Jahren. Göttingen 2007.

Maser, Peter: Die Kirchen in der DDR. Bonn 2000.

Mau, Rudolf: Der Protestantismus im Osten Deutschlands (1945-1990). Leipzig 2005.

Mertens, Lothar: Davidstern unter Hammer und Zirkel. Die Jüdischen Gemeinden in der SBZ/DDR und ihre Behandlung durch Partei und Staat 1945-1990. Hildesheim 1997.

Säkularisierung in Ost und West. Referate des 3. Berliner Staat-Kirche-Kolloquiums vom 18. bis 19. Januar 1995. Berlin 1995.

Schäfer, Bernd: Staat und katholische Kirche in der DDR. Köln 1998.

Zeittafel

Deutsche Kultur seit 1945 – Ausgewählte Daten

Die folgende Auswahl wichtiger Daten der deutschen Kulturgeschichte seit 1945 bekennt sich zum Prinzip der Subjektivität. Sie will nicht nur dem Nachschlagen dienen, sondern auch zum eigenen Nachdenken anregen und manche These dieses Buchs illustrieren: etwa die der Offenheit des Kulturbegriffs und die der Schwierigkeit, „deutsche" Kultur in Wirkung und Rezeption national abzugrenzen vor internationalen Trends oder den kulturellen Leistungen anderer Nationen mit deutscher Sprache wie Österreich und die Schweiz. Deren wichtigste Repräsentanten in Literatur und Theater werden hier– ohne jede böse Absicht der Einvernahme – an einigen Stellen genannt werden, weil ihre Werke auch in Deutschland literarische und kulturelle Ereignisse waren. Vollständigkeit, Ausgewogenheit oder innere Geschlossenheit der Kriterien sind jedoch bei einem solchen Projekt kaum möglich, es sei denn um den Preis der Langeweile und eines enzyklopädischen Formats. Beides suchten wir zu vermeiden. Manche Ereignisse sind nicht an Tagesdaten gebunden; dann wurden sie mittels der folgenden Zeichen im jeweiligen Jahr bestimmten Sektoren des kulturellen Lebens zugeordnet:

📖	Buch, Literarisches Leben
♫	Musik, Oper
✎	Bühnenereignisse, Uraufführungen
📷	Bildende Künste, Ausstellungen
🏛	Bauwerke, Architektur
🎥	Film, Kino
⚱	Auszeichnungen

Außerdem wurden folgende **Abkürzungen** gewählt: A = Architekt, B = (Dreh-) Buch, Ch = Choreografie, DE = Deutsche Erstaufführung, EA = Erstaufführung, IFF = Internationale Filmfestspiele, R = Regie, UA = Uraufführung.

1945

9. Mai   Die Kapitulation des Deutschen Reichs tritt in Kraft: Die vier Besatzungsmächte übernehmen die oberste Gewalt und Kontrolle in Deutschland. Der Alliierte Kontrollrat erlässt in der Folge zahlreiche Gesetze und Verfügungen, die auch im Kulturbereich den Bruch mit der NS-Zeit vollziehen und durchsetzen sollen.

3. Juli   Der Kulturbund zur demokratischen Erneuerung Deutschlands wird in Berlin aus überparteilicher Initiative gegründet.

1. Aug.   In der US-amerikanischen Besatzungszone erscheint als erste deutsche Lizenzzeitung die „Frankfurter Rundschau".

1. Okt.   In allen Besatzungszonen werden die Schulen wieder eröffnet.

19. Okt.   Der Rat der Evangelischen Kirche in Deutschland verkündet gegenüber den Vertretern des Ökumenischen Rats der Kirchen das „Stuttgarter Schuldbekenntnis": „Durch uns ist unendliches Leid über viele Völker und Länder gebracht worden."

            ▣ Ernst Wilhelm Nay: „Tochter der Hekate I"; Wilhelm Lachnit: „Der Tod von Dresden"

1946

1. Juli   Auf Befehl der SMAD wird in Berlin die Deutsche Akademie der Wissenschaften in neuer Organisation wieder eröffnet.

25. Aug.   In der Stadthalle Nordplatz in Dresden wird die erste *Allgemeine Deutsche Kunstausstellung* eröffnet, die bis Ende Oktober läuft und 250 Künstler vorstellt. Sie begründet eine bis 1989 reichende Tradition von zentralen Kunstausstellungen in der DDR.

            Im Darmstädter Schloss Kranichstein beginnt mit dem „1. Ferienkurs für internationale neue Musik" eines der wichtigsten Foren der Gegenwartsmusik in Europa.

4. Sept.   „RIAS Berlin" beginnt mit seinem Programm.

15. Okt.   Der DEFA-Film „Die Mörder sind unter uns" (R: Wolfgang Staudte, u. a. mit Hildegard Knef) hat Premiere.

14. Dez.   Am Zürcher Schauspielhaus findet die Uraufführung von Carl Zuckmayers Drama „Des Teufels General" statt (DE 08.11.1947 in Hamburg).

            ✎ Günter Weisenborn: „Die Illegalen" (UA Hebbel-Theater Berlin). ☒ Literaturnobelpreis für Hermann Hesse

1947

4. Jan.	Das Nachrichtenmagazin „Der Spiegel" erscheint erstmals.
6./7. Sept.	Am Bannwaldsee im Allgäu findet auf Einladung von Hans Werner Richter ein Treffen jüngerer (west-)deutscher Schriftsteller statt, die sich als „Gruppe 47" konstituieren werden.
4. Okt.	In Berlin wird der erste deutsche Schriftstellerkongress eröffnet, mit dem der Ost-West-Konflikt auch die Kultur erreicht.
21. Nov.	In den Hamburger Kammerspielen erfolgt die Uraufführung von Wolfgang Borcherts Heimkehrer-Drama „Draußen vor der Tür". Borchert starb einen Tag vor der Uraufführung.

🖼 Hans Grundig: „Den Opfern des Faschismus". 🎥 „In jenen Tagen" (R: Helmut Käutner)

1948

1. Aug.	Die von Henri Nannen neu gegründete Wochenzeitschrift „stern" erscheint erstmals in Hannover.
28. Okt.	Unter der Leitung von Wilhelm Furtwängler starten die Berliner Philharmoniker ihre erste internationale Konzerttournee seit Kriegsende.
15. Nov.	An der Freien Universität Berlin, die im Westteil der Stadt aus Protest gegen die politische Indoktrination an der Humboldt-Universität gegründet wurde (22.09.), beginnen die Vorlesungen.
31. Dez.	Die Zeitsatire „Berliner Ballade", einer der bekanntesten Trümmerfilme der Nachkriegszeit von Regisseur Robert A. Stemmle, startet mit Gert Fröbe in der Hauptrolle des Herrn „Otto Normalverbraucher" in den deutschen Kinos. Der „Otto Normalverbraucher" hält Einzug in die deutsche Alltagssprache und steht für den typischen deutschen Durchschnittsbürger.

📖 Gottfried Benn: „Statische Gedichte". 🎥 „Deutschland im Jahre Null" / „Germania, Anno Zero" (R: Roberto Rossellini)

1949

11. Jan.	Mit der deutschen EA von „Mutter Courage und ihre Kinder" im Deutschen Theater Berlin beginnt die gemeinsame Arbeit von Bertolt Brecht und Helene Weigel mit dem Berliner Ensemble.

25. Juli	Thomas Mann hält in der Paulskirche in Frankfurt am Main seine „Ansprache im Goethejahr 1949", die er auch in Weimar vorträgt. Er kommentiert seinen Besuch in beiden Teilen Deutschlands: „Ich kenne keine Zonen. Mein Besuch gilt Deutschland selbst, Deutschland als Ganzem, und keinem Besatzungsgebiet".
10. Sept.	Die *2. Deutsche Kunstausstellung* in Dresden wird mit dem Anspruch eröffnet, einen Überblick zur Kunst aller vier Besatzungszonen zu zeigen; aus dem Westen werden 360 von 735 Exponaten präsentiert.
18. Sept.	Die erste Frankfurter Buchmesse nach dem Krieg beginnt.
1. Nov.	Nach Aufhebung der alliierten Lizenzvorschriften erscheint erstmals die „Frankfurter Allgemeinen Zeitung".
2. Dez.	Die Ständige Konferenz der Kultusminister der Bundesländer wird in Bonn errichtet.
	📖 Heinrich Böll: „Der Zug war pünktlich"; Arno Schmidt: „Leviathan". 🖼 René Graetz / Arno Mohr / Horst Strempel: „Metallurgie Hennigsdorf" (Wandbild)

1950

23. März	Die Deutsche Akademie der Künste wird in der DDR gegründet.
5. Aug.	In Bonn wird der Deutsche Akademische Austauschdienst neu gegründet.
7. Sept.	In den bundesdeutschen Kinos läuft in der Regie von Hans Deppe der erste deutsche Nachkriegsfarbfilm an: „Schwarzwaldmädel" mit Rudolf Prack und Sonja Ziemann in den Hauptrollen.
9. Okt.	Die „Donaueschinger Musiktage für zeitgenössische Tonkunst" werden neu eröffnet, bei denen in den nächsten Jahren mit Pierre Boulez, Olivier Messiaen, Hans Werner Henze, Karlheinz Stockhausen, Bernd Alois Zimmermann und Luigi Nono herausragende Repräsentanten neuer Musik vertreten sind und z. T. entdeckt werden.
	🎵 Bernd Alois Zimmermann: „Violinkonzert" (UA Baden-Baden). 🎬 „Der Rat der Götter" (R: Kurt Maetzig)

1951

20. Jan.	In der Ost-Berliner „Täglichen Rundschau" wird mit dem ersten „Orlow-Artikel" der Kampf gegen Formalismus und Kosmopolitismus eröffnet (17. März Beschluss des ZK der SED).
17. März	Paul Dessaus Oper „Das Verhör des Lukullus" nach einem Text von Bertolt Brecht wird nach einer Probeaufführung als „volksfremd und formalistisch" attackiert (offene Auslösung der „Formalismusdebatte" in der DDR, UA der Neufassung „Die Verurteilung des Lukullus" am 12. Okt. 1951 in der Staatsoper, Ost-Berlin).
29. Juni	Unter Leitung von Wieland und Wolfgang Wagner finden erstmals wieder die Bayreuther Festspiele statt.
5. Aug.	In Ost-Berlin werden die III. Weltfestspiele der Jugend und Studenten mit 26.000 Teilnehmern eröffnet (bis 19. Aug.).
2. Aug.	Die Deutsche Forschungsgemeinschaft e. V. in Bonn wird als Spitzenorganisation der Wissenschaftsförderung gegründet.
31. Aug.	Im Ost-Berliner Kino Babylon hat „Der Untertan" (R: Wolfgang Staudte) Premiere.
14. Nov.	In Hannover findet die Premiere des Heimatfilms „Grün ist die Heide" (R: Hans Deppe) statt, der mit 16 Millionen Zuschauern zu einem der größten Erfolge des westdeutschen Kinos in der Nachkriegszeit wird.
	„Das Beil von Wandsbek" (R: Falk Harnack). Gottfried Benn wird erster Preisträger des Georg-Büchner-Preises der Deutschen Akademie für Sprache und Dichtung in Darmstadt. Der Preis wird zur renommiertesten literarischen Auszeichnung in der Bundesrepublik Deutschland.

1952

19. April	In der Kunsthalle Mannheim wird die Ausstellung „Emil Nolde" eröffnet, mit der seine Wiederentdeckung beginnt.
24. Juni	In Hamburg erscheint die erste Ausgabe der „Bild"-Zeitung.
23. Juli	In der DDR werden die fünf Länder faktisch aufgelöst.
21. Dez.	Der Deutsche Fernsehfunk der DDR beginnt mit Ausstrahlungen.
25. Dez.	Der NWDR beginnt mit der regelmäßigen Ausstrahlung eines (west-)deutschen Fernsehprogramms.

📖 Paul Celan: „Mohn und Gedächtnis" (dt. Erstausgabe der „Todesfuge")

1953

1. März   Erstmals im Albertinum wird in Dresden die *Dritte Deutsche Kunstausstellung* durchgeführt: Sie ist geprägt vom in der DDR inzwischen durchgesetzten „sozialistischen Realismus".

20. April   Die Bischöfe der Evangelischen Kirche protestieren gegen die Verfolgung der „Jungen Gemeinde" in der DDR.

4. Aug.   Der Bundestag erklärt zur Erinnerung an den Volksaufstand in der DDR den 17. Juni zum „Tag der Deutschen Einheit".

23. Sept.   In Bochum wird das neue Schauspielhaus eröffnet.

📖 Ingeborg Bachmann: „Die gestundete Zeit". ♪ Boris Blacher und Werner Eck: „Abstrakte Oper Nr. 1" (UA Mannheim). ☕ Georg-Büchner-Preis für den Schriftsteller und Essayisten Ernst Kreuder

1954

7. Jan.   Johannes R. Becher tritt an die Spitze des neu gegründeten Kulturministeriums der DDR.

9. März   Der von der SED initiierte Propagandastreifen „Ernst Thälmann – Sohn seiner Klasse" (R: Kurt Maetzig) erlebt seinen Kinostart im Ost-Berliner Friedrichstadtpalast (2. Teil: „Ernst Thälmann – Führer seiner Klasse" folgt 1955).

4. Juli   Mit einem 3:2 gegen Ungarn wird die (west-)deutsche Nationalmannschaft in Bern Fußballweltmeister („Wunder von Bern").

7. Juli   Unter dem Motto „Seid fröhlich in Hoffnung" findet der Evangelische Kirchentag erstmals in der DDR, in Leipzig, statt. Mit 650.000 Teilnehmern der Hauptversammlung ist er der bislang größte.

📖 Wolfgang Koeppen: „Der Tod in Rom". ☕ Georg-Büchner-Preis für den Romancier Martin Kessel

1955

27. März	In Ost-Berlin findet erstmals eine öffentliche Jugendweihe statt.
8. Mai	Thomas Mann hält in Stuttgart die Festrede zum 200. Geburtstag von Friedrich Schiller; am 14. Mai spricht er auch in Weimar.
16. Mai	Die in USA entstandene Fassung von Bertolt Brechts „Leben des Galilei" erfährt ihre Uraufführung am Schauspiel Köln unter dem Titel „Galileo Galilei".
16. Juli	Im Museum Fridericianum wird unter Leitung von Arnold Bode die *documenta 1* eröffnet. Bei dieser ersten großen Ausstellung moderner Kunst in Westdeutschland nach 1945 wird vor allem die von den Nationalsozialisten verfolgte „Entartete Kunst", zumal die abstrakte Malerei der 20er und 30er Jahre, zurück ins kulturelle Gedächtnis gerufen. In der Folge entwickelt sich die Kasseler *documenta* (neben der Biennale von Venedig) zur weltweit bedeutendsten Ausstellung zeitgenössischer Kunst.
16. Okt.	Diskussion bei den Donaueschinger Musiktagen zur Rezeption moderner Musik unter dem Titel „Wie soll das weitergehen?"
25. Okt.	Im Münchener Haus der Kunst wird die Ausstellung „Picasso 1900-1955" eröffnet, seine erste große Personalausstellung in Deutschland nach 1945 (später in Köln und Hamburg).
	📖 Günter Eich: „Botschaften des Regens". 🖼 Willi Baumeister: „Bluxao". 🎬 „Des Teufels General" (R: Helmut Käutner). 🏆 Georg-Büchner-Preis für die Lyrikerin und Erzählerin Marie-Luise Kaschnitz

1956

3. Jan.	Der Deutsche Fernsehfunk (DFF) in der DDR startet den offiziellen Sendebetrieb.
3. Juni	Hauptwerke der Dresdener Museen werden von der Sowjetunion an die DDR zurückgegeben und zur Neueröffnung der Gemäldegalerie Alter Meister im Dresdener Zwinger präsentiert.
27. Sept.	Die Premiere des Films „Die Halbstarken" (Regie: Georg Tressler), in den Hauptrollen Karin Baal und Horst Buchholz, der ein neues westdeutsches Jugendphänomen porträtiert, geht über die bundesdeutschen Kinoleinwände.
29. Nov.	Wolfgang Harich, der ausgehend von seiner „Plattform für den besonderen deutschen Weg zum Sozialismus" versucht hatte, Reformen in der DDR anzustoßen, wird verhaftet.

♪ Karlheinz Stockhausen: „Gesang der Jünglinge". 🐌 Friedrich
Dürrenmatt: „Der Besuch der alten Dame" (UA Zürich). 🎥 „Der
Hauptmann von Köpenick" (R: Helmut Käutner; Oscar-
Nominierung). 🜨 Georg-Büchner-Preis für den erst 40jährigen
Lyriker Karl Krolow

1957

8. März   Mit erheblichen Zensureingriffen findet die westdeutsche Pre-
            miere des DEFA-Spielfilms „Der Untertan" (Regie: Wolfgang
            Staudte) statt.

12. April   Der „Göttinger Appell" führender Atomphysiker (u. a. Otto
            Hahn und Werner Heisenberg) gegen die Atombewaffnung der
            Bundeswehr wird verkündet.

6. Juli   In West-Berlin findet die Eröffnung der Internationalen Bauaus-
            stellung statt.

            📖 Alfred Andersch: „Sansibar oder Der letzte Grund"; Max
            Frisch: „Homo faber"; Erwin Strittmatter: „Der Wundertäter"
            (Band 1, Band 2 und 3 erscheinen 1973 und 1980); Hans Mag-
            nus Enzensberger: „Verteidigung der Wölfe". 🐌 Goethe: Faust I
            und II (R: Gustaf Gründgens, Deutsches Schauspielhaus Ham-
            burg). 🖼 Günther Uecker: „Das gelbe Bild"; Gerhard Alten-
            bourg: „Das Lager der Eva". 🖼 / 🏛 Heilig Kreuz Kirche in
            Bottrop (A: Rudolf Schwarz) mit abstraktem Glasfenster von
            Georg Meistermann. 🎥 „Berlin – Ecke Schönhauser" (R: Ger-
            hard Klein). 🜨 Georg-Büchner-Preis für den Romancier, Humo-
            risten und Kinderbuchautor Erich Kästner

1958

15. Juni   In der Münchner Residenz wird die 4. Ausstellung des Europa-
            rats eröffnet, erstmalig in der Bundesrepublik Deutschland: „Eu-
            ropäisches Rokoko. Kunst und Kultur des 18. Jahrhunderts".

1. Sept.   In den Schulen der DDR wird der polytechnische Unterricht mit
            einem Tag in der Produktion pro Woche eingeführt.

28. Sept.   Die *Vierte Deutsche Kunstausstellung* wird im Dresdener Alber-
            tinum eröffnet: Großflächigkeit und Typisierung sind kenn-
            zeichnend für die SED-Forderung nach volkstümlicher Kunst.

10. Nov.   Erst über zwei Jahre nach seinem Tod geht im Württembergi-
            schen Staatstheater in Stuttgart die Uraufführung von Bertolt

Brechts „Der aufhaltsame Aufstieg des Arturo Ui" in der Regie von Peter Palitzsch über die Bühne (Arturo Ui: Wolfgang Kieling).

🎬 „Wir Wunderkinder" (R: Kurt Hoffmann). ⚇ Max Frisch ist erster Schweizer Empfänger des Georg-Büchner-Preises

1959

14. Febr.   Der Deutsche Ausschuss für das Erziehungs- und Bildungswesen legt einen „Rahmenplan" vor, der weit reichende Reformen im allgemein bildenden Schulwesen der Bundesrepublik vorschlägt.

24. April   Bei der 1. Bitterfelder Konferenz propagiert die SED-Führung die literarische Aktivität der Arbeiter („Greif zur Feder, Kumpel ...") und die literarische Thematisierung der Arbeitswelt.

12. Juni   Im Bezirk Halle finden die 1. Arbeiterfestspiele der DDR statt.

11. Juli   Im Mittelpunkt der *documenta II* in Kassel steht erstmals zeitgenössische Kunst aus den USA und Europa (Informel).

22. Okt.   Bernhard Wickis Antikriegsfilm „Die Brücke" erlebt in München seine gefeierte Uraufführung.

15. Dez.   Mit dem von Werner Ruhnau entworfenen und von Yves Klein ausgestatteten Musiktheater im Revier wird in Gelsenkirchen einer der wichtigsten Theaterbauten der Nachkriegszeit eröffnet.

         📖 Günter Grass: „Die Blechtrommel"; Uwe Johnson: „Mutmaßungen über Jakob". ♪ Hanns Eisler: „Deutsche Sinfonie" (UA Ost-Berlin). 🎬 „Serengeti darf nicht sterben" (R: Bernhard Grzimek; Oscar-Preisträger 1960). ⚇ Georg-Büchner-Preis für den Lyriker Günter Eich

1960

31. März   In Frankfurt am Main wird das erste deutsche Autokino eröffnet.

29. Mai   In Essen wird der Neubau des Museums Folkwang (A: Horst Loy, Werner Kreutzberger) eröffnet.

29. Sept.   Die Kultusministerkonferenz beschließt eine Neuordnung der gymnasialen Oberstufe als bildungspolitisches Reformprojekt.

22. Okt.   Paul Celan dankt für die Verleihung des Georg-Büchner-Preises an ihn mit der berühmt gewordenen Rede *Der Meridian*: „Das Gedicht zeigt ... eine starke Neigung zum Verstummen."

📖 Martin Walser: „Halbzeit". 🎵 Hans Werner Henze: „Der Prinz von Homburg" (UA Hamburg). 🎬 „Die tausend Augen des Dr. Mabuse" (R: Fritz Lang)

1961

28. Febr.	Das Bundesverfassungsgericht stoppt Bundeskanzler Adenauers Pläne eines staatlich kontrollierten Fernsehprogramms.
31. März	Bei einer Tagung in Dortmund über moderne Arbeiter- und Industriedichtung gründet sich der „Arbeitskreis für künstlerische Auseinandersetzung mit der industriellen Arbeitswelt"; er wird als „Gruppe 61" (in Analogie zur „Gruppe 47") bekannt.
23. April	Im ehemaligen KZ Sachsenhausen wird eine Nationale Mahn- und Gedenkstätte der DDR eröffnet.
13. Aug.	Der Bau der Berliner Mauer bedeutet auch für das kulturelle Leben in Berlin und in Deutschland einen tiefen Einschnitt.
5. Sept.	Die Jugendorganisation der DDR, die FDJ, propagiert die „Aktion Ochsenkopf" (Verhinderung von Westfernsehen in der DDR).
11. Sept.	B. K. Tragelehns Inszenierung von Heiner Müllers Stück „Die Umsiedlerin oder das Leben auf dem Lande" mit Studierenden der Hochschule für Ökonomie in Berlin-Karlshorst führt zu Berufsverboten und Maßregelungen für alle Beteiligten.

✎ Hans Erich Nossack wird Träger des Georg-Büchner-Preises

1962

1. Jan.	Deutschlandfunk (Zielrichtung: DDR) und Deutsche Welle (internationale Programme) beginnen ihren Sendebetrieb.
28. Febr.	Im „Oberhausener Manifest" erheben 28 junge Filmemacher den Anspruch, „den neuen deutschen Spielfilm zu schaffen".
22. Sept.	Bei der *Fünften Deutschen Kunstausstellung* in Dresden werden Genrebilder gefeiert, die den sozialistischen Alltag darstellen.
26. Okt.	Die Bundesanwaltschaft lässt wegen Verdachts des Geheimnisverrats die „Spiegel"-Redaktion durchsuchen und nimmt Herausgeber Rudolf Augstein fest; durch massive Proteste der Öffentlichkeit bewirkt die „Spiegel-Affäre" eine Regierungskrise.
7. Nov.	In Anwesenheit von Walter Gropius beginnt im Süden West-Berlins eines der größten Wohnungsbauprojekte („Gropiusstadt").

12. Dez.   Mit „Der Schatz im Silbersee" (R: Harald Reinl) beginnt im westdeutschen Kino eine erfolgreiche Serie von Karl-May-Verfilmungen.

Franz Fühmann: „Das Judenauto". Max Frisch: „Andorra" (DE in Düsseldorf, Frankfurt am Main, München). Kölner Schauspielhaus (A: Wilhelm Riphahn, der 1957 auch die Kölner Oper gebaut hatte). Georg-Büchner-Preis für den Romancier Wolfgang Koeppen

1963

2./3. Febr.   Das „Festum Fluxorum Fluxus" in Düsseldorf manifestiert den Durchbruch der Happening-Aktionskunstbewegung „Fluxus".

20. Febr.   In der Regie von Erwin Piscator provoziert die Uraufführung von Rolf Hochhuths „Der Stellvertreter" an der Freien Volksbühne Berlin eine Debatte um Papst Pius XII. und das NS-Regime.

1. April   Das Zweite Deutsche Fernsehen startet seinen Sendebetrieb.

1. Okt.   In der West-Berliner Galerie Werner & Katz wird eine Ausstellung mit Werken von Georg Baselitz eröffnet, die schnell zum Eklat gerät. Wegen „Unsittlichkeit" beschlagnahmt die Berliner Staatsanwaltschaft die Bilder „Die große Nacht im Eimer" und „Der nackte Mann", die Baselitz erst nach Abschluss des Strafprozesses im Jahr 1965 zurückerhält.

Heinrich Böll: „Ansichten eines Clowns". Igor Strawinsky: „Die Sintflut" (UA Hamburger Staatsoper). A. R. Penck: „Der Übergang". Neue Philharmonie Berlin (A: Hans Scharoun). „Karbid und Sauerampfer" (R: Frank Beyer); „Nackt unter Wölfen (R: Frank Beyer); „Winnetou" I (R: Harald Reinl). Georg-Büchner-Preis für den erst 34jährigen Lyriker Hans Magnus Enzensberger

1964

25. Jan.   Erstmals präsentiert Hans-Joachim Kulenkampff in der ARD seine Quiz-Show „Einer wird gewinnen" (1964-69, 1979-87), die mit Spielgästen aus Europa auch den europäischen Gedanken populär machte. Abgekürzt hieß die Serie daher „EWG".

12. März   Nach kritischen Vorlesungen, die als „Dialektik ohne Dogma" erscheinen, wird Robert Havemann aus der SED ausgeschlossen.

24./25. April	Die 2. Bitterfelder Konferenz verlangt von den Kulturschaffenden der DDR eine Förderung des sozialistischen Bewusstseins.
6. Mai	Die Volkskammer der DDR beschließt ein neues Jugendgesetz.
27. Juni	Neben den von den Ausstellungsleitern Arnold Bode und Werner Haftmann inszenierten „Meisterkabinetten" beeindrucken bei der *documenta III* in Kassel erstmals Vertreter der jungen Pop-Art sowie ZERO-Künstler wie Günter Uecker und Heinz Mack.
1. Aug.	Die Erinnerung an den Ausbruch des Ersten Weltkriegs vor 50 Jahren wird in der Öffentlichkeit und in den Medien von der „Fischer-Kontroverse" – dem Streit um die deutschen Kriegsziele und die Verantwortung für den Kriegsausbruch – bestimmt.
22. Sept.	Als erster Sender strahlt der Bayerische Rundfunk ein „drittes" TV-Programm aus (bis 1969 folgen alle ARD-Anstalten).

Johannes Bobrowski: „Levins Mühle"; Hermann Kant: „Die Aula". Peter Weiss: „Die Verfolgung und Ermordung Jean Paul Marats …" (UA West-Berlin); Heinar Kipphardt: „In der Sache J. Robert Oppenheimer" (UA West-Berlin, München). Ingeborg Bachmann erhält als erste österreichische Persönlichkeit den Georg-Büchner-Preis |

1965

25. Febr.	In der DDR wird das Gesetz über das einheitliche sozialistische Bildungswesen beschlossen (Abschluss der Reformphase).
26. Juni	In Aachen wird die 10. Ausstellung des Europarats eröffnet: „Karl der Große. Werk und Wirkung".
30. Juni	In Bochum wird mit der Ruhr-Universität die erste Universitätsneugründung der Bundesrepublik eröffnet.
8. Okt.	Das Internationale Olympische Komitee lässt eine eigene DDR-Mannschaft zu den Olympischen Spielen 1968 zu.
19. Okt.	Parallel in beiden deutschen Staaten und in anderen Ländern wird das Oratorium in elf Gesängen „Die Ermittlung" von Peter Weiss (nach dem Auschwitz-Prozess) international uraufgeführt.
15. Dez.	Das 11. Plenum des ZK der SED beendet mit Angriffen auf jüngere Künstler und mit Verboten, u. a. von zahlreichen DEFA-Filmen, eine kurze Phase kultureller Liberalisierung in der DDR.

♫ Hans Werner Henze: „Der junge Lord"; Bernd Alois Zimmermann: „Die Soldaten". ▦ Joseph Beuys: „Wie man dem toten Hasen die Bilder erklärt" („Fluxus"). ⚇ Georg-Büchner-Preis für Günter Grass

1966

8. Juni   Peter Handkes „Publikumsbeschimpfung" wird in der Regie von Claus Peymann im Frankfurter Theater am Turm (tat) uraufgeführt. Erstmals in der deutschen Theatertradition löst diese Inszenierung die „vierte Wand" zwischen Bühne und Zuschauerraum auf.

15. Juni   Bei den Arbeiterfestspielen in Potsdam-Babelsberg wird Frank Beyers Film „Spur der Steine" durch einen von der SED bestellten Eklat torpediert und anschließend aus den DDR-Kinoprogrammen genommen.

23. Juni   Nachdem sie im Hamburger „Star-Club" im April 1962 schon einen umjubelten Auftritt feiern konnten, startet die britische Band „The Beatles" ihre erste Deutschlandtournee.

5. Sept.   Mit „Abschied von gestern" (R: Alexander Kluge) feiert bei den IFF Venedig ein Werk des „Neuen Deutschen Films" Premiere.

            ✎ Günter Grass: „Die Plebejer proben den Aufstand" (UA Schiller-Theater West-Berlin). ▦ Markus Lüpertz: „Baumstamm – dithyrambisch"; Sigmar Polke: „Bunnies". ⚇ Georg-Büchner-Preis für Wolfgang Hildesheimer; Literaturnobelpreis für die in Stockholm lebende deutsche Jüdin Nelly Sachs

1967

1. Jan.   In West-Berlin wird die „Kommune 1" gegründet, ein von der APO und dem Nonkonformismus geprägtes Lebensreformexperiment.

25. Aug.   Bei ARD und ZDF wird das Farbfernsehen eingeführt.

1. Okt.   Bei der *VI. Deutschen Kunstausstellung* in Dresden wird von Künstlern wie Heisig, Sitte, Mattheuer, Metzkes und Tübke ein „Eindruck von Modernität" (Martin Damus) vermittelt.

20. Okt.   Die erste interaktive Fernsehsendung im deutschen Fernsehen startet: Ihr Erfinder Eduard Zimmermann stellt in „Aktenzeichen XY ungelöst" ungeklärte Kriminalfälle vor und bittet die Zuschauer um ihre aktive Mithilfe.

📖 Günter Kunert: „Im Namen der Hüte". ✎ Rolf Hochhuth: „Soldaten. Nekrolog auf Genf" (UA Freie Volksbühne West-Berlin). ☿ Georg-Büchner-Preis für Heinrich Böll

1968

1. Jan. Die Premiere des Sexualaufklärungsfilms „Das Wunder der Liebe" von Oswalt Kolle löst öffentliche Diskussionen aus.

4. Mai Im Kunstgebäude am Schlossplatz in Stuttgart wird in Anwesenheit des Bauhaus-Gründers Walter Gropius die Ausstellung „50 Jahre Bauhaus" eröffnet.

22. Mai Die Wallfahrtskirche „Maria, Königin des Friedens" in Neviges wird geweiht. In zweijähriger Bauzeit schafft der Architekt Gottfried Böhm ein Hauptwerk moderner Kirchenbaukunst.

27. Juni Pop-Art und Op-Art bestimmen die *IV. documenta* in Kassel. Erstmals wird von Bazon Brock eine „Besucherschule" organisiert. Wolf Vostell und Jörg Immendorff kritisieren bei der Eröffnung das Fehlen von „Fluxus", Happening und Aktionskunst.

📖 Siegfried Lenz: „Deutschstunde"; Christa Wolf: „Nachdenken über Christa T." ♪ Carl Orff: „Prometheus" (UA Stuttgart). 🖼 Willi Sitte: „Chemiearbeiter am Schaltpult". 🏛 Neue Nationalgalerie West-Berlin (A: Ludwig Mies van der Rohe). 🎞 „Ich war neunzehn" (R: Konrad Wolf). ☿ Mit Golo Mann erhält erstmals ein Historiker und Politikwissenschaftler den Georg-Büchner-Preis.

1969

11. April Mit dem Attentat auf Rudi Dutschke kulminiert die Studentenbewegung: In vielen Städten finden Demonstrationen und Ausschreitungen statt.

14. Mai In Rostock wird mit der Kunsthalle der erste große Museumsneubau in der DDR nach 1945 eröffnet.

8. Juli In Köln wird der (westdeutsche) Verband deutscher Schriftsteller e. V. (VS) als Interessenvertretung im gewerkschaftlichen Sinne gegründet (1973 Verbindung mit der IG Druck und Papier).

3. Okt. In der DDR starten die Sendungen eines zweiten Fernsehprogramms.

8. Okt.   Mit der Mannheimer Premiere von „Katzelmacher" und zwei
          weiteren Filmen im selben Jahr erlebt Rainer Werner Fassbinder
          den Durchbruch als Star des „Jungen Deutschen Films".
          ♪ Bernd Alois Zimmermann: „Requiem für einen jungen Dich-
          ter" (UA Düsseldorf). ✎ Goethe: „Torquato Tasso" (R: Peter
          Stein, Bremen). ▦ Georg Baselitz: „Der Wald auf dem Kopf".
          ⚇ Georg-Büchner-Preis für den Lyriker und Avantgardisten
          Helmut Heißenbüttel

1970

16. Jan.   In Düsseldorf wird das neue Schauspielhaus (A: Bernhard Pfau)
           mit fünf Premieren an zehn Tagen eröffnet.

21. März   Der Sozialistische Deutsche Studentenbund beschließt in Frank-
           furt am Main seine Selbstauflösung: Die Diffusion der Außer-
           parlamentarischen Opposition (APO) beginnt.

14. Mai   Der wegen Brandstiftung verurteilte Andreas Baader wird mit
           Gewalt aus der Haft befreit. Ulrike Meinhof ist an der Aktion
           beteiligt. Die Befreiung gilt als Geburtsstunde der terroristischen
           Vereinigung Rote Armee Fraktion (RAF) in der Bundesrepublik.

1. Sept.   In Hannover startet die drei Jahre dauernde „Aktion der Straßen-
           kunst", bei der die „Nanas", überlebensgroße, runde, weibliche
           Plastiken, der Französin Niki de Saint Phalle auf Unverständnis
           stoßen.
           📖 Thomas Bernhard: „Das Kalkwerk"; Uwe Johnson: „Jah-
           restage. Aus dem Leben von Gesine Cresspahl" (Band 1, die
           folgenden drei Bände erscheinen 1971, 1973 und 1983). ⚇ Ge-
           org-Büchner-Preis für den österreichischen Erzähler und Drama-
           tiker Thomas Bernhard

1971

11. März   In Stuttgart erinnert die aus der DDR kommende Ausstellung
           „Fünf Städte mahnen" an die Zerstörungen des Bombenkriegs in
           Dresden, Leningrad, London, Rotterdam und Warschau.

23. April In Frankfurt am Main wird der „Filmverlag der Autoren" ge-
           gründet, um künstlerische Unabhängigkeit zu garantieren.

13. Sept. Heinrich Böll wird als erster Deutscher zum Präsidenten des
           Internationalen PEN-Clubs gewählt.

| 17. Dez. | Der neue SED-Chef Erich Honecker verkündet, dass es in Kunst und Literatur der DDR zukünftig „keine Tabus geben" würde, wenn „man von der festen Position des Sozialismus" ausgehe. |

❦ Rosa von Praunheim: „Nicht der Homosexuelle ist pervers, sondern die Situation, in der er lebt". ☿ Georg-Büchner-Preis für Uwe Johnson (ein Jahr nach Erscheinen des ersten Bands seines Hauptwerks „Jahrestage")

1972

16. Mai	Ausgehend von der UA in Halle/Saale (R: Horst Hawemann) wird Ulrich Plenzdorfs Goethe-Adaption „Die neuen Leiden des jungen W." zu einem deutsch-deutschen Theater- und Literaturereignis.
30. Juni	„Befragung der Realität – Bildwelten heute" ist der programmatische Titel der *documenta 5* in Kassel, die unter neuer Leitung (Harald Szeemann) stattfindet. Performance und Happenings überlagern ebenso wie ein dezidiert politischer Anspruch das bisherige Konzept des „Museums der 100 Tage".
26. Aug.	In Münchens neuem Olympiastadion (A: Günter Behnisch) beginnen die XX. Olympischen Spiele, die von einem arabischen Attentat auf die israelische Mannschaft überschattet werden.
5. Okt.	Unter neuem Namen findet in Dresden die *VII. Kunstausstellung der DDR* statt und findet über 650.000 Besucher. Honeckers Losung von „Weite und Vielfalt" in der Kunst entspricht eine große Palette der Farben, Formen und Darstellungsweisen.
10. Okt.	In Düsseldorf wird der Kunstprofessor Joseph Beuys nach einer hochschulpolitischen Auseinandersetzung fristlos entlassen.

☿ Literaturnobelpreis für Heinrich Böll; Georg-Büchner-Preis für den in London und der Schweiz lebenden und aus Bulgarien stammenden Elias Canetti

1973

| 8. Jan. | Die US-amerikanische Kinderserie „Sesamstraße" geht in deutscher Sprache über die Bildschirme der ARD und der dritten Programme von NDR, BR und SFB. Die Figuren werden zu Publikumslieblingen von Jung und Alt, und die Serie erhält wegen ihres pädagogischen Konzepts auch in Deutschland viele Auszeichnungen. |

3. Febr.	Erstmals in der deutschen Sportberichterstattung moderiert eine Frau das „Aktuelle Sportstudio" im ZDF. Carmen Thomas öffnet damit die Türen zu einem bislang nur von Männern dominierten Fernsehressort.
9. Mai	„Die neuen Leiden des jungen W." von Ulrich Plenzdorf nach Goethes „Die Leiden des jungen Werthers" feiert in West-Berlin seine bundesdeutsche Erstaufführung.
3. Sept.	Erstmals werden westdeutsche Journalisten in der DDR akkreditiert.

🎬 „Die Legende von Paul und Paula" (R: Heiner Carow; B: Ulrich Plenzdorf). 🖼 Wolfgang Mattheuer: „Die Ausgezeichnete". 📖 Georg-Büchner-Preis für den österreichischen Erzähler und Dramatiker Peter Handke

1974

28. Jan.	Die erste Folge der TV-Serie „Ein Herz und eine Seele" von Wolfgang Menge präsentiert „Ekel Alfred" (Heinz Schubert) als den deutschen Durchschnittsspießer.
4. März	Das neue Römisch-Germanische Museum am Kölner Domplatz betritt museumsästhetisches und –didaktisches Neuland.
24. April	Mit dem Quiz „Am laufenden Band" (1974-79) in der ARD erschafft Rudi Carell eine weitere große Samstagabendshow.
12. Dez.	Das neue Hochschulrahmengesetz verankert die Mitwirkung des Bundes im Bildungswesen des Bundesrepublik Deutschland.
22. Dez.	Im Fernsehen der DDR wird Frank Beyers Film „Jakob der Lügner" ausgestrahlt, der 1975 als einzige DEFA-Produktion jemals eine Oscar-Nominierung erfahren wird.

🖼 Joseph Beuys: „Zeige deine Wunde" (5 Doppelobjekte). Hartwig Ebersbach: „Widmung an Chile" (12 Tafeln). 📖 Georg-Büchner-Preis für Hermann Kesten (1972-76 Präsident des P.E.N.-Zentrums der Bundesrepublik Deutschland)

1975

4. Okt.	Die Fernuniversität Hagen (Westf.) beginnt ihren Studienbetrieb, dessen Ziel es ist, die Hochschullandschaft in der Bundesrepublik zu erweitern und das Weiterbildungsangebot zu erhöhen.

9. Okt. Die Verfilmung von Heinrich Bölls Novelle „Die verlorene Ehre der Katharina Blum" (R: Volker Schlöndorff / Margarethe von Trotta) läuft in den bundesdeutschen Kinos an und beflügelt die Debatte um Massenmedien, Terrorismus und „Sympathisanten" in Deutschland.

28. Okt. In der Regie von Manfred Karge und Matthias Langhoff findet die Uraufführung von Heiner Müllers „Die Schlacht. Szenen aus Deutschland" an der Volksbühne in Ost-Berlin statt (bundesdeutsche EA: Deutsches Schauspielhaus Hamburg, 14.11.1975).

📖 Volker Braun: „Unvollendete Geschichte"; Rolf Dieter Brinkmann: „Westwärts 1 & 2"; Peter Weiss: „Die Ästhetik des Widerstands" (1. Band, die Bände 2 und 3 folgen 1978 und 1981). 🎭 Samuel Beckett: „Warten auf Godot" (R: Samuel Beckett, Schiller-Theater West-Berlin); Botho Strauß: „Bekannte Gesichter, gemischte Gefühle" (UA Stuttgart); „Frühlingsopfer … Le Sacre du Printemps" (Ch: Pina Bausch, UA Wuppertal). 🖼 Bernhard Heisig: „Ikarus". 🏆 Georg-Büchner-Preis für Manès Sperber, deutsch- und französischsprachiger Essayist, Romancier und Weltbürger

1976

5. Febr. Die Industriellen Peter und Irene Ludwig schenken der Stadt Köln 350 Kunstobjekte zur Gründung eines „Museums Ludwig".

20. März Peter Hacks' „Ein Gespräch im Hause Stein über den abwesenden Herrn von Goethe" wird am Staatsschauspiel Dresden uraufgeführt. Das Stück feiert große Erfolge in ganz Deutschland.

18. Aug. Der Pfarrer Oskar Brüsewitz verübt in Zeitz seine Selbstverbrennung aus Protest gegen die Kirchenpolitik in der DDR. Er stirbt am 22. August an den Folgen.

16. Nov. Nach einem Konzert in Köln wird dem Liedermacher Wolf Biermann die Staatsbürgerschaft der DDR aberkannt. Dies löst eine breite Solidarisierung in der Bevölkerung und den Protest von bekannten Künstlern und Schriftstellern der DDR aus.

19. Nov. Die Restaurierung des Bauhauses in Dessau ist abgeschlossen. Die Bauhauskunst ist somit als „Erbe" in der DDR anerkannt.

🎭 „Ring des Nibelungen", Bayreuth (R: Patrice Chéreau); Gerlind Reinshagen: „Sonntagskinder" (UA Stuttgart). 🖼 Bernhard Heisig: „Meine Mutter vor brennender Stadt". 🏆 Georg-Büchner-Preis für den Lyriker Heinz Piontek

1977

1. Febr.	Das erste Heft der feministischen Zeitschrift „Emma. Eine Zeitschrift für Frauen von Frauen" (Chefredaktion: Alice Schwarzer) erscheint.
26. März	In Stuttgart beginnt mit der Ausstellung „Die Zeit der Staufer" eine Welle kulturhistorischer Groß- und Landesausstellungen.
20. Juni	Nach vielen Repressalien und Drangsalierungen durch den Staatssicherheitsdienst im Zusammenhang mit der Biermann-Ausbürgerung 1976 verlässt der Schauspieler und Sänger Manfred Krug mit seiner Familie die DDR und geht in die Bundesrepublik.
24. Juni	Auf der *documenta 6* in Kassel erzielt die Malerei der DDR (Leipziger Schule) ihren internationalen Durchbruch, provoziert indes heftige Proteste von Künstlern, die die DDR verlassen haben. Daneben stehen Fotografie, Film und Medienkunst im Mittelpunkt der mit über 600 Künstlern und 2700 Kunstwerken größten Kunstausstellung aller Zeiten in Deutschland.
14. Aug.	In West-Berlin findet in der Neuen Nationalgalerie, in der Akademie der Künste und im Schloss Charlottenburg die 15. Ausstellung des Europarats statt: „Tendenzen der Zwanziger Jahre".
23. Aug.	Nach einem Vorabdruck aus seinem Buch „Die Alternative" im „Spiegel" wird Rudolf Bahro, der neben Robert Havemann wichtigste Dissident in der DDR, verhaftet (Ausbürgerung im Oktober 1979).
19. Sept.	30 Jahre nach ihrer Gründung löst sich die „Gruppe 47" auf.
1. Okt.	Die *VIII. Kunstausstellung der DDR* in Dresden beginnt und hat bis April 1978 über 1 Million Besucher. Auffällig ist die Entheroisierung der Bilder von Arbeit und Arbeitern.
5./6. Juni	Claus Peymanns Spendenaufruf für eine Zahnarztbehandlung der Terroristin Gudrun Ensslin am Württembergischen Staatstheater Stuttgart führt zu heftiger öffentlicher Kritik und endet schließlich in seinem Weggang nach Bochum (1979).

📖 Erich Loest: „Es geht seinen Gang oder Mühen in unserer Ebene". ♫ Udo Zimmermann: „Der Schuhu und die fliegende Prinzessin" (UA Dresden). ✎ „Solo mit Sofa" (Ch: Reinhild Hoffmann, UA Essen). ▦ Das erste Werk von Jörg Immendorffs vielteiligem Bilderzyklus „Café Deutschland" entsteht (bis 1983); Gründung der „Skulptur Projekte Münster". ⚜ Georg-Büchner-Preis für den aus der DDR ausgebürgerten Dichter Reiner Kunze

1978

10.-15.
Febr.
In der Chausseestraße 125 in Ost-Berlin, letzte Wohn- und Arbeitsstätte von Bertolt Brecht und Helene Weigel, wird das „Brecht-Haus" mit Gedenkstätte, Archiv und Bibliothek eröffnet, flankiert durch einen Brecht-Dialog zu „Kunst und Politik".

3. März
Der von wichtigen westdeutschen Filmemachern als Gemeinschaftsarbeit produzierte Streifen „Deutschland im Herbst" läuft in den Kinos der Bundesrepublik an. Er reagiert auf die Debatte um den RAF-Terrorismus und seine vermeintlichen „Sympathisanten".

20. April
Heiner Müllers „Germania Tod in Berlin" wird in der Regie von Ernst Wendt in den Münchner Kammerspielen uraufgeführt.

6. Nov.
In Ost-Berlin geht Frank Beyers Streifen „Das Versteck" nach dem gleichnamigen Roman von Jurek Becker ohne offizielle Ankündigung und mit nur fünf Kopien insgesamt über die Leinwand: Der Hauptdarsteller Manfred Krug war im Juni 1977 mit seiner Familie in die Bundesrepublik ausgereist.

📖 Christiane F.: Wir Kinder vom Bahnhof Zoo; Martin Walser: „Ein fliehendes Pferd". ✎ Botho Strauß: „Groß und klein" (UA West-Berlin). 🖼 Anselm Kiefer: „Noch ist Polen nicht verloren". ♗ Georg-Büchner-Preis für den Erzähler Hermann Lenz

1979

22. Jan.
Die erste Folge der vierteiligen amerikanischen Fernsehserie „Holocaust" wird in den dritten Programmen der ARD ausgestrahlt und zieht neben großer Betroffenheit der Bevölkerung massive Diskussionen über den Umgang mit der nationalsozialistischen Vergangenheit in Deutschland nach sich.

20. Febr.
„Die Ehe der Maria Braun", erster Film der „Deutschen Trilogie" von Rainer Werner Fassbinder („Lola", 1981; „Die Sehnsucht der Veronika Voss", 1982), startet in Berlin (IFF).

3. Mai
Volker Schlöndorffs Literaturverfilmung „Die Blechtrommel" nach Günter Grass' Roman startet in den bundesdeutschen Kinos (Oscar-Preisträger 1980; Goldene Palme (Cannes)).

20. Mai
Richard Serras für die *documenta 6,* 1977 gefertigte Monumentalskulptur „Terminal" wird vor dem Bochumer Hauptbahnhof aufgestellt und sorgt für massive Proteste in der Bevölkerung.

✎ Thomas Bernhard: „Vor dem Ruhestand" (R: Claus Peymann, UA Staatsschauspiel Stuttgart); Elfriede Jelinek: „Was geschah, nachdem Nora ihren Mann verlassen hatte oder Stützen der Gesellschaft" (UA Graz). 🐝 „Die Ehe der Maria Braun" (R: Rainer Werner Fassbinder); „Nosferatu, Phantom der Nacht" (R: Werner Herzog). 🎗 Georg-Büchner-Preis für den Lyriker Ernst Meister (posthum)

1980

22. Sept.   Der höchstdotierte bundesdeutsche Kinderbuchpreis, der „Buxtehuder Bulle", geht an den Schriftsteller Michael Ende für „Die unendliche Geschichte", die auch bei erwachsenen Lesern größte Beliebtheit erfährt.

12. Okt.   Rainer Werner Fassbinders 14teilige Fernsehserie „Berlin Alexanderplatz" startet in der ARD und stößt auf ein hymnisches Kritiker-, jedoch auf ein empörtes Zuschauerecho.

18. Dez.   Klaus Manns 1968 wegen der Verletzung der Persönlichkeitsrechte von Gustaf Gründgens verbotener Roman „Mephisto" erscheint im Rowohlt Taschenbuch Verlag.

    🖋 Heiner Müller: „Der Auftrag" (UA Volksbühne Berlin). 🐝 „Solo Sunny" (R: Konrad Wolf). 🎗 Georg-Büchner-Preis für Christa Wolf (erstmals für eine in der DDR lebende Persönlichkeit)

1981

14. Febr.   Frank Elstner präsentiert erstmals im ZDF die Show „Wetten, dass …", die mit ihm und seinem Nachfolger Thomas Gottschalk (1987-1992, wieder seit 1994) durch Auftritte internationaler Showstars zur erfolgreichsten Fernsehshow Europas wird.

28. Juni   Die ARD zeigt den ersten „Tatort" aus Duisburg mit Götz George als Kommissar Horst Schimanski. Die ungeschönte Darstellung der Reviergroßstadt stößt auf heftige Proteste der Duisburger Stadtoberen und der Bevölkerung, mehr und mehr weichen diese jedoch dem Raubein und Sympathieträger George.

15. Aug.   Im Berliner Martin-Gropius-Bau öffnet die Ausstellung „Preußen – Versuch einer Bilanz" ihre Tore.

18. Sept.   Wolfgang Petersens Spielfilm „Das Boot" nach dem gleichnamigen Roman von Lothar-Günther Buchheim läuft als bis dahin teuerste deutsche Produktion und mit erstklassiger Besetzung in den bundesdeutschen Kinos an (sechs Oscar-Nominierungen).

✎ Tankred Dorst: „Merlin oder Das wüste Land" (UA Düsseldorf). ▨ Westkunst (Messe Köln). ❦ „Mephisto" (R: István
Szabó; Oscar-Preisträger); ⚉ Literaturnobelpreis für Elias Canetti; Georg-Büchner-Preis für Martin Walser

1982

24. Apr. Die Schlagersängerin Nicole gewinnt mit dem von Ralph Siegel
          komponierten Titel „Ein bißchen Frieden" den „Eurovision Song
          Contest" in Harrogate (United Kingdom).

19. Juni Die *documenta 7* in Kassel soll programmatisch die „Würde der
          Kunst" betonen. Neben der Malerei der „Neuen Wilden" findet
          Joseph Beuys' Aktion „Stadtverwaldung statt Stadtverwaltung"
          Aufmerksamkeit, weil die Pflanzung von 7000 Bäumen in die
          aktuelle ökologische Diskussion um das „Waldsterben" passt.

2. Okt.   In Dresden beginnt die *IX. Kunstausstellung der DDR* und belegt
          u. a. die Rezeption der Pop-Art in der DDR (Walter Womacka).

30. Okt. Kleists als unspielbar geltende „Hermannsschlacht" erlebt in
          Bochum eine gefeierte Inszenierung durch Claus Peymann.

          📖 Christoph Hein: „Der fremde Freund" (DDR) / „Drachen-
          blut" (Bundesrepublik). ✎ Heiner Müller: „Quartett" (UA Bo-
          chum); Botho Strauss: „Kalldewey Farce" (UA Schaubühne
          Berlin). ▨ Walter Womacka: „Erika Steinführer" (Monumen-
          talbild); „Videokunst in Deutschland 1963-1982" (Kölnischer
          Kunstverein); „Zeitgeist. Internationale Kunstausstellung Berlin"
          (Martin-Gropius-Bau). ⚉ Georg-Büchner-Preis posthum für den
          Romancier und Dramatiker Peter Weiss

1983

1. Febr. In Potsdam-Babelsberg wird das Filmmuseum eröffnet.

25. Apr. Das Magazin „stern" beginnt mit der auszugsweisen Veröffentli-
          chung der Tagebücher Adolf Hitlers. Schon am 26. Mai d. J.
          gesteht der Militaria-Händler Konrad Kujau, dass er die Tagebü-
          cher gefälscht und dem „stern" verkauft hat.

1. Mai   Die erste privat finanzierte Universität der Bundesrepublik wird
          in Witten/Herdecke eröffnet.

28. Aug. Der wegen auf Häuserfassaden gesprayten Protest-Strich-
          männchen mit internationalem Haftbefehl gesuchte Schweizer
          Graffiti-Künstler Harald Nägeli wird in Puttgarden festgenom-

men, jedoch nicht in die Schweiz ausgeliefert, sondern gegen Kaution auf freien Fuß gesetzt.

25. Okt.   Der bundesdeutsche Rockmusiker Udo Lindenberg und sein „Panikorchester" geben ein Konzert in Ost-Berlin.

Heinar Kipphardt: „Bruder Eichmann" (UA München); Heiner Müller: „Verkommenes Ufer Medeamaterial Landschaft mit Argonauten" (UA Bochum). Arno Rink: „Versuchung II". Erweiterungsbau Museum Folkwang Essen (A: Kiemle, Kreidt u. a.). Georg-Büchner-Preis für den Erzähler Wolfdietrich Schnurre

1984

13. Jan.   Die Kölner Rockgruppe „BAP" sagt ihren Auftritt in der DDR bei der Veranstaltung „Rock für den Frieden" ab, weil sich die Musiker um Frontmann Wolfgang Niedecken einer Programmzensur der DDR-Verantwortlichen nicht beugen wollen.

8. Mai   Die Freie Deutsche Jugend (FDJ) sagt die von dem bundesdeutschen Rocksänger Udo Lindenberg und seiner Band geplante DDR-Tournee ab. Lindenberg hatte sich geweigert, sein Bühnenprogramm den Wünschen der gastgebenden Funktionäre anzupassen.

16. Sept.   In der ARD startet die elfteilige Serie „Heimat – Eine deutsche Chronik" (R: Edgar Reitz) über das Leben in der deutschen Provinz des 20. Jahrhunderts (1992 „Die Zweite Heimat – Chronik einer Jugend", 2003 „Heimat 3 – Chronik einer Zeitenwende").

1. Okt.   Das im Krieg noch 1945 zerstörte Schauspielhaus am Gendarmenmarkt in Ost-Berlin wird als Konzerthaus wiedereröffnet.

A. R. Penck: „Quo vadis Germania"; Wolfgang Mattheuer: „Jahrhundertschritt" (Bronzeplastik); „Von hier aus. Zwei Monate neue deutsche Kunst in Düsseldorf". Deutsches Filmmuseum Frankfurt/Main (A: Helge Bofinger); Neue Stuttgarter Staatsgalerie (A: James Stirling). „Paris, Texas" (R: Wim Wenders). Georg-Büchner-Preis für Ernst Jandl, Lyriker aus Wien

1985

1. Jan.   „SAT 1" startet seinen Sendebetrieb als erster ausschließlich aus Werbeverträgen finanzierter Satellitensender.

13. Febr.	Nach ihrem Wiederaufbau wird die Dresdner Semper-Oper in Anwesenheit von Erich Honecker und Helmut Schmidt mit Carl Maria von Webers „Der Freischütz" neu eröffnet.
8. Mai	In einer Gedenkrede im Bundestag bezeichnet Bundespräsident von Weizsäcker den 8. Mai 1945 als „Tag der Befreiung".
8. Dez.	In der ARD startet mit dem WDR-Beitrag „Lindenstraße" die erste Weekly-Soap im deutschen Fernsehen (Produktion und R: Hans W. Geißendörfer), die inzwischen seit über 20 Jahren am Beispiel des Lebens in einer Münchner Mittelschichtstraße Zeitgeschehen und soziokulturelle Alltagsfragen in Deutschland aufgreift und kommentiert.

    📖 Patrick Süskind: „Das Parfüm". ♫ Siegfried Matthus: „Die Weise von Liebe und Tod des Cornets Christoph Rilke" (UA Dresden) und „Judith" (UA Ost-Berlin). ✎ „Two Cigarettes in the Dark" (Ch: Pina Bausch, UA Wuppertal). ♥ „Männer" (R: Doris Dörrie). ♕ Georg-Büchner-Preis für Heiner Müller

1986

27. Febr.	Die „Schirn Kunsthalle Frankfurt" wird mit der Ausstellung „Die Maler und das Theater im 20. Jahrhundert" (K: Christoph Vitali) eröffnet.
25. April	Zwischen Eisenhüttenstadt und Saarlouis wird die erste deutsch-deutsche Städtepartnerschaft beschlossen.
6. Mai	Nach langjährigen Verhandlungen wird zwischen der DDR und der Bundesrepublik ein Kulturabkommen geschlossen.
8. Juni	In der Essener Villa Hügel beginnt die mit Unterstützung Erich Honeckers ermöglichte Ausstellung „Barock in Dresden" mit über 650 Leihgaben aus der DDR.
11. Juli	Mit dem „Zeit"-Artikel „Eine Art Schadensabwicklung" wendet sich der Philosoph Jürgen Habermas gegen revisionistische Tendenzen einiger deutscher Historiker. Im folgenden „Historikerstreit" geht es u. a. um die These von Ernst Nolte, dass der „Klassenmord" in der Sowjetunion das „logische und faktische Prius" des „Rassenmords" der Nationalsozialisten darstelle.
22. Sept.	In der ARD startet die sechsteilige Serie „Kir Royal" (R: Helmut Dietl; B: Helmut Dietl / Patrick Süskind), die als Persiflage auf die „Abendzeitung" die ,Schicki-Micki-Szene' in München und die hedonistische Medienkultur der achtziger Jahre ironisiert.

30. Okt. Die Ausstellung „Positionen – Malerei aus der Bundesrepublik Deutschland" wird in der Neuen Galerie im Alten Museum (Ost-Berlin) eröffnet. Erstmals werden in der DDR 85 zeitgenössische Kunstwerke aus der Bundesrepublik gezeigt.

Hans Joachim Schädlich: „Tallhover". „Friedrich der Große" (Orangerie Schloss Charlottenburg, West-Berlin). Wallraf-Richartz-Museum / Museum Ludwig (Köln). Georg-Büchner-Preis für den Schweizer Autor Friedrich Dürrenmatt

1987

7. Mai Die „11. Duisburger Akzente" starten mit dem Thema „Einblicke – Kunst und Kultur aus der DDR. Erbe und Gegenwart". Mit etwa 800 Künstlern und 75.000 Besuchern nimmt die DDR die Gelegenheit zur größten Selbstpräsentation im westlichen Ausland wahr (bis 31. Mai 1987).

12. Juni Als „Kaleidoskop von Inszenierungen" („Die Zeit") wird die *documenta 8* in Kassel ob der Beliebigkeit ihrer Objekte kritisiert. Vor allem Performances und Videokunst finden breiten Raum.

27. Aug. Gremien von SPD und SED schlagen in dem Papier „Der Streit der Ideologien und die gemeinsame Sicherheit" Regeln für eine „Kultur des politischen Streits" vor.

7.-11. Sept. Erich Honecker besucht als erster Staats- und Parteichef der DDR die Bundesrepublik Deutschland.

3. Okt. In der *X. Kunstausstellung der DDR* in Dresden stößt – bei Ausgrenzung jüngerer Künstler – die Vielfalt künstlerischer Gestaltungen bei einem Teil des Publikums auf Unverständnis.

16. Okt. Werner Tübke setzt die Schlusssignatur unter sein 1.700 qm großes Monumentalbild „Frühbürgerliche Revolution in Deutschland", das er von 1983 bis 1987 für das eigens erbaute Panorama-Museum im nordthüringischen Bad Frankenhausen erarbeitet hat.

„Der Himmel über Berlin" (R: Wim Wenders); „Einer trage des anderen Last" (R: Herbert Warnecke). Rainald Goetz: „Krieg" (UA Bonn); George Tabori: „Mein Kampf" (Akademie Theater Wien). Johannes Grützke: „Der Zug der Volksvertreter" (Paulskirche Frankfurt/M.). Georg-Büchner-Preis für den in London lebenden Lyriker Erich Fried

1988

27. Mai   In München wird ein „Internationales Festival für neues Musiktheater", die „Münchner Biennale" ins Leben gerufen, bei der junge Komponisten ihre Opernarbeiten vorstellen.

12. Juni   In der eigens für diesen Zweck gebauten Theaterhalle in Bochum startet das Rollschuh-Musical „Starlight Express" des britischen Komponisten Andrew Lloyd Webber eine einmalige Erfolgsgeschichte in Deutschland. Das rasante und technisch aufwändige Spektakel feiert bis heute ein stets ausverkauftes Haus.

1. Sept.   Die 38. (West-)Berliner Festwochen werden unter dem Motto „Berlin – Kulturstadt Europas 1988" eröffnet, bei der erstmals auch Künstler aus der DDR teilnehmen.

25. Sept.   In Essen wird das Aalto-Musiktheater mit Richard Wagners Oper „Die Meistersinger von Nürnberg" eröffnet. Damit ist nach jahrelanger Planung der Entwurf des finnischen Stararchitekten Alvar Aalto endlich realisiert worden.

        📖 Christoph Ransmayr: „Die letzte Welt". 🖼 Gerhard Richter: „18. Oktober 1977" (15teiliger Bilderzyklus); Harald Metzkes: „Herkules erwürgt die Schlange"; Bauhaus-Ausstellung (Köln). 🏛 Georg-Büchner-Preis für den 86jährig in Wien lebenden Schriftsteller Albert Drach als dem bislang ältesten Geehrten; Friedenspreis des Deutschen Buchhandels für Siegfried Lenz

1989

19. Jan.   Der Film „Herbstmilch" (R: Joseph Vilsmaier) erzählt nach den Erinnerungen der niederbayerischen Bäuerin Anna Wimschneider (1985) ein deutsches Frauenschicksal im 20. Jahrhundert.

12. April   Christoph Heins Komödie „Die Ritter der Tafelrunde", inszeniert von Klaus-Dieter Kirst am Staatsschauspiel Dresden, wird als Abgesang auf die Ideale des DDR-Sozialismus wahrgenommen.

4. Sept.   Im Anschluss an das traditionelle Friedensgebet in der Leipziger Nicolaikirche findet die erste „Montagsdemonstration" Leipziger Bürger durch die Innenstadt statt. Forderungen nach Reisefreiheit für DDR-Bürger und die Abschaffung des Ministeriums für Staatssicherheit begründen die Demonstration.

30. Okt.   Karl-Eduard von Schnitzlers linientreue Sendung „Der schwarze Kanal" wird nach fast 30 Sendejahren eingestellt.

4. Nov: Auf dem Ost-Berliner Alexanderplatz findet unter Beteiligung von über 500.000 DDR-Bürgern die größte Demonstration für Demokratie und Freiheit und gegen die SED-Machthaber statt. Zahlreiche Kulturschaffende ergreifen während der Kundgebung das Wort.

11. Nov. Die Hamburger Deichtorhallen werden mit einer Großausstellung zeitgenössischer Kunst von Bruce Nauman, Richard Serra, Anselm Kiefer und Gerhard Richter eröffnet.

♪ Heiner Goebbels: „Befreiung" (UA Frankfurt/Main). 🎬 „Letzte Ausfahrt Brooklyn" (R: Uli Edel). 🖼 Bernhard Heisig (Martin-Gropius-Bau, West-Berlin). ざ Georg-Büchner-Preis für Botho Strauß

1990

15. Jan. Als erste unabhängige Tageszeitung der DDR erscheint in Erfurt die „Thüringer Allgemeine".

9. Febr. Die Berliner Filmfestspiele werden eröffnet. Erstmals finden sie in beiden Teilen Berlins statt.

1. Juni In der „Zeit" rezensiert Ulrich Greiner Christa Wolfs Erzählung „Was bleibt", Frank Schirrmachers Kritik folgt am 2. Juni in der FAZ. Beider Stimmen bilden den Auftakt zum deutsch-deutschen Literaturstreit, in dessen Zentrum nur in seiner ersten Phase das politische Verhalten der DDR-Schriftstellerin steht.

15. Dez. Die „Aktuelle Kamera", die Hauptnachrichtensendung in der ehemaligen DDR, geht ein letztes Mal über die Bildschirme. Die ARD übernimmt die Sendefrequenzen des Deutschen Fernsehfunks (Einstellung des Sendebetriebs von DFF und Funkhaus Berlin 31.12.1991).

♪ „The Wall" (Konzert von Pink Floyd a. d. Berliner Potsdamer Platz). 🖼 „Bilder aus Deutschland. Kunst der DDR aus der Sammlung Ludwig" (Joseph-Haubrich-Kunsthalle Köln); „Ausgebürgert. Kunst aus der DDR und dem Sowjetischen Sektor Berlins 1949-1989" (Albertinum Dresden). 🎬 „Hitlerjunge Salomon" (R: Agnieszka Holland). ざ Georg-Büchner-Preis für den Dramatiker Tankred Dorst

1991

17. Jan.   Die Komödie „Go Trabi Go" (R: Peter Timm) persifliert Erfahrungen der Wiedervereinigung am Beispiel der Urlaubsreise nach Italien, die eine ‚typische' DDR-Familie aus Bitterfeld erlebt.

1. Febr.   In seinem Artikel „Kriegshetze. Friedenshetze" in der „Zeit" tritt Wolf Biermann für den Golfkrieg ein und eröffnet eine Debatte deutscher Intellektueller über den Feldzug gegen den Irak.

24.-26.   Der erste gesamtdeutsche Kongress des Verbands deutscher
Mai   Schriftsteller in Travemünde ist überschattet vom Streit über die Aufnahme belasteter Autoren aus der ehemaligen DDR.

26. Aug.   Der erste gesamtdeutsche „Duden" seit 40 Jahren wird in Leipzig vorgestellt.

            📖 Peter Handke: „Versuch über den geglückten Tag". 🖾 John Heartfield (Altes Museum Berlin). ♪ Wolf Biermann erhält den Georg-Büchner-Preis und enthüllt in seiner Preisrede die Stasi-Verstrickung von Dichtern der ‚Prenzlauer-Berg-Szene' in der DDR.

1992

27. Jan.-   Die Debatte um die Fusion der beiden Berliner Akademien der
4. Febr.   Künste (Ost und West) spitzt sich mit Austritten (u. a. Hermann Kant, Reiner Kunze) und zahlreichen offenen Briefen zu.

11. Mai   Die erste Folge von „Gute Zeiten, schlechte Zeiten" im Privatsender RTL wird ausgestrahlt. Die seither erfolgreichste deutsche Daily Soap spielt in Berlin in einem jugendlichen Milieu.

19. Mai   Das schon 1911 als größtes deutsches (UfA-)Filmstudio gegründete DEFA-Studio in Potsdam-Babelsberg geht in den Besitz des französischen Konzerns „Compagnie Générale des Eaux" über.

13. Juni   Die *documenta IX* in Kassel stellt sich als Teil der globalen Medien- und Eventkultur vor. In Thomas Schüttes Skulptur „Die Fremden" und „Man walking to the Sky" von Jonathan Borofsky werden aktuelle Diskussionen um Migration und Utopiesuche nach der Zeitenwende von 1989/90 aufgegriffen.

            📖 Günter de Bruyn: „Zwischenbilanz. Eine Jugend in Berlin" (Fortsetzung 1996: „Vierzig Jahre"). ✎ Werner Schwab: „Volksvernichtung oder Meine Leber ist sinnlos". 🖾 „Das Reich der Salier" (Speyer). 🏛 Wiedereröffnung der restaurierten Semper-Galerie in Dresden; Kunst- und Ausstellungshalle des Bundes in Bonn (A: Gustav Peichl). 👑 „Schtonk!" (R: Helmut Dietl). 👑 Georg-Büchner-Preis für den Dramatiker George Tabori, gebürtig aus Ungarn und britischer Staatsbürger

1993

8. Febr.   Botho Strauss publiziert im „Spiegel" seinen Essay „Anschwellender Bocksgesang", der lange Diskussionen zur intellektuellen Auseinandersetzung mit rechtsradikaler Gewalt provoziert.

10. Febr.   Rolf Hochhuths Szenencollage „Wessis in Weimar, Szenen aus einem besetzten Land" geht in der Regie von Einar Schleef über die Bühne des Berliner Ensembles, nachdem Hochhuth auf dem Prozessweg vergebens versucht hatte, diese Uraufführung wegen mangelnder Werktreue zu verhindern.

22. Juni   Wegen massiver Haushaltskürzungen verfügt der Berliner Senat die Schließung des traditionsreichen Schiller-Theaters in West-Berlin zum Spielzeitende 1992/93.

13. Nov.   Mit einer sehr positiven Besprechung stellt die „FAZ" den ersten Band des vielteiligen „kollektiven Tagebuchs" von Walter Kempowski unter dem Titel „Das Echolot" vor.

📖 Wolfgang Hilbig: „Ich". 🎵 Richard Wagner: „Tristan und Isolde" (R: Heiner Müller, Bayreuth). 🖼 Georg Baselitz: „Sonderling" (Skulptur); Heinrich und Thomas Mann-Zentrum im Buddenbrookhaus (Lübeck). 👑 „Schwarzfahrer" (R: Pepe Dankquart; Oscar-Preisträger 1994); „In weiter Ferne, so nah" (R: Wim Wenders). 👑 Georg-Büchner-Preis für den Lyriker Peter Rühmkorf

1994

21. April   Mit der Collage „Pension Schöller: Die Schlacht" feiert Frank Castorf als Intendant der Berliner Volksbühne den Durchbruch. In seinem Umfeld entstehen erste, die Volksbühne mitprägende Theaterprojekte des Filmemachers Christoph Schlingensief.

14. Juni   Das Haus der Geschichte der Bundesrepublik Deutschland öffnet an der Bonner Museumsmeile mit einem innovativen museumsdidaktischen Konzept („Geschichte erleben") seine Pforten.

17. Juni   Der Bundestag beendet in einer Erklärung die Arbeit der Enquetekommission zur SED-Aufarbeitung, deren Ergebnisse später in einem vielbändigen Sammelwerk erscheinen.

10. Nov.   Erstmals eröffnet ein Schriftsteller, Stefan Heym (Abgeordneter
             der PDS), als Alterspräsident den Deutschen Bundestag.
             📖 Durs Grünbein: „Von der üblen Seite. Gedichte 1985-1991".
             📽 „Ernst Jünger" (Ch: Johann Kresnik). 🎭 „Der bewegte
             Mann" (R: Sönke Wortmann). 🏆 Georg-Büchner-Preis für
             Adolf Muschg aus der Schweiz

1995

2. Febr.   Bei einer Umfrage sprechen sich 70 % der Ost-Berliner für den
             Erhalt des „Palasts der Republik" aus. Nach Beginn einer As-
             bestsanierung wird 1998 gegen die weitere Nutzung entschieden.

25. April   Erstmals findet die Bundesgartenschau in den neuen Bundeslän-
             dern statt: Im brandenburgischen Cottbus werden ihre Pforten
             geöffnet.

24. Juni   Die Verhüllung des Reichstags durch Christo und Jean-Claude
             ist nach siebentägiger Einrichtung abgeschlossen (Abbau: 7. Juli
             1995).

5. Dez.   Die „Harald Schmidt Show" startet im Privatsender SAT 1 als
             erste werktägliche Late-Night-Show (23.15 Uhr) im deutschen
             Fernsehen.
             📖 Bernhard Schlink: „Der Vorleser". 🎭 „Der Totmacher" (R:
             Romuald Karmakar); „Schlafes Bruder" (R: Joseph Vilsmaier).
             🏆 Georg-Büchner-Preis für den Lyriker Durs Grünbein (33) als
             dem bislang jüngsten Empfänger

1996

24. Mai   Wenige Monate nach seinem Tod (30.12.2005) geht die Urauf-
             führung von Heiner Müllers Szenencollage „Germania 3. Ge-
             spenster am toten Mann" in der Regie von Leander Haußmann
             über die Bühne des Schauspielhauses Bochum. Müller hatte den
             Bochumer Intendanten um die Uraufführung gebeten, nachdem
             klar wurde, dass er selbst sie nicht mehr inszenieren konnte.

11. Juni   Im Deutschen Historischen Museum in Berlin wird die 23. Aus-
             stellung des Europarats eröffnet: „Kunst und Macht: Europa
             unter den Diktaturen (1930-1945)".

2. Okt.   Der Deutsche Dom am Berliner Gendarmenmarkt wird als Aus-
             stellungsfläche für die Dauerausstellung des Deutschen Bundes-
             tags „Fragen an die deutsche Geschichte" wiedereröffnet.

1. Nov.   Als Museum für Gegenwartskunst und Teil der Nationalgalerie wird der Hamburger Bahnhof in Berlin wiedereröffnet. Der Umbau folgte den Plänen des Architekten Josef Paul Kleihues. ♫ Karlheinz Stockhausen: „Helikopter-Streichquartett". ✎ „Allee der Kosmonauten" (Ch: Sasha Waltz, UA Sophiensaele Berlin). ▨ Rainer Fetting: Willy-Brandt-Skulptur (Willy-Brandt-Haus Berlin); „Körperwelten" (Wanderausstellung des Anatoms Gunther von Hagens, zuletzt Frankfurt am Main 2004). ☒ Georg-Büchner-Preis für die Lyrikerin Sarah Kirsch; Iffland Ring für den Schweizer Schauspieler Bruno Ganz (verliehen auf Lebenszeit)

1997

14. Febr.   In Berlin findet die erste „Lange Nacht der Museen" statt, deren Konzept zunächst in Deutschland, später weltweit nachgeahmt wird. Jeweils während einer Nacht im Winter und im Sommer öffnen ausgewählte Museen ihre Pforten für die Besucher.

21. Juni   Die *documenta X* in Kassel soll nach dem Willen ihrer Kuratorin Cathérine David eine „Retroperspektive" sein: also kurz vor dem Ende des Jahrtausends auf die Nachkriegskunst zurückschauen und Perspektiven der Zukunft aufzeigen. Dabei wird erstmals auf das Internet als Ort und Form der Kunst aufmerksam gemacht.

18. Sept.   Der Umbau des Reichstagsgebäudes durch Norman Foster geht nach dem Richtfest in seine letzte Runde.
♫ Moritz Eggert: „Helle Nächte" (UA München). ☒ Georg-Büchner-Preis für den Wiener Aktionskünstler H. C. Artmann

1998

15. Mai   Das westdeutsche PEN-Zentrum beschließt nach jahrelangen Querelen den Zusammenschluss mit der ostdeutschen Schriftstellervereinigung PEN, nachdem diese einer Fusion im April bereits zugestimmt hat (erster gesamtdeutscher Präsident wird im Oktober d. J. Christoph Hein).

20. Aug.   In Venedig (IFF) startet Tom Tykwers Filmexperiment „Lola rennt", der dem deutschen Kino der neunziger Jahre zu einem weltweiten Erfolg verhilft.

11. Okt. In seiner Dankesrede für den Friedenspreis des Deutschen Buchhandels in der Frankfurter Paulskirche warnt Martin Walser vor einer Instrumentalisierung der NS-Erinnerung („Auschwitz als Moralkeule"). Ignatz Bubis, Spitzenrepräsentant der Juden in Deutschland, nennt ihn daraufhin einen „geistigen Brandstifter".

24. Okt. In Münster und Osnabrück öffnet die 26. Ausstellung des Europarats ihre Pforten und erinnert an den Westfälischen Frieden vor 350 Jahren: „1648 Krieg und Frieden in Europa".

    📖 Brigitte Reimann: „Franziska Linkerhand" (vollständige Ausgabe des 1974 nur unvollständig veröffentlichten Romans); Hans-Ulrich Treichel: „Der Verlorene". ✎ Elfriede Jelinek: „Ein Sportstück" (R: Einar Schleef, UA Burgtheater Wien). 🎞 Leni Riefenstahl (Filmmuseum Potsdam). 🏛 Felix-Nussbaum-Museum, Osnabrück (A: Daniel Libeskind). ⚥ Georg-Büchner-Preis für die österreichische Dramatikerin und Romanschriftstellerin Elfriede Jelinek

1999

9. Mai Die dreiteilige Ausstellung „Aufstieg und Fall der Moderne" – einer der Höhepunkte der Präsentation von Weimar als Europäischer Kulturhauptstadt im Goethejahr 1999 – provoziert mit der Parallelisierung von NS-Kunst und Kunst aus der DDR einen Höhepunkt im „deutsch-deutschen Bilderstreit".

7. Okt. Die Filmkomödien „Sonnenallee" (R: Leander Haußmann) und kurz danach (9. Nov.) „Helden wie wir" (R: Sebastian Peterson) laufen zum zehnten Jahrestag des Mauerfalls in den deutschen Kinos an und läuten eine nicht nur cineastische Welle der „Ostalgie" ein.

4. Nov. Die seit ihrer Eröffnung im März 1995 umstrittene Wanderausstellung „Vernichtungskrieg. Verbrechen der Wehrmacht 1941 bis 1944" schließt ihre Pforten, nachdem eine unabhängige Kommission sachliche Fehler und Mängel nachgewiesen hatte (2001 Wiedereröffnung nach Neukonzeption mit dem Titel „Verbrechen der Wehrmacht. Dimensionen des Vernichtungskrieges 1941-1944").

    ✎ „Solo" und „Itambé" (Ch: Henrietta Horn, UA Essen). 🏛 „Aufstieg und Fall der Moderne" (Weimar). 🏛 Jüdisches Museum Berlin (A: Daniel Libeskind). 🎬 „Aimée und Jaguar" (R: Max Färberböck). ⚥ Literaturnobelpreis für Günter Grass; Georg-Büchner-Preis für Arnold Stadler

2000

1. Juni	In Hannover öffnet für fünf Monate die „EXPO 2000". Mit gut 18 Mio. Besuchern bleibt der Erfolg der ersten Weltausstellung auf deutschem Boden weit unter den erwarteten 40 Mio. Gästen.
11. Okt.	Marianne Birthler löst Joachim Gauck im Amt des Bundesbeauftragten für die Unterlagen des Staatssicherheitsdienstes der ehemaligen DDR ab. Als „Gauck-Behörde" war sein Amt in den neunziger Jahren zu einer der wichtigsten geschichtspolitischen Institutionen in Deutschland geworden.

📖 Ralf Rothmann: „Milch und Kohle". ✎ „Körper" (Ch: Sasha Waltz, UA Schaubühne Berlin); Goethe: „Faust I und II" (R: Peter Stein, EXPO Hannover). 🖼 Neo Rauch: erste Personalausstellung in New York (Welterfolg der Neuen Leipziger Schule). 🎬 „Die Unberührbare" (R: Oskar Roehler). 𐤛 Georg-Büchner-Preis für den Lyriker Volker Braun

2001

13. Mai	Als erste Station in Deutschland wird im Berliner Martin-Gropius-Bau die Ausstellung „Europas Mitte um 1000" eröffnet (Teil der 27. Ausstellung des Europarats).
27. Aug.	Als Teil der 27. Ausstellung des Europarats wird im Kulturhistorischen Museum Magdeburg die Exposition „Otto der Große, Magdeburg und Europa" eröffnet.
5. Sept.	In der Burchardikirche in Halberstadt beginnt das 639 Jahre dauernde Orgelstück „As slow as possible" von John Cage.
4. Dez.	Das schlechte Abschneiden Deutschlands – Platz 25 von 32 Nationen – beim PISA-Test, einem internationalen Bildungsvergleich, provoziert Diskussionen in Medien und Politik („PISA-Schock").
14. Dez.	Mit dem „Literarischen Quartett", in dem seit 1988 unter Leitung von Marcel Reich-Ranicki über neue Bücher diskutiert wurde, endet die erfolgreichste Literatursendung im deutschen Fernsehen.

✎ Botho Strauß: „Der Narr und seine Frau heute abend in Pancomedia" (R: Matthias Hartmann, UA Bochum). 🖼 Markus Lüpertz: „Die Philosophin". 🏛 Bundeskanzleramt Berlin (A: Axel Schultes). 🎬 „Nirgendwo in Afrika (R: Caroline Link; Oscar-Preisträger 2002); „Black Box BRD" (R: Andreas Veiel). 𐤛 Georg-Büchner-Preis für Friederike Mayröcker aus Wien

2002

1. Febr.	Mit seiner Novelle „Im Krebsgang" löst Günter Grass eine Diskussion um das angebliche „Tabu Vertreibung" aus.
29. Mai	In einem offenen Brief wirft FAZ-Mitherausgeber Frank Schirrmacher Martin Walser vor, in seinem neuen Roman „Tod eines Kritikers" antisemitische Klischees zu verbreiten.
8. Juni	Die *documenta 11* steht im Zeichen der Globalisierung. Nach Plattform-Veranstaltungen in Wien, Berlin, Neu Delhi, St. Lucia und Lagos präsentiert der Kurator Okwui Enwezor in Kassel Gegenwartskunst u. a. aus Afrika und der Karibik.
4. Juli	Der Bundestag beschließt den Wiederaufbau des 1950 von der SED gesprengten Berliner Stadtschlosses.

Eröffnung der ersten RuhrTriennale im Ruhrgebiet. Konzerthaus Dortmund (A: Matthias Schröder, Ralf Schulte-Ladbeck); Pinakothek der Moderne, München (A: Stephan Braunfels). Georg-Büchner-Preis für Wolfgang Hilbig

2003

1. Jan.	Auf Druck der NRW-Landesregierung werden mit Essen und Duisburg erstmals zwei deutsche Universitäten fusioniert.
9. Febr.	Wolfgang Beckers Ostalgie-Komödie „Good Bye, Lenin" startet bei den IFF Berlin und bezeugt wie Sönke Wortmanns Fußball- und Nachkriegsepos „Das Wunder von Bern" (UA 11. Aug., IFF Locarno) die Historisierung der Gegenwartskultur.
12. April	Überraschend gewinnt Leipzig die Nominierung des Nationalen Olympischen Komitees als Ort für die Olympischen Spiele 2012.
25. Juli	„Kunst in der DDR. Eine Retrospektive der Nationalgalerie" in Berlin wird eröffnet und stößt nach den Diskussionen der Vorjahre eine positive Neubewertung der DDR-Kunst an.

Deutsches Historisches Museum Berlin, Anbau (A: I. M. Pei). Georg-Büchner-Preis für den Filmemacher, Regisseur und Autor Alexander Kluge

2004

20. Febr.	Die Ausstellung „Das MoMA in Berlin" mit Meisterwerken aus dem Museum of Modern Arts in New York wird in der Neuen Nationalgalerie eröffnet und entwickelt sich mit langen Besu-

cher-Warteschlangen und über 1,2 Mio. Betrachtern (bis 19.09.) zu einem überwältigenden Erfolg.

2. Sept.   Ein Großbrand in der zum Weimarer Weltkulturerbe zählenden Anna-Amalia-Bibliothek vernichtet über 50.000 alte Bücher.

21. Sept.   Der Hamburger Bahnhof in Berlin präsentiert die wegen NS-Verstrickungen des Unternehmens umstrittene Flick-Collection.

        Richard Wagner: „Parsifal" (R: Christoph Schlingensief, Bayreuth). „Gegen die Wand" (R: Fatih Akin); „Der Untergang" (R: Oliver Hirschbiegel); Georg-Büchner-Preis für den Romancier Wilhelm Genazino

2005

19. April   Der deutsche Theologe Joseph Kardinal Ratzinger wird zum Papst gewählt und trägt den Namen Benedikt XVI.

10. Mai   In Berlin wird nach langjährigen Kontroversen das von Peter Eisenmann konzipierte Holocaust-Mahnmal eingeweiht.

30. Okt.   Die nach völliger Kriegszerstörung wieder aufgebaute Dresdener Frauenkirche wird mit einem Weihegottesdienst neu eröffnet.

        Ingo Schulze: „Neue Leben". „Sophie Scholl" (R: Marc Rothemund); „Alles auf Zucker" (R: Dani Levy). Georg-Büchner-Preis für Brigitte Kronauer

2006

23. März   Der Film „Das Leben der anderen" (R: Florian Henckell von Donnersmarck) erinnert an die Machenschaften des Staatssicherheitsdienstes der DDR und erhält 2007 den Oscar für den besten ausländischen Film.

11. April   Die Ruhrgebietsstadt Essen wird neben dem ungarischen Pecs und Istanbul zur Europäischen Kulturhauptstadt des Jahres 2010 gewählt.

1. Aug.   Nach jahrelangen Auseinandersetzungen tritt die deutsche Rechtschreibreform in revidierter Fassung endgültig in Kraft.

28. Aug.   Im Deutschen Historischen Museum in Berlin sowie im Kulturhistorischen Museum Magdeburg wird die Ausstellung „Das Heilige Römische Reich Deutscher Nation 962-1806" eröffnet, die als 29. Ausstellung des Europarats an das Ende des ersten Deutschen Reiches vor 200 Jahren erinnert.

| 15. Sept. | Ins Münchens Alter Pinakothek wird als Teil der 28. Ausstellung des Europarats „Universal Leonardo" „Leonardo. Die Madonna mit der Nelke" präsentiert. |

15. Sept. Ins Münchens Alter Pinakothek wird als Teil der 28. Ausstellung des Europarats „Universal Leonardo" „Leonardo. Die Madonna mit der Nelke" präsentiert.

26. Sept. Die Absetzung einer Inszenierung der Mozart-Oper „Idomeneo" an der Deutschen Oper Berlin aus Angst vor Terrordrohungen eröffnet eine Diskussion um Islamismus und Freiheit der Kunst.

Elfriede Jelinek: „Ulrike Maria Stuart" (R: Nikolaus Stemann, UA Thalia Theater Hamburg). „Das Parfüm. Die Geschichte eines Mörders" (R: Tom Tykwer). Kurz vor der Verleihung des Georg-Büchner-Preises verstirbt der Lyriker Oskar Pastior, der in der rumäniendeutschen Literatur wurzelte.

2007

16. Juni Die *documenta 12* in Kassel wird in der Erwartung eröffnet, dass sie weniger „theorielastig" sein wird als ihre beiden Vorgänger. Dennoch verspricht Kurator Roger-Martin Buergel u. a. Antworten auf die Frage „Ist die Moderne unsere Antike?"

25. Aug. Das von Gerhard Richter mit 72 Farbtönen gestaltete Glasmosaikfenster im Südquerhaus des Kölner Doms wird eingeweiht. Das 400.000 EUR teure Fenster ist ein Geschenk des Künstlers für den Dom.

Werner Bräunig: „Rummelplatz" (posthume Ausgabe des 1965 in der DDR verbotenen Romans). Hans Werner Henze: „Phaedra" (UA Berlin). „Auf der anderen Seite" (R: Fatih Akin). Georg-Büchner-Preis für den Essayisten Martin Mosebach

Autoren

Oskar Anweiler, Dr. Drs. h. c., ist emeritierter Professor für Vergleichende Erziehungswissenschaft an der Ruhr-Universität Bochum und Gründungmitglied des Instituts für Deutschlandforschung. Über viele Jahre leitete er die Arbeitsstelle für vergleichende Bildungsforschung in Bochum.

Michaela S. Ast, Dr., ist freie Publizistin und wurde 2007 an der Ruhr-Universität Bochum in der Fakultät für Philologie mit einer Arbeit über den *Jungen Deutschen Film* promoviert.

Bernd Faulenbach, Dr., ist Honorarprofessor für Zeitgeschichte an der Fakultät für Geschichtswissenschaft der Ruhr-Universität Bochum, Mitglied des Instituts für Deutschlandforschung und Stellvertretender Vorsitzender der Bundesstiftung zur Aufarbeitung der SED-Diktatur, Berlin.

Silke Flegel, M. A., ist wissenschaftliche Mitarbeiterin am Institut für Deutschlandforschung der Ruhr-Universität Bochum und bereitet eine theaterwissenschaftliche Dissertation über den Dramatiker Christoph Hein vor.

Siegfried Grosse, Dr. Drs. h. c., ist emeritierter Professor für Germanische Philologie an der Ruhr-Universität Bochum. Er war Rektor der Ruhr-Universität Bochum und Präsident des Instituts für deutsche Sprache, Mannheim.

Guido Hiß, Dr., ist Professor für Theaterwissenschaft an der Ruhr-Universität Bochum und war viele Jahre Mitherausgeber der Reihe *Theater über Tage.*

Anne Hartmann, Dr., ist wissenschaftliche Mitarbeiterin im Seminar für Slavistik / Lotman-Institut der Ruhr-Universität Bochum. Sie arbeitet sowohl zur Kultur- und Literaturgeschichte der Sowjetunion als auch zur Kultur und Literatur der SBZ / DDR.

Frank Hoffmann, Dr., ist Sozial- und Zeithistoriker und arbeitet als wissenschaftlicher Mitarbeiter am Institut für Deutschlandforschung der Ruhr-Universität Bochum.

Knut Ipsen, Dr. Dr. h. c. mult., ist emeritierter Professor für Völkerrecht an der Ruhr-Universität Bochum und Gründungsmitglied des Instituts für Deutschlandforschung. Er war u. a. Rektor der Ruhr-Universität und Präsident des Deutschen Roten Kreuzes und ist Mitglied des Ständigen Internationalen Schiedsgerichtshofes in Den Haag.

Paul Gerhard Klussmann, Dr. Dr. h. c., ist emeritierter Professor für Neuere deutsche Literaturwissenschaft an der Ruhr-Universität Bochum und Gründungsdirektor des Instituts für Deutschlandforschung.

Peter Maser, Dr., ist Professor für Kirchengeschichte an der Evangelisch-Theologischen Fakultät der Universität Münster, dort auch Direktor des Ostkirchen-Instituts und Vorsitzender des Fachbeirates Wissenschaft der Bundesstiftung zur Aufarbeitung der SED-Diktatur, Berlin.

Harro Müller-Michaels, Dr., ist emeritierter Professor für Didaktik der Germanistik an der Ruhr-Universität Bochum. Er war Prorektor der Ruhr-Universität und leitet ein DFG-Forschungsprojekt zum Deutschunterricht in beiden deutschen Staaten in Bochum, Berlin und Magdeburg.

Joachim Petsch, Dr., ist emeritierter Professor für Kunstgeschichte mit den Schwerpunkten Denkmalpflege und Design- und Architekturgeschichte im 19. und 20. Jahrhundert an der Ruhr-Universität Bochum. Er lebt und arbeitet jetzt in Bonn und Frankreich.

Dietmar Petzina, Dr., ist emeritierter Professor für Sozial- und Wirtschaftsgeschichte der Ruhr-Universität Bochum. Er war Rektor der Ruhr-Universität Bochum und Vorstand des *Wissenschaftsforums Ruhr.*

Mirjana Stančić, Dr., hat als Privatdozentin für Vergleichende Literaturwissenschaft an den Universitäten Osijek (Kroatien), Essen und Bochum gelehrt und ist derzeit mit einem Forschungsprojekt des Beauftragten der Bundesregierung für Kultur und Medien am Institut für Deutschlandforschung tätig.

Rüdiger Steinmetz, Dr., ist Professor für Medienwissenschaft und Medienkultur an der Universität Leipzig. Er ist Sprecher des DFG-Gesamtprojekts *Programmgeschichte des DDR-Fernsehens komparativ.*

www.peterlang.de

Karl Schlögel / Beata Halicka (Hrsg.)

Oder-Odra. Blicke auf einen europäischen Strom

Unter Mitarbeit von Mateusz J. Hartwich und Karl Konrad Tschäpe

Frankfurt am Main, Berlin, Bern, Bruxelles, New York, Oxford, Wien, 2007.
427 S., 20 Abb., Kartentasche
ISBN 978-3-631-56149-2 · geb. € 45.–*

Die Oder war bis zum großen Oderhochwasser des Jahres 1997 ein Grenzfluß, ein Fluß im Abseits. Seit der Erweiterung der Europäischen Union ist die Oder ein Strom mitten in Europa geworden. Die Forschung zum Oderraum als einer europäischen Grenzlandschaft ist neu in Gang gekommen. Sie läßt sich der Sache nach nur grenzüberschreitend und in Zusammenarbeit der Disziplinen bewältigen. Hier liegt die erste Studie zur Oder vor, die eine nur nationale Sicht auf diesen Strom hinter sich läßt. In den Beiträgen der deutschen, polnischen und tschechischen Wissenschaftler wird der Versuch gemacht, einen mehrschichtigen, überaus komplexen und in der Vergangenheit auch umkämpften Kulturraum gedanklich neu zusammenzusetzen.

Aus dem Inhalt: Die Oder nicht als Grenze, sondern als Übergangsraum · Die Oder im Vergleich zu anderen und prominenten europäischen Strömen · Neue Ansätze in der Erforschung von Kulturräumen · Stadtlandschaften entlang der Oder · Flußschiffahrt als Verkehrs- und Kulturgeschichte · Die Nationalisierung von Flußdiskursen · Die Europäisierung einer Grenzlandschaft · Umsiedlung und Vertreibung am Ende des Zweiten Weltkrieges

Peter Lang · Internationaler Verlag der Wissenschaften

Frankfurt am Main · Berlin · Bern · Bruxelles · New York · Oxford · Wien
Auslieferung: Verlag Peter Lang AG
Moosstr. 1, CH-2542 Pieterlen
Telefax 0041 (0)32/376 17 27

*inklusive der in Deutschland gültigen Mehrwertsteuer
Preisänderungen vorbehalten

Homepage http://www.peterlang.de